美国公共政策经典译丛

主　　编　　张国庆
副 主 编　　刘新胜
学术顾问　　布赖恩·琼斯（Byran D. Jones）

丛书策划　　耿协峰

公共政策经典
Classics of Public Policy

[美] 杰伊·沙夫里茨（Jay M. Shafritz）
卡伦·莱恩（Karen S. Layne） /编
克里斯托弗·博里克（Christopher P. Borick）

彭云望 /译
刘新胜 张国庆 /校

北京大学出版社
PEKING UNIVERSITY PRESS

著作权合同登记　图字 01-2006-3415 号
图书在版编目(CIP)数据

公共政策经典/(美)沙夫里茨等编；彭云望译．—北京：北京大学出版社,2008.7
(未名社科·美国公共政策经典译丛)
ISBN 978-7-301-14083-3

Ⅰ．公… Ⅱ．①沙…②彭… Ⅲ．公共政策 Ⅳ．D0

中国版本图书馆 CIP 数据核字（2008）第 109902 号

Simplified Chinese edition copyright © 2008 by PEARSON EDUCATION ASIA LIMITED and PEKING UNIVERSITY PRESS.
Original English language title from Proprietor's edition of the Work.
Original English language title：*Classics of Public Policy*, by Jay M. Shafritz, Karen S. Layne, Christopher P. Borick, Copyright © 2005
EISBN：0321089898
All Rights Reserved.
Published by arrangement with the original publisher, Pearson Education, Inc., publishing as Longman.
This edition is authorized for sale and distribution only in the People's Republic of China exclusively (excluding Hong Kong SAR, Macao SAR and Taiwan).
本书中文简体翻译版由 Pearson Education 授权给北京大学出版社在中国境内(不包括中国香港、澳门特别行政区和中国台湾地区)出版发行。
版权所有，翻印必究
本书封面贴有 Pearson Education(培生教育出版集团)激光防伪标签，无标签者不得销售。

书　　　　名：	公共政策经典
著作责任者：	〔美〕杰伊·沙夫里茨　卡伦·莱恩　克里斯托弗·博里克　编　彭云望　译
责 任 编 辑：	耿协峰
标 准 书 号：	ISBN 978-7-301-14083-3/D·2099
出 版 发 行：	北京大学出版社
地　　　　址：	北京市海淀区成府路 205 号　100871
网　　　　址：	http://www.pup.cn　电子信箱：ss@pup.pku.edu.cn
电　　　　话：	邮购部 62752015　发行部 62750672　出版部 62754962　编辑部 62753121
印 刷 者：	三河市北燕印装有限公司
经 销 者：	新华书店
	730 毫米×980 毫米　16 开本　28 印张　470 千字
	2008 年 7 月第 1 版　2011 年 11 月第 2 次印刷
定　　　　价：	56.00 元

未经许可，不得以任何方式复制或抄袭本书之部分或全部内容。
版权所有，侵权必究
举报电话：010-62752024　电子信箱：fd@pup.pku.edu.cn

美国公共政策研究的历史回顾[①]

（代译丛总序）

公共政策是与公共权力主体和公共权威相伴随的现象，无论何种宪政和国家政体，公共政策作为政治系统的产出，都强烈地对社会其他子系统产生深刻的影响。公共政策的存在和人们对公共政策问题的研究和思考与人类社会的存在同样久远。无论是古希腊时代关于政体形式的争论，还是中国古代的诸子百家争鸣，抑或是近代重商主义与古典自由主义对政府经济政策的争论，都可以看作当时社会的人们试图通过影响社会舆论和公共权威而进行的政策问题的研究和思考。对政策的观察、解释、描述、影响和研究等等一系列交织着理性和感性的人类智力努力，已经在人类历史上留下了深厚的知识积淀。在此意义上，公共政策研究的历史可谓悠远绵长。

公共政策科学诞生以来，得到了革命性的迅猛发展，以至于德罗尔（Yehezkel Dror）将其看作社会科学界当中的范式革命和根本性转向。可以认为，公共政策是第二次世界大战结束后西方社会科学领域发展最迅速、影响最大、应用领域最广泛、实验性最强、社会效用最明显的学科之一。公共政策科学之所以会在较短的时间内迅速地兴起和发展，既与现代社会的特征相联系，也与公共政策的学科特征相联系。现代政府所面临的已不再是个别的、单一的、简单的和基本稳定或一再重复出现的社会矛盾和问题，而是大量的

[①] 本文部分内容发表于白钢、史为民主编的《中国公共政策分析·2007》，北京：中国社会科学出版社2007年版。

相互关联、相互制约并且愈来愈具有复杂性、尖锐性、普遍性、专业性、变化性和发展性的各种社会矛盾和问题。与此同时,社会公众所关注的问题和兴趣的焦点,也不再是抽象的理念或原则问题,而是那些与现实切身利益密切相关的特殊的公共政策问题,比如,犯罪与社会安全,公平与经济发展,种族与社会和谐,战争与外交方针,污染与环境保护,以及住房、卫生、社会保障、公共交通等一系列的实际问题。

一般认为,现代公共政策科学端启于第二次世界大战前后的美国。美国公共政策科学的兴起和发展伴随着二战后美国的强势发展,在塑造美国大国地位,推动美国政治、经济、社会、军事、外交、科技、教育和文化等领域的发展上都做出了直接而颇有成效的贡献。甚至可以认为,美国政策科学的发展见证和反映了美国战后的强盛与实现强盛的智力努力。这一持续的智力努力过程充分地展现了继文艺复兴和启蒙运动以来人类智力当中的理性维度、价值维度的璀璨力量,也充分地展现了这两个维度之间的冲突、交叠、紧张和交融。这一持续的智力努力也同时伴随着承载和配置智力资源的公共政策研究社会建制的形成、成熟和发展;这一智力努力更成为一种具有深刻哲学和科学意涵的范式流变,影响了社会科学的走向和世界知识的潮流。以下我们从美国政策科学(公共政策分析研究)的缘起,简要回顾一下这段璀璨的知识星空和思想觞流。

一、美国公共政策分析研究的缘起

(一)拉斯维尔的奠基

美国及至世界现代政策科学理论的产生和发展首先归功于美国学者哈罗德·拉斯维尔(Harold Lasswell)。

1951年,美国学者拉斯维尔和丹尼尔·勒纳(Daniel Lerner)合作发表了《政策科学:范围与方法之最近发展》(*The Policy Sciences: Recent Development in Scope and Method*)一书。一般认为,该书标志着现代政策科学系统理论的诞生。在该书中,作者提出了政策科学应当具有的几个基本特征:(1)政策科学是关于民主主义的学问,它涉及个人的选择,必须以民主体制作为前提;(2)政策科学的目标是追求政策的"合理性",它必须使用数学公式和实证数据建立起可检验的经验理论;(3)政策科学是一门对于时间和空间都非常敏感的学问,即它所选择的政策分析模型必须在时间和空间上加以明确地记录;(4)政策科学具有跨学科的特性,它要依靠政治学、社会学、心理学等学科的知识来确立自己崭新的学术体系;(5)政策科学是一门需要学者和政府官员共同研究的学问,后者的实践经验对于政策科学的发展具有重大意义;(6)政策科学必须具有"发展建构"的概念,它以社会的变化为研究对象,所以必须建立起动态模型。①

1956年,拉斯维尔在《决策过程》(The Decision Process)一书中,提出了情报、提议、规定、合法化、运用、终止和评价的政策过程七阶段理论。②

1963年,拉斯维尔在《政治科学的未来》(The Future of Political Science)一书中,进一步提出:"政策科学要面向未来,就必须持有这样一种明确的立场,即以知识、高层次的政策思想与组织的创造力整合作为重要的出发点。必须认识到各种不同研究途径的有效协调业已为政治科学家提供了一种机会,即取得一种一致的看法——建立一门以社会中人的生活的更大问题为导向的、解决问题的学科,要知道过去这种机会仅仅局部地被加以利用而已。"③

1971年,拉斯维尔在《政策科学展望》(A Pre-view of Policy Sciences)一书中,区分了"政策过程的知识"(knowledge of the policy process)和"政策过程中的知识"(knowledge in the policy process),并将政策科学家定义为那些意在掌控公共秩序的人和那些拥有明智的决策技巧的人。④

作为那个时代深深服膺于实证主义、实用主义和行为主义的时代巨擘,拉斯维尔用自己笃信的哲学信仰及相应的方法论,将公共政策的研究推到了一个新的水准。拉斯维尔的主要贡献之一,在于他阐述了政策科学区别于以往其他学科的三个特点:

(1)跨学科的观察视角和情景设定。这使得公共政策的研究建立在宽泛的多学科基础上,进而与公共政策自身的复杂性、相关性、动态性、时效性等特征相一致。(2)明确的问题导向。这使得公共政策的研究具有现实倾向,进而围绕着问题的解决而产生了公共政策科学研究对特有的社会问题的解释力、应对力和内在的学术张力。(3)清晰的价值规范表述。价值标准、价值组合、价值对抗、价值假定、价值分析、价值判断、价值取向等等价值问题被引入公共政策分析的过程,而寻求价值、确认价值、实现价值、创造价值、分

---

① Daniel Lerner and Harold Lasswell, *The Policy Sciences: Recent Development in Scope and Method* (Stanford, CA: Stanford University Press, 1951), pp.3—15.
② Harold Lasswel,*The Decision Process*. (Collegee Park: University of Maryland Press, 1956).
③ Harold Lasswell, *The Future of Political Science* (New York: Atherton, 1963), pp.38—39.
④ Harold Lasswell, *A Pre-view of Policy Sciences* (New York: Elsevier Inc.), p.13.

配价值构成了公共政策的价值追求。

(二) 德罗尔的发展

叶海卡·德罗尔在1968—1971年间,出版了政策科学的"三部曲":1968年的《公共政策制定再审查》(Public Policymaking Reexamined)、1971的《政策科学纲要》(Design for Policy Sciences)和《政策科学进展》(Ventures in Policy Sciences)。1986年,德罗尔又出版了《逆境中的政策制定》(Policymaking Under Adversity)一书,大大拓展了公共政策的研究视角和研究领域,系统性地提出了许多新的公共政策理论,包括对政策科学的学科基础和发展方向的反思和前瞻,进而将政策科学的研究推到了一个新的阶段。

德罗尔在《政策科学纲要》一书中认同托马斯·库恩(Thomas Kuhn)的范式理论,他将政策科学看作一场科学革命,概括了政策科学的以下重要特征:

(1) 政策科学并不直接探讨各种政策的实际内容,而是探讨怎样更好地制定政策以及改进相关的方法、知识和体制。其关心的重点是国家或社会的指挥系统,特别是公共政策的制定系统。

(2) 政策科学关注的是宏观公共政策的制定系统及其产品,但也从制定公共政策的角度考察单个群体和组织的决策过程。

(3) 政策科学在传统学科特别是行为科学和管理科学之间架起桥梁,整合了来自各学科的知识,以跨学科的方式集中研究政策的制定。

(4) 政策科学在纯粹的学术研究和纯粹的应用研究之间架起了桥梁。

(5) 政策科学除了使用常规的研究方法外,还将不证自明的知识和个人的经验当作重要的知识来源,这是政策科学区别于当代常规科学(包括行为科学和管理科学)的一个重要的特征。

(6) 政策科学突破了当代科学与伦理学、价值哲学的严格界限,并将建立一种可操作的价值理论作为政策科学的一部分。

(7) 鼓励和刺激有组织的创造性是政策科学的一个主题和重要的方法论。

(8) 政策科学既强调历史,又强调未来。

(9) 政策科学对于变化的过程和动态的情境十分敏感。

(10) 政策科学在理性的基础上,明显地认识到超理性过程(如创造性、直觉、魅力和价值判断)和非理性过程(如深层动机)的重要作用。

(11) 政策科学鼓励社会试验。

(12) 政策科学强调认真核实和检查数据、配备专业人员从事政策制定工作以及认真坚持科学标准的重要性。

（13）自觉地、不断地监控和重新设计政策科学是政策科学不断发展的必要条件。

（14）政策科学尽管有种种创新,但它承启和发扬科学的传统(如证实和有效性),仍旧属于科学。①

德罗尔认同库恩的"范式"概念的历史主义特征,进而不但从内在逻辑的角度看待政策科学,而且从政策科学的外在社会功能和社会建制的角度看待政策科学,因而大大丰富和深化了政策科学的学科内涵。

德罗尔在《逆境中的政策制定》中进一步反思了政策科学的发展,试图找到走出政策困境、重建政策科学的途径。德罗尔认为,政策制定与政策执行的无能、两难选择与悲剧性选择构成了当今公共政策的普遍的境况,因而"困境"是现今政府公共政策的主要特征之一。尽管这种困境不一定会造成灾难性的后果,但由此提出的挑战已经超出了现有政策制定系统的能力,由此产生的政策损失是显而易见的。② 在此书中,德罗尔认为政策科学需要突破与创新,并明确提出了公共政策研究中存在的一些问题和新的研究视角。

（三）关于公共政策和政策科学性质的探讨

关于公共政策和政策科学性质的探讨,大体上围绕着政策科学的工具理性和价值理性两个维度展开。

1966 年,利维·塞尔多(Lowi Theodore)在《分配、管制与再分配》一文中将政策划分为分配、管制与再分配三种类型,深化了人们对政策的认识。③ 美国政策学家斯图亚特·那格尔(Stuart Nagel)在《政治科学和公共政策》一文中详尽地分析了政治科学的各个分支对政策科学所产生的影响和作用。④ 赖特·米尔斯(Wright Mills)在 1956 年出版的《权力精英》一书则对权力精英对公共政策的影响和控制进行了深入的研究。⑤ 诸如此类的研究非常多,这是由政策科学以及公共政策的综合性所决定的。

---

① Yehezkel Dror, *Design for Policy Sciences* (New York: Elsevier Inc., 1971), pp.50—53.
② 〔以〕叶海卡·德罗尔:《逆境中的政策制定》(王满传等译),上海远东出版社 1996 年版,第 242 页。
③ J. Lowi Theodore, "Distribution, Regulation and Redistribution: The Functions of Government," in Randall B. Ripley ed., *Public Policies and Their Politics* (New York: W. W. Norton & Company Inc.)
④ Stuart S. Nagel, "Political Science and Public Policy," in Georg J. Mc-eall and Georg H. Weber (eds.), *Social Science and Public Policy: The Roles of Ace demic Disciplines in Policy Analysis* (N.Y., Port Washington: Associated Faculty Press, 1984).
⑤ Wright Mills, *The Power Elite* (New York: Oxford University Press, 1956).

政策科学诞生后,与经济、政治和社会发展的需要相适应,美国公共政策的研究层次、研究领域、研究方法和研究工具的多样化和多元化成了美国公共政策研究的重要特征。与此相一致,整个人类文明的结晶、科学技术知识和人类的实践经验共同构成了政策科学的知识基础。比如,比较公共政策(comparative public policy)和发展公共政策(development policy)研究领域的兴起,大大拓展了政策科学的研究范围和研究视野;政策分析(policy analysis)、政策科学民主化(democratization of the policy sciences)研究则从工具理性和价值理性两个维度深化了政策科学的学科内容;政策过程(policy process)的研究形成了政策科学的基本框架;新政治经济学(new political economy)增加了政策科学的研究途径;政策工具(policy tools)、政策网络(policy network)和政策范式(policy paradigm)的研究使得政策科学迈向了更加微观和工具化的层面。近期,政策科学则出现了多元化和综合化共存的局面。以下将分别展开陈述。

二、政策科学研究领域的多样化与知识基础

(一) 研究领域的多样化

政策科学诞生之前,分门别类的政策研究已经较为普遍。自从罗斯福新政强化了政府职能和政府干预之后,政策科学继承了以往政策研究的成果,在领域、内容和方法上将传统的政策研究推向了一个崭新的水平。从研究层次来说,公共政策的研究层次逐渐分化为元政策、基本政策和方面政策的研究。从研究的对象(或者研究的实质性内容)来说,不但公共政策的基础理论和宏观公共政策得到长足的发展,具体部门的(比如环境、交通、军事、健康、老龄化、社团、种族等等)公共政策研究也变得空前繁盛。从研究的方法来说,实证主义、后实证主义、制度主义、公共选择、系统论、信息论、控制论、协同论、非平衡自组织理论、混沌学、决策理论、宏观和微观经济分析、计量、统计、心理和人类行为等理论和方法都综合地运用到公共政策的研究当中。可以说,政策科学为自然科学、社会科学和人文科学的融合提供了一个自由驰骋的无限疆场。

我们具体看看经济、社会和人类事务方面的公共政策分析的发展。[1]

---

[1] 关于"经济、社会和人类事务方面的公共政策分析的发展"的内容引自张国庆:《现代公共政策导论》,北京大学出版社1997年版,第15—16页。

首先,随着政府经济职能的膨胀,以罗斯福"新政"为标志,西方国家放弃了强烈放任自由的自由资本主义政策,改变了政府传统的"守夜人"的地位,转而通过各种形式广泛地介入社会经济活动。譬如,政府通过中央(国家)银行制度控制货币投入量、利率和汇率,通过税率、税种、关税调整产业结构,通过国家投资引导企业行为取向,如此等等,成为强大的、主动的行为主体。各个领域的经济政策研究空前繁盛。

其次,随着政府社会职能的扩展,政府大大强化了其社会公共权力主体的地位和作用。政府在诸如社会公平、社会保障、社会安全、国民教育、公共交通、环境保护、自然资源保护等方面广泛制定了大量的公共政策。这一类的政府公共政策涉及的领域之广泛、程度之深刻、规定之细致,使得每一个公民从生到死都不可避免地生活在政府的影响之下。

再次,在人类事务等方面,政府公共政策的内容亦随着人类事务的日益增加而在日益丰富。新出现的人类事务包括诸如外层空间的开发和利用问题、公海的共同开发和利用问题、人类遗传和人体研究问题、核能的和平利用问题,以及防止和克服种种自然和人为危机问题。这类问题的出现是不会完结的,关于这类问题的政府公共政策亦相应不会终止。

按照拉斯维尔的说法,问题导向是公共政策研究的一大特征,无论是针对具体问题的理论建构,还是问题的分析和案例研究,公共政策研究都紧紧围绕某一个具体的领域和问题展开。政策研究机构的专家往往都是某一具体领域的专家,或者是跨学科的专家,他们不会停留在泛泛而论的政策科学形式逻辑和学科概论的层次。总体而言,美国的政策研究机构往往也有所专长和特定的倾向。比如:哈佛大学肯尼迪政府学院就将其公共政策案例研究和教学划分为诸多子领域,分门别类地进行专门研究。即,基础理论和方法论、公民权利与种族关系、社团关系、竞争与私有化、国防与军事、开发、国家安全、经济学、教育、选举政治家和官员、环境、伦理、评估与计划、性别问题、健康、历史、住房、人力资源、执行、创新、利益集团和游说、国际、法律的强制执行、领导、谈判、非营利管理、组织与组织变革、出版和媒体、通货膨胀与紧缩、公共财政、管制、社会福利与社会服务、技术、交通等等。①

(二) 政策科学研究的知识基础

政策科学研究问题的多样性、复杂性和多重性决定了政策科学知识基础

---

① 资料来源:http://www.ksgcase.harvard.edu/search.asp。

的广泛性、专业性和综合性。可以说,人类所有的智慧结晶和经验结晶都可以作为政策科学的知识基础。政策科学通过一定的程序和形式将这些知识整合起来,以解决特定的社会问题。因此科学技术的新观念、新思潮、新理论都会不同程度地影响政策科学智性结构和思考方式;社会科学当中的新概念、新范式和新理论也会直接地体现在政策分析的过程当中;哲学与人文科学关于人的价值、理性和本性的探讨也是政策科学进行政策研究和政策建议必须参考的基础。举例而言,自然科学当中的系统理论、生态理论、间断—均衡理论(Punctuated Equilibrium Theory)、混沌理论等都曾经是人们建构政策理论、进行政策分析的借鉴基础。社会科学当中的民主模式、经济分析、管理心理等领域的理论和方法就广泛地应用到政策分析当中。哲学人文科学当中的范式理论、后实证主义、语言哲学等等也被政策科学广泛借鉴和使用。

我们可以简要地分析一下公共政策与社会科学、专业和政治之间的关系:[①]

首先,政策科学与社会科学之间的关系。政策科学以政策的全过程为研究对象,其直接目的在于更好地理解公共政策的过程并使之趋向于科学化。公共政策的这一研究目的增加了公众和政府对于公共政策的认识,增加了公众对政府运作过程的了解和政府对社会发展过程的了解,因而拓展了社会科学的研究领域,推进了社会科学理论和方法的发展。

其次,公共政策与专业。公共政策作为一门学科是现代社会科学的一部分,与此同时公共政策又是一门专业。科学的目的在于寻求真理、获取知识,专业的目的则在于将科学寻获的真理和知识运用于解决实际的人类问题。[②]作为学科的公共政策,其任务既在于进行科学的探究,以发掘公共政策的规律性,积累关于公共政策的科学知识,又在于进行实证性的分析,以帮助政府正确确立政策目标以及实现政策目标的手段,有效解决实际政策问题。

最后,公共政策与政治。公共政策的基本功用在于帮助政府确定合理的目标,采取正确的政策。但对于什么是"合理的目标"、什么是"正确的政策",不同的个人和群体有不同的观点。这就不可避免地会涉及公共政策从业者的政治态度或价值标准的问题。公共政策可以通过人们希望的方式去提高公共政策的质量,借以实现公共政策的科学目的和专业目的,进而实现社会的政治目的。

---

① 关于"公共政策与社会科学、专业和政治之间的关系"引自张国庆:《现代公共政策导论》,北京大学出版社1997年版,第19—20页。
② J. E. 安德森:《公共决策》(唐亮译),北京:华夏出版社1990年版,第10页。

三、在比较中拓宽：比较公共政策和发展公共政策

比较公共政策研究是20世纪60年代兴起的一个研究领域,它主要研究专业领域和国家间政策过程以及实质性的政策内容。比较公共政策在专业政策领域和国别两个方面拓展了政策科学的基础。比较公共政策研究有两大焦点：一是政治经济,二是民主理论。前者在于寻求对某个政策领域中能够显示与权力运作相关的各种原因的阐释,即寻求一个有关政策为何及如何随时空改变的全面而具体的模式。后者主要研究政党、政策、选举行为与政策之间的关系。①

发展公共政策侧重研究社会发展和公共政策问题,特别是发展中国家走向现代化的模式问题,主要关注政策在发展或走向现代化之途上的作用。事实上,比较公共政策和发展公共政策是两个相互伴生的研究领域。学者们总是在比较中来提出和检验研究假设;研究的内容亦主要是围绕相似的政策为何在不同的国家会产生不同的结果,以及政策为何会出现多样性等问题展开。②"进入70年代以后,一些学者试图证明不同历史经验和文化积淀所形成的不同文化价值对公共政策制定和执行的影响。也有学者重新从历史—制度的角度研究不同国家的政策过程,把人的行为或组织的行为放在特定历史环境和特定制度安排中进行考察。"③

比较公共政策和发展公共政策研究具有两大特点：

首先,在研究内容上拓展了政策科学的研究范围和视野。一个国家的政治经济变量对公共政策的影响、政治和经济变量在政策过程中的交互影响、政策实际效果等方面,都被纳入了比较公共政策和发展公共政策的研究。比如,20世纪60年代瓦尔的摩·凯伊(Valdimer Jr. Key)对公共舆论与美国民主的研究,菲利普斯·卡特瑞特(Philips Cutright)对政治结构、经济发展与社会保障计划的研究,托马斯·戴伊(Thomas Dye)对公共政策与政治、经济之间关系的研究都体现了比较公共政策研究内容的扩展。70年代和80年代

---

① 〔美〕罗伯特·古丁、汉斯-迪特尔·克林格曼：《政治科学新手册》(钟开斌、王洛忠、任丙强等译),北京：生活·读书·新知三联书店2006年版,第854页。

② Gedeon M. Mudacumura and M. Shamsul Haque, *Handbook of Development Policy Studies*, New York Basel：Marcel Dekker. Inc. ,2004.

③ 徐湘林：《公共政策研究基本问题和方法探讨》,载《新视野》2003年第6期。

诸如此类的研究也相当的繁荣。①

其次,在研究方法上促进了政策研究的科学化和本土化。比较公共政策运用适当的案例研究和量化研究的方法,在进行大量国别和政策比较分析的基础上,形成假设、检验假设、构建理论、进行预测,这些有助于推动公共政策的科学化和本土化发展进程。

90 年代,一批关于比较公共政策方面的教材和专著相继出版。1990 年阿诺德·海登赫姆(Arnold Heidenhemer)等人出版了《比较公共政策》一书。② 1992 年道格拉斯·艾士福德(Douglas Ashford)出版了《比较公共政策的历史和脉络》一书。③ 1998 年弗朗西斯·凯斯特(Francis Castles)出版了《比较公共政策:战后的转型模式》一书。④ 诸如此类的文献大量地涌现出来,繁荣了比较公共政策领域的研究。

四、工具理性的张扬及其批判和超越

(一) 系统分析、政策分析与理性的极致

理性即人类在实现自己目的的时候,对人类本性所要求的规则的遵循,以及运用概念、推理和判断等逻辑形式和数学方法把握外在世界,实现人类目的的能力。人类的目的和本性要求的规则属于价值理性范畴;运用概念、推理和判断等逻辑形式和数学方法把握外在世界属于"工具理性"的范畴。事实上,理性精神、理性主义在人类历史上有悠久的传统,只是到了近代,理性精神作为对抗宗教蒙昧的力量而成为近代思想的主旋律。这一精神推动了西方社会工业化和现代化的进程,推动了科学技术的迅猛发展。

马克斯·韦伯(Max Weber)对"合理性"概念的阐释,使得理性精神变为了具体和可操作化的概念。韦伯将数学形式等自然科学范畴所具有的量化与预测等理性计算的手段,用于检测人们自身的行为及后果是否合理的过程,叫做"工具理性"。即通过实践的途径确认工具(手段)的有用性,从而追

---

① 〔美〕罗伯特·古丁、汉斯-迪特尔·克林格曼:《政治科学新手册》(钟开斌、王洛忠、任丙强等译)北京:生活·读书·新知三联书店 2006 年版,第 852—869 页。
② A. Heidenhemer, H. Heclo & C. Adams, *Comparative Public Policy* (N.Y.: St. Martin Press, 1990).
③ Douglas Elliott Ashford, *History and Context in Comparative Public Policy* (Pittsburgh: University of Pittsburgh Press, 1992).
④ Francis G. Castles, *Comparative Public Policy: Patterns of Post-war Transformation* (Cheltenham, U.K.: Edward Elger, 1998).

求最大价值的功效,为人的某种功利的实现服务。① 政策科学自诞生起就秉承了理性精神,并且政策科学本身就蕴含着对价值理性和工具理性的双重关注。

就政策科学的工具理性这一纬度而论,政策分析其实可以理解为对公共政策实质性内容的系统分析。正如德罗尔所言:"政策分析"这个术语对其似乎是适合的,因为它在一个较宽的政治意义上将各类系统分析与政策概念结合起来。②

早期的政策分析与系统分析是重合的,主要运用于二战期间军事作战研究。1944年"兰德计划"的签署和1948年兰德公司的成立③,以及兰德公司在50年代政策分析研究上获得的成功④,进一步使系统分析和政策分析的思想和方法成为当时政策科学研究的主流。

政策分析的黄金时代还体现在政策分析在美国政府管理实践当中的广泛运用以及出现了"政策分析员"这一职业称谓。60年代初,罗伯特·麦克纳马拉(Robert McNamala)出任美国国防部部长,采用系统分析的方法,设计了"计划、规划和预算系统"(Planning, Programming and Budgeting System, PPBS),大大提高了国防项目建设的经济、效率和效益。国防部的成功使PPBS进一步扩展到联邦政府的大部分行政机构。而进行PPBS工作的人员被称为系统分析员或政策分析员。"政策分析必须成为政府机构内一个重要的新的职业角色,政策分析人员的位置一般以最高行政长官和直线高级官

---

① 〔英〕尼格尔·多德:《社会理论与现代性》(陶传进译),北京:社会科学文献出版社2000年版。
② 〔以〕叶海卡·德罗尔:《政策分析员:政府机构中的一种新的职业角色》,载彭和平等:《国外公共行政理论精选》,北京:中共中央党校出版社1997年版。
③ 1944年11月,当时陆军航空队司令亨利·阿诺德上将提出一项关于《战后和下次大战时美国研究与发展计划》的备忘录,要求利用这批人员,成立一个"独立的、介于官民之间进行客观分析的研究机构","以避免未来的国家灾祸,并赢得下次大战的胜利"。根据这项建议,1945年底美国陆军航空队与道格拉斯飞机公司签订一项1000万美元的"研究与发展"计划的合同,这就是有名的"兰德计划"。"兰德"(Rand)的名称是英文"研究与发展"(research and development)两词的缩写。不久,美国陆军航空队独立成为空军。1948年5月,阿诺德在福特基金会捐赠100万美元的赞助下,"兰德计划"脱离道格拉斯飞机公司,正式成立独立的兰德公司。
④ 朝鲜战争前夕,兰德公司组织大批专家对朝鲜战争进行评估,并对"中国是否出兵朝鲜"进行预测,得出的结论只有一句话:"中国将出兵朝鲜。"当时,兰德公司欲以200万美元将研究报告转让给五角大楼。但美国军界高层对兰德的报告并不感兴趣。在他们看来,当时的新中国无论人力财力都不具备出兵的可能性。然而,战争的发展和结局却被兰德公司准确言中。这一事件让美国政界、军界乃至全世界都对兰德公司刮目相看。二战结束后,美苏称雄世界。美国一直想了解苏联的卫星发展状况。1957年,兰德公司在预测报告中详细地推断出苏联发射第一颗人造卫星的时间,结果与实际发射时间仅差两周,这令五角大楼震惊不已。兰德公司也从此真正确立了自己在美国的地位。此后,兰德公司又对中美建交、古巴导弹危机、美国经济大萧条和德国统一等重大事件进行了成功预测,这些预测使兰德公司的名声如日中天,成为美国政界、军界的首席智囊机构。

员的顾问的身份正式行使职责,并实际上与他们建立一种共生的合作关系。无疑,联邦'计划、规划和预算系统'单位的专业人员该接受政策分析训练。"①

长期以来关于政策分析的文献和著作可谓汗牛充栋,其中既有技术性较强的学院式研究,也有学术性和现实性紧密融合的研究咨询报告,还有政府实施的政策和管理法律规章。其中,罗伯特·克朗(Robert Krone)在1980年出版的《系统分析与政策科学:理论与实践》(*Systems Analysis and Policy Sciences: Theory and Practice*)一书中较为全面地阐释了系统分析与政策分析之间的关系,也对系统分析运用于政策分析的局限作了较为全面的归纳。②

(二) 工具理性的批判和超越

随着政策研究与实践的进一步丰富化,人们亦愈来愈感觉到,在公共政策分析的领域里,尤其在宏观公共政策的关键性抉择方面,现行的理性主义分析方法不仅常常无济于事,在某些情况下还可能将人们导入误区。其中,PPBS受到的批评和责难就是一个显著的例子。1964年艾伦·威尔达夫斯基(Aaron Wildavsky)出版了《预算过程的政治学》(*The Politics of Budgetary Process*),又于1969年,在《公共行政评论》(*Public Administration Review*)上发表了《将政策分析从PPBS中拯救出来》(*Rescuing Policy Analysis from PPBS*)等文,强调预算的政治属性,指出政策分析中理性崇拜的偏颇。与学者的批评相一致,PPBS因为其内在无法克服的问题而在60年代末期被其他的制度安排所代替。

概括来说,对理性主义公共政策分析的批评主要集中于它对主、客观条件的理想化的要求上。批评者认为,理性主义公共政策分析所要求的诸如知识的广博性、动机的纯正性、价值标准的中立性、数据(资料)的完整性、分析模型的真实性、政策方案的周全性、未来预测的准确性等等,都不是现实人类的知识和能力所能实现的。因此,理性主义公共政策分析的理念和分析方法不应当亦不可能是实际公共政策分析的唯一理念和唯一工具。尽管如此,批评者认为,如果进行适当的改进,那么理性主义的公共政策分析就可以成为基本的、重要的、现实可行的政策理念和政策研究方法。于是,人们开始研究如何弥补理性主义公共政策分析的某些不足,使之尽可能地克服局限性,以

---

① 〔以〕叶海卡·德罗尔:《政策分析员:政府机构中的一种新的职业角色》,载彭和平等:《国外公共行政理论精选》,北京:中共中央党校出版社1997年版。
② 〔美〕罗伯特·克朗:《系统分析与政策科学》(陈东威译),北京:商务印书馆1985年版。

进一步适应实际政策的需要。研究的重点,则在于使理性主义的公共政策分析建立在"合理性"的基础之上。在对理性主义公共政策分析的所有批评中,查尔斯·林德布洛姆(Charles Lindblom)的渐进主义政策理论和赫伯特·西蒙(Herbert Simon)的有限理性政策理论最具代表性。

在对理性主义公共政策分析批判的同时,也有学者强调公共政策分析当中应当纳入诸如判断、直觉、灵感、意志、隐含的知识、超感觉交流等等因素,这当中政策意志是一个非常重要的因素。①

总之,理性主义政策分析将政策科学的理性崇拜推向了极致,这势必引起人们对政策科学当中非理性以及作为理性对立面的价值理性、合法性、主体性和民主问题的关注。

(三) 政策科学民主化研究

按照韦伯的阐释,价值合乎理性是人"通过有意识地对一个特定的举止的伦理的、美学的、宗教的或作其他阐释的无条件的固有价值的纯粹信仰"。"向自己提出某种'戒律'或'要求'。""行为服务于他内在的某种'对义务、尊严、美、宗教、训示、孝顺,或者某一种'事'的重要性的信念。""不管"采取"什么形式","不管是否取得成就","甚至无视可以预见的后果,"而"他必须这么做"。②

韦伯所讲的价值理性,与马克思所讲的"人的交往形式",现象学者所说的"主体间性",尤尔根·哈贝马斯(Jürgen Habermas)所言的"合法性"、"交互理性"等范畴都是相通的。他们强调人的目的、自由和人与人之间的共识和规则。恰巧这一维度也是政策科学本身所倡导的一个方面,即政策科学倡导的民主、共识和发展的维度。对价值理性的强调是对仅仅强调工具理性的纠偏,如果说工具理性的政策分析主要是运用实证主义的研究方法,那么对价值理性的强调则属于后实证主义的研究方法。

政策科学民主化研究又称作民主的政策科学(policy sciences of democracy)或者参与型政策分析(participatory policy analysis)研究,旨在探讨政策科学的民主价值理性基础。

1988年,皮特·德利恩(Peter deLeon)出版了《建议和赞成》一书,1992年又撰写了《政策科学的民主化》一文,1995年发表《民主的政策科学》一文,

---

① 参见张国庆:《公共政策分析》,上海:复旦大学出版社2004年版,第39—44页。
② 〔德〕马克斯·韦伯:《经济与社会》(上卷)(林荣远译),北京:商务印书馆1997年版,第56页。

1997年出版了《民主与政策科学》一书。① 与此相应,1988年黛博拉·斯通(Deborah Stone)出版了《政策悖论和政治理性》一书。② 1991年,利恩·凯瑟琳(Lyn Kathleen)与约翰·马丁(John Martin)发表了《强化公民参与》一文。③ 1993年,弗兰克·费希尔(Frank Fischer)发表了《公民参与与专家的民主化》一文。④ 1993年,丹·杜宁(Dan Durning)发表了《参与式政策分析:对一个社会公益服务机构的案例研究》一文⑤。1994年,路易斯·怀特(Louise White)发表了《作为话语的政策分析》一文⑥。1997年,圣安妮·斯切希德(Anne Larason Schncider)和海伦·英格让(Helen Ingran)出版了《针对民主的政策设计》一书。⑦ 2000年,迪亚·维格尔(Udaya Wagle)发表了《民主的政策科学:公民参与的理论和方法问题》一文。⑧ 这些论著紧紧围绕政策与民主化之间的关系展开,在以往对实证主义和后实证主义探讨的基础上,讨论了民主化和公民参与在政策科学中的角色,探讨了政策科学中的价值、道德和民主化的制度安排问题,主张通过公民参与、对话和民主制度安排保证公共政策价值的实现。总之,政策科学民主化研究构建了政策科学的民主价值理性,主张必须在更为广泛的参与基础之上重建政策科学的理论和方法。

五、政策过程研究的展开

对于政策过程的研究由来已久,19世纪末期和20世纪初期威尔逊(Woodrow Wilson)和古德诺(Frank Goodnow)关于政治与行政、政策与行政

---

① Peter deLeon, *Advice and Consent* (New York: Russell Sage Foundation, 1988). Peter deLeon, "The Democratization of the Policy Sciences," *Public Administration Review*, 1992(52), pp. 125—129. Peter deLeon, "The Policy Sciences of Democracy," *American Journal of Political Science*, Austin: Nov 1995, Vol. 39, Iss. 4; Peter deleon, *Democracy and the Policy Sciences* (Alhany: State University of New York Press, 1997).

② Deborah A. Stone, *Policy Paradox and Political Reason* (Chicago: Scott, Foreman, 1988).

③ Lyn Kathleen and John A. Martin, "Enhancing Citizen Participation: Panel Designs, Perspectives, and Policy Formation," *Journal of Policy Analysis and Management*, 1991(10), pp. 46—63.

④ Frank Fischer, "Citizen Participation and the Democratization of Policy Expertise: From Theoretic Inquiry to Practical Cases," *Policy Sciences*, 1993(26), pp. 165—188.

⑤ Dan Durning, "Participatory Policy Analysis in a Social Service Agency: A Case Study," *Journal of Policy Analysis & Management*, 1993(12), pp. 231—257.

⑥ Louise G. White, "Policy Analysis as Discourse," *Journal of Policy Analysis and Management*, 1994(13), pp. 506—525.

⑦ Anne Larason Schncider and Helen Ingran, *Policy Design for Democracy*, Lawrence: University Press of Kansas, 1997.

⑧ Udaya Wagle, "The policy science of democracy: The issues of methodology and citizen participation," *Policy Sciences*, Amsterdam: Jun 2000, Vol. 33, Iss. 2, p. 207.

的探讨就蕴含着对政策过程(功能)的关注。随着行为主义在社会科学诸领域的兴起,考察实际的行为、心理、过程和功能成为社会科学研究当中的主流,政治学和政策科学也不例外。可以认为,政策过程的研究与政治过程的研究具有共同的方法论基础和研究旨趣,只是两者的分析层面、重点和焦点有所区别。

20世纪40—50年代,决策科学和政策科学当中的政策过程研究逐渐形成。西蒙的《行政行为》(Administrative Behavior)和《管理决策新科学》(New Science of Management Decision)以及拉斯维尔的《决策过程》都对政策阶段性的过程(功能)进行了区分和探讨。尤为值得一提的是,1956年拉斯维尔在《决策过程》一书中将决策(政策)区分为七个阶段,成为政策过程研究流派的雏形,后来关于政策过程的划分,基本上都建立在这一划分的基础之上。以下,我们按照政策议程、决策、执行和评估四个大环节,回顾一下美国公共政策过程研究的重要成果。

(一) 政策议程

1984年约翰·金登(John Kingdon)出版了《议程、备选方案与公共政策》(Agendas, Alternatives and Public Policies)一书,系统地阐述了政策溪流理论。该书"考察的不是问题怎样被总统、国会或其他的决策者权威性地决定,而是这些问题如何首先成为问题的"。金登教授就推动议程建立过程的明显力量提出了多源流的互动模型,模型回答了三个重要的问题:政策制定者的注意力是如何分配的、具体问题是如何形成的、对问题及其解决方法的发现是怎样和在哪里进行的。本书对公共政策领域的教学、研究和实践都曾产生深刻的影响。金登教授因此书而获得1994年度的"艾伦·威尔达夫斯基奖"。①

1993年,弗兰克·鲍姆加特纳(Frank Baumgartner)和布赖恩·琼斯(Bryan Jones)出版了《美国政治中的议程和不稳定性》(Agendas and Instability in American Politics)一书,提出了政策议程的间断—均衡理论。间断—均衡理论发源于古生物学领域,由耐尔斯·埃尔德瑞杰(Niles Eldridge)和斯蒂芬·古德(Stephen Gould)在1972年提出,用以解释生物进化过程中的发展差异,作为对查尔斯·达尔文(Charles Darwin)的平稳进化论的挑战。鲍姆加特纳和琼斯注意到了政策议程领域发生的现象与生物进化现象的相似性,

---

① 〔美〕约翰·金登:《议程、备选方案与公共政策》(第二版)(丁煌、方兴译),北京:中国人民大学出版社2004年版。

根据大量的实证和案例研究,提出了政策议程的间断—均衡理论。间断—均衡理论致力于解释公共政策过程中的一个简单的现象——在政策过程中,我们通常看到的是稳定性和渐进性,但是偶尔也会出现不同于过去的重大变革。大多数政策领域的特点是停滞、稳定而非危机和重大变革;但是,政策危机和重大变迁也时而发生。①"观察表明,稳定性和变迁都是政策过程中的重要因素,已经有政策模型来解释,或者至少对变迁和稳定性两者之一进行更加成功的解释;而间断—均衡理论则可以同时解释两者"②,间断—均衡理论以大量的数据和比较研究的方法关注公共政策的长期变化,并用注意力、信息、政策形象、机构变迁等概念对政策的长期变化提出了合理的理论解释。③ 正是由于间断—均衡理论可以同时解释政策和决策过程中的稳定性和变革性,一般认为这一理论是对西蒙有限理性决策理论的重要拓展和对林德布洛姆渐进主义理论的重大超越。鲍姆加特纳和琼斯教授因此书而获得2001年度美国政治学会的"艾伦·威尔达夫斯基奖"。2005年,琼斯和鲍姆加特纳又发表了《注意力的政治》(The Politics of Attention)一书,用大量的数据和分析对他们近年的研究加以总结并对其间断—均衡理论作了进一步阐释。

(二) 决策

1947年,西蒙发表了《管理行为》一书。西蒙运用逻辑实证主义的方法,严格区分价值和手段,认为理性就是在一定的价值之下对工具的选择,由于人们的注意力资源是稀缺的,所以理性是有限的,人们的决策(选择)行为最后只能遵循"满意标准"。④ 后来西蒙在《管理决策新科学》一书当中详尽地研究了决策的情报、设计、抉择与反馈模型。⑤

虽然强调人的理性有限,但西蒙仍然是一个实证主义者,在有限的理性当

---

① Frank R. Baumgartner, Bryan D. Jones, *Agendas and Instability in American Politics* (Chicago: The University of Chicago Press, 1993).
② 〔美〕詹姆斯·L. 特鲁、布莱恩·D. 琼斯、弗兰克·R. 鲍姆加特纳:《间断—平衡理论:解读美国政策制定中的变迁和稳定性》,载〔美〕保罗·A. 萨巴蒂尔:《政策过程理论》(彭宗超、钟开斌等译),北京:生活·读书·新知三联书店2004年版,第125页。
③ Frank R. Baumgartner, Bryan D. Jones, *Agendas and Instability in American Politics* (Chicago: The University of Chicago Press, 1993).
④ 〔美〕赫伯特·西蒙:《管理行为:管理组织决策过程的研究》(杨砾、韩春立、徐立译),北京经济学院出版社1988年版。
⑤ 〔美〕赫伯特·西蒙:《管理决策新科学》(李柱流、汤俊澄等译),北京:中国社会科学出版社1982年版。

中,决策的方案和抉择活动仍旧是按照理性原则来进行的。1959年,林德布洛姆一反政策分析的主流,在《公共行政评论》上发表了《"竭力对付"的科学》(*The Science of Muddling Through*)一文,彻底地批判了理性主义政策分析的弊端,提出了渐进主义的决策模型。林德布洛姆否定了决策信息和抉择过程当中的理性。他将政策过程视作一个与实际政治过程紧密相关的过程,认为决策是一个连续比较和渐进的过程。① 然而,林德布洛姆的渐进主义决策模型不能解释公共政策过程中重大变革和所谓的"突变"。

1994年和2001年,布赖恩·琼斯教授分别出版了《重塑民主政治中的决策:关注点、选择与公共政策》(*Reconceiving Decision-Making in Democratic Politics: Attention, Choice and Public Policy*)和《政治与选择的架构:有限理性和政治管理》(*Politics and the Architecture of Choice: Bounded Rationality and Governance*)两书,书中继承了西蒙的有限理性理论并以稀缺的注意力为基础概念,详细地探讨了决策者个人和各种决策组织的有限的注意力与政策决策、政策变化、机构设计、机构变迁的关系。琼斯认为,有限的注意力和注意力的转移,是导致政策稳定和政策突变的基本原因。事实上,这一观点也是他和鲍姆加特纳的间断—均衡理论的基石之一。由于琼斯从有限理性和稀缺注意力的角度对政策决策过程进行分析并做出特有的贡献,这两本书分别获得1995年度和2002年度美国政治学会政治心理学的"罗伯特·莱恩奖"(Robert Lane Award)。2006年,刘新胜博士出版了《建模双边国际关系:中国—美国互动关系的研究》(*Modeling Bilateral International Relations: the Case of U. S. -China Interactions*),书中运用琼斯教授的政策决策和注意力转移理论并结合博弈论和政治空间选择理论,定量分析了外交政策决策中的多维博弈的动态过程以及注意力分布与转移所引起的中美双边关系的稳定性和变化性。至今,关于政策决策的研究已经积累了大量的文献,成为一个繁荣的政策研究领域。

(三) 政策执行研究②

大致从20世纪30年代开始,以"罗斯福新政"为标志,美国开始推行国家干预主义,直至"里根革命"之前,公共投资、政府管制和福利国家构成了政府管理的基本特征。其间,美国历届政府陆续制定了许多政府规划项目。

---

① 〔美〕查尔斯·E.林德布洛姆:《"竭力对付"的科学》,载彭和平等:《国外公共行政理论精选》,北京:中共中央党校出版社1997年版。
② 参见张国庆:《公共行政学》(第三版),北京大学出版社2007年版,第261—285页。

按照古典执行模型，这些目的正当、公共财政投入巨大的工程理应达到预期的目的，但是结果却大多事与愿违。从20世纪70年代开始，一批学者通过对约翰逊政府的"城区新镇"（New Towns in Town）、"伟大社会"（Great Society）和"初等和中等教育规划"（Program of Elementary and Secondary Education）等多项政府项目的系统研究，逐渐开拓了"政策制定和行政执行结果之间的差异"这一"Implementation"所指称的研究领域。以1973年杰弗里·佩尔兹曼（Jeffrey Pressman）和艾伦·威尔达夫斯基发表的《执行》（*Implementation*）一书为标志，政策执行成为一个特定的研究领域。至今政策执行的研究已经经历了三代的发展。

自上而下的研究途径（top-bottom approach 或者 top-down approach）是苏珊·巴雷特（Susan Barrett）和科林·佛杰（Colin Fudge）对70年代初期到70年代末这一阶段政策执行研究主导途径的概括。自上而下途径的最早代表人物是佩尔兹曼和威尔达夫斯基，随后托马斯·史密斯（Thomas Smith）提出的政策过程模型（1973）、卡尔·范霍恩（Carl van Horn）和唐纳德·范米特（Donald van Meter）提出的系统模型（1975）、丹尼尔·马兹马尼安（Daniel Mazmanian）和保罗·萨巴蒂尔（Paul Sabatier）提出的执行综合模型（1979），都采用了自上而下的研究途径。①

自下而上的研究途径（bottom-top approach 或 bottom-up approach）是70年代末以来政策执行研究的主导途径。迈克尔·利普斯基（Michael Lipsky）对街道层官僚（Street-level Bureaucracy）的研究，理查德·埃尔默（Richard Elmore）对追溯性筹划（backward mapping）的研究，本尼·贺恩（Benny Hjern）和大卫·波特（David Poeter）对执行结构（implementation structures）的研究是这一代的主要代表。

20世纪90年代至今是政策执行研究的第三代。第三代研究试图综合和超越第一代和第二代的理论，具有研究方法和理论工具的多样性的特征。"就执行研究而言，自上而下和自下而上的争论已经结束，取而代之的众识是两种途径各有优势。有一些理论研究已经试图将两者综合起来。"②第三代研究扩大了研究的范围，将执行扩展到府际关系的范围和分析层面。第三代研究涌现出了众多的、有代表性的执行理论、途径和模型。比如：唐纳

---

① 景跃进：《政策执行的研究取向及其争论》，载《中国社会科学季刊》（香港），1996年春季卷（第14期）。

② Laurence J. O'Tool Jr., "Research on Policy Implementation: Assessment and Prospects," *Journal of Public Administration Research and Theory*, 2000(2), 10, p.283.

德·门泽尔(Donald Menzel)的组织间模型(1987)、马尔科姆·郭锦(Malcolm Goggin)等人的府际关系模型(1990)、保罗·萨巴蒂尔(Paul Sabatier)的政策变迁和学习模型(1993)、理查德·麦特兰德(Richard Matland)的不明确冲突模型(ambiguity-conflict)(1995)、文森特·奥斯特罗姆(Vincent Ostrom)的制度分析途径等等。执行研究现在已经进入了一个综合和多元的时代。

(四) 政策评估

测量和评估政策是管理学的重要领域,弗雷德里克·泰罗(Frederick Taylor)的科学管理思想就蕴含着对绩效进行测量和评估的内容。作为一个研究领域,政策评估到20世纪中叶以后才引起足够的重视。政策评估研究与政策执行研究既有交叉同源的地方也有自己独特的发展轨迹。两者共同来源于对政策目标与政策实际效果之间差距的认识,但是执行研究比较注重对政策执行过程中的相关因素研究,而评估研究则偏重对执行结果和过程的评价。90年代以来,政策评估进一步深化为对政府生产力和绩效的评估。

爱德华·萨齐曼(Edward Suchman)于1967年出版了《评估研究》(*Evaluative Research*)一书,倡导将评估作为一个独立的研究领域来看待。1970年,约瑟夫·豪利(Joseph Wholey)出版了《联邦评估政策》(*Federal Evaluation Policy*),1972年卡洛尔·韦斯(Carol Weiss)出版了《评估研究:项目有效性的评估方法》(*Evaluation Research: Methods of Assessing Program Effectiveness*),这些都促进了评估研究领域的独立发展。1995年,弗兰克·费希尔出版了《评估公共政策》一书,提出了后实证主义的公共政策评估范式,将政策科学当中的工具理性维度和价值理性维度进行了整合,提出了新的评估框架。① 2002年斯图亚特·那格尔出版了《公共政策评估手册》,标志着公共政策评估进一步走向成熟。②

进入90年代以后,伴随着新公共管理和重塑政府运动的持续影响,美国政府绩效评估(公共政策的结果、公共项目、公共行为和官员行为)走向了法制化和常规化管理的阶段。法制化表现在1993年国会颁布了《政府绩效和结果法案》(Government Performance and Results Act),该法案推动和保障了政府绩效评估改革的迅速发展。常规化管理表现在以下两个方面:第一,为了执行《政府绩效和结果法案》,克林顿总统于1993年3月任命副总统阿尔

---

① Frank Fishler, *Evaluating Public Policy* (Chicago: Nelson Hall, 1995).
② Stuart Nagel, *Handbook of Public Policy Evaluation* (Thousand Oaks, Calif.: Sage Publications, 2002).

伯特·戈尔(Albert Gore)主持新成立的国家绩效评价委员会(National Performance Review, NPR)的工作;第二,1993年9月,戈尔发布了《从繁文缛节到结果导向:创造一个运转更好、花钱更少的政府》(*From Red Tape to Result: Creating a Government that Work Better and Cost Less*)。在报告中,戈尔提出了很多具体的改进政府绩效评估的方法、原则、程序和操作指南,使其绩效和政策评估成为政府常规化管理的重要组成部分。

此外,在其他富有影响力的政策分析理论中,例如埃莉诺·奥斯特罗姆(Elinor Ostrom)的制度性理性选择(Institutional Rational Choice)、保罗·萨巴蒂尔等人的支持联盟框架(The Advocacy Coalition Framework)、弗朗希思·贝里(Frances Stokes Berry)和威廉·贝里(William Berry)的政策扩散框架(Policy Diffusion Framework)①等等,也对政策过程的研究做出了拓展和贡献。

六、政策工具、政策网络与政策范式研究

政策工具、政策网络和政策范式是近些年来政策科学研究当中兴起的新研究领域。它们进一步体现了政策科学研究的综合性、复杂性和学科交叉性。

(一)政策工具

政策工具早已存在并得到广泛的运用,比如经济政策中的财政政策工具和货币政策工具,管理学中的管理工具等等。单是作为专门研究领域的政策工具研究的兴起就与政策执行研究的深化和细化有关,因为政策工具本质上就是连接政策目标与政策结果的桥梁。

20世纪80年代,政策科学、公共行政和公共管理之间的融合和交叉成为政策科学发展的重要趋势,政策工具的研究就体现了这一趋势。1983年,克里斯托夫·胡德(Christopher Hood)出版了《政府工具》,对政府工具进行了较为全面的阐述和分析。② 1998年,盖伊·彼得斯(Guy Peters)和弗兰·尼斯潘(Frans Nispen)主编的《公共政策工具》一书,较为全面地列举了一系

---

① 参见〔美〕保罗·A. 萨巴蒂尔:《政策过程理论》(彭宗超、钟开斌等译),北京:生活·读书·新知三联书店2004年版,第125页。

② C. Hood, *The Tools of Government* (The Macmillan Press Ltd,1983)。

列政策工具。① 2000年,伊曼纽尔·萨瓦斯(Emanuel Savas)在《民营化与公私部门的伙伴关系》(*Privatization and Public-private Partnerships*)一书中,将政府工具分为政府服务、政府间协议、契约、特许经营、补助、凭单制、市场、自我服务、用户付费、志愿服务等。② 2002年,莱斯特·萨拉蒙(Lester Salamon)主编了《政府工具——新的治理指南》并将政府常用的治理工具划分为直接行政、社会管制、经济管制、合同、拨款、直接贷款、贷款担保、保险、收费、用户付费、债务法、政府公司、凭单制等。③

政策工具的研究方兴未艾,对于公共政策研究更加贴近实务提供了广阔的空间。

(二) 政策网络

网络的概念是20世纪80年代兴起的,来源于生物学、计算机科学、经济学和社会学等多种学科。政策网络研究侧重于分析政策参与过程中团体与政府的关系。政策网络(Policy Network)是指一群互赖行动者为了促成某种政策问题或方案的形成和发展而建立的具有一定稳定程度的社会关系形态。④

90年代以来,在汉斯·胡弗恩(Hans Hufen)、伯尔尼·麦恩(Bernd Marin)、诺兰特·梅恩茨(Renate Mayntz)、格瑞特·约登(Grant Jordan)、弗瑞茨·夏普夫(Fritz W. Scharpf)、劳伦斯·图尔(Laurence J. O'Tool Jr.)、梅丽莎·理查德森(Melissa Richardson)、伊瑞克汉·克里因(Erik-Hans Klijn)、华特·柯切尔特(WalterJ Kichert)、皮特·伯加逊(Peter Bogason)等为代表的学者们的持续努力下,政策网络已经成为超越官僚和市场机制的第三种治理机制;成为公共政策执行的要素,且有取代政策分析、新公共管理、新制度主义的趋势。政策网络具有多元、分割、相互依赖、相互调整、建立共识、合作与互动的特性。⑤

---

① B. Guy Peters and Frans K. M. van Nispen, *Public Policy Instruments* (Northampton: Edward Elgar Publishing. Inc., 1998).
② 〔美〕E. S. 萨瓦斯:《民营化与公私部门的伙伴关系》(周志忍等译),北京:中国人民大学出版社2002年版。
③ Lester M. Salamon, *The Tools of Government: An Introduction to the New Governance* (New York: Oxford University Press, 2002).
④ 林玉华:《政策网络理论之研究》,台北:瑞兴图书公司2002年版,第61页。
⑤ 同上书,第32—98页。

（三）政策范式

自从 1962 年库恩发表《科学革命的结构》提出了范式（paradigm）概念之后，科学哲学转向了历史主义。虽然库恩的范式概念本身并不是确定如一①，但是范式概念却因为其内涵的丰富性和解释科学发展的革命性观念而受到自然科学界和社会科学界的广泛关注。德罗尔早在 70 年代就提出了政策科学范式的思想，但是将政策范式作为一种操作化的定义对公共政策实践进行研究的当属彼得·霍尔（Peter Hall）。霍尔认为，政策范式就是"政策背后的大致目标，决策者为了实现该目标必须解决政策背后的广泛的目标以及相关问题和难点，此外，在很大程度上将会用到各类手段以达到这些目标。这个理论框架就像一个格式塔（gestalt）一样日益强大"。② 政策范式由政策目标、政策工具和政策问题三个基本要素组成。常规变化模式与间断-均衡模式是政策范式变化的两种模式。"政策范式"变化通常会经历以下几个阶段：(1)范式稳定性；(2)反常的积累；(3)实验；(4)权威的破灭；(5)争议；(6)新范式的制度化。与政策范式相关的研究是关于政策风格（policy styles）的研究。政策风格由杰里米·理查森（Jeremy Richardson）等人在 1982 年提出。政策风格就是"政府解决问题的方式以及政策过程中与其他行为主体之间的关系，及其互动"。③

政策范式和政策风格的研究是政策科学研究细化和贴近实际的重要表现。

八、公共政策的理论重构

政策科学经历了半个多世纪的发展，已经将初创时期的内涵的各个要素

---

① 英国学者玛格丽特·玛斯特曼（Margaret Masterman）在《范式的本质》（The Nature of Paradigm）一文中对库恩的范式观作了系统的考察，她从《科学革命的结构》中列举了库恩使用的 21 种不同含义的范式，并将其概括为三种类型或三个方面：一是作为一种信念、一种形而上学思辨，它是哲学范式或元范式；二是作为一种科学习惯、一种学术传统、一个具体的科学成就，它是社会学范式；三是作为一种依靠本身成功示范的工具、一个解疑难的方法、一个用来类比的图像，它是人工范式或构造范式。参见〔英〕玛格丽特·玛斯特曼：《范式的本质》，载〔美〕拉卡托斯、马斯格雷夫：《批判与知识的增长》（周寄中译），台北：桂冠图书股份有限公司 1994 年版。

② Peter A. Hall, "Policy Paradigms, Experts and the State: The Case of Macro-economic Policy-Making in Britain," in Stephen Brooks and A.-G. Agonon, eds., *Social Scientists, Policy and the State* (New York: Praeger, 1990), p.59.

③ Jeremy Richardson, Gunnel Gustafsson and Grant Iordan, "The Concept of Policy Style," in Jeremy J. Richardson, ed., *Policy Styles in Western Europe* (London: George Allen and Unwin, 1982), p.13.

和内在张力充分表现了出来。人们至少可以清楚地认识到,政策科学已经并不是由单一的维度构成,其间存在工具理性和价值理性的内在紧张。为此,德罗尔就曾呼唤通过综合哲学基础与构建本体理论,引入现实主义研究方法与开创宏观公共政策分析,改进元政策与政策制定系统对公共政策进行理论重构。①

(一) 综合哲学基础与构建本体理论

哲学的贫困是造成公共政策质量不足的根本性原因之一。现代公共政策因其对象的广泛性和复杂性而要求为自身建立起具有综合特征的哲学基础。面向21世纪的公共政策要求:(1) 在价值观方面构建一种能够作为各种政策途径、政策方法和政策技术基础的哲学;(2) 在认识论方面构建一种非实用主义的科学哲学,并广为吸收已有的认识论的方法,包括在系统条件下认识现实的先验图式、类比图式,重视客观依据的思想方法,寻求因果关系的论证方法等;(3) 在相关哲学的选择上继承和发展行动哲学的研究成果,包括对行动理论和决策逻辑的探讨,对实践理性、存在理性、合理性的探讨等。②

其实近期学者们已经在这方面做出了诸多的努力,最为突出地表现在综合哲学基础和构建本体理论这一高难度的任务上。可以认为,随着西方社会科学研究从实证主义走向后实证主义,以及后现代社会现实和后现代思潮的兴起,政策科学哲学亦发生了根本性的革新。这一革新的步伐是与整个西方哲学的转向和革新同步的。世纪之交,西方哲学发生了诸如语言学转向、经验主义转向、中立主义转向等革命性的变革,这些转向在政策科学领域也或多或少地体现出来。在哲学思维方面它们的共同点在于:对现代性思维的超越和否定,转而倡导主体间性、价值理性和工具理性的融合、现象学的认识论、解释学的方法论等等。比如,公共行政行动理论、全面质量管理、建构主义的公共政策评估、治理理论、学习型组织、对话民主理论、公共行政的话语理论、公共政策民主化理论、参与型政策分析,等等。③

---

① 〔以〕叶海卡·德罗尔:《逆境中的政策制定》(王满传等译),上海远东出版社1996年版,第139—280页。
② 参见张国庆:《现代公共政策导论》,北京大学出版社1997年版,第362—363页。
③ 参见曹堂哲、张再林:《话语理论视角中的公共政策质量问题——提升公共政策质量的第三条道路及其对当代中国的借鉴》,载《武汉大学学报》(哲社版)2005年第6期。

(二) 现实主义研究方法与开创宏观公共政策分析①

现实主义的价值取向及其相应的研究态度和研究方法是公共政策重构的重要任务。现实主义的公共政策研究主要集中在两个方面：其一，现实主义的价值取向，表现为对政策实践的极大关注，包括对政策实践进行经验性总结的浓厚兴趣，对在政策实践中检验政策理论的认同等；其二，现实主义的研究方法，表现为对实际政策过程的描述，对政策实践的经验性概括等。

强调现实主义的公共政策理念和思想将推动公共政策研究形成一次质的飞跃，德罗尔提出的宏观公共政策分析也许是这场革命性进步的第一个里程碑。所谓宏观政策分析是基于这样一种判断而提出的一种新的政策分析的创意：由于过分地强调规范性，强调理性（科学），强调技术分析（数量化）的可靠性，政府的公共政策正在丧失现实性，以至于在政府的关键性政策抉择方面，现有的政策分析方法基本上无能为力，从而需要一种以历史和理论假设为框架思考重大政策问题的分析方法，即宏观政策分析的方法。为了明确界定宏观政策分析的政策本质，德罗尔罗列了同时构成其特征的宏观政策分析的22条原则。这些原则包括了关于公共政策哲学基础的行动定位、超理性的应用、集中注意关键性抉择、历史的高度长期预测与动态预测、政策制定系统的构建、注重协调与沟通、创新与创造，等等。②

(三) 元政策与政策制定系统的改进③

元政策是关于"政策的政策"。因此，政策质量的提升首先取决于元政策质量的提升。从这个意义上说，关于元政策的正确、自觉、有效的改进，是提升公共政策质量的先决性条件。元政策是政策制定系统的系统运作的产物，因此，提高元政策质量的基本问题在于改进政策制定系统。

政策制定系统的改进存在着一种循环的逻辑矛盾：公共政策质量低下说明政策制定系统需要改进，而政策制定系统的改进又需要高品质的公共政策。解决这一矛盾的现实出路在于寻求和建立一种新的逻辑起点。其中，通过制度的安排（譬如选举制、任期制）引进新的力量对政策制定系统进行革

---

① 关于"现实主义研究方法与开创宏观公共政策分析"，转引自张国庆：《现代公共政策导论》，北京大学出版社1997年版，第364—365页。
② 〔以〕叶海卡·德罗尔：《逆境中的政策制定》（王满传等译），上海远东出版社1996年版，第314—340页。
③ 关于"元政策与政策制定系统的改进"，转引自张国庆：《现代公共政策导论》，北京大学出版社1997年版，第365—367页。

新性改进是必要也是可行的。

政策科学的学科整合、创新和理论重构是一件值得探讨而引人入胜的领域。

九、美国政策科学的社会建制和社会功能

政策科学在美国被普遍接受且得到迅速发展,是在20世纪70年代。期间,不仅许多高校开设了政策科学的研究方向,社会上也涌现出了大量有关政策科学的专业性研究咨询组织和学术刊物。著名的政策科学杂志有《政策科学》(Policy Sciences)、《政策分析和管理杂志》(Journal of Policy Analysis and Management)、《政策研究杂志》(Policy Studies Journal)、《政策研究评论》(Policy Studies Review)、《政策与管理评论》(Policy & Management Review),等等。

以美国为例,仅在1975年,各主要刊物就发表了有关文章800篇以上;同年,全美计划联合会出版的实用分析研究论文集,则开列了4000份以上的社会计划的分析案例。[①] 在整个70年代,政策科学的理论和技术不但在许多国家的各级政府得到了广泛应用,而且由于其潜力和普遍的适用性,同时也在私营部门得到了推广。可以认为,政策科学是第二次世界大战以后,尤其是60年代之后最受注意的学科之一。进入80年代以来,政策科学的理论和方法已经成为工业发达国家政府乃至实业团体管理决策的基本方式,以至于形成了这样的现象:未作政策分析,不作政策决定。

政策科学诞生以来的发展还有一个趋势就是与政策咨询业紧密结合,一部分政策研究机构成为美国智库,影响社会舆论和政策走向。美国的智库相当发达,目前全美大约有两千多个从事政策分析的组织,仅华盛顿特区就有一百多个。智库与利益集团、公民和政府有广泛而直接的联系,影响着美国政治、经济、军事、外交等一系列重大决策。兰德公司(Research and Development Corporation)、布鲁金斯学会(The Brookings Institution)、战略与国际问题研究中心(The Center for Strategic & International Studies)、斯坦福大学胡佛中心(Hoover Institution)、遗产基金会(The Heritage Foundation)、美国企业公共政策研究所(American Enterprise Institute for Public Policy Research)等等就是美国著名的智库。

---

① Arnol Katz and Julia G. Lear, *The Policy Analysis Sourcebook for Social Program* (Washington, D.C.: Hill Book Co., 1963), p.70.

政府的重大决策经过智库的政策研究和分析,发布相关的研究报告引起舆论的广泛讨论,然后进入正式政治议程得到通过和实施。这一机制充分保证了政策的科学性和民主性。

美国的公共政策研究从兴起、发展到逐渐成熟,经历了数十年的过程。今后如何发展,值得关注。

张国庆　刘新胜　曹堂哲
2007 年 5 月 25 日

目录

序言 / 1

第一章　公共政策环境　/ 1
  1　功利原理(1780)　/ 5
  2　压力下的政治系统(1965)　/ 9
  3　科学革命的本质和必然性(1970)　/ 17
  复习思考题　/ 21

第二章　公共政策制定　/ 22
  4　"渐进调适"的科学(1959)　/ 25
  5　混合扫描：决策制定的第三种方法(1967)　/ 39
  6　街道层官僚与政策制定(1980)　/ 50
  7　政策悖论：政治决策的艺术(1997)　/ 61
  复习思考题　/ 70

第三章　利益集团与公共政策　/ 71
  8　《联邦党人文集》第10篇(1787)　/ 75
  9　政治过程(1951)　/ 80
  10　权力精英(1957)　/ 85
  11　谁统治？(1961)　/ 96
  12　美国商业、公共政策、案例研究与政治理论(1963—1964)　/ 103
  复习思考题　/ 121

第四章　议程设置　/ 122
  13　议程确立的动力学(1972)　/ 124

14　生态沉浮：议题关注的周期(1972)　　/133
　　15　议程、备选方案与公共政策(1995)　　/144
　　复习思考题　/156

第五章　公共政策的政治经济学　/157
　　16　宪法的经济解释(1931)　/163
　　17　通往奴役之路(1944)　/166
　　18　丰裕社会(1958)　/175
　　19　资本主义与自由(1962)　/181
　　20　零和社会(1980)　/185
　　复习思考题　/190

第六章　立法机构与政策制定　/192
　　21　致布里斯托选民的演讲(1774)　/195
　　22　国会政体(1885)　/197
　　23　可爱的议员与讨厌的国会(1979)　/204
　　复习思考题　/211

第七章　行政部门与政策执行　/212
　　24　总统行政机关管理委员会的报告(1937)　/217
　　25　总统的权力：说服力(1959)　/224
　　26　两种总统角色(1966)　/227
　　27　概念模型与古巴导弹危机(1969)　/241
　　复习思考题　/273

第八章　司法机构与政策审查　/274
　　28　《联邦党人文集》第78篇(1778)　/280
　　29　马伯里诉麦迪逊案(1803)　/284
　　30　布朗诉教育委员会案(1954)　/290
　　31　格里斯沃尔德诉康涅狄格州案(1965)　/294
　　32　米兰达诉亚利桑那州案(1966)　/295
　　33　罗伊诉韦德案(1973)　/303
　　复习思考题　/306

第九章　外交政策　/307

    34　伯罗奔尼撒战争史：米洛斯人的辩论（公元前五世纪）　/313

    35　战争论：作为一种政治工具的战争（1832）　/320

    36　苏联行为探源（1947）　/327

    37　文明的冲突？（1993）　/333

    复习思考题　/352

第十章　公共政策与公共关系　/353

    38　政治与英语（1946）　/356

    39　意象：理解美国伪事件的指南（1961）　/360

    40　象征与政治缄默（1964）　/366

    复习思考题　/381

第十一章　政策分析　/382

    41　公地悲剧（1968）　/387

    42　政策分析的七种致命过错（1976）　/401

    43　政策分析的艺术（1979）　/408

    复习思考题　/412

序　言

　　人类对于公共政策议题的关注，可以追溯至文明社会之初。在《旧约全书》之《创世纪》(4：9)里("难道我是我弟弟的监护人吗？")，在《新约全书》之《马太福音》(22：21)里("凯撒的归凯撒"或"凡事各有所归")，在《荷马史诗》之《伊利亚特》里("男儿为国捐躯亦体面")，在《伊索寓言》之《猫和老鼠》里("谁给猫系铃铛？")，以及在古代其他作家、哲学家、历史学家的不计其数的作品里，我们都可以找到诸如此类的政策议题。尽管如此，人类对公共政策的自觉研究却是现代人才开创的新兴事业。

　　任何领域的努力皆有其作为进步的里程碑。这些里程碑，有些是文字的和物理的，因而从埃及的金字塔和罗马的驰道，我们可以看到古代建筑和工程的里程碑；有些则存在于军事训练的操程和地毯编制的技艺中。当然，我们这里关注的是公共政策知识的里程碑。就像每一代的建筑师都会重新研究古罗马人塑造的拱门一样，那些旨在理解和推进公共政策的学者也必须研究先辈的经典思想。本书的任务就是对那些公认的经典作品作有选择性的分类汇编。

　　常言道，影响房地产交易价格有三个决定性的因素：位置、位置和位置。尽管其他因素也在考虑之列，但没有哪一项因素的重要性与之堪称相近。对于公共政策研究来说，位置的影响同样如此。在公共政策研究或建议的定性上，很少有哪项事情的重要性能够超过政策的出发点。

　　这种现象就是人所共知的"迈尔斯法则"——"位置决定立场"。在作为联邦官僚的民间至理名言风行多年以后，预算局(现为管理与预算办公室)的管理人员鲁弗斯·小迈尔斯(Rufus E. Miles, Jr.)，在发表于1978年《公共行政评论》的一篇文章中首次披露并记载下了该法则的来历。在承认"这一概念如柏拉图一样久远"的同时，迈尔斯也强调，这一"术语"乃是从他管理下的一个预算审核小组所发生的一系列具体事件中演绎而来。他属下的一个预算审核员从他负责的被审核机构中获得了一份薪水更高的预算分析师职位。此人在职权范围内对被审核机构一向严苛挑剔，因此他跟迈尔斯（他的上司）讲，如果给他加薪，他宁愿呆在现在的职位上。迈尔斯，这个对联邦支出水平一向敏感的人，拒绝支持下属的加薪请求。于是此人向迈尔斯提出辞呈，并接受了被审核机构所提供的职位，尽管在他看来这并不是一个他特别在行的工作。

迈尔斯于是向属下的其他员工说，这位前雇员不久就会为他曾经大加批评的新预算政策极力辩护。同伴们都认为这不太可能。毕竟，这位刚刚离职的分析师，给人感觉是一个特别有鉴别力且正直的人。迈尔斯坚持自己的判断。事实证明他对了，正如他的法则所言，"位置决定立场"。由于这位前雇员现在坐在了别的位置上，他的观点自然会根据新位置而发生演变。这与其说与道德有关，不如说与看问题的角度有关。事实上，没有一个雇员能够完全摆脱所处职场位置的束缚。对问题或政策的新看法可以而且常常与原先的立场截然相反。这与其说是伪善的表现，不如说是对新雇主的忠诚。

"迈尔斯法则"从未被废止过。潜藏在政策立场背后的是它的发起者——政策颁布机构，而不是什么客观的理想。倒不是说这些发起者必定腐败或不诚实，他们不过是习惯于透过抽象的镜头来观察政策议题。他们就像那些手里只有锤子作为工具的人一样，对这些人来说，所有的问题看起来都酷似钉子。这就是为什么在律师的眼里所有公共政策议题看起来都像法律问题；而经济学家则倾向于应用计量经济学的方法分析政策问题。每一门学科都形成许多难免偏见的窍门，专业人士透过这些窍门观察公共政策世界。

这些所谓的"窍门"（bags of tricks），即不同学科（以及相关专业人士）用以分析问题的方法，构成了不同的学说——即关于如何观察公共政策问题的核心信条。如何观察？为什么要透过这样的学说视角来观察？当人们透过专业的、组织的以及方法论的偏见观察政策世界时，他们无异于戴上了玫瑰色的眼镜。尽管如此，这种偏见仍然不同于那些消极的、非理智的偏见；它是职业社会化教会人们观察公共政策问题的方法。

因此，关于公共政策研究的方法没有共识，在可预见的将来也不太可能出现意见一致的情况。任何一个研究公共政策的人，都完全可以根据自己的选择认可某一学科或学说的研究方法。不过，在你抽签式从诸多方法中排他性地选择一种方法时,应该仔细考虑一下其他的选项,衡量一下每种方法的长处与短处,看看其价值体系和教义是否与你业已建立的信仰、假设以及倾向性相一致。你可能发觉,没有哪一种观点值得你为之忠心耿耿,每一种观点都包含着适用于不同情景的重要信息和见解。不要忘了,学科只是作为知识构件而存在,用以组织针对学生的教育以及服务于学者之间相互支持的网络。

政策科学以解决问题为导向,它超越于所有学科以处理重要的社会决策。它寻求将各学科中与政策有关的知识整合为一个统一体。战后,西方学术界出现了一种试图将社会科学的客观构思(拒绝公共意图与目标的说法)与政策实践者的实用主义态度(坚持实用性是教育与研究的唯一原则)区分开来的努力,政策科学的诞生正是始于这种努力。哈罗德·拉斯韦尔(Harold Lasswell)在《政策科学展望》(*A Preview of the Policy Sciences*,1971)一书中坚持认为,政策科学研究"决策或选择以及对解决特定问题所需的可用知识进行评估的过程"。

自创立以来,政策科学保持着欣欣向荣、蓬勃发展的势头,与此同时,政策科学作为一门独立、综合学科的发展却不尽如人意。事实上,政策科学的研究主题常被置于政治科学、公共行政学或经济学系的政策研究规划之中。拉斯韦尔关于建立新学科的呼吁没有引起人们的足够重视。政策科学概念的重大贡献就在于唤起人们对公共政策研究的跨学科本质属性的关注。

正如政策科学所主张的那样,传统学科中的任何分支都可以面无表情地辩解说,它们走的也是跨学科研究的路径。尽管如此,位置法则在这里仍然起着支配性的作用。因此,斯图亚特·那格尔(Stuart S. Nagel),一位卓越的政策研究史学家,在为《公共政策与公共行政国际百科全书》所准备的一篇题为《政策研究》的文章中写道:"不同研究规划的最突出特征在于,是如伯克利公共政策研究生院那样强调政治科学的研究方法;还是如哈佛大学肯尼迪政府学院那样强调经济学的研究方法;或者如美国西北大学的评估研究项目那样强调社会心理学的研究方法。"

大体说来,政策研究是一个相当宽泛的术语,常用来描述各种以公共政策为焦点的跨学科研究规划。此外,政策研究还可以分为两大类别:

(1)规范的。评论公共政策的制定,提出建议以使公共政策的制定过程更有效率、更公平和更民主。

(2)分析的。将政策分析方法用于政策结果的模拟与解释。

20世纪60年代,政策研究开始了有意识的自我扩张。同一时期,公共行政学也迎来了爆炸式的成长。但是80年代早期,当公共行政学的发展趋于平缓之时,政策研究却继续保持着它的发展势头。为什么?这不难理解,与公共行政学不同,政策研究是一个开放的、不定型的学术领域,它像气体一样充斥着它所占据的每一个空间。昔日里整天将自己关在实验室的生物学家们和化学家们,现在已经作为环境政策专家走向公众;土木工程师和城市规划人员现在成了城市政策专家;市政债券分析师和政府会计师现在成了财政政策专家;研究人们如何受到激励去追求公共利益的社会心理学家现在也成了社会政策专家;凡此种种,不一而足。每一学科都有自己独特的政策小生境。在政策研究的跨学科领域,每一学科都迫切期待在研究基金分配表中占有一席之地。

公共政策研究中常用的分类法有很长的历史传统。它条分缕析,去繁就简,使人们更容易记住复杂的学术争执的精髓,并向人们展示出一幅问题已被先贤解决且结论无可争辩的轻松图景。例如德国社会学家韦伯(Max Weber, 1864—1920)认为,存在三种纯粹形态的合法权威:魅力的(领导者的个人品质导致服从);传统的(传统和习俗要求顺从);以及法理的(人们遵守由他们所认同的权威所制定的法律)。

公共政策研究给人们提供了巨大的空间以进行分类学的创造。教科书和学术专著满是各种有关公共政策及其分析方法的列表、图表和分类表。公共政策研究是一个杂乱无序的世界,迫切需要学术机构的组织化、学科分类的权威化以及研究方法的统一化。不过,这是一个无人会理会的要求。混乱盛行之处,都是因为缺乏权威,无论是美国总统还是大学校长都不能告诉那些与公共政策相关的学术领域(如政治科学、公共行政学、经济学、国际关系学等)的学者如何从事它们的研究。自然科学的教科书(如生物学、化学、物理学等)至少就各自的研究领域达成了共识。与之相对,公共政策教科书的情况却远没有那么让人轻松。尽管这些教科书之间存在着相当部分的一致之处,但是与自然科学相比,简直是小巫见大巫。造成这种现象的部分原因在于,与公共政策研究相关的诸多学科各有自己不同的学术传统和研究方法。

本书的目录也属于一种分类法。我们将所选的经典文献分为十一类或十一章。如此分类,虽难免武断之嫌,却也是不得已而为之。如果将这些内容仅仅按年代序列来组织,那么对于一门入门课程来说,这种组织方式可能不是很有用的。这毕竟是一本教科书。因此我们希望通过内容的编排来满足公共政策教学的需要。在批评我们的分类法之前,您不妨先琢磨一下19

世纪西方公共大厅中常见的标语:"请不要向钢琴手开火,他正在尽力而为。"

本书以公共政策的总体环境为开端;然后考察用以支持政策制定的决策,分析利益集团的影响,以及政策是如何进入政府议程的;接下来我们将公共政策置于政治经济学的分析之下;其后又考察立法、行政和司法这三大政府分支如何处理公共政策;最后讨论对外政策、公共关系,并提供了一个关于政策分析的概观。

有关公共政策的作品可谓汗牛充栋、数不胜数,因此我们必须发展出一套极其严格的标准以作筛选。首先,入选作品必须具有持久价值。终究,经典之所以为经典,是因为它所提供的价值能够经受住时间的考验。其次,入选作品对当代公共政策核心内容的重要性必须得到广泛共识。对于我们来说,"未被承认的经典"似乎是一种自相矛盾的说法。我们不妨自问:"广义上的公共事务专业的学生是否应该知晓该作者以及他或她的基本主题?"如果答案是肯定的,那是因为这位有影响力的作者所作的学术贡献已经久为人知。有人也许可以公平地批评我们将某位作者或某件作品排除在外,但他却发现自己很难公正地批评我们不该将某件作品收入其中,因为所有入选作品都属于被广泛引用和再版的公共政策作品。入选作品的最后一个标准是可读性。我们力求让那些没有公共政策阅读经验的读者也能阅读并欣赏这些入选作品。为了适应这最后一个标准,我们对许多入选作品进行了严格的编辑,以增加这些作品的可读性。

每一章的开始部分都有一个关于入选作品的题目和内容的介绍。如此设计是为了将这些选作串接起来,并简要概述其内容。每一章的末尾还附有一些复习思考题。

第一章

公共政策环境

公共政策总是处于与特定时空背景相联系的环境之中。本章选择的三篇文章分别从效用、系统与变迁三个不同的视角考察公共政策的环境,并依次关注这样三个问题:政策有效性的标准是什么?政策是否与它赖以存续的政治体系相适应?以及政策是如何演化或变革的?

古希腊的哲学家和政治分析家将关注点集中于国家与政府、战争与和平、权力与政治等宏观理论,他们的思想影响了此后人类两千多年的历史。在这些思想光环的映衬下,人们开始思考一些相对较小的问题;将关注的目光更多地投射到如何最有效地征稽税收、铺设下水道管网、设计监狱等问题,而不是战争与和平的问题上。这正是杰里米·边沁(Jeremy Bentham,1748—1832)所涉足的领域。他像一个单人智库,事无巨细地向社会提供着大量的治理之术。结果,他被公认为是政策分析实务和政策分析科学的创始人之一。

边沁的职业生涯始于律师。但他对法律的操作似乎并不太感兴趣,并决定将自己的一生贡献于法律的改良。在他看来,法律的改良既涉及既定法律原则的改良,也涉及法律条文本身的改良。改革者的生活很少充裕富足,但他似乎无需为此担忧。父亲去世后,他继承了大批的遗产。

边沁是英国著名的哲学家,他坚持认为,自利之心是人类行动的原动力;一个好政府应该尽最大努力改善最大多数人的最大幸福。他希望公共机构能够根据实际获致的福利水平进行自我调整。他因此而成为了功利主义运动的先知先觉。功利主义认为,与其他备选方案相比,当且仅当一项行动方案能产生更多的快乐而不是痛苦,产生更多的幸福而不是不幸时,该行动方案才具有正当性。

将功利原理用于所有人类动机的解释,边沁觉得自己找到了打开人类幸福科学之门的钥匙。利用这一原则,一个社会的幸福总量就可以通过每一个成员的处境来测量。而政府则应该通过政策手段努力促成"最大多数人的最大幸福"。边沁的如此态度,自然不是为了取悦于英国贵族。毫无疑问,作为社会的上层阶级,英国贵族阶级极力地想以牺牲社会下层阶级的幸福为代价来保持自己的幸福。

与那些自诩为改革家的人不同,边沁试图开发出一些处理政策问题的技术方法,以便其他人能够将这些方法运用于处理未知问题。事实上,边沁留给我们的遗产实在太丰富了,他是政策分析领域中的首位方法论学者。他给我们指出了一条如何寻找方法的途径。

诚然,功利原理并非边沁原创,它的起源至少可以追溯到古希腊。但不管怎么说,边沁是第一个将这一原则严谨而精确地应用于公共政策分析的人,是第一个对公共政策问题进行经验分析的人,是第一个运用社会事实调查为法律改良进行辩护的人。一百年以后,人们将那种不仅将法律本身,而且将那些由社会与科学研究得出的、对法律与社会具有经济学和社会学含义的技术资料考虑在内的法律论据,称之为布兰代斯诉状。这类法律论据由后来任职于美国最高法院大法官(1916—1939)的路易斯·布兰代斯(Louis D. Brandeis,1856—1941)首创。例如,在 1954 年的"布朗诉教育委员会"一案中,正是布兰代斯诉状帮助布朗的代理律师赢得了那场官司。当时,依靠心理学家关于种族隔离对黑人小孩的影响的证词,布朗的代理律师证实了分隔教育设施在本质上是不公平的。从知性上来讲,"边沁诉状"或许是一个更诚实的词汇。

边沁要求所有的法律与政策都必须回答这样一个问题——"谁从中受益?"如果一项提案不能满足他的"最大多数人的最大幸福"的要求,这样的提案就不值得通过。最重要的是,边沁力促人们采取切实可行的办法解决犯罪、教育、福利、公共卫生等问题,他极力主张立法者的行动应当受功利原理而不是党派意识的引导,否则,这样的行动就是丑恶的、不道德的。正是由于这样的原因,人们普遍认为他最具影响力的著作是《道德与立法原理导论》(*An Introduction to the Principles of Morals and Legislation*)。总之,在他看来,立法的目的只有一个,就是做合乎伦理道德的事情。不信吗?看看边沁对功利原理的阐述你就知道了。

系统是由相互作用、相互联系的部分组成的有机体;它的设计是为了实现特定的目标或一般性的目的。所谓系统方法是指一种以系统为情景的分析框架。古希腊的三位大哲学家虽然没有使用过系统方法这一术语,但他们完全知晓系统方法对于增进理解的好处。例如,根据色诺芬(Xenophon,约公元前430—前355)的记载,苏格拉底就洞晓管理系统的普遍性——不论是管理一家企业、一个政府机构还是一支军队,都需要相同的管理技能。在《理想国》一书中,柏拉图呈现了一个完整的政治系统。在《政治学》一书中,亚里士多德系统地分析了构成政治共同体的所有要素;并认为"由中等阶层组成的"、"以崇高的行为而不仅仅是以友谊为目的而生活的"的城邦才是最好的政治共同体。

或许,对社会系统最富于诗意的描述出自英国诗人约翰·多恩(John Donne,1572—1631)。在他写下"没有人是一座孤岛,可以离群索居;人人皆为'大陆'的一部分,海洋的一片"时,他是在为现代社会科学作序;当他写道"任何人的死亡都消磨着我,因为我如此关注众生;别打听丧钟为谁而鸣,它为你敲响"时,他是在解释为什么每个人都必须理解系统理论的原理。

自二战以来,社会科学越来越多地运用系统理论检验它们关于人类行为的主张。系统理论将各类社会组织——小到家庭,大到国家——视为动态地相互联系、相互作用的多要素的复合体。每一个系统都包含着输入、过程、输出、反馈,以及在其中运行并与之不断地发生相互影响的环境。系统任何要素的任何变化都会引起其他要素的变化。要素间的相互联系往往是复杂的、动态的(不断变化的),并且常常是未知的。例如,留心观察一下蜂窝。如果某一天雄性工蜂外出觅食,大多数没能回来(因为它们不小心闯入了杀虫剂的气雾中),整个蜂窝必将发生变化。蜂蜜的产量必将削减,以使更多的雄蜂得到供养,直到整个蜂窝,或整个系统,回复到平衡状态。类似地,当政策制定者作出涉及系统某一要素的决策时,可能会对整个系统产生始料不及的影响。系统理论家们研究这些相互联系,目的就是为了对那些曾被认为是预料之外的东西作出预测。

系统思维至关重要,因为整个世界从本质上讲就是一个相互关联着的系统的集合。任何事情的发生都不是孤立的。开放系统是指与环境发生相互作用的任何有机体或组织,与之相对的封闭系统则不与环境发生这种作用。封闭系统主要是一个理论概念,因为即使最孤立的机械系统最终也会受到环境的影响。实际上,所有的系统理论——尤其是在社会科学中——都是开放系统理论。因为所有社会组织都是自适应(开放)系统,都是它们所处环境的组成部分;要想生存,系统就必须根据环境的变化作出相应调整。当然,它们的决定和行动反过来也影响其所处的环境。

系统论的方法源远流长,但作为人类自觉的研究对象,则是始于20世纪中叶路德维格·冯·贝塔朗菲(Ludwig von Bertalanffy, 1901—1972)提出"一般系统论"。戴维·伊斯顿(David Easton, 1917—)受此影响,并成为了将系统论方法应用于现代政治分析的第一人。凡寻求将政策置于更大系统情境下的研究都属于系统论方法的运用。

伊斯顿强调,为维持其稳定性,政治系统必须能够适应环境和技术的变化。伊斯顿在1963年出版的《政治系统》(The Political System)一书中首次将系统论方法应用于政治学研究。本书节选的"压力下的政治系统",则是出自作者1965年出版的《政治生活的系统分析》(A System Analysis of Political Life)一书。

在伊斯顿忙于研究政治系统如何适应变化的同时,托马斯·库恩则在考虑另一个更基本的问题:变化是如何发生的。在他的里程碑式著作《科学革命的结构》一书中,库恩解释道,自然科学的发展过程聚集着一群不断转换的理论。科学进步不是基于知识和事实的积累,而是基于一定时期用于解释被研究现象的主导范式(或模型)。每一种范式与其说是建立在对以往理论的反驳之上,不如说是建立在相关知识和理论的坚实基础之上。一种范式一旦被当前的学者一致认可,只要它还有用,它的生命力就将一直持续,直到它最终被更中肯、更有用的范式所替代为止。这种替代的过程就是库恩所谓的"科学革命"。

还是哈佛大学理论物理学专业的一名研究生时,库恩应邀为一个研究生班讲授科学史课程,这期间他发现了他称之为范式的东西。他承认自己此前"一篇科学历史文献也没有阅读过"。在查阅了亚里士多德的"物理学"后,他惊奇地发现它与牛顿的物理学概念是如此不同。亚里士多德所提供的并不是牛顿物理学的早期版本,而是以一种完全不同的方式来看待质量、速度与重量之间的基本原理。这导致库恩得出这样的结论:科学发展并不是一个持续的、一步接一步的、永远向上的知识累积过程。它更像是"一部以知识暴力革命为插曲的和平连续剧"。当这样的革命发生时,"一种概念性的世界观被另一种概念性的世界观所替代"。发明新范式,创造如此突破的人,"几乎总是……要么相当年轻,要么进入该领域的时间相当短……由于很少受到常规科学中的传统规则潜移默化式的束缚,这些人尤其有可能突破这些规则的限定,并构思出一套不同的规则以替代之"。这就是为什么牛顿物理学从根本上如此不同于亚里士多德的物理学。牛顿的思想不是对亚里士多德的思想的引申。他是用一种全新的思想取而代之。

虽然范式各有自己的生命周期和内容,但它们在时间和内容上仍有部分重叠,因为它们毕竟是持续展开的。从相似性的意义上说,公共政策和公共行政的学科发展本质上一直是循环式的。革新者每发起一次成功创新,至少在竞争性的团体或组织采纳相似的革新之前,会有一段时间的效力增长期。但是,随着时间的流逝,不断发展的技术和不断变迁的环境使得该创新的效力趋于衰减,起初变得不那么胜任,随后又变得完全不胜任。在一次创新性的变革化解了问题以后,新的一轮胜任与不胜任的周期又开始了。这种"时间间隔"的现象颇似传统的兴衰交替的商业周期现象。因此,维持组织的胜任能力是一个永无止境的奋斗过程。理解这种周期是理解公共政策盛衰变化的关键。本书节选了库恩的"科学革命的本质和必然性"一文以为鉴赏。

1

功利原理(1780)①

杰里米·边沁

1. 自然将人类置于两位主公——**快乐和痛苦**——的主宰之下。只有它们指示我们应当干什么,决定我们将要干什么。是非标准与因果联系,皆由其定夺。我们所行、所言、所思,无不受其支配:我们试图摆脱其支配的每一次努力,不过是在昭示和巩固我们的受支配地位。一个人可以在口头上宣称不再受其主宰,事实上他将始终对之俯首称臣。**功利原理**承认这种受支配地位,并将之当作社会制度的基石。这些制度旨在以理性与法律之手建造人类幸福大厦。与这一原理相背离的制度,无异于失智从昏、去理依情、弃明投暗。

隐喻与雄辩之辞足矣,道德科学无需依靠这些手段以求改进。

2. 功利原理是本书的基石。因此,恰当的做法是一开始就对它的含义

---

① 原文出自:Jeremy Bentham, *An Introduction to the Principles and Morals of Legislation*, 1780。译文引自边沁:《道德与立法原理导论》,时殷弘译,商务印书馆2000年版,第57—63页。引用时作了部分修改。

给出清晰、明确的说明。功利原理是指这样的原理：根据其显现出来的增大或减小利益相关者之幸福的倾向，或者换言之，根据其促进或妨碍此种幸福的倾向，来决定对任何一项行动所采取的认可或不认可态度。这里所说的任何一项行动，不仅包括私人的每项行动，也包括政府的每项措施。

3. 功利是指任何客体所具有的一种属性，它倾向于给利益相关者带来好处、有利条件、快乐、利益或幸福（这些词汇在此处的含义相同），或者倾向于防止利益相关者遭受危害、痛苦、灾难或不幸（含义也相同）。如果利益相关者是一般性的共同体，则指该共同体的幸福；如果是具体的个人，则指该个人的幸福。

4. 共同体的利益是道德术语中最笼统的词汇之一，不足为奇的是，它往往失去意义。当它确有含意时，是这样表述的：共同体是一个虚构**体**，它由那些被认为是构成其**成员**的个人所组成；而共同体的利益则是组成它的诸成员的利益总和。

5. 不理解何为个人利益，谈论共同体的利益便毫无意义。当一件事物倾向于增大一个人的快乐总和时，或者同义地理解，倾向于减小其痛苦总和时，它就被判定为促进了这个人的利益，或**为了**这个人的利益。

6. （就整个共同体而言），当一项行动增大共同体幸福的倾向大于它减小这一幸福的倾向时，它就可以被判定为符合功利原理，或者简言之，符合功利。

7. 同理，当一项政府措施（这不过是一项由特殊的人实施的特殊行动）增大共同体幸福的倾向大于它减小这一幸福的倾向时，它也可以被判定为符合或服从功利原理。

8. 当一项行动，或者特别是一项政府措施，被认为符合功利原理，那么为了论述方便起见，可以设想存在一类被称之为功利法或功利命令的法或命令，并且当如此谈论相关行动时，便把它当作是符合这样的法或命令的。

9. 如果一个人对任何行动或措施所持的认可或不认可态度，取决于他认为它增大或减小共同体幸福的倾向；或者更进一步地说，他对之所持的认可或不认可态度的程度，与它增大或减小共同体幸福的倾向是成正比的；或者换言之，他所持的认可或不认可态度，取决于它是否符合功利法或功利命令，这个人就可以被判定为功利原理的信徒。

10. 对于一项符合功利原理的行动，一个人始终可以说它是应当做的，或者至少可以说它不是不应当做的。也可以说，去做是对的，或者至少不是错的；它是一项正确的行动，或者至少它不是一项错误的行动。如此解释，则

应当、**正确**和**错误**以及其他类似的词汇才是有意义的,否则就没有意义。

11. 这个原理的正确性有没有遭到过正式的质疑?应当说它曾遭到过那些不明其义的人的质疑。有没有什么可接受的直接证据能够证明其正确性?应当说没有。因为被用于证明全部事物之证明物本身,是无法被证明的:证据之链必定有其始端。给予如此证据,既无可能,亦无必要。

12. 活生生的人,不管多么愚蠢或固执,在其一生中的许多甚或绝大多数场合,并非或未曾不顺从这个原理。人类身心的自然特质,决定了人们在其一生中的绝大多数场合一般都会不假思索地信奉这一原理:这即便不是为了规范自己的行动,也是为了评判自己以及别人的行动。与此同时,倾向于全心全意、毫无保留地信奉这一原理的人却并不多,甚至在那些最具智识的人当中也同样如此。至于未曾在任何场合对之表示抱怨的人就更少了,原因或在于他们并不总是懂得如何应用它,或在于他们怀有某种自己害怕加以检验或不敢坦然放弃的偏见。人的天性就是如此:无论在原则上还是在实践中,无论是对还是错,人类所有品质中最罕见的是始终如一。

13. 当一个人试图反驳这一原理,尽管他自己对此浑然不知,他所用的理由恰恰是从这一原理本身引申出来的。他的辩词如果能够证明什么,不是证明这个原理是**错误**的,而是证明按照他所设想的应用,它被**误用**了。一个人有没有可能移动地球?有的,但他首先必须找到另一个地球以为支点。

14. 以论辩的方式来否定这个原理是不可能的。但由于前面已提到过的原因,或者由于持有某种混乱或片面的观点,一个人可能碰巧倾向于不喜欢它。在这种情况下,如果他认为值得费神去澄清一下自己在这一问题上的观点,可以遵照以下步骤来做,或许最终他会转而接受这一原理。

(1) 让他自我澄清,他是否希望完全摒弃这一原理?如果是,则让他仔细考虑一下,他所有的推理(尤其是在政治问题上)会是什么样子?

(2) 如果他希望完全摒弃这一原理,那么让他自我澄清,他是否将在没有任何原理的指导下去判断和行动?或者是否有据以判断和行动的其他任何原理?

(3) 如果有其他原理,则让他仔细分析并彻底弄明白,他自以为找到的那个原理是否是真正独立的、可理解的原理?或者难道不会是一个空洞的、文字游戏式的原理,一种习惯用语,说到底它表达的不过是他自己的一种毫无根据的情绪化主张,也就是那种倘若发生在别人身上他可能会说成是**任性**的东西?

(4) 如果他倾向于认为,他对于一项行动所表达出来的、完全不计后果的认可或不认可的态度，足以构成他进行判断和采取行动的基础，那就让他扪心自问：难道他的情绪也可以成为评判其他人的是非标准？或者，是否每个人的情绪都有同样的特权成为他自身的评判标准？

(5) 在前一种情况下，让他扪心自问：难道他的原理不是专横独断、对其余的人类不够友好的？

(6) 在后一种情况下，难道不会导致无政府主义状态？难道不会导致是非标准多得如芸芸众生一般难以计数？甚至对同一个人而言，同样的事情，今天是对的，难道明天（性质丝毫未改）就会变成错的？同样的事情在同样的时间和同样的地点，难道也会对错不定（is not right and wrong）？而且，在每一情况下，争论是否都会无休无止？当两个人中的一个说"我喜欢它"而另一个说"我不喜欢它"时，（依照这样一个原理）他们是否能有更多的对话余地？

(7) 如果他对自己说：不。因为他打算当作标准的那种情绪必须基于反省，那就让他说说这反省究竟依何细节而定？如果是依据那些与行动的功利有关的细节，那就让他说说，难道这不是在放弃他自己的（情绪）原理，而求助于那个他与之相对的（功利）原理吗？或者，如果不是依据这样的细节，又是依据怎样的细节？

(8) 如果他赞同调和的方式，部分地采用他自己的原理，部分地采用功利原理，那就让他说说，他在多大程度上采用之？

(9) 一旦他确定了采用程度，让他扪心自问：他是如何向自己证明应当在此程度上采用之？为何不在更大程度上采用之？

(10) 就算承认功利原理之外的任何其他原理也是正确的，亦即一个人遵从这一原理是正确的；就算承认**正确**一词可以有与功利无关的含意（事实并非如此），仍然要他说说，是否存在任何**动机**之类的事物，一个人可以拥有它并遵从其命令？如果存在，让他说说，这动机为何物？如何把它同那些遵从功利命令的事物区别开来？如果不存在，那就最后让他说说，这别的原理能有什么作用？

压力下的政治系统(1965)①

戴维·伊斯顿

即便抛开环境是不断变化的这一假定,将分析转向那些环境相对稳定的系统(在当代世界,这是一种例外,但过去往往如此,将来无疑也有可能),我们仍然必须面对这样的问题,即如何经济地、系统地处理环境对系统的影响。系统所嵌入的环境无论是持续变化的还是相对稳定的,环境诸因素都会对系统的运作持续地施加影响。尽管变化的速率可能产生重要的额外结果,分析稳定环境对系统的影响,与分析变化环境对系统的影响一样,会提出同样的理论问题。

社会科学最近突然变得对变迁问题情有独钟,与此相关,各种变迁理论如潮水般涌向我们。尽管如此,这至少让我们看清这一事实,亦即任何一般性的理论,哪怕是在最低限度上适当的理论,也必须能够轻松自如地处理变迁问题,就像它处理稳定性的问题一样。②但事实是,在进行初步的、基本的分类描述时,没有必要引入某些专门的概念来研究变迁。确实,引入这些概念,所表征的不是理论的长处而是其短处,不是理论的整合状态而是其离析状态。

稳定状态不过是一种特殊的变迁范例,而非一种本质上与变迁相异的状态。从来没有一种社会状态,它的互动模式是绝对不变的。如果说稳定状态有什么可感知意义,它描述的不过是这样一种状态,其中的变化率如此之慢,以至于不会因此导致任何特别问题的产生。但这并不排除变迁本身的存在。因此,稳定系统的研究涉及的是一种变迁的特例,亦即一种速率很慢的变迁。同样地,谈到变迁,我们会注意到另一种特例,其中的变化率之高,无论是在分析上还是在经验上,都足以产生明显的特别的结果。

不管怎样,任何一种一般理论或概念框架,应该能够同时轻松自如地处

---

① 原文出自:David Easton, *A Framework for Political Analysis*, 1965。
② 本文是在社会科学的一般的宽泛意义上使用"变迁"这一概念。事实上,稳定状态与变迁或它的对立面无关。从一个方面看,静止状态(static)是与变化状态相对的概念,从另一方面看,稳定状态也是与变化状态相对的概念。关于均衡状态与稳定状态之间的区分,参见拙文《社会研究中均衡模型的局限性》(Limits of the Equilibrium Model in Social Research)。

理这两种特例。本文开篇的重要目的,不是想去创建一组特殊的范畴用以考察这些特例,而是要在暂时忽略变化率的情况下开发出一组可用于识别影响系统功能的主要变量的范畴。不管系统的变化是极其细微的还是相当迅速的,或者说系统是稳定的还是不稳定的或处于变化过程中,所需研究的基本变量的性质都不会因此而发生改变。它只会增加而不会贬损这些变量的性质。下面介绍的这些范畴就具有这样的普遍特征。

稳定状态下的环境干扰

即便是在变化率很小的稳定状态下,环境与系统之间的交互作用也是持续存在的。因此,对于某一变迁理论而言,在考察政治系统与其环境之间持续存在的交换关系时,如果忽略了变与不变之间的相似之处,是不可取的。

为说明起见,假设我们的兴趣是描述社会分层对政治结构的影响。就此而论,当社会结构发生某种变化,我们会发现,通过新旧政治精英的更替,阶级重组改变了社会的权力分配格局。法国革命和俄国革命都导致了这样的结果。然而,政治系统的影响一旦产生,即便此后新的阶级关系保持绝对平稳,它对社会的影响也不会从此消除。一种变迁一旦发生并稳定下来,它还将对社会的其他方面施加持续的影响。它不像一轮闪电,在留下一丝损害痕迹之后便消失得无影无踪。相反,它将对政治系统构成一种持续性的压力。

新的地位和阶级结构以多种方式对政治系统施加持续性压力。其影响范围可能涉及政治位置的替补人选、政治辩论的议题种类,以及实际采纳和执行的政策类别。没有变迁发生,并非意味着政治系统可以忽略其环境变量的影响,而只是说明这些影响处于一种稳定状态。换言之,政治系统与其所处环境之间的交换关系,尽管没有重大调整,但依然存在。

理解这一点是至关重要的。即便在非现实的、绝对静止的状态下,环境对政治系统的影响依然存在。舍此,我们无法理解,当所处环境没有发生变化时,为什么系统还会感受到来自环境的压力。假设环境本身一直充满压力,则一个系统可能崩溃的原因,不在于有新的压力产生,而在于系统的某些部分在某些时刻无法充分应对旧有的、稳定的压力,就像它替代原有事物时所发生的那样。

系统与环境间的关联变量

从上述分析可以得出两点明确的推论。首先,在政治系统的环境中,存在着各种各样的能够对其功能实现方式产生干扰的影响因素。其次，无论环境是相对稳定的还是变动不居的，这些影响因素都存在着。今天，环境变迁备受关注，也理应受到关注。对于一般分析结构的建构而言，环境变迁不会产生全新的理论问题。它只是加重了业已存在的分析困难，也就是说：如何系统化地理解干扰或影响从环境到政治系统的传递方式？是否必须根据具体情况，以特定或一般的方式来处理每一种变迁或干扰，并分别计算出每一种情况下的影响？如果这样的话，由于发挥作用的影响因素实在太多，系统化分析的难题实际上是不可克服的。但如果能够找到一种一般化的方式来处理环境对系统的影响，我们就有希望将大量的影响因素简化为数量很少、因而也相对容易把握的变量参数。这正是作者努力想做的。

通过系统边界而发生的交换

我们的分析一直建立在如此设想之上，即政治系统分析与其他社会系统是可分离的，在经验上是可区分的（通过独立的政治结构），因而，把来自环境系统的干扰或影响，看作是越过政治系统边界而发生的**交换**或**交往**（transaction），是有益的。在可分类的各种社会系统中，没有哪一种可以完全独立于其环境；事实上，系统与环境之间存在着复杂的相互渗透。也就是说，每一系统都以某种方式与其他系统发生联结，不管这种联结方式有多么微弱。当我们想要论及系统关系的相互性时，或论及一系统与环境中的其他系统之间的相互影响时，可以使用"交换"概念；当我们希望强调影响因素通过边界从一系统到另一系统的单向运动时，可以采用"交往"概念。[①]

指出这一点，在学术上无论具有何等的重要意义，但是，就其本身而言，这一陈述是如此明显，不至于产生任何争议。对这种联结的超越纯粹真实性的理论认可，所能传递和希望传递的，是要提出一种方法来探究这些复杂的交换，以便我们能够轻松地把数量众多的互动种类缩减到理论上和经验上都易于把握的程度。

为此，我打算把主要的和重要的环境影响压缩为若干指标。通过对这些

---

① "交换"有时被用来暗示某种互利关系，如当事各方均感到有所收益的一种协议或契约关系。我认为帕森斯（Talcott Parsons）正是在此意义上或相近意义上使用这一概念。参见《社会系统》(*The Social System*, New York: Free Press of Glencoe, Inc., 1951)，特别是第 122 页及以后，以及与斯梅尔塞（N. J. Smelser）合著的《经济与社会》(*Economy and Society*, New York: Free Press of Glencoe, Inc., 1956)第 105 页和第 184 页。然而，此处我更愿意将这一术语限定在中性的意义上，它仅仅表示，在两个或更多系统中的诸事件所具有的相互影响，且这些影响不是彼此不相关的。只是在习惯上将此概念限定于社会角色而非社会系统之间的作用与反作用时，我们才使用"互动"（interaction）一词来描述这种关系。

指标的考察,我们能够评估和追究环境事件对于系统的潜在影响。我把越过系统边界,从一系统向另一系统传送的影响看作是第一个系统的**输出**;相应地,我把它看作是第二个系统,亦即受其影响的系统的**输入**。因而,系统之间的交换,可以理解为是以输入输出关系为形式而表现出来的一种系统间的关联状态。

将系统间关联状态的一般概念化模式应用于政治系统与其环境系统之间的分析,我们可以得到如图2所示的初步模式。当然,无论对于现实还是对于我们所要开发的概念模型而言,它都显得有些过于简单化了。但通过这一分析任务的完成,我们至少能够将所有偶然出现的关系剔除掉,将基本框架呈现出来。当然,如果我们想对作为一个行动系统的政治生活细加探究,这些成绩仍显得微乎其微。在以后的章节中,我们将扩充各种关系类别的复杂性,以使模型所描述的关系在程度上更接近于现象系统。此处的分析仍将保持其宏观性。我们将从远距离来观察政治生活,就像通过望远镜而非显微镜来观察一样。这种做法是由政治研究的理论分析现状所决定的。尽管拥有相当数量的经验材料,我们还是倾向于忽略这种细微考察的需要,而将关注点转向整体轮廓的描述。

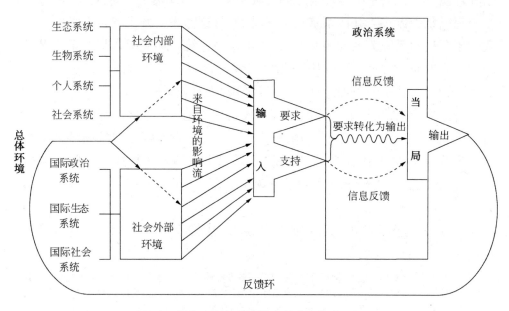

图2　政治系统的动态响应模式

政治系统的流程模式

政治系统运行的图例表示法可以泛泛地告诉我们,环境如何通过流向政治系统的各种影响因素促使政治系统发生变化。政治系统则通过政治结构和政治过程,将来自环境的这些输入转化为输出。这些输出包括当局的政策决定及其政策的执行。通过这种方式,输出又回馈到环境中的诸系统,或者,在很多情况下,不经过任何居间环节而直接回到政治系统本身。在图2中,从环境指向政治系统的那些箭头描述了在环境与政治系统之间所发生的大量交往。图中的箭头都是单向的,它们以一种概括性的形式——要求和支持——流进政治系统。以往用双箭头表示的系统与环境之间的交换或关系的相互性,现在则通过那些指向环境系统的输出流的箭头来描述。这种方式清楚地显示,政治系统的输出正好成了环境的输入。环境系统中的虚线反映了这种关系的动力学特性。它们表示,来自政治系统的影响或输出源源不断地流进和流经环境系统。通过对环境的调整,政治输出因而可以影响下一轮从环境流向政治系统的输入。通过这种方式,我们就可以将系统流程图中的持续反馈环识别出来。随着讨论的深入,图中其他线条和标识的含义也将变得明朗。

正像我们所期望的那样,图中省略了很多细节。首先,还有许多其他的环境系统可以列入考虑。其次,我们完全忽略了环境诸系统之间的相互关系,因为这些关系的标示会使示意图变得混乱不堪、无法辨识。最后,政治系统赖以将输入转化为输出的结构与过程,图中仅通过系统中的波浪线来表示。尽管如此,该图清楚显示出,来自环境系统的输入源源不断地流进并被转换为输出,然后这些输出又作为输入反馈到环境系统。

图3则进一步将丰富复杂的政治程序剥去,只留下基本要素。它用最简单的轮廓描绘了政治系统运行过程中的动力关系。我们将要讨论的内容通

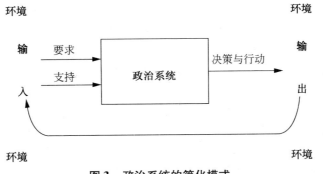

图3　政治系统的简化模式

过这种戏剧化的方式得以表现;尽管只使用了最基本的元素,它却向我们揭示了一个事实:政治系统不过是一种手段,通过它,某些种类的输入被转化为输出。这至少是一个很有价值的研究起点,从这里开始,我们可以把政治生活的复杂事务囊入其中。

输 入 变 量

作为输入指标的要求与支持

输入作为一个概念,其价值在于,借用这一概念,我们发现,当各种环境事件和条件的影响与政治系统的持续性相关时,我们有可能把握这种影响。如果没有输入的概念,要以精确和有效的方式描述社会各个领域中的行为到底如何影响着政治领域中发生的事件,是一件困难的事情。输入可以起到概括性变量的作用,它将与政治压力相关的每一件环境事件集中起来并予以反映。正因为输入概念有可能以这种方式被使用,它因而可以起到一种强有力的分析工具的作用。

输入是否能够作为概括性变量加以使用,这取决于我们怎样定义它们。我们可以从最广义的角度来设想,把它们理解为包括了系统外部的,以任何方式改变、调整或影响系统的所有事件。在如此广泛意义上使用输入概念,我们永远不可能罗列完作用于系统的输入。联结环境系统与政治系统的双箭头将增加千倍,这样的话,我们甚至无法对这些系统的影响流的数量和种类展开肤浅的讨论。

略举几例。广义地理解,强势经济阶层的产生和维持、都市化、利益集团分割、周期性商业波动等方面的经济影响,都将构成对政治系统的输入,这些输入影响着政治结构的特征、政治权力的分配格局,以及政治论战的目标选择。普通文化有助于政治约束的塑造(政治辩论和政治竞争均发生于这种政治约束之中)、政治生活风格的渲染,以及重要政治议题的显露。存在于大众性格模式或精英个性特征中的社会动机模式,会影响未来政治人物的可获得性、政治参与的积极性、精英人物的风格及其对政策的领悟力。这样的分析清单可以无限地延伸。如果这样,上面提到的每一种环境领域,都需要创建一种单独的局部理论,以解释其输入可能对政治系统产生的影响。其中唯一的统一元素就是,我们试图对这些参数向同一对象——政治系统——的输入(也就是说,一般的和特殊的影响)作出描述,并在这些不同参数的输入之间建立起关联。

但是，如果我们从狭义的角度使用输入这一概念，把它们定义为这样一些指标，这些指标概括了大多数通过系统边界而发生的重要影响，那么，我们就可以大大简化我们的分析任务。这种概念化模型将降低我们在处理和描述各种环境事件对系统的影响时的分析需求。

基于这种目的，我们有必要讨论一下作为本文分析工具的主要参数，亦即两种主要的输入形式：要求与支持。利用这种分析工具，我们可以对环境中所发生的各种各样的变化加以梳理、对照和概括。正是在这个意义上，它们成为关键性指标，借以说明环境事件和条件是如何调整和影响政治系统的运行的。在图2中，复杂的交往过程被沉淀为两种主要的输入，我们假定流入并影响政治系统的输入只有这两种形式。

至于要求和支持是从政治系统内部还是外部输入的，这一点并不重要。他们处于政治系统与其他社会内部系统和外部系统相连接和联系的边界。只要我们认为它们处于边界附近，根据分析需要，它们既可以设想为处于政治系统内，也可以设想为处于政治系统外。

作为系统内部指标的"内输入"

到目前为止，我们的分析给人留下这样一种印象，在理解某一系统是如何维持其存续时，似乎所有的影响或干扰均发生于系统的环境之中。从前面的分析，我们可以知道，许多的影响也可能发生于系统内部。只要发生于系统内部的事件在本质上具有系统交互的属性，我们就可以把它们视为系统局部之间的输入。由于这些事件发生于系统内部而非系统外部，把它们说成是输入似乎并不合理。为保持逻辑的连贯性，我们可以称之为"内输入"(within-nputs)。这一新词的使用，意味着我们打算以统一的方式来处理事件和条件对系统存续的影响，而不管这些事件和条件是发生在系统内还是系统外。因此，除特别说明之外，在使用输入一词时，本文将"内输入"包含在同一范畴内。

之所以不厌其烦地对之作出区分，是因为对这两个范畴的理解，有助于提醒我们，注意从系统内部和环境两个角度来寻找可能导致压力产生的主要影响因素。就像人体可能因受外界感染而生病，也可能因年老体迈或心脏器官功能退化而生病一样，政治系统可能感受到来自环境的压力，也可能感受到可直接归因于政治系统本身的过程或结构安排不当而产生的压力。举例来说，美国政治系统的某些局部可能自始至终感到，美国的整个政体一直受到立法通过难的威胁，而权力分立体制则加重了立法通过的难度。这是有关美国两党制讨论的传统话题。需要特别指出的是,只要干扰产生于系统内部,且压力输入是由内部事件所形成,在这种情况下,就可以使用"内输入"的概念。

有关输入的概括功能的例证

尽管关于要求和支持作为压力传递的概括性变量的详细分析将留待后文,这里简单地说明一下其构成和作用,是有帮助的。举一个特别的例子,我们假设某个发展中的国家,正在经历着从基于村落酋长、宗族长老,以及非能力导向的世袭统治者的部落组织体制向基于世俗政党、立法机构、效率导向的官僚制,以及权威领导的国家政治领导体制的转型。推测起来,旧的部落体制的调整,部分原因可能是由于接触了西方民主政治与行政的理念,部分原因可能是出于经济与社会结构变革的需要。

根据政治研究的流行做法,我们可能认为政治变革的方向是重要的。人们通常将是否与西方民主体制相一致作为政治变革的适当性标准。然后再根据这些标准,在对与政治变革相关的所有外部变革作出通盘考虑基础上,对政治变革的方向、速度和结果作出评判。

根据这种分析观点,环境变化对部落制造成了压力,因此它们被当作是最终导致现存体制转型的干扰因素。作为对这种压力的回应,该政治系统要么自行毁灭,并被其他社会系统所吞并,要么通过采用以政党、立法机构、理性化的官僚制以及开放式的领导体制(而不是血统的、部落的或基于人种的领导体制)为表现形式的现代化政治结构以适应和调整这种压力。

对于我们的分析而言,问题的关键不在于环境干扰如何改变了系统内部结构或过程的特定形态。这样的变革,也可能在不对系统生存能力产生任何可辨别的影响的情况下发生,或者与系统的某种生存能力根本无关。也就是说,不管所采用的现代化政治结构碰巧是模仿了英国的议会制还是美国的总统制,它可能和系统的某种生存能力有关,也可能无关。重要的是,传统的政治制度至少在表面上让步于官僚化的体制。对于我们来说,关键的问题是:这些干扰在何种程度上对先前存在的系统构成压力?更准确地说,这些压力是如何出现,如何自我传递的?系统又是如何应对这些压力的(如果有所应对的话)?

回答这些问题的有效方式,在于探寻与西方意识形态和经济的接触对政治系统输入所造成的影响。简单说来,对西方社会组织形态下可能存在的生活方式的接触,以及在从自然经济向商品经济过渡过程中的物质手段的涌现,导致了要求总量的巨大增加,对于这些要求,系统的成员现在寻求通过政治行动来予以满足。这给旧有的政治组织的部落制施加了如此沉重的负担,以至于它根本无力应对。

此外,环境变迁也导致了政治要求的种类的扩充。这些新要求,在最广泛的范围上,典型地包含了对民族自主和不同群体之间的政治团结的安排,且往往与支持经济高速增长的政策相关。与先前的传统体制下对政治要求的满足相比,满足新的政治要求的承诺方式发生了很大的变化。新的要求本身就对发展中国家造成了严重的危机。

要求总量和种类的变化,代表着一种由环境变迁施加于政治系统的主要的、且根本上被忽略了的压力。大量的、各种各样的变迁以这种方式汇聚起来,并可以透过单一变量来观察,就像它们影响要求的总量和种类时发生的情况一样。

3

科学革命的本质和必然性(1970)[①]

托马斯·库恩

上述意见最终将我们的讨论引向本文标题有关的问题。什么是科学革命?它在科学发展中的作用是什么?对这些问题的回答,许多内容在前几节中已经有所涉及。前面的讨论特别指出,这里所说的科学革命指那些非累积性(或者非连续性,non-cumulative)的发展事件,在其中,一套较为陈旧的范式全部或部分地被一套新的、不可通约的范式所替代。可是,讨论并未就此止步,进一步的追问可以将讨论引向问题的本质部分。为什么范式的转换可以被称之为革命?面对政治发展与科学发展之间巨大的、本质性的差异,宣称在两者之中同样存在革命,何种相似性(parallelism)能够证明如此隐喻是合理的?

相似性的一个方面应当是显而易见的。政治革命肇始于这样一种状态,政治共同体中的人们(尽管常常限于其中的一部分)愈来愈感到,现存的制

[①] 原文出自:Thomas Kuhn, *The Structure of Scientific Revolutions*, 2nd Edition, The University of Chicago Press,1970。

度已不足以应付环境所提出的问题。这些问题部分地是由这些制度本身所造成的。大体上如此,科学革命也肇始于这样一种状态,科学界的人们(尽管常常限于其中的一个狭小领域)愈来愈感到,在探索它曾经发挥过主导作用的自然方面,现有的范式已不再起作用。在政治发展和科学发展中,导致危机的失灵感是革命的先决条件。此外,尽管如此理解不可否认地会对上述隐喻造成扭曲,但这种对应关系不仅适用于哥白尼式或拉瓦锡式的重大的范式转换,而且适用于那些相对较小的范式转换,如对某一类新现象(如氧或X射线等)的吸纳(assimilation)。科学革命似乎只对于那些其范式受到影响的人来说是革命的。在局外人看来,如同20世纪初的巴尔干革命一样,这些科学革命也许看起来更像是发展过程中的正常部分。例如,天文学家们可以把X射线仅仅作为一种附加知识来接受,因为它们的范式并不因新辐射的存在而受到影响。但是,对于像开尔文(Kelvin)、克鲁克斯(Crookes)和伦琴(Roentgen)这样的人来说,由于他们的研究涉及辐射理论或阴极射线管,因此,X射线的出现必然违背某种范式,并创造另一种范式。这就是为什么这些射线只有通过某些一开始就与正常研究格格不入的方式才能被发现。

  政治发展和科学发展之间在发生学方面的这种相似性,应当不再受到怀疑。可是,这种相似性还有另外的和更意味深长的意义,而它的转换意义正依赖于此。政治革命的目的是用政治制度所禁止的方式去改变那些制度。因此,其成功的前提必然是为了支持另一套制度而部分地消灭一套制度。从根本上讲,在过渡期间,社会不完全受制度支配。起初,危机只是减弱政治制度的作用,就像我们看到它减弱范式的作用一样。越来越多的人日益对政治生活产生疏远感,政治行为因而变得越来越古怪。然后,随着危机的加深,这些人中的许多人转而诉诸于某些试图以一种新的制度框架重建社会的具体建议。到了这个地步,社会也就被分化为相互对抗的阵营或党派,一派力求捍卫旧制度,其他派别则力求建立某些新制度。两极分化现象一旦出现,政治求助(political recourse)或政治妥协即宣告破产。由于他们的制度矩阵(institutional matrix)不同(政治变革就是在该制度矩阵内实现并予以评价的),由于他们彼此不承认有超制度的框架以裁定革命的分歧,党派间之于革命的冲突,最终必然诉诸于大众劝说手段,甚至常常包括武力方式。虽然革命在政治制度的演化中发挥着关键性的作用,但这种作用在某种程度上依赖于政治或制度以外的事件而存在。

  本文剩余篇幅的目的在于说明,范式转换在科学进展中的作用的历史研究,揭示了极为类似的特征。有证据表明,如同在相互竞争的政治制度之间作出的选择一样,在相互竞争的范式之间作出的选择,也是在不可调和的社会生活方式之间作出的选择。由于此种特性,选择不是也不可能是仅由符合常规科学特征的评价程序来决定,这些特征在相当程度上依赖于尚处于争论之中的某种特殊范式。当范式进入范式选择之争时(必然会进入),它们的作用必然是循环的。每一个集团都用自己的范式为捍卫该范式而争辩。

当然,争辩并不因此而变得荒谬,或者毫无效果。以一种范式为前提而为该范式辩护的人,仍然向那些采纳新自然观的人们提供了一幅有如科学实践一样的清晰图示。这种图示可以极富说服力,常常令人不得不相信。然而,不管它的力量有多大,循环论辩也只是一种说服状态。从逻辑上甚至从概然性上讲,对于那些拒绝步入该循环的人来说,它不是必须接受的。范式之争中的两派所共享的前提和价值,不足以使他们彼此接受对方的观点。就像政治革命中的情况一样,对于范式选择而言,没有比相关团体的赞同更高的标准了。为了探索科学革命的产生过程,我们不仅必须考察自然的和逻辑的冲突,而且必须考察组成科学共同体的各专业团体中常用的有说服力的辩论技巧。

为什么范式选择不能单靠逻辑和实验予以解决,为了说明这个问题,我们有必要简短地考察一下将传统范式的支持者同他们的革命继承者区分开来的各种分歧的性质。这种考察是这一节和下一节的主要对象。我们已经提到过许多这种分歧的例子,而且没有人怀疑历史还可以提供许多其他的例子。可是,比这些例子的存在更有可能受到怀疑的,因而也是必须首先考虑的,是此类例子是否提供了关于科学本质的实质性信息。承认范式否定是一种历史事实,除了说明人类的轻信和混乱之外,还能提供什么信息?是否有本质性的理由能够解释为什么吸纳一种新现象或者一种新的科学理论必须以否定旧的范式为代价?

首先要注意,如果有这样的理由,它们也不是从科学知识的逻辑结构中引申出来。原则上,就以往科学实践的任何部分而言,一种新现象的出现不应当是破坏性的。今天,虽然在月球上发现生命对于现有的范式(这些范式告诉我们有关月球上的事物,与那儿有生命存在这一现象似乎是不相容的)来说是破坏性的,但在银河系中某些不大知名的星球上发现生命则可能不会具有这种破坏作用。基于同样的理由,一种新理论并不一定同旧理论相冲突。新理论应当专门讨论以前未知的现象,就像量子理论讨论(意义重大,但不是专门地)20世纪以前未知的亚原子现象一样。或者,新理论不过是那种比已知理论更高水平的理论,它把一群较低水平的理论整合在一起,而没有从本质上对其中的任何一种理论作出改变。今天的能量守恒理论正是将动力学、化学、电学、光学和热力学等各学科的相关理论整合在一起而形成的。在新旧理论之间，还可能存在着其他形式的和谐关系。它们全部可以由历史过程来证明，而科学就是通过这一过程发展起来的。如果是这样，科学发展就确实是累积性的。各种新现象揭示的不过是自然界某一个方面的未知秩序。在科学发展进程中，新知识将代替无知而不是另一种不相容的知识。

当然，科学（或其他事业，也许效果较小）应当以那种完全积累的方式发展。许多人相信它是这样发展的。大多数人似乎仍然以为，如果不是由于人类的特质经常使之歪曲的话，积累至少会是历史发展的理想方式……常规研究是累积发展的，它的成就归功于科学家们有规则地选择问题的能力，这些问题能通过与现存概念和仪器相近的技术予以解决。（这就是为什么对有价值问题的过分关注，很容易抑制科学的发展，而不管它们同现有知识和技术的关系如何。）尽管如此，那些致力于求解由现存知识和技术所定义的问题的人，并不只是转过头来左顾右盼。他知道自己想得到什么，并据此设计他的研究工具和指导思想。预料之外的新事物、新发现，只有达到这种程度才会出现，即结果证明他对自然的预期和他的仪器都是错误的。因此而得出的新发现，其重要性往往与它所预兆的反常现象的范围和难度成正比。因此很显然，揭示反常现象的范式与使反常现象常规化的范式之间必然存在冲突。……经由破坏范式而获得的发现，这种例子并非历史上的偶然事件。在这些例子中，新发现必然会产生，舍此则没有其他有效的途径。

同样的论据甚至可以更清晰地用于解释新理论的发现。一种新理论的提出，原则上只可能围绕以下三类现象。第一类现象由那些现有范式已经解释了的现象组成，这类现象很少能为理论建设提供动机或出发点。……第二类现象由这些现象组成，其性质已为现有范式所表明，但其细节的理解需要更高的理论清晰度。科学家们将他们大量的研究时间花费在这些现象上，但是这种研究的目标是现有范式的清晰化，而不是新范式的发现。只有在这些清晰化的企图失败时，科学家们才遭遇第三类现象，即已被认识的反常现象，其特征是它们顽固地拒绝被现有范式所吸纳。只有这类现象才引发新理论。除了各种反常现象以外，在科学家们视野所及的范围内，范式为所有的现象均提供了一个具有理论确定性的位置。

但是，如果要求新理论能够解释那些在现有理论看来是反常的现象，那么这个成功的新理论必定在某些方面有不同于来自前人的预见。如果两者在逻辑上是可通约的,这种不同就不可能发生。在被吸纳的过程中,第二种理论必然取代第一种理论。

复习思考题

1. 杰里米·边沁的功利原理是什么?为什么说边沁是公共政策分析领域的奠基人?
2. 对于所有政治系统甚至所有社会系统而言,其共同的基本要素是什么?根据戴维·伊斯顿的理解,政治系统如何对环境中的新压力作出反应,或如何适应环境中的新压力?
3. 为什么托马斯·库恩坚信,与科学演化相对的科学革命在发展新知识方面发挥着至关重要的作用?如何将库恩的科学革命概念应用于理解公共政策的发展?

第二章 公共政策制定

公共政策制定是政府决定解决或不解决某一特定问题或事情的整个决策过程。它是一个永无止境的过程。19 世纪英国政治家索尔兹伯里勋爵（Lord Salisbury，1830—1903）被认为是第一个提出这种观点的人："根本没有一成不变的政策，和所有有机体一样，政策始终处于发展之中。"

有两种不同的理论试图对政策决定或非决定的产生机制作出解释。第一种理论可以称之为理性决策方法。人们一般认为，其贡献应归功于政治科学家哈罗德·拉斯韦尔（Harold D. Lasswell，1901—1978）。在《政治科学的未来》（1963）一书中，拉斯韦尔建议将政策制定过程分为七个主要阶段：

(1) 情报阶段(the intelligence phase)。主要涉及信息流入。
(2) 建议阶段(the promoting or recommending phase)。主要涉及试图影响未来结果的活动安排。
(3) 意图确立阶段(the prescribing phase)。主要涉及标准的陈述。
(4) 援用阶段(the invoking phase)。主要涉及在目标与具体情境之间建立关联。
(5) 应用阶段(the application phase)。标准在这个阶段得到执行。
(6) 评价阶段(the appraisal phase)。根据效果来评估意图的实现情况。
(7) 终结阶段(the terminating phase)。意图实现以后的总结。

当然，在上述阶段划分或类似的阶段划分中存在的问题是明显的，人们不可能照这样去做。无论我们希望自己多么理性，谁也不可能收集到所有的事实,并对某一事实仔细斟酌。因此,决策者所具有的,是诺贝尔经济学奖得主赫伯特·西蒙(1916—2001)在《管理行为》(*Administrative Behavior*,1947)一书中所称的"有限理性"。这些"限度"是人们在决策过程中所设定的。西蒙断言:"单个的决策者不可能具有高度的理性。需要探寻的可行方案数量如此之多,用以评价可行方案的信息量如此之巨,决策者甚至连接近客观理性都是一件困难的事情。"结果,人类实际上是根据满意原则而非理想信息作出决策。西蒙在发明"有限理性"这一新的术语时,指的是决策者满足于基于满意和足够信息而作出的决策。也就是说,在现实世界中,我们不得不拒绝"完美理性"的方法;坚持"满意"而非"最大化"原则。

查尔斯·林德布洛姆(1917—)是第二种政策制定理论——渐进主义方法的主要倡导者。他的理论贡献加速了人们对第一种理论的拒绝。他最著名的文章是本书所收录的 1959 年发表于《公共行政评论》上的《"渐进调适"的科学》一文。在该文中,林德布洛姆对政府决策过程的理性模型提出了尖锐的批评。他拒绝接受这样的观点,即大多数的决策制定过程是理性(完全信息)的。相反,他发现,这些决策,乃至整个政策制定过程,是由一系列小幅调整的渐进决策所组成,人们在进行类似决策时所考虑的往往是短期政治环境。从本质上讲,林德布洛姆的理论主张,事件和环境,而不是决策者的意愿,左右着决策的制定。事实上,作为一种政策过程,断续渐进主义(disjointed incrementalism)是唯一真正切实可行的途径,因为渐进主义方法"使决策者专注于对更熟悉、更精通的经验的分析,大大减少了所需探索的政策方案的数量,大大减少了政策方案分析因素的数量和复杂度"。此外,林德布洛姆认为,渐进主义方法尤其适合于美国的多元主义民主政治。在多元主义的民主政治中,个人可以自由联合以追求共同利益,人们之间的相互竞争与调适,"与任何基于完美智力的企图相比,往往能够确保整个社会价值得到更全面的保护"。

理性模型与渐进模型的区分,为决策过程的理论化提供了有用的智力工具。受此鼓舞,人们尝试更多的建模工作。例如,有人以"互投赞同票"的方式将两种模型结合起来提出一种折中模型,即混合扫描模型。它是由社会学家阿米泰·埃茨奥尼(Amitai Etzioni,1929—)在《混合扫描:决策制定的第三种方法》一文中提出的。作者提倡通过将渐进主义方法和理性主义方法同时用于问题的解决,以更好地寻求问题的短期解决办法。举例来说,一位负责评论欧洲政治发展的外交政策分析家,可以先从大面上对最近所有的发展进行扫描(全面方法),但只关注那些自上一次扫描以来发生了变化的政治问题（渐进方法）。遵循这种方法，该分析家通过仅仅详细处理那些真正需要关注的情况大大节省了时间。

不过，所有这些模型实际上更像是政策专业学生的智力游戏。政治行政官和疲于应付的立法者的真实世界，与知识界所描述的情形相去甚远，它是一个赤裸裸的政治舞台。影响政治领域中决策的因素，更多的来自于对决策情景的主观感知，而不是客观现实的理性概念。悲观论者将一只装了半瓶水的瓶子看成半空的；与此同时，乐观论者则将之看成半满的。前述关于政治决策影响因素的两种判断之间的区别远比悲观论者与乐观论者之间的区别更为严重。政治舞台上的某个演员可能视某项计划为国家利益之绝对必要，而在另一个演员看来，这绝对称得上是一帮无足轻重的官僚浪费纳税人钱财的例子。

政策制定者在思考政策问题时需要运用两种才智。第一种是处理复杂问题的心智能力；第二种是相关信息和工作经验。在对特定问题形成某种态度之前，他们的意识形态倾向和个人偏见已经渗透到了这两种才智之中。如果政治决策者有足够的智慧理解某一事件，以及同样重要的是，他或她在意识形态上和政治上倾向于支持这一事件，该事件在其心目中才是有价值的。由于这样的原因，政治决策很少根据事件的客观价值来制定。

政策是分等级的。影响范围最广、程度最深的政策由顶层官员制定。然后，更具体的政策则由其下的各级官员制定。举例来说，美国总统位于外交决策金字塔的顶部；数以百计的驻外使领馆签证处的数以千计的签证官则位于总统之下有若干层级，这些签证官负责制定谁可以合法进入美国的政策——也就是说作出决定。毫无疑问，底层政策受到法律和法规的严重制约。不过，就连最基层的官员，也就是迈克尔·利普斯基（Michael Lipsky）所称的街道层官僚，也拥有自由裁量权，也在制定政策。如果你碰巧处于这类政策的接受端，无论是作为一名签证申请人还是作为一名接受警官罚单的驾驶员，对于你来说，这些政策和来自更高等级机构的政策一样真实。本章收录了利普斯基关于"街道层官僚与政策制定"的分析。

对于理性决策方法（与渐进决策方法相对）中"非此即彼"的分类状态，政策分析家们早有不满。由黛博拉·斯通所倡导的决策模型坚持认为，政治共同体，或城邦，有能力更好地处理那些模棱两可的信息——这些信息常常被"解释大师"来回编造。当理性分析对于真实生活中的自相矛盾现象无所适从的时候，政治共同体模型则接受这样的事实。在《政策悖论》一书中（本书收录了其第一章），斯通声称，政治共同体的生活中充满了模棱两可、似是而非的观念。当理性决策模型假定，政治生活中存在着可运用的客观事实时，斯通却发现，"潜藏在每一政策议题背后的，是一种对于同一抽象目标或价值看似有理却相互冲突的理解的争执"。

4

"渐进调适"的科学（1959）①

查尔斯·林德布洛姆

设想一下某个官员负责设计有关通货膨胀政策的情景。首先，他会将所有相关的价值项一一列出，并根据重要性对之进行排序，如充分就业、合理商业利润、小额储户保护、防止股市崩盘等。这样一来，他才能对所有可能的政策结果作出评估，以判断某一政策是否或多或少地达到了价值最大化。当然，这要求他熟悉所有社会成员的价值偏好，并掌握不同价值之间的换算方法。这两样事情都是不可思议。然后，他会将所有可能的政策方案一一列出。在第三步中，他将对各种备选方案进行系统比较，以确定何种政策能够实现价值最大化。

在进行政策比较前，他将充分利用所有可获得的理论以将各种可能的政策方案纳入其中。以通货膨胀问题为例，他将根据成本理论比较所有的政策方案。理论上讲，从废除所有价格与市场机制、实施严格集中管制，到取消所有公共管制、完全依赖自由市场机制在内的所有的方案都将列入考量之列。

最后，他将根据价值最大化原则作出抉择。

另一种可供选择的处理方式，是将保持价格稳定这一相对简单的目标有意或无意地设定为主要目标。该目标可能仅仅与其他少许几个目标，如充分就业的目标相冲突。事实上，他会因为多数的其他社会价值超出了他当前关注的重点而忽视它们，甚至试图暂时不对他认为直接相关的那几项价值进行排序。假如遇到什么压力，他很快就会承认，自己忽视了许多相关价值和可能重要的政策影响。

在第二个步骤中，他会将他所想到的相对有限的几个政策方案列出来。

---

① 原文出自：Charles E. Lindblom, "The Science of Muddling Through", *Public Administration Review*, Spring 1959。

然后,再对这些方案进行比较。在对有限的几个方案进行比较时(这些方案,多数在过去都曾多次讨论过),他通常也不会试图找到一套精确的理论以帮助自己完成对各种政策结果的比较。相反,他会严重依赖以往政策小幅调整的经验以对未来相似步骤下的政策结果作出预测。

此外,他还将发现,政策方案有时会以不同的方式将目标或价值结合在一起。比如说,某项政策可以带来价格水平的稳定,却必须以某种程度的失业为代价;而另一项政策所提供的价格稳定性较差,同时它的失业风险也较小。因此,在该决策方法的下一个步骤,亦即最终抉择阶段,价值选择与实现这些价值的手段选择是合二为一的。它不像政策制定的第一种方法那样,遵循一种近乎机械的程序以判断何种手段可以最大化地实现事先描述和排序好的目标。对于第二种方法的实践者来说,他们并不奢求一次决策就可以实现目标,而是期望随着环境和愿望的改变,以及随着预测精度的提高,不断地重复上述步骤以逐渐接近目标。

根的方法与枝的方法

对于复杂问题而言,上述第一种方法显然是不可行的。尽管这种方法的描述清晰明了,但除了那些相对简单的问题外,它实际上并不具有可操作性;即便对于那些相对简单的问题,也只有在对模型作某种程度修改后才可行。人的智力和信息是有限的,这种方法建立在常人不可能具备的智慧能力和信息资源的假设之上;就像通常所发生的那样,赋予某一政策问题的时间和财政资源是有限的,在这种情况下,把它作为一种政策研究方法,甚至是荒谬的。事实上,公共机构通常会得到指令,不要按第一种方法行事,这对于公共行政人员意义重大。也就是说,尽管可以想象到的政策方案难以计数,但迫于职责和拘束——可能是政治的或法律的,他们往往只对有限的几种价值以及有限的几个政策方案感兴趣。这就是现实中的第二种方法。

然而,令人奇怪的是,决策制定、政策设计、计划编制、公共行政方面的专业书籍,介绍和推荐的都是第一种方法而非第二种方法,并将处理复杂决策问题的公共行政人员置于能做不能说的尴尬境地。为了强调起见,在此,我情愿冒险夸张一些。事实上,这些作者完全知晓个人能力的有限性,也完全知晓政策问题最终必然会以类似于第二种方法的方式处理。然而,使理性政策构思形式化——将过程中的必要步骤加以明确区分——的努力,常常表现在第一种方法，而不是第二种方法中。①

　　甚至对复杂问题的政策设计过程也按照第一种方法来描述，这一普遍趋势，因运筹学、统计决策理论和系统分析的备受关注和成功运用而得到强化。这些程序的共同特点，和典型的第一种方法一样，包括目标明确、评估精确、方案周全，以及可能条件下价值量化的数学分析。不过，这些先进的程序很大程度上仅适用于相对简单的小型问题的处理，在处理这些问题时，所需考虑的变量数很少，涉及的价值问题也很有限。兰德公司在该技术的应用方面是最领先的研究中心之一，该公司的经济部主任查尔斯·希契（Charles Hitch）曾写道：

> 从我在兰德公司和别处的经验中，我可以得出这样的经验判断：运筹学是局部最优化的技术，是解决低度复杂性问题的技术；在决策之梯上努力攀登时，我们发现，随着问题复杂度的增加，决策难度呈数量级增加，而我们的专业胜任能力则呈数量级减弱。研究人员熟练掌握的那套简单明了的模型，确实能够将影响乔治·华盛顿大桥交通控制的大多数重要因素反映出来，但对于主要的外交政策决定而言，类似模型对于相关真实情况的反映程度就显得几乎微不足道。②

　　因此，我在本文中打算提出的政策分析的第二种方法，颇为决策文献所忽视。这种方法可以称之为"连续有限比较"（successive limited comparisons）模式。在接下来的篇幅中，我打算把它与可以称之为"完全理性"模式（rational-comprehensive method）的第一种方法进行对比。③　在本文中，我更形象、更简洁地将之分别称为"枝的"方法（branch method）和"根的"方法（root method）。前者的特征是在现状基础上的持续改进、按部就班和小幅调整；后者的特征是每次都从基本原理重新开始、只有当经验上升为理论时才以过去

---

①　詹姆士·马奇和赫伯特·西蒙对现有文献的特征也有类似刻画。在他们提出的政策制定模型中，也将决策过程区分为几个重要的步骤，不过，与理性决策模型相比，他俩的模型显得远不那么宏伟。参见西蒙的近作《组织》（*Organizations*, John Wiley and Sons, 1958）一书的第 137 页。

②　"Operations Research and National Planning—A Dissent", 5 *Operation Research* 718, October, 1957. 在该文中，希契对其观点所受批评作出了正式回复。他关于运筹学适用于低复杂性问题的观点被人们广泛接受。

　　关于运用运筹学解决各类问题的例子，可参见：C. W. Churchman, R. L. Ackoff and E. L. Arnoff, *Introduction to Operations Research*（John Wiley and Sons, 1957）；和 J. F. McCloskey and J. M. Coppinger (eds.), *Operations Research for Management*, Vol. II (The Johns Hopkins Press, 1956)。

③　我假定行政人员常常制定政策，以及在政策制定中提供建议。在本文中，我将决策和政策制定作同义词处理。

为基础、随时准备从最基础的部分开始。

让我们以最简单的术语将两种方法的特点并排罗列。

完全理性(根的)模式	连续有限比较(枝的)模式
1a. 价值或目标的澄清与政策方案的经验分析分离,前者通常是后者的先决条件。	1b. 价值目标的选择与政策方案的经验分析彼此不分,相互混淆。
2a. 政策方案的设计经由目标—手段分析而达致,先确定目标,再寻找达成目标的手段。	2b. 因手段与目标不分,目标—手段分析往往不适宜或很有限。
3a. "好"政策的检验标准是达成目标的最有效手段。	3b. "好"的检验标准是各分析人士的直观认同(认同并非基于达成目标的最佳手段)。
4a. 周全分析;慎重考虑所有重要的相关因素。	4b. 相当有限的分析: (1) 忽视可能重要的政策结果; (2) 忽视潜在重要的政策方案; (3) 忽视相关的重要价值。
5a. 常常严重依赖理论。	5b. 连续比较大大减少甚至消除了理论依赖。

我们假定读者对"根的"方法相当熟悉,且易于理解,这样就可以通过对比的方式直接阐述"枝的"方法。在解释后者的过程中,我们将对多数行政人员处理复杂问题的实际反应进行描述,因为,作为一种蓝图或模型的"最佳"方式,事实上,"根的"方法对于复杂问题的处理常常无能为力,在这种情况下,行政人员只好求助于连续有限比较的方法。

混合评估与经验分析(1b)

关于连续有限比较方法如何处理价值问题的最快捷的理解方式,是观察"根的"方法对价值问题的处理如何经常失败。在考察政策方案之前应当先澄清价值问题,这一观点固然颇具吸引力。但是,复杂社会问题的情形究竟如何?我们遇到的第一个麻烦是,对于许多重要的价值或目标,老百姓意见不一,议员们看法各异,行政人员观点分殊。即使规定了相当明确的目标,仍然会留下相当大的空间使行政人员在分目标上产生分歧。譬如,梅尔逊(Meyerson)和班菲尔德(Banfield)俩人有关芝加哥房屋局的研究就向我们描述了与公共住房分配有关的冲突[①],尽管为城市提供一定数量公共住房的目

---

① Martin Meyerson and Edward C. Banfield, *Politics, Planning and the Public Interest* (The Free Press, 1955).

标清楚无误,意见不一的情况仍然难以避免。类似的冲突,同样可见于高速公路选址、交通管制、最低工资制度、国家公园内旅游设施开发,或昆虫控制的目标中。

行政人员同样无法通过确定多数人的偏好来避免上述价值冲突,因为在大多数情况下,人们并不显露他们的偏好;事实上,如果不进行公开辩论,偏好的显露常常不足以引起选民对某一政策问题的关注。除此以外,还有一个问题,即是否应当将对方案的偏好强度与偏好某一方案的人数一并考虑。在没有更好办法的情况下,行政人员常常放弃先确定目标再做方案分析的思路,以简化政策制定的程序。

即便行政人员决心使自己遵循作为决策标准的价值,如同通常所发生的那样,他常常并不知道如何对这些相互冲突的价值进行排序。例如,设想一下某行政人员负责重新安置住在待拆迁房内的承租人的情况。目标之一是相当迅速地腾空住房;另一目标是为那些被转移的承租人找到适当的住处;再一个目标是避免这些大量流入的新住户与当地居民发生摩擦;还有一个目标是尽可能以说服的方式与所有利益相关者打交道;等等。

面对这些部分冲突的价值,个人如何确定它们的相对权重?简单排序并不足取;合乎理想的做法是,个人还应当知晓,为了得到某一价值而牺牲其他价值在多大比例上是合算的。典型的答案是,行政人员需要或必须在以不同方式将这些价值组合起来的多种政策方案之间直接作出选择。他没法先确定价值,再选择政策方案。

在目标与手段之下,还有更为微妙的第三点。社会目标的相对价值并非一成不变。某种情形之下,可能某一目标备受关注;而在另一情形之下,则可能另一目标更受推崇。比如说,如果一位行政人员对公务的处理速度和良好公共关系的维护同样高度重视,在某种抽象或一般的意义上,关于这两种重要但可能相互冲突的公共目标的区别显得无关紧要。然而在处理具体公共政策问题时,情形就大不一样:给定公务处理速度和良好公共关系的实现或未实现程度,是牺牲一点速度以使客户更满意合算,还是冒着得罪客户的风险以继续完成工作更可取?如此问题的答案视具体情势而变。

如例所示,价值判断涉及边际调整。然而,除非依据具体政策,否则边际目标或边际价值就无从确定。在某一决策情境中,一价值优于另一价值,这一事实并不意味着在另一决策情境中它同样处于相对优势。在一般或抽象意义上对价值进行排序以适应决策情境的变化,这种企图完全忽视了相对价值偏好的存在。因此,第三点意义深远。当下而言,即便所有行政人员就价值、目标和约束条件的构成，以及这些价值、目标和约束条件之间的排序达成共识，在实际决策情境中他们仍然无从确定具体的边际价值。

既然无法在事先确定相关价值后再选择实现价值的政策方案，在这种情况下，行政人员于是只好在包含不同价值边际组合的各种政策方案之间直接作出选择。即使对个人而言，显现其边际价值的唯一可行方式，也体现在其用以实现价值的政策方案之中，这看上去多少有些自相矛盾。这种方式固然难辞粗略与含糊之嫌，但对于如自由与安全、政府决策的速度与精度、或更低的税收与更好的教育服务等这些价值组合，除了通过政策方案的选择来描述我的偏好外，我找不到更好的方式来描述或表达我对这些价值的相对评价。

简而言之，价值问题的实际处理过程有两种方式。一种方式简单明了：价值评估与经验分析相混合，也就是说价值的选择与政策方案的选择是同步进行的。更详细一点表述，对实现特定价值的政策方案的选择与价值本身的选择是同步的。在另一种方式中，价值评估与经验分析彼此相关但相互独立，且行政人员只关注边际价值或增量价值。无论主观意愿如何，行政人员发现，价值的一般表述于政策选择并无多大帮助，他所做的实际上是边际分析或增量比较。假设有两个政策方案 X 和 Y 摆在他面前，这两个方案可以同等程度地达成目标 a、b、c、d、e。区别在于，与方案 Y 相比，方案 X 能更多地实现目标 f，与此同时，与方案 X 相比，方案 Y 能更多地实现目标 g。在这两个方案之间作出选择时，他实际上是在目标 f 的边际量或增量与目标 g 的边际量或总量之间进行排他性选择。方案选择所涉及的价值不过是边际价值的差异；当他在两种边际价值之间作出最终选择时，他也在两种政策方案之间作出了最终选择。[①]

方案选择前先行确定目标的方式与边际价值评估和政策经验分析相混合的方式两相比较，何者更为合理？可以确定的原则性区分是这样，对于复杂问题而言，前者既不可能也无必要，而后者不仅可行而且中肯。后者之可行，在于行政人员无需分析所有价值，而只需分析政策方案之间存在差异的那些价值；无需分析差异化价值的全部内容，而只需对之进行有限的边际分析。与"根的"方法相比，这种方法大大减少了价值或目标分析所需的信息量。行政人员对价值的领会、综合以及建立相互关联的能力因而也远在其极限范围以内。

---

① 该论题是市场选择理论，尤其是消费选择理论向公共政策选择的自然延伸。

手段与目标的关系(2b)

决策一般被当作一种形式化的手段——目标关系：手段应当根据事先独立确定的目标来评价和选择。这是"根的"方法所适用的手段——目标关系。根据以上分析，这种手段——目标关系只有在如下范围内才可行：价值选择上存在意见一致；不同价值之间可以相互可调和；价值评估存在边际稳定。与此形成鲜明对照，在"枝的"方法中，手段选择与目标选择是同步进行的，因而不存在类似的手段——目标关系。

然而，背离"根的"方法中手段——目标关系的任何做法，都会使一些读者感觉突兀，甚至难以置信。对于这些人来说，惟有坚持这种手段——目标关系，才能判断一项政策选择是否优于或劣于其他的政策选择。如果没有预先的价值或目标假以判断，行政人员何从知道其做出之决定是明智还是愚蠢的？对此问题的回答引出了关于"根的"方法与"枝的"方法的第三个鲜明区别：如何判别最佳政策。

"好"政策的检验标准(3b)

在"根的"方法中，一项决策只要能够达成某一给定目标，它就是"正确的"、"好的"或"合理的"，这里，目标的给定与决策本身的描述无关。如果目标仅仅根据上述价值的边际或增量分析所设定，某些时候仍有可能检验一项政策事实上是否达成了该目标；但如果目标的准确表述表现为既定政策或替代方案描述的形式，这种情况下，如欲证明一项政策存在失误，不能抽象地争论说它没有实现重要的目标，而必须代之以这样的论辩，即另一政策方案能更有效地达成这些目标。

就此而论，对解决问题之传统看法的背离，远非那么令人忧虑，许多行政人员非常认同这样的观点，关于一项政策正确与否最有效的争论方式是与其他政策的比较。但是，如果行政人员无法就价值或目标（不管是抽象的还是边际的）达成意见一致怎么办？这时"好"政策的检验标准是什么？在"根的"方法看来，这是无法检验的。没有目标的认同，就不存在"正确"与否的检验标准。在连续有限比较方法看来，判断标准来自于对政策本身的认同与否，因此，即便人们不能就价值问题达成共识，对政策本身的检验仍是可行的。

这使人想起国会对老年保险扩张计划的连续同意,共识源于自由主义者欲增加联邦政府福利计划的愿望和保守主义者欲削减联邦个人养老金计划的愿望。如果情况属实,这是持不同价值观者就具体政策达成意见一致的精彩例证。劳动仲裁人提供了相似的例证:当事人虽然无法就纠纷解决的标准达成共识,却能就具体建议达成意见一致。同样,当某一行政人员的目标与另一行政人员的手段正好吻合时,他们通常能够在具体政策上达成意见一致。

于是,政策方案的认同就成为检验政策正确与否的唯一可行标准。寻求支持的行政人员,如果试图在目标上达成意见一致,不仅会无功而返,且将引起相当不必要的争议。

如果说对政策方案的直接认同,作为"好"政策的检验标准,是目标检验方式的拙劣替代品,那么应当记住,除非得到人们的认同,否则目标本身并不具有终极正确性。就此而论,在上述两种方法中,"好"政策的检验标准同样是意见一致。所不同的是,"根的"方法要求就决策中的目标组成及其相对价值达成意见一致,而"枝的"方法则退而寻求任何可能的意见一致。

因此,行政人员无需详细说明一项政策到底好在哪就对其作出好坏判断,这种行为并非是不理性的。这一点很重要。

非周全分析(4b)

理论上讲,理性周全分析没有遗漏任何重要东西。然而,所有重要的因素面面俱到、周全考虑是不可能的,除非"重要"的定义如此狭窄以至于事实上所需的分析相当有限。受知识能力和信息资源的限制,人的分析理解能力相当有限。因此,对于复杂问题而言,事实上谁也无法遵行理性周全分析方法。处理复杂问题的行政人员必须寻找简化方法。

从事农业经济政策规划的行政人员不可能胜任所有的农业政策,甚至不可能完全理解其中任何一项政策的全部内涵。在规划土地轮耕计划(soil bank program)时,他不可能成功地预计到提高或降低农业收入对城市化的影响——随之可能发生的家庭纽带的断裂;随之可能发生的修订社会保障计划的最终需求,以及更进一步的对由于新的联邦社会保障责任和市政服务责任而导致的税收问题的影响。从另一个角度看,他也不可能完全预计到土地轮耕计划对国外农产品市场价格的影响,以及对包括美苏经济竞争在内的外交关系的最终影响。

连续有限比较方法通过两个基本途径达到简化分析的效果。首先它将政策方案的比较限制在与现行政策稍有不同的范围内。如此限制,不仅直接减少了所需探索的政策方案的数目,而且大大简化了对每一政策方案的探索内容。因为,没有必要从头开始对每一方案及其结果进行详尽考察;而只需分析备选方案与现状的差异。当然,对备选方案边际差异的经验分析与前面讨论过的价值边际分析或增量分析是相对应的。①

既中肯又现实主义

众所周知,在西方民主国家中,一般情况下,公共行政人员和政策分析人员很大程度上将他们的分析范围限制在对与现行政策变化不大的方案作增量的或边际的分析。然而,他们这样做并不仅仅出于简化问题的迫切需求;他们这样做同样出于中肯的考虑。民主国家几乎全然地是通过渐进调适的方式来改变它们的政策;在民主国家中,政策不会出现大幅度变动。

美国政治变迁的渐进特征常被人所谈及。两大政党对于美国的基本政策一致认同;提供给选民的替代政策也相差无几。两者都赞同充分就业,只不过对充分就业的定义有些许差异;两者都赞同水力资源的开发,只不过所主张的方法方式略有不同;两者都赞同失业补偿,只不过坚持的补偿标准不尽相同。同样,在政党内部,政策变化也采取连续小幅调整的方式,这可以从政府对失业者负有提供帮助的责任这一理念的逐渐接受过程中看出,20世纪30年代初政党的态度开始发生变化,而1949年《劳工法》的通过从某种意义上可以说达到了顶峰。

政党的行为反过来又扎根于公众的态度。政治理论家们想象不出,为什么在对潜在的可以引起分裂的问题缺乏共识的情况下,美国的民主政体居然能够存活,随之而发生的政策争执仅限于相对较小的政策分歧。

既然被行政人员忽视的政策在政治上是不可行的、不适当的,那么将分析集中于那些变化不大的政策,如此简化分析就并非是那种随心所欲式的简化。此外,可以这样说,给定政策制定者知识有限性的边界,将他们的分析集中于那些与现行政策相近的方案,如此简化实际上是在最大限度地利用现有的知识。正因为被考察的政策方案与现行的和过去的政策相似,行政人员才能获得尽可能多的信息并进行深入的分析。因而,非渐进的政策建议,不仅

---

① 关于渐进政策的更详细界定,以及关于对一观察者而言是"小"的变化其他观察者是否会有不同看法的详细讨论,参见拙作《政策分析》("Policy Analysis", 48 *American Economic Review* 298, June, 1958)一文。

在政治上是不中肯的,而且其政策结果也是不可预测的。

简化分析的另一途径是忽视可能的政策方案及其可能重要的政策结果,以及与该结果相关的价值。如果说这一点揭露出了连续有限比较方法某种令人不安的缺点,可以这样回应,即使排除行为是随机的,与试图超越人的能力而做周全分析的徒劳行为相比,所构思的政策仍然是更具智慧的。事实上,从某种观点来看,武断或随机的排除,都是不必要的。

有限的全面性

假定被一政策制定机构所忽视的每一种价值,都至少与另外的一个机构有着重要的利害关系。在这种情况下,社会分工的益处就显现出来了,任何机构都不会感到其工作任务超出了能力所及。这种社会系统的短处可能是这样:在捍卫某一价值的机构被组织起来之前,该价值可能被某一机构所毁灭;或者一机构可能会不顾另一机构的反对而毁灭某一价值。然而,丧失重要价值的可能性在任何组织中都存在,在那些试图超越人的能力而实施完美计划的组织中,同样如此。

这种假定的社会分工制的真谛在于使每一种重要的利益或价值都有其监护者。这些监护者可以在其权限范围内以两种不同的方式捍卫利益:首先,对由其他机构所致的损害实施补救;其次,事先预计并阻止这种损害。

在一个像美国这样的社会里,人们可以自由联合以追求任何可能的共同利益,政府机构则对这些利益集团的压力保持敏感,如是观之,如此社会很接近于前述的社会系统,也就是说,几乎每一种利益都有其监护者。可以这样说,与任何智慧周全的设计意图相比,我们的社会系统往往能够保证整个社会的价值得到更全面的尊重,而无需要求每种利益都应该有一个足够强大的监护者。

例如,在美国,没有哪个政府部门去试图设计出一个周全的收入分配政策。一项政策的演化,不过是对广泛存在的各种利益所作出的反应。农业集团、劳工联盟、市政当局与地方教育董事会、税务机关,以及负责住房、健康、高速公路、国家公园、消防与警务的政府机构之间的相互调适过程,共同完成了对收入分配的调整;在这种相互调适的过程中,被某一环节所忽视的特定利益,在另一环节则会成为核心议题。

与利益集团之间的谈判这种外在形式相比,相互调适的意义更加普遍而深入;即便不存在共同的利害关系,它也能贯穿于利益集团之间的相互影响。尽管这种普遍的相互调适过程存有瑕疵和潜在危险,但与单一集团集中设计的方式相比,它往往能够更好地保证政策对错综复杂的利益关系的适应。

这里有必要指出政策制定的渐进模式是如何与多元集团模式(multiple pressure pattern)相适应的。只要决策是渐进的——与已知政策密切相关,一利益集团就比较容易对其他利益集团的反应作出预测,也比较容易对自己所遭受的伤害实施补救。①

说一句轻蔑的话,即便是党派偏见和目光短浅也可以成为理性决策的有用资产,因为它可以形成双保险,以确保被某一机构所忽视的东西不会被其他机构所忽视;它使人们专注于不同的观点。如果"理性"被定义为"根的"决策方法的遵循,如此主张是有根据的:即如果联邦行政部门之间的有效理性协调从根本上讲是可实现的,那么这种协调必须以价值体系的共识为前提。② 然而,在刚才所描述的碎片化决策过程中,每一机构都使自己的政策与其他机构的利害关系相适应,这时高度的行政协调便实现了。

政策方案的增量分析固然难辞将重要因素武断排除的明显弊端,以及分析过程的碎片化,然而,与"根的"方法相比,"枝的"方法往往显得高明得多。对于"根的"方法而言,分析因素的排除不可避免,且这种排除往往是意料之外的、非系统化的、无法防备的;而在"枝的"方法中,这种排除则是有意的、系统化的、可防备的。当然,理论上讲,"根的"方法应当是面面俱到、无一挂漏的;而在实践中,它必须有所舍弃。

"枝的"方法并不必然忽视长远考虑和长期目标。有一点是很清楚的,即在考虑政策时必须省略某些重要的价值;有时,对长期目标给予适当关注的唯一途径是忽视短期目标的考虑。在决策过程中,被忽视的价值,要么是长期的,要么是短期的。

连续比较(5b)

"枝的"方法的最后一个特点是,方案比较以及政策选择是依时间序列而进行的。政策制定不是一劳永逸的;政策被不断地制定和再制定。政策制定是一个对可欲目标循序渐进的过程,在这个过程中,目标的可欲性本身也是在考虑中不断变化的。

---

① 连续有限比较方法的运用与高度碎片化决策过程中的利益相互调适之间的联系,为政治和行政多元论增添了新的内容。

② Herbert Simon, Donald W. Smithburg, and Victor A. Thompson, *Public Administration* (Alfred A. Knopf, 1950), p.434.

政策制定充其量只是一个相当粗糙的过程。就预测政策变化的结果而言，无论社会科学家还是政治家或公共行政人员，他们对社会知识的了解都不足以使其避免犯重复性的错误。因此，聪明的政策制定者预料到，他的政策仅仅能够实现其部分希望，同时还会产生一些他并不期望发生的、意料之外的结果。以连续渐进调整的方式，他就在许多方面可以避免犯严重、持久的错误。

首先，根据政策实施的过往经验，他可以预知未来相似政策的可能结果。其次，由于从未期待其政策会成为某一问题的最终决议，他也就不会试图为了实现其目标而对政策方案作大幅度调整，如此调整所需的分析预测超出了他自己或任何人的知识所及。他的决策仅仅是承前启后的步骤之一，如果顺利的话，后续的步骤很快就会跟上。第三，每向前推进一步时，他都可以有效地检验对先前预测的准确性。最后，通常他还可以很快地纠正过去的失误——政策调整的幅度越小，周期越短，纠正失误的速度就越快。

在理论依赖方面，与"根的"方法相比，渐进调整的比较分析也有明显的不同。不对经验进行分类，不将个别经验纳入更一般的经验之中，人就没法思考。在尽可能的程度上对经验进行归类，并试图找到可以应用于特殊情境的一般命题，这就是我所主张的"理论"。就此而论，"根的"分析方法往往过分依赖于理论，而"枝的"方法则不然。

"根的"分析建立在这样的假设之上，即理论是获取与特定问题相关的恰当知识的最系统、最经济的途径。承认这一假设，一个令人失望的事实是，我们并非在任何政策领域中都拥有可用于解决问题的恰当理论，尽管在某些领域，如货币政策中，我们所拥有的理论要比其他领域中的更中肯一些。如"枝的"方法中表现的那样，比较分析有时是理论的一种系统化的替代品。

设想一下行政人员必须在若干与现行政策相近且彼此差别不大的政策方案中作出选择的情形。他可能渴望"领会"所有的备选方案——如了解每一政策方案的所有可能结果。如果是这样，他确实需要理论的指导。然而，事实上，如前所述，从政策制定的目的来考虑，他大抵会如此判断：只需要弄明白这些备选方案的结果在哪些方面存在差异就足矣。对于这一有限渴望，他无需理论的指导（当然，如果有的话，就更好了），因为通过考察过往不同政策的结果差异，他可以对不同政策方案可能存在的结果差异进行分解；通过这一更具弹性的分析程序，他可以从长时序渐进变化的角度来观察政策的走向。

例如，以少年犯罪为例，如果不能发展出更全面的相关社会理论，人们就无从了解各种公共政策——如教育、住房、娱乐、就业、种族关系、社会治安政策——对少年犯罪所起的作用是怂恿还是抑制。如果有人试图遵循"根的"方法以对上述问题进行全面分析,他确实需要了解相关政策的可能影响。但是,如果他只是想收集足够的知识以帮助自己在若干彼此相近的政策方案——如少年法庭程序的备选政策——之间作出选择,通过对比分析过往相似政策调整的结果,就可以做到这一点。

理论家与实践者

　　理论家与实践者之间确实存在着重大区别。至少在某些情况下,这一点可以解释为什么行政人员常常觉得外部专家或学术化的问题解决者有时是无用的,以及为什么这些专家反过来却常常要求行政人员更多地运用理论来指导其实践。它同样可以解释,为什么行政人员常常觉得,与遵循理论家的建议相比,"凭感觉驾驶飞机"的自信心更强。理论家常常要求行政人员兜一个大圈子去寻找问题的解决之道;甚至在知道最有用的理论也比不过谨慎的渐进分析时,还要求他严格遵循科学方法的教规。理论家们没有认识到,事实上,行政人员常常是依系统化的方法来行事。当然,将这一解释推至过远,也是一种愚蠢的行为,因为,有时实际的决策者既不追求纯理论的方法,也不追求连续比较的方法,或别的什么系统化的方法。

　　值得强调的是,至少存在以下两点理由可以证明,对于政策制定而言,理论的帮助有时是非常有限的:理论渴望事实的支持而不是相反;理论的建构依赖于大量事实的观察。对于渐进调整的政策过程而言,理论的精度还远未满足应用的需求。相对而言,比较方法既可以减少对理论的依赖,又可以使决策者专注于与那些差别细小的政策方案相关的事实。

　　在理论的精度方面,经济理论是一个突出的例子。它准确地预言道,无货币或价格的经济必然导致资源配置的不当。然而,这一发现所能提供的方案距离行政人员实际需要帮助的那类政策仍相去甚远。与此同时,它也不足以精确到能够对限制商业并购政策的结果作出预测的程度,而此类问题恰恰是行政人员需要寻求帮助的。经济理论只是在相当有限的范围内能够对政策问题的解决提供足够精确的分析;它对于政策制定的帮助常常如此有限,以至于比较分析的补充作用显得必不可少。

作为系统的连续比较

综上所述,连续有限比较确实可以称得上是一套方法或方法体系。如果说这套方法有什么失灵之处,其责任也不在行政人员。它的短处仍然很多,关于这一点,本文尚未展开充分讨论。例如,该方法内在地缺乏对所有相关价值的捍卫,因此决策者可能会遗漏掉一些优秀方案,而原因仅仅在于类似方案在政策的连续变迁过程中一路过来从未被提议过。可以这样说,在这种方法之下,以及在"根的"方法的一些最成熟变体——如运筹学——之下,政策还将阴差阳错地延续下去。

既然这样,为什么还要不厌其烦地介绍这种方法?原因在于,这种方法是政策实际设计中的常用方法;对于复杂政策问题而言,它还是行政人员以及其他政策分析人士的主要依靠。① 在许多情况下,这种方法均优于可用于解决复杂问题的其他决策方法,自然也优于依赖于超人能力的任何徒劳企图。毫无疑问,行政人员对于各种方法的一般态度是这样,与探索新方法相比,他们宁愿不断增加老办法的熟练程度。除此以外,行政人员对这种方法的使用意识越强,就越有可能熟练掌握该方法的使用,并通晓何时延伸或限制其适用范围。(行政人员有时能够有效地使用这种方法,有时却不能,这一现象可以解释人们对于"渐进调适"的两种极端观点,一些人将它视为解决问题的一套高度精密的程序,一些人则公开指责它压根就算不上什么方法。对此,我个人以为,如果存在一种可称之为"渐进调适"的方法,这种方法非它莫属。)

伴随上述方法分类所产生的值得关注的后果之一,是对如下猜疑心态的曝光:行政人员有时会持有这样一种看法,即咨询顾问人员说话不着调、不负责任,而事实上所有的客观迹象均表明,他们的话是中肯且负责任的。麻烦出自如下事实:我们中的大多数人总是在一定的框架范围内处理政策问题,而这

---

① 关于政策理论分析人士如何使用这一政策设计方法,我在其他场合作出过讨论("Policy Analysis", 48 *American Economic Review* 298 [June, 1958])。尽管在这里连续有限比较方法是作为公共行政人员所使用的方法来介绍的,尽管那些并不直接处理政策问题的分析人士倾向于认为自己所使用的是严格遵循理论指导的理性——周全方法,但对于后者而言,连续有限比较方法的必要性仍然毫不逊色。上述方法同样适用于私人问题的解决。对于私人问题的解决而言,手段与目标有时是不可分离的;愿望或目标是不断发展变化的;如果想在给定的时间范围内使问题得到有效解决,对真实世界复杂性的极端简化就必不可少。对习惯于市场过程的边际分析或增量分析的经济学家而言,该方法的核心理念是价值评估和经验分析都应当是增量式的。因此,在其他场合我倾向于称这种方法为"增量法"(the incremental method)。

个框架范围是由我们对于政策至今为止的连续选择过程的观察所设定的。一个人对于何为城市交通管制的适当政策的看法,很大程度上受其关于该政策历史经验知识的影响。行政人员从工作经验中获得的个人知识,作为"局外人"是很难分享的,在这种情况下,他们的"想法"和"局外人"的想法必然不同,这使双方均感到迷惑。双方说起来都头头是道,但彼此都觉得对方的观点不能令人满意。当一个美国人和一个瑞典人在一起讨论反托拉斯政策时,政策连续链的影响就更加明显了,因为两个国家的反托拉斯政策的演替过程明显不同,因此,这两个人也会以相当不同的方式来组织各自的相关知识。

如果说这种现象构成了相互沟通的障碍,那么对此的理解将有助于改善智力交互活动在政策设计中的作用。一旦理解了造成差异的原因,行政人员有时反而有动力主动寻求有不同政策体验经历的分析人员的帮助。

这再次提出了一个前文曾简要讨论的问题,即关于政府行政人员观点相近的优点问题。尽管很多组织理论主张共同价值与组织目标共识的好处,然而对于"根的"方法难以适用的复杂问题而言,行政机构往往希望其内部人员呈现出两种类型的多样化特征:行政人员参照有别于组织中的大多数成员所熟悉的政策连续链以形成自己的政策见解;以及更一般地说,行政人员因其职业或个人价值、兴趣的不同(可能源于不同的专业、社会阶级、地理区域)而在政策见解上呈现出多样化特征。如此一来,即便是在单一机构内部,决策也可以是碎片化的,不同部门之间可以相互监督。

混合扫描:决策制定的第三种方法(1967)①

阿米泰·埃茨奥尼

人们往往将社会决策理论中对规范性和政治性的模糊承诺,理解为对某

---

① 原文出自:Amitai Etzioni, "Mixed Scanning:'Third' Approach to Decision Making", *Public Administration Review*, December 1967。

——编者注:本文的研究,作者埃茨奥尼教授受益于1967—1968年其在社会科学研究会(Social Science Research Council)的研究工作。关于社会决策的更详细讨论,参见作者即将出版的《积极社会:社会与政治的过程理论》(*The Active Society: A Theory of Societal and Political Processes*, Free Press, 1968)一书的第11和第12章。

种或某几种具体的行为步骤的明确承诺。决策包含着选择的成分,并因此体现着社会行为中最慎重、最唯意志论的一面。就此而论,它给我们提出这样一个问题:社会行动者在多大程度上可以决定其行动路线,或者说,他们在多大程度上被迫遵循由超越自己控制能力的力量所设定的行动路线?不同的决策理论赋予决策者以不同程度的自觉选择权。根据这一假设,这里讨论三种相关的决策理论。

理性主义模式倾向于赋予决策者对决策环境的高度可控性;渐进主义方法则提供了另一种可供选择的决策模式,这就是人们所说的"渐进调适"的艺术,它假定决策者很少能够控制决策环境。最后是本文提出的社会决策的第三种方法,它将前两种决策方法的因素结合起来,既不像第一种模式的假设那般理想化,也不像第二种模式的假设那般保守。基于将要阐述到的原因,这第三种方法可称之为"混合扫描"模式。

理性主义模式

理性主义模式是一种人们广为接受的关于如何制定以及应当如何制定决策的理论。在该模式下,行动者需要首先把握问题的性质,并设定一个问题解决的目标值,然后仔细搜索所有可能的解决方案,再根据对这些方案各自价值的评估并参照目标值,从中选择一个最优方案作为行动方案。渐进主义者对该模式的批评,主要集中在决策模式的要求与决策者能力的不一致上。① 他们指出,在各个社会决策中心,往往并不存在可为方案评估提供评判标准的明确且一致同意的价值体系;相反,价值总是变化的,它既影响决策,也受决策影响。不仅如此,理性主义关于事实、手段、目标可清晰区分的假设,似乎并不适用于真实世界:

> 公开辩论……围绕关于在黑人社区南部修建一所库克郡医院分院的建议而展开。有好几个政策问题卷入其中,其中的一个问题在黑人社区引起了公开论战。它涉及的是,建立这样一所分院是否,或在多大程度上会导致一所全黑人或黑人专用医院的出现,以及作为为黑人患者提供附加医疗设施的一种手段,修建这样一所医院在经济上是否值得?争

---

① 参见:David Braybrooke and Charles E. Lindblom, *A Strategy of Decision* (New York: Free Press, 1963), pp.48—50 and pp.111—143; Charles E. Lindblom, *The Intelligence of Democracy* (New York: Free Press, 1965), pp.137—139。亦可参见:Jerome S. Bruner, Jacqueline J. Goodnow, and George Austin, *A Study of Thinking* (New York: John Wiley, 1956), chapter 4—5。

论既包含事实判断(作为地理位置相邻性的结果,该医院是否会造成有意或无意的种族隔离?),也包含价值判断(即便所修建的是一所全黑人医院,与附近无处就医相比,何者更可取?)。然而,事实上,随着派系联盟的形成以及论辩双方观点的分殊化,事实判断与价值判断被折叠成这样一个单一问题:建还是不建这所分院?赞同该建议的人争论说,事实本身不能成为"种族隔离"指控的充分证据——"不能认为拟议中的选址是故意选在隔离区,目的是让某一种族或少数族群的人专用";或"负责此项目的官员,没有人企图通过修建一所新医院以制造进一步的种族隔离";或"为了方便贫困患者就医而修建一所分院,这一事实并不代表种族歧视"。同时,这些支持者还争辩道,无论事实究竟如何,与压倒一切的眼前需要相比,这些事实判断是次要的,"对更多床位的需要迫在眉睫……取消种族歧视也许是我们的长期目标,但从眼下来看,我们需要的是更多的医疗设施"。[①]

此外,有关结果的信息,充其量不过是碎片化的。决策者既没有资财也没有时间去收集理性决策所要求的信息。尽管新的信息技术,特别是计算机技术,确实有助于信息的收集与加工,但它也不可能提供符合理性模式所需的计算结果(象棋比赛中的胜算尚且如此,更不用说"现实生活"中的决策了)。最后,决策者面对的并非是有限范围的相关结果,而是一个开放的变量系统,一个所有结果都无法预测的开放社会。[②] 试图固守理性主义模式的教条的决策者将发现,自己备受挫折,精力耗尽亦无法作出决定,始终找不到合适的决策策略用以指导行动。理性主义模式于是被当作不切实际、不合需要的方法而遭到拒绝。

渐进主义模式

查尔斯·林德布洛姆和其他人在"断续渐进主义"策略中,提出了一种要求远不如理性主义模式那般苛刻的决策模式。[③] 断续渐进主义寻求决策

[①] James Q. Wilson, *Negro Politics* (New York: Free Press, 1960), p.189.

[②] 参见肯尼思·阿罗(Kenneth J. Arrow)的评论文章《决策策略》(A Strategy of Decision, in *Political Science Quarterly*, Vol. 79, 1964, p.585)。亦可参见赫伯特·西蒙所著的《人的模式》(*Models of Man*, New York: Wiley, 1957, p.189),以及艾伦·威尔达夫斯基所著的《预算过程的政治》(*The Politics of the Budgetary Process*, Boston: Little, Brown and Co., 1964, pp.147—152)。

[③] Charles E. Lindblom, "The Science of 'Muddling Through'", *Public Administration Review*, Vol. 19, 1959, pp.79—99; Robert A. Dahl and Charles E. Lindblom, *Politics, Economics and Welfare*, New York: Harper and Brothers, 1953; *A Strategy of Decision*, op. cit.; and *The Intelligence of Democracy*, op. cit.

策略与决策者有限认知能力的适应,寻求减少信息收集与计算的范围和能力。林德布洛姆将该模式的六个基本要求归纳如下:[①]

(1) 决策者并不试图对所有可能方案进行全面分析与评估,他们只是关注那些与现行做法相差不大的方案;
(2) 列入备选的只有为数不多的几个方案;
(3) 对备选方案的评估仅限于若干"重要方面"的结果;
(4) 决策者所面对的问题不断重新定义:渐进主义者接受目的——手段和手段——目的无尽调适的观点,这在事实上可以增加问题的可控性;
(5) 因此,对于处理中的问题,不存在最终决定或"正确"答案,而只能通过连续的分析与评估,进行"永无止境的连续突破";
(6) 就此而论,可以将渐进决策描述成一种矫正措施,其意图更多地在于减轻现实的、具体的社会缺陷所造成的负面影响,而非促进未来社会目标的实现。

渐进方法的生态学假设

在决策模式和策略的背后,断续渐进主义同样设定了一种结构模式。这种结构模式典型地表现为多元主义社会的决策过程,它与极权主义社会的总体设计形成鲜明对照。受经济学自由竞争模式的影响,渐进主义者拒绝接受这样的观念,即社会中央机构所表达的是集体"利益",政策因而可以根据这些机构的指示来制定。在他们看来,政策更像是多种社会派系"相互妥协"的产物。好政策的检验标准就是决策者的一致同意;坏政策则是那些将有能力影响设计方案的行动者排除在外的决策,这种政策很容易导致在随后的执行过程中受阻或被迫作出修改。

多元化的决策者将派系"相互调适"当作一种政策协调措施,它可以在社会层面上有效地弥补个体渐进决策者的不足,以及社会单中心有效决策的无能。在渐进主义者看来,渐进决策既是对美国和其他现代民主政体决策过程的现实主义解释,也是社会决策分析的最有效方法;也就是说,它既是一种描述性模式,也是一种规范性模式。

---

① Lindblom, *The Intelligence of Democracy*, op. cit., pp. 144—148.

对规范性模式的渐进主义方法的批评

仅仅根据党派共识作出决策,而缺乏一个全社会范围的调节中心和指导原则,这不能被视为一个好的决策模式。首先,党派之间的权力地位总是存在差异,如此制定的决策所反映的必然是最有权势者的利益;而无权无势者或政治上组织不良者的要求则可能受到忽视。

其次,渐进主义只关注短期目标,只追求对过去政策的有限调整,因而容易忽视社会的基本变革。小步累积可能导致重大变迁,然则渐进主义模式并未提出累积良方;它的变革步程可能是循环式的——迂回到起点,也可能是散布式的——同时指向多个方向却不能达致任何目标。诚如布尔丁(Boulding)所言,根据该模式,"我们就像一个醉汉,迈着跌撞的步伐在历史中蹒跚而行"。①

此外,渐进主义者似乎低估了他们对于决策者的影响。正如德罗尔(Dror)所言,"尽管林德布洛姆的理论包含了许多的限制性条件,但这些都不足以掩饰其作为一种主张维持现状、反对革新的意识形态的强化力量所能发挥的主要影响"。②

对渐进主义的理论批评与经验批评

渐进主义者明确承认,有一类情形是该模式所不适用的,即"重大"或基本决策③,如宣布战争的决定。尽管从数量上看,渐进决策远远超过了基本决策;然而,后者对于社会决策的重要性与其数量并不等同。因此,将非渐进决策归于例外之列是一个明显的错误。不仅如此,基本决策往往构成众多渐进决策的环境因素。尽管,为了使最终决定不至于产生太急剧的变化,基本决策常常需要以渐进决策为"先导",但相对而言,这些决定仍属于基本决策的范畴。舍此,则无法理解这些渐进步骤;且除非它们最终导向了基本决策,否则前面这些渐进步骤就是无用的。

因此,尽管渐进主义者坚持认为,决策涉及两种决策模式的选择,但以下两点必须指出:(1) 大多数的渐进决策是以基本决策为条件或为基本决策

---

① Kenneth E. Boulding, "A Strategy of Decision", *American Sociological Review*, Vol. 29, (1964), p. 931.
② Yehezkel Dror, "Muddling Through-'Science' or Inertia?" *Public Administration Review*, Vol. 24 (1964), p. 155.
③ Braybrooke and Lindblom, *A Strategy of Decision*, op. cit., pp. 66—69.

作铺垫;(2) 渐进决策的累积价值在很大程度上受相关基本决策的影响。

因此,正如芬诺(Fenno)所指出的那样,没有足够的证据表明,国会对联邦预算案基本上只作边际调整(将某一联邦机构某一年度的预算与上一年度的预算作比较,会发现,在许多情况下,变化率仅在10%的范围内[①]),或根据占联邦预算的比重,国防预算长期没有明显变化,或根据占国民生产总值的比重,联邦预算每年的变化都很小。[②] 这些渐进调整常常表现为始于某个临界点的一种演变趋势,而基本决策正是在该临界点上制定的。1950年朝鲜战争开始时,美国国防预算占GNP的比重是5%,1951年则增长到10.3%。战争结束后的1954—1960年,国防预算占GNP的比重维持在9%—11.3%的水平,这一事实确实反映出渐进决策的特征,但这些决策却是在介入朝鲜战争这一基本决策的背景下作出的。[③] 芬诺所提供的数据显示,高于20%水平的调整次数和低于20%水平的调整次数几乎相同;其中7次调整的增长幅度在100%或以上,24次调整的增长幅度在50%或以上。[④]

显而易见,一方面,在国会或其他社会决策机构中,确实有一些累积的渐进决策并不包含基本决策的因素,另一方面,也确实有许多连续渐进决策过程是对基本决策的执行或细化。例如,国会1958年批准设立国家空间局并同意支持肯尼迪总统的空间开发设想之后,又连续几年提出"渐进"的追加预算。之所以出现这种现象,原因在于,在一开始的时候基本决策就已经作出。凭借过去的经验以及对于渐进决策过程的变迁发展史的了解,国会在1958年时不可能没有意识到,一项基本承诺一经作出,就很难逆转。虽然空间开发计划的预算相对较小,但国家空间局的成立,意味着国会同意在未来若干年内追加预算。[⑤]

渐进主义者争辩说,渐进决策意在修补;是在"正确"的方向下小步调整,或者,当方向明显"错误"时,则改变进程。决策者如果想就方向正确与

---

① Richard Fenno, Jr., *The Power of the Purse* (Boston: Little, Brown and Co., 1966), pp. 266 ff. 亦可参见 Otto A. Davis, M. A. H. Dempster, and Aaron Wildavsky, "A Theory of the Budgetary Process", *American Political Science Review*, Vol. 60 (1966), esp. pp. 530—531。

② Samuel P. Huntington, quoted by Nelson E. Polsby, *Congress and the Presidency* (Englewood Cliffs, N. J.: Prentice-Hall, 1964), p. 86.

③ Samuel P. Huntington, quoted by Nelson E. Polsby, *Congress and the Presidency* (Englewood Cliffs, N. J.: Prentice-Hall, 1964), p. 86.

④ Fenno, *The Power of the Purse*, 同前引文。

⑤ 类似的例子涉及最高法院关于取消种族隔离的决策,参见:Martin Shapiro, "Stability and Change in Judicial Decision-Making: Incrementalism or Stare Decisis", *Law in Transition Quarterly*, Vol. 2 (1965), pp. 134—157。亦可参见一则评论:Bruce L. Smith, *American Political Science Review*, Vol. 61 (1967), esp. p. 151。

否作出判断，就必须对其渐进决策和微调措施进行评估，但是，当他这样做的时候，他的判断在很大程度上会受到其所采用的评估标准的影响。于是，我们不得不再次绕过渐进主义模式，以澄清这些标准是如何设定的。

因此，尽管行动者的决策包含了两种类型，但基本决策的数量和地位要远甚于渐进主义者的描述。一旦迷失了基本决策，渐进调适就无异于飘忽不定——在行动中迷失方向。更有效的社会决策方法应该将两种机制结合起来：高阶的、调整基本方向的基本决策过程，以及为基本决策作铺垫并执行基本决策的渐进决策过程。此即所谓的混合扫描模式。

混合扫描模式

混合扫描既从现实主义的角度描述了社会各领域中行动者所采用的策略，也为这些行动者提供了有效的决策策略。让我们先在一种简单情景中解释该模式，然后再从社会维度探寻其含义。假设我们需要建造一个使用气象卫星的全球气象观测系统。在这种情况下，理性主义模式倾向于使用高分辨率的扫描仪尽可能频繁地对整个天空的气象状况进行彻底观测。对观测所产生的大量数据进行分析，不仅成本高昂，且很可能超出了我们的能力范围（举例来说，人工"种子"云的形成，既可能发展为飓风，也可能给干旱地区带来降水）。渐进主义者则将关注的范围缩小到近来开发过类似系统的地区或相邻区域；如果云层在该区域以外的地方形成，不管其是否值得关注，它都将忽视之。

混合扫描的策略，是利用两架扫描仪将上述两种方法的因素结合起来：一架广角扫描仪，它的分辨率不高但可以覆盖整个空域；另一架高分辨率的扫描仪则瞄准第一架扫描仪显示过的某些区域以进行更深入细致的探寻。混合扫描方法也许会遗漏一些只有高分辨率扫描仪才能发现的问题区域，尽管如此，与渐进主义模式相比，它对不熟悉区域中的明显问题点造成遗漏的可能性要小得多。

从抽象的观点来看，混合扫描模式提供了一种特别的程序，该程序集信息收集（如对气象状况的观测或扫描）、资源配置策略（如"撒干冰"）以及如何处理两者关系的指导方针（这一点，随后将有分析）于一身。混合扫描模式将某些因素的（理性主义方法的）详尽分析与其他因素的粗略分析结合起来。在这里，某些因素的详尽分析，与整个范围内的详尽分析不同，前者是切实可行的，后者是难以承受的。至于两种扫描设备（高分辨率的和高覆盖率的)及其相应扫描行为的相对投入,则取决于它的机会成本,如遗漏一次飓风预报可能造成的损失;取决于追加一次扫描所需的成本;取决于追加一次扫描所需的时间。

扫描分级也可以是两个以上。尽管我们觉得将扫描划分为两个级别,一个广覆级别(这样的话就不会遗漏任何重要选项)和一个高精级别(这样的话就可以对那些重要选项进行详尽分析),似乎是最有效的,但这并不妨碍人们依据分辨率和覆盖面的变化将扫描分为若干级别。

事实上,如何决定设施和时间资源在各扫描级别之间的分配,也属于混合扫描决策方法的组成部分。设施与时间资源的实际支出量,取决于可利用的资源总量和级别组合实验的效果。此外,最佳支出量也是随时间而变化的。有效决策,要求将广覆(高覆盖率)级扫描的定期或不定期投入增加到这种程度,它使这种扫描能够发现那些远离本区域但"明显"的危险点,并对其进近路线实施观测。年度预算审核和国情咨文大体上就提供了这样的事件和机会。

如果行动者意识到环境发生了根本性的变化,或者如果他注意到早先的投入增加并没有带来境况的改善或者甚至反而出现"恶化",在这种情况下,此种投入增加仍然是有效的。就此而论,如果该行动者决定不增加投入,那么其决策的有效性就会降低。因为通过更多广覆扫描,他可能发现,这种"失败"的延续正在通往问题的解决之道。(一个明显的例子莫过于,如果进一步的调查显示,经历了若干年的业绩下滑之后,该公司有望在来年改善其盈利水平,在这种情况下,他却将跌价中的股票售出。)不能将现实假设成线性式的:迈向目标的每一步都是连贯的;或小步累积必然导致问题的有效解决。有时,从渐进的观点来看是背离目标("恶化")的一步,从更广的角度来看,则可能是迈向正确方向的一步,就像病人体温的升高不见得是坏事一样,因为它可能有助于身体的康复。因此说,混合扫描不仅将不同级别的扫描结合起来,而且还提供了一组标准,用以判断在某种情况下哪一级别的扫描应当加强。

基本决策与渐进决策的区分,于混合扫描模式的分析是至关重要的。基本决策是行动者在依据其目标概念对主要方案进行探索的过程中制定的,与理性主义模式不同的是,在此过程中,为了便于总体看法的形成,细节问题和详细说明被省略了。渐进决策则是在基本决策(以及基本审查)所设定的范围内制定的。这样一来,混合扫描模式以取长补短的方式将两种判断因素结合起来了:渐进主义通过限制基本决策中的细节要求,减少了理性主义的非现实的一面；与此同时，限定条件下的理性主义则通过对时间跨度更长的备选方案的搜索，有助于克服渐进主义的保守倾向。对决策的实证检验和比较研究显示，这两种因素的结合可以促成第三种决策方法的产生。与它的两种构成因素相比，这种方法更符合现实，也更有效。

决策能否评估？

前述讨论建立在如下假设之上，即观察者和行动者具备对决策策略的评估与判断能力。然而，渐进主义者主张，由于人们无法对价值进行测度和加总，"好"决策就无从定义，既然这样的话，政策评估也就是不可能的。与此相反，我们认为，决策者和观察者至少能够以序量表的方式对价值进行汇总和排序，这是一种合理的期待。

例如，许多社会项目都有一些如增加生育控制、降低海水淡化成本、或在两年期限内使通胀率降低50%等类似的主要目标，其他需要满足的目标，如通过对海水淡化技术的投资来增加国家研发部门的预算比重，则属于次要目标。这样的话，行动者就可以在兼顾次要目标的同时，集中处理主要目标的实现程度，并将之作为评价"好"政策的中心测度指标。当他以这种方式对项目进行比较时，他实际上是置主要目标的权重数倍于次要目标之上。这样处理，等于说，"因为我非常关注某一目标而很少关注其他目标，如果该项目没有满足第一类目标，它就不是一个好项目，我根本无需费尽心思对其他次要目标的实现程度进行测度和汇总。"

如果存在两个或三个主要目标（如一所大学附属医院的教学、治疗和研究），行动者仍然可以根据每一主要目标的实现程度对项目进行比较。他可以得出诸如此类的判断，如项目X对研究目标有效而对教学目标无效，项目Y对教学目标非常有效而对研究目标无效，如此处理可以避免将各种目标有效性的测度汇总成一个单一的量化指标时所可能招致的额外麻烦。这种处理方式，实际上是赋予这些目标以同等权重。

总而言之，目标之间的非正式排序，并不像渐进主义者所想象的那般困难。大多数的行动者有能力在某种程度上对这些目标进行排序（举例来说，大学教师更关注的是研究品质而非教学品质）。

对目标难以测度的项目进行有效性评估，最富于想象力的尝试之一，是由负责教育与文化事业的助理国务卿帮办戴维·奥斯本（David Osborn）设计的一种方法。……奥斯本推荐人们使用一种将行动成本与代表目标相对值的数字相乘的方法。例如，富布赖特基金教授（Fulbright professors)的交流可能有助于"文化认同与相互尊重"、"教育发展",以及提高"移民进入门槛"(entrée)等这些价值的实现,根据主观判断,赋予这些价值以不同的相对值,比如说8、6、5。然后将这些数字与项目成本相乘,再将所得结果与被称为"国家分类值"(country number)这一富于想象力的数字相乘。国家分类值的意图在于大致测度与美国有文化关系的国家对于美国的相对重要性。它是这样得到的,即以各种复杂方式把诸如人口总量、国民生产总值、在校大学生人数、识字率等可靠的核心数据整合起来,通过加权处理的方式以反映该国的文化与教育状况;然后再根据工作经验对这些结果值进行修正,这样的话,由于人均收入水平高,对于美国来说,某个小型的中东国家可能比某个大型的东欧国家还显得重要。就此而论,国家分类值是以主观判断和客观经验为基础修正的。不过,负责修正国家分类值的人,在进行修正时,有一个基本框架、一组基于多种因素而整理出来的数字作为参考,而非单纯依据武断猜测而定。①

因而,对于政策评估而言,与决策本身一样,如果说完全理性主义是不可行的,惟简化评估可为,那么,从行动者的目标角度来看,人们有理由相信,混合扫描是一种比"渐进调适"更有效的方法。

形态学的因素

我们越是认识到,决策的基础既不是也不可能是高度有序化的价值体系和对现实世界的无尽探究,行动者赖以互动的结构因素就越发显得重要。行动者所遵循的决策策略,既不取决于价值,也不取决于信息,而是在某种程度上取决于其所处的位置以及决策者之间的权力关系。例如,强调混合扫描的某一因素而反对另一因素的程度,受到组织层级中的上下级关系的影响。在某些情况下,高层仅仅关注组织的全面情况,对细节问题往往缺乏耐心,而组织的基层,特别是那些专业技术人员,更倾向于关注组织的细节问题。在另一些情况下,为了逃避应对全面情况的压力,高层也可能试图将自己、行政机构以及公众的注意力掩埋在细节问题之中。

其次,环境因素也很重要。举例来说,如果环境条件保持稳定,且决策从

---

① Virginia Held, "PPBS Comes to Washington", *The Public Interest*, No. 4 (Summer 1966), pp. 102—115, quotation from pp. 112—113.

一开始就是有效的,那么,在这种情况下,高度渐进的方法就可能是合适的。反之,如果环境条件发生急剧变化,而最初的决策也被证明是错误的,在这种情况下,渐进主义方法的适用性就小得多。因此,理论上讲,离开了具体的社会环境,就不存在什么有效的决策策略。就此而论,混合扫描模式更具可塑性;通过调整全面扫描以及各级别扫描之间的相对投入,可以使之适应特殊情景的变化。例如,当环境变得更具应变性时,就需要增加全面扫描的投入。

另一个重要的考量因素是行动者的能力。以下关于机构间关系的描述对此作出了说明:"……国务院无可奈何地处于落后状态。它的密码设施陈旧过时,导致通讯反应迟钝;它甚至压根儿就没有自己的中央通信控制室。"[①]接着作者向人们展示了国务院的行动能力是如何地落后于国防部。

政策执行动员能力低的行动者,最好少依赖于全面扫描,因为,即便远期结果是可预期的,他也将感到心有余而力不足。更一般地讲,一个机构的控制力越强,就越适合全面扫描;全面扫描越充分,决策就越有效。由此我们看到一个悖论:发展中国家,由于其控制力比发达国家低得多,应当选择更高程度的渐进主义策略,却倾向于赞同更多地使用全面计划工具;而现代多元社会,至少在某些方面更有条件实施全面扫描,也更有能力实施全面控制,却倾向于赞成更少地使用全面计划手段。

有两个因素导致了现代社会之间在这方面的差异凸现。与非现代社会相比,尽管所有现代社会都具有了更强的全面扫描能力,拥有了更多的全面控制优势,但它们建立共识的能力却彼此相去甚远。民主政体接受更高程度的渐进主义(尽管不是像发展中国家应当接受的程度那么高),原因在于它们需要更多地从数量众多且相互冲突的亚社会中获得对新政策的支持,这种需求削弱了它们追逐长期计划的能力。在承平时期,与新政策相比,人们更容易在与现行政策相近的政策调整范围内达成共识。尽管如此,危机的作用仍是至关重要的;在相对较少的消极民主政体中,危机为迟到的政策方向的重大调整提供了重建共识的机会(如取消种族隔离的政策)。

极权主义社会拥有更多的中央计划支持者,更依赖于专断权力的行使,因而有能力更多地实施中央计划控制,但也更容易走得过头。先寻求建立共识然后才采取行动的民主政体,往往作为有欠,行动偏缓;而缺乏达成共识的能力、甚至缺乏评估各种阻力的能力的极权主义社会,则常常过犹不及、欲速不达。于是,在政策启动之后,它们就被迫调整计划,且修改后的政策常常是

---

① Roger Hilsman, *To Move a Nation: The Politics of Foreign Policy in the Administration of John F. Kennedy* (Garden City, N. Y.: Doubleday & Co., 1967), p.27.

按比例缩水,并伴随着比初始政策更多的"共识"(妥协)。在极权主义社会中,尽管总体计划失误意味着资源的巨大浪费,初始计划过头及其随后的按比例缩水,却是和断续渐进主义差不多的一种决策策略,这也许是极权主义社会最适合的决策策略。

一个能更有效地处理问题的社会(在其他地方我称之为积极社会)①,需要满足以下条件:

(1) 更高的建立共识的能力,甚至比民主政体所掌握的还要高。
(2) 更有效的控制手段,尽管不必比极权主义社会所使用的还要多(控制手段随着新的信息技术和社会科学中的分析手段的发展而变化)。
(3) 混合扫描策略,它既不像极权主义社会企图追求的那样符合理性主义策略,也不像民主社会所鼓吹的那样符合渐进主义策略。

6

街道层官僚与政策制定(1980)②

迈克尔·利普斯基

在美国社会中,公共服务人员占据着关键性的位置。这些从业人员虽然常被视为基层官员,但他们的行为实际上构成了政府所"传递"的服务。不仅如此,他们的个人决策的集合同时也构成了所在机构的政府政策。不管这些政府政策是为了传递"利益",如提供社会福利或公共住房,还是为了确定某种身份,如界定"罪犯"或"精神病人",政府雇员的自由裁量行为,将决定人们是从政府计划中受益还是接受制裁,或者说决定人们是否有权获取政府所提供的权益。

大多数市民并不是通过给国会议员写信或出席学校董事会的方式与政

---

① Amitai Etzioni, *The Active Society: A Theory of Societal and Political Processes* (New York: Free Press, 1968).
② 原文出自: Michael Lipsky, "Street-Level Bureaucrats as Policy Makers", *Street-Level Bureaucracy: Dilemmas of the Individual in Public Services*, Russell Sage Foundation, 1980.

府打交道(如果他们不得不与政府打交道的话),而是通过他们的老师或他们孩子的老师,通过站在街角或坐在巡逻车上的警察与政府打交道。老百姓通过这种方式与政府所发生的每一次接触,都代表着政府服务传递的一次事件。

本研究中的街道层官僚,是指那些在其工作进程中直接与市民互动的公共服务人员,以及对任务执行具有实质性判断力的公职人员。本研究中的街道层官僚机构,是指街道层官僚在其雇员比例中占有相当大比例的公共服务机构。典型的街道层官僚,包括了公职教师、警官及其他执法人员、社会工作者、法官、公职律师及其他司法官员、医疗保健工作人员,以及其他有权核准政府计划适用对象和执行相应公共服务的诸多公共雇员。工作环境的相似性使从事这些工作的人具有许多共同之处。[①]

街道层官僚传递利益与制裁的方式,构成并限定着人们的生活与机会,提供并调节着人们赖以行动的社会(和政治)背景。因此,可以这样说,国家影响和控制能力伴随着社会服务利益的扩张而扩张。作为公共利益的供给者和公共秩序的维护者,街道层官僚往往成为政治争论的焦点。公共服务的接受者要求改善公共服务的有效性和灵敏性,市民团体要求改善政府服务的效能和效率,长期以来,面对这些不断增长的要求,街道层官僚备受挫折。由于街道层官僚的薪水占据了政府非防务支出的相当大的比重,因此,涉及政府预算规模的任何质疑,其焦点很快就会转移到公共服务的范围和内容上来。与此同时,由于公共服务人员的规模已经扩张,其集体力量日益固化,因此,如果有关公共服务范围的政策争议涉及他们的地位和权力,作为一种重要的独立力量,街道层官僚足以影响相关决议的形成。

街道层官僚之所以能够就有关公共服务的政治争议发挥支配性影响,基于以下两个一般原因。首先,有关政府服务的适当范围和内容的争议,必然会涉及到关于公共雇员适当规模与功能的争议。其次,街道层官僚对人们的日常生活具有相当重要的影响。这种影响可能以多种方式存在:他们迫使

[①] 这些定义都属于分析性的,重点关注的不是名义上的职业角色,而是具体的工作特征。因此,并不是每一个街道层官僚都受雇于街道层官僚机构[如一名安置专家(街道层官僚中的一种)可以就职于城市改造部门,那里的雇员大多是城市规划人员、建筑师以及其他专业技术人员]。同样,街道层官僚机构的雇员也并非都属于街道层官僚(如福利机构的档案管理员或负责内勤工作的警官)。

街道层官僚机构这一概念,最早是由本文作者于1969年在提交给美国政治科学协会年会的一篇题为《促进街道层官僚理论的发展》(Toward a Theory of Street-Level Bureaucracy)的论文中提出的。该文后来经修改后发表于威利斯·霍雷和本文作者主编的《城市政治的理论展望》一书中(Willis Hawley and Michael Lipsky, *Theoretical Perspectives on Urban Politics*, Englewood Cliffs, N. J.: Prentice-Hall, 1977, pp. 196—213.)。

市民适应对政府服务的期待，适应在政治共同体中的个人处境；他们决定市民对政府利益和制裁的适用；他们负责对市民从政府项目中接受处理（或服务）的情况实施监督。因此，从某种程度上讲，在公民与国家的宪法关系中的许多方面，街道层官僚无形中处于一种居间调节者的地位。简而言之，他们掌控着公民权利与义务的尺度。

关于公共服务范围与内容的争议

经验中，人们往往将教师、福利工作人员和警官看作是不同的公共机构的成员，由于这些机构在组织化机制和业务推动机制上是相互独立的，因此，这些机构的成员之间在观点上也会彼此不同。然而，如果我们根据是否直接与公民互动以及是否在公民生活的重要方面拥有判断权而对公共雇员进行分类，就会发现，相当比例和数量的公共服务人员在工作特征上具有相同之处。大部分从事内政事务的公共雇员都属于这种类型。联邦和地方政府在地方学校中大约雇佣了 3,700,000 人，在警务机构中雇佣了超过 500,000 人，在公共福利机构中雇佣了超过 300,000 人。其中公立学校的雇员人数占了地方政府雇员总数的一半以上；从事教学工作的人员占了全体教职人员的 2/3，剩下的 1/3 中有许多是从教师或直接为学校提供服务的社会工作者、心理专家、图书管理员转行从事行政工作。共有 3,200,000 名地方公共雇员从事非教育类工作，其中约有 14% 的人从事警务工作；在联邦和地方政府所提供的非教育类职位中，每 16 个就有一个被公共福利人员占据。[①] 从事类似工作的人，大多负有与公民直接打交道的责任。

在地方政府雇员名录的剩余部分中，其他职业的街道层官僚占有重要的比例。尽管美国人口调查局没有提供适合本文分析目的的其他职业类别的细分表，但可以设想的是，1,100,000 名卫生保健人员中的许多人[②]，5,000 名

[①] U.S. Bureau of the Census, Public Employment in 1973, Series GE 73 No. 1 (Washington, D. C. : Government Printing Office, 1974), p. 9. Presented in Alan Baker and Barbara Grouby, "Employment and Payrolls of State and Local Governments, by Function: October 1973," *Municipal Year Book*, 1975 (Washington, D. C. : International City Managers Association, 1975), pp. 109—112, table 4/3. Also, Marianne Stein Kah, "City Employment and Payrolls: 1975," *Municipal Year Book*, 1977 (Washington, D. C. : International City Managers Association, 1977), pp. 173—179. 这些数据都根据专职人员等量换算进行了修正。从公共服务任务评估的角度看，与雇员总数相比，专职人员等量换算是更适当、更合理的统计单位，因为它考虑了兼职雇员的情况。

[②] Jeffry H. Galper, *The Politics of Social Services* (Englewood Cliffs, N.J. : Prentice-Hall, 1975), p. 56.

公职律师中的多数人①，各级法院系统中的许多人，以及其他许多类似的公共雇员同样属于街道层官僚。一些大城市雇用的街道层官僚更是数量惊人。例如，芝加哥市共雇用了26,680名教师，其数量之多甚至超过了该市一些郊区的人口数量。②

衡量街道层官僚在公共部门中的重要性的另一个测度指标，是用于支付这些雇员所需的公共资金量。1973年，在地方政府的全部薪金支出中，有超过一半的资金投向了公共教育机构，其中约有80%的资金用于支付教师的工资。警察的薪金总量约占全部非教育类地方公共薪金总量的1/6。③

在过去的25年中，街道层官僚的雇员人数出现了大幅度增长。从1955年至1975年，政府雇员总数翻了一番多，原因主要在于战后婴儿潮的出现，以及不断增长的老龄者、经济援助依赖者所导致的联邦和地方政府在教育、卫生保健和公共福利方面的支出增长。④

街道层官僚机构属于劳动密集程度极高的组织。这类组织主要通过人来提供服务，因此，其运行成本对员工薪金的依赖度很高。由于这个原因，政府在教育、警务或其他社会服务方面的大部分支出直接用于了街道层官僚的薪金支付。例如，在一些大城市中，有超过90%的警务支出用于薪金支付。⑤

不但是支付街道层官僚的薪金占了公共服务成本的主要部分，而且雇佣街道层官僚从事公共服务的范围也在与日俱增。慈善事业一度被认为是私营机构的责任范围。现在联邦政府也负起了向穷人提供收入援助的责任。在诸如治安、教育、健康等各种与公民生活息息相关的领域，公共部门将以往由私营机构履行的许多责任承揽过来。更为重要的是，政府不仅替代了私营机构在这些领域的角色，而且扩大了这些领域的服务范围。这样做的结果

---

① Lois Forer, *Death of the Law* (New York: McKay, 1975), p.191.
② *New York Times*, April 4, 1976, p.22.
③ Baker and Grouby, "Employment and Payrolls of State and Local Governments".
④ *New York Times*, July 10, 1977, p.F13.
⑤ 根据《市政年鉴》(*Municipal Year Book*)的调查，在4个人口超过100万的城市中，警务部门的人员开支占总开支的比例平均为94%，最低的也超过了86%。人口低于100万的城市也显示出相似的趋势。资料来源：David Lewin, "Expenditure, Compensation, and Employment Data in Police, Fire and Refuse Collection and Disposal Departments", *Municipal Year Book*, 1975, pp.39—98, table 1/21。不过，小城市之间情况的变化要大得多，原因在于，人口基数小的情况下，政府投资公共服务设施的总开支的人均比例变化更明显。
  街道层官僚薪金占政府开支的比重高的情况，在教育部门中得到同样反映。例如，标准都市统计区(Standard Metropolitan Statistical Areas)内有超过73%的教育类非基本建设成本用于劳务支出(如工资)。参见：Government Finances, Number 1, Finances of School Districts, 1972 U.S. Census of Government (Bureau of the Census, Social and Economic Statistics Administration, U.S. Department of Commerce), table 4。

是,明显提高了公众对于公共安全的预期,扩大了政府对幼儿教育和成人发展的责任,增加了卫生保健服务的公众需求。①

人们也许很难以对公共安全、公共卫生和公共教育的社会目标作出界定,但在过去的一个世纪中,这些服务领域都转入了政府的积极责任的范畴。公共福利领域中的公共责任转型,使一些人认识到,在现代美国社会中,人们所"持有"(have)的往往取决于他们对政府"赠与"(largesse)的主张,且对这种"新财产权"的主张,应当被视为一种公民权利而得到法律保护。② 街道层官僚在这些公民权利的实现中扮演了关键性的角色。他们或通过自己的服务向公众直接提供某种利益,或在公民与这些新的但并不可靠的财产权之间担当着仲裁人的角色。越是对于穷人,街道层官僚的影响越大。事实上,正是由于这些公共从业人员的地位特殊,以至于人们有充分的理由认为,他们本身就是造成贫困问题的部分原因。设想一下一个租住公屋的社会福利接受者的处境,她的儿子因为频繁地与警察发生冲突而被判缓刑,为了使儿子能够回到学校就读,她不得不请求法律援助律师给予帮助。她就这样陷入了一张由不同的街道层官僚所组成的网络之中,这些人对她的态度彼此冲突,却都宣称是根据她的"利益"和"公共利益"而行事。③

对于无力购买所需服务的人们来说,如果确实想得到这些服务,就不得不寻求政府的援助。实际上,穷人在无力负担的情况下被赋予权利以获得必要的服务,这已经成为社会进步的重要标志。

于是,当社会改革者试图改善穷人的境况时,他们往往被迫将争论的焦点停留在有关街道层官僚的地位问题上。社会福利事业改革者倾向于采用将服务的供应与经费的支持相分离的做法,或设计一种负的个人所得税制度,以削减社会福利分配人员。法院案件大量积压,导致一些人提议增加法官的数量。儿童早期发展在很大程度上决定着日后成就的潜能,这一认识导致了旨在丰富儿童早期体验的新计划的开发(如"领先"计划)。

---

① 许多学者探讨过服务部门在经济体系中的地位增长问题。参见:Daniel Bell, *The Coming of the Post-Industrial Society: A Venture in Social Forecasting* (New York: Basic Books, 1973); Alan Gartner and Frank Reissman, *The Service Society and the Consumer Vanguard* (New York: Harper & Row, 1974); Victor Fuchs, *The Service Economy* (New York: Columbia University Press, 1968)。有关公共福利转型的讨论,参见:Gilbert Steiner, *Social Insecurity* (Chicago: Rand McNally, 1966), chap. 1。有关公共安全的讨论,参见:Allan Silver, "The Demand for Order in Civil Society", in David Bordua, ed., *The Police: Six Sociological Essays* (New York: John Wiley, 1967), pp. 1—24。

② Charles Reich, "The New Property", *Yale Law Journal*, Vol. 72 (April, 1964): pp. 733—787.

③ Carl Hosticka, "Legal Services Lawyers Encounter Clients: A Study in Street-Level Bureaucracy" (Ph. D. diss., Massachusetts Institute of Technology, 1976), pp. 11—13.

在整个 60 年代,以及 70 年代的早期,政府面对社会问题的典型反应模式,是任命一堆街道层官僚来处理这些问题。穷人是否被剥夺了向法院提出申诉的同等权利?答案是向他们提供法律援助。他们是否被剥夺了接受卫生保健的同等权利?答案是建立社区诊所。他们是否被剥夺了接受教育的同等权利?答案是开发学龄前儿童充实计划。毕竟,与降低收入不平等相比,增加雇佣街道层官僚是一个既容易操作又不至于引发社会分裂的做法。

近年来,公共雇员从街道层官僚机构的公共开支增长中获益颇多。① 他们的薪资水平从最初的偏低状态已经增长到数量可观甚至相当有社会吸引力的程度。与此同时,以街道层官僚为主的公共雇员,通过发展雇员工会和类似于雇员工会的协会组织,在改善工作环境方面也获得了空前的控制力。② 例如,尽管公众对学校花费了纳税人太多金钱的抨击越来越多,教师和其他教职人员却常常能够保住自己的位置,甚至增加岗位。尽管学龄儿童的数量逐年下降,学校教职人员的比例却持续增加。③ 这种增长趋势迎合了普通民众的一种看法,即教师和警察这样的街道层官僚,是健康社会所必不可少的。④

许多城市,特别是纽约市,以及最近的克利夫兰市和内瓦克市(Cleveland and Neward),受到了财政危机的影响。对于这些城市来说,财政危机给政府提供了一个机会,来评估公共服务人员在各种压力下继续工作的能力。市政预算的绝大部分内容属于刚性的、指定性的费用,如债务偿还、养老金计划和其他的人员救济金、有契约承诺的薪金增长、基本建设承诺、能源采购等等,因此,能够找到的预算"减肥"之处,就是那些其开支主要用于薪金支付的服务部门。尽管在财政危机期间有很多公共雇员遭到解雇,但意味深长的是,公共服务人员往往能够通过游说、讨价还价甚至哄骗的方式,实现裁员规模

---

① 参见弗朗西斯·皮文(Frances Piven)的一篇很有说服力的论文,她在文中指出,公共服务人员是 60 年代针对城市居民和穷人大量联邦计划的主要受益者。Piven, "The Urban Crisis: Who Got What and Why", in Richard Cloward and Frances Piven, *The Politics of Turmoil* (New York: Vintage Books, 1972), pp. 314—351.

② J. Joseph Loewenberg and Michael H. Moskow, eds., *Collective Bargaining in Government* (Englewood Cliffs, N. J.: Prentice-Hall, 1972). A. Laurence Chickering, eds., *Public Employee Unions* (Lexington, Mass.: Lexington books, 1976); and Margaret Levi, *Bureaucratic Insurgency* (Lexington, Mass.: Lexington books, 1977).

③ 学龄儿童人数下降是由出生率下降和战后婴儿潮导致的学龄儿童人口规模周期性滞后所引起的。参见:Baker and Grouby, *Municipal Year Book*, 1975, pp. 109ff, on serviceability ratios.

④ 这种观点目前仍然适用。尽管如此,作为对抗这种趋势的反作用,诸如负的个人所得税制度和住房补贴制度之类的,旨在削减服务仲裁者和服务供应者的政府计划也获得了越来越多的人的支持。财政资源短缺的现实使公众将注意力转向了一些服务领域的边际效用问题。

最小化。① 街道上警力减少所带来的公共恐惧，以及对环卫工人减少导致的街道脏乱的憎恶，使得公共服务人员反对裁员的主张容易博得公共的支持。老师一旦被解雇，自己的小孩将比以往的孩子接受到更少的专业指导，有这种担忧的家庭同样会支持老师们反对裁员的主张。公共雇员及其亲人对城市雇员精简计划的投票倾向，不会损及这些公众的反对意见。②

公共服务部门的膨胀彰显着福利国家的无所不及；它们的触角向着人类需求的每一个领域不断渗透。这并不是说，人类的这些需求得到了很好的满足，只是说，公共服务打破了公共责任和私人事务之间的屏障。

在资金短缺的现实压力之下，公共服务的优先权受到了根本性的挑战，基于此，人们才将城市财政危机的焦点转移到公共服务部门。在挑战服务供给这一问题上，自由主义者现在和财政保守主义者站在了一起。他们对此的挑战，不是以直接的方式来质疑公共服务和公共责任在本世纪的发展是否适当，相反，他们采取了一种间接的方式，认为公共雇员的增长以及他们对于税收明显且不可逆转的依赖，对公民自治、政府灵活性以及政治秩序的繁荣构成了威胁。从非平衡公共预算的观点看，关于公共服务范围适当性的争议，可能意味着对整个社会服务结构进行彻底调整的需要，这种担忧可能导致上述争议难以为继。

公民互动中的冲突

我曾指出，街道层官僚自身也会成为争议之源。原因在于，要进行政策调整，首先必须处理好这些人的人事安排问题。街道层官僚之所以容易成为争议焦点的另一个原因，是因为他们直接与公民打交道并对公民的生活构成实实在在的影响。街道层官僚所执行的政策往往是直接针对公民个人的。他们常常需要作出现场决策（尽管有时候他们并不情愿），且其决定完全是针对个人的。一项城区改造计划可以毁掉一个街区，然后重建，或将原住民迁往别的地方而代之以新的住宅和新的居民；相对而言，政策的影响具有延

---

① 1976年10月，纽约市的警察同意无偿延长工作时间，以换取一大群新手巡逻警不被裁减的承诺。参见：*New York Times*, October 24, 1976, p.24。

② 有关组织化的公共服务人员及其利益支持者力量之强大的最好例子，莫过于纽约州议会不顾休·凯利政府（Gov. Hugh Carey）的态度而对所谓斯塔维斯基法案（Stavisky bill）行使否决权的例子了。该项立法形成于纽约市预算削减备受公众关注的时期，它要求该市在财政危机后三年内在教育方面的支出不得高于危机前三年的水平，并以此来束缚该市财政管理人员的手脚。参见：*New York Times*, April 4, 1976, p.E6；April 18, 1976, p.E6。

续性,分为不同的发展阶段,且其最终谢幕的舞台往往与街区居民的日常生活相去甚远。

街道层官僚所做的决定,通常具有分配和再分配的属性。对受益资格的判断,意味着在损害一般纳税人及其他申请遭拒绝者的利益的同时,支持了某些人对于政府物品和服务的要求权。他们通过增加或减少低收入人群的受益量,于无形中控制了财富从富人流向穷人的再分配比例。

从另一个角度看,在政策执行过程中,街道层官僚所做的决定也对政策对象的生活机会构成影响。将某人纳入社会福利接受者的名单,判决某人为少年犯,或将某人作为成功人士(a high achiever)来对待,诸如此类的政策行为,既会影响到政策对象与其他人的关系,也会影响到这些人的自我评估。由此开始(或延伸)的社会过程,可以解释许多自我实现的预言。被判少年犯的儿童,会形成一种负面的自我印象,社会亦往往将其与别的"失足者"视为一类人,这些社会心理暗示将会增强他或她日后行为观念的导向性。与智力水平相同但不被认为出众的孩子相比,被老师认为在学习能力方面具有天赋的那些孩子,学习成绩往往更好。[1] 与具有同等可支配收入但不接受社会福利的人相比,社会福利接受者的住房条件往往更差。[2]

街道层官僚工作环境的特殊性在于,在妥善处理心理暗示效应的同时,他们还必须处理好客户对其决定的个人反应。说人们的自我评估受到了街道层官僚的影响,也等于说政策对象对政策本身具有反作用。这种反作用并不仅仅限于潜意识过程中,街道层官僚机构的客户会对真实的或感知的不公正行为作出愤怒的反应,会寻找各种策略来讨好工作人员,会对街道层官僚的决定表示感激、愉悦或表示不快、抵触。被电话公司、机动车管理局或其他政府机构例行公事式地怠慢是一回事,因为在类似的情况下,客户对于主张或请求处理过程中的角色环境一无所知;被一个和你直接对话并期望着从对方那里至少获得坦诚而富有同情心的倾听的人所推诿、区别对待或"官僚主义地"(贬义词)回应,却是另一回事。简而言之,街道层官僚的真实工作环境很难切合独立且非人格化决策的理想化官僚政治模型[3]。恰恰相反,在街道层官僚机构,重大决定的对象——人民,实际上随着这些决定而变化着。

---

[1] 这方面的开创性作品来自:Robert Rosenthal and Lenore Jacobson, *Pygmalion in the Classroom* (New York: Holt, Rinehart and Winston, 1968)。

[2] Martin Rein, "Welfare and Housing", Joint Center Working Paper Series, no. 4 (Cambridge, Mass.: Joint Center for Urban Studies, Spring, 1971, rev. Feb. 1972)。

[3] 关于官僚机构的超然地位在客户关系处理过程中的重要性,参见:Peter Blau, *Exchange and Power in Social Life* (New York: John Wiley, 1964), p.66。

街道层官僚也会成为公民反应的焦点,因为自由裁量权使他们有可能在人民的名义下依个人好恶而行事。"公共利益"责任的笼统与宽泛,使作为个体的工作人员有更多的机会对客户采取善意或积极的态度。于是,在一个重要利益、惩戒和机会明显是由大型的非人格化机构所控制的社会中,职责定义的模糊性,会怂恿人们从政府机构中寻找靠山。

上述讨论,有助于解释为什么人们对街道层官僚机构在服务供给方面的作用存在着持续的争议。与此同时,依托街道层官僚提供政府服务的特殊性,也有助于解释为什么街道层官僚机构会成为当下社区冲突的主要焦点。自1964年以来,社会冲突的主要热点一直集中于学校、警务部门,以及卫生与福利机构的回应性[1],这一点也不让人感到意外。这些领域正是公共利益和惩戒的提供场所。它们之所以成为社会争议的主要对象,是因为这里所发生的一切影响着公民的个人决定及其所获得的待遇。诚如弗朗西斯·福克斯·皮文(Frances Fox Piven)和理查德·克劳伍德(Richard Cloward)所解释的那样:

> ……人们在具体情境下所体验的剥夺和压迫,并非是大量抽象程序的最终产物,而是一种具体的体验,这种体验将他的不满塑造成针对特定对象的特定的不平感。……例如,接受救济的人在破旧的等候室体验到自身的卑微,体验到监督者或社会福利调查人员的诘问,体验到受人施舍所带来的怜悯。凡此等等,他们体验到的并不是美国的社会福利政策。……换言之,正是这些日常体验定格了他们的委屈感,确立了他们的需求尺度,指出了他们的泄愤对象。[2]

尽管人们是以个体的方式与这些官僚机构打交道,然而,在学校、公共住宅或社区诊所等这些领域,涉及个人利益的政策却是以集体的方式来组织的。这种行政安排给公民提供这样一种暗示,即通过控制上述组织或至少影响这些组织的发展,他们有可能改变个人的待遇质量。就此而论,成功的社区组织必须具备两个前提:希望或相信个人利益可以通过集体行动而得到自动增加;以及存在一个看得见、可实现且存有争议的集体目标。[3]

---

[1] 参见:公民骚乱全国咨询委员会(National Advisory Commission on Civil Disorders)的报告(New York: Bantam, 1968),或 Peter Rossi et al., Roots of Urban Discontent (New York: John Wiley, 1974)。

[2] Frances Fox Piven and Richard Cloward, *Poor People's Movements* (New York: Pantheon, 1977), pp. 20—21.

[3] Michael Lipsky and Margaret Levi, "Community Organization as a Political Resource", in Harlan Hahn, ed., *People and Places in Urban Society* (Urban Affairs Annual Review, vol. 6) (Newbury Park, Calif.: Sage Publications, 1972), pp. 175—199.

对社区名声的关心,会激发人们将社区行动的重点指向街道层官僚机构。社区中占支配地位的机构有助于社区认同的塑造。这些机构可能对社区主要群体保持敏感性(传统上,波士顿的中学就扮演着这样的角色),也可能对社区概念以及居民喜欢的身份认同反应迟钝,甚至持反对态度,就像一些学校对作为重要的少数族群的西班牙传统采取置之不理的态度一样。无论是受某种不平感还是受散布于社区机构的某种主导观念的驱使,人们对街道层官僚机构的不满可能跟这些因素有关:对官僚机构的熟悉程度;官僚机构在社区福利方面的地位作用;以及在某种程度上觉得这些机构并未尽职尽责地服务于居民。

最后,作为社会控制机构的成员,街道层官僚在调节社会冲突方面也扮演着重要的角色。接受公共利益的公民与对公民提出行为要求的公共机构之间形成了一种互动关系。公民必须预见到这些公共机构对公民行为的要求。提出权利主张的公民,必须对自己的行为有所节制并逐步养成某种"适当的"态度,使之既符合接受政府服务的条件,又符合街道层官僚对他的期待。教师们努力调整自己的工作态度,使之符合学校教育、自己以及其他社会互动环节的期待;警察们也努力使自己的行为举止符合公众和上司的期待;社会工作者则承载着人们关于公共利益以及来自社会福利接受者的期待。

关于公共服务人员在大型社会中的重要地位的讨论,还涉及街道层官僚的社会控制功能问题。在软化市场经济制度对主要失利者的影响方面,以及在引导人们接受主要经济与社会制度的疏漏或不足方面,公共服务部门同样扮演着重要角色。警察局、法院、监狱在处置吸毒者、小偷、抢劫犯,及其他此类的人(其社会危害行为与经济地位相关)方面,明显扮演着类似的角色;学校则在将公民置于经济秩序控制之下以及为公民提供改变社会阶层地位的机会方面,扮演着同样的角色。公共援助和就业计划则将其政策目标扩展到改善失业影响或减低不满情绪的发生率。随着就业机会的改善,公共援助和就业计划的联系越来越紧密。不仅如此,两者的设计与执行还向人们传递着这样的信息:社会受援者的身份是可以避免的,不管报酬水平有多低,与坐等公共援助相比,工作是更可取的。从"反贫困计划"(war on poverty)中,人们也可以看到公共政策的这把"双刃剑"(two edges)。在该计划中,社会服务和社团组织将社会救助资金授予各种社区机构,对于这些资金,潜在的持不同意见者可以相互竞争，普通老百姓也因而增加了对这些机构的信赖。①

福利国家的范围与社会控制的程度相辅相成。街道层官僚之所以成为社会争议的焦点，部分原因在于他们同时承担着两种角色。是取消对福利申请者的严格审查以减低行政成本和减少接受者的烦恼，还是增加此类审查以控制福利资金的滥用并防止福利接受者投机取巧，福利改革计划就是在这种分歧面前举步维艰。是为了提高成本有效性和康复率的缘故而将那些大型机构予以拆解，还是为了避免放任思想顽固的行为不轨者可能带来的代价而对这类机构保持严格的监督，未成年人矫正和心理健康计划也往往搁浅于类似的争议面前。简而言之，街道层官僚之所以成为争议中心，原因在于，意见相异的公众认识到，以公共秩序名义而进行的社会控制及民众对现状的接受，都是我们社会的目标，而旨在削弱街道层官僚地位作用（如取消社会福利审查、减少假释工作人员、大麻合法化）的建议将则有碍于这些社会目标的实现。

社会争议的焦点还涉及社会服务的适当种类问题。当前，在犯罪惩罚政策问题上，有的人主张适用严厉惩罚观并依据法条机械量刑，有的人则主张对罪犯采取更符合康复理念的态度，这些争议反映出人们在监狱服刑人员管理的严厉程度上存在观点冲突。在教育领域，公众的意见亦存在分歧，有的人主张适用自律性原则并根据学生的兴趣提供个性化的指导，有的人则主张适用惩罚性原则并对学生采取严格训练的传统做法。越轨行为的"治疗"是另一个有争议的领域，就社会控制手段的适当性而言，有的人主张由医生来介入对破坏性行为的干预，有的人则主张由纪律维持人员来介入这种干预。

以市民的观点来看，在广度上，街道层官僚的作用等同于政府的功能；在强度上，街道层官僚的作用表现为市民不得不日复一日地与那些负责教育、纠纷处理、健康服务的街道主管相互交涉。作为整体，街道层官僚汲取了大部分的公共资源，并成为社会期待的在公共服务的供给与公共开支的合理负担之间维持健康平衡的焦点；作为个体，街道层官僚承载着市民对于政府公正和有效对待的希望，也正是从这一点上，他们清楚地看到了政府在有效干预和客户响应方面的不足与局限。

---

① 关于"合法化"的分析以及关于政府服务部门作用的一般性讨论，参见：James O'Connor, The Fiscal Crisis of the State (New York: St. Martin's, 1973)。关于特定政策领域中的社会控制功能的分析，参见：Samuel Bowles and Herbert Gintis, Schooling in Capitalist America (New York: Basic Books, 1976); Frances Fox Piven and Richard Cloward, Regulating the Poor (New York: Pantheon, 1971); Galper, The Politics of Social Services; Richard Quinney, Criminology (Boston: Little, Brown, 1975); Ira Katznelson, "Urban Counter-revolution", in Robert P. Wolff, ed., 1984 Revisited (New York: Alfred Knopf, 1973), pp.139—164。

7

政策悖论：政治决策的艺术(1997)①

黛博拉·斯通

除了麻烦，悖论什么也不是。悖论违背了最基本的逻辑规则：某事物不能同时成为两件不同的事物。两种相互矛盾的解释不能同时都是正确的。而一个悖论恰恰就是这样一种不可能的状态，政治生活中充满着这样的悖论。举例来说。

输也是赢

1994年中期选举后，共和党获得了众议院的控制权，平衡预算宪法修正案的通过被列在了他们的立法议程表的首位。共和党一直批评民主党政府肆意挥霍政府开支及其财政赤字政策。平衡预算宪法修正案如果获得通过，他们就可以运用这个强有力的法律武器来大规模削减政府项目。1995年初，形势相当乐观，预算修正案看起来可能在参众两院轻松通过。然而，随着参议院三月份投票日期的临近，共和党似乎难以获得修正案通过所需的67票。共和党多数党领袖，参议员鲍勃·多尔（Bob Dole）坚持推迟投票，寄希望于能够获得更多的支持票，不过，最终的投票结果仍然是该法案没有获得所需的67张赞成票。在明明知道共和党不能顺利通过的情况下，他为什么还是同意将该法案付诸投票？在投票前夕，他解释道："如果我们赢了，我们就真正赢了，但如果我们输了，我们也可能赢。"②

投票结束后，媒体的标题反应几乎是一个声调。《纽约时报》的结论是，"参议院否决平衡预算法案，票决相近遭大佬党当头棒喝"。《波士顿环球

---

① 原文出自：Deborah Stone, *Policy Paradox: The Art of Political Decision Making*, W. W. Norton & Company, Inc. 1997。

② 引自 Jill Zuckman, "No Voting, More Anger on Budget", *Boston Globe*, March 2, 1995, p.1.

报》的回应是,"大佬党成为预算修正案的输家"。① 多尔声称输也可能是一种赢,他想表达什么意思?

政治家通常至少有两个目标。首先是政策目标——希望看到成功或失败的任何计划或提案,希望得到解决的任何问题。可是,或许对于他们来讲,更重要的是政治目标。为了能够实现他们的政策目标,政治家总是希望保住自己的权力,或者获得足够的权力。对于共和党的政策目标来说,平衡预算修正案的挫败是一种损失,即便如此,多尔认为,它对于共和党的政治权力可能是一种收获(《纽约时报》显然也如此认为,故其副标题为"民主党的危机")。共和党的领袖们知道,他们失去了一个可以极大地帮助他们兑现其竞选诺言("Contract with America")的宪法工具,但他们也看到了一些重要的政治收获。该修正案的主要发起人,参议员奥林·哈奇(Orrin Hatch)认为此次投票是"对两党政见分野的一次清晰描绘"。一位共和党的民意测评专家解释了这次投票如何有助于下一轮国会选举中的共和党候选人:"它以我们所希望的方式将两党的区别强烈地展示了出来:我们想要削减开支,而他们却不干。"② 就在参众两院的共和党议员谈论着如何让民主党在下一轮选举中为此买单的同时,正在参与总统竞选的多尔,则利用此次机会攻击克林顿总统是在放弃其控制联邦政府赤字的责任。纽特·金里奇吹嘘道:"在我看来,这就像一箭双雕。今天他们给了我们一次胜利,1996 年 11 月他们还将给我们一次胜利。"③

游行:是娱乐还是言论

一个爱尔兰男女同性恋团体想要参加波士顿市每年一次的圣巴特里克节(Saint Patrick's Day)大游行。游行的组织者想阻止这些人的参加。该同性恋团体说,游行是一种公共娱乐事件,因此,公民权利法案将保护他们免于公共场所的歧视行为。游行组织者则主张,游行是对信仰的一种表达方式,完全是一种言论行为。他们的言论自由——将持不同信念者排除在游行队伍之外的行为,受宪法第一修正案的保护。那么,游行到底是一种公共娱乐事件还是一种自我表达行为?抑或两者都是?如果你是最高法院的法官且

---

① 两者均为头版标题。*New York Times*, March 3, 1995; *Boston Globe*, March 5, 1995.
② 引自:"GOP is Loser on Budget Amendment", *Boston Globe*, March 2, 1995, p.1。
③ 引自:"Senate Rejects Amendment on Balanced Budget", *New York Times*, March 3, 1995. p. A1。

必须在两者之间作出选择,你会怎么做?①

支持抑或反对福利政策

当问及福利方面的公共开支,48%的美国人说应当削减。但是,当问及贫困儿童项目的开支,47%的人说应当增加,仅有9%认为应当削减。②

美国人到底想要扩张还是削减福利开支?这一切取决于问题的建构方式……

先有问题还是先有答案

20世纪50年代,针对城市交通阻塞的问题,政府提出了一项发展公共交通的联邦计划。地铁和公共汽车被认为是一种比私人汽车更加有效交通方式。60年代末,环境保护成为时尚,公共交通的倡导者于是到处散布这样的观点,地铁和公共汽车是降低汽车污染的有效方式。1972年欧佩克实行石油禁运,华盛顿的注意力全部集中在能源危机上,公共交通于是又被当作替代私人汽车的节能方案而兜售。在这个例子中,是公共交通碰巧成为了三个问题的答案,还是一种不变的答案在不断适应问题的变化?③

婴儿:是产品还是服务?

新的生育技术从根本上改变了人们生育小孩和组建家庭的方式。"婴儿M"出生于1986年,是威廉·斯特恩(William Stern)和玛丽贝丝·怀特黑德(Marybeth Whitehead)两人之间的合同产物。这两个人都已婚,但不是彼此结婚。合同规定,怀特黑德太太接受斯特恩先生的精子进行人工授精,负责在其子宫内将胎儿抚养至分娩期,然后将婴儿交给斯特恩夫妇作为他们的孩子来抚养;作为回报,斯特恩先生将付给怀特黑德太太10,000美元,外加其他开支。

婴儿出生后,怀特黑德太太决定由她自己来抚养婴儿,因为她毕竟是自

---

① Linda Greenhouse, "High Court Lets Parade in Boston Bar Homosexuals", *New York Times*, June 20, 1995, p. A1.
② Jason DeParle, "Despising Welfare, Pitying Its Young", *New York Times*, December 18, 1994, p. E5.
③ John Kingdon, *Agendas, Alternatives and Public Policies* (Boston: Little Brown, 1984), p.181.

己在生物学上的女儿。这个案子到了法院。尽管案件的直接争议点是谁应当赢得"婴儿M"的抚养权,但是在人们的头脑中,其政策问题是法院是否应当认可并强制执行此种代孕合同。大部分州的抚养法禁止婴儿买卖行为。因此,问题的关键点是代孕合同到底是一种婴儿买卖合同还是一种社会服务合同?

一方面,可以认为怀特黑德太太是在出租她的子宫。和任何的专业服务提供者一样,她同意遵守有严格标准的操作——在本案中是产前照料。根据该合同,她不能饮酒、抽烟,或吸食毒品,并且必须遵从医嘱。像任何体力劳动者一样,她也是为了生产的目的而出售其身体使用权。根据她自己和斯特恩的说法,她是在利他主义地帮助一对没有生育能力的夫妇创造一个小孩。

从另一方面看,怀特黑德太太也可以看作是在生产和出售一个婴儿。她是在有报酬的预期下接受人工授精的——没有报酬,就没有婴儿。她同意接受羊膜穿刺检查,并且如果检查结果显示婴儿存在斯特恩先生所不能接受的缺陷,她同意人工流产。如果婴儿出生后在心理上或身体上存在任何障碍,她就同意接受一种较低的报酬——低价值的婴儿,低价格的交易。

那么,代孕合同到底是一种出售服务的合同还是一种出售婴儿的合同?

我们如何能够读懂这个充满着悖论的世界?在一个科学如此普及的时代,我们如何处理这些明显有违科学规范之基本规则的情况?我们能否使公共政策发挥作用?

政治科学、公共行政学、法学和政策分析这些领域承担着一个共同的使命,将公共政策从政治学的非理性与不光彩状态中解救出来,而代之以理性的、分析的、科学的方法。这一努力就是我所称的"理性工程",它几乎从一开始就一直是美国政治文化的核心内容。这一工程起始于詹姆斯·麦迪逊(James Madison)"拯救派争危害"的努力,他试图通过适当的宪法设计以保护政府政策免受多数暴政之自私动机的危害。[①] 19世纪70年代,哈佛大学法学院院长克里斯托弗·哥伦布·兰德尔(Christopher Columbus Langdell),致力于通过课程改革而将法学从政治学中独立出来。他公开宣称,法学一门科学,对它的研究应当坚持这样的取向,即以高等法院的判决为范例,将它们的共同要素提取出来组成一个原则体系。对于法学院的学生和教授来说,实践经验并不是必需的。

[①] 参见:《联邦党人文集》第10篇的讨论。

第二章 公共政策制定

在19、20世纪交替之际,进步党改革家们进一步加快了理性工程的步伐,他们将政策制定的权威从被选举机构中独立出来,并将其赋予专门管制委员会和职业化的城市管理者,目的在于使政策制定多一些科学的因素而少一些政治的因素。20世纪延续了这种对非政治化的政府管理理论的探索,如赫伯特·西蒙对"行政科学"的研究,哈罗德·拉斯韦尔"政策制定与执行的科学"的构想,以及大学、基金会和政府当下对于政策科学专业发展的大力扶持。

本书有两个目的。首先,我将证明,理性工程并没有击中政治的要害,而且它本身就是一个不可能实现的梦想。在理性工程的思想深处,政治是杂乱无章、荒谬可笑、飘忽不定和令人费解的。政治领域中的事件、行为和理念似乎难以归入逻辑和理性所提供范畴之中。理性工程中的分析范畴则以某种方式超出了或跳出了政治的束缚。理性的意图在于提供一种正确的有利位置,从这个位置上我们可以对真实世界中的善作出判断。

相反,我指出,理性分析背后的思想范畴,将自己限定在政治争执的范围内,本身就是一种悖论。在政治出现之前它不存在;离开了政治它同样不存在。这些范畴必然是抽象的(它们毕竟是思想的范畴),所以它们可能存在多重含义。因此说,分析本身就是政治的创造物;它是一种在策略上精心设计过的论证过程,意图在于产生模棱两可、似是而非的观点,然后再在特定的方向解开这些疑惑。(眼下说的这些一定显得很抽象,不过,在接下来的各章中我将非常具体地说明政治和政策的某种分析范畴是如何成为持续演化的政治产物的。)

除了说明理性工程的这种重大误解外,我的第二个目的是推导出一种政治分析模式,它能帮助我们理解诸如以上所描述的政策悖论。我寻求创立一种框架,在该框架下,前述的悖论现象,政治的寻常状况,不必被辩解为异常现象,被诋毁为非理性的,被拒斥为荒唐之物或被藐视为"纯粹权术"(pure politics)。不幸的是,很多公共政策方面的著作源于这样一种理念,即现实中的政策制定总是偏离好的政策制定的某些假定标准,因而,现实政治中存在着某些根本性的错误。在创立一种政治分析的替代模式时,我的研究基于这样的信念,即政治是社会存在的一种创造性的和有价值的表现。

公共政策的理性工程建立在三根支柱之上:推理模式、社会模式和政策制定模式。推理模式就是理性决策过程。在该模式中,决策遵循或应当遵循一系列明确的步骤:

(1) 确定政策目标；
(2) 搜寻实现目标的各种可行方案；
(3) 预测每一种方案的可能结果；
(4) 评价每一种方案的可能结果；
(5) 选择一个目标成果最大化的方案。

这种理性行为的模式是如何具有普遍渗透力，以至于它成为了各种量贩杂志和自助书籍的主要原料。尽管很有直观吸引力，但这种理性决策模式却全然不能解释鲍勃·多尔在平衡预算修正案投票表决时的想法和行为。他有没有达成他的目标？他是赢了还是输了？更糟的是，该模式不能帮助多尔预先设计政治建议，因为，如果我们接受他在任何一种情况下都会赢的推理，那么投票的情形就是无关紧要的，他只需静静地坐下来欣赏这场投票演出。当然，在声称输也是赢的时候，多尔不仅仅是在进行推理。他还在试图巧妙地处理如何理解投票结果，以及如何利用它来影响共和与民主两党未来政治竞争的问题。事实上，共和党人对于投票失败的所有信心表白和胜利言论，意味着政治家们对于事件的解释拥有大量的控制权，意味着那些想要选择明智的行动方案的政治分析家们应当更少地关注对行动结果的客观评价，更多地关注对行动结果的主观解释。如果政治家们通过把自己描绘成一个一直与成功相伴的人能够达成他们的目标，那么，他们应当学习的是肖像画法而不是成本收益分析法。

政治推理模式应当去分析目标改变的可能性，分析同时追求两个相互矛盾的目标的可能性，分析似输而赢以及变输为赢的可能性，以及最不寻常的是，分析通过把自己描绘成一个与成功相伴的人以获得成功的可能性。在本书中，我开发出一种相当不同于理性决策模式的政治推理模式。政治推理是通过隐喻和类比来推理。其目的是让别人将某种情形看成是一事物而非另一事物。例如，将游行视为公共娱乐事件，或表达某种信念的集体行进。每一种想象都会构成一种不同的政治竞争，并适用一组不同的规则以解决冲突。代孕合同下产生的婴儿，很不同于我们已知的任何事情，它不完全像一种专业服务，不完全像一种有报酬的劳务，不完全像一份子宫出租合同，不完全像一个离婚父母间的保管合同，也不完全像一份收养合同，立法机构和法院处理这种事情的方式是问："在所有这些都不完全是的情形之中，代孕最像哪一种情形？"

政治推理就是一个制造隐喻和类比的过程，这样做不只是出于美好形象的考虑或出于洞察力的考虑。它出于说服力的考虑，以及最终地出于政策的考虑而作的一种策略性描绘。政治推理概念的展开贯穿本书并辅以例证,在最后一章中再次直接提到这一概念。

当代理性工程背后的社会模式是市场。人们视社会为自主的、理性的决策者的集合,好像这些人没有共同体生活似的。人们之间的互动关系完全由追求福利最大化的个体之间的交易构成。人们各有自己的目标或偏好,各自比较达成自身目标的可行方案,各自选择自己最满意的决策方案。他们经由理性计算实现个人利益的最大化。因此,市场模式与理性决策模式两者紧密相关。

市场模式的应用范围并非局限于我们平常所理解的市场,亦即产品和服务买卖的交易系统。选举投票、立法者和政治领导人的行为、福利名单的大小,甚至婚姻都可以根据个人利益最大化的理性计算予以解释。市场模式假定个体对于产品、服务和政策均有相对固定的、独立的偏好。然而,在现实社会中,人们在心理上和物质上都有相互依赖性,他们通过感情纽带、传统以及社会团体联结在一起,他们的偏好基于忠诚和印象的比较。人们如何确定他们的偏好,这在很大程度上取决于选择机会是如何呈现给他们的以及由谁来呈现。当被问及帮助贫困儿童时,他们认为福利开支应当增加;当被问及福利事业时,他们的答案变得完全不同。就像在"婴儿 M"的例子中一样,有时人们并不明白他们买卖的是什么,或者他们是否真的在从事一宗买卖。

我建构了一种政治共同体的社会模式,以取代市场的社会模式。……我提出了人类行为和社会生活的若干基本要素,并认为这些基本要素具有公理的性质,且有别于市场模式下的公理。我之所以将政治共同体模式,或所谓"城邦",作为研究的逻辑起点,是因为我自己在这一领域的知识探索始于一种简单的观察:政策以及政策的思考方式均产生于政治共同体。

这一观察也许谈不上高深,对于一直受着市场的社会模式所主导的知识领域来说,它却有着根本性的影响。举一个例子来说吧,市场的社会模式将社会福利看作是个体的困难境遇的总称。所有的行为都可以被解释为人们对于个人利益的最大化追求。因此,市场模式不能解释人们是如何基于公共利益或共同体的种类而进行斗争的,而这才是隐藏在政策选择背后真正重要的政治问题。

在理性工程中,政策制定模式变成了一种生产模式,在其中,政策是经由一系列相当有序的步骤而生产的,几乎和"装配线"的情形无异。事实上,很多政治科学家都提到过政策"要素的装配"。某一议题进入议程,问题得到明确;在政府的立法分支和行政分支中,在经过可行方案的建议、分析、合法化、挑选、完善后,某一方案得到行政机构的执行;在执行过程中,方案不断受到相关行动者的挑战和修正,以及可能情况下的司法介入;最后,如果政策制定过程在管理上是相当复杂的,还需要提供对被执行政策的评估与调整措施。

如此理解,则政策制定程序与理性决策模式在认知步骤上是相互匹配的。政府于是变成了一个规模更大的理性决策者——虽然不是很精通的那种。这一流派的政治科学作品中有很多致力于了解,好政策是在生产程序的哪一阶段偏离正确轨道以及如何偏离正确轨道的。这种理性解决问题的政策制定模式,无法解释为什么有时候会出现政策解决方案寻找政策问题的现象。它无法告诉我们,为什么政策制定过程会从解决方案……进入政策问题。它能告诉我们的,仅仅是事情出现了"逆向"运行或不良运行。

政策制定的生产模式没有抓住我所说的政治共同体中政策制定的关键要素:基于理念的政治争执。理念是一种交换媒介,一种比金钱、选票以及枪杆子更有力的影响模式。共同的价值会激励人们采取某种行动,并将个人努力融合为集体行动。理念是所有政治冲突的中心。反过来,政策制定则是一种持续的政治争执,它的价值涉及社会等级的分化标准、社会类别的范围边界,以及对指导人们行动方向的理想的界定。

……每一种理念都是一种观点,或者更准确地说,是以不同的方式看待世界的观点的集合。在本书各章中,我将致力于阐明,对于看似相同的概念为什么人们会存在不同的理解,这些不同的理解是如何产生的,以及它们是如何成为政策策略的一部分的。将隐藏在某一概念背后的观点暴露出来,可以很好地解释并可能有助于解决那些表面的冲突。……

正如我在本书中所指出的那样,大多数政策议题的政治进程并不像这种三因素公式(three-part-formula)所暗示的那样简单。例如,人们并不总是先发觉一个目标,然后寻找目标与现状之间的差距。他们常常是先发觉一个问题,然后由这一问题引出对解决方案和目标状态的搜寻。或者他们是先发现一种解决方案,然后设计一个需要这种方案(以及他们的服务)的问题。不过,我之所以使用这一框架,是因为它能够将政策分析作品中普遍存在的问题解决的逻辑表达出来,以及因为它能够将理性决策模式与政策制定程序匹配起来。

[我接着讨论]目标——不是具体政策议题中的特定目标,如扩大健康保险的覆盖率或降低卫生保健的成本支出,而是引发政策争议的有关共同体

生活的社会价值：平等、效率、安全与自由。这些价值构成了"母议题"（motherhood issues）。如果抽象表述，每个人都持赞同意见；然而一旦问及具体含义，争执就来了。这些价值不仅可以作为目标而存在，而且可以作为我们评价现状和政策建议的价值标准而存在。

理性工程的信条之一，是存在着目标和价值中立的评判标准，它们适用于政治分析，却来自于政治以外的某种有利位置，并且不受政治参与者的利益所左右。……潜藏在每一政策议题背后的，是一种对于同一抽象目标或价值看似有理却相互冲突的理解的争执。抽象观念代表着对共同体的某种渴望，人们将自相矛盾的解释揉入这些抽象观念之中。让每一个人都认同一种解释是不太可能的事情，政治分析家们的首要任务，是将那些隐含在政策分歧背后的价值冲突揭露出来并阐述清楚，这样，人们才能看清他们的分歧所在，并努力达成某种和解。

在目标这一层面，也许还存在另外一些观念，如公平、隐私、社会责任、民主等，都是可以想到的。令人悲哀的是，我们之所以强调平等、效率、安全与自由的价值需要得到更多的政治分析，原因仅仅在于在政治分析中它们更经常地被当作标准而引用。读完本书，读者不难发现，在其他标准中，同样存在类似的悖论。

政策推理过程中的问题界定有多种模式，每一种模式都像是一种表达方式，在这种表达方式所及的范围内，人们提供各种相互冲突的解释并为之辩护。我们用以界定问题的方式同样有多种，如根据导致问题发生的事物（"原因"），或根据人们对待问题的态度（"利益"），或根据人们提出的建议（"选择"）。此外，还有其他的界定方式。例如，人们可以根据不同的学科考察问题的设计，如经济学、法学、政治科学，甚至伦理学。我没有选择这种分析框架，是因为它只会导致学术界业已存在的人为分隔继续存在下去，而我所选择的范畴，对于我自己来讲，似乎可以更好地表述政治生活的推理过程模式。

……[我的]判断基于这样的假定：所有的政策都涉及改变人们行为的某种预谋。在本篇的各章中我将分别地处理一种引起这种改变的机制，这些机制包括：动机和惩罚的产生（"诱因"）、规则的批准（"规则"）、告知或劝说（"事实"）以及权威的改组（"权力"）。

本篇的共同主题是，政策措施不仅仅是工具，每一项政策措施都有它自己的功能，并适用于不同种类的情况。在标准的政策制定程序的科学模式中，政策方案的选择与执行是分离的，而事情则通常是在执行阶段出错的。

因此，政策分析家的任务就是找到正确的或最好的工具，以确定当事情没有如计划那样进展时问题到底出在哪里。相反，我认为，每一种类型的政策措施，都是一种有着特定基本规则的政治竞技场，政治冲突正是在这样的竞技场上不断延续。每一种社会规则模式都绘制了一些界限，这些界限告诉人们哪些可为哪些不可为，以及应当或不应当以何种方式彼此对待。不过，这些界限并不是固定不变的，人们对之不断展开竞夺，要么是因为它们模糊不清，不能平息冲突，要么是因为它们将利益和负担分给了其中的一方或双方。尽管如此，界限是真实存在的，并在政治斗争中被赋予含义。就此而论，分析家的任务就是要充分地理解游戏规则以探明政策的标准运动，并提供实施有效的反向运动的全部保留措施。

如果深陷其中而不能自拔，你就成了一个理性主义者，你可能想弄明白，各章中的这些主题是否"详尽无遗"且"相互排斥"。确切地讲，并非如此。我们的思想范畴与推理模式是缠绕在一起的，难以勾画分明。我想说的是，这就是为什么我们会有而且总会有政治存在的原因之一。此外，我还想提醒的是，我一直试图向读者证明，悖论是政治概念的本质所在。悖论有着自相矛盾的含义，依形式逻辑判断，这些含义是相互排斥的；但是依政治逻辑判断，它们却是并存不悖的。尽管如此，我确实希望，我所提供的这些范畴，在最低限度上能够提供有用的方式以开辟一块可供探索的知识领域，在最好的情况下，能够提供新的方式用以探索这一新的知识领域。

至于我所提供的范畴是否详尽无遗，我只能借用一句精彩的政治辩词为自己辩解：我必须在某个地方画一条线。

复习思考题

1. 为什么说查尔斯·林德布洛姆的"'渐进调适'的科学"的本质是渐进主义？渐进主义如何解释政府预算过程背后的政治？
2. 为什么说阿米泰·埃茨奥尼所倡导的"混合扫描"是一种决策制定的混合理论？"混合扫描"是否可以作为阅读报纸的一种有用方法？
3. 迈克尔·利普斯基是如何解释基层官僚的政策制定方式？请举出几个你自己与"街道层官僚"互动的例子。
4. 运用黛博拉·斯通的政策悖论与政治理性解释政治共同体的含义。她的"政治共同体模型"与其他政治决策模型有何区别？

第三章

利益集团与公共政策

多元化的价值以及利益集团在民主政治过程中的重要性在两千多年前就得到人们的认可。例如,古希腊的亚里士多德就指出,由于成员可以得到的"各种好处",政治联合不仅意义重大而且司空见惯。最早专门论及美国政治过程中的利益集团的文献之一,是詹姆斯·麦迪逊在《联邦党人文集》第10篇中关于派系斗争的著名分析。发表于1787—1788年的《联邦党人文集》,被很多政治科学家认为是美国人所写的最重要的政治理论作品,是包括政治哲学经典在内的美国精神的产物之一。

《联邦党人文集》起初是由美国第一任财政部长亚历山大·汉密尔顿(1755—1804)、第四任美国总统詹姆斯·麦迪逊(1751—1839)和美国第一任首席大法官约翰·杰伊发表的一系列报刊文章,目的在于试图说服纽约州人民批准新宪法。文集反映了美国政治体系中两种思潮之间的平衡,这两种思潮的主张者分别是以麦迪逊为代表的有限政府的支持者和以汉密尔顿为代表的强有力的全国性政府的倡导者。可以想象的是,该文集与其说是反映了美国后革命战争一代的多数想法,还不如说是反映了寻求建立一个更具国家主义色彩之政府的少数美国人的想法。后者得到了他们想要的东西。

在本书收录的《联邦党人文集》第10篇中,麦迪逊讨论了派系(政治集团)及其对政治体系的危害问题。麦迪逊担心,党争会威胁政府之稳定;不过,他也相信,建立在权力分工和分离基础上的广泛的代议制政府可以防止此种危害的发生。麦迪逊为多元社会辩护的这篇短文,是《联邦党人文集》中最有名的文章。在其所倡导的联邦制政府中,麦迪逊预见到"共和政体

(大型的共和国)能够医治共和政府最易发生的弊病"。该文是美国人最早试图对人类的政治本性作出解释的作品之一。麦迪逊认为,政治分歧与派系产生的原因"根植于人性之中"。在《联邦党人文集》第 51 篇中,麦迪逊对这种人性发出了著名的哀叹:

>必须用野心来对抗野心。人的利益必然是与当地的宪法权利相联系。用这种方法来控制政府的弊病,可能是对人性的一种耻辱。但是政府本身若不是对人性的最大耻辱,又是什么呢?如果人人都是天使,政府也就没有了存在的必要。如果由天使来统治人类,那么,对政府的任何外在或内在控制也就成为多余。在建构一个由人来统治人的政府时,最大困难在于,你必须首先使政府有能力控制被统治者,然后再迫使政府控制自身。

在麦迪逊看来,派系乃人性所固有,其原因无法根除。唯一的可行选择便是控制其压力与权力的影响。

《联邦党人文集》第 10 篇已经成为为什么美国政治体系难以取得变革的经典解释。设计宪政结构的目的在于保护少数免于可能的 51% 的多数暴政。当历史学家查尔斯·比尔德(Charles A. Beard)和 20 世纪早期的其他政治分析家对现代利益集团理论寻求历史辩护时,麦迪逊的这篇文章受到他们的重新发掘。

关于利益集团理论的更详细讨论可以追溯到约翰·卡尔霍恩(John C. Calhoun,1782—1850)有关政府统治的专题论文——《政府专论》(A Disquisition on Government, 1853)。在论述保护少数派利益的必要性时,卡尔霍恩暗示,理想的统治必须能够应付所有的利益集团,因为它们代表着公民的合法利益。如果所有利益集团在某种程度上能够平等地参与到政策制定过程之中,那么,所有人的利益都将得到决策者的认可。

卡尔霍恩的作品代表了早期利益集团理论的发展,而直接推动现代利益集团政治理论产生的作品来自亚瑟·本特利(Arthur F. Bentley,1870—1957)。本特利是政治学行为主义分析的倡导者和现代利益集团理论的创始人。在《政府过程》(The Process of Government, 1908)一书中,本特利主张,政治分析必须将其关注点从政府形式转移到利益集团环境下的个体行为之上,因为利益集团是保障个体实现其政治、经济和社会诉求的主要行动机制。不过,在戴维·杜鲁门(David B. Truman,1913—2003)重新发现并将之推广之前,本特利的作品实际上被人们"丢失"了。

本书收录了杜鲁门的《政治过程》(The Governmental Process, 1951) 一书的部分内容。在该书中,杜鲁门将集团互动视为公共政策的真正决定因素和公共政策研究的正确焦点。他将利益集团定义为"具有共同态度的集团,它向社会中的其他集团提出一定的要求。如果且当它通过任何政府机构或向任何政府机构提出要求,它就变成了公开的利益集团"。接近途径和影响途径的建立是集团压力的保障。杜鲁门注意到,在行政过程中存在着类似于立法过程中的多样化的接近途径。杜鲁门的利益集团理论涉及对集团在整个政治体系中如何互动、运行和发挥影响的全面描述与分析。他认为存在两种类型的利益集团:正式的利益集团和潜在的利益集团。潜在集团由具有共同价值和态度但还没有发现其利益受到威胁的人们组成。杜鲁门断言,一旦发现其利益受到威胁,他们就会组成集团以保护其利益。

给定新的利益集团浮出水面并影响政府决策的可能性,潜在利益集团的概念赋予官僚机构的政策制定过程以某种真实性(或许还有平衡性)。有一种观点认为,利益集团理论是非民主的理论。潜在利益集团的概念也可以作为对此观点的一种反论。一旦将潜在利益集团概念与有组织集团的积极作用联系起来,用杜鲁门的话来讲,可以得出这样的观点:"所有明确定义的社会利益都将受到某种政府机构的认真对待。"

认为美国的政治过程本质上是多元化的,这种观点强调竞争性利益集团的社会作用。多元主义假定,在普罗大众根据对自身利益的感知而改变结盟的社会中,权力原则上会在集团之间发生转移。然而,根据权力精英理论,如果将民主定义为大众对公共事务的参与,那么多元主义理论对现代美国政府的解释就是不适当的。根据这种观点,多元主义提供的直接参与很少,因为社会的精英结构是自我封闭的金字塔形的、是有社会共识基础而反应迟钝的。社会因此可以分为两个阶级:占社会少数的统治阶级和占社会多数的被统治阶级。也就是说,与其说多元主义是保护大众社会民主政治的一种可行方案,还不如说是一种隐蔽的精英主义。

权力精英理论断言,美国基本上是由一群政治、军事和经济精英所统治,这些精英的决策权力基本上支配着民主政治过程。社会学家赖特·米尔斯(C. Wright Mills, 1916—1962)在《权力精英》(1956)一书中写道:"三种权力的主角——军事首脑、企业首领、政治领袖——倾向于并肩携手,共同组成美国的权力精英。"尽管米尔斯本人或许并不知晓,大多数有关美国政治的当代精英主义作品都以他的分析为知识基础。本书将米尔斯这一开创性作品的第一部分收录其中。

美国政府由多种或多元化的元素组成。首先，美国的宪法安排规定了权力分离，并将权力在政府的三个分支之间进行分配，以达到相互制约的目的。理论上讲，权力分离可以避免权力的专制集中，但也容易产生效率低下的抱怨。大法官路易斯·布兰代斯在1926年的"梅尔斯诉美国"(Myers v. United States)一案的美国最高法院判决书对这种低效率作了如下辩护："1787年宪法采用权力分离原则的目的不在于提高效率，而在于阻止专断权力的行使；不在于避免冲突，而在于利用随政府权力分配而产生的不可避免的冲突，使人民免于独裁政府之苦。"类似的结构安排在州和地方政府中同样存在。在《谁统治：美国城市中的民主和权力》(1961)一书中，政治科学家罗伯特·达尔(Robert A. Dahl)给我们提供了关于这些低效率如何融入当代多元主义政治的经典分析。在当代多元主义政治中(在纽黑文的例子中)，地方政治权力是散布的，仅仅围绕不同的政策议题而结合在一起。达尔发现，比起权力精英，相互竞争的联盟和集团对政治决策具有更大的影响。这已经成为人们分析美国各层级政府中公共政策制定的传统和标准方法。本书收录的是该书的第一章"问题的性质"。

对于达尔拥护的利益集团多元化而言，它的主要批评家是西奥多·罗伊(Theodore J. Lowi, 1931—)。他的《自由主义的终结：意识形态、政策与公共权威的危机》(1969)一书，对现代民主政府提出了富有争议的批评并谴责了利益集团多元化所带来的瘫痪效应。罗伊宣称，在达尔式的多元主义社会，公共权威被私有利益集团所瓜分，从而导致一个无力进行长期计划的虚弱、分权的政府。这些强大的利益集团的运作是为了实现私有目标，而非相互竞争以促进公共利益。政府因此不是变成了一个有能力在相互冲突的价值中作最优果断选择的机构，而是变成了一个特殊利益的控股公司。各种利益是通过利益集团与相关政府机构、有关立法委员会的结盟实现的。负责管制的机构基本上可以被看作是被管制者的保护者，罗伊的分析是对这种政府过程的严厉控告。

在《自由主义的终结》一书中，罗伊提出了对利益集团多元化问题的解决之道——法律民主(juridical democracy)。法律民主要求联邦法院通过迫使国会采取程度更高的"法治"姿态而在实现民主理想方面发挥更积极的作用。如果法律规定仍然如此模糊，以至于将重要的政策权力授予政府机构，而这些政府机构却利用法律模糊留给它的自由裁量权大玩利益集团把戏，联邦法院可以通过不断地宣布这些法律违宪来扭转利益集团多元化的趋势。罗伊认为，利益集团相互竞争以影响政府计划的执行，这在本质上是非民主的，因为这些计划的决定应当由立法机构自身非常仔细地制定。只有法院才有能力迫使国会如此行事。罗伊还在等待国会考虑他的建议。

罗伊坚持认为,应当为不同类型的公共政策建构不同的模型。本书收录了他的经典文章《美国商业、公共政策、案例分析与政治理论》(载《世界政治》,1964年7月号)。在该文中,罗伊指出,政策内容属于自变量;根据内容的不同,可以将公共政策分为三种主要类型:分配型、管制型和再分配型。"每一个领域都倾向于形成各具特色的政治结构、政治过程、精英和集团关系。"顾名思义,分配型政策涉及向个人和团体提供服务与产品的行为;管制型政策涉及从一方到另一方的转让或交易;再分配型政策本质上意味着从富人那里取得东西送给穷人。国内政策和计划的目的就是使财富或利益从人口中的一部分向另一部分移动。福利国家建立在再分配的观念之上。税收则是再分配的基本机制。不过,法律本身有时也能对利益起到再分配的作用。举例来说,税收减免就是以其他集团为代价惠及某一集团;通过平等就业机会命令,公民自由与权利法案在理论上以人口中的其他部分为代价向人口中的某一部分提供经济利益。

与其他阶层相比,再分配政策更受某些社会阶层的欢迎。法国历史学家托克维尔(Alexis de Tocqueville,1805—1859)在《论美国的民主》(1835)一书中有这样一段评述:"在穷人独揽立法大权的国家,不能指望公共开支会有显著节省。这项开支经常是很大的,这是因为立法抽税的人可能不纳税,或者因为他们不让赋税的负担落到自己身上。"正如剧作家萧伯纳(George Bernard Shaw)在《每个人的政治真相》(1944)中所说的那样:"剥夺彼得而给予保罗的政府,通常能够依靠保罗的支持而维持其统治"。

《联邦党人文集》第10篇(1787)①

詹姆斯·麦迪逊

在组织良好的联邦政府所能承诺的诸多好处中,最值得称道的莫过于其瓦解和控制分裂暴行的趋势。想到这里,大众政府的支持者发现自己从未如

---

① 原文出自:James Madison, *The Federalist*, NO.10, 1787。译文引自:《联邦党人文集》,程逢如等译,商务印书馆1986年版,第44—51页。引用时作了部分修改。

此为大众政府的性质和命运感到担忧,甚至于不敢静下心来仔细思忖这一危险弊端的内在趋向。在这种情况下,对于能够恰当纠正这一弊端而又不违背其原则的任何计划,他都不会不给予适当评价。事实上,不稳定、不公正以及国民议会里的混乱不堪,一直是足以致大众政府于死地的弊端。这些弊端也始终是自由的敌人在进行华而不实的雄辩时最喜欢和效果最好的话题。美国宪法对古今民主典范所作的宝贵改进,并不值得过多地赞颂;如果硬说宪法如人们所期望的那样有效地排除了这方面的危险,则实属不可原谅的偏袒。从我们最审慎、最善良的公民那里,以及从那些拥护公众与私人信用、拥护公众和个人自由的人们那里,到处可以听到这样的抱怨:我们的政府太不稳定;公共利益在敌对党派的冲突中被忽视了;政府措施频繁更迭,依据的不是公正原则和少数派的权利,而是利害相关的占压倒多数的超级势力。不管我们多么希望这些抱怨是毫无根据的,但已知的事实所提供的证据,不容许我们否认,这些抱怨在某种程度上是真实的。公正地回顾过往情形,就会发现,我们确曾将自己所遭受的一些痛苦错误地归罪于政府的作为;但同时也发现,其他原因并不能单独解释我们的许多巨大不幸,特别是不能解释普遍存在和日益增长的对公共约定的不信任和对私人权利的担忧,从大陆的一端到另一端,都回荡着这种不信任与担忧。这一切即便不完全是,也主要是公共管理的不稳定、不公正的结果。而派系幽灵正是制造这种不稳定、不公正局面的幕后黑手。

我理解,所谓派系,就是一些公民,不论是全体中的多数还是少数,受某种共同激情或利益所驱使的,联合起来公然反对其他公民的权利,或者反对社会长久与总体利益。

消除党争或曰派系斗争的危害,有两种方法:一种是消除其原因,另一种是控制其影响。

消除党争原因,也有两种方法:一种是对其存在所必不可少的自由予以摧毁,另一种是给予每个公民以同样的主张、同样的热情和同样的利益。

关于第一种疗法,最确切的说法应当是:药物比疾病本身更可怕。自由之于党争,犹如空气之于火焰,离开了前者的供应,后者就会立刻窒息。但是,鉴于自由会助长党争而废除政治生活不可缺少的自由,这同因为空气给火焰以破坏力而希望灭绝动物生存所必不可少的空气一样,是愚蠢的想法。

如果说第一种疗法是愚蠢的,第二种疗法则是不可行的。只要人类的理智还容易犯错误的,且人们可以自由地运用埋智,就会有不同意见形成;只要人类的理智和自爱之间还存在联系,意见和情感就会相互影响,前者就会成为后者依附的对象。人的才能多种多样,财产权则肇源于斯,这种多样性于利益之均一,实在是一种无法克服的障碍。保护公民的才能,是政府的首要目标。有了对获取财产的各种不同才能的保护,不同程度和不同种类的财产占有局面就会立刻出现;这一切必然会对各财产所有者的感情和意见产生影响,从而使社会被划分成不同利益集团和党派。

　　党争之潜在原因,深植于人性之中;其对行动的影响程度,视人类社会的不同情况而定。对不同宗教与政治观点的热衷,或对其他各种理论和实践见解的热衷;对野心勃勃争夺权势的不同领导人的追随,或对各色命运非凡人士的迷恋,依次将人们分为不同的派别,煽动他们彼此仇恨,使他们更倾向于互相恼怒、互相压迫,而不是为共同利益而互相合作。人类互相仇恨的倾向如此强烈,以至于在没有机会充分表现出来时,最琐碎、最怪诞的差别也足以激起不友善的情绪,乃至最强烈的冲突。不过,诱发党争的最普遍、最持久的原因,却是财产分配的多样性与不平等。有产者和无产者会形成不同的利益集团;债权人和债务人也有同样的区别;土地占有者集团、制造业集团、商业集团、金融业集团及诸多较小的集团,必然出现于现代文明社会,被划分为不同的阶级,并受到不同情感和见解的支配。管制这些形态各异又相互冲突的利益集团,构成了现代立法的主要任务,因而也不可避免地将派系幽灵带入政府日常运作之中。

　　任何人都不应当出任自己案件的法官,因为他的利益必然会使其判断存有偏见,且玷污他的正直品格。出于同样的理由,不,应该说出于更充分的理由,任何团体都不宜于同时担任法官和当事人。然而,就许多最重要的立法案而言,其性质和司法判决难道不是一样吗? 只不过它涉及的不是个别人的权利,而是庞大的公民团体的权利。各种不同的立法者,难道不是他们所决定的法案的辩护者和当事人吗? 曾经有人提过一条有关私人债务的法律吗? 没有。这是债权人和债务人各执一端的问题,法官应当在其中保持平衡。然而政党本身是,而且必然是法官;人数最多的党派,或者换言之,力量最强的党派必然会胜出。本国工业是否需要以及在何种程度上需要通过限制外国工业而得到鼓励? 这是土地占有者集团和制造业集团会选择不同答案的问题,或者单纯以正义和公益而言,可能是两者都不能决定的问题。对各类财产的税收分派,看上去是一条最需要公平的法令。任何法律都没有赋予多数党派以更大的机会和诱惑去践踏正义准则。然而,让处于劣势的派别多负担一个先令,他们就给自己的腰包节省了一个先令。

　　以为开明政治家有能力调整这些利益冲突,并使之屈从于公共福利,这种说法是苍白的。开明政治家并不经常执掌大权。在许多情况下,如果不作间接和长远的考虑,根本不可能作出这样的调整,而间接和长远利益,很少能胜过一党派置另一党派权利或全体人民福祉于不顾时所能争取到的眼前利益。

我们的推论是,党争的**原因**不能排除,只有用控制其**结果**的方法才能求得解决。

如果一个派系的人数只在少数,共和政体的原则不失为一种解决之道,它使多数人可以通过定期投票的方式击败其险恶的意图。在这种情况下,该派系可能妨碍行政,震撼社会,却不能以宪法的名义实施并掩饰其滥用权力的行径。另一方面,如果社会上的多数人同属于一个派系,在大众政府的体制下,他们就能够以公共利益和其他公民的权利为代价,实现自己的占统治地位的感情或利益。保护公共利益和私人权利免遭这种派系的威胁,同时保护大众政府的精神和形式,是我们所要探究的重大题目。让我补充说,欲使大众政府摆脱其长期受到的耻辱,这是最为紧迫的问题;也惟其如此,大众政府的形式才能得到人们的尊重和采纳。

用什么方法才能达到这个目的呢?显然是两者必取其一。要么必须防止多数人同时持有同样的情感或利益,要么必须使具有同样情感或利益的多数人由于受人数和地区情况的制约而不能采取一致行动,实施其压迫企图。我们深知,如果冲动和机会巧合,道德或宗教都难以发挥适当控制的作用。在个人的不义和暴行中,我们找不到道德和宗教的动机;随着人数的增多,道德和宗教的控制效果也相应地减少,也就是说,其效果依效果需要的程度而变化。

因此,可以得出这样的结论:纯粹的民主政体——这里我指的是由少量公民组成的、且其政府由公民亲自组建和管理的社会——不能制止派系斗争的危害。几乎在每一种情况下,整体中的多数都会感到共同情感或利益的存在。沟通和协调是政府形式本身的产物;没有什么东西可以抵挡牺牲弱小党派或可怜个人的诱惑。民主政体于是就成了动乱和争端的舞台,它同个人安全或财产权难以共存,且往往因暴而亡。赞成民主政体的政治理论家错误地以为,如果使人类在政治权利上完全平等,他们也会同时在财产、意见和情感上完全平等。

共和政体,我指的是采用代议制的政体,展现出一片不同的前景,在此可以找到梦寐以求的治愈之道。仔细分析一下它和纯粹民主政体的区别,不难理解该治愈之道的性质及其对联邦的疗效。

民主政体和共和政体存在两大区别:第一,后者将政府委托给由全体公民选举出来的少量公民;第二,后者所能管辖的公民人数更多,国土范围更大。

第一个区别所导致的结果,一方面是,经由选定的公民团体,公众意见得到了提炼和扩大,因为被选拔出来的人,其智慧最能辨别国家的真正利益所在,而其爱国心和正义感也最不可能因暂时或局部考虑而动摇。如此限定,则情形将会这样:由人民代表发出的公众呼声,要比人民自己为此集会而发出的呼声更符合公共利益。另一方面,结果也可能适得其反。捣乱成性的人、用心险恶的人或本位主义者,可能用阴谋、贿赂及其他手段先取得参政权,然后再背叛人民的利益。问题由此产生:就选举公共福利的适当保护人而言,是小共和国好还是大共和国好?以下两点考量将作出明显有利于后者的选择。

首先,应该指出,无论多小,为了提防一小撮人的结党营私,共和国的代表人数必须达到一定数目;同时,无论多大,为了预防人多嘴杂的混乱不堪,共和国的代表人数必须限于一定数目。因此,在这两种情况下,代表人数与共和国的选民人数并不成比例,小共和国的代表比例要大得多。结果是,如果大共和国的代表比例的适当性并不亚于小共和国,那么前者将承载更多的见解,从而更有可能作适当的选择。

其次,由于每个代表的选民人数,大共和国要比小共和国多,因此不足取的候选人就更难于成功地采用选举中常见的不道德手腕;同时,由于人民的选举自由度更大,选票也更容易集中于德高望重的人身上。

必须承认,在这种情况下,如同在其他许多情况下一样,折中看来,两者都有麻烦之处。如果把选民数目增加得太多,会使代表很不熟悉当地情况和次要利益;如果把选民数目减少得太多,会使代表不适当地依附于选区,而很少关注和追求重大的、全国性的目标。在这方面,联邦宪法将两者恰当地结合起来,它把重大的、总体的利益托付给全国的立法机构,而将地方的、局部的利益留给州的立法机关。

另一个区别是,共和政府比民主政府所能管辖的民众人数更多、领土面积更广;这意味着前者的派系联合没有后者那么可怕。社会愈小,组成不同党派和利益集团的可能性就愈少;不同的党派和利益集团愈少,同一党派占据多数地位的情况就愈有可能发生;而形成多数派所需的人数愈少,他们所处的范围就愈小,也就愈容易采取一致行动,执行压迫计划。随着范围的扩大,种类更多的党派和利益集团被包罗其中;全体中的多数形成共同动机以侵犯其他公民权利的可能性也更小了;换句话说,即使存在这样的共同动机,有此同感的人显示自己的力量,并采取统一行动,其困难也更大。可以这样说,除了其他障碍以外,即使存在共同的不正当或卑鄙目的,这些人的相互交往也总是会受制于相互间的不信任,而这种不信任是与派系的规模成正比的。

因此,很清楚,在控制党争影响方面,共和政体优于民主政体之处,同样也是大共和国优于小共和国之处,联邦优于组成联邦之各州之处。优点在于能选拔出见解高明、道德高尚,故不为局部偏见和不公正阴谋所惑的代表吗?不能否认,联邦的代表最有可能具备这些必备的品质。优点在于利用种类更多的党派来防止一个党派在数量上超过其他党派并压迫它们吗?换言之,在联邦内组成的种类更多的党派能增加这方面的保护吗?总之,优点在于给不讲正义、图谋私利的多数人以更大的障碍,阻止他们共同实现其不可告人的企图吗?在这方面,联邦的幅员宽广提供了最明显的有利条件。

党派领袖的势力,也许会各自的州里燃起烽火,却无法使其蔓延到其他各州。某一教派可能会在邦联某一地区堕落为一个政治派别,但是散布于邦联各地的各种教派,必然会保护全国议会使其不受来自那里的任何威胁。对发行纸币、取消债务、平分财产或者对任何其他不适当或邪恶计划的渴望,比较容易传遍联邦的某一州,而不容易传遍整个联邦,就像疾病可能传染某一个县或地区,而不容易传染整个州一样。

因此,我们领悟到,在联邦的宽广范围和适当结构下,共和政体能够医治共和政府最易发生的弊病。根据我们对共和政体的喜爱和自豪程度,我们应该以同样的热情拥护联邦党人的精神,支持他们的人格。

政治过程(1951)①

戴维·杜鲁门

普遍观之,人们总是置身于那些我们称之为集团的稳定的互动模式之中。或许除了那些最随意、最短暂的互动之外,这种持续的互动,和所有持续

---

① 原文出自:David B. Truman, *The Governmental Process*. New York: Knopf, 1951。

的人际关系一样,都涉及权力的运用。这种权力运用表现在紧密相关的两个方面。首先,它表现为集团施加于其成员的权力;个人对集团的从属关系很大程度上决定了他用以解释其经验的态度、价值和参照系。因为,在一定程度上遵从集团的规范,是被该集团接纳为其成员所必须付出的代价。这种权力运用不仅体现在当前的个人与集团关系中,而且也可能来自于某种过往的从属关系,如孩提时代的家庭,以及个人对某个集团的归属渴望或与某个集团的态度共享。其次,它表现为该集团对社会上的其他集团施加影响,并成功地将自己的主张强加于对方。条件是它是一个集团或变成一个利益集团——社会上的任何集团皆有可能。

许多利益集团日益政治化,美国社会尤其如此。也就是说,它们要么从一开始就,要么在其发展过程中不时地通过政府机构提出要求,或向政府机构提出要求。而政府的形式与职能反过来也反映着这些利益集团的活动与要求。美国宪法的文本格式清晰地显示出利益集团的影响,而新的政府职能的法定创造则反映着利益集团的持续运作过程。许多的政府形式和职能从一开始或在整个过程中给人的印象是,它似乎独立于有组织利益集团的公开活动。司法机关就属于这种政府形式的代表,而城市道路建设和机动车交通管制则属于这种政府职能的例子。然而,如果司法机关或它的一部分,以一种与社会某一重要组成部分尖锐对立的方式运作,或它的作用受到猛烈抨击,那么司法结构及其权力背后的集团基础就可能凸显出来。同样,如果道路建设导致了税率的明显提高,或者如果交通管制给行人或乘车人造成不必要的麻烦,那么政府职能受竞争性利益集团需求的影响也就不再模糊不清。那些被社会广泛持有的利益,无需以利益集团的方式组织起来,就能得到政府的响应。此即我们所说的潜在利益集团。如果这些潜在利益集团暗示的要求得到迅速而适当地表达,那么分享潜在利益或态度的人们就没有必要形成互动。然而,即便没有明显的活动迹象,政府形式和职能的公认的利益基础,以及它们与利益集团公开活动的丝丝瓜葛却始终存在。

政府机构是以利益为基础的权力中心;政府机构与各种利益集团的联系既可能是幕后的,也可能是公开的,其政治活动范围包含了从例行的、普遍接受的活动到变化不定的、极富争议的活动。为了提出要求,政治利益集团必须想方设法接近政府机构中的关键决策环节。这些关键环节分布于政府结构的不同部位,不仅包括正式设立的政府分支机构,也包括各种形式的政党以及政府单位与其他利益集团的关系。

利益集团有效接近政府机构的程度,取决于一系列复杂因素的相互影响。为简单起见,可以将这些因素大致归为有些重叠的三种类型:(1)涉及利益集团社会战略定位的因素;(2)与该利益集团内在特质有关的因素;(3)政府机构自身所特有的因素。其中,第1类因素包括:集团的社会地位或声誉,它影响集团的社会形象;集团及其活动所持有的立场,它将之与那些普遍持有但组织化程度很低的利益或"游戏规则"区别开来;政府官员成为该集团正式的或非正式的"成员"的程度;以及该集团作为技术知识和政治知识来源的有效性。第2类因素包括:集团的组织化程度与适当性;集团在特定情形下,特别是相对于竞争对手的内聚力水平;领导艺术;集团的人力与财力资源。第3类因素包括:政府机构的工作流程,这些稳定的特征涉及该机构相对固化的优点与缺点;特定政府部门和单位的集体生活的影响。……

在利益集团这一描述美国政治过程的概念中,有两个因素意义重大,值得特别重视。一个是多重成员或交叠成员身份的观念;另一个是非组织化利益集团或潜在利益集团的功能。

多重成员身份的观念来自于这种概念,即它将集团视为标准化的互动模式而不是个体的集合。标准化互动模式的抽象概念尽管多少显得有些模糊,但它实际上较后一种概念更接近于复杂的事实。将集团视为个体的集合,这种观念是从如下看得见的事实中抽象出来的:在任何社会,特别是复杂社会,没有一种集团从属关系可以解释所有个体的全部态度或利益(狂热者和神经强迫症患者除外)。没有哪一个正常人会完全专注于他所参与的集团。个人活动的多样性及其所伴随的利益的多样性将他卷入各种现实的或潜在的利益集团。而且,没有哪两个人的遗传经验完全相同,随之必然发生的其态度谱系在不同程度上也是相异的。这两种事实意味着同一集团的成员将根据不同的参照系去感知集团的要求。在多重成员身份产生冲突之前,这种异质性也许并不重要;而当冲突发生时,集团的内聚力和影响力取决于成员对集团重要环节的忠诚冲突的整合或适应。这种适应可能导致他改变最初的要求。如此说来,教师家长联合会的领导们有必要考虑一下这样的事实,即他们的建议对于那些同时属于地方纳税人联盟、地方商会以及天主教堂的成员都必须是可接受的。

多重成员身份的观念与据说是由利益集团大量出现而导致的问题直接相关。然而,在有关利益集团的政治作用的讨论中,这种重叠事实常常被人忽略或忽视。詹姆斯·麦迪逊在《联邦党人文集》第10篇中的精彩分析常被我们引用,这里,他主要依赖团体的多样性和团体内沟通的困难来保护新政府免于多数暴政。在他的评述中鲜少触及多重成员身份的观念,并几乎是以附加说明的方式写道:"可以这样说,除了其他障碍以外,即使存在共同的不正当或卑鄙目的,这些人的相互交往也总是会受制于相互间的不信任,而这种不信任是与派系的规模成正比的。"约翰·卡尔霍恩在他去世后出版的著作《政府专论》一书中提出了"一致多数"①的观点。这种观点假设团体具有统一性、整体性。卡尔霍恩对团体的自由——州主权——受到的侵害尤其感到担忧。他的当代追随者在发掘他的理论时,尽管含蓄,往往持同样的假设。② 其他人则试图以一种满意的方式来解释政治系统的持续存在,他们有时假设,正是那些不热心政治的消极公民(nonparticipant citizens)发起的一些不寻常的活动,对构成组织化利益集团的铁杆群众起到了一种制衡作用。③ 尽管这种现象可能于危难之际发生,但这不足以说明如下经验观察:在政治过程某一方面(如投票)的不热心参与者,也很少在政治活动的其他方面表现出相当程度的关注。就对组织化集团活动的抑制作用而言,与那些慢性的消极参与者偶尔发起的抗议活动相比,多重成员身份的意义更大。……

无论程度如何,任何共同的利益、任何共享的态度都是一个潜在集团。对社会任何地方的既定人际关系和期待的干扰,都可能导致旨在约束或消除该干扰的新的互动模式的产生。新的互动模式有时可能是以在政治过程中仅仅给予潜在集团以最小化影响的方式而存在。科伊(Key)指出,密西西比河三角洲地区的种植园主"在诸如健康和教育之类的计划上必须替他们的黑人说话",尽管后者实际上缺乏组织,并被剥夺了政治参与机会。④ 也正是从这个意义上,本特利(Bentley)谈到了专制政治与其他政府"形式"的有限区别。他指出,在"专制政府中同样存在所有民主政府必然存在的代表过程,它们可能在数量上和技术细节上存在明显区别,但在更深层次的'质的方面'并无二致"。他将专制君主描述为"自身阶级的代表,以及在更小但同样真实的程度上也是被统治阶级的代表"。⑤ 惰性或反对集团的活动可能阻碍潜在集团发展为有组织集团,但是,这些淹没的、潜在的利益一旦组织起来,就将产生严重的社会动荡,这种可能性使人们有必要对这些利益的存在持大致认可的立场,并至少对之施以最小化的影响。

目前,与那些代表不同的少数成分的潜在集团相比,那些被认为理所当

---

① 即政府的行动不取决于多数个体的同意,而取决于多数相关利益集团的谅解。——译者
② Cf. John Fischer, "Unwritten Rules of American Politics", *Harper's Magazine* (November, 1948), pp. 27—36.
③ Cf. Herring, *The Politics of Democracy*, p. 32.
④ Key, *Southern Politics*, pp. 235 and passim.
⑤ Bentley, *The Process of Government*, pp. 314—315.

然地为社会广泛持有并体现在几乎所有公民行为中的利益或期待更加重要。这种"多数"利益之所以至关重要,不仅因为它们可能成为有组织利益集团的基础,而且因为这种潜在集团的"成员身份"与各种有组织利益集团的成员身份大量重叠。① 在这种情况下,这种组织化利益的要求与有组织利益集团的要求之间就会存在冲突。对此冲突的解决,必须以对前者的认可为条件,这不仅因为受此影响的个人可能强烈地感到自己与这些利益连在了一起,而且更为确切地是因为这些利益被社会广泛分享,已经成为许多人既定行为模式的一部分,而对此行为模式的干扰将是困难而痛苦的。如此理解,则这些利益很可能值得我们高度重视。

这些被广泛持有但未被识别的利益,就是我们以前所称的"游戏规则"。其他人则将之描述为"信仰体系"、"意识形态的普遍共识"、"一整套关于权威的性质和界限的态度和观点"。② 这些利益(或态度)中的每一种,既可能是宽泛的,也可能是狭窄的;既可能是一般性的,也可能是具体的。尽管这些利益在领导层表现得更准确、关联度更高一些,但对于普罗大众来说,它们是松散的、模糊的。对"游戏规则"这种利益的严重干扰,在任何情况下都将导致有组织集团之间的互动以及要求遵守这些规则的明确主张。在美国社会,这些"规则"包含了那些与个人尊严普遍相关、被宽泛地表述为"公平交易"或者更清楚地表述在诸如《权利法案》之类的规范文本中的价值;包含了我们所称的"民主气质"(the democratic mold),亦即在领导人的选用以及所有社会集团、机构中的政策选择中,对民众参与制度的认同;同时也包含了物质福利中的某种半平等主义(semi-egalitarian)的观念。当然,此处所列只是此种利益的例证性而非排他性的表现形式。

---

① 有关该主题的启发性讨论,见 Robert Bierstedt, "The Sociology of Majorities", *American Sociological Review*, Vol. 13, no. 6 (December, 1948), pp. 700—710。

② Kluckhohn, *Mirror for Man*, pp. 248 and *passim*; Sebastian de Grazia, *The Political Community: A Study of Anomie* (Chicago: University of Chicago Press, 1948), pp. ix, 80, and passim; Almond, *The American People and Foreign Policy*, p. 158; Charles E. Merriam, *Systematic Politics* (Chicago: University of Chicago Press, 1945), p. 213.

10

权力精英(1957)①

查尔斯·赖特·米尔斯

普通人的权力局限于他们的日常生活世界,甚至在工作、家庭和邻里的范围内,他们似乎也常常被某种莫名其妙、无法驾驭的力量所驱使。"重大变革"超出了他们的控制所及,却足以影响他们的言行举止。现代社会的真实结构从各个方面限制着人们的选择,使他们无法对自己的人生作出规划。现在,大众社会里的男男女女被这些变化所压迫,他们感到自己在一个毫无权力的时代里茫然不知所措。

但是,并非所有的人都属于此种意义上的普通人。在美国社会中,随着信息和权力手段的集中,一些人占据了可以高高在上傲视众生的位置,也就是说,他们的决策可能对普通人的日常生活世界造成强烈的影响。这些人并非由自己的工作所塑造,却可以让成千上万的人就业和失业;这些人不受一般家庭责任的束缚,甚至可以公然逃避之;这些人可能住在酒店和豪宅,却不属于任何一个社群;这些人几乎不必为日常所需而操劳,就某些方面而言,他们甚至创造这些需求,并迫使他人满足之。不管这些人是否公开承认自己的权力,他们的技能和政治经验远远超过普罗大众。这些人就是伯克哈特(Jacob Burckhardt)②所说的"大人物"(great men)。在描述他们的精英时,大多数美国人可能会说:"他们与我们不是一路的。"③

权力精英由这样一些人组成——其地位使他们可以超越普通人所处的普通环境,也使他们可以作出具有重大影响的决定。相对于其所占据的关键位置而言,他们是否作出如此决定并不重要。不采取行动,或不作出决策,这本身就是一种比作出决策具有更大影响力的行动。他们主宰了现代社会的主要等级制度和组织结构:他们支配大公司;操纵国家机器并拥有各种特

---

① 原文出自:C. Wright Mills, *The Power Elite*, New Edition, Oxford University Press, Inc., 2000。译文引自:查尔斯·赖特·米尔斯:《权力精英》,王崑、许荣译,南京大学出版社2004年版,第1—14页。引用时作了部分修改。

② Jacob Burckhardt, *Force and Freedom*, New York: Pantheon Books, 1943, pp. 303 ff.

③ Cf. Hans Gerth and C. Wright Mills, *Character and Social Structure*, New York: Harcourt, Brace, 1953, pp. 457 ff.

权;掌控军队。总之,他们占据着社会结构的指挥所(command posts),那里集中了权力、财富和声望等的各种有效手段。

权力精英并非孤独的统治者。幕僚和顾问,发言人和舆论制造者,常常是他们更高层次的思想和决策的指导者。紧居其下的则是供职于议会和各种压力集团的、居于权力中层的职业政客,以及生活于城镇和当地社会的新旧上流阶层。以各种奇特方式混迹其间的还有各个领域的社会名流:他们靠不断地炫耀为生,但是在圈内他们从未足够地炫耀过。虽然这些社会名流并不居于任何主流阶层的领袖位置,但他们常常有能力转移公众的注意力,或蛊惑民心,或直接为掌权者出谋划策。作为道德批评家和权力专才,作为上帝代言人和大众情感的创造者,这些幕僚顾问和社会名流就像正在上演的精英剧中舞台布景的一部分,剧情本身则是围绕主要制度等级的核心位置而展开的。

一

有关精英的性质和权力的实情,并非当事人知道而不愿示人的秘密。对于自己在事件与决策的因果关系中所扮演的角色,这些人有着各种各样的理论。他们常常对自己的角色有某种不确定感,以至于他们对自身权力的评价常常受到这种忧虑和期待的影响。不管他们的实际权力有多大,他们更倾向于关注的不是权力本身,而是别人对其权力使用的抵制。不仅如此,美国社会的多数精英对公共关系修辞学颇为精通,有时甚至达到这种程度:私下编织的花言巧语如此乱真,以至于自己也开始相信。掌握这些人的个人情况,仅仅是了解上流社会必须考查的若干消息来源之一。但也有不少人认为,不存在所谓的精英阶层,甚或认为在谁是精英这个问题上尚无定论,这些人使他们的争论停留于类似的问题之上:哪些人自认为是精英,或至少公开宣称自己是精英?

当然,也有另外的观点。一些人感到——尽管很模糊——美国社会确实盛行着一个有重大影响的紧密而强大的精英阶层。如此感觉往往是以对当今时代的历史潮流的判断为依据。例如,他们察觉到了军事事件的支配地位,并由此推断,上将们以及受他们影响的其他决策人一定很有权势。他们听说,国会在涉及战争与和平问题的决策上又一次屈服于少数人的意见。他们知道,轰炸日本的原子弹是以美利坚合众国的名义投下的,尽管作为合众国的公民他们从未有机会就此事发表过意见。他们感到自己生活在一个由重大决策所左右的时代,他们也知道自己实际上没有作出任何决策。因此,论古谈今,他们由此推论,无论是否作出决定,在社会的核心地带必然存在着一个权力精英阶层。

第三章 利益集团与公共政策

一方面,那些对重大历史事件有着相同感受的人们认为社会存在着一个重权在握的精英阶层;另一方面,那些仔细聆听过显然来自决策层报告的人,往往并不相信存在这样一个其权力对社会有着决定性影响的精英阶层。

两种看法都必须得到重视,但都有失妥当。理解美国精英阶层的权力,既不能囿于对特定事件从历史层面的认知,也不能囿于接受来自决策者的个人认知。隐藏在这些精英分子和历史事件的背后并将两种联结起来的,是现代社会的主要制度结构。政府、企业和军队这些等级制度,构成了权力的手段。就此而论,它们现在具有的影响力可谓今非昔比——在其顶端,是现代社会的指挥所,这为我们理解美国上流社会的作用提供了社会学钥匙。

在当今美国社会,主要的国家权力集中于经济、政治和军事三大领域。其他制度似乎滑向了现代历史的边缘,偶尔还要适当地从属于这些主角。在国家事务中,家庭不像大公司那样有影响力;在当代美国人的传记里,教会不像军队组织那样有影响力;在重大事件的形成中,大学不像国家安全委员会那样有影响力。宗教、教育和家庭这些制度不是国家权力的自主中心;反之,这些去中心化的领域越来越多地由三大巨头所塑造,并且这种发展趋势相当直接和具有决定性。

家庭、教会和学校适应现代生活,政府、军队和企业则塑造现代生活。如此一来,后者实际上不断地将前者转变为实现其目标的手段。宗教机构向军队提供随军牧师,而军队则将这些牧师变为增加其杀戮的道德效力的工具;学校选拔和培养人才,使之能够胜任企业的各种工作和军队的特殊任务;工业革命的到来,导致了大家庭的破裂,今天,只要联邦军队发出号召,如果必要,父与子都得被迫离家服兵役。此外,所有这些次要制度的符号都被用于三大巨头的权力和决策的合法化。

现代人的命运,不仅仅取决于他的家庭,那个他出生和因婚姻而步入的家庭,而是更多地取决于他所效力的公司,在那里他度过了一生中最美好的时光;不仅仅取决于学校,那个他幼年和青少年接受教育的学校,而是更多地取决于国家,那个与他的整个生命紧紧相连的国家;不仅仅取决于教堂,那个他偶尔聆听上帝教诲的教堂,而是更多地取决于军队,在那里他接受了严格的训练。

如果集权化的政府不能依靠公立和私立学校推行爱国主义教育,那么它的领导人马上就会寻求改变这种去集权化的教育体制;如果五百强企业的破产率像3,700万已婚夫妇的平均离婚率那么高,那么全球性的经济灾难将不可避免;如果军人不能像信徒忠于教堂那样献身于军队,那么军事危机将在所难免。

在三大领域内,典型的建制单位已经发展壮大,且日益行政化,同时,在决策权方面也日益集中化。隐藏在这些发展趋势背后的是一种神奇的技术,一种被称为制度的技术。三大巨头将这种技术组合起来并指导它的运作,与此同时,这种技术也塑造并加速了三大巨头的发展。

经济——曾经是由广泛分布的小生产单位所组成的自平衡经济——现在已经被两、三百家巨型企业所主宰,它们用行政和政治的手段掌控着经济决策的钥匙。

政治秩序——曾经是一个由关联度甚弱的几十个邦所组成的去中心化结构——现在已经变成了一个集中化的行政机构,它将以往分散的诸多权力囊入其中,并将权力的触角渗透到社会结构的每一个缝隙之中。

军事秩序——曾经是一个在缺乏信任的氛围中由自治邦的民兵所组成的小型机构——现在已经变成了联邦政府中规模最庞大、开支最昂贵的部门;尽管颇为精通公共关系的艺术,国防部实际上已经成为任意扩张的官僚制领域中冷漠和效率低下的代名词。

在以上的每一个制度领域,决策者手中的权力手段都有了巨大的增长;它们的中央行政权力得到加强;每一个制度领域都建立起了精细化的现代管理流程并不断强化这些流程的作用。

随着三大领域各自规模的扩张和权力的集中化,其行为后果的影响更加重大,彼此之间的交流也日益频繁。少数大企业的决策可以影响到世界军事、政治和经济的发展;军事部门的决策,一方面依赖于政治生活以及经济活动的表现,另一方面也严重地影响了政治生活和经济活动的表现;政治领域的决策制约着经济活动和军事计划。政治、经济和军事之间井水不犯河水的时代已经一去不复返。在许多方面,政治、经济和军事机构及其决策已经联为一体。沿着中欧和亚洲边缘大陆,世界被分割成两个相互隔离的阵营,在每一个阵营里,经济、军事和政治结构之间的联锁效应都日益明显。在政府干预企业经济活动的地方,企业同样也会插手政府事务。在结构的意义上,这种权力铁三角关系构成了所谓交叉董事会制度(interlocking directorate)或连锁董事会制度的源泉,后者是当代历史结构中的重中之重。

在现代资本主义社会的每一个危急时刻,如萧条、战争、经济过热时期,这种相互渗透的连锁事实就会清楚地暴露出来。在每一个危急时刻,决策者们都深切地领悟到各主要制度秩序之间的相互依存关系。19世纪,当时各种机构的规模还比较小,它们的自由整合,在自由经济领域,是通过市场力量的自发作用实现的;在自治政治领域,是通过谈判和投票实现的。当时人们假定,失衡和摩擦是由局部决策引发的,一种新的均衡随后会在适当的时候自动出现。如今,这种假定已不复存在,那些处于三大支配性的等级制度顶端的人根本不会相信这种假设。

在三大领域中,任何一个领域内的决策或优柔寡断,在一定的范围内都会对其他领域产生一种节外生枝般的效果,由于这一原因,高层决策要么协调一致,要么相互扯皮。事情并非总是一成不变。例如,由大量小企业组成的经济体,即便它们中的许多破产了,其后果仍然是地方性的,政治和军事当局不会对此横加干预。可是现在,给定政治期望和军事义务,政治家和军事领袖能够眼睁睁着私人经济的关键组织在经济萧条中轰然倒下而不顾吗?事实上,他们越来越多地干预经济事务。这样做的结果是,每一种秩序下的控制性决策都必须受到另外两种秩序的代理人的审查,经济、军事和政治结构就这样被锁在一起。

在这三个已经扩张和集中化的领域的塔尖上,已经出现了一个由经济、政治和军事精英组成的更高的核心集团。在经济领域的最上层,是富豪公司的总裁们;在政治秩序的顶层,是政治领袖;在军事机构的顶端,是围绕在参联会和军方高层周围的身兼军职的政治家精英。由于三大领域彼此渗透、相互融合,由于决策在结果上趋于整体化,三种权力的主角——军事首脑、企业首领、政治领袖——倾向于并肩携手,共同组成美国的权力精英。

二

人们常常从持有的角度来判断那些处于社会指挥所及其周围的上流阶层:在最具社会价值的资源和经验方面,这些人比其他人拥有更多。从这个角度看,精英不过是一群拥有最多金钱、权力、声望以及由这些资源所引导的生活方式的人。① 但精英不单单是拥有最多的人,如果不是因为其在重要机构中的位置,他们不可能"拥有最多"。这些机构构成了权力、财富和声望的

---

① 挑选若干价值项,并将那些拥有最多价值的人称为精英,现代社会的这种统计学理念源自于意大利经济学家帕雷托。他这样阐述其核心观点:"让我们假设,在人类活动的每一个分支领域,给每一个人都确定一个用以衡量其能力的指标,这种指标颇似于学校里各科考试的分数。打个比方,最优秀的律师可以得10分;一个委托人也没有的律师得1分,0分留给那些十足的傻瓜。挣钱超过百万的人——不管其挣钱的手段是否诚实——得10分;挣几千块钱的人,得6分;勉强能够维持生存的人,得1分;0分则留给……于是我们就能够区分出一个阶层,他们在各自领域获得了最高分值,这个阶层被命名为精英。"Vilfredo Pareto, *The Mind and Society*(New York: Harcourt, Brace, 1935),第2027、2031节。因循这种方法的人,最终得出的不是一个精英阶层,而是与所挑选的价值项的数目相对应的一群精英阶层。和其他许多的抽象推理模型一样,这种方法之所以有用,因为它使我们的思路清晰明了。关于此方法的使用技巧,见哈罗德·拉斯韦尔的著作,尤其是《政治:谁得到什么,何时得到,如何得到?》(*Politics: Who Gets What, When, How*, New York: McGraw-Hill, 1936);更系统的使用,见拉斯韦尔和卡普兰(Abraham Kaplan)合著的《权力与社会》(*Power and Society*, Hew Haven: Yale University Press, 1950)。

必要基础,同时也是行使权力、获取和保持财富以及提升声望的主要手段。

当然,我们所说"有权有势的人",是指那些即便遭到别人反对也有能力实现自己愿望的人。如此理解,则没有人是真正强大的,除非他能够进入主要机构的关键位置。只是在这种情况下,借助于那些真正强大的制度化的权力手段,个人才真正变得强大。上层政治人物和政府的主要官僚掌握这种制度化的权力;高级将领们同样如此;大企业的主要股东和总裁们也不例外。事实上,并非所有的权力都依附于这一类机构并在其中运作,但只有在这一类机构中,并借助于这一类的机构,权力才是持续而有意义的。

财富的攫取和持有,同样是在这种机构内并通过这种机构进行的。对财富金字塔的理解不能仅凭富豪的一面之词;正如我们将要看到的那样,继承了巨额遗产的家庭正从现代社会的法人机构中获得更多的财富;每一个富豪家庭都与身价百万的大公司保持着密切联系,这种联系不仅始终合法,而且常常表现在经营管理方面。

现代企业是财富的主要源泉,但在现代资本主义国家,政治组织也控制着许多通往财富的途径。收入的数量和来源,生活消费品和生产资本的权限范围,都由政治经济中的地位所决定。如果对富豪的兴趣并不局限于他们或大肆挥霍或守财奴式的消费方式,我们就有必要将关注的目光转移到他们与现代法人财产或政府形式的关系上,因为这种关系决定着人们获取巨额财产或领取高额收入的机会。

崇高的声望日益顺从于社会结构的主要建制单位。显然,声望往往决定性地取决于进入大众宣传机器的机会,这些机器现在已经成为现代美国社会中所有大型机构重要而普遍的特征。不仅如此,大企业、政府和军队这些等级制度还有一个特征,即它们的最高位置是可相互转换的。其结果之一是声望的可累积性。例如,对声望的需要,最初可能基于军事角色,随后又在一个受联合执行委员会操纵的教育机构中得到表现和放大,最终则在政治秩序内得以实现。对于艾森豪威尔将军和他所代表的那些人来说,权力和声望终于在那个塔尖上融为一体。与权力和财富一样,声望也具有累积的倾向:你拥有的越多,能够得到的也越多。这些价值之间往往还具有可相互转化的倾向:富人发现自己比穷人更容易得到权力;有地位的人发现自己比没有地位的人更容易把握致富的机会。

如果我们让美国社会中最有权的 100 个人、最有钱的 100 个人和最有名的 100 个人远离他们现有的地位,远离他们的人际关系和金钱,远离关注着他们的大众媒体,那么,这些人将变得无权无势、穷困潦倒、默默无闻。因为权力不属于个人,财富不会集中在富人身上,名望也不属于一个人与生俱有的品格。想要声名显赫,想要腰缠万贯,想要大权在握,就必须进入主要机构,因为,他们在这些机构中的地位很大程度上决定了他们拥有和掌握那些宝贵经验的机会。

三

可以将上流阶层的人设想为顶层社会的成员,设想为一组社会集团,在这组集团内,人们彼此熟知,常在社交场合和商业活动中见面,而且在决策时相互关照。根据这一概念,精英们觉得自己是,别人也认为他们是"上层社会"的核心集团。[①] 他们某种程度上构成了一个紧凑的社会实体和心理实体,变成了具有社会阶级意识的自觉成员。人们要么被这个阶级接纳,要么不属于这个阶级,由此出现了一个质的裂痕,而不仅仅是量的刻度,它将社会精英与非精英一分为二。他们或多或少地意识到自己作为一个社会阶级而存在的事实,它们彼此之间的交往方式不同于他们与其他阶级成员的交往方式;他们彼此接纳、相互理解、通婚联姻,倾向于如果不是在一起至少也是以相似的方式工作和思考。

现在,我们不想根据我们的定义来预先判断,处于社会指挥所的精英是否清楚地意识到自己是这样一个有组织的社会阶级的成员,或是否在这些精英中有相当比例的人出身于这样一个特征鲜明的阶级。这些都属于尚待调查的事情。然而,为了理解我们想要调查的东西,我们必须注意到,所有富豪、权贵和名人的传记和回忆录都清楚无误地表明:不管是谁,上流阶层的每一个人都被卷入一组相互交叠的"集团"和错综复杂的"派系"之中。那些"坐在同一台阶上"的人们,他们之间存在着一种相互吸引的现象——尽管对于他们自己,以及对于别人来说,这种现象常常是显而易见的,只有在这个

[①] 当然,把精英当作顶层社会成员的观念,与社会分层的流行的观点是相符的。从技术上讲,它更接近于"身份集团"(status group)而不是"阶级"(class)的概念,熊彼特(Joseph A. Schumpeter)对此有过精彩的论述,见《伦理同质环境中的社会阶级》(Social Classes in an Ethically Homogeneous Environment),载《帝国主义和社会阶级》(Imperialism and Social Classes, New York: Augustus M. Kelley, Inc., 1951)第133页及以下,尤其是第137—147页。亦可参见他的《资本主义、社会主义与民主》(Capitalism, Socialism and Democracy, 3rd ed., New York: Harper, 1950)第3版,第2部分。关于阶级和身份集团的区别,见《韦伯社会学文集》(From Mar Weber: Essays in Sociology, trans and ed. By Gerth and Mills; New York: Oxford University Press, 1946)。关于帕雷托精英概念与马克思阶级概念的比较分析,以及法国的相关数据,见阿隆(Raymond Aron)的《社会结构与统治阶级》(Social Structure and Ruling Class),载《不列颠社会学杂志》(British Journal of Sociology, vol. I, nos. 1 and 2, 1950)。

时候,他们才意识到有必要与他人划清界限;也只有在这个时候,出于共同防卫的考虑,他们才明白他们的共同点是什么,才明白与外人相比他们的地位如此相近。

这种统治阶层的观念,暗示着它的大多数成员具有相似的社会出身,暗示着他们会终身维持着一种非正式的关系网络,在某种程度上还暗示着金钱、权力和名望诸等级制度之间存在着地位上的可转换性。当然,有必要再次提示的是,如果确实存在着这样一个精英阶层,那么纯粹出于历史原因,它在社会能见度(social visibility)和社会形态上,也明显不同于曾经一度统治了欧洲诸国的贵族世家。

美国社会没有经历过封建时代,这一事实对美国精英的性质,以及对作为一个历史整体的美国社会,具有至关重要的意义。因为,它意味着,在资本主义时代到来之前,不存在任何性质的贵族阶级或贵族政治可以阻止上层资产阶级的崛起;它意味着上层资产阶级不仅垄断了财富,而且垄断了声望和权力;它意味着不存在一群控制着社会指挥所并垄断着社会最珍贵价值的显贵家族,当然也没有哪个家族凭借世袭权利做到这些;它意味着既不存在高级教士或宫廷贵族,也没有佩戴勋章的土豪地主,抑或拥兵自重的军阀,会反对富裕的资产阶级,并以出身和特权的名义成功地抵制了资产阶级的自我形成。

但这并不意味着在美国就不存在上等阶层。他们脱胎于没有公认贵族头衔的"中产阶级",这一事实并不意味着,当巨额的财富增长使他们的优越感成为可能时,他们仍然保持着中产阶级的地位。他们的出身和他们的新形象,也许使美国的上等阶层不像在其他地方那样惹人瞩目。然而,在今天的美国,事实上存在着财富的排序和分级,中下阶层的人对此知之甚少,甚至做梦也没有想到;在生活安逸方面,有一些家庭远离了经济动荡和衰退,这种动荡和衰退只有小康之家以及普通老百姓才能感受到;还有一些有权有势的人,虽然人数很少,却掌握着芸芸众生的命运。

事实上,美国精英是作为一个无对手的资产阶级进入现代历史的,在此之前或以后,没有哪个国家的资产阶级拥有如此机会和优势。由于没有军事邻国,他们轻而易举地占据了这块独立的大陆,那里蕴藏着丰富的自然资源,可以吸纳大量的外来劳动力。权力框架及其为之辩护的意识形态唾手可得。为了反对重商主义者的种种限制,他们继承了放任自由主义的原则;为了反对南方的种植园主,他们推行了工业主义的原则。随着反对独立的人纷纷出国避难以及众多种植园主的破产,独立战争向贵族们宣告了殖民地主张的终结;杰克逊思想兴起的身份革命,摧毁了昔日新英格兰家族世代相传的血统制度;南北战争打破了战前南方上流社会拥有的权力和声望。整个资本主义的发展速度,完全排除了世袭贵族在美国社会的成长和延续。

在美国,不存在那种根植于农业生活并热衷于军事荣誉的固定的统治阶级能够遏制工商业发展的历史推力,或者迫使资本主义精英从属于自己,就像德国和日本的资本家从属于他们的统治阶级一样。当工业化的风暴席卷历史之时,世界上没有哪个国家的统治阶级能够遏制美国的统治阶级。20世纪德国和日本在两次世界大战中的命运就是例证。事实上,当纽约无可避免地成为西方资本主义世界的经济中心时,当华盛顿无可避免地成为西方资本主义世界的政治首都时,不列颠帝国及其模范的统治阶级的命运同样可以说明这一点。

四

也可以将占据社会指挥所的精英视为权力、财富和声望的持有者,视为资本主义社会里上等阶层的当然成员。依据心理和道德的标准,也可以将他们定义为某些被精心选拔出来的个体。如此定义,简单说来,精英就是那些具有超群品格和能量的人。

例如,在人文主义者看来,所谓"精英",并不是一种社会等级或社会类别,而是那些试图超越自我的分散的个体,因而也就是那些更高尚的人、更有效率的人、由特殊材料制成的人。贫贱抑或富贵,出人头地抑或平平庸庸,受人爱戴抑或遭人鄙视,这些都无关紧要,他们之所以成为精英,因为他们本身是这样一群人。根据这一观念,其他人都是大众,他们生性懒惰并自甘堕落为令人担忧的平庸之辈。①

这种缺乏社会定位的概念,是由一些具有保守主义怀旧情结的美国作家新近发展出来的。不过大多数关于精英的道德和心理的概念要简单得多,它们不是把精英看作独立的个体,而是视之为一个整体的阶层。事实上,这种观念总是产生于这样的社会,在那里,一些人比其他人占有更多东西。处于优势地位的人不愿意相信,他们成为这样的人纯属偶然。他们很乐于将自己定义为所得即应得的人;他们倾向于把自己看作是"天生的"精英;事实上,

---

① 近年来,根据道德评价的性格类型来定义精英和大众的作品,最有名的或许是加塞特(José Ortega y Gasset)的《大众的反叛》(*The Revolt of the Masses*, 1932, New York: New American Library, Mentor Edition, 1950),尤其是其中第91页及以下。

他们还倾向于把他们的占有物和特权想象为自身精英特质的自然延伸。在这个意义上，认为精英是由一群具有高尚道德情操的男男女女所构成，这种精英观念是一种精英意识形态，一种将精英奉为有特权的统治阶层的意识形态。无论这是由精英自己制造的，还是别人为精英编造的，它确有道理。

在平等主义的花言巧语盛行的年代，中下阶级中比较有才智或比较善于表达的人，以及上等阶级中有愧疚感的人，可能会接受反精英（counter-elite）的思想。事实上，这是西方社会的一个长久传统，人们对穷人有着各种各样的想象，如受剥削的人、受压迫的人、真正善良的人、聪明的人、受祝福的人。这种源于基督教传统的反精英的道德观，本质上是要将上等人贬低为下等人。它可能或已经被下层民众用于开释对统治精英的尖锐批判，或用于赞美那些期待新精英降临的乌托邦设想。

然而，精英的道德概念，并不总是表现为特权阶层的意识形态，或贫困阶层的反意识形态（counter-ideology）。事实往往如此：一旦拥有经验和特权，上等阶层中的许多人在适当的时候确实会逐渐接近于他们声称具有的那种气质类型。甚至在我们放弃——当然我们肯定会放弃——精英生而具有精英气质的观点时，我们也没有必要拒绝这样一种观点，即精英们的经验和他们所受的训练使他们身上的某种特别气质得以开发。

认为精英由上等人所构成，这种观点在今天必须得到限定，因为为社会领导岗位所挑选并被这些岗位所塑造的那些人，本身就拥有众多的代言人、顾问、枪手和形象设计师。这些人负责为他们调整自我设计、塑造公共形象，以及提供决策指导。当然，在这方面，精英之间存在着相当大的差异，但作为当今美国的一般规则，如果仅仅按照台面人物来理解主要精英集团的构成，则是一种十分幼稚的看法。美国社会的精英，与其说像个体的集合，不如说更像共同体的集合，这意味着精英在很大程度上是按照标准"人格"类型被塑造并为之代言的。即便是那些最明显的自由撰稿式的溢美之词，通常也是一种由训练有素的工作人员每周定期生产的人工合成品。对于这种"本能地"回应的轻松、即兴的插科打诨，这些工作人员也要系统周密地考虑其效果。

然而，作为一个特定的社会阶级，抑或作为一群占据社会指挥所的人，只要这些精英还长袖善舞、辉煌腾达，它就会一如既往地选择和塑造特定类型的人格，并拒绝其他类型的人格。人们的道德和心理存在，很大程度上取决于他们所体验的价值，以及他们被容许和期待扮演的机构角色。在传记作家的眼中，某人之步入上流社会，靠的是他在一系列小而亲密的小团体内与趣味相投者的人际关系,这些小团体是他人生路上所经历的,并且终其一生他可能还会回到它们中去。如此理解,则精英就是一组上流社会的小圈子,其成员经过精心筛选、严格训练、反复确认,并被允许进入现代社会中非人格化等级制度结构的控制层。如果说存在一把开启精英心理概念的钥匙,这便是他们将个人对非人格化决策的理解与彼此分享的亲密情感结合起来。为了将精英理解为一个社会阶级,我们必须对整个一系列的面对面的小环境进行仔细考察。以历史的观点来看,这其中最重要的曾经是上流社会的家族;但在今天看来,则是中学名校和大都会俱乐部。①

---

① "美国精英"包含着一系列容易被混淆也容易使人混淆的印象。不过,当听说或使用诸如"上等阶层"、"大亨"、"要员"、"富豪俱乐部"、"上等人"和"大人物"之类的词汇时,我们觉得自己至少大概知晓它们的含义。尽管常常知晓它们的含义,但我们并不经常将这些词汇所表达的印象联系在一起;我们很少尝试在自己脑海中去描绘一幅关于精英整体的连贯图像。即使我们偶尔试图这样做,我们通常不会认为它确实是一个"整体"。根据我们的印象,精英并非一个,而是很多,且它们之间缺乏实实在在的联系。必须明白的是,在我们真的试图将精英视为一个整体以前,关于精英不是一个整体的过往印象,或许仅仅是我们缺乏严密分析和社会学想象力的结果。

精英的第一个概念是依据社会学中关于机构位置以及由机构位置组成的社会结构的理论来界定的;第二个概念来源于价值选择的统计学方法;第三个概念是根据派系团的成员资格来界定的;第四个概念则是根据特定人格类型的道德要求来界定的。或者粗略地说,它们分别是从以下四个方面来界定的:他们来自什么(位置),拥有什么(价值),属于什么(团体),具备什么(气质)。

和本书中一样,在本章中,我将第一种观点,亦即根据机构位置来界定精英的观点,作为一般性的观点来对待,并将其他观点融入其中。这一直截了当的精英概念,具有一个实践方面的优势和两个理论方面的优势。实践方面的优势在于,只要大量的关于此类机构和阶层的社会学信息或多或少是容易获取的,它便可能是洞察整个问题最简便、最具体的途径。

相比较而言,理论方面的优势显得重要得多。首先,机构的或结构的定义,使我们不必在展开调查之前仅仅根据定义就作出预先判断。比如说,从道德的角度将精英想象为具有特定气质的人,这不是终极的定义,因为它除了具有相当的道德武断感之外,还导致我们立即追问,为什么这些人具有这样或那样的气质。因此,我们应当直面悬而未决的个性特征问题,它是精英成员实际拥有的,而不是根据定义从中挑选出来的。与此相似,我们不打算仅仅根据定义就预先判断,精英是否是某一社会阶级的自觉成员。根据主要机构界定精英概念,在理论方面的第二个优势在于,它使我们能够以系统的方式将其他三种精英概念融会其中,这也是本书希望使之清晰化的:(1)终其一生,人们在机构中所占据的位置决定了他们获取和拥有特定价值的机会。(2)人们的心理状态很大程度上取决于他们所体验的价值和所扮演的机构角色。(3)最后,无论他们是否觉得自己属于某一社会阶级,无论他们是否根据自己的利益原则行事,这些事情也在很大程度上依次取决于他们所处的机构位置、他们所拥有的社会价值以及他们所习得的个性特质。

11

谁统治？(1961)[①]

罗伯特·达尔

几乎所有成年人都有投票权，而知识、财富、社会地位、为官机会以及其他资源的分配却是不平等的，在这样一个政治系统中，实际上是谁在统治呢？

我想，在大众政府所及之地，在理智的公民具备了社会自觉批判意识的地方，这个问题曾经被问起过。甚至在柏拉图和亚里士多德之前，雅典人就一定不止一次地提出过这个问题。

这个问题与美国和美国人尤其具有不解之缘。首先，美国人持守着民主的信念，且其热情和一致程度常令包括托克维尔、布赖斯(Bryce)、缪尔达尔(Myrdal)、布罗根(Brogan)在内的外国观察家惊叹不已。不久前，两位美国政治科学家发表报告，根据他们在相距甚远的两座美国城市所作的调查，在几百名受访的登记选民中，有96%或以上的人认同，"民主是最好的政府形式"，"每个公民应当拥有同等的机会以影响政府政策"；并认同，类似的其他命题也是民主信念的基本要素。[②] 如果说这与我们的问题有什么关联的话，那就是，面对公民之间广泛存在的权力资源分配的不平等现象，这些信念到底意味着什么？

关于民主和平等的这些信念（后来作为缪尔达尔所称的"美国信念"的一部分而存在），其实早已为人们所广泛接受。不过，那个时候，美国的不平等问题远不如今天这么重要（如果我们可以暂时忽视奴隶制问题的话）。对于出席1787年费城立宪会议的人们来说，他们眼中最重要的问题，或许可以以其他的方式来表述；当时人们关注的唯一任务，是如何使共和制度适合于整个民族。在他们看来，美国社会如果出现权力资源的真正平等，这对于美国的政治安定和政治自由可能是一种威胁。在一个平等的社会中，有什么东西可以用来阻止鲁莽的、无知的、无所顾忌的多数派？半个世纪后，一位令人称奇的、才华横溢的观察家——托克维尔先生，在他那部或许仍是目前所知

---

① 原文出自：Robert A. Dahl, *Who Governs*? Yale University Press, 1961。

② James W. Prothro and Charles M. Grigg, "Fundamental Principles of Democracy: Bases of Agreement and Disgreement", *Journal of Politics*, 22 (1960), pp. 276—294.

的有关美国民主分析的最深刻作品中,也以这种方式提出他的问题。在托克维尔看来,美国是新型社会的最进步代表,这种新型社会的演化历史可以追溯到几个世纪之前。他说:"翻开(欧洲)历史的篇章,在过去的700年中,我们发现,几乎所有的重大事件都推动着社会地位的平等化。"在《论美国的民主》一书第一卷的导论部分,他这样写道:

> 那么,我们正走向何处?[他继续追问]没有人能够给出答案,因为已经不能从比较的角度来回答这个问题。今天,在基督教国家,人们之间的地位平等已经超过了历史上的任何时期,超过了世界上的任何地区。面对业已取得的巨大成就,我们无法预见还有哪些工作有待完成。

在观察了美国社会的财富之后,他说:

> 我所说的这种伟大的社会革命,世界上有一个国家好像几乎已经接近了它的自然极限。……依财富和智力而论,与世界上任何其他国家相比,或者与有历史记载以来的任何时代相比,那里的人们更加平等,或换言之,他们在权力上更平等。①

毕竟,托克维尔所看到的美国,是安德鲁·杰克逊(Andrew Jackson)时代的美国。那是一种农业时代的民主,它明显地接近于杰斐逊(Jefferson)所表达的理想类型。

商业、金融、工业以一种巨爆式的方式从农业社会喷发而出。在那个世纪接近尾声的时候,另一位杰出的外国观察家注意到,托克维尔眼中的美国已经一去不复返。1899年詹姆斯·布赖斯问道:在多大程度上人们还可以说美国存在着平等?

> 从物质条件的角度来看,答案显然是否定的。在60年前美国社会里,富翁很少,没有大富豪,也没有穷人,现在美国有了一些穷人(只是在某些场合我们才称之为贫民),有很多的大富翁,其大富豪的数量比世界上其他任何国家的都多。

他还发现了知识精英。这些人的"特殊成就的水平比普通大众的成就水平增长速度更快,就此而论,很显然,不平等已经并将继续扩大"。

确实,在美国并不存在欧洲意义上的身份等级的象征符号。尽管如此,这并不能——

---

① Alexis de Tocqueville, *Democracy in America* (New York, Vintage Books, 1955), 1, 5, 6, 14, 55.

妨碍社会地位等级和声望差别的存在,尽管不一定存在具体的表达方式,但它的吸引力有时却和欧洲社会身份等级标志一样明显。……一个人的职业、教育背景、举止修养、收入、人际关系,这些看得见的因素,都决定着一个人是否符合狭义上的"绅士"一词。

托克维尔在60年前所发现的美国人关于平等的普遍信念,至今依然非同寻常地为人们所持守。布赖斯写道:"真实的平等感正是由此而生。在美国,人们把其他人看作和他们自己是一样的。"某人可能拥有很多的财富,或可能是一个名嘴,或名将,或名作家,"但这并不构成从心态上屈从于对方,或以恭敬的称谓称呼对方,或把对方当作瓷器而把自己当陶器的理由"[①]。

当今社会,人们普遍认为,如果权力平等从根本上讲是可能的——关于这一点许多政治哲学家存有疑义——那么在社会地位上相当程度的真正平等则是必备的条件。然而,即使在美国这样一个普遍信仰民主和平等的社会里,如果公民事实上在社会地位方面存在明显的不平等,那么,他们在影响政府政策的能力方面是否也存在明显的差异?进而,一个民主社会的公民,如果因其在某些条件上的不同而在控制政府的能力方面存在差异,那么,实际上又是谁在统治?在资源不平等的社会环境中,"民主政治"系统是如何运作的?这些也是我试图探索的问题,我的研究基于以康涅狄格州纽黑文市为案例的美国城市社会调查。

我说的是"探索",因为,很显然,通过专注于某一社区,一个人所能做到的也仅此而已。尽管如此,纽黑文毕竟以具体的形式反映了美国社会大部分的平等与不平等状况,而正是这些平等与不平等状况赋予本项研究事业以重要意义。在本书中,我将对公民在不同程度上能够用以且确实用于影响地方政府的各种因素的平等与不平等状况进行考察。不过,在正式开始之前,我想先对有关背景作一简单介绍。

有人可能争辩说,纽黑文的政治系统是否是"民主的"或"真正民主的",原因在于这些概念通常是有争议的。按通常意义来理解,纽黑文是一个民主政治共同体。那里的绝大多数成年居民拥有法定投票权;实际的投票率也相当高;选票统计大体上也是公正的,尽管作为其中一小部分的缺席投票偶尔也会有人做些手脚;选举中没有发生暴力现象,实际上也没有发生欺诈现象;选举竞争是在两个政党之间进行的,他们提供竞争性的候选人提名,并因此

---

① James Bryce, *The American Commonwealth* (London, Macmillan, 1889), 2, pp.602—603, pp.606—607.

至少向选民提供了表面上的选择机会。

然而,与公民在投票站里的权利法律平等不相一致的,是他们在资源分配方面的不平等——这些资源可以用来影响选民以及当选官员的选择权。以财产权的分配为例。1957年,50家最大的财产所有者,他们在数量上不及纳税人的1/1,600,却拥有全市所有不动产总估价值的约1/3。当然,50家最大的财产所有者中的大部分是法人:公用事业公司,如估价最高的联合照明公司(United Illuminating Company,22,000,000美元)、南部新英格兰电话公司(Southern New England Telephone Company,12,000,000美元);大工业企业,如奥林马西森(Olin Mathieson,21,000,000美元),该公司的前身是旧纽黑文著名的兵工厂温彻斯特连发枪械公司(Winchester Repeating Arms Company);家族企业,如萨根特(Sargent)和吉尔伯特(A. C. Gilbert);百货公司,如百年老店马雷(Malley's)。在50家最大的财产所有者中,有16家制造业企业、9家零售与批发企业、6家私有公用事业公司、5家银行。耶鲁大学也是最大的财产持有者之一,尽管按估价排行只名列第10位(3,600,000美元),但它的很多财产是免税的。有几个自然人名列财富排行榜的显著位置,如约翰·戴·杰克逊(John Day Jackson),他是纽黑文两家报社的拥有者和发行人。

以家庭收入为例。1949年纽黑文市家庭年平均收入(中值)约为2,700美元。有1/40的家庭年收入为10,000美元或以上;有超过1/5的家庭年收入低于1,000美元。家庭年平均收入最高的是第三十选区,那里1/4的家庭年收入在7,000美元或以上;最穷的是第五选区,超过一半的家庭年收入在2,000美元以内。(从技术上来讲,第一选区甚至比第五选区还要穷,因为那里有一半的家庭年收入不足700美元,但第一选区的居民中有3/4属于耶鲁大学的学生。)

纽黑文的成人平均受教育程度为9年,但是第十选区中有一半的成人没有接受完小学教育。该市大约有1/6成人接受了大学教育。其中,第三十一选区和第二十七选区属于两个极端,前者受大学教育的比例将近一半,后者的比例仅为1/30。①

---

① 以上评估是根据该市的档案作出的。根据纽黑文纳税人调查协会(New Haven Taxpayers Research Council)的报告,1957年财产估价与售价的平均比值为49.2。参见:"Assessment of Real Estate", *Council Comment*, No. 36 (Mar. 9, 1959)。有关收入和教育的数据来自于美国人口调查局的一张专门的人口选区分布表(U. S. Census, Characteristics of the Population, 1950),其中的收入数据是人口调查局根据20%抽样调查估算的。

于是我们不得不再次回到开篇中的问题。给定民主社会中的这些不平等的存在,实际上是谁在统治?

这毕竟不是一个新问题,有人可能怀疑,到目前为止,我们是否真的知道问题的答案。至少对于当今的美国政治系统而言,我们是否并不知道答案所在?很不幸,我们真的不知道。关于民主政体在政治资源不平等条件下的可能运作方式,政治学者们已经提供了许多相互冲突的解释。其中一些人的看法比另一些人更乐观。例如,有一种看法认为,政党之间就公职展开竞争,这在相当程度上保障了公众对政府的控制。通过诉诸于选民的裁决,政党将无组织的大众组织起来,赋予无权者以权力,为选民提供了可供选择的候选人和政策规划,并使得政党在竞选期间有机会了解其所提方案的价值。更为重要的是,选举结束后,代表了多数选民偏好的获胜一方,将统治的任务接管过来。选民于是也就无需亲自参与政府的具体运作;他只需简单地通过投票行为参与选举就足够了。通过选票,他就政府政策应当向哪个大方向发展表达了自己的偏好;他没有能力也没有必要参与具体政策的选择。于是,对于"谁统治?"这一问题的一种回答是,获胜的政党在统治,但他们的统治是在选民的同意下进行的,而选民的态度则受到竞争性选举制度的保护。

然而,就在一些观察者开始探寻政党在民主政治系统中的非凡意义的同时,另一些观察者干脆将政党的作用降低到这种程度,即他们不过是"利益集团"或一组有着某些共同价值、目的及需求的个体的总和。如果说政党是政治系统的分子,那利益集团就是政治系统的原子。通过对原子的研究,任何政治事件都可以得到适当的解释。这些人认为,政治系统的真正分析单元,不是人民,也不是政党,而是利益集团;作为个体,人们在政治上是相当无助的,而利益集团则将个体的资源整合成一种有效的力量。于是,另一些理论家对我们的问题提供的答案是这样:利益集团在统治;绝大部分的政府行为,可以简单地解释为具有不同的利益诉求并拥有不同的权力资源的利益集团相互斗争的结果。

第一种解释包括了英国和美国的学者,第二种解释则几乎完全是由美国的学者所发展的。此外,还有第三种理论,它比前两种理论要悲观得多,它起源于欧洲,后来却在美国学界获得了相当程度的认可。这种理论,尽管在解释观点上存在"左"、"右"两个流派,却都声称,在民主政治的表面之下,往往存在一个发挥决定性影响的社会与经济精英阶层。罗伯特和海伦·林德(Robert and Helen Lynd)在两本有关"中镇"(Middletown)的著名作品中运用的就是这种理论,此后,又有很多的学者采用了这种理论,其中最有名的是弗洛伊德·亨特关于亚特兰大"权力结构"的分析。① 社会与经济精英控制着政府的观点,由于与引发我们问题的真正因素有着很好的契合,因而非常有说服力。就此而论,权力向精英的集中,是权力资源分布极不平等的必然结果。这里所谓的权力资源,包括了财产、收入、社会身份、知识、知名度、在当地的名望以及其他因素。

以上三种解释的共同缺失在于,它们对政治家的作用关注不够。在这些理论看来,政治家不过是一个代理人,是多数意愿、政党、利益集团或精英阶层的代理人。但是,一种可以追溯到马基雅弗利的名作《君主论》(*The Prince*)的老观点却强调,那些狡猾、善谋、专断的领导者具有巨大的政治潜能。由是观之,则多数派、政党、利益集团、精英阶层,甚至整个政治系统,在某种程度上都是可塑的;一个善于运用资源以实现权力最大化的领导者,不仅不是别人的代理者,甚至相反,其他人才是他的代理者。尽管有天赋的政治企业家并不一定在每个政治系统中都存在,然而,他一旦出现,就将发挥其作用。

还有一种理论将其余的各种因素综合在一起。这种理论最早是由托克维尔在分析民主秩序堕落的可能原因时提出的。西班牙哲学家奥尔特加·加塞特(Ortega y Gassett)在他的一本颇具影响的著作《大众的反叛》一书中,重申了这种理论。纳粹德国垮台后,作为对现代独裁政体起因的一种解释,该理论受到许多欧洲知识分子的青睐。尽管它主要是由欧洲人提出并用于欧洲分析,但由于这种理论太具有欺骗性,以至于我们不能忽略它的存在。从本质上讲,这种理论(它有许多的变体)认为,在社会发展的某一阶段(主要指工业化与都市化),旧的、分层的、以阶级为基础的社会结构会被削弱或瓦解,而代之以群众社会(a mass of individuals)的兴起。在所谓的群众社会中,个人在社会体系中没有庇护所,他们变得无根、无目的、缺乏强的社会纽带,心甘情愿、随时准备让自己依附于任何能够迎合其口味、满足其欲望的政治企业家。在无所顾忌、不择手段的领导人的带领下,这些无根的大众有能力摧毁挡在他们前面的任何障碍物,但却没有能力代之以任何一种稳定之物。其结果是,他们在政治上的权力越大,就越感到无助;他们摧毁的东西越多,就越依赖于强权领导人来创造某种社会的、经济的、政治的组织以取代被

---

① Robert S. Lynd and Helen M. Lynd, *Middletown* (New York, Harcourt Brace, 1929) and *Middletown in Transition* (New York, Harcourt Brace, 1929). Floyd Hunter, *Community Power Structure* (Chapel Hill, University of North Carolina Press, 1953) and *Top Leadership*, *U.S.A.* (Chapel Hill, University of North Carolina Press, 1959).

摧毁的旧组织。这时,如果我们问:谁统治?答案既不是群众,也不是领导者,而是他们一起;领导者迎合了群众的口味,反过来却利用由群众的忠诚与服从所提供的实力以削弱乃至可能铲除所有的反对势力。

满足于对纽黑文(或任何一个美国现代城市)肤浅了解的人,可能会这样认为,事实证明,上述每一种理论都可以解释城市政治生活的内部运作方式。然而,通过对这些理论之间分歧点的仔细分析,我们可以得出这样的启示,即或许可以将"谁统治?"这个大问题分解为许多更具体的小问题。基于这种思路,我们将下列这些问题作为纽黑文研究的指导。

权力资源的不平等分布是"累积性的"还是"非累积性的"?也就是说,在某种资源分配上占有优势的人是否在其他资源分配上也占有优势?换言之,政治资源的分配方式是有利于寡头政治还是有利于多元政治的成长?

重要的政治决定实际上是如何作出的?

在政策决定方面,哪一类人最有权力?不同的政策决定是否由相同的人作出?最有权力的人,即那些领导者,出自哪个阶层?

在政策制定过程中,这些领导人是趋向于团结一致并形成一个统治集团,还是趋向于分化、冲突与讨价还价?简而言之,领导模式是寡头政治式的还是多元政治式的?

投票权,这种最普遍分配的政治资源的相对重要性如何?领导人主要是根据那些财富最多、地位最高的少数人的利益,还是根据那些拥有最多选票的普通大众的利益作出反应?不同的市民在何种程度上使用其政治资源?公民使用其政治资源的方式是否反过来会对他们的政治资源造成重要影响?

权力模式是持久的还是变化的?例如,与托克维尔眼中的美国相比,纽黑文的民主是否变得更稳固?又如,近几年纽黑文出现了反对庞大的城市改造计划的运动,这种运动对大众控制和领导模式有何影响?总而言之,政治系统中的变革与稳定之源是什么?

最后,对民主与平等这些"美国信念"的普遍拥护,有何重要的政治意义?政治系统的运行是否在任何情况下都会受到普通市民对于民主的信仰或信仰表达的影响?如果是,那么这种影响是如何发生的?

12

美国商业、公共政策、案例研究与政治理论(1963—1964)①

西奥多·罗伊

在政治科学中,政策制定过程的案例研究是一种日益重要的分析方法。从谢茨施耐德(Schattschneider,以下简称谢氏)、赫林(Herring)和20世纪30年代的其他一些学者以来,案例研究的应用范围涉及各种政策领域。尽管题材与形式、广度与精度各有区别,案例研究在政治学术作品中所占的比重却一年比一年高。最近发表的一部可与罗伯特·达尔著名的《谁统治?》一书相媲美的作品,是由雷蒙·鲍尔和他的助手们完成的一项长篇案例研究《美国商业与公共政策》。② 它的出版,标志着政策制定过程的案例研究达到了一个新的精致水准。作者所确立的研究水准在可预见的未来甚至难以再现突破。该书的研究主题是对外贸易中的政治关系。这是一个定义明确的完整议题,其分析内容涉及商业态度、商业策略、商业沟通,以及由此产生的政治中的商业关系。该项研究使用了最先进的行为分析技术,同时又不失对政策、传统和制度之丰富内容的关注。因此,用达尔的话来说,这不是以牺牲实用性来换取精确性;相反,它以自身的表现证明,实用性与精确性并非两种相互排斥的学术目标。

但是,包括《美国商业与公共政策》在内的所有案例研究究竟意味着什么?这些案例材料能使我们在政治科学的道路上走多远?这些案例研究的作者究竟提出了怎样的问题?没有这些案例材料,我们是否能够知晓隐含在"谁统治以及为什么"背后的假设与结论?③ 由于其所做的、所暗示的以及所未做的,《美国商业与公共政策》给我们提供了一个恰当的机会,让我们可以提出这样的问题,并试图再次对之进行理论阐述,以便我们能够将案例研究

---

① 原文出自:Theodore J. Lowi, "American Business, Public Policy, Case-Studies, and Political Theory", *World Politics* 16:4 (1964), 677—681; 689—693; 695; 697; 699; 701; 703; 705; 707; 709; 711; 713; 715。

② Raymond A. Bauer, Ithiel de Sola Pool, and Lewis A. Dexter, *American Business and Public Policy: The Politics of Foreign Trade*, New York, Atherton Press, 1963.

③ 欲了解相似的问题及批评,参见:Herbert Kaufman, "The Next Step in Case Studies", *Public Administration Review*, XVIII (Winter 1958), pp.52—59.

中的离散事实转化为可评估、可权衡、可累积的原理。在进行这样的理论阐述之前，我们需要先搞清楚，现有的理论是什么？这些理论与这项新的重要研究有什么关联？

现有研究：美国的权力无理论状态

毫无疑问，人们可以从案例研究文献中得出一些关于权力与公共政策的一般性的观点。以不同名称所称的团体理论、压力集团理论或民主政体的多元主义模型（这种模型最近也用于非民主政体），就是由这些一般性的观点所组成。与其他理论或研究方法相比，多元主义理论最接近于政治科学的学科界定和理论整体性。这或许是因为它既与学者们对《联邦党人文集》第10篇修正后的观点完全一致，又与人们对新政的观察完全一致。团体理论提供了有关政党制度的弱点和选举过程之存在理由的解释；也为新政期间及继任政府所追求的具体计划提供了辩护；更重要的是，它似乎以某种程度的概括性语言为每一次决策事件背后的政治过程提供了唾手可得的解释。进行如此分析，所需提供的只是团体参与者及其所用策略的详细目录。这些详细目录通常是按时间序列排列的，因为政治毕竟是一种过程。每一个团体参与者都代表了一个数据，而参与者的权力则被认为可以根据他们在最终决策时的优势和特权（indulgence）进行数据推理。团体理论的极端主义者，视政府（"正式制度"）为一块**白板**，视政策为这块白板上以"平行四边形"表示的力的"相互作用"的产物。更精致的分析者则避开这种完全视政策为手段、视政府为无自主性关键角色（government-as blank-key）的方法，他们将官员仅仅视为团体过程中的不同分析单元；在此过程中，国会议员和官僚不过是拥有自己的利益和资源的经纪人。

在团体理论中，所有的资源都被认为是可交换的等价物。利益集团之间以及利益集团与政府官员之间的各种相互作用也被认为是对等物，其对等性达到如此程度，以至于仅仅使用**联盟**（the coalition）这样一个术语，就足以对各种形式的政治互动作出描述。正像这种观点所认为的那样，联盟形成于"共同的态度"，并随着利益争执范围的扩大而扩大。联盟形成与扩大过程的动力学包括两种策略：内部的和外部的。前者与具有多重身份的成员的内聚力问题有关；内聚力是团体资源充分利用的决定性因素。后者与联盟的扩张及其所使用的策略有关；大联盟胜过小联盟。系统均衡（多元主义者无可非议的优位价值观）的维持以占多数规模的联盟存在为条件。这种占多数规模的联盟非常难以产生,且若非例外,对于每一议题而言,它都必须从头开始建立。权力因此变得高度分散、流动,且随具体情况而变。不存在单一的精英集团,存在的是一个"多中心化的"系统,其中的中心又存在于相互之间的冲突与妥协关系中。

利益集团是政治分析的主要单元。对此观点,多元主义者很少存在争议。不过,只要多元主义模型暗含着权力或权力分配的理论,在此范围内,争议就是不可避免的。最重要的是,直到最近,多元主义模型也没有将团体过程赖以发生的一般性的经济与政治结构考虑在内。[①] 人们对多元主义的主要批评方式,是以此为根据而罗列出一组有关权力结构与精英集团的清晰命题。对多元主义的经典反驳,是直接援用马克思主义的假设,即社会经济地位与公共决策权力之间存在一种一一对应的关系。或许,更精致的观点是马克思主义——韦伯主义理论的结合。这种观点认为,与一定的社会地位关系最密切的基础是权力——举例来说,当今社会的主要"秩序"是军事、工业与政治的科层制。

在这里,我们没有必要对这些批判方法或多元主义的方法本身作详尽的批评,只要指出多元主义模型没有充分考虑到那些持久的制度性因素的影响,而"社会分层"与"权力精英"学派对地位与权力之间的绝对关系作了错误的假设就足够了。后两种学派都将权力资源混同于权力本身,并通过给权力下定义的方式来逃避相关的理论与实证问题。[②] 然而,不可否认的是,与多元主义模型相比,社会分层或权力精英的研究方法以直观上更令人满意的方式对一些重要的政策结果作出了解释。这种解释之所以更令人满意,原因在于,与多元主义模型不同的是,这两种研究方法在承认联盟普遍存在的同时,都强调并非所有的联盟都是对等的。对特定议题而言(不必接受米尔斯关于存在"关键"议题的主张),决策似乎明显地是由几乎处于公共舆论与利益集团舆论真空中的公共与私人高层"官员"作出的。我们不必跟随米尔斯的思路而坚持认为,在所有的可见的冲突背后,都存在一个精英集团,且这个精英集团的成员对主要政策的具体目标和长远目标达成了意见一致。不过,

---

① 戴维·杜鲁门提出了一个相当无力而模糊的概念——"潜在利益集团"。这可以看作是向这一研究趋势的挥手作别。不过,他的这一概念太缺乏社会指向性和社会可观察性,以至于杜鲁门本人在相当程度上也漠视这一概念的意义。

② 对上述各种思想流派的精彩批评与分析,可参见以下文献:Nelson W Polsby, *Community Power and Political Theory* (New Haven 1963); Daniel Bell, "The Power Elite-Revisited", *American Journal of Sociology*, LXIV (November 1958), 238—250; Robert A. Dahl, "Critique of the Ruling Elite Model", *American Political Science Review*, LⅡ (June 1958), 463—469; Raymond Wolfinger, "Reputation and Reality in the Study of Community Power", *American Sociological Review*, XXV (October 1960), 636—644.

多元主义者同样是不明智的：他们拒绝承认社会各秩序领域中的"指挥所"位置是高度合法的，拒绝承认这些机构领袖的吸纳与培育有可能减少精英集团内部的基本冲突数量，以及同样有可能（1）达成一些稳定持久的政策共识，(2) 更多地通过正式的、科层制的（"经由通道"）而非政治结盟的方式对冲突作出适应性调整，以及 (3) 更多地通过那些有助于维护领导人合法性与稳定性的非正式途径（如通过君子协议而非辩论与投票的方式）来解决冲突。

此外，还存在权力与政策制定研究的第三种方法，它的重要性一点也不亚于别的方法。不过，这种方法自1935年诞生以来，并没有得到人们的自觉运用，原因在于人们一直错误地将之归结为多元主义理论的一种。我说的就是谢氏在《政治、压力集团与关税》(Politics, Pressures and the Tariff, New York, 1935)一书中提出的观点。谢氏注意到，在分权化的、妥协的政策舞台上存在着多样化的利益集团，但这些集团参与者之间的关系性质与严格意义上的多元主义的关系性质不同。多元主义模型强调冲突，强调通过利益集团之间的妥协和基于共同利益的联盟达成冲突的解决。精英主义者则强调，在一种更严格、更集中、更稳定的舞台上，官员之间的冲突会减少。谢氏所看到的既不是前一种现象，也不是后一种现象，而是包含了这两种因素的现象。他研究的政治舞台虽然是分权化的、多中心化的，但参与者之间的关系是基于非共同利益之间的"互不冲突"(mutual non-interference)。"权力结构"之所以会朝着"指挥所"（在该案例中，指众议院税收委员会）的方向趋于稳定，并非因为官员们位居压力集团之上，而是因为权力的获取方式导致了压力集团与官员之间的相互支持关系。在某一个观察者看来属于支持权力精英观点的证据，在另一个观察者看来则属于支持分权化的多元主义观点的证据（就此而言，它确实足以让人们将谢氏视为多元主义政治分析的重要奠基人之一）。实际上，这两种观点都没有在谢氏精彩的案例研究中得到证实。他得出一个结论："一项如保护性关税这般友善而广泛的政策，可以瓦解它的反对力量。"[1]在许多与关税问题完全无关的重要案例中（其数量比30年代多得多），我们可以找到很多证据用以支持将第三种或第四种研究方法[2]视

---

[1] *Politics, Pressures and the Tariff*, 88. 作为我后面讨论的一个关键点，这里应当指出的是，谢氏的观点仅限于讨论中的特定（关税）政策。

[2] 如果将"社会分层"学派与"权力精英"学派区别开来，这里就存在四种研究方法。尽管这两种学派犯有同样的错误，但它们各自所推导的命题是不同的。当然，在某些人看来，这两种学派是难以区分的。由于可以接受的原因，波尔斯比(Polsby)在《共同体权力与政治理论》(*Community Power and Political Theory*)一书中就将两者视为一体。由于这种区分，在这里一旦作出，就不再重要，因此，我将或多或少地遵循波尔斯比的处理法。

为权力与政策制定过程的一种"理论"。不过，如果作为一种一般性理论，谢氏的结论并不比前面提到过的那些研究方法更令人满意。

上述各种研究方法存在的主要问题是，它们都没有提出可以被调查与经验所检验的相关命题；而且基于上述任何一种研究方法得出的结论都不具有可累积性；最关键的是，由于"理论"与命题之间缺乏逻辑关联，这样的"理论"充其量只是自圆其说（self-directing and self-supporting）。这就是我为什么相当有保留地使用"理论"这一术语，并给它加上引号的原因。

多元主义的研究方法产生了一个又一个的案例研究，在这种研究方法指导下所得出的案例研究结论反过来又进一步"证实"了多元主义模型的实用性。冲突导致了议题的公开化，于是某些议题会被挑选出来以作进一步的调查研究；不管是否有权势，各种利益集团都会参与这些公开冲突，于是人们总能感觉到利益集团影响的存在；各种利益集团如此频繁地参与议题的**界定**，且其所持立场或多或少与政策结果相一致，利益集团的影响于是就由此归结为——资源富足的利益集团是有影响的，而资源缺乏的利益集团是没有影响的。如此说来，则没有什么与利益集团**无关**的了……。

显然，主要的分析难题是如何界定输出或政策的类型。我所采用的研究方法，是依据社会效果或预期社会效果来界定政策的类型。如此界定政策，则政策类型的数量相当可控，因为，归根结底，政府可以承担的职能相当有限。这种研究方法可以将诸如此类的定义剔除掉，如"农业的政治"、"教育的政治"；或更勉强而典型的定义，如"美国铁路协会法案（ARA bill）的政治"或"1956年教育援助法案（1956 Aid to Education bill）的政治"等，在这类政策制定过程中，参与者的组成及其所采用的策略，在研究开始之前就非常清楚了。不过，多元主义者仍然可以据此坚持这样的假定，即每一个政治系统只存在一种权力结构。我的研究方法是用职能类别替代多元主义者基于题材的描述性分类法。我们没有必要争论，社会阶级分类表是否可以穷尽国内政策中的所有可能性。如果绝大多数的政策和执行这些政策的机构可以分类处理，即便细微之处有所欠缺（如果有的话），这也是完全可以接受的。

在我的研究方案中，公共政策可以分为三种主要类别：分配型、管制型与再分配型。这些类型既是从历史的观点所作的区分，也是从功能的观点所作的区分。从1789年直到1890年，分配型政策几乎是全国性国内政策的唯一政策类型。管制型政策与再分配型政策的涌动差不多从同一时间就开始了，不过，在管制型政策成为既定事实时，再分配型政策尚未取得任何实质性进展。①

这些类型并非出于简化分析的目的而纯粹想象出来的。我们的用意是要与客观现象保持一致——其一致程度如此之高，以至于我们可以从这些类型及其定义中直接提出主要的理论假设。于是，**这些政策或政府行为领域构成了权力的真实舞台**。每一种权力舞台都倾向于形成具有自身特征的政治结构、政治过程、精英集团，以及团体关系。我们要做的是，对这些权力舞台的特征进行识别，对有关每一权力舞台属性的假设作出描述，并通过对大量的经验关系的预测和解释来检验这种方法的有效性。

政策领域的界定

（1）从长远的观点看，可以认为所有的政府政策都是再分配型的，因为，从长远看，某些人交纳的税金超出了他们所接受的服务；或者说，可以将所有的政府政策都看作是管制型的，因为，政府的资源使用决策不过是替代了私人关于同一资源的使用决策，或至少是减少了私人关于该资源使用的选择余地。但是，政治必须在短期内奏效，某些类型的政府决策必须不顾资源的限制而在短期内作出。这种类型的政策就是所谓"分配型"政策。分配型政策这一术语，最早是为19世纪的美国土地政策而杜撰的，现在，它的适用范围已经顺利扩展到包括大多数当代公共土地与公共资源政策；河流与海港项目（"政治拨款"）；军事采办与研发项目；劳工、商业与农业"委托人"服务项目（"clientele" services）以及传统的关税项目（the traditional tariff）。分配型政策的特征很好描述，那就是，这种政策的制定与执行可以被不断地分解为更小的单元，而分解后的每一单元都或多或少地独立于其他单元，独立于任何一般性规则。可以将最宽泛意义上的"庇护"（patronage）一词当作"分配"（distributive）一词的同义词。分配型政策，从根本上讲，近乎不是政策的政策，而是诸多高度个体化的决策；这些个体化的决策只是在累积的意义上才可以称之为一种政策。在这种政策中，资源富足者与资源贫乏者、利益损失者与利益接受者之间不必发生直接的冲突。事实上，在很多这类政策实例中，我们无法将资源贫乏者视为一个阶级，因为他们中的最有势力者可以通

---

① 外交政策显然属于第四种类型的政策。关于这一类型的政策，我们至今没有找到适合它的名词化格式（"-tion"）。我们在这里没有将之作为一种政策类型列出，原因有二：首先，这会极大地增加我们的分析量；其次，也是更为重要的是，从许多方面看，它不属于同一政策领域的组成部分，因为在外交政策的制定方面，美国只是一个子系统。温斯顿·丘吉尔，以及其他一些外国人，一向参与美国的外交政策制定。当然，对国内政策有直接影响的某些方面的外交与国防政策，也包含在我的分类表中。

过利益的进一步分解而得到照顾。

（2）管制型政策的影响同样是具体的、个人化的，不过，它的具体和个人化程度不像分配型政策那样可以产生近乎无数的分解体。尽管法律条文的表述是笼统的（如"精心设计交通系统"、"价格面前人人平等"），管制决策的影响明显属于那种会直接增加成本和/或减少或增加私人选择余地的决策（如"勿踏草地"、"不许挂羊头卖狗肉"）。管制型政策与分配型政策的区别在于，从短期看，管制型决策涉及谁将被赋予特许权谁将被剥夺特许权这样一种直接选择。对于某一个电视频道或某一条海外航线而言，并非所有申请者都能得到授权。对偏袒于管理方的某种不公平的劳动惯例的执行，会削弱管理方处理劳工关系的能力。因此，尽管管制型政策是按照一家公司接一家公司、一个案例接一个案例的方式执行的，但是它的分解也不足以达到个人或单个公司的程度（就像在分配型政策中那样），因为个人决策必须根据普遍性规则来制定，这些个人决策因而在更广泛的规则层面上是相互关联的。管制型决策是以相似方式受该规则影响的所有个人决策的累积。就人们可感知的共同影响而言，最稳定的边界线是经济的诸基本部门。由于这一原因，管制型决策在很大程度上是沿着经济部门的边界线累积的。因此，管制型政策通常只能被分解到经济部门的水平。①

（3）再分配型政策在某种意义上与管制型政策具有相似性。也就是说，它同样涉及私人个体在宽泛类别中的相互关系，因而这些个体决策必然相互关联。不过，从总体上看，两者在影响的性质上存在重大差异。管制型政策的影响范围相当宽泛，接近于社会各阶级。粗略地说，其影响范围包括富人与穷人，上层社会与平民，资产阶级与无产阶级。其政策目标不是财产的使用，而是财产本身；不是平等对待，而是平等拥有；不是人的行为，而是人本身。尽管美国的收入所得税政策事实上只是适度再分配的，但这一事实并不能改变与收入所得税政策相关的目标与动机这一事实。"福利国家"计划同样如此。对于那些进入退休或失业者名单的人们来说，这一计划是再分配性的。一项政策在多大程度上是再分配型的，人们对此可能存有争议。但一项再分配议题的性质并不取决于这种争议的结果，而是取决于人们对于它可以

---

① 经济部门是指一组标准或可替代商品或服务，或一种其他形式的稳定的经济相互作用。由于自然经济禀赋的差异，以及由于经济学家或商人界定经济部门的方式不同，经济部门的规模有大有小。经济部门的规模之所以不同，原因在于，观察者有时候是根据对标准商品的构成因素的评估前向性地（a priori）定义经济部门，有时候则根据由同一经济部门的经济行为主体组成的同业公会后向性地（a posteriori）定义经济部门。

成为和将要成为再分配型政策的期待。

权力的诸舞台

一旦有人提出这样的推断,即上述三种领域的政策或政府行为倾向于形成各具特色的政治结构,那么他就不得不接着提出一系列的相关假设。将各种假设累积起来,就会发现,三种权力舞台的大体轮廓很快就呈现出来,并分别与我们前面讨论过的政治过程的三种"一般性"理论相近似。围绕分配型政策所形成的权力舞台,其特征最适合根据谢氏的观点进行描述;管制型权力舞台与多元主义学派相对应,该学派的观点特别适合于这一权力舞台的特征描述;再分配型权力舞台的特征最接近于稍作修改后的政治过程的精英主义观点。

(1)分配型权力舞台。从谢氏与众不同的案例研究中,我们可以对分配型权力舞台作出相当详细的描述。他和他的多元主义继承者没有看到的是,关税政治的传统结构最大限度地符合了前面所界定的那种分配型政策的政治结构。只是当大量的高度组织化的小型利益集团开始发挥作用时,在此意义上,这一权力舞台才变得"多元化"。事实上,在这里,参与者的多样化程度大大超出了压力集团模型适于处理的数量,因为从本质上讲,这是一种人人为己的政治。作为个体的人和公司是它的主要的积极参与者。例如,鲍尔、波尔和德克斯特(Bauer, Pool, and Dexter)等人就曾对"压力集团模型"提出严重质疑,他们发现,根据该模型的判断,本应是最积极、最有活力的压力集团,事实上却没有发挥任何作用。

尽管一代人的时间(25—30年)已经过去,谢氏关于史慕特-霍雷关税(Smoot-Hawley Tariff)政治的结论,仍然可以一一适用于河流与海港开发政策、土地开发政策、免税项目、国防采办项目、区域重新开发项目以及政府"服务"项目。由于不存在一个真正的标准用以判别谁应当受到保护(赋予特许权),谢氏说,国会只好通过"给那些实力强大,难以对付的利益集团提供保护(特许权)"的方式寻求政治支持。决策者"对平等、一致性、公正、统一、先例和适度等显得反应过敏,而不管这些标准是多么表面化,多么缺乏实质性内容"。[1] 而且,一项"如此友善而广泛的政策……可以瓦解它的反对力量"。[2]

---

[1] *Politics, Pressures and the Tariff*, 85.
[2] 同上书,第88页。

如果一个十亿美元的计划可以被拆解为数以百万计的小项目,且每一项目可以单独处理而不需顾及其他的项目,那么,利益集团的数量及其获取利益的机会必须大大增加,而冲突也必然减少。这些特征对参与者之间的关系有着最重大的影响,因而也必然对"权力结构"产生最重大的影响。建立联盟的目的无外乎是通过立法和"制定政策",可是,在类似的情况下,联盟的性质和基础又何在?分配型权力舞台上的政治关系接近于谢氏所称的"互不冲突"——"在这种相互关系下,每一集团出于自身目的而求助于税收(特许权)是适当的,但反对其他集团求助于税收(特许权)则是不适当的、不符合惯例的。"[1]在河流与海港政策领域,涉及的是"政治拨款"(pork barrel)和"互投赞成票"(log-rolling)。不过,对于这些口语化的表述,人们往往并不认真追究其含义。互投赞成票的联盟并不是那种经由冲突与妥协,并基于勉强关联的利益而达成的联盟;相反,它是由完全没有共同利益的成员所组成的联盟。这种联盟之所以存在,原因在于,"政治拨款"就像一只集装箱,里面装满着各种互不相关的东西。这就是分配型权力舞台上典型的政治关系形式。

互投赞成票的政治关系的结构,虽然并不一定,但往往是导向国会的。而且,这种结构相当具有稳定性,因为有机会互投赞成票的人通常会对国会表示支持,而不管它的领导者是谁。在对争议议题行使管辖权的国会委员会中,很容易形成一种特殊的"精英集团"。例如,直到最近,众议院税收委员会(House Ways and Means Committee)实际上还对关税事项行使着管辖权。河流与海港公共工程的情况也与此类似。[2] 这是一种代理人关系,不过最好将"政策"理解为由现任委员会来推选新成员的那种选举,而非通过冲突与妥协而达成的选择。……

分配型议题将冲突个人化,并为那种几乎与更大范围内的政策结果无关的高度稳定的联盟提供了基础。一个完整的关税保护或自然资源开发或国防分包"政策",是由成千上万的难以观察的决策累积而成。国会并没有"放

---

[1] *Politics, Pressures and the Tariff*, pp. 135—136.
[2] 关于国会委员会成员与他们在河流与海港联合会(Rivers and Harbors Congress)和工兵部队(Corps of Engineers)中的支持集团之间的稳定而亲密关系,亚瑟·马阿斯曾作出过精彩分析。参见:Arthur Maass, *The Army Engineers and the Nation's Rivers* (Cambridge, Mass., 1951),特别是"Congress and Water Resources", *American Political Science Review*, XLIV (September 1950), 576—592,该文也收录在我的读物《美国的立法政治》一书中(*Legislative Politics USA*, Boston 1962)。作为利益集团策略及其接近国会的代表性例子,该案例广为人们所引用。不过,据我所知,直到现在,人们对它的重要性仍然没有给予恰当的认识。在我的分析中,其重要性是显而易见的。其类型与关税政策相近,与管制情形相去甚远。

弃"关税政策,不过,一旦关税政策变为一种管制型政策,国会委员会的精英们也就失去了对参与者的控制权(见下文)。由于那些难以观察的决策开始变得相互关联起来,于是各种内生的、不可避免的冲突开始显现,并且越来越频繁。①

(2)管制型权力舞台。没有什么比多元主义者汗牛充栋的作品更适合于管制型权力舞台的界定。但不幸的是,为了使多元主义理论更适合于这一有限的领域,我们不得不对它作一些调整。管制型权力舞台看上去是由多样化的集团所组成,而这些集团的组织基础则是勉强关联的利益关系或戴维·杜鲁门所说的"共同的态度"。最极端的多元主义观点认为,政策通常是利益集团相互冲突的产物。在管制型决策这种狭义范围内,甚至连这种最极端的观点都是可以接受的。而对这种观点的严厉批评,则在于人们将它的适用范围扩大到了非管制型决策的案例之中。

前面提到过,没法将管制型政策拆解成大量不相关项目。由于分立的管制决策涉及给予特许权与剥夺特许权的直接对抗,因而,典型的政治联盟往往产生于勉强关联的利益集团之间的冲突与妥协,且这些利益集团往往与某一经济部门相关。结果,在分配型政治中,典型的联盟基础是非共同利益(互投赞成票),而在管制型政治中,典型的联盟基础则全然不同。多元主义者的错误仅仅在于,他们假定,调节联盟的方式还是联盟……②

在分配型政治中,由于各种议题互不相干,因此,没有必要将参与者的行为相互关联起来考虑,相反,在条件允许的情况下,更适合于对这些行为做专门研究。但是,在管制型政治中,议题之间的相互关联,至少可以达到贸易协会的部门一级,它导致了协会内部对这些议题的控制,并因此造成了协会内部动态的紧张局面。杜鲁门错误地将这种动态紧张局面归结为所有议题中的所有的集团间的关系。如果所有的选择机会都被限于一个组织内,那么当事人除了相互争斗以决定该组织的政策或干脆放弃这样做之外,没有其他的

---

① 在晚近出版的《半主权的人民》(*The Semi-Sovereign People*, New York, 1960)一书中,谢氏提出了一些关于"冲突的范围"的有趣命题。这些命题很适合于我们这里所说分配型权力舞台。

② 完成本书初稿后,在重新阅读杜鲁门的《政治过程》(*The Governmental Process*, New York, 1951)一书时,我非常惊喜地发现,他将利益集团的"相互支持"方式分为两种,即联盟与互投赞成票(第362—368页)。就像随后将要证明的那样,在我的研究计划中,也存在两种形式的"联盟",即勉强关联的利益与意识形态。不过,这里有意思的是,杜鲁门用以支持其分类观点的例子,也完全适合于我的观点。他所举的关于联盟的例子,是围绕1946年就业法案(属于在分配型政策,尽管这是一部特别的"法律")而形成的利益集团的聚合。他所认为的典型的互投赞成票的例子,是针对河流与海港设施的财政拨款(属于分配型政策)。我们之间的分歧在于,我的研究认为,这两种联盟形式反映的是适用于特定政策类型的基本政治关系,而杜鲁门则暗示,作为诸多策略中的两种策略,它们或多或少地适用于任何政策议题。

选择余地。

　　这里所隐含的意思是,在管制型政治中,典型的权力结构远不如分配型权力舞台那么稳定。由于联盟乃围绕公共利益而形成,故此,联盟也会随利益变化或利益冲突的出现而改变。由于这种以集团为基础的、变动不居的冲突模式是每一个管制型议题所固有的,因此,在大多数情况下,某个国会委员会,或某个政府机构,或某个巅峰协会(peak association)①的理事会,或某一社会精英集团,都不可能长期控制所有参与者以形成一个稳定的权力精英。为了将支持的力量扩大到占多数的规模,必须设法降低参与者所提出的要求;当参与者的要求被降低到如此程度之后,政策输出必然会像它的残留物一样保留下来。不过,基于对某一议题的共同利益而形成的占多数规模的联盟,不可能一概地适用于其他议题。在管制型决策中,利益集团领导层的关系,以及他们与政府之间关系都太不稳定,难以形成一个单一的决策精英群。结果,类似的决策倾向于从行政机构和国会委员会向国会转移,因为政策制定过程的这种不确定性在国会已经得到解决。作为一个机构,国会是制止政策讨价还价的最终手段,就像在政党中初选是结束候选人提名讨价还价的最终手段一样。任何一个领导集团都不可能通过对利益近乎无尽的分解和分配来控制冲突的发生。在管制型政治过程中,国会与"权力平衡"似乎扮演了多元主义者认为应该属于它们的角色。……

　　从20世纪30年代的互惠贸易开始,关税政策不断得到重新定义,从原先所认为的仅仅具有国内政策意义日益发展成为重要的国际政治手段,由于这一原因,关税政策也日益失去它原先所具有的无穷分解的能力。简而言之,特别是在二战以后,以及在我们假定自己承担了和平时期的国际领导地位以后,关税政策成为基于国际目的而调节国内经济的手段。这里的重要特征不在于重新定义的国际部分,而在于重新定义的调节部分。随着重新定义过程的发生,权力关系发生了重大变化,因为单独处理每一种应税项目的事情不再可能发生。……南部地区的政治难题是那儿纺织业的集中。煤炭、石油与铁路集团结成日益紧密的同盟。最终的转机则随着1962年《贸易扩张法》(Trade Expansion Act)的通过而发生。该法第一次授权总统处理范围广泛(针对经济部门)而不是单一种类的商品贸易问题。

　　由于两个明显的原因,管制型政治依然保留了分配型政治中的某些因

---

　　① 这是作者借鉴米尔斯权力精英概念而创造的一个术语。米尔斯认为,权力精英是那些占据了社会各主要制度领域或秩序领域中至高位置(top positions),亦即"指挥部"位置的人。罗伊形象地将由这些人组成的集团称之为"peak associations"。译者则将这一术语形象地译为"巅峰协会"。——译者

素。首先,政治领导人往往试图分解政策,因为这是扩大惠及范围和避免冲突的最佳方式(和经济行动者一样,政治行动者也可能视公开竞争为可以任何代价加以避免的必然的恶或最后的求助方式。);其次,直到 1962 年,基本的关税法案和税率表仍然包含在《史慕特-霍雷法》(Smoot-Hawley Act)中。该法虽然是根据《公平贸易协定》(Reciprocal Trade)修改而成,但是它只允许通过谈判降低关税而不允许基于比较成本降低关税。在 1962 年之前,关税政治的基础仍然是易货贸易,因此,直到那时为止,关税联盟仍然是以分立的公司(甚至于大型的多元化公司的分支机构)、互投赞成票和不相干利益为基础。例外条款和风险点控制(peril point)在 20 世纪 50 年代依然保留,这样的话,即便在互惠贸易框架下,交易也可以一个项目一个项目地实施。陌生伙伴之间的联盟继续发生:"只要通过适当的联盟,就可以说服两者(新英格兰纺织集团和东部铁路集团)改变他们的利益方向"(p. 398)。

尽管保留了分配型政策的某些特征,不过,随着管制型权力舞台的发展,关税政策作为管制型政策的真正本质在 20 世纪 60 年代开始显现。与发生在集团结构中的那些不明显的变化相比,发生在国会中的变化已经清晰可见。我们看到一个与国会委员会(如税收委员会)精英化趋势不相一致的,符合多元主义定位的国会正在浮现。即便是早先的 1954—1955 年间,最终得到国会认可的妥协方案,也不是在国会委员会内部经由利益的直接拉拢而产生,而是在由一群冲突的主要利益集团所组成的兰德尔委员会(Randall Commission)中达成的(p. 47)。那些难以通过"集团过程"研究解决的问题,同样无法在国会委员会中得到研究解决,而必须递交给国会和议员发言席。自 1954 年以后,关税政策的争议焦点转向主要商品类别(甚至到了纺织业劳资谅解协议的程度),且争议的发生或多或少地在议员发言席上公开化(p. 60,62,67)。1955 年库珀主席(Cooper)未能通过一项禁止对某项议题再提修正意见的规定(a closed rule),从这一事实中我们可以看到,税收委员会作为关税政策精英的地位日益削弱的趋势。规则委员会(the Rules committee)"根据惯例"授予委员会主席以禁止对某一议题再提修正意见的规定权,但众议院却以 207 票对 178 票否决了该项授权(p. 63)。① 鲍尔、波尔和德克斯

---

① 为支持委员会主席的这项特权和维护税收委员会的统一,萨姆·雷本(Sam Rayburn)完成了一次从讲坛到议员发言席的不寻常经历。他说"在众议院的历史中,在我个人的 42 年记忆中,这是唯一一次将这种议案和它的杰出人物置于禁止再提修正意见的规定权之外的情形……"(p. 64)。第二天上午,雷伯向一群一年级大学新生发表了他著名的告诫:"如果你想取得进步,就勇往直前(If you want to get along, go along.)"(p. 64)。

特将这看作是贸易保护主义取得的一次胜利,不过,这同样可以被看作是管制型权力舞台出现的证据——管制型权力舞台的出现源于将冲突与政策控制在管理委员会内部的困难。将关税政策当作分配型政策的传统手段的最后一次努力,是由里德(Reed)重新提出的一项动议,该项动议要求在一项条款中注明,海关税则委员会(Tariff Commission)的裁决属于最终裁决,但总统认为这样的裁决涉及国家安全除外。该项动议最终被众议院以 206 票对 199 票否决(pp. 64—65)。自那以后,直到 1962 年,很明显的是,关税政策再也不能基于单一商品种类制定。在 1962 年的时候,关税决策已经变成了一种管制型政策,它作为分配型政治的所有残留物,现在就剩下对受一般性关税降低政策损害的商品生产者所提供的配额和补贴了。

(3)再分配型权力舞台。如果鲍尔、波尔和德克斯特曾经为了进行外贸政策的透彻分析而从再分配型权力舞台中选择过一组案例的话,可以确信的是,他们将发现自己已经置身于一个完全不同的政策领域,这个领域提出的思想不同,表达的问题也不同。这样的遭遇,对于谢氏和管制案例的多元论者同样适用。与管制型政策的案例研究相比,已经发表的有关再分配政策的案例研究少之又少。这本身就是一个重要的事实——米尔斯(Mills)将之归结为此类议题的中等受关注程度。但不管具体原因是什么,这一事实导致我对自己的研究计划进行详细阐述和经验检验的机会大大减少。我所提出的大部分命题只有一个案例予以证明,这一案例就是 1930 年代的"福利国家"政策争议。所幸的是,这一案例是多决策的综合物,是美国有史以来最重要的决策行为。对这一案例的相关事实做一下简要回顾是有帮助的。① 在分析过程中,我还将不时穿插一些其他的小案例。

随着 1934 年中期选举的临近,联邦社会保障制度所面临的压力开始增长。汤森计划(Townsend Plan)和伦丁法案(Lundeen Bill)成为全国性的重要议题,并获得了广泛支持。这两项计划都属于严格意义上的再分配型政策,它们给予所有公民以获得政府保险的权利。作为回应,总统于 1934 年 6 月成立以劳工部长伯金斯(Perkins)为主席、由主要内阁成员组成的经济安全委员会(Committee on Economic Security; CES)。该委员会先后设立了一个咨询委员会和一个技术理事会,负责举行听证和实施大型研究,并于 1935 年 1

---

① 这些事实出自以下文献:Paul H. Douglas, *Social Security in the United States* (New York 1936); Edwin E. Witte, *The Development of the Social Security Act* (Madison, Wis., 1962); Committee on Economic Security, *Report to the President* (Washington, GPO, 1935); Frances Perkins, *The Roosevelt I Knew* (New York 1946)。

月 17 日提交一份议案。接近经济安全委员会的知情人包括一些大型工业企业、商业协会工会及主要相关政府机构的代表。有关立法的详细历史记录显示,在成熟议案形成之前,所有争议事实上都被限制在经济安全委员会及其下属委员会内部。由于不是所有重要的议题都能在经济安全委员会的议案中获得解决,这时,经济安全委员会的成员就会在远未达成共识的情况下求助于国会。但国会的实际作用与人们的期待并不一致。除了对委员会的管辖权争议有过短暂交锋外(获胜的是相对保守的财政委员会和税收委员会),尽管议题关系重大,立法过程却显得异常安静。参众两院的听证会只召来了为数不多的几个证人,这些证人主要是支持该议案的经济安全委员会成员和摩根索(Morgenthau)领导下的对该议案持"建设性批评态度"的财政部官员。

国会的交锋之所以安静,因为真正的争斗发生在别的地方,主要是发生在霍普金斯-伯金斯官僚机构(Hopkins-Perkins bureaucracies)与财政部之间。关于经济安全委员会议案的修改意见均出自摩根索(就贡献率而言,这是最重要的人物,专挑再分配型政策的刺)。伴随财政部的最终胜出和温和化的再分配议案一起出现的,是对劳工部和霍普金斯联邦紧急救济署(Hopkins's FERA)行政义务的免除。在整个过程中,也能听到一些来自主要行业协会的意见表达,不过,这些意见表达主要发生在官僚机构内部那些相对平静的程序中。国会的作用在很大程度上似乎一直表现为对官僚机构和在那里扮演阶级代理人的代表之间达成的协议作出正式认可。国会对这些议案的修改主要涉及政策覆盖范围内的例外事项,这和国会在各种分配型权力游戏中可能扮演的角色是一样的。社会保险法的原则由主要行政首长和商业、劳动协会领袖在(平静的)相互影响过程中确立。

同样的情形也可见诸于收入所得税政策的决定,所不同的只是参与者的左一右立场有所改变。[1] 萨里(Surrey)教授指出:"'谁在为税收公平和税收公正说话?'今天,这一问题很大程度上只能以财政部的观点来体现"(p. 1164)。"体现程度如此之高,以至于在税收政策的较量中……对抗的双方分别是财政部对税率提案(percentage legislation);财政部对资产收益提案(capital gains);财政部对投票人;财政部对社会团体。……结果,国会议员……(看到的)是一种争执……就像一个社会团体与一个政府部门之间的辩论一样"(pp. 1165—1166)。萨里说,国会"在政府税收期望与压力集团要

---

[1] Stanley S. Surrey, "The Congress and the Tax Lobbyist: How Special Tax Provisions Get Enacted", *Harvard Law Review*, LXX (May 1957), pp. 1145—1182.

求之间充当着调停人的角色"(p.1154)。并且,当各种税收议题"如税率或个人收入起征点议题那样进入主要政治议程时,压力集团、劳工组织、商会、全国制造业协会和其他社会团体开始关注这些议题"(p.1166)。"普通议员基本上认为,目前的收入所得税的征税类别不会提高"(p.1150),不过,与其冒着"特别艰辛"和"置自己于不利地位('Penalizing')"的风险去触及办事原则,他们宁愿根据原则等待社会达成共识以后再作决定。例如,在1954—1955年的税收争议中,税收委员会全体成员决定,允许每个成员报告一份提案,条件是该提案必须获得全体一致的同意(p.1157)。

与其他议题相比,涉及①再分配政策的议题可以使阶级界线更加模糊,并刺激这些阶级界线模糊的人们进行利益协商。如果巅峰协会内部有什么内聚力,且这种内聚力表现在再分配型议题上,那么他们对这些议题的辩论所显示的,不过是他们大部分时间都在关注这些议题。② 例如,在战争年代前后(但不包括战争年代)的各十年期内,与其他类型的议题相比,康涅狄格州制造业协会在再分配型议题上表达自己观点的次数占了压倒性多数。③ 表1对此进行了归纳。表中显示,在涉及资产阶级与无产阶级基本关系的一般性议题上的意见表达次数超过了对商业行为管制议题的意见表达次数,尽管后者的绝对数在增加,但两者相对比例仍达870∶418。④ 这里的情形与鲍尔、波尔和德克斯特在关税政治中所观察到的情形有明显不同。鲍尔、波尔和德克斯特发现,大大出乎他们意料的是,在关税政治中,个人利益得失对"双方"的刺激作用是不同的。更确切地说,他们发现,与自由贸易派的一般性意识形态立场相比,利益的具体性和专一性使贸易保护主义者受到更经

---

① "涉及"(involve)一词可能显得有些模棱两可,不过这是作者故意这样做的。正如我在前文定义"再分配"一词时所主张的那样,不是实际的结果,而是人们对于可能结果的期待,确定了这些议题的性质并决定了这些议题的政治过程。对于有争议的议题而言,重要的策略之一,是为了扩大反对或支持的基础而尝试根据再分配的原则定义该议题。

② 在私下交谈中,劳联-产联(AFL-CIO)的安德鲁·毕米勒(Andrew Biemiller)告诉我,甚至在他所在的集团中,情况也是如此。他估计,大约有80~90%的正式政策表达涉及涉及福利与集体谈判等一般性权利,只是在偶尔的情况下,中央委员会才会触及具体的管制议性题。

③ Robert E. Lane, *The Regulation of Businessmen* (New York 1953),第38页及以后各页。

④ 表中也记录了在赞同性说明的比例上两者之间存在强烈对比。类似的强烈区别也反映在雷恩(Lane)有关反对意见的理由方面的数字上。在那些我称之为再分配型的议题上,占压倒性的最重要理由是"强制性"。相对而言,这一理由在一般性贸易管制和反托拉斯法的反对意见说明中所占的比例约为10%;在基点定价法(basing-point)的反对意见说明中的比例仅为3%;没有一次这样的意见说明用于对米勒-泰丁斯法(Miller-Tydings)和鲁宾逊-巴特曼法(Robinson-Patman)的公开指责。对于管制型议题而言,表达反对意见时最经常使用的理由是政策内容混乱和政策目标无法实现。此外,存在同样高比例的暗示对政策意图缺乏广泛共识的剩余响应(residual responses)或"其他"响应。

常、更强烈的刺激(pp.192—193)。正如他们所说的那样,关税政治中的情形确实如此,因为那里的"沟通系统的结构促进了具体要求的传播"(p.191)。不过,那里同样存在一种支持一般性要求和意识形态要求的沟通结构,这种结构由巅峰协会组成(作者认为,这种结构在关税议题上是无效的。pp.334,335—336,337—338,340);如果所涉及的议题是概括性的,那么这种结构就是高度有效的。这种概括性的议题始终与再分配型议题相一致,几乎从来与分配型议题无关,且很少与管制型议题吻合。

表1 康涅狄格州制造业协会对各种议题的公开意见表达

政策议题的类型	意见表达次数 十年期 (1934—1940;1946—1948)	赞同性意见表达 所占的百分比
(1) 非具体化的管制	378	7.7
(2) 一般性劳资关系	297	0.0
(3) 工资与劳动时间	195	0.5
意见表达总数;再分配型	870	
(4) 贸易惯例	119	13.8
(5) 鲁宾逊-巴特曼法	103	18.4
(6) 反托拉斯法	72	26.4
(7) 基点定价法	55	20.0
(8) 公平贸易(米勒-泰丁斯法)	69	45.5
意见表达总数;管制型	418	

资料来源:Lane, *Regulation of Businessmen*,第38页及以后。数据出自该书,该表由本文作者整理而成。

正如多元主义者所主张的那样,对于政策议程中的任何项目而言,都存在大量的有组织利益集团。不过,这些利益集团之间的关系,以及它们与政府之间的关系是变化的。这种变化的性质以及产生这种变化的条件正是政治分析应当关注的内容。这样简单地说吧。星期一晚上,某个大型协会在收入所得税、福利国家等"政府问题"上达成共识,并形成了相当的内聚力;星期二,面对管制型议题,这个大型协会分裂为若干个贸易和其他专业化集团,其中的每一个集团都依据不同的主题选择以不同的方式处理不同的问题;到了星期三晚上,在考虑政治拨款和其他形式的补贴与政策优惠时,该协会内部再次发生分裂。尽管母集团和"催化集团"依然存在,但到了星期三晚上时,它们的认同度已经所剩无几。正如鲍尔、波尔和德克斯特可能会说的那样,通过相互交叠的成员成分,该协会保持了一致同意的状态。他们认同自己的身份,在这样的范围内,他们才能根据再分配的原则界定议题。当议题中的利益与部门或地理或个人的相关性更显著时,共同因素或一般性因素就会因其抽象、分散而消解。这就是发生在 1950 年代关税政策之争中的自由贸易集团身上的事情。当时"贸易保护主义者的立场更坚定,它们立足于直接的商业利益考量……而自由贸易集团的立场则迎合了那个时代的意识形态……"(p. 150)

巅峰协会以米尔斯的权力精英为基础。在这些协会真正存在的地方,协会成员所拥有的资源,以及他们获取资源的机会,必然对权力关系产生影响。由于这种协会内部关系的稳定性,以及由于他们与整个社会各阶级关系的僵化(或均衡),再分配权力舞台的政治结构就显得高度稳定,近乎制度化。这种稳定,不像分配型权力舞台上的那种稳定,它源于共同利益的存在。不过,与管制型权力舞台不同的是,这种共同利益的稳定、清晰和连贯程度之高,足以为意识形态的产生提供基础。表 2 对以上提到的政治关系中的这些假设作出了归纳。

表 2 权力舞台与政治关系

权力舞台	基本政治单位	单位间的关系	权力结构	结构的稳定性	主要决策场所	执行
分配型	个人、公司、社团	互投赞成票;互不冲突;无共同利益	无冲突的精英及其支持集团	稳定	国会委员会和/或直属机构**	权力向主要职能单位("局")集中的机构
管制型*	集团	"联盟";共同利益;讨价还价	多元化;多中心化;"制衡理论"	不稳定	传统角色中的国会	权力经由"授权"而分散化的机构;综合控制
再分配型	协会	"巅峰协会";阶级;意识形态	相互冲突的精英,亦即精英与对立精英	稳定	行政机构与巅峰协会	权力向上(高于"局")集中的机构;精心设计的标准

* 假定管制型权力舞台上存在多样化的有组织利益集团,显然可以找到许多成功的互投赞成票的联盟,这种联盟与盛行于分配型政治中的联盟具有相似性。就此而论,管制型权力舞台与分配型权力舞台的区别只是程度上的区别。可以断言,在管制型政治中,占主导地位的联盟形式是基于共同利益或勉强关联利益的那种联盟。尽管区别只是程度上的,但却是非常重要的,因为这种盛行的联盟形式使管制型权力舞台更显不稳定、不可预见和非精英主义("权力的平衡")。比较而言,与再分配型权力舞台相比,两者的区别更是本质性的。

** 分配型政治倾向于在某种建制单位周围保持稳定。在大多数情况下,这种建制单位是国会委员会(或小组委员会)。不过,在其他一些情况下,尤其是在农业部,这种稳定中心则是直属机构或直属机构与委员会。在很多城市中,如果这样的建制单位一开始就受到很好的控制,那么,这种机构支配的现象则可能继续维持下去。

再分配型权力舞台的其他许多鲜明特征,与巅峰协会的特殊作用有关,或源于这种特殊作用。巅峰协会的内聚力意味着,相互关联又相互竞争的利益集团之间的特殊分歧,早在政策进入政府议程之前很长一段时间就很可能已经得到解决。在很多方面,上流社会的指挥者在再分配型权力舞台上发挥着国会委员会在分配型权力舞台上以及管制委员会和国会在管制型权力舞台上所发挥的作用。不过,这些作用之间的区别也非常关键。在分配型政策中,有多少关税项目,有多少桥梁与大坝建设项目,有多少块准备出售或出租的公地,就有多少个"当事方"(sides);且有多少个行使分配型政策管辖权的国会委员会和专业委员会,就有多少个精英集团。在再分配型政策中,当事方从来不会多于两个,且这些当事方是清晰的、稳定的和持续存在的。谈判有可能发生,但其目的仅仅在于强化或弱化对再分配型政策的影响;且每一个当事方可能只有一个精英集团。这些精英集团并不直接与资产阶级和无产阶级相对应;理解他们的最好方式是采用华莱士·赛尔(Wallace Sayre)的"资金提供"集团与"服务需求"集团的提法。尽管当事方的数量很少,但联盟的基础却非常广泛,且其核心人物往往是那些最受尊敬和以财富著称的人。正如米尔斯所言,如果这些最高层的领导人彼此并不了解,没有因接受共同的教育而形成共同的观点,这些共同点也很容易在日后的生活中形成,因为再分配型政策议题所涉及的利益种类往往是相同的。利益集团冲突的制度化程度如此之高,以至于政府官僚自己也开始反思这些冲突,全国性政党领袖和行政当局同样如此。最重要的是,再分配型政策的性质不仅会影响政治朝着冲突的集中化和稳定化方向发展,也能进一步影响到政策制定权从国会中转移出来。一个分权的、讨价还价的国会只会加剧权力的分化,却不能平衡分化的权力,再分配型政策因而需要在更大的范围内寻求复杂的平衡。里克(Riker)对预算编制的评论,用在这里同样合适。他说:"……立法机构讨厌预算。预算资金量必须由立法机构内部的政党领导人来汇总。但是,在一个复杂的财政体系内,立法机构的任意判断甚至无法使岁入与支出保持一致。预算编制由此产生——它将财政控制权转移到预算编制者手中……"[1]作为向资金提供者作出妥协的条件,国会可以提出例外原则,可以通过设定复杂的执行标准以保证这些例外原则的执行。然而,再分配原则的真正制定者似乎是那些"指挥所"位置的占有者。

这并非暗示存在一个如米尔斯所描绘的精英集团,但它确实暗示存在一

---

[1] William H. Riker, *Democracy in the United States* (New York 1953), p.216.

种稳定的、持续的冲突,且这种冲突只能根据阶级的概念来理解。社会分层与精英集团学派的立论基础,在理论上如此乏力,在经验上如此缺乏支持,以至于将它的批评者引向了错误的反对方向。这些批评者拒绝承认,社会地位和建制地位与权力精英的可能稳定状态之间存在直接关系。不过,如果将这种研究方法的适用范围予以缩小,并澄清适用范围的界定标准,那么这种方法的实用性就会增强。对于多元主义学派和那种基于"不相干政策的政治"("politics of this-or-that policy")的研究方法而言,情况同样如此。

复习思考题

1. 在《联邦党人文集》第 10 篇中,詹姆斯·麦迪逊看到美国作为一个大型共和政体具有哪些有利条件?麦迪逊何以相信美国的政治体系能够有效控制"党争"问题?
2. 戴维·杜鲁门对多元政治体系的辩护与似乎已经成为美国政治永久部分的对"特殊利益"持续不断的公开谴责有什么相一致的地方?杜鲁门的潜在利益集团概念是如何调节政治过程的?
3. 哪些人构成了查尔斯·赖特·米尔斯"权力精英"的核心成员?今天的美国社会是否还存在权力精英?
4. 为什么达尔断言相互竞争的联盟和集团比权力精英对地方政府政治决策的影响更大?罗伯特·达尔的结论是否也适用于美国联邦政府?
5. 西奥多·罗伊的三种主要政策类型(分配、管制与再分配)的基本特征是什么?为什么说再分配政策更受某些社会阶层的欢迎?

第四章

议程设置

议程设置是指通过各种政治通道而产生的想法或议题被提交给某一政治机构(如立法机关或法院)审议的过程。民选行政长官和议员是新议程项目的两个主要来源。选民期待行政长官和议员们在当选后努力将他们在竞选期间所倡导的政策制定为法律。此外,政府的各行政机构常常也会提出立法建议。这些立法建议有时被合并为行政长官的立法建议书。

众所周知,在议程设置过程中,人们常常广泛地利用大众传媒,通过宣传使更多的人关注那些相对不熟悉或不受支持的议题,以迫使决策机构(无论是市议会还是国会)采取某些行动。一个著名的例子始于1955年,当时一位名叫罗莎·帕克斯(Rosa Parks)的阿拉巴马州蒙哥马利市的非洲裔美国妇女因拒绝在一辆公交车上的黑人区就座而被捕。这一对抗行为激发了现代民权运动。马丁·路德·金博士(Dr. Martin Luther King Jr., 1929—1968)后来采取与南部各州种族隔离政策非暴力对抗的战术以唤起其他各州人民的足够同情与支持,并最终导致国会通过具有里程碑意义的民权立法。如果这样的非暴力示威转变为暴力冲突,情况可能会更好——因为这会制造更多的电视节目,吸引更多观众来关注事情的原委。

议程设置,往往被认为仅限于职业政客,事实上是人人都可以参与的一种游戏。某位联邦法官可能裁定一所州监狱里犯人过于拥挤的状况违反了宪法精神,从而迫使该州的立法机构通过拨款修建新的监狱来处理该议题。热切关注某项议题的公民团体,可以自我组织起来,通过征集足够多的登记选民的签名,以在下一轮的选举投票中将该议题作为一项建议来提出。一家公益法律事务所可以对某一政府机构的行为的合法性提出司法质疑,并迫使法院对其合宪性作出审查。或者某一利益集团可以发动它成千上万的成员给他们的立法代表写信(或者发 e-mail),要求这些立法者拿出实际行动来解决某一政策争议。在为数不多的场合,如在立法机构、法院或管制委员会,议程确立的方式是很正式的,但是,在其他场合,议程项目的发起者数不胜数。希望不灭,议程不止。

议程设置的概念和古代人拜会国王的想法一样古老,不过,现代最早对此专题进行全面分析的作品则是罗杰·科布和查尔斯·埃尔德(Roger W. Cobb and Charles D. Elder)所著的《美国政治参与:议程确立的动力学》(1972)。本书收录了其中的一章"议题产生与议程环境"。

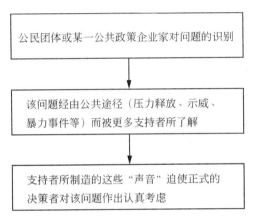

图 4.1　议程设定的程序

安东尼·唐斯(Anthony Downs,1930—)是著名的经济学家和政策分析家,其主要贡献是在《民主的经济理论》(1957)一书中提出了公共选择经济学的知识框架。在官僚制研究的经典著作——《官僚制内幕》(1967)一书中,唐斯试图从经济学的角度证明官僚制政府的合理性,并试图提出若干原则与命题用以帮助预测官僚机构和官僚的行为。本书收录的是其1972年发表于《公共利益》杂志上的一篇名为"生态沉浮:议题关注的周期"的论文。在该文中,唐斯提出了"议题关注周期"模型,目的在于解释到底有多少政策问题进入政治议程。议题关注周期建立在如下观念基础之上:不管问题的目标、性质如何,公众很少将注意力停留于对某一议题的关注。议题关注周期由五个步骤构成:

(1) 前问题阶段(某种不可欲的社会状况已经存在,但还没有引起公众关注);

(2) 问题惊现与热情高涨阶段(某一戏剧性事件刺激了公众的注意力,并伴随着解决问题的狂热兴趣);

(3) 变革成本认知阶段(公众逐渐认识到完成预期变革的难度);

(4) 公众兴趣衰落阶段(人们变得气馁和厌烦或注意力被新的议题所吸引);

(5) 后问题阶段(尽管问题没有得到最终解决,但已经被排除在国家议程之外)。

按照约翰·金登在其最著名的作品《议程、备选方案与公共政策》一书中的说法:"如果安东尼·唐斯是正确的,那么问题之所以经常从公共视野中消失,原因在于短期的认知与乐观论让位于对行动之财政成本与社会成本的真正了解。由于人们对牺牲、错位以及所承受的代价印象深刻,他们对问题的处理反倒失去了热情。"例如,在克林顿政府的第一任期内,人们刚开始时对国民医疗保险制度的重大改革的热情与支持很高。

在科布和埃尔德工作的基础上,金登将议题何以进入政府议程的原因分为三个来源,三种解释:问题、政治与可见的参与者。金登运用这三个因素解释,政策建议是如何找到通往政策议程之路以及议程是如何随着时间而变化的。他将这些因素设想为"流经政策制定系统的三种过程流",当它们在某一关键时刻交汇在一起时——也就是说,当政策之窗打开时——政策才得以制定。

13

议程确立的动力学(1972)①

罗杰·科布 查尔斯·埃尔德

议题(issue)是指两个或两个以上的显性集团之间围绕地位或资源分配的程序或实体问题而发生的冲突。一般而言,议题的发起有四种方式。其中,最常见的方式是由相互竞争的一个或多个派系发起,该派系自认为在地

---

① 原文出自:Roger W. Cobb and Charles D. Elder, *Participation in American Politics*: *The Dynamics of Agenda-building.* 1972。

位或资源的分配中受到不公正对待。例如,1950 年,宾夕法尼亚州的卡车司机们认为,铁路部门在长途货运方面占据天然优势,因而努力发起议题以纠正此种不平衡状态①。这样的议题发起者可以贴上"校正者"(readjustors)的标签。

议题发起的另一种方式,可以追溯到某一个体或团体为了自己的利益而发起议题。例如,公职竞选者为了实现自己的竞选目标而发起某些议题。类似的议题发起人可以称之为"开拓者"(exploiters)。赫伯特·布卢默(Herbert Blumer)写道:

> 仅仅将预先设定的要求与实现这种要求的心理倾向相结合,(议题发起人)很少能够得到支持者或其他成员的响应。相反,他必须努力唤醒、培育和指导预期的支持者。②

汉斯·托克(Hans Toch)表达了相似的观点,他写道:

> 人们并非由于预先存在的问题而投身社会运动,相反,他们这样做往往是领导者和鼓动家的技巧使然。……社会运动的要求似乎是由那些起初对潜在的问题解决方案以外的目标感兴趣的人们所发起。③

议题发起的另一种方式,是经由某种意外事件而出现。类似的事件可以称之为"偶然反应者"(circumstantial reactors)。1969 年年初发生在圣芭芭拉附近加利福尼亚海岸的浮油事件,导致人们重新思考海上油井开采的整个问题,就属于这样的例子。类似的例子还包括,肯尼迪总统遇刺事件导致枪支管制议题的产生,20 世纪 50 年代中期艾森豪威尔总统心脏病发作提出了总统能力丧失的议题。

议题的发起人也可以是某些没有地位或资源企图的人们或团体。当自认为服务于公共利益时,他们所得到的往往只是心理上的安宁感。这样的议题倡导者或许可以称之为"理想改革家"(do-gooders)。比拉夫救济计划(Biafran relief programs)的倡导者就属于这种类型。

上述四种议题发起方式不一定是相互排斥的,因为个人或团体的行为动

---

① 有关这种冲突的案例分析,可参见:Andrew Hacker, "Pressure Politics in Pennsylvania: The Truckers vs. The Railroads", in Alan Westin (ed.), *The Uses of Power: 7 Cases in American Politics* (New York: Harcourt, 1962), pp. 323—376。

② Herbert Blumer, "Collective Behavior", in J. B. Gittler (ed.), *Review of Sociology* (New York: Wiley, 1957), p. 148.

③ Hans Toch, *The Psychology of Social Movements* (Indianapolis: Bobbs-Merrill, 1965), p. 87.

机可能不止一个。例如,一些人基于人道主义的考虑而支持公民自由与权利法案,而另一些人则出于个人或集体利益而支持该法案。

触发装置

对于议题的形成而言,至少存在两类触发装置或意外事件。根据事件发生所处的国内与国外两种环境,相应的触发装置分为内在触发装置与外在触发装置。

内在触发装置又可以细分为五种类型。第一种是自然灾害,如矿山塌陷、气候反常、洪水、火灾。第二类是意外的人为事件,如自发性暴动、暗杀公职人员、劫机、刑事谋杀。第三类是技术方面的重大变革。这些技术变革导致了全新的环境问题的产生,如大众交通工具的发明、空气与水污染,或空中交通拥塞就属于这种情况。第四类是资源分配中的失调或偏颇。类似的失调或偏颇导致了公民权利抗争活动和工会罢工之类事件的发生。① 第五类是生态变迁,如人口剧增、黑人向北部城市的迁移等。

外在触发装置可以分为四类。第一类是以美国作为直接交战方的战争或军事冲突。这类例子包括越南战争、普韦布洛地区的占领(the Pueblo Seizure)、广岛的原子轰炸。第二类是武器技术方面的重大创新,这类事件涉及军备控制、克里姆林宫与白宫之间的军事热线、反弹道导弹部署等。第三类是以美国作为非直接对手的国际冲突,如发生在中东和刚果的国际冲突。最后一类是世界联盟格局的重大变化,这类变化涉及美国在联合国的成员资格、美国对北约的军事承诺以及美国在美洲国家组织中的地位问题。

议题创立与触发装置

如下图所示,议题的形成取决于发起人与触发装置之间的动态相互作用。

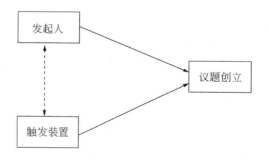

---

① 这里关注的是真实的资源分配不公。感觉上的分配不公可包括在"校正者"议题发起人中。

举例来说,矿难事件本身不会导致议题的创立。过去曾经发生过许多起类似的事件,却没有哪一起事件导致任何改善措施的出现。关键是要在不满情绪(或触发事件)与基于私人或公共目的而将问题转化为议题的发起人之间建立起关联。

从系统的角度看,系统的输入是发起人与意外事件或触发装置,其作用是将问题转化为议题,系统的输出则是议程。议题如何转化为议程则是下文的分析重点。

什么是议程?

笼统地说,政治议程可以分为两种基本类型。第一类是政治辩论的系统议程。系统议程包含那些被政治共同体成员普遍认为值得引起公众关注,并属于现任政府权威机构合法权限范围内的所有问题。地方、州和国家政治共同体都有自己的系统议程。大政治共同体的系统议程可能包含小共同体的系统议程的某些内容,但两者并不必然相一致。举例来说,波士顿的系统议程可能包含国家系统议程中的某些内容,如空气污染与街道犯罪,但也可能包含某些新领域的问题。

议题进入系统议程,必须具备三个先决条件:(1)问题受到社会广泛关注或至少广泛知晓;(2)相当数量的公众共同认为,有必要采取某种行动以解决问题;(3)人们共同感觉,该问题属于相关政府机构职权范围之内的事情。此处的"共同认为"(shared concern)和"共同感觉"(shared perception)与主流的舆论气候有关,这种舆论气候以共同体的主导规范、价值和意识形态为条件。议题只需得到政治组织中的多数而不是全体公民的认同。

为了让议题得到公众认可,倡导者要么必须使之进入大众传媒的视野,要么必须有足够的资源以影响公众。这里所需要的不仅是金钱和人力,很多时候,花言巧语也是必不可少的。例如,"反美"之类词汇的使用,就是一种管用的语言花招,可以吸引到比忠实信徒更多的听众。

除了获得公众的认可外,一项议题要进入系统议程,还必须被相当数量的人们认为可以采取纠正措施以及应当采取这样的措施。换言之,措施不仅是可能的,而且是必需的。为了培育这样的公众信念,倡导者需要对大量个体或团体进行适当动员。

在很多情况下,一项议题能否进入系统议程,还取决于人们是否认为它超出了政府机构的合法权限范围。而阻止某项议题进入系统议程的最具破坏性的战术之一，或许就是否认它属于政府的合法权限范围之内。例如，由于反对者成功地说服人们，使之相信，对某项事务的处理超出了政府的适当权限范围，相同的公共建议曾多次被挡在系统议程之外。

第二类议程是所谓制度议程、政府议程或正式议程，它是指有待权威决策者积极和认真考虑的一组明确的项目。因此，地方、州或国家层级的政府机构所面对的任何一组项目都构成一个制度议程。

上述关于正式议程的定义中有两个关键词需要澄清。"明确"的意思是指在议题中包含了措施或政策选项，或对需要采取措施的问题表示确认。将小时工资提高到某一特定标准的建议，属于前一种情况的例子；对少数族群聚居区信贷机构的某些限制性贷款业务进行重新审议，则属于后一种情况的例子。

使用"积极和认真"的提法，是为了将正式议程项目与所谓的"伪议程项目"（pseudo-agenda items）区别开来。伪议程的意思是指在没有明确考虑其价值的情况下，以某种方式表达要求或对要求表示认可。决策者常常利用此类议程来缓和某些选民集团的挫折感，以及避免这些选民集团因需求未获承认而可能导致的政治分裂。这种情况在立法机构中比较常见。为了安抚某些没有现实行动机会的激进主义选民集团，立法机构有时会将各种议案放在一起，以一揽子计划的方式提出来。

政策制定者既参与系统议程的确立，也参与制度议程的确立。尽管如此，两种议程的性质仍然有实质性的区别。系统议程由相对抽象和笼统的项目组成，这些项目相当于对问题范围的确认。在系统议程中，倡导者不必提出可行的解决方案，或解决问题的具体方法。例如，"结束歧视"这种含糊的项目就可能包含在系统议程中。

制度议程的项目内容往往更明确、更具体，数量更有限。在制度议程中，为了方便决策机构审慎考虑，需要对问题各个方面进行详细识别。市议会为了促进公立学校教育而考虑对地方税制进行改革，就属于这方面的一个例子。某项议题可能跳过系统议程阶段而直接进入制度议程。例如，国会每年都会审议许多社会重要性或关注度低的私法法案。不过，具有重要社会影响的议题，在未通过系统议程之前，是不太可能直接进入政府议程的。

正式议程的内容

正式议程的项目可以分为两种主要类型：旧项目与新项目。旧项目是那些有现成行动方案的项目。除特殊情况以外（例如，所讨论的议题不是工人的工资应该上涨5%还是上涨10%,而是应不应该上涨),在大多数情况下,旧项目的行动方案都是事先确定的。

在旧项目的一般标题之下,存在两种议程内容:经常性项目与周期性项目。经常性项目(habitual items)是指那些需要经常提起审议的项目。联邦预算中的人力成本或部门份额划分之类的预算项目,就属于经常性项目范围。

周期性项目(recurrent items)是指那些周期性发生但间隔时间不固定的项目。基于效率或节约或两者的考虑而实施的政府重组或政府调整、立法机构的规则变革(如参议院中利用冗长发言故意阻挠议案通过)、国会改革、关税调整、税收改革、社会保障的标准提高或范围扩大等,都属于这类例子。

至于第二种主要类型,即新项目,则是指内容没有事先确定,但其解释或发展具有灵活性的项目。它的第一种子类是自发性议题,即随关键决策者在特定情境下的行为或反应而自动出现或必然出现的议题。对国家经济或军事实力有实质性影响的公共雇员或重要行业工人罢工、朝鲜战争期间杜鲁门政府的钢铁危机、外交政策危机(例如朝鲜、古巴和多米尼加共和国)和外交政策创新(如美国加入联合国、禁止核试验协定、核不扩散条约等),属于这种这类议题。

新项目的另一种子类是引导性项目(channeled items),即由大众动员或重要公共团体(如工会)活动所引导而进入正式议程的项目。20世纪60年代的公民权利议题和枪支管制议题,属于由大众动员所引导的项目;《塔夫脱-哈特利法》的废止和土地轮耕计划,则属于受重要公共团体支持而引导的项目。

议题不是静态的,或始终限于一种类型。在任何时候,它都可能被重新定义。越南政策就属于动态议题的例子。20世纪50年代末,当艾森豪威尔总统承诺派遣数百名军事顾问到越南时,该议题起初属于自发性项目;在肯尼迪总统和约翰逊总统时期,随着军事承诺不断扩大,该议题变成了周期性项目;1963年之前,该议题的讨论周期相当明显。这种情况一直持续到反战人士提出美国军事干涉越南的合法性问题;和平集团的激活将该议题变成了引导性项目;和平集团对越南问题的持续关注,最终导致它成为1968年总统大选的主要政策议题。

制度议程的形式

正式议程的外在形式可见诸于权威性决策机构,如立法机关、最高法院或管制机构的日程表中。① 除非某一项目出现在这样的议事日程中,否则就不能认为它属于议程项目。议程的组成随时间而变化。尽管如此,进入政策议程的绝大多数内容,属于经常性项目与周期性项目。这些项目往往容易得到决策者的优先考虑,因为决策者总觉得自己的时间有限,而日程太满。且由于自发性项目优先于引导性项目,因此,新议题进入政策议程是相当困难的。在决策者看来,老问题应当获得更多的关注,原因在于这些问题的持续存在以及官员们对它们的熟悉程度更高。

接近制度看门人的不同途径

正式议程的内容从一个侧面反映出政治体系中的结构和制度偏见。这些偏见源于个体或团体之间的资源分配差异,及其相应的制度通道差异。在进入正式议程之前,议题必须至少得到某些关键决策者的支持。这些关键决策者构成了正式议程的最终守护者。

政治领导人并非仅仅作为议题争议的中立仲裁者而存在,他们还是议程确立的积极参与者。正如鲍尔、普尔和德克斯特所指出的那样:

> 国会不是一个被动的机构,仅仅迫于社会压力而表达它所看到的社会观点。相反,国会是一个发起和制造政治议题并将自己置身于全民辩论的主要机构。它在这方面的表现仅次于总统。②

如果政治领导人想发起一个议题,并将之置于在正式议程竞争中的有利地位,他们完全可以利用自己的有利位置来吸引媒体关注。由于这些人在相当程度上直接控制了进入正式议程的通道,并在选择大量涌现的议题方面拥有相当程度的自由,他们可以要求其他决策者认真考虑他们所关注的议题,作为回报,他们也会对其他决策者认为的重要议题加以认真考虑。

于是,我们不难理解,为什么说对于政治集团来说接近关键决策者有多么重要。正如一位评论家所说:

---

① 立法机关和最高法院的日程表通常提供了预先确定的议程。不过,在大多数立法机关中,存在着某些程序,根据这些程序,应决策者的要求,项目可以不经过议程规定的标准程序而被允许直接进入议事日程。例如,在国会中,这种程序涉及不公开议程。这种议程不在本文分析之列。我们的分析关注的是那些公开议程,透过这些议程,人们可以找到大多数公共输入的议题。

② Raymond Bauer, Ithiel Pool and Lewis Dexter, *American Business and Public Policy* (New York: Atherton Press, 1963), p.478.

增加和改进接近政治领导人的通道是所有政治集团的共同策略,并往往导致政治集团努力将其他竞争性集团从同一通道中排除出去或努力建立新的独占性的决策通道。①

一些集团比另一些集团更容易接近决策通道,因而也更有可能将自己的要求塞入政策议程之中。

决策通道的差异源于多种因素的影响。首先,决策者可能对特定的集团心存感念,或自认为属于该集团的成员。其次,某些集团比其他集团拥有更多的资源或更善于动员他们的资源。第三,某些集团在社会结构或经济结构中的战略地位如此重要,以至于政府无法忽视他们的利益(如大企业和农业)。第四,某些集团(如医生、律师和宗教领袖)比其他集团拥有更高的社会声望,因而能够控制更多的决策通道。结果是,在提出新主张时,某些集团比其他集团更有可能吸引到决策者的注意力。与许多集团相比,农业集团在实现利益方面拥有天然优势,因为许多决策者自认为属于农业集团,以及因为农业在美国经济中占有关键地位。

不同层级的政府或不同的政府部门对于同一集团的反应也是不同的。全国有色人种促进会刚开始推行其主张时,将焦点放在国会和总统上,但没有得到支持。不过,当该集团通过一系列的人权诉讼案而将焦点转移到司法机关时,却发现自己可以更有效地获得决策者的支持。因此,不同的响应不仅与不同的集团有关,而且与诉求的政府机构的类型有关。

在将议题转化为议程项目方面,政党也扮演着重要角色。② 为了稳定政治支持,政党常常会挑选社会大众普遍关注的议题作为自己的政治诉求。这些议题会以相当笼统和含糊的方式象征性地出现在政党纲领中。不过,杜鲁门注意到:

> 起草政党纲领的重要意义主要在于,纲领的磋商过程提供了将各利益集团发展为全国性政党组织的便利。……利益集团的领导人知道,他们所关注的议题,……在未来才能得到真正解决。在党纲中,他们试探性地寻求解决问题的确定发言权。为了使这种确定发言权最大化,各政治利益集团往往会在两大政党的纲领中寻求认可。③

---

① David Truman, *The Governmental Process* (New York: Knopf, 1964), p.264.
② 可参见:Everett C. Ladd, Jr., *American Political Parties* (New York: W. W. Norton and Company, 1970).
③ Truman, op. cit., p.285.

当然,获得政党纲领的认可,至少表示该议题已经进入了政治辩论的系统议程。①

媒体在将议题上升到系统议程以及增加这些议题进入正式议程的机会方面同样扮演重要角色。作为舆论领袖,媒体名流可以吸引公众对特定议题的关注。个人在政治辩论中拥有大量观众的例子包括沃尔特·李普曼(Walter Lippmann)、杰克·安德森(Jack Anderson)和杜·皮尔逊(Drew Pearson)。通过不断地在新闻节目中露面而拥有固定观众的个人也有能力推销其议题。拉尔夫·纳德(Ralph Nader)就是一个最好的例子,通过与各种不良商业行为的长期斗争,他在美国民众中拥有相当多的支持者。

合法性差异

多数观察者承认决策通道的分配存在不平等现象,与此同时,他们却强调,不同层级的政府以及不同的政府部门所提供的多样化决策通道,可以导致产生一种普遍联系的净效应。更为重要的是,根据推测,只要不平等的存在是散布的(也就是说,在某一领域中拥有优势资源的集团,在其他领域中不一定拥有相似的资源优势),则任何集团都在某些方面具有政治影响力。然而,这种主张忽略了合法性差异与社会类别之间的相对稳定性。决策通道分配的差异是集团之间相对合法性差异的函数。举例来说,商人集团提出改善通往中心商业区交通的建议,而少数民族聚居区的居民则提出发展大众交通系统的相反建议,两相比较,前者更有可能受到决策者的关注。

对于新组建的集团来说,它所面临的问题,与其说是如何合法化某一具体建议,不如说是如何合法化集团本身及其所代表的利益。集团成员社会地位与身份的提高,可以明显改善集团的合法性。换言之,与高收入的竞争对手相比,缺乏资源的人们(如低收入集团)更难以获得合法性。例如,反战运动最初是由传统上缺乏政治地位的学生集团发起,所获得的公众支持很少,直到更具社会重要性的个人和集团(如商业集团、军界领袖、律师和参议员)加入其阵营,情况才发生改变。

---

① 两大政党政纲的重要区别,预示着全国性系统议程的重大改变。这种改变可能会经由基(Key)所说的"关键性选举"而实现。当然,关键性选举或再结盟选举也可能意味着系统议程的重大改变。参见:V. O. Key, *Politics, Parties and Pressure Groups*, 5th ed. (New York: Thomas Crowell Company, 1964), pp. 520—536。

议程进入的系统限制

即便某一议题是由具有合法性的集团所提出,考虑到有关政府合法行为边界的文化限制,该议题能否进入正式议程仍然是一个问题。任何制度议程都会受到限制,这种限制来自于关于政府行为适当性的主流观念。例如,对教育的联邦资助,长期以来被很多人认为不属于联邦政府的适当行为范围,这一事实导致了联邦政府拒绝对这一议题的价值进行积极和认真的考虑,时间长达数十年之久。对于那些被认为超出了政府适当行为范围的议题来说,合法化难题的解决,往往需要花费很长的时间。这一现象所造成的净效应是,越是处于劣势或资源贫乏的集团所提出的新主张,越是不太可能受到人们的关注,无论是系统议程阶段还是制度议程阶段,同样如此。

14

生态沉浮:议题关注的周期(1972)①

安东尼·唐斯

在美国,公众很少将注意力长期集中于某一国内议题,哪怕这样的议题与持续存在的具有重要社会价值的问题有关。相反,对于最重要的国内问题而言,公众态度和行为似乎受到系统化的"议题关注周期"的强烈影响。这些问题往往突然跳入人们的视线焦点,在那儿维持一个短暂时间,然后从公众视线的焦点位置逐渐淡出——尽管问题在很多时候仍然未获解决。研究这种周期式的活动方式,有助于我们洞悉,公众对于某一议题的关注是否可以产生足够的政治压力以迫使政府对问题作出有效的改变。

美国公民对于环境品质改善的态度之形成,既提供了一个用以说明这种"议题关注周期"的现实例子,也提供了用以检验这种周期有效性的潜在机会。在过去的若干年中,美国人民对于环境品质的兴趣普遍高涨。公众态度在这方面的变化远远胜于环境本身所发生的变化。公众的注意力何以发生

---

① 原文出自:Anthony Downs, "Up and Down with Ecology: The 'Issue Attention Cycle'", *The Public Interest*, No. 28 (Summer 1972) pp.38—50。

此种变化？环境议题为何突然被置于国内政策中如此优先的地位？美国公众对生态问题的这种高度关注将维持多长时间？我相信，从"议题关注周期"的分析中，我们可以获得这些问题的答案。

"议题关注周期"的动态特征

美国公众对于国内生活中大多数"危机"的感知，与其说是反映了真实情况的变化，不如说是反映了人们对于重要议题兴趣涨落的系统化周期波动。这种"议题关注周期"，既源于特定的国内问题的本质属性，也源于主要沟通媒体与公众之间的互动方式。它可以分为五个阶段，其中每个阶段的持续时间因议题不同而各异，但发生顺序大致如此：

（1）**前问题阶段**。这一阶段普遍存在于如下状态：某些极不可欲的社会状况已经存在，尽管某些专业人士或利益集团对此已经发出警告，但尚未引起公众的普遍关注。事情常常如此，在前问题阶段，与问题有关的客观状态远比问题受到公众关注时的状态更为严重。例如，美国的种族问题、贫困问题和营养失调的问题都是如此。

（2）**问题惊现与热情高涨阶段**。由于某些戏剧化的系列事件（如1965—1967年美国一些城市黑人聚居区的骚乱事件）或其他原因，公众突然之间意识到特定问题的邪恶面并为之惊恐。伴随着问题惊现而至的，是对于"解决问题"的社会能力或在相对较短的时间内"采取行之有效措施"的热情高涨。迫于社会公众的压力，美国政治领导人往往声称，任何问题都是可以解决的。美国民众对于焦点问题的警觉和信心，部分地源于政治领导人的此种态度。这种态度根植于美国人一种伟大传统——将社会进步的大多数障碍视为自身社会结构的外在物。它隐含的意思是，只要我们付出足够的努力，无需对社会自身进行重新调整，任何障碍都是可以克服的，任何问题都是可以解决的。在更古老或许也更明智的文化中，存在着一种佯装无知（irony）甚或悲观主义的潜在意识。这种意识会从一种被广泛接受且往往根深蒂固的信念——即许多问题从根本上讲是不可解决的——中突然冒出来。直到最近，这种较悲观主义的观点才开始在美国文化中慢慢形成。

（3）**困难与成本认知阶段**。在第三阶段，人们越来越普遍地意识到，"解决"问题确实需要耗费高昂的成本。真正采取某些行之有效的措施,不仅需要花费大量的金钱,而且需要社会中一大批人作出重大牺牲。公众于是开始意识到,问题部分地源于那种给某些人(常常是数以百万计的人)提供着重大利益的社会安排。例如,交通拥堵以及大量的烟雾是由于汽车使用的增加所致。尽管如此,尚有数以百万计的美国人,为了方便出行,正计划购买更多的汽车。

在某些情况下,技术进步可以消除问题的某些不良后果,而无需对社会结构作重大调整或使其他人的既得利益受损(更高的经济成本除外)。在美国的乐观主义传统中,这种技术解决方法最初被认为可能适用于所有问题。不幸的是,美国社会中最紧迫的问题,往往涉及社会中某些群体对其他群体有意或无意的剥削,或者涉及社会某一群体有意或无意地阻止其他群体享有他们企图独享的东西。例如,大多数的中上阶层白人就很看重与穷人和黑人的地理区隔。于是,郊区生活好处对穷人和黑人的任何机会平等化,都不得不以牺牲中产阶级白人的某些隔离"好处"为代价。对问题与"解决办法"之间这种关系的不断觉醒,构成了第三阶段的关键内容。

(4) **热情逐渐消退阶段**。前一阶段几乎是不知不觉地转入了第四阶段:公众对问题的关注程度逐渐衰减。当越来越多的人意识到,问题的解决何其困难,他们所需付出的代价何其高昂,三种反应就会随之产生。一些人备感气馁;一些人不敢直面问题,他们努力克制自己不去想这些问题;还有的人则对议题感到厌烦。大多数人的体验则混杂着这些感受。于是,公众对这些议题的关注热情逐渐消退。这时,其他议题往往开始进入第二阶段,并对公众注意力提出了更新颖也更有力的要求。

(5) **后问题阶段**。在最后阶段,淡出公众视线焦点后的议题进入一种长期不稳定状态——一种不太受人关注或公众的兴趣处于间歇性复发的衰落状态。尽管如此,与"前问题"阶段相比,此时,议题与公众注意力之间的关系变得不同。在此期间,公众对问题已经表现出高度兴趣,为了协助该问题的解决,新的建制单位、计划和政策可能已经创设。尽管公众注意力已经转向其他议题,但这些建制单位、计划和政策很可能继续存在,并对之发挥影响。举例来说,在"反贫困运动"的早期阶段成立了经济机会局(Office of Economic Opportunity;OEO),且该机构发起了许多新的计划。虽然作为中心议题的贫困问题在相当程度上已被淡化,政府的实际投入也远远没有达到贫困问题根本性缓解所需的水平,但这些计划中有许多已经取得重大成功。

曾经一度被提升为全国性显著地位的重大问题,也可能间歇性地重获公众关注,它的某些重要部分可能被附于那些随后占据中心舞台的其他问题之上。因此,与尚处于前惊现阶段的问题相比,那些经历过议题关注周期的问题,几乎总是能够获得高于平均水平的社会关注、公众尝试与普遍焦虑。

哪些问题可能经历议题关注周期?

不是所有重要社会问题,都有幸经历"议题关注周期"。那些经历过这一周期的问题,在相当程度上普遍具有以下三个特征。首先,社会多数人受该问题的折磨程度远远不及少数人(数量上的少数,但不一定是种族上的少数)受折磨的程度。在当今的美国社会,许多紧迫的社会问题就属于这种类型,如贫困问题、种族问题、公共交通设施不良的问题、教育品质不高的问题、犯罪问题、吸毒问题、失业问题等等。遭受上述社会问题折磨的人数在绝对数上是相当大的,达到数以百万计;但相对数却很小,通常不及总人口比重的15%。因而,大多数人并没有直接遭受这类问题的严重折磨,以至于整天都惦记着这些问题。

其次,人们从问题中所遭受的折磨,源于某种社会安排,这种社会安排给人口中的少数或有权有势的少数提供了重要的利益。举例来说,拥有汽车的美国人,加上汽车行业和高速公路行业强有力的游说集团,就从禁止使用燃油税收入向公共交通系统提供财政支持的规定中获得了短期利益,而市区的穷人迫切需要这样的公共交通系统。

第三,问题在本质上不具有或不再具有让人兴奋的特征。当美国大城市种族骚乱画面每天晚上出现在这个国家的电视屏幕上时,公众的注意力自然会集中在这些骚乱的原因和结果上。不过,当这些画面不再出现(或至少媒体的播报频率不那么高)时,公众对于此类问题的兴趣就会急剧衰减。同样,只要国家航空与宇航局(NASA)有能力实施一系列更激动人心的航天发射活动,只要美国人在月球上漫步的壮观场面频频出现在全世界的电视屏幕上,就会有足够多的公众支持国会维持对航空与宇航局的高水平拨款。但航空与宇航局没有了激动人心的发射计划,同等技术水平的发射活动的重复出现,导致公众的兴奋度越来越低(尽管第三次发射时险些酿成的灾难确曾一度唤醒了公众的兴趣)。于是,国会对航空与宇航局的拨款额度也就直线下滑。

如欲维持公众的兴趣,问题必须富于戏剧性、使人兴奋,因为新闻在很大程度上被很多美国人(包括世界其他地方的人)当作娱乐形式来"消费"。正因为如此,它必须与其他的娱乐形式相互竞争以获取观众的时间。每天,为了争夺相当有限的新闻版面和电视观看时间,这种竞争是非常激烈的。每一项议题不仅需要与其他社会问题和公共事件相竞争,而且还要与大量的、且往往更具娱乐性的"非新闻"节目相竞争。这些节目包括体育新闻、天气预报、拼字游戏、时装发布会、喜剧片和生活占星术等。事实上,从体育报道与国际事件在电视时间和报纸版面中的各自占有量中,我们可以获得公众对于了解这两类主题相对偏好的最好解释。

对于已经获得了公众某种程度关注的问题而言,如果以上三个条件皆具有,那么它在不久的将来经历整个"议题关注周期"的可能性就很大——当然随后它也会逐渐从中心舞台上淡出。第一个条件意味着,大多数人并非因为自己深受其害才不断想起该问题。第二个条件意味着,问题的解决需要持续的关注与努力,以及社会制度或行为的根本性改变,它反过来也意味着,解决问题的重大尝试将对社会中的重要利益集团构成威胁。第三个条件意味着,媒体对该问题的持续关注很快会使大多数公众对之感到厌倦。一旦媒体意识到,它们对该问题的强调可能威胁到许多人的耐心,甚至令他们感到厌倦,这些媒体就会将关注的焦点转向某个"新"问题。在美国,这种情况尤其可能发生,因为,几乎所有媒体都以营利为目的,它们必须努力吸引尽可能多的观众以谋取利润。因此,正如马歇尔·麦克卢汉(Marshall McLuhan)所指出的那样,很大程度上是观众自己——美国公众——以维持或失去对特定主题感兴趣的方式在"操控新闻"。只要这种互动模式继续存在,我们将不得不继续面对与特定社会问题相关的"危机"流现象——某一议题进入公众视野,在中心舞台上占据一段时间,然后逐渐从公众的视线中淡出;与此同时,更时髦的议题进入"危机"阶段,并替代前一议题的地位。

环境议题的兴起

公众对于环境品质问题的兴趣,目前(1972年)看来尚处于"议题关注周期"的中间阶段。越来越多的人逐渐意识到,清洁我们的空气和水以及保护和恢复城市空地,需要耗费巨大的社会与财政成本。于是,对于环境品质能够得到迅速而明显改善,很多人的热情正在消退。尽管如此,仍有大量的公众对此感兴趣,因此还不能说该议题已经处于"后问题阶段"。事实上,正如后文将要分析到的那样,与那些仅对人口中较少部分产生影响的社会问题相比,人们对于环境议题的较高兴趣可能维持更长的时间。在对环境议题的未来前景作出评估之前,我们有必要先分析一下它是如何通过"议题关注周期"的早期阶段的。

导致环境议题引起普遍关注的最明显原因,是环境中容易感知的某些状况最近发生的恶化。整个症状类别的排列包括:城市烟雾无所不在、固体废物不断扩散、海洋油料泄漏、DDT 和其他农药造成水资源污染加重、许多野生物种濒临灭绝、从市郊高速路到国家公园的大量基础设施过分拥挤,等等。无数市民观察到这些日益恶化的环境状况,他们坚信,应当"采取一些行之有效的措施"以处理该问题。但是,"采取一些行之有效的措施"以减轻环境恶化,并不是一件容易的事情。因为,很多的环境问题是由发展所造成的,而发展正是大多数美国人高度重视的事情。

充裕的物质产品的生产与消费是造成环境重大污染的真正原因。举例来说,电力生产,如果基于矿物燃料,会产生烟尘和空气污染,或者如果基于核燃料,则会导致水温升高。毕竟,作为本世纪美国人民生活水平提高的关键性基础,电能的消耗每隔十年就会翻一番。所以,污染加重是我们更好地享受电能的巨大好处时必须付出的代价。同样,垃圾对风景的破坏甚至连最偏僻之处也难以幸免,而很多的垃圾正是源于使用"一次性包装"的方便。因此,将环境污染视为纯粹的外部消极因素,这种看法忽略了它与大多数公民所享受的物质利益之间的直接联系。

导致环境污染加重的另一个值得肯定的发展因素,是我所称的特权的民主化。现在,越来越多的美国人有能力参与某些以前只有少数有钱人才能参与的活动。"旧时王谢堂前燕,飞入寻常百姓家",面对这种局面,少数有钱人中的某些成员被激怒了。特权民主化最常见的衍生物就是拥堵。例如,高速路的日益拥堵,几乎无处不受到公开指责,但它的主要原因则是汽车的迅速普及。20 世纪 50 年代,大约 59% 的家庭至少拥有一辆汽车,其中 7% 的家庭拥有两部或两部以上汽车。到 1968 年时,至少拥有一部汽车的家庭比例上升到 79%,其中 26% 的家庭拥有两部或两部以上汽车。在从 1960 年至 1970 年的 10 年间,登记汽车总量增长了 35,000,000(或 47%),与此相对照,人口增长为 23,000,000(或仅为 13%)。更为重要的是,据估计,机动车使用对空气污染的贡献率接近60%。因此,造成空气中烟雾大量增加的主要原因,不在于人口的增长,而在于汽车所有权的民主化。

特权民主化,同样导致了国家公园的拥挤,导致了郊区住房密度的增加,导致了以往风景如画的农场和果园的日益小块化,导致了怀基基海滩(Waikiki Beach)之类一度安静的休闲胜地如今变得高楼林立。现在,富人们已经很难找到一个安静的偏僻之处以逃避城市的喧闹,因为有太多的人付得起与他们同行的路费。**精英的环境恶化,往往意味着普通人的生活水准的提高。**

热情的高涨

导致环境品质更受关注的另一个因素,是我们对于环境应当是什么样子有了更高的期望值和衡量标准。在我看来,美国人对于"系统"不满意度的增长,并非主要源于系统本身的表现不佳;相反,它主要源于人们对于系统表现的期望值的急剧提高。这种现象中最令人印象深刻的是有关环境品质的例子。一百年前,白种美国人毫无顾虑地消灭了整个印第安部落。今天,许多美国公民煞有介事地从鸣鹤、大灰狼和其他珍稀物种的潜在灭绝中寻找重要的政策议题。与此同时,每年仍有数以千计的巴西印第安人在遭受杀戮,但美国的自然资源保护主义者对这种人类大屠杀却充耳不闻。同样,一些唯美主义者对都市电视信号干扰区的"飞速扩张"横加谴责,同时却无视数英里以外大片住宅区里老鼠滋生的现象存在。由此看来,我们对于环境期望值的增长比想象中的更具选择性。

不过,就许多的污染形式而言,我们现在感到闹心的,在很大程度上恰恰是我们在过去几十年中一直忽略的做法和情况。一个突出的例子就是有关向河流和湖泊倾倒工业废料和废水的警告。我们在提高人民生活水准方面的成功,以及媒体最近的强调,刺激了某种普遍文化现象的出现。我们在环境期望值方面的这种增长,属于这种文化现象的组成部分。导致人们对于环境污染的兴趣剧增的另一个原因,是一些杞人忧天者在这一主题上的花言巧语的"爆发"。根据一些知名专家的说法,地球上的所有生命都受到"环境危机"的威胁。一些人甚至断言,如果我们不对当前的行为模式作出某些重大调整,人类的生命将三十年内终结。

事情真的这么糟糕吗?坦白地讲,我不是生态学专家,没有把握知道那么详细。但我对那些杞人忧天的观点是持怀疑态度的,因为与许多所谓社会

"危机"的预测一样,以往很多关于世界末日和人类大劫难的预言都是错误的。对于"危机"而言,存在两种合理的定义。第一种危机的定义包含一种急剧恶化的状态,这种状态在未来的某个时刻会导致某种灾难性事件的发生。第二种危机的定义包含一种相对缓慢恶化的状态,这种状态最终将导致它越过某种微妙的"临界点"(point of no-return)。眼下,我不认为哪一种定义适用于美国的大多数国内问题。根据大多数的福利指标,美国"系统"实际上相当好地满足了大多数民众的需求,尽管许多社会批评家不愿意承认这一点。从实际收入、个人流动性、消费模式的多样化选择、寿命、健康、闲暇时间以及住房质量等角度考虑,与过去相比,今天绝大多数美国人的生活水平都有所提高,与大多数的其他国民相比,更是高出许多。没有得到改善的是社会的表现与大多数人民——或至少是那些最有话语权的少数人——对社会表现的期望之间的差距。我们对于社会期望的热情与水准在迅速地提升,其提升的速度远远快于社会系统的利益产出的增长速度。因此,虽然今天大多数的美国人,包括大多数的穷人,得到的越来越多,但享受的却越来越少。

不能将这一结论与某些超级爱国者的沾沾自喜相混淆。拒绝承认美国人生活中的那些重要的消极趋势,是不切实际的。对于几乎所有的人来说,某些状况确实越来越糟。这样的例子包括空气质量和免于偷窃的自由。更为重要的是,如果得不到有效制止,人满为患和环境恶化可能会对某些珍贵的休闲胜地造成永久性的破坏。最为重要的是,最近几年可能出现了一种个人与社会焦虑心态普遍增长的趋势。我认为,这应当归因于技术与社会变革速度的加快所导致的人们工作与生活紧张程度的增加,以及通过媒体而实现的世界范围的沟通的增加。这些发展无疑导致了无数美国人严肃而认真地思考他们之间的利害关系。

环境议题的前景

环境议题的关注,已经经过了"议题关注周期"五个阶段中的前两个阶段,目前处于第三阶段。事实上,我们已经开始朝第四阶段迈进,在这一阶段,公众对于环境改善的关注热情必然会无情地消退。这给我们提出了一个有趣的问题:有关环境品质的议题是否会继续发展并最终进入"后问题阶段"?

我的回答是:当然会进入"后问题阶段",但不是很快进入,因为这一议题的某些特征可以防止它如最近的其他议题那样很快失去公众的热情。首先，与大多数的其他社会问题相比，很多种类的环境污染更具可观察性，更具威胁性。比如，空气污染就是如此。污染的形式越是可观察，它对人类的威胁越明显，人们对这些污染及其威胁的描述越生动，环境改善议题获得的公众支持就越多，公众兴趣维持的时间也就越长。一场"致命烟雾"可以在几天时间内使数以千计的人窒息而死。具有讽刺意味的是，一场像"致命烟雾"这样的环境灾难的发生，因此而受益的恰恰是生态学家。事实上，这并不是什么新鲜事物。早期基督教团体反对黑豹党人（Black Panthers）的每一条理由都受益于殉道者。如果不断地重复，即便最强有力的附和也会失去其影响。一只浑身浸透油污的海鸥或者一名阵亡的士兵，这样的凄惨画面，看上十几遍之后，也会显得苍白无力。何况还有一些最严重的环境威胁来自于那些不可观察的污染形式。于是，由于我们倾向于将注意力集中在那些最明显的环境威胁上，这导致我们只注意清理那些容易感知的污染，而忽略那些更危险但却更隐秘性的环境威胁。

污染问题之所以能够持续吸引公众眼球，还因为它的威胁范围几乎涉及每一个人，而非仅仅人口中的一小部分。由于这样的议题不会产生政治分化，因此，政客们尽可放心地追求这样的政策目标，而不必担心出现敌对反应。与向种族主义或贫困问题开战相比，向环境污染开战要安全得多。因为向种族主义或贫困问题开战，会激起重要选民集团的敌对态度，这些选民集团要么从其他人的痛苦中获得了益处，要么至少他们受这类痛苦的威胁程度不足以让他们支持政府耗费巨资来减轻这种痛苦。

环境议题的第三个优势是，人们可以把对污染的很多"责难"归于一小群的"恶人"，这些人因他们的财富和能力而成为最好不过的替罪羊。环境议题的辩护者因而可以"勇敢地"攻击这些替罪羊，而不必担心大多数市民的敌视。更为重要的是，至少对于空气污染而言，如果这一小群人真的作出努力，他们确实有足够的能力大大地缓解污染问题。如果全国主要的汽车生产、电力生产和燃料供应厂商的领导人对其行为作出重大改变，空气污染程度的显著降低是可以很快实现的。许多地方已经提供了这样的例子。

正如拉尔夫·纳德的成功所表明的那样，如果可以将问题的责任怪罪于一小群"公共敌人"的头上，那么获得攻击该问题的支持力量往往比较容易。如果这些"敌人"还显示出超常的财富与能力、古怪的衣着与举止、极不雅观的言语或其他一些非大众化的特征，这种战术的效果更是特别有效。社会因此可以将愤怒倾泻于这一小群的异端分子，而无需勇敢地面对自身行为的改变。与贫困、贫民窟或种族主义等重要社会问题相比,为各种污染问题寻找替罪羊是一件相对容易的事情。前一类问题的解决,要求无数的美国人改变他们的行为模式,或接受更高的税收,或两者皆备。

大部分的污染问题可以通过技术性的方法予以解决,这种可能性的存在也会延长公众对该议题的关注时间。技术变革可以减低污染,在这样的范围内,大多数公民的基本态度、期望和行为模式将不会作出改变。通过发挥汽车发动机、水净化装置、混合燃料和污水处理设施等纯技术改进方面的"魔力"作用,人们可以进而回避主要制度变革方面的创伤性难题。

反污染的资金筹措

通过更高的产品价格而非更高的税收,可以将反污染成本转嫁于公众身上,这是反污染努力比较容易获得政治支持的另一方面原因。通过税收来筹措所需资金,这是政客们在推行许多政策时不得不付出的高昂的政治代价。对于反污染政策而言,政客们无需冒这种政治风险,因为他们可以要求厂家执行高成本的环境质量标准。水污染主要是由公共实体,特别是市政排水系统的行为造成的,因此,这种污染形式的有效补救确实需要实行更高的税收,或至少是更高的公共服务价格。不过,对于大多数类型的污染治理而言,可以将其主要成本转移到产品价格上,并进而转嫁到最终消费者身上。这是一种从政治上攻击重要社会问题的无痛方式。相对而言,大多数社会问题的有效克服,需要进行广泛的收入再分配,这种再分配只能通过增加税收和转移支付或提高补贴的方式来实施。贫困问题、贫民窟问题、穷人医疗保健质量低下的问题,以及公共交通设施不足的问题等都属于这种政治上代价高昂的问题。

许多生态学家反对以提高产品价格的方式为环境清洁买单。他们宁愿迫使污染企业降低利润以消解所需的成本。在很少的几个寡头垄断性行业,如石油和汽车生产行业,这种方式可能奏效。不过从长远的观点看,以这种方式消解总成本,不可避免地会迫使资本撤出相关行业,最终导致产品价格的上涨。进而言之,使用某一产品的用户,应当支付制造该产品的全部成本,也包括避免生产过程中产生不合理污染的成本,这才是正义所在。支付这种成本的最好方式就是更高的价格。依我个人的观点,为避免将负担转嫁于消费者身上而以政府补贴的方式来支付反污染成本,在大多数情况下,这是不明智的做法。我们有必要保存我们政治上有限的税收吸附能力以应对那些不能以其他方式来应对的问题。

环境议题将持续更长时间的另一个原因,是它可以催生出一个庞大的私营行业,这种行业对于持续增长的反污染事业具有强烈的投资兴趣。已经有很多带"生态"或"环境"字样的企业跃跃欲试地开拓这个据信尚处于萌芽状态的反污染市场。将来有一天,我们甚至可能产生一个"环境—工业联合体"。对此联合体,某位未来的总统可能会在他的告别演说中向我们发出徒劳的警告。如果可以将政治支持的资源和相关政府计划嵌入大型官僚机构的制度化结构中,那么,任何议题都可以获得长久的生命力,因为这样的问题有助于支持该组织的存在,组织于是也有着强烈的欲望去维持公众对这些问题的关注。尽管如此,反污染行业能不能在规模和能力上接近军工联合体,是值得怀疑的。脱离了整个社会,实际的反污染行动便不可能进行到底,因为这样的行动要求广大民众改变他们的行为方式。相对而言,武器可以由一个行业来生产,却并不强求普通民众在行为方式上作出改变(更高的税收除外)。

最后,与大多数国内议题相比,意义的不明确也有助于环境议题在中心舞台上维持更长的时间。"环境的改善"是一个范围极其广泛、内容无所不包的目标。每一个人几乎都可以似是而非地主张,他或她的特定动机是以另一种方式来提高我们的生活质量。环境议题的这种模糊性使它比较容易形成一种占多数规模的联盟,这个联盟将支持与环境改善有关的各种社会变革。在通常情况下,如果一项议题只对占少数规模的团体造成影响,而不能形成这样一种占多数规模的联盟,这会加速该议题从公众注意力中心消失的速度。

以上所列举的这些因素表明,整个客观情势异乎寻常地有利于我们发起和维持改善环境品质的重大努力。尽管如此,我们不能低估了美国民众对事情失去兴趣的"能力",尤其是那些没有对他们构成直接威胁,或向大多数人承诺了巨大利益,或强烈地诉诸于他们的不正义感的事情。我相信,对于任何议题而言,根据当前的国民情绪,大多数民众并不想面对重大社会变革的需要,除非这些议题如犯罪和其他的城市暴力一样,看上去对他们构成了直接威胁。即便是对于犯罪问题而言,公众也并不愿意真正支持对我们基本的法律制裁体系作实质性的变革。当局显然已经形成这样的观点,当前,一个相对"低姿态"的政府,亦即一个不试图引导公众接受真正重大的制度变革的政府,可以最大限度地取悦美国的多数民众。不管这种观点的准确度如何,只要它在联邦政府的范围内还占领着主要的舆论市场,任何重大的环境计划都不大可能获得公众的长久关注或支持。

环境改善议题的一些倡导者正在依赖学生和其他年轻人的支持以保持该议题处于公众关注的焦点位置。然而,这种支持并不适合作为长期的基础。对于任何政策而言,年轻人都是一种高度不稳定的支持基础,因为他们的"耐力"太有限。一则,他们在学习期间的大部分自由时间里过得并不轻松;二则,随着新的成员进入"年轻人"的行列,老的成员将离去,由于重视的问题发生了改变,学生们在汇集意见方面所积累的技能也随之消散。更为重要的是,媒体往往倾向于以极端主义的观点关注年轻人的行为,这导致年轻人的激进主义态度被过度夸张。实际上,就对待政治议题的态度而言,大多数年轻人与他们的父母并没有太大的分歧。

因此,有充分的理由相信,以"改善环境"为名称的议题集也将经历以"议题关注周期"的后两个阶段为特征的公众注意力的逐渐消退。不过,与最近的其他国内议题相比,它的衰退速度将慢得多。因此,如果那些寻求环境品质改善的人们抓紧时间的话,他们是有可能取得一些重大的环境改善的。

15

议程、备选方案与公共政策(1995)①

约翰·金登

议 程 设 置

政府议程如何设置?我们的回答集中于三种解释:问题、政治与可见的参与者。

问题

为什么是某些问题而不是其他问题最终引起了政府官员的关注?答案

---

① 原文出自:John W. Kingdon, *Agendas, Alternatives and Public Policies*, 2nd Edition. HarperCollins College Publishers, 1995。译文引自:《议程、备选方案与公共政策》,丁煌、方兴译,中国人民大学出版社2004年版,第249—263页。引用时作了修改。

既在于政府官员了解状况的途径,也在于将状况界定为问题的方式。关于途径和方式,我们前面讨论过指标、焦点事件和反馈。有时,系统的某些指标就可以表示某种状况的出现。指标可以用于评估该状况的重要程度(如某种疾病的发生率或某个项目的成本),也用于辨别某种状况所发生的变化。状况的重要程度之高和变化之大都会引起官员的关注。其次,某种焦点事件,如一场灾难、一次危机、一次个人体验或一种强有力的社会符号,会使人们将注意力更多地集中于某些状况而不是其他状况。但是,除非伴随而至的,是某种问题存在的可靠迹象,某种预先存在的感知,或者与其他相似事件的结合,否则这样的事件只具有短暂效应。第三,官员们是通过有关现有项目运行情况的正式反馈(如成本的例行监督或项目评估分析)或非正式反馈(如流入国会办公室的抱怨流)渠道来了解状况的。

状况与问题之间存在区别。我们每天都在忍受各种各样的状况,但这些状况并没有进入政策议程中的重要位置。只有当我们认为应当采取某些措施以改变状况时,状况才被界定为问题,并更有可能被提上政策议程。政府内部及其周围的人将状况界定为问题的方式有以下几种。首先,那些严重违背重要社会价值观的状况将被转化为问题。其次,通过与其他国家或相关单位的比较,状况可以转化为问题。第三,将一种状况归入某种类型而不是其他类型,可以使该状况被界定为这种问题或那种问题。例如,缺乏适合于残疾人的公共交通设施,既可以归类于交通问题,也可以归类于公民权问题,问题的归类不同,处理方式亦存在差别。

问题可以被提上政府议程,也可以从人们的视线中消失。问题为什么会消失呢?首先,政府可能处理这一问题,也可能不处理这一问题。要么由于已经采取了某些措施,要么由于人们遭受失败挫折而拒绝对一项失望的事业投入更多的时间,在这两种情况下,人们的注意力会转移到别的事情上。其次,使问题得以凸显的那些状况可能发生改变,如相关指标不升反降,或危机消失。第三,人们可能已经习惯了某种状况,或给某一问题贴上新的标签。第四,其他项目进入议程之中,并将那些处于议程中较重要地位的项目挤到一边。最后,人们对于事情的关注不可避免地存在一定周期。高增长率会趋于平稳,时尚总是来去匆匆。

问题识别对于议程设置至关重要。特定的建议或主题如果与某一重要问题相联系,那么它被提上议程的机会就会明显增加。有些问题被认为非常紧要,以至于它们自己就把议程建立起来。某一具体问题一旦被界定为紧要问题,完整的解决办法就比其他解决办法更受欢迎,而且,某些备选方案会备受关注,而其他备选方案则会淡出人们的视线。因此,政策企业家会投入相当多的资源以使官员们关注他们对问题的看法,并设法使官员们按照他们的方式看待问题。问题识别与界定对政策结果具有重要影响。

政治

关于议程显著程度高低的第二类解释,可以从政治流中找到。政治事件根据自己的动力学或规则前行,它们不受问题识别或政策建议发展的约束。政治参与者察觉到国民情绪的变动;选举导致新一届政府上台以及在国会中出现新的政党或意识形态分布;各种利益集团努力迫使(或未能迫使)政府接受其要求。

政治领域中的这种变化和发展,本身就构成了强有力的议程设置者。例如,当新一届政府强调它对问题的看法和建议时,当它将关注的焦点转向那些本来不太可能属于优先考虑的主题时,就会对整个议程作出调整。深度保守的国民情绪会抑制高成本的新动议受人们关注的程度,而更宽容的国民情绪则会给开支增长留有余地。来自强大的利益集团方阵的反对,会使政策制定者对某些动议的审慎考虑极为困难——不是不可能,但很困难。

政治流中的共识,更多的是通过讨价还价而非说服的方式而达成。在识别问题或决定某些政策建议时,政治流中的参与者主要是通过说服的方式进行。参与者对各种指标进行排列,并就某些状况是否应该被界定为问题而展开辩论,或就他们的建议是否能够满足技术可行性或价值可接受性等诸如此类的逻辑检验而争论不休,这个时候,他们是通过说服来建立共识。但是,在政治流中,参与者则是通过讨价还价的方式建立共识,即以条款换支持,通过给予民选官员一些他们所要求的特权将其纳入联盟,或者为了得到更广泛的支持而对某些理想立场作出妥协。

与有组织的利益集团相比,国民情绪与选举的结合构成了更有力的议程设置者。利益集团往往能够阻止他们不喜欢的建议受到关注,或者通过增加一些符合自己口味的因素而适应某个已处于政府议程中优先位置的项目。他们很少能够独自发起项目审议或建立议程。如果有组织的利益集团与国民情绪和民选政治家的结合物发生冲突,获胜的很可能是后者,至少就某一议程的设立而言,情况是这样。

可见的参与者

在第三类的解释中,我们需要对可见的参与者与潜在的参与者作出区分。可见参与者,亦即那些受到很大压力和受到公众关注的行动者,包括总统及其高级任命官员、重要的国会议员、媒体,以及政党和竞选者之类的与选举有关的行动者。相对而言,潜在参与者则包括学术专家、职业官僚及国会工作人员。我们发现,可见参与者影响议程,而潜在参与者则影响备选方案。因此,如果某一议题由可见参与者提出,那么它提上政府议程的机会就会增加;如果该议题受到这些人的忽视,那么它进入政府议程的机会就会减少。和政党领袖、主要专业委员会的主席之类的重要国会议员一样,行政当局——总统及其任命官——也是强有力的议程设置者。

至少就议程设置而言,与职业文官或政府以外的参与者相比,民选官员及其任命官的作用更重要。对于那些正在寻找民主政治有效运行证据的人们来说,这是一个令人鼓舞的结果。尽管这些民选官员未必能够完全左右备选方案的详细描述或决策方案的具体执行,但他们对于议程设置却发挥着相当重要的影响。在描述各种参与者在议程设置中的作用时,将民选官员置于顶端这种相对简化的自上而下模型,与现实很接近。

备选方案的描述

如何将公共政策的备选方案清单压缩到可实际认真考虑的有限数量?对此问题,有两种答案:(1)备选方案在政治流中产生并得到压缩;(2)让相对潜在的参与者,即特定政策领域的专家参与其中。

潜在参与者:专家

备选方案、政策建议和解决办法产生于专家共同体。相对潜在的参与者包括学者、研究人员、顾问、职业官僚、国会工作人员,以及为利益集团服务的分析人员。有的时候,他们的工作是在官僚机构或国会辅助机构的规划和评估办公室或预算办公室完成的。

这些相对潜在的参与者形成了各种组织松散的专家共同体。例如,卫生领域就存在这样的共同体,它包含了一些直接提供医疗保健和食品药品管制等更专业领域的亚共同体。有些共同体,如运输领域的共同体,是高度分裂的;而有些共同体则结合得更紧密些。每一个共同体都由分布于整个系统的人所组成,这些成员具有潜在的不同倾向和利益,不过,他们也有一个共同点,即他们对于特定政策领域的问题很专业、很熟悉。

各种想法随时会从这些共同体中冒出来。人们努力以各种方式提出建议,这些方式包括:通过演讲、议案说明、国会听证、向新闻界透露消息、发表论文、对话或午餐会。他们传播自己的想法,相互批评对方的观点,完善和修改自己的想法,并产生新的想法。有些想法很不错,有些则根本不可行。不过,很多很多的想法是可行的,并且会以某种方式在某个时候得到认真考虑。

政策流

最好把政策方案的产生看成类似于生物自然选择的过程。在我们所称的政策原汤中,通过相互碰撞、与新观点的交锋以及组合与再组合等方式,随时会有许多想法冒出来。政策的起源看上去常常显得有些模糊、难以预测、难以理解或难以建构。

尽管政策起源有些偶然,但政策选择却并非如此。通过施加某些标准,一些想法被保留下来,而另一些想法则被抛弃,这样一来,我们就可以从混乱中建立秩序,从随机中建立模式。这里所说的标准包括:技术可行性;与共同体成员的价值观相符;与包括预算约束、公众的可接受性和政治人物的受纳能力在内的未来约束条件相符等。如果不符合政策共同体的价值观,或成本超出预算限额,或遭到大众或某专业领域公众的反对,或在民选政治人物中找不到支持者,由于以上种种原因而被判定为不具可行性的政策建议,与那些符合上述标准的政策建议相比,其存活的可能性更小。在政策共同体的思考过程中,想法本身是最重要的。压力模型不可能对这一过程作出完全的描述。的确,政策建议在某种程度上可以根据对它的政治支持与反对加以评估,但是它们在某种程度上也可以根据逻辑或分析标准加以评估。

政策制定系统存在一种长期的温和化过程。政策企业家们不会拿他们最得意的政策建议去碰运气。相反,他们会努力以各种方式在多种论坛上征求意见和见解。在政策发展过程中,重组(即业已熟悉的各种因素的结合)比变异(即全新形式的出现)更重要。因此,作为人民与思想之间的中间人,政策企业家比政策发明家更重要。由于重组比发明更重要,因此,在"太阳底下没有新东西"存在的同时,显著的变革与创新仍有可能发生。尽管存在变革,但它所涉及的是对业已熟悉的各种因素的重组。

长期的温和化过程对于政策变革至关重要。如果政策建议在政策之窗打开前尚未经过这种长期酝酿过程的话,那么它们受到认真倾听的机会,亦即本书第8章所探讨过的政策之窗,就会很快过去并被错过。即便在短期内不能产生效果,形成和改善政策建议的工作也不是徒劳无益的。其实,政策建议是否在恰当的时候受到关注,这一点至关重要。

三流交汇与政策之窗

分离的问题流、政策流和政治流各有自己的流经路线。问题被识别与界定的过程,不同于政策发展和政治事件展开的方式。无论是否作为问题的解决办法和对政治考虑的回应,政策建议总是按照自己的诱因和选择标准在发展。无论是否与问题或政策建议有关,政治事件也总是按照自己的时间表和规则前行。

但是在某些时候上,这三种流会汇合在一起。例如,某个紧要问题受到关注,此时,作为解决方案的某项政策建议与该问题正好结合起来;或者,政治流中的某个事件,如行政机构改革,需要寻找不同的突破方向,这时,与该政治事件相符的政策建议,如与新政府的哲学相符合的动议,就会走到前台,并与时机成熟的政治气候结合在一起。与此相类似,合适的问题会受到重视,而其他问题则被忽视。

决策议程

完整的联结装置可以将问题流、政策流与政治流三流合一。新政策动议的倡导者,不仅会充分利用政治上的有利时机,而且会宣称他们的政策建议是紧迫问题的解决之道。同样,关注特定问题的政策企业家会从政策流中寻找适合其问题的解决方案,然后再努力利用某一时刻的政治受纳能力及时推出问题及其解决办法。在更多的时刻,三流汇合是不完整的:解决之道与问题汇合,但缺少合适的政治气候;政治流与政策流汇合,但缺少解决紧要问题的感受;政治流和问题流都要求采取适当的行动,但缺少值得倡导的可行方案。只有三种流的完全汇合,才能极大地改善机会,以将某一主题牢牢固定在决策议程上。

政府议程,即政府官员正在认真关注的主题,既可以从问题流或政治流中单独设置,也可以由可见参与者单独设置。例如,在没有解决办法的情况下,政府官员也可以对某一重要问题表示关注。甚或在既没有问题也没有解决办法的情况下,也可以从政治上强调某一主题的重要性。决策议程,是指进入等待立法通过或总统抉择之类权威决策位置的一组主题清单。决策议程的设置与政府议程的设置有所不同。如果问题流、政策流与政治流三流合一,那么某一项目进入决策议程的可能性就大大增加。相反,如果只是部分汇合,则该项目进入决策议程的可能性不大。例如,在不带解决办法时,问题进入权威决策位置的可能性就不如带解决方案时的可能性大。缺乏政治支持的建议进入决策位置的可能性，也小于那些获得政治支持的建议。

回到本书第 1 章提到过的案例研究，可以更清楚地说明这些观点。就放松航空管制而言，问题的了解、政策建议的发展和国民情绪的波动，在各自的流程中独自前行。从 20 世纪 60 年代末到 70 年代初，人们越来越相信，经济生活中大量存在的效率低下现象源于政府管制带来的负担。在经过一段时间的温和化过程后，放松管制的政策建议在学者和其他专家之中逐渐形成。这种温和化过程包括发表学术文章、提供证词、召开研讨会或举办其他论坛。70 年代，政客们察觉到国民情绪朝着越来越反感政府规模扩张和政府干预的方向变化。于是，三种因素几乎同时聚集在了一起。关键的变化在于，政策流中关于放松管制的学术观点与控制政府规模扩张的政治动机结合在一起，以及这两种因素与人们关于经济效率低下的问题确实存在且日益严重的感觉结合在一起。

水路交通的用户收费案例也可以说明类似的结合。关于用户收费方式的政策建议，在交通专家中间已经讨论了好几年。政治流中出现了一个可以接纳用户收费动议的行政当局。政策流与政治流的结合中又汇合了一个问题，这个问题就是在一个预算紧缩时期必须对像 26 号船闸和水坝这样的老旧设施进行维护或更换。于是，问题、政策和政治三股力量共同把水路交通用户收费议题推上了决策议程。

相比之下，卡特政府时期的国民健康保险计划就没有出现三流交汇的场景。反对者反驳说，很多最严重的问题正在通过医疗照顾计划、医疗补助计划和私人保险得到处理；支持者却坚持认为，医疗机会的获取方面确实存在问题。政治流中出现了一个民主党占多数的国会和一个对健康医疗保险动议持赞同态度的政府。有一段时间，进展似乎很明显。但是，政策流没有从随时冒出的诸多政策建议中选定一个精心设计的可行方案。预算约束本身也是一个严重的问题；而政客们对国民情绪的解读是人们对高成本的新动议可能持反对态度。两种因素皆证明，需要克服的困难实在太多。因此，这里的结合是不完备的。而且事实证明，国民健康保险计划被提上决策议程的时间非常短暂。随后，罗纳德·里根的当选决定了它的命运，至少在当时是这样。

某一个政策领域的成功有助于相邻政策领域的成功。例如，放松航空管制的政策一经通过，政府对待其他放松管制的政策建议的态度发生了一百八十度的大转弯，并且在很短的时间内又通过了好几个放松管制的政策。这种我们称之为外溢效应的现象之所以发生,是因为政客们意识到在相似领域中复制成功的模式可以带来回报;因为获胜的联盟会发生转移;因为倡议者可以从成功的先例中寻找理由。这种外溢效应也构成了极有力的议程设置者,它似乎具有所向披靡的力量,哪怕有强大的反对力量横刀立马。

政策之窗

一扇打开的政策之窗,是倡议者推出得意方案或促使人们关注特定问题的最佳时机。实际上,政府内外的倡议者将他们的建议和问题放在手边,随时等待这种机会的降临。例如,他们有了自己得意的方案,然后等着可以将方案附加其上的问题冒出来,或者等着可加以利用的政治流的发展。或者,他们等待可以将特定问题置于显要位置的类似机会的降临,如关注该问题的新一届政府的出现。这样的政府将为他们打开一扇政策之窗,使他们的问题更受人关注。

政策之窗可以由问题流中的事件打开,也可以由政治流中的事件打开。于是就有了问题之窗与政治之窗的区别。例如,一个新问题的出现,可以创造一个将解决办法附加其上的机会。或者,民选官员的轮换、国民情绪的波动或强大的院外集团游说等,诸如此类的政治流中的事件,可以创造机会,将某些问题和政策建议推上前台,并减少其他问题和建议受关注的机会。

有时候,政策之窗的打开具有相当的可预见性。例如,根据预先安排,立法将进入修改阶段,这给改变、扩大或废除特定计划创造了机会。有时候,政策之窗的打开出乎人们的意料。例如,一次空难事故或一次侥幸的选举会带来关键决策者的意外变动。不管是可预见的还是不可预见的,政策之窗的敞开既有限又稀少。机会可以降临,也会消失。政策之窗不会长期敞开。如果错过了一次机会,就只能等待下一次机会。

政策之窗敞开的机会稀少和时间短暂,对问题和建议产生了一种强大的磁力。当政策之窗打开时,问题和建议会蜂拥而至。对于关注特定问题的人们来说,敞开的政策之窗是他们处理或解决问题的良机。政策建议的倡导者则将政策之窗的敞开视为通过这些建议的最佳时机。于是,政策制定系统塞满了各种问题与建议。如果参与者愿意投入足够的资源,某些问题可以得到解决,某些议案可以获得通过,而另一些问题和建议则由于资源动员不足而悄然离开。

政策之窗的打开,为问题、建议和政治三者的完美结合提供了机会,并为三种因素的结合物进入决策议程创造了条件。其中,最关键的是解决方案与其他因素的结合。拥有得意方案的倡导者，密切关注可加以利用的政治流的发展，或努力将他们的解决方案与当时正浮现出来的问题相结合。一旦完成了建议与问题或政治的部分结合，他们就试图将三种因素完全结合起来，因为他们知道，只要完成了这个周期，其政策建议获得通过的机会就会大大改善。因此，他们努力将问题与解决方案的结合物与政治力量挂钩；或者将政策建议与政治动机的结合物与被感知的问题挂钩；或者将问题与政治的结合物与政策流中的某些建议挂钩。

政策企业家

政策企业家是那些愿意投入资源以换取所偏爱的未来政策的人。其动机来自于若干因素的结合：(他们)对特定问题的直接关注、对所在官僚机构的预算保护或预算增加或邀功求爵之类的私利追求、对自己的政策价值观的推崇以及从参与中所体验到的乐趣。我们已经在三个结合部遇到过这些政策企业家：将自己对特定问题的关注上升到议程中的优先位置；在政策系统的温和化过程中推销其得意方案；以及制造我们刚才讨论过的那些结合。我们可以在很多地方找到这些政策企业家：他们可能是民选官员、职业文官、院外集团的说客、学者或新闻工作者。在政策企业家团体中，没有哪一类的参与者处于支配性的地位。

政策企业家们对于那些能够渲染其问题重要性的指标总是强调有加，他们努力争取从某种角度而不是其他角度来界定问题。政策企业家们知道，焦点事件可以将某一主题推到议程中的更高位置，因此，他们努力制造政策制定者亲自关注某些问题或者散布某种能够使人联想到其问题的信号等诸如此类的东西。他们也能够激起当前政府绩效的某些反馈以影响政策议程。这些反馈包括：信件、抱怨以及对政府官员的造访。

就政策建议而言，政策企业家们支配着政策系统的温和化过程。他们撰写论文、提供证词、举办听证会、接受媒体采访，并没完没了地会见一些重要或不那么重要的人物。他们试探性地提出自己的想法，获得反映；根据反映修改建议，然后再将自己的想法提出。其目的在于使民众、专业化团体以及政策共同体本身趋于温和化。这一过程往往需要花费数年努力。

随着三种因素的结合，政策企业家会在政策之窗打开时再次出现。他们已经准备好自己得意的政策建议或对问题的看法，并在适当的时机把它们提出来。为了追求自己的目标，他们在政策制定系统中发挥着将解决办法与问题相联结、将问题与政治力量相联结、将政治力量与政策建议相联结的作用。前面所说的三流交汇,很大程度上依赖于适当的政策企业家在适当的时候的出现。在本书第 1 章讨论过的健康维护组织(HMOs)的案例研究中,保罗·埃尔伍德(Paul Ellwood)闪亮登场,将他的得意建议与医疗保健的成本问题,以及由尼克松政府寻求健康政策动议的政治受纳力结合在一起。问题流与政治流将政策之窗打开,埃尔伍德则巧妙地利用这个机会推出他的 HMO 建议,从而在这个过程中完成了三流交汇。

当政策之窗打开时,政策企业家的出现以及他们为了凸显自己的问题与建议而采取的更持久的行动,是我们的故事的主要内容。政策企业家将以下几种关键性资源带入冲突:要求举行听证的权利、政治联络与谈判的技巧,以及坚忍不拔持之以恒的品质。熟练的政策企业家的出现,可以大大改善项目挤进议程的机会;相反,如果没有政策企业家参与和推动这项事业,并在政策之窗打开时制造那种关键性的结合,该项目被提上议程的机会会大大减少。

结　语

在这一章中所讨论的思想中,存在几个重要的特性,将之作为结语来强调是很合适的。这些特性可以分为两种综合类别:本书所提出的过程模型与其他过程模型的区别,以及随机性与模式的关系。

其他观点

本书所提出的思想,与引起我们关注的诸多其他理论之间存在相当大的不同。例如,本书并不认为,事件是分阶段或按步骤发展的。相反,我们认为,各具生命、相互平行且同时流经系统的独立流,在政策之窗打开时交汇在一起。因此,参与者并不是先识别问题,然后寻找解决方案;实际上,解决方案的倡导往往先于问题的重视。也不是先建立议程,然后再提出备选方案;相反,备选方案必须在议程中的短暂机会出现之前很长一段时间就提出。在几项不同的案例研究中,事件并不必然按相似的顺序发展;相反,每一案例中的许多事件都是独自发生的,并在关键时刻结合在一起。

其他理论的观点也有真理的成分,它们确实能够描述这些过程中的某些部分,但它们也是不完备的。例如,压力模型确实能够描述政治流中的某些部分,但是,这些过程中的其他部分的思想和压力同样重要。议程项目也未必从范围更大的系统议程或公共议程开始,然后进入正式议程或政府议程。实际上,它们的流向往往刚好相反。正如本书第4章曾讨论过的那样,把重点放在起源上并不能给我们以很大的启发,因为思想无处不在,没有人可以垄断它的领导权或具有先见之明,而且追根溯源涉及无穷无尽的倒推。我们关注的是多因素结合的重要性,而不是单因素的起源;关注的是允许思想放飞的政治气候。在第4章中,我们同样把完全理性模型和渐进模型看成是不完整的。参与者有时确实很全面地逼近决策,很理性地作出决定,不过,大量的决策过程远没有这么整齐。渐进主义模型的确可以描述备选方案产生的缓慢过程,也常常能描述立法机构和官僚机构持续多年的小幅调整,但不能很好地描述议程的变化。因此,除了赞同以某一种方式来看待政策形成领域外,我们也赞同这样的看法,即该领域看起来什么也不像。

随机性与模式

我们仍然会遇到很多的杂乱、意外、巧合以及难以言说的运气。有时候某些主题被提上议程,而我们们却全然不明其因;有时候我们会对所发生的结合感到惊奇不已;关键参与者的偶然出席或缺席会影响结果。这意味着存在某种程度的不可预见性。

然而,如果我们因此而断定本书所讨论的过程在本质上是随机的,那就大错特错了。很明显,在以下三个基本来源中存在某种程度的模式:每一种流中的过程、各种流形成结合的过程,以及系统的一般性约束。

首先,每一种流的运作过程对随机性构成了限制。在问题流中,并非所有问题都有同等的浮现机会。与那些被指标、焦点事件或反馈所凸显的状况相比,不具备这些有利条件的状况,它们引起政府官员关注的可能性更小。更为重要的是,不是所有的状况都被界定为问题。与那些可适当评估或归类的状况相比,那些与重要价值不相冲突或不能适当归类的状况,它们被转化为问题的可能性更小。在政策流中,不是所有的建议都能浮出水面。选择标准从最初的嘈杂中过滤出一些模式。符合诸如技术可行性、价值可接受性、公众默许、政治人物的受纳力以及预算限制之类标准的建议,比那些不符合此类标准的建议相比,它们存活的可能性更大。在政治流中,并非所有的环境或事件都具有同等的可能性。有些集团缺乏其他集团所拥有的资源;国民情绪的某些波动(如对待社会主义的态度)不大可能发生;某些民选官员的交替不如其他民选官员的交替那么频繁。

其次,与其他结合相比,某些结合更可能发生。事物之间的相互作用并不是均匀分布的。首先,某一项目进入某种流的时间选择,会影响它与位于其他流中的项目相结合的能力。举例来说,虽然政策之窗可以打开,但那时政策流中可能没有现成的解决办法,于是,那扇政策之窗会在解决方法与问题或政治没有完成结合的情况下悄然关闭。或者,政策流中的建议可能已准备就绪,但政治条件尚不适合将之推出,这也限制了结合的可能性。除了时间选择外,关系密切程度也会影响结合的可能性。不同的解决方案与问题一起讨论的可能性是不同的,参与者对于构成某一问题的适当解决办法会有某种程度的判断。尽管不同的解决方案与某一特定问题挂钩,或不同的问题与某一特定解决方案挂钩的余地相当宽泛,但是,参与者也会对这些结合施加某种限制。最后,熟练的政策企业家的出现可以提高结合的可能性。缺乏这样的政策企业家,则潜在的结合机会就会减少,因为,潜在的结合机会将由于缺乏愿意投入资源于其中的人而消失。

再次,系统中存在各种约束条件,这些约束条件构成了参与者所谓的游戏结构。[①] 政治流提供了许多这种约束条件。参与者会感觉到大众情绪对其行为所设置的某些边界,或专业化团体和民选政治人物的偏好对其行为所设置的更为严格的边界。正如我在其他地方所指出的那样,政府官员意识到这些限制的存在,并相信自己必须在其限度内活动。[②] 预算同样施加了这种限制。高成本的政策建议不大可能在经济萧条或预算紧缩的年代里受到关注,但在经济比较繁荣或预算比较宽松的时代则更有可能受到重视。各种程序性规则,如宪法、法律、权限划分、先例、习惯性决策模式以及其他的法律要求,所有这些都对参与者构成了结构性的限制。最后,政策之窗打开机会的稀缺性也对参与者构成约束。他们为议程的有限空间而竞争,排队等待自己的机会。甚至连政策流中专家所运用的选择标准也预先考虑到这些约束条件。

这些不同类型的模式——每一种流的内在动态特性、结合机会的有限性以及一些更一般性的约束条件——有助于我们理解,为什么有些项目从未被提上政策议程。在本书的第1章中,我们曾经提到过20世纪70年代末卫生与运输领域的几个这样的例子。其中的某些项目,如长期医疗保健项目与心

---

① 关于这些约束条件的精彩讨论,参见 Rogers W. Cobb and Charles D. Elder, "Communications and Public Policy", in Dan Nimmo and Keith Sanders, eds., *Handbook of Political Communications* (Beverly Hills: Sage, 1981), pp. 402—408。

② John W. Kingdon, *Congressmen's Voting Decisions*, 3rd ed. (Ann Arbor: University of Michigan Press, 1989), Chapter 12.

理健康项目,一直很低调,之所以如此,不是因为参与者对真正的问题认识不足,而是因为他们没有找到合适的方案作为解决办法。有些议程项目,如公共汽车项目,在政治流中没有强有力的选民作为后盾,因而由于缺乏强有力的倡导者而得不到重视。而类似铁路国有化这样的项目,则由于强有力的反对而遭遇失败。还有些项目在卫生和交通领域的议程中地位不显著,原因在于专业化与权限系统的一般性限制。像直接提供医疗保健和食品药品管制这样的项目,在某些专业化领域的议程中地位确实很高,但在范围更大的卫生政策议程中的地位却不高。最后,根据我们在考察问题消失原因时所讨论过的动力学,像环境影响和交通安全这样的项目早先地位很突出,但后来却慢慢淡出了。因此,本项研究不仅有助于我们理解为什么有些项目会出现在议程中,而且有助于我们理解为什么其他的项目没有出现在议程中。

最后,应当指出的是,本书提出的所有思想都具有或然性。我们一直坚持使用诸如"机会或可能性会增加或减少"以及"这些事件比其他事件更有可能发生"之类的表述。在描述这些过程时,不可违逆的规则和必须满足的具体条件似乎还不如可能性的估价更有效。举例来说,约束条件不是绝对的;相反,它们是使某些事件很不可能发生而使其他事件更有可能发生的条件。它们确实构成了系统的某种结构,但这种结构仍然保留了某些灰色领域和某种程度的不可预期性的空间。例如,预算约束可以根据知识差异和参与者的价值观作出某种解释,但它的运作仍然允许某些建议在某些极不可能的时期受到关注。

因此,关于本书开端希望理解的那些模糊的、不精确的现象,我们已经取得了一些进展。我们的视线依然模糊,从这个意义上讲,世界本身就是相当晦涩难懂的。

复习思考题

1. 根据罗杰·科布和查尔斯·埃尔德的观点,美国政治体系中的议程确立过程是如何运作的?请举出一个例子说明,支持者如何培育议题并最终在政府议程中获得解决办法?
2. 安东尼·唐斯所提出的议题关注周期包括哪五个阶段?请描述最近的某个政策议题,并沿着唐斯周期追溯其进展。
3. 约翰·金登是如何运用问题流、政策流和政治流解释议程设置过程的?为什么说政策之窗的开启对议题进入决策议程至关重要?

第五章

公共政策的政治经济学

经济学研究人们或国家如何将他们的有限资源用于满足其无尽的欲望；研究如何将稀缺资源在相互竞争的需求之间进行配置。政治经济学是政治学与经济学的交叉领域，在政治学和经济学成为独立学科之前，这一领域的研究涉及经济与国家之间的交叉。根据现代经济学之父亚当·斯密（1723—1790）在《国富论》（1776）一书中的观点，政治经济学是"政治家或立法者的科学分支"，它"为人民提供丰富的收入或生存手段……为国家或共同体（提供）公共服务所需的足够税收。它意欲使人民和君主都更富裕"。

亚历山大·汉密尔顿（1755—1804），一位斯密素未谋面的同龄人，非常严肃地思考了这一科学。在乔治·华盛顿总统的财政部长任上，汉密尔顿完成了他的《关于制造业的报告》（1791）。在该书中，他解释了为什么政府对经济活动的干预是可取的。该报告呼吁建立关税系统以保护美国的工业，呼吁建设道路和运河等联邦公共工程。它对美国的公共政策产生了持久的影响。汉密尔顿认为，政府扶植幼稚工业的发展以避免过度依赖海外进口，这种做法符合公共利益。自那以后直到现在，为了实现斯密提出的"使人民和君主都更富裕"的目标，美国的政客们一直试图干预经济生活。

经济繁荣是美国政府的首要目标，因此，政治经济学也成为公共政策最重要的内容。美国政府不仅占有着国民生产总值的 1/3 份额，而且控制着社会的基本经济条件。例如，政府可以规定某种产品的产量，可以管制生产者的工资，可以限制生产条件，可以设立并检查成品的质量标准。经常性的政策问题涉及利率水平是应当上涨还是降低，政府公共工程的开支是应当增加还是减少,物价上涨是应当适当鼓励还是适当遏制。这里的永久性政策问题是,即便人们对这些目标本身可能达成共识,在实现目标的手段上也很少存在共识。

甚至在美国政府成立之前,经济议题就一直是她的关注所在。记住,1776年的《独立宣言》中包含一长串的主张独立的理由,其中很多理由具有经济含义,如税收。所以,毫不奇怪的是,国父们在1787年制宪会议上讨论问题时,经济议题居于了显著位置。美国宪法中特别提到了通用货币和商业管制等诸如此类的经济问题,这是无可争辩的事实,不过,宪法文本的主要目的是否是为了促进制宪者的经济利益,这是一个悬而未决的问题。

这是历史学家查尔斯·比尔德(1874—1947)在《美国宪法的经济观》(本书收录了它的部分内容)一书中的论点。他声称,宪法奠基人设计宪法的目的在相当程度上是为了保护他们的个人经济利益,宪法是"财产利益得失的直接攸关者巧妙设计的一部经济文献"。比尔德以他关于宪法奠基者们如何发展出一套政治系统以保护其既得利益与预期利益的解释著称。他是美国20世纪最具影响力的历史学家之一,固然与此有关,部分地也由于他的著作之丰,销售之巨。他一生中出版过超过50本的著作,这些著作大多是与他的妻子玛丽女士共同完成的,总销售量达数百万册。比尔德不仅是一位重要的学者和知名的历史学家,还是早期公共行政发展的重要人物。

在《就业、利息与货币通论》(1936)这部最具影响力的经济学著作中,约翰·梅纳德·凯恩斯(1883—1946)写道:"经济学家和政治哲学家的思想,不管正确与否,其力量之大,往往超出常人所料。事实上,统治这个世界的就只是这些思想。许多实践家自以为绝不受任何知识的影响,却往往成为一些已故经济学家的奴隶。"

对于我们将要介绍的下一位经典作者来说,"已故"(defunct)一词显得太过刺眼。尽管对于讨论中的经济学家而言,已故意味着"失灵"(dead),对于他来说,已故的意思则远非"终结"(finished)所及。事实上,随着乔治·W.布什当选为美国总统,出生于奥地利的弗里德里希·哈耶克(1899—1992)的影响力达到了前所未有的高度。

从维也纳大学毕业后,哈耶克发表了对商业周期的开创性研究作品。他因此声名鹊起,1931年,在32岁时,他实际上达到了其职业生涯的顶峰,那一年他被任命为伦敦大学的经济科学与统计学图克教授(Tooke Professor)。在英格兰,哈耶克意气风发,发表了一系列的关于资本主义价格体系如何发挥信息处理机制作用的论文,并于1938年正式加入英国国籍。不过,二战爆发时,他的许多学术同侪,如他的亲密朋友凯恩斯,都在文官系统担任了重要的职位,他却由于自己的奥地利背景被列入了黑名单而不能担任类似的工作。(当时奥地利已被德国吞并,所有德国人,即便发誓背弃德国的人,都不可能被委以战时工作。)这多少有些阴差阳错地给了他足够的时间以撰写《通往奴役之路》。这本书后来成为他最不朽和最具影响力的作品。

《通往奴役之路》一书是为大众读者而写。在该书中,哈耶克强调指出:"无法预料但不可避免的结果是,社会主义的计划编制,如果得到执行,会导致一种极权主义势力占上风的情势出现。"在哈耶克看来,英国和美国的政府经济干预,与希特勒的纳粹主义,或者和斯大林的共产主义,只有程度上的区别,没有本质上的差异。不管是否佩戴"卍"字徽章,集体主义都是必须反对的邪恶。类似的经济政策必然会朝着纳粹主义的政策方向发展,如此断言,哈耶克是故意要使自己的观点富于挑衅性和争议性。根据他的说法,"希特勒的(经济学)观点几乎没有一条不曾被英国或美国的某些人推荐给我们以基于我们自己的目的而采纳和使用"。因此,通往奴役之"路"乃是一条最终将通往希特勒式的极权主义社会之路。结果,开放的市场资本主义、国家计划和管制最少的政治体系就成为保持社会繁荣与自由的唯一合理手段。

哈耶克的这本书,可以浓缩成十个字——政府计划导致独裁国家。该书一经出版,便在大西洋两岸引起轰动。不过,这无疑也导致了哈耶克在战后英国不再受到欢迎,因为那里正在推行工党的社会主义政策议程。在与朋友和同事分道扬镳之后,哈耶克漂洋过海来到芝加哥大学。

在一个日益走向集中计划的世界里,在接下来的二十年中,哈耶克看上去更像一个思想怪人而非预言家。然而,当他 1974 年荣获诺贝尔经济学奖时,他的作品也成为现代保守主义运动的学术基础。1979 年英国首相玛格丽特·撒切尔和 1981 年美国总统罗纳德·里根的上台,形成了一个推行哈耶克原则的非正式的跨大西洋联盟。私有化和解除管制运动因而在英语国家中出现了两个最具影响力的政治斗士。本书收录了其中的"计划与民主"一章。在该书中,他以相当文学性的语言将社会主义比作"通往奴役之路"。

约翰·肯尼思·加尔布雷思(1908—)是哈佛大学的教授。还是一名研究生时,他就与约翰·肯尼迪相识,后来又成为肯尼迪总统的驻印度大使。加尔布雷思不仅是经济史方面许多畅销作品的作者,而且还是一位知名的民主党活动家。他长期呼吁那些私营企业的国有股份尽量多与政府做生意。他发现,对于他的这种具有社会主义倾向的观点来说,主要障碍来自公共行政。加尔布雷思认为:"对公有制的任何反对,和认为公有制是无能的断言一样,是陈旧和不切实际的"(*The New Republic*, August 16,1975)。加尔布雷思的结论是:"只有在高效率的公共管理的声誉得到认可的情况下,(我们)才能从政治上或经济上谈论公有制领域的扩张问题。"因此,正是美国公共行政的声誉阻碍了这个共和政体成为加尔布雷思偏爱而哈耶克憎恨的社会主义。

1958年,加尔布雷思发表了他最著名的作品《丰裕社会》一书。在该书中,他将美国描述为这样一种社会,它的主要问题不是资源的稀缺,而是"私人富裕和公共贫穷"的持续并存。今天,这种趋势甚至变得比以往更加突出。一些记者,如《天琴》(*Harpers*,1995年6月)杂志的迈克尔·林德(Michael Lind),注意到一种与"过去的一千年中存在的朝向由政府提供包括治安维持、公共道路、运输网络和公立学校等诸如此类的基本公共物品的趋势相对立"的"新封建主义"的出现。林德的结论是:"与其他工业化民主国家不相匹配的是,在美国,这些公共物品在某种程度上正再次变成私人奢侈品。"他的这一观点与加尔布雷思的观点不谋而合。

尤其是在城市地区,当公共服务变得恶化,那些有钱人会不断地通过购买服务的方式来解决他们所面临的难题。他们将自己的小孩送到私立学校,雇佣私人保安。在最好的封建传统中,他们每晚在高墙环绕的城堡里就寝,那里有门卫把守,并对每一个试图进入城堡的人验明身份。我们谈论的不是某栋带门卫的公寓,而是居住在带私人保安、私人街道和私人公园的郊区"封闭社区"里的无数市民。当前的这一社会发展趋势导致加尔布雷思的《丰裕社会》一书比以往更加流行。本书收录了加尔布雷思的这一预言性分析的一部分。需要提醒的是,该书所使用的"传统智慧"一词,其含义是普遍信以为真。不过,使用该术语的其他作者则将它的意思理解为已被驳倒的东西。因此,传统智慧的真正意思是,大多数人信以为真的东西实际上是不可信的。加尔布雷思认为:"只有后人才会对具有传统智慧的人持不友好态度,而所有持如此态度的后人都是数典忘祖之辈。"

米尔顿·弗里德曼(1912—)是一位保守主义经济学家。人们普遍认为他是鼓吹回归自由放任经济的旗手。作为1976年诺贝尔经济学奖的得主,他在货币政策、消费与政府管制等思想领域具有重要的影响力。在他最重要的著作,亦即与安娜·施瓦兹(Anna Schwartz)共同完成的《美国的货币史:1867—1960》(1963)一书中,弗里德曼对美国的货币与银行史作了重大的重构。在该书中,他主张,大萧条不是由于自由市场的失灵所造成,而是由于货币供应的急剧和持续减少所致,而货币供应正是政府的责任所在。结果,弗里德曼成为呼吁货币可持续和可预期增长的主要政策倡导者。

教育凭证效用的当代分析始于米尔顿·弗里德曼的研究。早在1955年,弗里德曼就主张,应当给所有的父母提供非限制性的教育凭证,允许他们利用这种凭证(作为代金券)将他们的孩子送入公立学校或私立学校。弗里德曼关于教育凭证的主张遵循了哈耶克反对政府计划的传统。和哈耶克的观点一样,弗里德曼的教育理念也遭到人们严重质疑。正如我们所知道的那样,他不过是主张废除公立学校。尽管如此,随着公立学校所面临的校车接送服务和白人学生流失等相关问题的日益恶化,他的教育理念重新受到人们的关注。

2002年5月9日,在他90岁华诞之际,弗里德曼被白宫再次授予荣誉勋章(1988年他被白宫授予总统自由勋章)。在对乔治·W.布什总统和其他贵宾发表的致词中,弗里德曼运用以下分类法解释他的公共政策哲学:

> 当一个人花自己的钱给自己买东西的时候,他对于花多少钱和买什么东西都非常在意;
>
> 当一个人花自己的钱给别人买东西的时候,他对于花多少钱仍然非常在意,但对于花钱买什么东西却多少有些不那么太在意;
>
> 当一个人花别人的钱给自己买东西的时候,他对于花钱买什么非常在意,但对于花多少钱却压根不在意;
>
> 而当一个人花别人的钱给别人买东西的时候,他对于花多少钱或买什么东西都不在意。
>
> 这就是你们的政府。

弗里德曼被公认为是解除政府管制运动的知识教父。这一运动主张对政府通过建立规则和成立相应管理官僚机构而施与商业、工业和其他专业领域的限制予以取消。当代解除政府管制运动,实际上始于20世纪70年代末的卡特政府时期,也得到美国两大政党的支持,只不过支持的理由各不相同。共和党倾向于同意它,是因为他们在哲学理念上一开始就对政府干预经济保持敌意;民主党倾向于支持它,是因为他们觉得更充分的市场竞争会给消费者带来价格上好处。本书收录的是弗里德曼1962年出版的《资本主义与自由》一书的导言部分,在这里,他对解除管制的根本原因做了最有影响力的表述,并解释了"自由主义"一词的含义从19世纪到20世纪的变化过程。

从字面上理解,有时候,判断策略的最好方式是博弈。博弈论是一种定量方式,用以分析与不确定环境中的理性行动者之间的冲突与合作问题相关的政策决定。博弈论中最常用的例子是"囚徒困境"。它假定有两个人因涉嫌共同犯罪而被拘捕,并被关在相互隔离的班房里。除非一个人主动坦白并将另一个人牵连进来,否则没有足够的证据用以指控他们。两个嫌疑人都清楚这一点,但无法互相串供。在囚徒困境中,最好的结果是无罪释放,但这种结果只有在他们相互信任的条件下才是可行的。所以,如果 X 决定信任 Y,但 Y 担心 X 可能不值得信任,Y 就可能主动坦白从而获得较轻的判刑,而 X 将因此获得较重的判刑。囚徒困境要求双方合作以最小化最坏结果的发生,而不是努力争取最好的结果。这就是所谓的"最小最大化"策略。博弈论认为,出现这种结果的概率最高。

学者们常常将"囚徒困境"和其他博弈结构用于描述或解释国家间的关系。尤其值得一提的是罗伯特·阿克塞尔罗德(Robert Axelrod)的《合作的演进》(*Evolution of Cooperation*, 1984)一书。该书非常清晰地证明,如果博弈是重复的,且博弈遵循如囚徒困境中的针锋相对的策略,那么,合作策略的长远利益将变得非常明晰。这可以用于解释与军备竞赛或强调军备扩张危害有关的策略。如果双方国家都努力争取军备,尤其是争取核武能力优势,那么,最可能出现的结果是,他们将以高昂的代价在更高的军备水平上达到僵持状态。如果他们之间有一定程度的相互信任,双方都不试图以牺牲对手为代价来最大化自己的利益,这样的话,他们就可以找到代价较小的解决办法。同样,与相互合作以控制事态恶化相比,军备升级策略只会将双方置于一种境况更加恶化的危机状态。

零和游戏就是这样一种观点,它将一方的潜在收益视为另一方的损失;也就是说一方赢,另一方必输。游戏的总的输赢结果为零。在单次博弈理论中,零和冲突理念逐渐获得了广泛的运用。零和冲突的一个例子是对有争议领土的控制权的争夺。如果一方占有领土,那么另一方基本上就要被撵走。这种零和冲突属于特别难以解决的冲突,因为双方之间几乎没有什么利益共同点。

莱斯特·瑟罗(Lester Thurow,1938—),一位在哈佛大学接受训练而在附近的麻省理工学院从事学术生涯的经济学家,好像继承了约翰·肯尼思·加尔布雷思的衣钵似的,也是一位作品畅销的左派核心经济学家。在他最负盛名的《零和社会》(1980)一书中,瑟罗借鉴博弈理论中的零和理念,并将之运用于国内经济的"博弈"。他在这里讨论了经济停滞的人类代价。所有的劳动者都置身于一场有赢有输的零和游戏。在这些国内经济斗争中,赢家获得了较低的税收和偏袒其利益的经济政策,而输家得到的往往是较高的税收和失业的"乐趣"。于是,他得出这样的结论:民选官员在经济政策的制定过程中不可避免地会伤及社会中的某些人口。也正是基于这一理由,他认为经济政策的制定是一场零和游戏。本书收录了瑟罗这一著作中的部分内容。

16

宪法的经济解释(1931)[①]

查尔斯·比尔德

对宪法的制订与通过进行经济解释的必备条件,可以以假言命题的方式来表述,这种假言命题尽管不能从已知的材料中得到绝对证实,但可以立即阐明问题并提供进行调查与概括的指南。

宪法乃某些人的创造物,并遭到另一些人的反对,这一点是毋庸置疑的。现在,如果能够得到参与宪法制定与通过的所有人——一共约为160,000人——的经济生平材料,我们就可以有充分的资料以进行科学的分析与分类。这类经济生平材料包括所有参与者及其家庭所拥有的不动产和动产清单:土地与房屋及附属物、存款、奴隶、在船运与制造业中的投资、州与大陆的债券。

假定将赞成与反对宪法的人加以分类,且有证据显示,它们之间根本不存在任何的财产分界线,也就是说,大体上拥有相同数量、同类财产的人在赞成者和反对者之间是同等分布的,那么,很明显,宪法与经济集团或阶级之间不存在确定的相关性,它只是某些抽象原因的产物。这些抽象原因与主要的生活事务或谋生之计无关。

另一方面,假定大体上所有的商人、放贷者、债券持有人、制造商、船主、资本家、金融家及其职业合伙人都属于支持宪法的一方,而大体上所有或大部分的反对方皆来自不蓄奴的农场主和债务人,那么,我们就有根据得出这样的结论,即我们的基本法并不是所谓抽象"全民"的产物,而是期待从它的批准中获得有利结果的某一经济利益集团的产物。显然,在这里,我们难以找到分析所需的全部事实,不过,下面各章中所提供的资料证实了后一种假

[①] 原文出自:Charles A. Beard, *An Economic Interpretation of the Constitution*, 1931。

设,于是,支持本书观点的合理假设也由此产生。

当然,可能有证据显示(或许能够有证据显示),反对宪法的农场主和债务人,实际上也从政府行为的改善中获益,而这种改善恰恰源于宪法的通过。举一个极端的例子,同样也可能有证据显示,英格兰民族从诺曼底人的军事征服和由此引入的有条不紊的行政程序中获得了大量的好处。然而,这并不意味着在这两起重大历史变革事件中,领导人的主导性的直接目标是所谓"促进总体福利"之类的含糊不清的东西或所谓"正义"之类的某种抽象东西。关键点在于,在这两起事件中,直接的、压倒性的动机乃是经济上的好处,这种好处是预期的受益人期待从他们的行为中优先得到的。舍此,则经济解释无法进行。情况可能是这样,某种重大的世界性的进程推动着一系列的历史事件,而我们却无法看到它的终极原因……

通过对参与宪法制定与通过的成员的经济利益所作的调查,我们可以得出具体的结论。

半数以上的成员属于职业律师。

大多数成员来自海岸或海岸附近的城镇,也就是说来自动产相当集中的地区。

没有一个成员在当前的个人经济利益方面可以代表小农场或工匠阶级。

压倒性的多数,至少占5/6的成员与他们在费城的努力的结果有近期的、直接的、个人的利害关系,都在或多或少的程度上属于宪法通过后的经济上的受益者……

因此,我们不能说宪法成员是"无私的"。相反,我们不得不接受这种意义深远的重要结论:依他们在经济事务中的个人经验,他们清楚地知道,他们设计未来政府的目的就是为了得到他们所期望得到的结果。作为某种学说的群体,和1848年的法兰克福学会一样,他们将惨遭失败;但是作为实践者,他们有能力将新政府建立在唯一坚实的基础,亦即基本的经济利益基础之上……

结　语

在结束以上冗长而枯燥的调查分析之际,似乎有必要把各个重要结论归纳起来。对政治学来说,本书所提供的资料是可以作为证据的。

合众国的宪法运动主要由四个在《邦联条款》下受到不利影响的动产集团所发起和推动。这四个集团分别是货币、公债、制造业、贸易与航运业。

制宪的第一个稳健的步骤是由一个小而积极的集团所完成,这个集团的成员通过他们的私人财产从努力的结果中获得了现实利益。

关于召开制宪会议的提议并未经过直接或间接的人民表决。

由于投票权存在普遍限制,大量无财产者从一开始就被排除在参与(经过代表)制宪工作之外。

起草宪法的费城制宪会议的成员,除极少数外,都从新制度的建立中获得了现实的、直接的、个人的经济利益。

宪法基本上是一部经济文献,它的基本观念是:基本的私人财产权先于政府而存在,在道德上不受人民多数的干涉。

据记载,制宪会议的大部分成员都认可财产权在宪法中的特殊保护地位。

在批准宪法方面,约有3/4的成年男子未参加该问题的表决;他们或者由于漠不关心,或者由于财产限制而被剥夺了公民权,因而没有参与对州代表会议代表的选举。

宪法的批准,只有大约不到1/6的成年男子参与投票。

在纽约、马萨诸塞、新罕布什尔、弗吉尼亚和南卡罗来纳等州,参加州代表会议代表选举的多数选民是否确实赞成批准宪法,是有疑问的。

在各州批准会议上拥护宪法的领袖们,所代表的经济利益与费城会议成员所代表的经济利益完全相同;其中的多数人也从他们的努力结果中获得了直接的私人利益。

在批准问题上,事实表明赞成和反对宪法的两派之间存在一条鸿沟,一边是殷实的动产利益集团,另一边是小农和债务人集团。

宪法并不像法官们所说的那样,是"全民"的创造;也不像南方废宪派长期主张的那样,是"各州"的创造。它只是一个稳固的集团的作品,他们的利益没有州界,范围遍布全国。

17
通往奴役之路(1944)①
弗雷德里克·哈耶克

> 试图指导私人以何种方式运用其资本的政治家,不仅是他本人在瞎劳神,而且是在僭取一种无论如何也不能安心地授权给枢密院和参议院的权力;由一个愚蠢和专断到幻想自己适于行使此种权力的人去掌握它,是再危险不过的了。
>
> ——亚当·斯密

所有集体主义制度的共同特征,可以用各流派的社会主义者都乐此不疲的一段句子,描述为一个为了某种明确的社会目标而精心构筑的社会劳动者组织。当代社会主义批评家们的主要指责之一是,我们当今的社会缺乏这种对一个单一目标的"有意识"的指导,其活动受着不负责的人们的奇思异想的左右。

这在许多方面使得基本争论非常清楚,而且立刻把我们引向个人自由和集体主义之间发生的冲突的要点。形形色色的集体主义,如共产主义、法西斯主义等等,它们之间的不同在于它们想要引导社会努力所要达到目标的性质的不同。但他们与自由主义和个人主义的不同,则在于他们都想组织整个社会及其资源达到这个单一目标,而拒绝承认个人目的至高无上的自主领域。简言之,他们是极权主义者这个新词真正意义上的极权主义者;我们采用这个新词是为了说明在理论上我们称之为集体主义的不期而然却又不可避免的种种现象。

社会为之组织起来的"社会目标"或"共同目的",通常被含糊其辞地表达成"公共利益"、"全体福利"或"全体利益"。无须多少思考便可看出,这些词语没有充分明确的意义以决定具体的行动方针。千千万万人的福利和幸福不能单凭一个多寡的尺度来衡量。一个民族的福利,如同一个人的幸福,

---

① 原文出自:Friedrich A. Hayek, *The Road to Serfdom*, The University of Chicago Press, 1944。译文引自:《通往奴役之路》(王明毅等译),中国社会科学出版社1997年版,第59—72页。引用时作了部分修改。

依赖于许许多多的事物,这些事物可以形成无数种组合形式。它不能充分地表达为一个单一目标,而只能表达为一个种种目标的等级、一个每个人的每种需要都在其中占据一席之地的全面的价值尺度。根据一个单一的计划指导我们的一切活动,就预先假定了我们的每一种需要都在一个价值序列中占有一个等级,这个价值序列必须十分完整,足以使计划者在必须加以选择的各种不同的方针中有可能做出决定。简而言之,它预先假定存在一个完整的伦理准则,其中人类的各种不同的价值都适得其位。

一个完整的伦理准则的概念是生疏的,需要尽力想象才能搞清它的含意。我们不习惯把道德准则想象为一个或多或少完整的东西。我们总是在不同的价值之间选来选去而没有一个规定我们应该如何选择的社会准则,这个事实并不令我们吃惊,也并不意味着我们的道德准则是不完整的。在我们的社会中,人们没有必要也没有理由在这种情形下对应该干些什么形成共同的观点。但是,在人们使用的所有手段都是社会财产、并且是根据一个单一计划以社会名义加以使用的地方,一个关于人们应该干什么的"社会的"观点必定要指导一切决定。在这样一个世界中,我们随即就会发现,我们的道德准则充满缺陷。

这里,我们并不涉及是否值得有这么一种完整的伦理准则。在这里我们只能指出,迄今为止,随着文明的发展,个人行动受成规束缚的范围在不断地缩减。构成我们共同道德准则的条规,数量上越来越少而性质上却越来越普通。原始人几乎在每一件日常生活中都受一种复杂仪式的束缚,受无可胜数的禁忌的限制,几乎想象不出可以按照一种与众不同的方式行事的情形。从原始人起,道德已越来越倾向于只限制个人随心所欲的范围。采纳一种广泛到足以决定一个单一经济计划的共同伦理准则,将意味着与这种趋势背道而驰。

对我们而言,根本点在于这种完整的伦理准则根本就不存在。根据单一计划指导各种经济活动,这种企图将引起无数问题,这些问题的答案只能由一个道德条规提供,而现存的道德根本回答不了这些问题,况且对人们应该做些什么也根本不存在一致的看法。人们对这些问题,要么不会有明确的看法,要么有的就是相互矛盾的看法,因为在我们生存的自由社会里,根本没有必要考虑这些问题,更没必要对此形成共同的意见。

我们不仅没有这样包罗万象的价值尺度,而且对任何有才智者而言,理解竞取可用资源的不同人们的无穷无尽的不同需求,并一一定出轻重,是不可能的。对我们的问题来说,一个人所关注的目标是否仅仅包括他自己的个人需求,还是包括他或亲近或疏远的伙伴的需求——就是说,就这些字眼的通常意义而言,他是一个利己主义者,还是一个利他主义者——是无足轻重的。真正重要的东西是这个基本事实,即任何人都只能考察有限的领域,认识有限需求的迫切性。无论他的兴趣是以他本人的物质需求为中心,还是热衷于他所认识的每个人的福利,他所能关心的种种目标对于所有人的需求而言,仅仅是九牛一毛而已。

这就是全部个人主义哲学所根据的基本事实。它并不像人们通常所断言的那样,假定人是或应该是利己的或自私的。它仅仅从这个毫无争议的事实出发,即我们想象力的限制,使我们只能在我们的价值尺度中包含全社会需求的部分,而且严格地说,由于价值尺度仅能存在于个人头脑中,除了种种局部的价值尺度,没有任何别的东西存在,而这些价值尺度不可避免地有所不同并常常相互矛盾。由此,个人主义者得出结论说,在限定的范围内,应该允许个人遵循自己的而不是别人的价值和偏好,而且,在这些领域内,个人的目标体系应该至高无上而不屈从于他人的指令。就是这种对个人作为其目标的最终决断者的承认,对个人应尽可能以自己的意图支配自己的行动的信念,构成了个人主义立场的实质。

当然,这种观点并不排除对社会目标的认可,或者更确切地说,对个人目标的一致性的认可,这种一致性使人们为了追求的目标联合起来成为可取之事。但是,它把这种共同行动局限于那些个人观点一致的事例上;就此而言,所谓"社会目标"不过是许多个人的相同目标——或者说,是个人为了回报他们在满足自身欲望所接受的帮助而愿意有所贡献的那种目标。因而,共同行动局限于人们对共同目标一致同意的那些领域。习以为常的是,这些共同目标不会是个人的终极目标,而是意味着不同的人可以将其用于不同的意图。实际上,在共同目标对人们并非一种终极目标而是一种能够用于多种多样意图的手段的地方,人们才最可能对共同行动达成共识。

当人们联合起来共同致力于实现他们共有的目标时,他们为此意图形成的组织,如国家,才被赋予他们自己的目标体系和手段。但是,这样形成的任何组织仍然是其他组织中的"一分子";诚然,如果它是国家的话,就比其他组织更强有力,但它仍然有其独特的和有限的领域,仅在此领域中,它的目标才是至高无上的。这个领域的限度取决于个人对特定目标达成一致的程度;而他们对特定的行动方针达成一致的可能性,随着这种行动范围的扩大而减少。对于有些国家职能的行使,公民之间会达成实际上的一致;另有一些职能会得到大多数人的同意,依此类推,我们就会达到这种境地,即尽管每个人可能都希望国家以某种方式采取行动，但在政府应该干些什么的问题上，几乎是有多少不同的人，就有多少种看法。

国家行为只是在限定于存在一致意见的范围时，我们才能依赖自愿的同意对其进行指导。但并非仅仅当国家在公民未达成一致意见之处行使直接控制时，个人自由才一定受到压制。不幸的是，我们不能无限地扩大公共行动领域而仍让个人在其自己的领域中自由自在。一旦国家控制所有手段的公共部分超过了整体的一定比例，国家行为的影响就会支配整个体系。尽管国家直接控制的只是对大部分可取资源的使用，但它的决策对经济体系其余部分所产生的影响是如此重大，以至于它几乎间接地控制了一切。例如，像德国早在1928年的情形那样，中央和地方当局直接控制了一大半的国民收入（根据当时德国官方的估算，是53%）的使用时，它们几乎间接控制了国家的整个经济生活。于是，几乎每个人的目标都依赖国家行动才能实现，而指导国家行为的"社会价值尺度"实际上必定包括所有个人目标。

当民主政体着手一项计划方针，而其执行需要比实际存在的更多的一致时，不难看出其必然后果如何。人民或许已经同意采纳一种指导型经济制度，因为他们相信它会产生巨大的繁荣。在通往决定的讨论中，计划的目标将被冠以"共同福利"之类的称呼，这类称呼不过是对计划目标缺乏真正一致的掩饰。事实上，人们只是在手段的使用上存在一致意见。但是，这是一种只能为共同目标而使用的手段。当行政当局必须将单一计划的要求转换为对一个具体计划的要求时，就产生了使一切活动趋向精确目标的问题。于是乎可以看到，在需要计划这一点上的一致看法，并未受到在计划所服务的目标上的一致看法的支持。人们一致同意一定要有一个中心计划而在目标上却没有一致意见，其后果十分类似于一群人决定一起旅行，而在想去的地点上都没达成一致，结果所有人可能不得不进行一次他们中的大多数人根本不想进行的旅行。计划创造了这样一种情景，使我们必须同意的议题数量大大超过我们已习惯的论题，而且在一种计划制度里，我们不能把集体行动都限定在我们能够同意的任务上，而为了使任何行动都能完全实行，我们迫不得已要在一切事情上都达成共识。这是最有助于决定计划制度性质的特点之一。

人们或许会一致表示这种愿望，即议会应该拟定一个无所不包的经济计划，然而无论是人民，还是他们的代表，并不因此必然能在任何具体计划上都达成一致。民主的议会在贯彻似乎是人民的明确授权方面的无能为力，将不可避免地导致对民主制度的不满。议会渐渐被视为"清谈馆",不能或无力贯彻他们被选出担负的任务。人们越来越相信,倘若有效的计划要落实的话,管理必须要"与政治分家"并交由专家——常设的官员或独立自主的机构——掌握。

社会主义者非常了解这种困境。自韦伯夫妇开始抱怨"下院日益无力应付其工作"①时起,已将近半个世纪之久。更晚近一些,拉斯基教授详尽阐述了这种观点:

> 现行国会的机构非常不适于迅速通过大批复杂的立法,这已是老生常谈。甚至联合政府在实施经济和关税措施时,就不通过下院的详细争论,而是通过一整套授权立法的制度,这实质上已经承认了这一点。在我看来,工党政府会将此先例推而广之。它将把下院限定在其所能胜任的两项职能上:发泄不满和讨论政府措施的普遍原则。它的法案将采取授予有关部门广泛权力的通则的形式;这些权力将通过枢密院赦令来行使,但这种赦令在下院愿意时可用投不信任的否决票的方式受到弹劾。最近,多诺莫尔委员会又着重地重申了授权立法的必要性和价值;而且,如果这种社会主义化的进程不为现行议会程序所认可的阻碍议事的正当方式所破坏的话,授权立法的扩充就在所难免。

为了把社会主义政府必定不让自身过分受制于民主程序这一点说清楚,在同一篇文章的末尾,拉斯基教授还提出"在向社会主义过渡的时期,工党政府能否冒其措施被下一次普选所推翻的风险"这个问题——而且意味深长地未置可否。②

当论及一国经济事务的详尽管理时,弄清楚造成这种公认的议会低效率现象的原因是重要的。毛病既不在于个别议员,也不在于议会机构本身,而在于议会所承担的任务中所固有的矛盾。他们并未被要求做他们所

---

① Sidney and Beatrice Webb, *Industrial Democracy* (1897), p.800n.

② H. J. Laski, "Labour and the Constitution", *New Statesman and Nation*, No. 81 (new ser.), September 10, 1932, p.277. 拉斯基教授后来在一本书 (*Democracy in Crisis* [1933], 特别在第87页)中详尽阐述了这些观念,他更加直率地表达了他的断言,即一定不要让议会民主成为实现社会主义的障碍:不仅社会主义政府将"取得广泛的权力,而且在这些权力下通过政令和法规立法"并"将正当反对的传统定则暂时废止",而且"议会制政府的持续也将有赖于它(即工党)拥有来自保守党的保证,即如果它在选举中失败的话,它的改革工作并不会因法令的废止而遭到破坏!"

当拉斯基教授援引多诺莫尔委员会为根据时,或许值得记住的是,拉斯基教授就是该委员会的成员,而且还可能是该委员会报告书的起草人之一。

能一致同意的事,而是被要求对每件事情——国家资源的全盘管理——都取得一致意见。但是,对于这种任务,多数决定的制度是不合适的。在有限的备选方案中作出选择时,多数看法还是可以找得出的;但相信事事必定有一个多数看法,那就是迷信了。如果积极行动的各种可能途径为数众多,就没有理由会存在一个赞成其中之一种途径的多数意见。立法会议的每个成员,或许都觉得指导经济活动的某种具体计划相对于毫无计划而言聊胜于无,然而,似乎没有一个计划会使多数人觉得宁愿选择它而不愿完全没有计划。

一个连贯的计划也不能通过将其分成几部分并就特定问题投票表决的方式得以实现。一个民主的议会,像商议普通议案那样对一个全面的经济计划逐款进行表决和修改,是毫无意义的。一个名副其实的经济计划,必定有一个单一的观念。即使议会能按部就班地就某个方案达成一致,它最终也必然不能令任何人满意。一个复杂整体,它的各组成部分之间必须相互精心调节,是不能通过各种冲突看法的妥协来达成的。以这种方式制订一个经济计划,甚至比诸如通过民主程序成功地筹划一次军事战役,可能性更小。如同军事战略一样,这个任务不可避免地要授给专家。

然而,不同的是,负责一次战役的将军受托的是一个单一目标,在战争持续期间,由他控制的所有手段必须专用于这个目标;而授给经济计划者的却不可能是这样的单一目标,对施予他的手段也没有类似的限制。将军无须权衡各种互相对立的独立目标;对他来说只有一个至高的目标。但是,一个经济计划的目标或它的任何部分的目标,脱离了具体的计划就不能确定。制定一个经济计划,必然要在种种相互冲突和相互竞争的目标——不同人们的不同需求——之间进行选择,这正是经济问题的实质。然而,哪些目标存在冲突,哪些目标在我们想要实现其他目标时必须牺牲,简言之,哪些是我们必须选择的途径,这些只有那些了解各种实际情况的人才会知道;而且对于各种目标中哪一个应给予优先考虑,也只有这些专家才有能力作出这样的决定。他们不可避免地会将他们的选择尺度加诸于他们为之计划的集体。

这一点并非总能被人清楚地认识到,而授权通常只是由于这个任务的技术特征才有道理。但这并不意味着所授权的只是技术细节,也并不意味着困难的根源在于议会没有理解技术细节的能力。① 相对于弄懂这些更改的全部内涵而言,民法结构的更改,其技术性并不更差,难度也不更大;然而并未有人认真地建议过,应该把立法权授予给一个专家机构。实际上,这些领域的立法并未超出可以达成真正的多数同意这一通则之外;而在管理经济活动方面,需要调停的利害关系如此分化,以至于在一个民主议会中要达成这种真正的一致是不可能的。

然而,应当承认,并非立法权的授予本身如此值得反对。如此反对授权,犹如反对症状而不反对病因,而且在病症可能是其他病因的必然后果时,就忽略了病例的严重性。只要所授予的权力只是制定通则的权力,那就可以有非常充分的理由相信,这种规则应该由地方当局而不应由中央当局制定。值得反对的现象是,之所以诉诸授权,是因为有待处理的事情不能由通则来规定,而只能就特定情况相机酌定。在这些情形下,授权意味着赋予某些当局权力,使其能运用法律力量作出彻头彻尾的专断决定(通常被说成"酌情裁决")。

把特别的技术性任务授予各种机构,虽属正常现象,但不过是开始走上计划道路的民主政体逐渐放弃其权力过程的第一步。授权这种权宜之计并不能真正消除使全面计划的所有倡导者如此难以忍受民主政体的无能的原因。把特定的权力授予各种机构,对于实现单一协调的计划来说,创造了一个新的障碍。通过这种权宜之计,一个民主政体即使在计划经济生活的各个部分时取得成功,它仍然必须面对将这些分立的计划综合成一个单一整体的问题。许多分立的计划没有形成一个计划整体——实际上,计划者应该首先承认——这或许比没有计划还要糟糕。但民主的立法机构在放弃对真正重大问题做出决定时会长期犹豫不决,而且,当它这样做的时候,别人也不可能

---

① 就此而论,简要地提一下近年来讨论这些问题的文件是有益的。13年前,也就是这个国家最终放弃经济自由主义之前,委托立法权的进程已进行到这种地步,人们觉得有必要任命一个委员会来调查"对维护法律的至高无上来说,什么是可行的和必要的保障"。"多诺莫尔委员会"在其报告书(Report of the [Lord Chancellor's] Committee in Ministers' Powers, Cmd. 4060 [1932])中表明,即使在那个时候,议会已经采用了"成批的不加辨别的授权惯例",但认为(但是在我们真正洞察了极权主义深渊之前)这是不可避免的和相对无害的发展。授权本身并不一定是对自由的威胁,这可能也是正确的。令人感兴趣之处是授权何以在如此程度上必然如此。在报告书中所列举的各种原因中,第一个原因是这一事实,即"议会现在每年都通过如此之多的法律"而"许多细节过分技术化,以至于不宜在议会讨论"。但如果这就是全部事实的话,就没有理由不应当在议会通过法律之前而不是之后解决这些细节。"如果议会不愿授予立法权,议会就不能通过这种和这些舆论所要求的立法",这在许多情形下可能是最重要的理由,它在报告书中由短短一句话道出:"许多法律对人民生活的影响是如此的密切,因而弹性是必不可少的!"这句话如果不是指授予一种专断的权力,一种不受任何固定原则限制的权力,而且根据议会的意见也不能用任何明确的、毫不含糊的条文加以限制的权力,那又是指什么呢?

制定出全面的计划。不过,对计划必要性的一致看法以及民主议会在制定计划方面的无能,将唤起越来越强烈的要求,希望赋予政府或某些个人以权力,使他们能尽其责。如欲有所作为,负责的当局必须摆脱民主程序的羁绊,这种信念正变得越来越流行。

呼吁经济独裁者是转向计划运动中的一个特有阶段。几年前,最敏锐的海外英国研究者之一,已故的埃利·阿列维(Élie Halévy)提出:"如果你为尤斯塔斯·珀西勋爵(Lord Eustace Percy)、奥斯瓦德·莫斯利爵士(Sir Oswald Mosley)和斯塔福德·克里普斯爵士(Sir Stafford Cripps)照一张合影,我想你会发现这样一个共同点——你将发现他们会异口同声地说:'我们正生活于经济混乱之中,除非存在某种独裁领导,否则我们将无法摆脱这种混乱。'"①有影响的知名人士的数目,自那时起已有显著增加,但即使把他们包括进去,这张"合影"的面貌也不会因此发生多大改变。

在德国,即使在希特勒上台以前,这种运动已经进展得很远了。在1933年以前的一段时间里,德国已经达到一个实质上不得不实行独裁统治的阶段,记住这一点很重要。那时没有人怀疑,当时的民主已经破产,像布吕宁(Brüning)这样的真诚的民主主义者,也不再比施莱歇尔(Schleicher)或冯·巴本(von Papen)更能进行民主统治。希特勒无须摧毁民主;他只是利用了民主的衰败,在紧要关头获得了许多人的支持。对这些人来说,他们虽然憎恨希特勒,但他仍然是唯一足够坚强且能有所作为的人。

在试图使我们接受这种发展时,计划者通常提出的论点是,只要民主政体仍然保持最终的控制,民主的本质就不会受到影响。卡尔·曼海姆(Karl Mannheim)这样写道:

> 一个有计划的社会与19世纪社会的唯一[原文如此]不同之处,在于越来越多的社会生活领域,而且最终这些领域的每一方面和所有方面,都屈从于国家的控制。但是,如果议会的最高权力能对一些控制加以防范的话,它在许多方面也能做到这一点……在一个民主国家里,国家的最高权力能通过绝对的权力无限地得到加强而无须放弃民主的控制。②

这种信念忽略了一个至关重要的差别。在议会首先能就目标达成一致而且仅仅授予解决细节的权力之处,议会当然能在给予明确指导的地方控制

---

① "Socialism and the Problems of Democratic Parliamentarism", *International Affairs*, XIII, 501.
② *Man and Society in an Age of Reconstruction* (1940), p.340.

任务的执行。当授权的理由是由于没有对目标达成真正一致时,当负责计划的机构不得不在议会意识不到的种种冲突目标之间进行选择时,而且当计划机构能做的充其量是提供给议会一个只能全盘接受或全盘拒绝的计划时,情形就完全不同了。批评可以有,也可能会有;但由于对一项可供选择的计划不能达成多数的同意,而且遭到反对的部分又几乎能被说成是整体中必不可少的部分,因而这种批评只能是无效的。议会的讨论可以保留下来作为有用的安全阀,甚至还可以作为传播官方对各种指责答复的便利媒介。它甚至可以防止臭名昭著的弊端并成功地要求纠正某些缺点。但它不能进行指导。它充其量只能选出那些实际上拥有绝对权力的人。整个制度将趋向于那种全民公决的独裁制,在这种制度下,政府首脑一次又一次地通过全民投票来巩固其地位,使其能确保投票将按他所想往的方向进行。

有意识控制的可能性只限于存在真正一致的领域中,而在一些领域中必须听任事情自由发展,这就是民主的代价。但在一个依赖中央计划行使其职能的社会中,就不可能让这种控制依赖于多数一致的达成;将微弱少数的意志强加于人民,这往往是必要的,因为这个少数将是人民中间对有争议的问题能达成一致的最大的集体。根据一种广为接受的信念,只要政府的职能被限定在多数人通过自由讨论能达成一致的领域时,民主政府便能有效地运行;自由主义信条的最大优点,在于它把那些必须达成一致意见的问题范围,缩小到一个自由人的社会中可能存在一致意见的问题范围。现在人们常说,民主不会容忍"资本主义"。倘若此处"资本主义"意味着以自由处置私有财产为基础的一种竞争体制的话,那么,认识到只有在这种制度下民主才有可能,是极其重要的。当这个制度受某种集体主义信条支配时,民主将不可避免地自行毁灭。

然而,我们并不打算将民主奉为神灵。的确,我们这代人可能对民主谈的和想的过多,而对民主所服务的价值谈的和想的太少。民主不能像阿克顿勋爵正确地论述自由时所说的那样,它"不是更高的政治目标的手段。它本身就是最高的政治目标。它并非是为了一个良好的公共管理才被需要,而是为了保障对市民社会和私人生活的最高目标的追求。"民主本质上是一种手段,一种保障国内安定和个人自由的实用手段。它本身绝不是一贯正确和可靠无疑的。我们绝不能忘记,在专制统治下往往比在某些民主制度下有更多的文化和精神的自由——至少可能想见,在一个非常整齐划一的政府和一个教条主义的多数民主政府的统治下,民主制度也许和最坏的独裁制度同样暴虐。但是,我们的要点与其说是独裁必然不可避免地消灭了自由,毋宁说是计划必然导致独裁,因为独裁是强制推行各种理想的最有效工具,而且,集中计划在很大程度要成为可能,独裁本身是必不可少的。计划与民主之间的冲突只不过起因于这个事实,即对于经济活动管理所需要的对自由的压制来说,后者是个障碍。但是,只要民主不再是个人自由的保障,那么它也可能以某种形式存在于极权主义政体之下。真正的"……专政",即使形式上是民主的,一旦对经济体系实行集中管理,就可能和任何专制政体所曾做的一样,完全破坏了个人自由。

把民主看成受到威胁的主要价值,而专心于此的流行做法,并非不存在危险。它在很大程度上应当对这种没有根据的错误信念负责,这种信念就是,只要权力的最终来源是多数人的意志,这种权力就不是专横的。许多人从这种信念中获得了虚假保证,这是对我们面临的危险普遍缺少认识的重要原因。没有理由相信,只要权力是通过民主程序所授予,它就不可能是专横的;与此相反的说法也是不正确的,即使权力免于专断的,不是它的来源,而是对它的限制。民主的控制可能会防止权力变得专断,但并非只要存在民主的控制就能做到这一点。如果民主制度决定了一项任务,而完成这项任务必须使用的权力不能根据定则加以指导时,它必定会变成专断的权力。

18

丰裕社会(1958)①

约翰·肯尼思·加尔布雷思

一

理解现代经济生活和社会生活的首要条件,是就事件与解释事件的观念之间的关系有一个清晰的认识。因为两者有着各自不同的生命力,尽管其间似乎有许多矛盾,但两者都能在相当长时期内遵循独立的发展进程。

---

① 原文出自:John Kenneth Galbraith, *The Affluent Society*, 4th Edition, Houghton Mifflin Company, 1958, 1969, 1976, 1984. 译文引自:《丰裕社会》,徐世平译,上海人民出版社 1965 年版,第 6—11,215—218 页。引用时作了部分修改。

理由不难发现。像其他社会生活一样，经济生活并不符合某种单纯而连贯的模式。相反，它常常显得不连贯、不成熟，智力上难以理喻。但人们必须对经济行为有所解释。人的好奇心和他所固有的自负感都不允许他心安理得地忘却与他的生活如此密切相关的任何事物。

由于经济现象与社会现象如此令人难以亲近，或至少看上去如此，且由于它们很少服从对真相与假象的严格检验，因此，它们可以给个人提供一种自然现象所不能提供的奢侈品，即在相当大的范围内他可以相信他愿意相信的事情。关于这个世界，他可以坚持他认为最适合他的嗜好的任何观点或相反观点。

结果，在一切社会生活的解释中，关于何为适当之物与何为勉强可接受之物，两者之间存在着一场持续而无尽的竞争。在这场竞争中，虽然战略上的有利条件在真相一边，但所有战术上的有利条件却在可接受之物一边。各种各类的听众大都为他们最喜欢的东西喝彩。而在社会评论中，听众赞许的考验，远较真相的考验，更能影响评论。宣称要将艰险而骇人听闻的事实告诉听众的演说家或作家，总是喋喋不休、不厌其烦地向听众讲述他们最想听到的东西。

正如真相最后会产生意见一致一样，可接受性在短期内也会有此效果。当社会全体或特定听众认定为可接受之物，这样的范围内，观念就会形成起来。正像实验室工作者致力于发现科学真理一样，代笔人和公共关系人员则忙于鉴别可接受之物。如果他们的委托人报之以喝彩，这些工匠们在技巧上可以说是够格的。如若不然，他们就失败了。无论如何，通过对听众反应的事先抽样检验或者预先演练一下讲稿、论文和其他通告，现在这种失败的危险可以大为减少了。

无数因素有助于观念的可接受性。当然，在很大程度上，我们把真理与便利结合起来——与最符合自身利益和个人福利的东西结合起来，或者与那些最有利于避免出现难堪局面或不受欢迎的生活乱相的承诺结合起来。我们也发现，那些最有助于满足自尊心的东西，也最易为人所接受。在美国商会发言的演说家鲜少把商人贬低为一种经济力量。那些在劳联-产联演说的人们，总是倾向于把社会进步和强大的工会运动等同起来。但最重要的或许是，人们赞许最多的是他们最懂的东西。刚才提到，经济生活和社会生活复杂难懂。因此，我们紧紧抓住那些代表我们理解力的观念，就像抓住救命稻草一样。这是既得利益的主要表现，因为理解上的既得利益比任何财宝更值得保护。这也是为什么人们有时会带着宗教般的感情去捍卫他们如此辛勤学到的东西。熟悉也许会在某些人类行为领域产生轻视，但在社会观念领域，它是可接受性的试金石。

由于熟悉是可接受性的如此重要的一种考验，因此，可接受的观念往往具有极大的稳定性。它们是高度可预见的。对于那些在任何时候都被当作是可接受的观念，最好有一个名称，且这个名称应当能够强调这种可预见性。在下文中，我将这些观念称之为传统智慧。

二

传统智慧不属于任何政治集团的财产。在这篇论文中，我们将看到，在许多现代社会问题上，共识是非常广泛的。在众所周知的政治名称中，自由主义者和保守主义者之间的区别并不很大。对于两者来说，可接受性的考验，有很多相似之处。无论如何，在某些问题上，观念必须适应特定听众的政治偏好。作出这种调整的倾向，不管是有意还是更经常地出于无意，对于不同的政治集团而言，没有大的区别。受这种倾向的引导，也并非不掺有金钱上的自身利益，保守主义者固守熟悉与和定型之物。这些东西构成了其可接受性考验的基础。而自由主义者则把道德上的热情与激情甚至某种正直感带入他最熟悉的观念之中。尽管他所珍视的观念不同于保守主义者的观念，但他在强调将熟悉作为可接受性的检验方面并无二致。推倒重来，被谴责为无信或堕落。一个"好的"自由主义者或一个"可靠的和忠诚的"自由主义者或一个"纯正的"自由主义者，是一位相当可预见的人。这意味着他发誓不会朝着这种思想的本原方向作任何严肃的努力。美国的自由主义者和英国的左派，近来都宣称自己正在寻找新的观念。而公开宣称需要新观念，在某种程度上是作为新观念本身的代替品而存在。

因此，在必要的时候，我们可以说存在保守主义的传统智慧或自由主义的传统智慧。

传统智慧也清楚地表现在各种层次的诡辩中。在最高水平的社会科学的学问中，人们并不拒绝某些新奇的公式或表述。相反，新瓶装旧酒的伎俩颇有市场，无足轻重的异端更是弥足珍贵。对次要问题的激烈辩论，使人们有可能将对基本框架本身的任何挑战斥之为无关紧要，且这样做并不显得不科学或褊狭。更为重要的是，随着时间的推移，在辩论的帮助下，被接受的观念变得日益精细。它们有一大堆文献，甚至还有一种神秘感。辩护者可以说，挑衅者并没有掌握传统智慧的错综复杂性。的确，这些观念只能为一个坚定的、正统的和有耐心的人所鉴赏——简而言之，只能为那些与传统智慧的人颇为相似者所鉴赏。传统智慧或多或少地被弄成与健全的学问相等同，它的地位事实上是不可动摇的。怀疑论者因其急于破旧立新的态度而被取消资格。假若他是一位健全的学者，他必须持守传统智慧。

同时，在较高层次的传统智慧中，从抽象的意义上讲，开创性是高度可接受的。这再度表明，传统智慧经常通过对开创性的有力鼓吹以代替开创性本身。

三

如上所指，传统智慧的检验标志是可接受性。它得到听众的赞许。有许多理由可以说明，人们为什么喜欢听他们所认可的东西。首先，它迎合人们的自我认同：某人因知道别人或更有名望的人与他的看法相同而感到满意。其次，听到自己所相信的东西，也是一种恢复信心的源泉。某人知道自己的思想得到其他人的支持，这说明他并没有落伍，并不孤单。另外，听到自己赞同的东西，也符合传播福音的本能。这意味着其他人也在聆听，并因此而处于被说服的过程之中。

传统智慧的表达，在某种程度上属于一种宗教仪式。和高声朗诵圣经或走进教堂一样，这也是一种肯定行为。在午宴会上，实业家聆听着关于自由企业的美德与华盛顿的邪恶的演说，其实，他早已被说服了，和他在一起的听众同样如此，他们都对自己的信念坚信不疑。尽管必须装出全神贯注的姿态，其实，这位实业家也许觉得没有倾听的必要。他不过是以参加仪式方式来抚慰上帝。一经出席，保持关注，并鼓掌示好，在离开时他就会感到经济制度更加安全一些了。学者们聚集在学术会议上，聆听他们早已听过的优雅陈述。可是，这不是一种可以忽略的仪式，因为它的目的不在于传授知识，而在于祝福学问和有学问的人。

面对如此广泛的聆听需求，以至于我们绝大部分的社会评论——几乎所有受到重视的社会评论——在任何时候都致力于传统智慧的清晰表达。这在某种程度上已经职业化了。某些人，其中最著名的是大型电视台和电台的评论员，他们的职业就是了解并以优美和热情的语调道出听众认为最可接受的东西。不过，在一般情况下，传统智慧的表达是一种具有学术、公职或经济地位的特权。因此，任何人，一经当选为学院院长或大学校长，只要他愿意，他就可以自动地获得阐述传统智慧的权利。这是高学术等级的报酬之一，虽然这种等级也是在高度精致的水准上解释传统智慧的一种回报。

高级公职官员被期待（在某种程度上也确实被要求）阐释传统智慧。在许多方面,这种官员的例子是最完美的例子。在担任公职前,他通常很少受人关注。然而一旦担任公职,他马上被人认为具有深刻的洞察力。除了极少的例外,他自己并不撰写演说稿或论文;为了确保这些东西的可接受性,它们被事先计划好、起草好,并且经过谨慎审查。其他任何考验方法的应用,如它们作为对经济或政治现实进行简单描述的有效性,都将被认为是极端偏离常规的。……

汽车产量的增加必然会对钢铁工业提出新的需求,也会对公共服务提出新的需求。同样,私人物品消费的增加,通常意味着国家需要采取某些促进或保护的措施。在各种情况下,如果政府没能提供这些公共服务,其后果在某种程度上将是糟糕的。为了方便起见,我们需要用一个名词来说明私人和国家在物品和服务的供应上的满意关系,我们称这个名词为社会平衡。

社会平衡的问题无处不在,且常常带有强迫性。汽车消费的增加需要提供与之相适应的街道、公路、交通管制和停车场所。警察和公路巡逻队的保护服务以及医院设备也是必需的。这里的平衡需要虽然非常清楚,但是我们对于私家车的使用有时远远超出了相应的公共服务的供应能力。结果造成了城市里可怕的道路拥堵、惊人的车祸死亡率和慢性肠炎。空中的情况和地面上的一样。当空中交通管制的公共服务赶不上航路的私人使用时,就会造成令人担忧的飞机相撞事故。

但是,汽车和飞机数量与使用空间的矛盾,不过是有关需要弥散的一个非常明显的例子。人们购买的物品愈多,他们抛弃的包装物就愈多,需要转移的废料也愈多。如果不提供适当的卫生设施,与财富日益增长相对应的,将是污秽的日益恶化。财富愈丰,污垢愈厚。这是对我们时代发展趋势的一种确定描述。人们生产和拥有的物品越多,欺诈的机会也愈大,需要保护的财产也更多。如果公共执法服务跟不上,可以肯定,福利增加的对应物将是犯罪行为的增加。

对于社会平衡问题研究而言,现代洛杉矶市提供了近乎经典的研究对象。效率极佳的工厂和炼油厂、大量供应的汽车、精美包装的产品的庞大消费,加上缺乏废品收集的市政服务,市民不得不使用家庭焚化炉,结果造成当地每年有相当长的时间里空气简直没法呼吸。空气污染只能以一套高度发达而精细的公共服务加以控制——从更多研究中得到更好的知识、更好的治安维护、废物收集的市政服务,以及可能的将新鲜空气置于物品生产的优先地位。这些都需要长期的努力。缺乏可用空气的城市烦恼由此产生。

从其他一些现实问题中,我们也可以识别出社会平衡的问题。私人产品的增长,导致出现了许多吸引青少年兴趣的东西。电影、电视、汽车以及随流动性而至的巨大机会,再加上那些不那么迷人的商品如麻醉品、连环漫画和色情文学,这些都在国民生产总值的增长之列。不丰裕社会以及技术上更原始时代的儿童很少有这些消遣。红色校舍之所以长留人们的记忆,主要是因为它在那些没有机会进入现代学校而只能在此就读的人们的生活中占有极其重要的位置。

在一个运行良好、管理有方的社会中,那里有健全的学校制度,良好的娱乐机会和得力的警察队伍——简而言之,在公共服务和私人生产同步发展的社会中——发生在现代青少年身上的各种诱惑不会造成大的损害。电视以及好莱坞与麦迪逊大道的暴力习俗必须与学校的知识训练相竞争。学校中的社交、运动、戏剧和其他有吸引力的东西,同样可以吸引孩子们的注意力。这些东西,连同社会中其他消遣机会,将那种不良诱惑的影响降低到消解状态。暴力和不道德体验在蔓延以前,将得到执法系统的有效制止。

但是,在公共服务与私人消费不能同步发展的社会里,情况大不相同。在那里,在私人丰裕而公共贫穷的气氛中,私人物品大行其道。学校无法与电视和电影相竞争。电影中可疑的英雄而非现实生活中的琼斯小姐,成为青少年的偶像。改装车和疯狂驾驶代替了更需要定力的运动,因为后者设施短缺或供应不足。如上所指,连环漫画、酒精、麻醉品和弹簧刀加入了日益增长商品流,没有什么东西可以抗拒人们对它们的享用。私人财富充斥滥用而不必担心警察的干涉。一个朴素的社会可以免于诱惑。它在公共服务方面也可以是朴素的。但丰裕社会却不是如此。

此外,在一个对生产很重视的社会,在一个有高效率的机构综合处理私人欲望的社会,强烈的压力迫使家庭提供尽可能多的挣工资者。一切社会行为都是整体的组成部分。如果父母亲都投身于私人生产,公共服务的负担必然增加。事实上,在大部分时间里,儿童的生活成了社会的负担。如果社会服务跟不上,这将成为社会失序的又一根源。

19

资本主义与自由(1962)[1]

米尔顿·弗里德曼

肯尼迪总统的就职演说中有一句广为引用的话:"不要问你的国家能为你做些什么,问问你自己能为你的国家做些什么。"对于这段话的论争,人们关注的是它的起源而不是其内容,这构成了我们时代精神的一个显著标志。这段话可以分为两个部分,其中每一部分所表达的公民和政府之间的关系,都不符合自由社会中自由人的理想。家长式的"你的国家能为你做些什么",意味着政府是保护者而公民则是被监护者,这一观点与自由人对自己的命运负责的信念不相符。有机体式的"你自己能为你的国家做些什么",意味着政府是主人或神明,而公民则是仆人或信徒。对自由人而言,国家是组成国家的个体的集合,而不是超越于个体之上的生命。他为共同的遗产感到自豪并忠诚于共同的传统。但是,在他看来,政府是一种手段,一种工具,而非他盲目崇拜和服从的主人或神明。除了公民各自追求的目标的共识外,他不承认国家的任何目标;除了公民各自奋斗的意图的共识外,他不承认国家的任何意图。

自由人既不会问他的国家能为他做些什么,也不会问他自己能为他的国家做些什么。相反,他会问,为了帮助我们各尽其责,实现各自的目标和意图,以及最重要的,为了保护我们的自由,"我和我的同胞们能通过政府做些什么"?伴随这个问题而提出的另一个问题是:我们如何防止我们为了保护自由而创立的政府变成一个毁灭我们的真正自由的"弗兰肯斯泰因怪物"(Frankenstein)?自由是一种稀少而脆弱的植物。我们的理智告诉我们,权力集中乃自由最大的威胁。历史一再地证实了我们的这种判断。为了保护我们的自由,政府是必不可少的;政府是一种工具,我们通过这一工具而行使我们的自由;然而,将权力集中于当权者之手,这对自由是一种威胁。即便重权在握者的本意是良好的,即便他们没有被手中的权力所腐蚀,权力也将吸引并造就形形色色的人。

---

[1] 原文出自:Milton Friedman, *Capitalism and Freedom*, The University of Chicago Press, 1962。

我们如何才能从政府的允诺中受益同时避免它对自由的威胁呢？我们宪法所体现的两大原则就是最好的答案。这两大原则迄今为止一直在保护着我们自由，虽然它们在被宣称为戒律的同时，却在实践中屡遭破坏。

首先，政府的范围必须是有限的。它的主要作用必须是保护我们的自由免受来自外部敌人威胁和来自内部同胞的侵犯：保护法律和秩序，保障私人契约的履行，扶植竞争性的市场。除了这些主要作用以外，政府有时也可以帮助我们共同完成那些我们独自完成起来会更困难或代价更高的事情。无论如何，以这种方式使用政府是充满着危险的。我们不应该以这种方式来使用政府，但又不可避免地会以这种方式使用政府。不过，在这样做以前，我们必须具备清晰和巨大的有利条件以为平衡。在经济和其他活动中，通过主要依赖自愿合作和私人企业，我们可以确保私营部门对政府部门的权力构成制约，并对言论、宗教和思想的自由构成有效保护。

第二个主要原则是政府的权力必须分散。如果必须由政府来行使权力，那么，在县的范围内行使要比在州的范围内更好，在州的范围内行使要比在全国的范围更好。倘若我不喜欢当地社区的所作所为，如污水处理，或区域划分，或学校教育，我可以迁移到另一个社区。尽管很少有人会采取这样的实际行动，但仅仅是这种可能性的存在就足以起到制约权力的作用。倘若我不喜欢居住州的所作所为，我可以迁移到另一个州。倘若我不喜欢华盛顿的强迫行为，那么，在这个由相互戒备的国家所组成的世界里，我没有多少选择的余地。

当然，避免设立联邦政府所带来的麻烦，对许多主张设立联邦政府的人来说，恰恰是权力集中的巨大吸引力所在。他们相信，正如他们所看到的那样，这可以使他们更有效地为公众的利益而立法，不管是把收入从富人转移给穷人，还是从私人用途转到政府用途。从某种意义上讲，他们是正确的。但凡事有正反两面。权力可以为善，也可以为恶；今天掌权的人，明天可能不再掌权；更为重要的是，在一个人看来是有益的东西，在另一个人看来可能是有害的。与一般性地推动政府范围扩张所造成的悲剧一样，推动政府权力集中的巨大悲剧，多半是由具有良好意愿的人所导致，也是由这些人最先对后果表示懊悔。

自由之保存是限制和分散政府权力的保护性前提。除此之外，还有一个建设性的原因。无论是在建筑还是绘画方面，在科学还是文学方面，在工业还是农业方面，文明的巨大进步从未来自集权的政府。哥伦布并不是为了响应议会多数的指令才扬帆探寻通往中国的新航线，尽管他得到了一个绝对君

第五章 公共政策的政治经济学

主的部分资助。牛顿和莱布尼茨,爱因斯坦和波尔,莎士比亚、弥尔顿和帕斯捷尔纳克、惠特尼、麦考密克、爱迪生和福特,简·亚当斯、弗洛伦斯·南丁格尔和阿尔贝特·施韦策,这些在人类知识和理解方面、在文学方面、在技术可能性方面、或在减轻人类痛苦方面开拓新领域的人们中,没有一个是出于对政府指令的响应。他们的成就是个人天才的产物,是强烈坚持少数观点的产物,是容许差异性和多样化的社会风气的产物。

政府永远无法复制个人行动的这种差异性和多样化。在任何时候,通过对房屋或营养或衣着施加统一标准,政府无疑可以改善许多人的生活水平;通过对学校教育、道路建筑或卫生设施施加统一标准,中央政府无疑可以改进很多地区政府甚至平均说来整个社会工作表现。但是,在这一过程中,政府将用停滞代替进步,以统一的平庸代替多样性。这种多样性是使明天的落后者能够超过今天的平均值那种试验所必需的。

本书讨论了这些重大问题中的部分问题。它的主要论题是,竞争性的资本主义作为一种经济自由制度和作为政治自由的一个必要条件所发挥的作用,亦即通过在自由市场条件下运行的私营企业对无数的经济行为所发挥的组织作用。本书的次要论题是,政府在致力于自由和主要依赖市场组织经济活动的社会中所应起的作用。

头两章按照原则而非具体应用在抽象层面上讨论这些问题。后几章则把这些原则应用于各种特殊问题。

抽象论述可以是完整和彻底的,虽然在接下来的两章中这种理想状态必定远未实现。甚至这些原则的应用也不可能是彻底的。每天都有新问题和新情况产生。这就是为什么关于国家作用的具体形式永远不可能一劳永逸地解释清楚。这也是为什么我们不时地需要结合当前的问题对我们所希望的不变原则的现实意义作出再次审查。这样做的副产品必然是对这些原则的再次检验并加深我们对原则的理解。

为方便起见,很有必要给本书精心描述的政治与经济观点贴上一个标签。正确和适当的标签是自由主义。不幸的是,"作为一种最高但未必故意的恭维,私营企业制度的敌人认为盗用这一标签是一种明智的做法"[1],因此,在美国,自由主义逐渐有着和它在 19 世纪以及在今天欧洲大陆许多地区很不相同的含义。

当自由主义的概念 18 世纪末 19 世纪初被发展起来的时候,以自由主义

---

[1] Joseph Schumpeter, *History of Economic Analysis* (New York: Oxford University Press, 1954) p.394.

名义而进行的思想运动,将自由强调为终极目标,将个体强调为社会的最高实体。对内,它支持自由放任主义,将之作为降低国家在经济事务中的作用从而扩大个人作用的一种手段;对外,它支持自由贸易,将之作为把世界各国和平、民主地联结起来的一种手段。在政治事务中,它支持代议制政体和议会制度的发展,支持减少国家的专断权力和保护个人的公民自由。

从19世纪后期开始,尤其是1930年以后,在美国,特别是在经济政策中,自由主义这一术语逐渐与一种很不相同的侧重点联系在一起。它逐渐和一种主要依赖国家而不是依赖私人自愿安排以达成可欲目标的意愿联系在一起。它的口号变成为福利与平等而不是自由。19世纪的自由主义者将自由的扩张视为促进福利与平等的最有效手段;20世纪的自由主义者把福利与平等视为自由的必要条件或它的替代物。以福利与平等的名义,20世纪的自由主义者逐渐认同国家干涉和家长主义政策的复兴,而这恰恰是古典自由主义所反对的东西。这样的自由主义者企图将时钟回拨到17世纪的重商主义,他们喜欢把真正的自由主义者谴责为反动派!

附着于自由主义这一术语上的语义变化,在经济事务中比在政治事务中表现得更为突出。和19世纪的自由主义一样,20世纪的自由主义者也赞成议会体制、代议制政体、公民权利等等。然而,即便在政治事务中,区别也是相当明显的。唯恐失去自由,因而惧怕权力集中于政府或私人手中,19世纪的自由主义者赞成政治上的分权。专注于行动,并且相信只要权力还掌握在形式上受选民控制的政府手中,这样的权力就是善的,20世纪的自由主义者赞成中央集权的政府。权力应该放在州一级还是城市一级,放在联邦一级还是州一级,放在全球性的组织还是国家政府中,关于这样的质疑,他可以提供所有的答案。

由于自由主义一词的滥用,以往属于这一名词的观点现在常常被贴上保守主义的标签。但这不是一种令人满意的选择。无论是从词源意义上分析其语义,还是从政治意义上主张社会制度的重大变革,19世纪的自由主义者都是激进分子。它的现代继承者肯定也是如此。我们当然希望保留那些曾经改进了我们自由的东西,尽管如此,我们仍然不希望保留那些曾经干涉了我们那么多自由的国家干涉。此外,保守主义一词实际上逐渐包含了内容广泛的各种观点,这些观点是如此互相矛盾,以至于我们注定会看到越来越多的组合名称,如自由意志论——保守主义,贵族政治——保守主义。

部分地由于我不愿意向那些赞成毁灭自由之措施的人交出这个名词,部分地由于我不能找到更好的代替物,我将通过使用原始意义上的自由主义——亦即关于自由的人的学说——一词的方式来解决这些困难。

20

零和社会(1980)[1]

莱斯特·瑟罗

零 和 游 戏

我们的根本问题的核心在于:我们的经济问题是可以解决的,因为大多数问题都有好几种解决办法,只不过所有这些办法都有一个共同的特点,即它们会使某些人蒙受重大的经济损失。没有人自愿成为经济受损者,我们的政治过程也不能强迫任何人承担这个重负。每个人都指望别人来承受这种必要的经济损失,结果,任何可能的解决方案都得不到采纳。

我们基本上已经创造出一个罗伯特·阿德里(Robert Ardrey)在《领地法则》(The Territorial Imperative)一书中所描绘的世界:要击败一只在自己地盘上觅食的同类动物,入侵者必须有双倍于对方的实力。但是,任何一个多数派都没有双倍于少数反对派的实力,于是我们相互否决对方的提议,但谁也提不出一个令大家都满意的建议。

我们的政治和经济结构简直无力应付由真正的零和因素所构成的经济问题。零和游戏是指输赢正好相等的任何游戏。所有赌局都是零和游戏,有赢就有输,只有存在输家,赢家才能存在。赌场上的赢家所得,即为输家所失。

一旦有大量的损失需要分担,任何经济决策都具有很大程度的零和因素。经济收益可能超过经济损失,但损失之大也足以抵消大部分的收益。更为重要的是,收益与损失并非由同一个体或集团承担。平均而言,社会的状况也许有所改善,但在平均数的后面,却有很多人的经济状况改善了很多,也

---

[1] 原文出自: Lester C. Thurow, *The Zero Sum Society*, Basic Books, Inc., 1985。

有许多人的状况恶化了很多。如果你属于经济状况恶化者中的一员,那么,其他人的收入上升很多而你收入却在下降,这种事大概不会让你感到舒服。

为维持自己的收入水平,我们会竭力阻止经济发生改变,或者竭力阻止社会实施某些于己不利的公共政策。从我们的观点来看,即便这样的公共政策真能增加国民生产总值,它也不是好的政策。我们希望找到的解决办法,比如说解决能源问题的办法,不会降低我们收入,可是,所有的解决办法总会降低某些人的收入。如果政府选择了某项不会导致我们收入降低的政策,我们就支持它,但另一些则会反对它,因为他们将被迫承担收入降低的巨大重负。

零和游戏所涉及的问题,其实就是如何解决损失分配的问题。而这恰恰是我们的政治过程最无能为力的事情。如果需要分配的是经济利益,分配是不成问题的;但如果需要分配的是大量的经济损失,我们的政治系统就会陷于瘫痪。伴随政治瘫痪而至的,将是经济瘫痪。

受政治结构变化的影响,经济利益受损者的重要性大大提高了。过去,政治与经济力量以这样一种方式来分配:只要当权者认为这样做符合整体利益,他们就可以把大量的经济损失强加于一部分人民。经济损失往往由某些无权者集团承担,而不是由全体人民来分摊。现在,这些集团不再愿意吃亏,他们有能力让那些企图将损失强加于他们身上的人付出巨大的代价。

导致这种变化的原因很多。显然,越南战争和此后的政治丑闻使人们不大愿意接受他们名义上的领导人关于某项工程符合整体利益的说法。随着人权运动、贫困问题、黑人权利和妇女解放运动的发展,许多过去默默承受经济损失的集团变得斗志昂扬,他们不再愿意毫无政治反抗地接受经济损失。他们的战斗精神和非暴力反抗的胜利,给代表环境、社区和地区利益的集团树立了榜样。

所有少数派集团都经历了一个摸索的过程。他们发现,在我们的法律制度下,只需一点斗争精神,就可以相当容易地使任何问题久拖不决。能把一项计划拖延下去,通常也能扼杀它。立法与行政成本的上升倒在其次,更重要的是拖延与不确定性的影响。将拖延与不确定性的代价考虑在内,政府与私营企业往往发现,不如干脆取消那些本来有利可图的项目。因为成本简直比收益还要高。

在某个大型的环保组织中,拖延成为一种主要策略,他们因此给它取了个名字——分析瘫痪术。他们的办法是设法通过一些法律,以使每项工程必须满足一大堆复杂、耗时的要求。他们的想法不是为了更好地研究工程项目的成本与收益,而是要扼杀这些项目。如果这样的要求果真有益于判定一项工程是否应该上马,那么,举例来说,环境影响评估就应当以花费少、简便易行为原则。这样的话,企业就可以着手研究,以决定是否应当开发某项工程。

相反,这些研究的费用之高昂、手续之繁杂,足以使之成为制止任何工程开工的财政武器;它大大增加了工程完工所需的时间,并使工程有可能在法庭上受到非难(另一个漫长的过程)。于是,开发商只有在基于其他原因决定进行此项工程时,才会启动这一程序。结果导致出现一种相持不下的局面:开发商不能开展他的工作,环境保护主义者也不能利用现有的工厂(如储备矿产公司)清理当前的污染。只要有利,双方都会掌握拖延战术。

以州际公路系统为例。任何人都能看到完成这个系统剩余的市内部分的好处,很明显,它把全国城市间的交通连成一个网络,否则,没有市内部分的对接,城市间交通网络只能可望而不可即。如果没有建立州际公路系统,就得设计其他更好的(非汽车的)交通系统,考虑到这样的理由,即使反对建设州际公路的人,也会同意市内部分的对接。不过,大部分观察者都会同意,如果州际公路不是在50年代中期而是在70年代中期倡议修建,也许根本就办不成。

那些妨碍州际公路建设的因素,同样也妨碍着其他交通运输系统的建设。几年前,在考虑修建波士顿——华盛顿走廊的高速铁路时,康涅狄格州的前州长宣布,他将反对任何改变波士顿——华盛顿线路的建议,因为这种改变主要对线路两端的人有利,但会拆毁康涅狄格州人的家园。反对城市间铁路网络建设的那些人,也许与那些反对城市间公路建设的人不是同一伙人,但他们同样能制止工程的进行。任何交通系统都要占用一些土地和摧毁一些房屋。这样的事情在过去可以办到,现在却办不到。

国家的巴尔干化是一种世界性的现象,合众国也不例外。局部地区的人越来越不愿意承担因帮助其他地区的人而付出的代价。以怀俄明州和蒙大拿州的煤田开发为例。毫无疑问,大部分利益将归于两州之外的城镇居民,而大部分损失将落到这两个州的居民头上。于是,当地居民表示反对。多开些煤田对于美国来说也许有利,但对当地居民则不利。因此,他们竭尽所能地制造拖延与不确定性。

同样的问题在核电站选址中也可以看到。谁都知道核电站的好处,很显然,选址工作的长期拖延,除了扼杀这项工程外,不会有其他任何目的。如果核电站最后还是上马了,消费者所冒的风险并不会减少,而他们所付出的代价却因为时间的拖延而增加。我们需要的是一个行还是不行的痛快答复,但这正是我们无法得到的。核电站的选址也会引起"巴尔干"效应,假若将电站建在边远地区,无论核电站发生事故的可能性如何,都能使灾害的影响大大减少。可是住在边远地区的人不干了,因为他们并不需要这样的工程,却不得不为此承担所有潜在的危险。每个人都需要电力,但没有人愿意住在电厂的隔壁。

现在,处理国内问题也需要把眼光放远。在现代,即便长期战争也能在较短时间内决定胜负。相反,像能源自主这样的项目却需要几十年的时间才能实现。长远计划所需的耐心和远见,往往不是美国人具备的美德。所以,对于那些每隔二年、四年或六年就要改选一次的议员来说,他们需要的是能增加其选票的计划。他们不想为了某一正义事业而断送自己的前程。更为重要的是,国内问题往往需要长期追加投资,而回报却来得很晚。以能源自主计划为例,为了建设必要的矿井和工厂,必须长期作出牺牲;只有在工程快结束时,效益才开始显现。那些必须为此付出代价(征收必要的税款,并在施工期间激起受害群众的义愤)的政客们,等到能源自主实现的那一天,未必还能活着收获这份荣誉。

退而求助政府

在损失分配难以解决的情况下,政府夹在敌对双方的中间左右为难,也就不足为奇。每一方都要求政府动用权力保护自己,并迫使别人服从整体利益。能源生产者希望能源涨价,这将导致消费者实际收入的下降;能源消费者则要求能源降价,这将导致生产者的收入减少。每个人都知道,政府能够保护他们免受这种损失。我们每个人都提出要求,而这种要求从整体上看是办不到的。但是,随着保护要求的增长,民主程序的基本前提必然遭到损害。

要使民主程序行得通,民主政府必须假定:公共决议是在这样一种结构下形成,即存在着对事件表示关切而无私的绝大多数公民,他们将阻止政策为那些有直接利害关系的人所左右。符合整体福利的决议,应当是那些关注整体福利且无私利瓜葛的人作出的决议。应该由他们仲裁并判决利益集团之间的争端。问题在于,随着政府规模的扩大,这样的公民数量却越来越少。现在,在诸如能源之类的问题上,几乎每个人都与政府的作为有着直接的经济利害关系。

"水门事件"以及与此有关的企业行贿丑闻,暴露出了这个问题的非法面,不过,真正的问题不在于这些非法行为,而在于人们运用合法手段的强烈动机。在每个人的切身利益都受到威胁的情况下,大家都会组成正当的院外集团，以对决策施加有利于自己的影响。可是，在公正无私的公民只占少数的情况下，政府的决定如何反映整体利益？由谁来仲裁？我们本能的倾向是遵循逆程序，即先由代表不同利益的集团提出自己的理由。但不管怎样，总得有一个公正无私的法官有权以正确方式裁定或推翻一项政治决议。公共福利并不总是站在那些为了自己的利益能够动员到最多政治和经济力量的人们一边。如果我们真的实行一条规矩，即凡是个人收入受某项行动影响的人均无权参加投票，那么，在大多数议题上，最后参加投票的人要么很少，要么根本没有。真正的问题在于：如何在人人皆有直接私利的政治程序中建立一种适当快速、无私的决策能力。

判断收入分配的必要性

为了避免公然降低某些人的收入，我们有一套冗长的政府程序。当然，这样的决定从未停止过，只不过它们是在实现其他目标的伪装下隐蔽作出的。现在，保守主义者正在争取税制和政府开支方面的改革，其目的是拉大收入差距，但他们从不公开为此辩护。收入不均简直可以说是经济增长过程中的一种不幸的必然后果。

幸运也好，不幸也罢，问题已经发展到了这一步，即我们不再能够既解决我们的经济问题，又继续作出这种含蓄的分配决定。问题如此明朗，选择余地如此清楚，以至于每个人既知道也关注将要产生的分配结果。解除能源价格的管制，也许是一个有效的办法，但实行起来却困难重重。收入将要下降的每一个人都很清楚，他们不同意这样的政策，并随时准备反抗这种政策建议。

如果要解决我们的经济问题，政府就必须改变收入的分配，因此，我们必须有一个能作出公平决定的政府。谁的收入应该增加，谁的收入应该降低？为了作出这种决定，我们无论如何都要弄清公平的含义。什么样的经济资源分配是公平的或公正的？什么样的分配收入的程序是公平的或公正的？只有弄清了什么是公平的，我们才能判断谁的收入该下降；只有弄清了谁的收入该下降，我们才能解决我们的经济问题。

确定经济公平固然困难，但它既不能消除我们对公平决定的需要，也不能阻止我们作出公正的决定。每当征收或撤销一项税种，每当扩大或紧缩一项公共开支，每当增加或废除一些管制时，都必须作出公平的决定。由于经济利益相对容易分配，接下来的主要问题就是经济损失的分摊：谁的收入

"应当"减少？

过去我们利用经济增长回避作出这样的判断。如果经济增长速度更快，我们就能给每个人提供更多、更好的工作机会，而不必考虑把白人的工作给黑人做。如果经济增长速度更快，我们就不必操心从东北地区收税在西南地区开支。经济增长快一些总比慢一些好，经济增长一直被当成调和各利益集团矛盾的社会润滑剂。

美国的自由主义者和保守主义者都习惯于把经济增长当作绝对的好事。通过发挥经济增长和个人自利的魔力，人人都可以得到更多。倘若每个人的收入都增加了，社会也就不必应付贫富分化的问题，或者经济资源的公正分配问题。不管相对地位如何，只要有了新的、更高收入，人人都会开心。

我们现在知道，几乎所有关于社会共识的隐含假设都是虚假的。当我们谈论超出心理必要性范围的收入时，每个人对自己经济成就的满意度几乎完全取决于他的相对经济地位，而非绝对的经济地位。美国的穷人在印度可以算是富人了，但他们因为生活在美国而感到贫穷。中产阶级能吃上新鲜的水果和蔬菜，而中世纪最富裕的王公也吃不到，但与上层阶级相比，他们依然觉得自己太穷，因为上层阶级买得起的东西他们买不起。

并不是说随着社会平均收入的提高，对自己经济成就感到满意的人的比例也会提高。那些对经济状况最满意的人，往往都有超过平均水平的收入。根本不存在一种使人们感到满足的最低的绝对生活水准。个人欲望并不会随着收入的增长而满足，富起来的人也不会变得更愿意向穷人施舍。只要他们的收入不如别人增长的快，或不如想像的那么快，他们甚至会觉得自己比收入增加之前更穷了。

这种情况立即使民主国家陷入一种没有赢家的局面，无论它在资源的公正分配方面做出何种决定，都会存在大量（甚至多数）的失意选民。分配议题最容易引起争议，也是民主国家最棘手的一类问题。它不是"**我们**"对"**他们**"的问题，而是在零和游戏中"**我们**"对"**我们**"的问题。

复习思考题

1. 当查尔斯·比尔德断言美国宪法的创始人主要受个人经济利益驱动时，他的观点是否正确？如果你认同比尔德的论点，在你看来，这是否会以某种方式降低他们所创立的立宪政府的价值与意义？
2. 弗雷德里克·哈耶克认为哪一类政府属于"通往奴役之路"？为什么哈耶克认为政府对国家经济的普遍计划最终必然是无效的？

3. 约翰·肯尼思·加尔布雷思的"传统智慧"一词的含义是什么?加尔布雷思在1958年看到的"公共贫穷"中的"私人富裕"现象在美国是否依然存在?如果是,为什么?
4. 为什么说米尔顿·弗里德曼是现代政府管制解除运动之父?当弗里德曼声明他是一个传统自由主义者时,他的意思是什么?
5. 在莱斯特·瑟罗看来,谁是零和社会的赢家和输家?关于政府应当如何管理经济,瑟罗的思想与哈耶克、弗里德曼的思想有什么区别?

第六章

立法机构与政策制定

　　立法机构是代议制政府的法律制定部门。它的正式名称前不必加上"立法机构"的字样。它可以是州议会或市议会。美国国会是合众国政府的法律制定部门。美国宪法第一条第一款规定,所有立法权归国会所有。它的意思是明确地拒绝授予总统以制定法律的权力。总统的所有职权必须基于宪法或国会通过的成文法所授予的明示的或隐含的权力。

　　虽说三大政府分支"地位平等",但立法机构的地位仍然是至高的。毕竟,立法机构拥有数量最多的列举权力,且行政部门和司法部门必须执行它所制定的法律。正如詹姆斯·麦迪逊在《联邦党人文集》第51篇中所描述的那样:"在共和政府中,立法当局必然占据优势。"1937年7月23日,富兰克林·罗斯福总统在一次记者招待会上以另一种方式对此作出如下解释:"总统有义务提出建议,而如何处置建议则属于国会的特权。"于是总统们向国会提出建议,而由国会根据情况作出最终决定。

　　本章提供的三篇经典文章,回答了与立法机构相关的三个近乎永恒的问题。在政策制定过程中,立法者个人应当主要代表其选民的利益还是代表整个国家的利益?立法机构内部的政策制定过程是如何运作的?为什么如此讨厌立法机构的人们会义无反顾地再次参与所在选区的代表选举?

　　埃德蒙·伯克(1729—1797)是英国政治哲学家和下院议员,常被人们誉为现代保守主义思想之"父"。在1770年发行的小册子"关于当前不满情绪的成因思考"中,他首次提出了关于政党的现代定义。所谓政党,乃根据公共原则而联合起来的集团,它发挥着行政部门(国王)与立法部门(议会)

之间的联结作用,执掌权力之时,它协调有方、领导得力;在野时,它坚持原则、勇于批评。在 1774 年的竞选演说中,他提出了闻名至今的关于立法成员在政策制定中的角色分析。在本书收录的"致布里斯托选民的演讲"中,柏克主张,当选议员的角色应当是代理人(representative)或受托人(trustee)的角色(根据自己的最佳判断自由地采取行动),而不是代表者(delegate)的角色(受选民预先指示的约束)。尽管这一演说是在英国议会制度的背景下做出的,但作为一名立法者,柏克赖以自我辩护的学说同样适用于所有立法者。

伍德罗·威尔逊(1856—1924)因其于 1913—1921 年期间担任美国总统而闻名。不过,他还曾担任过普林斯顿大学校长(1902—1910)、新泽西州州长(1911—1913)和美国政治学会主席等职务。在担任大学教授期间,他出版了关于国会政策制定的经典文献《国会政体:美国政治研究》(1885)一书。本书收录了该书的部分内容。他发现,由于国会权力被分配给各种国会委员会,国会实际上处于"优先于它的所谓对等部门的地位"。

常设委员会是立法机构中负责处理某一特定主题范围内的提案的一种正式委员会。在美国国会中,两大政党各有一个资格委员会(Committee on committees),负责推荐委员会的分配方案以供政党预备会议或两院协调委员会批准。在每届国会成立之初,议员们可以向各自的资格委员会表达自己的分配意向。资格委员会根据议员们的意向起草并通过一个各委员会成员候选人分配名单,并将该名单提交政党预备会议或两院协调委员会批准。通常情况下,该建议案都能获得无异议的通过,不过,一旦委员会职位出现空缺,尚有一套提名其他议员补缺的程序。一般情况下,众议院严格根据政党的政策来投票,当然也同样是根据两大政党的推荐来挑选候选人。各委员会中共和党与民主党的比例,取决于众议院的多数党。类似的方式同样适用于参议院。

不能高估了国会常设委员会的影响。伍德罗·威尔逊在一个多世纪前宣称:"如果用一句话来描述我们的政体形式,把它称为由国会常设委员会主席领导下的政府,是再合适不过的了。"不过,由于各种小组委员会、特别委员会和协调委员会(conference committee)的出现,整个的权力"分解与分配如此错综复杂,以至于我们需要穷追猛打才能在某个偏僻的角落里找到具体的负责人"。正是基于这一原因,威尔逊说:"国会开会不过是装装门面,而国会在委员会的房间里才正式工作。"这或许是《国会政体》一书中最有名的一句话。

如果完全根据个人对待法案的态度来行使立法权,最好的结果是没有法律能够获得通过。在《国会政体》中,伍德罗·威尔逊以富于诗意的笔调写道:"立法的舞会一旦开始,你必须竭尽全力地穿过迷魂阵,气喘吁吁地达到终点——如果还有终点的话。"立法机构的政策制定过程先天性地杂乱无章。这一过程充满着妥协、伪善和自利,以至于它的最终产品——法律,有时就像一根腊肠,里面没有一样东西是哲人愿意看到的。

人们对整个国会的厌恶之情由来已久。马克·吐温(1835—1910)曾经这样写道:"我的嘴巴不断地嘟囔着,设想你是一个白痴,然后设想你是一群国会议员。"在被问及是否会为参议员们祈祷时,参议院的牧师爱德华·埃弗雷特·黑尔(Edward Everett Hale,1822—1909)回答道:"不,我眼睛盯着参议员,心中默默地为这个国家祈祷。"你不必回到历史中去寻找有关国会的微言之辞,只需打开收音机或电视机就够了。美国人从取笑国会中得到的消遣远比从棒球运动中得到的更多。然而,似乎矛盾的是,国会议员再次当选的现象却相当普遍。

关于为什么整个国会受到的尊重远不如国会议员受到的尊重多,格伦·帕克(Glenn R. Parker)和罗杰·戴维森(Roger H. Davidson)提供了一种解释。本书收录了他们发表于《立法研究季刊》(1979年2月)上的《为什么美国人喜欢国会议员远甚于喜欢国会》一文。

他们的研究发现,美国人确实显得自相矛盾,他们非常喜欢自己的国会议员,同时却看不起国会。根据全国性的调查资料,帕克和戴维森得出结论:美国人用一套标准衡量国会,用另一套标准衡量国会议员。国会的反应迟钝,连同对国会政策决定的不满,导致选民对整个国会作出负面评价;另一方面,国会议员很少需要为国会的政策决定承担责任,对他们的评价不过是依据其个人品质和对选民的服务水平。

专案作业(casework)是一个专用术语,指立法者和他们的工作人员应选民的要求为选民提供的服务。例如,选民可能要求他们的国会代表了解一下为什么某张社会保险支票会延迟,或为什么某个退伍老兵的救济金申请会被拒绝。专案作业是一种重要的手段,立法者通过这一手段保持对官僚机构的监督,并巩固自己与选民的政治联系。

专案作业可以给立法者提供诸多好处。首先是它便宜且不会引起争议。只需付出一些次要工作人员的时间代价,他们便可以让一个选民感到满意。在长年累月处理了数以千计的专案后,到了大选的日子,就可以带来丰厚的回报。当然,存在的风险通常是立法者无力解决选民的问题。不过,如果这种情况得到及时而有技巧的处理,从公共关系的观点看,这种专案作业仍然可以带来净收益。即使"顾客"没有从官僚机构手里得到他想要的东西,由此带来的公平对待感仍然大有帮助——尤其是在大选的日子里。

21

致布里斯托选民的演讲(1774)①

埃德蒙·伯克

诚然,先生们,与选民保持最忠诚的团结、最亲密的协作和最坦率的沟通,生活在这样的氛围中,作为一个代表,应当感到幸福与荣耀。选民的希望应当得到他的重视;选民的意见应当得到他的尊重;选民的事务应当得到他持续不断的关注。为了选民而牺牲自己的休息时间,牺牲自己的快乐,牺牲自己的需要;最为重要的是,在任何情况下,不会为了自己的利益而牺牲选民的利益,这是他义不容辞的责任。但他也不应当为了自己,为了任何个人,或为了任何一群人,而牺牲自己无私的观点、成熟的判断和进步的良知。他的这些观点、判断和良知,既不得自你们的愿望,也不得自法律和宪法;它们来自上帝的托付。如果他滥用了这种托付,他将为此深深自责。你们的代表有义务向你们回报的,不仅是他的勤奋,还有他的判断;如果他为了迎合你们的观点而牺牲他自己的判断,他这是在背叛你们,而不是服务你们。

我尊敬的同事说,他以他的意愿服从于你们的意愿。果真如此,实乃天真无知。如果政府所体现的是任何一方的意愿,毫无疑问,你们的意愿高于一切。但政府和立法机构体现的是理智与判断,而非意愿。这是一种什么样的理智呢?这种理智就是果断高于辩论;就是一群人周密计划,另一群人作出决定;就是作出结论的人与聆听辩论的人也许相隔三百英里。

所有人都有发表意见的权利,选民的意见更是有分量的、值得尊重的。对此,议员应当总是乐于听取,并应当始终抱着最认真的态度予以考虑。但是,把选民的意见看做是**权威性**的指令、**命令**,即使它与自己明白无疑的判断和良知相背驰,议员也必须盲目、绝对地服从它,投它的赞成票并为它辩护。在这个国家的法律中,根本未曾听说过此种事情。这种想法源于对我们的整

---

① 原文出自:Edmund Burke,"Speech to the Electors of Bristol", November 3,1774。

个宪政秩序及其性质的根本误解。

议会不是一个由具有不同或敌对利益的授权代表所组成的协调会(congress);在那里,作为代理人和代言人,每位代表都必须与其他的代理人和代言人相抗争以维护各自的利益。相反,议会是一个具备**唯一整体利益**的**同一**国家的**审议**大会;在这里,起主导作用的不应该是地方利益、地方偏见,而应该是源于全体人民的普遍理性的普遍利益。议员确实是由你们挑选的,但是,在你们把他挑选出之后,他就不是布里斯托的议员,而是**议会**的议员。如果某个地区的选民要求得到某种利益,或要求作出某种草率的主张,而且这样的要求明显与共同体其他地区的真正利益相对立,那么,来自这个地区的议员应当和来自任何其他地区的议员一样,尽其所能地不去执行这样的要求。请原谅我在这个话题上如此啰嗦。我情不自禁地一路说来,只不过我想利用这个机会与你们作一次恭敬而坦率的沟通。我,你们忠诚的朋友,你们忠实的仆人,终其一生也不会成为你们所期待的拍马溜须之辈。关于这一点说明,无论如何,我想我们几乎不可能存在任何分歧。也许,我可能给予你们的,不是太少而是太多的麻烦。

从我鼓起勇气寻求你们支持的那一刻起,直到今天有幸获得你们支持为止,除了谦逊而坚定地履行自己的责任外,我从未向你们承诺过任何东西。我坦承,责任之沉重,让我感到颤颤巍巍。认真考虑这种责任压力,无论是谁,首先的反应就是逃避,而极少可能积极而坦率地迎接挑战。我想告诉你们的是,成为一个好的国会议员,绝不是一件轻松的任务,尤其是在这种时候,社会中存在一种如此强烈的趋势,一种滑入奴性屈从或疯狂从众的危险极端的趋势。现在的我们构成了一座富裕的商业**城市**,而这座城市不过是一个富裕的商业**国家**的一部分,它的利益是变化的、多样的、复杂的。我们构成了这个伟大国家,然而这个伟大国家自身又不过是一个伟大**帝国**的一部分,由于我们的美德和运气,这个伟大帝国的疆域从最东端延伸到西边。只要有可能,范围如此广泛的所有利益都必须得到考虑,得到权衡,得到调和。我们构成了一个**自由**国家;我们大家一定知道,自由宪法的设计不是一件简单的小事,而是一件错综复杂、精巧细致的大事。我们生活在一个伟大而古老的**君主国**,我们必须虔诚地保护君主的正当合法权利,它就像一块拱石顶,将我们帝国那高贵且精刻的拱门与我们的宪法连成一座完整的建筑。在任何时候,权力制衡的宪法必然是最重要的事情。就此而论,我将竭尽所能、恪尽职守。我自知能力不足,因此希望得到来自各方面的支持。我特别渴望继续得到你们的友谊,继续发展与你们的和谐关系。

请允许我再一次向你们各位致谢。感谢各位绅士,感谢你们对我的支持;感谢各位候选人,感谢你们节制而有礼貌的举止;感谢郡长先生,感谢你给我,也给所有公职人员做出了榜样。

22

国会政体(1885)①

伍德罗·威尔逊

国会像一幅宏伟的画卷,画面上名人荟集,各种细节也是复杂醒目,单是一看,或者从某一个角度观察,是难以看得满意和理解清楚的。它的复杂形式和多样化结构,令人眼花缭乱,难以看清决定这些形式和结构的体制。这种体制也很复杂,不费一番气力,不进行细致而系统的分析,是不能理解的。因此,真正理解它的人寥寥无几,普通公众实际上被关在理解之门以外。受尊敬的人士在思考时一定思考具体实在的问题,他们能使事物与人脱离,但很少使事物离开难以捉摸的抽象概括。因此,如果国会有几个世界公认的卓越的权威领袖人物,他们在许多受到尊重的人士的心目中能代表并维护国家立法机关,那么就很有可能在不发生严重思想混乱的情况下使全国大多数人民遵从立法程序。我认为,几乎人人都重视英国的政策,甚至在诸如改革公民选举权以及其他类似的严格的立法问题上,人们想到的是格拉斯通先生(Mr. Gladstone)及其同僚而不是下院,而他们只是下议院的仆人。问题不是议会要做什么?而是格拉斯通先生要做什么?人们比较容易和自然地把德国的立法计划看作俾斯麦眉头一皱的产物而不是依靠国民议会的决定。虽然,事实上连大权独揽、不可一世的首相所提出的计划也必须经过它的同意。

但是,一般认为没有哪个伟大的部长或伟大的部能代表国会的意志和存在。众议院议长和任何议长一样处于近乎领导的地位,但是,他在立法上运用创立和强制的权力也不过是任命领导众议院工作的各个委员会。因此,公众认为,把一切立法都追溯到他的身上,是不能完全令人满意的。开始立法时,他可以进行控制,但是他坐在主席的位置上很少活动,显然没有置身于他

---

① 原文出自:Woodrow Wilson, *Congressional Government*, 1885。译文引自:《国会政体》,熊希龄等译,商务印书馆1986年版,第35—46页。引用时作了部分修改。

所主持的这个组织之中，也许不会使一般人认为，立法一旦生效后，他会非常迫切关心立法问题。大家都知道，他是一个党的坚定的和公认的成员。他会利用一切可能来为本党的立法铺平道路。然而，说一切重大措施皆出自他手，或者说他是每一项具体政策的制订者，似乎是不可能的。事实上他也不是这个角色。他是党的重要首脑，但议长这一正式职务的不利环境，使他不能发挥积极的领导作用。他任命众议院的领导人，而他自己却不是它的领袖。

众议院的领导人物是主要常设委员会的主席。确切地说，众议院有许多领导人，他们的数目和它的立法项目一样多。因为，有多少主要的立法类别，就有多少常设委员会。众议院在考虑每一立法问题时，都有一名专门领导人以常设委员会主席的身份进行指导，并监督有关这一问题的具体类型的措施。这种领袖众多的多头领导状况，把众议院搞得十分复杂，使那些不谙内情和不老练的观察者不能轻易弄清它的统治方法。因为，各常设委员会的主席们并不构成一个像内阁那样相互配合的组织。在采取相似的、相互有利的措施时，他们并不协商一致，也不想协调行动。各委员会自行其是。在众议院互不联系，因而也是紊乱、散漫和无系统的行动中，难以找到任何一致或方法。在各个委员会不时提出的议案中，也难以在各种措施中找到任何共同的目的。

不仅局外的普通观察者笼统地认为，众议院的活动显得手忙脚乱，没有可以理解的规则，即使议院内部的人通过公开会议细细观察其日常活动，同样感到不易立即理解。新当选的议员初次跨入众议院大门时，并不比他的选民更了解这里的规则和惯例。在宣誓就职成为这部庞大立法机器的一部分后，他发现自己来到一个陌生的、使人感到意外的环境，与他原来对国会生活形成的概念大相径庭，因此总是很难适应。的确，这位新议员在华盛顿的生涯里通常会遇到很多事情，即使不令人哀伤，也使人厌恶和沮丧。首先，他在联邦首都失去了他在地方上享有的声誉。也许他自己那个州的议员们认识他，把他作为同僚，其余的人除了知道他属于这个或那个党，或者是从这个或那个州新来的以外，一概不了解他。他发现自己的职位无关紧要，自己的身份并不引人注目。在某些圈子里，他作为一个本身并不能使自己出名的国会议员——因为他是许多议员之一——所蒙受的社会屈辱，也许不能与他在国会里必将遭受的屈辱和失望的痛苦相比，因为他必然发现，他在众议院里同样是无足轻重，毫无资格可言。任何人当选为一个拥有巨大权力和享有优越特权的机构的成员后，当然不愿看到由于强制性规定和先例而使自己的活动受到限制，自身受到压抑。而这些规定和先例似乎是专为限制成员们有效地发挥个人的能力这一目的而精心制定的。然而，新议员在众议院将会遇到这些东西。但这对他无关紧要，因为从表面上看这些规定和先例并非专为剥夺像他这样的新成员的特权而制定的，纯粹是出于事业上的明显需要。事实上他依然忍受这些规定的约束，直到使他感到"特制的帽子变成一种舒适的道具时"，他才欣然服从它们。

当然，并非所有新议员都得受这种难以忍受的纪律之苦，因为并非每一个新议员都是怀着老实认真、忠于职守的严肃目的来上任的。那些懒惰和放纵的议员迅速学会许多花招和遁词，并且用得得心应手。通过玩弄这些花招，他们很容易装出勤奋万分的样子，在竞选中即使不能完全取悦于选民，也颇能使人满意。但是真正无所事事、仅仅假装勤奋的议员可能为数甚少。绝大多数人无疑有高度的责任感和履行义务的强烈欲望，这可以理所当然地认为新议员们的热情一般是炽热而持久的。即使有些人开始没有热情，由于与这些规定发生矛盾，也很可能会变得热情起来，因为他们身受众议院种种苛刻的陈规陋习的束缚，最终必然会被激怒的。

新议员来到华盛顿时，常常代表某一具体的方针政策。他当选时，不是积极鼓吹自由贸易，就是保护贸易论的斗士。自然，他就职后首先关心的问题就是寻找机会尽早表明自己的观点并且寻找最直接的方法使自己的观点具体化，突然引起国会的重视。因此，当他发现自己既得不到这种机会又找不到这种方法时，就非常失望了。他可以提出自己的议案，但所能做的亦不过如此，并且只能在特定的时间以特定的方法提出来。这一点，如果他不谨慎，不事先了解提出议案的有关细节，就可能要吃点苦头才能懂得。在开始时可能有点冒失，他以为国会遵循的普通议事规则和他年轻时所熟悉的辩论俱乐部规则以及后来体验的群众聚会那种规则是一样的。他的议案无疑在大会初期就准备提出。于是，某一天，他利用会议进程的间隙（此时众议院似乎没有问题要讨论），站起来宣读自己的议案，并提出通过。但他发现要取得这个发言的机会谈何容易。肯定还有其他的人和他一样要争取这个机会。尽管议长一定会听到了他的请求，但是并没有过多地朝他示意，而是不假思索地批准了另一个人的请求，好像是理所当然的事，这就使他感到愤慨。如果他不服，坚持呼喊"议长先生"，也许可以引起那位大官对他片刻的注意——不过，只是被告知，他违犯了议事程序，他的议案只有在一致同意时才能提出。这时，会场上会立即响起机械的但是强调反对的呼喊声。他被迫坐下，十分狼狈和愤慨。他不知不觉在"事情的正常程序"这条道上使自己受阻,结果被压倒还不明白事故是如何发生的。

　　这位新议员由于在初次体验中感受到遵守规则——如果不是惧怕——的痛苦和狼狈,便想方设法调查研究,弄清自己的特权的性质和使用的场合。他明白,他唯一安全的一天是星期一。星期一那天要点各州的名,议员们在点到本州的名字时就可以提出议案。于是,在星期一他又一次与这些规则交锋。满以为这次有充分的把握,可是这或许又是不谨慎和不幸的过于自信了。如果他以为(如他自然的想象那样)将议案交给工作人员宣读后,他可以就它作点说明,于是便开始发表经过他深思熟虑的演说。他刚一开口,肯定又像第一次那样因为规则问题而被驳倒。议长的小木槌会立即专横地敲得冬冬作响。他被粗率地告知:没有安排辩论,议案只能交给有关的委员会。

　　这的确使人沮丧。这是他在委员会政体中上的第一课,教师的教鞭真使人痛苦。不过,他越早弄清常设委员会的特权和权力,就能越早看穿这些规则的奥秘和避免进一步接触它们引起争论的一面而造成的苦头。常设委员会的特权就是这些规则的始终。用一种不精确的比喻来说,众、参两院是采取一种称为"分解法"的奇特方式行事的。众议院实际上分成一些很小的单位进行审议和立法。没有时间讨论收到的全部议案,因为每次会议的议案都成千上万。即使时间允许,辩论和修改的一般程序是否足以将秘书办公桌上每周堆积如山的议案去粗取精,是值得怀疑的。因此,也没有人作这种费力不讨好的尝试。此项工作被分配处理,大部分交给构成众议院正规组织的四十七个常设委员会,还有一些交给为特殊的临时目的而任命的小型特别委员会。星期一,议案像雪片般飞来,每一份都由秘书念两遍"第一遍,第二遍"——其实只是随便念念标题,在大家默认的情况下通过它的第一道正式程序,目的在于使它达到提交的适当阶段,不经辩论交给有关的常设委员会。实际上,任何议案都要提交到委员会,那些由委员会本身提出的议案当然除外;另外,时常还有少数议案根据搁置规则以三分之二多数票通过,也不必转交委员会——虽然一项议案的正确处理往往不是容易决定的。除了庞大的筹款委员会和同等庞大的拨款委员会外,还有银行和通货、所有权、商务、公共土地、邮政和邮路、司法、公共开支、制造业、农业、军事、海事、矿业、教育和劳工、专利等等常设委员会,以及几十个同立法有关的分支机构。然而,尽管立法项目的门类分得十分细致(这些委员会的名称可以说明),但是每一具体议案究竟应该送交哪个委员会,往往并不明确。许多议案可以认为既适合于这一个委员会的职权范围,也适合于另一个委员会的职权范围,因为这些委员会受托负责的各类事情之间,并没有严格明确的界线。它们的职权范围有很多重叠之处,而且常常发生宣读的议案的内容正好相同的情况。提交这种议案经常引起激烈而有趣的冲突。大家竞相争取,在它们应该作何必理问题上,不同的动议打乱了正常的、平静的按部就班的规则。一份"确立美国太平洋铁路与中太平洋铁路的车费的最高收费率"议案,应该交给哪个委员会,是商务委员会,还是太平洋铁路委员会。一份禁止邮寄某些信件和通知的议案,应该交邮政与邮路委员会(因为议案与邮政有关),还是应该交司法委员会(因为议案视违抗禁令为犯罪行动),如何适当处置那些似乎属于两个职权范围明显不同的委员会的议案呢?

议案提交后,其命运一般就算定了。一般而言,一份提交的议案就是一份命定的案。它从秘书的办公桌来到委员会的办公室,可以说是经过一条唉声叹气的议会之桥,来到一间阴暗沉寂的地牢,再也无望由此退还了。无从知道它死难的方式和时间,它的朋友从此永远再看不到它。当然,没有哪个常设委员会有权滥用众议院授予它的权力,正式强硬地拒绝一份提交给它的议案。如果它不赞成这份议案,也只能以建议的形式报告众议院,说这份议案"通不过"。但是,让委员会会议不就那些被认为应该反对或不重要的议案向大会提出报告,而代之以委员会自己起草的议案,这样做是容易的,因而也是普遍的。于是,成千上万份议案随着每届国会的期满而无效,虽然没有遭到否决,但是受到了忽略。甚至连对它们提出报告的时间也没有。

当然,不言而喻,众议院各种委员会的实际作用是,根据适于由各常设委员会考虑的问题,将立法的全部指挥权交给它们。对于这些问题,一个委员会有动议权,并且所有与这些问题有关的立法活动,都在它的绝对领导之下。它为众议院的决议提供雏型和程序。不过,它的主动权在一个方面也受到了限制。"根据规则或其他方面",即使常设委员会也不能就一项不是众议院交给它办理的议案提出报告。它不能就没有向它征求意见的问题自愿提出意见。但是,这对它的建议职能和领导职能并不是一种严重的、甚至不是一种有效的限制。因为,如果它想使某一提案引起众议院的注意,而请众议院将这一议案提交给它,那是一件很简单的事。该委员会主席或某个主要成员,拟定一个包括委员会希望提出立法的那个问题在内的议案,在星期一进行各州点名时,以委员会委员个人身份将议案提交自己的委员会,这样就得到了为此议案提出报告的机会。

正是常设委员会的这种专横权威,使新议员试图在众议院的事务中发挥积极作用时受到阻挠。无论他改变什么方法,总有委员会的某些特权挡住他的路。制定这些规则,就是要把一切事务置于它们的控制之下。随着新成员出席的第一次大会接近尾声,他肯定会发现,尽管他作了很多努力的尝试和认真的冒险,但在他们统治下的自由辩论中他得不到参加辩论的机会,他迟迟未能发表的演说始终不能发表。甚至一届为时很长的国会,也很少有时间充分考虑四十七个委员会的全部报告。如果要想在休会前把大部分必要的事情办完,就这些报告进行的辩论即使不能完全取消,也必须坚决地缩短。对某些问题,众议院必须经常予以迅速的注意,因而印刷委员会和选举委员会的报告总能随时得到安排;对某些问题则必须予以周密的考虑,因而筹款委员会和拨款委员会永远享有额外的特权。对税收和供应议案在任何时候都可以提出报告,一般都能得到考虑。但是,仅仅这四个委员会享有这种特殊的优待,其余的委员会则只能按固定的顺序听候议长呼叫到它们,满足于利用这四个享受最高特权的委员会的剩余时间。……

  这些是规则中的一些比较清楚之处。对于无经验的人来说,它们仍然扑朔迷离、复杂万分。实施这些规则,比规则本身还要使人感到紊乱,因为正常的议事程序经常受到"一致同意"的决议案和根据"暂停规则"而提出的议案的干扰。尽管如此,显然有一条原则贯穿整个程序的每一阶段,从未遭到否认或废除——这条原则就是:委员会的裁定不受任何阻碍。这是一条极其有力的原则,它是产生一切立法的模型。首先,在委员会领导下的议事速度决定所属立法的性质和讨论的数量。众议院意识到时间的紧迫性,知道就是赶快也难完成大会任务的八分之一,停下来作冗长的辩论,只会使事情越积越多。此外,大多数议员个人都盼望对那些悬而未决的议案加快处理。因为每一名众议员都是一个或更多的常设委员会委员,自然都希望大会对他所属的委员会准备的议案尽早听取意见和进行表决。这些议案由于他不得不予以具体关注的理由而自然与他休戚相关了。于是,不可避免地要出现这种情况:无论何时,正在发言的委员会就是那个希望在情况允许的条件下尽可能简单地处理自己的多数提案的委员会,以便其他四十二个没有特权的委员会(大多数委员会是这样)能得到较早、较充裕的听取意见的机会。另外,发言的这个委员会也乐于大多数来催促它。它也许已准备了好几个议案,正希望在它发言的那个短暂机会过去以前,将它们都处理完毕。

  结果,在众议院形成一条惯例:给予负责考虑该议案的提出报告的委员会委员一小时的发言权,这一小时成了主要的辩论时间。作报告的委员会委员很少把这一小时全部用于开场白。他只占用一部分,剩余时间仍然由他控制,因为不论他是否在发言,这个时间由他处理,是他的不容争议的特权。在

第六章 ◎ 立法机构与政策制定

这一小时里,除非他本人同意,不能提出修正案。他当然不会不加区别随便让那些希望发言的人占用他的时间。他的确保持应有的公平,对他负责的那项议案的反对者和赞成者同样作出让步。但是,一般说来,没有事先得到他的同意,就不能占用他的发言时间。获得发言机会的人,一定不能超过答应给他的讲话时间。他就是这样像个高明的战术家小心翼翼地将辩论和修正的进程置于自己的监督之下。在一小时快要结束他将最终放弃发言之前,他肯定会提议就以前的议案进行表决。忽略这一点,等于丧失他对议案的全部控制,因为如果以前的议案不表决,辩论就会随心所欲地进行下去,而他的委员会企图将全部议案处理完毕的机会就会完全错过。他自己也就毫不体面了。他只需提出就可以解决这个问题,因此更该受到指责。如前所述,众议院同他一样,很希望问题从快处理,会同意他可能提出的任何限制讨论的要求。不过,如果他放松对讨论的控制,它就藐视这位主管者,并放任地进行下去。一旦对提出的问题进行表决,就排斥了一切修正案。这位有特权的委员会委员在最后投票表决和议案得到处理以前,仍有一小时可用来总结。

这就是使新议员感到迷惑和惊愕的那些惯例。当新议员最终弄清了这些惯例时,他才找到对一度如此可恨似乎又无法摆脱的事实的解释:为什么在他最初站起来要求发言而议长却不动声色地让他之后站起来的人发言。当然,现在清楚了,议长先生事先知道正在发言的委员会的代表已经同意让谁发言,别人再怎么迫切要求允许发言亦无济于事。谁要是希望发言,假如有可能,就得在委员会对议案听取意见以前,作出安排,并且注意关照议长先生给他几分钟的发言时间。

无疑,除了有趣以外,这是一种限制辩论、加快立法活动的非常新颖而且有意义的方法———一种十分重要和具有深远的宪法影响的方法。盛行于立法会议的辩论活动,对于一个自治的民族来说,是至关重要的。因为不经立法机关充分讨论的立法实际上不是光明磊落的立法。对国会本身来说,要明智地处理它如此匆忙处理的问题,是不可能的。选民们不能理解为什么国会不能停下来仔细考虑一下。委员会明显的优点不仅仅表现在方便的分工。作为一个整体,国会只处理它的一部分事务——它包括在税收和供应等特殊的项目内。众议院不经适当审议,从不接受筹款委员会和拨款委员会的提案;但是它几乎让所有其他常设委员会实际为它立法。形式上,委员会只能细心地汇集和整理各个议员提交的各种问题,经过彻底地调查和研究,最后交众议院审议通过。但是,实际上它们提出该采取的方针,不仅为众议院制定决议,而且还根据自己的意愿,估量辩论和审议的时机。众议院开会,并不是为了要认真讨论,而是要尽可能迅速地批准委员会的决议。它的立法在委员会的办公室产生,不是由多数人决定,而是根据少数特殊任命的人的意志。因此国会开会不过是装装门面,而国会在委员会的房间里才正式工作,这种说法并不太脱离事实。

23
可爱的议员与讨厌的国会(1979)①
格伦·帕克 罗杰·戴维森

在过去的十年中,人们目睹了不断蔓延的对现存政治制度的公开嘲讽。有可靠的证据显示,政治疏远是一种相当普遍的现象,它遍及所有国家,并将有关政治制度和政治权威的合法性这个根本性的问题摆在了人们面前。

在对美国政治制度的批评中,一个重复出现的主题便是公民对政府无能的沮丧感。在西摩·李普塞特(Seymour Lipset, 1963: 64—70)看来,这种沮丧感会危及一个国家的政治稳定。费利克斯·弗兰克福特(Felix Frankfurter, 1930: 3)则将大萧条时期对政府的不信任描述为一种征兆,即人民普遍感觉政府没有能力满足现代社会的需求。在更晚近大概也是更良性的时代,莫里斯·罗森伯格(Morris Rosenberg, 1951: 14)声称,政治"与人民甚少相干,因为它带给他们的实在太少",政府行为被很多人认为"与他们的生活不相干"(1954: 364)。对待政府的如此态度,可能会影响政治官员的公众形象。威廉·米切尔(William C. Mitchell, 1959: 693)指出,事实上,人们并不将这样的官员视为执行关键性服务工作的人,因为在他们看来,政治本身的功能就不是提供社会贡献。

公众对政府表现的看法包含三个方面的内容:信心、影响与评价。**信心**反映的是社会个体对政治官员的行为和/或政治制度的信任程度;政府表现的**影响**可以根据政府行为影响个人生活的可感知范围来测量;**评价**是指个人对这种影响所作出的明确的价值判断。在本文的研究中,我们关注的是上述第三项内容,即公众对作为一个政治机构的美国国会的评价。

---

① 原文出自:Glenn R. Parker and Roger H. Davidson, "Why Do Americans Love Their Congressmen So Much More Than Their Congress?" *Legislative Studies Quarterly*, IV, 1, February 1979。

公众评价的结果以及公众评价行为本身无疑都十分重要。不过,在报道公众观点时,我们总是经常忽略了公众判断的基础,亦即个人赖以形成其评价的标准。因此,本文的研究目的是描述人们用以评价国会及其成员的标准,并仔细分析公众的反应类型,以便对产生正面评价的那些标准之间的相似性作出精确的测量。

本文的结论是基于全国人口抽样的舆论调查(Harris, 1968; U. S. House of Representatives, 1977)。我们尤其感兴趣的是从两项涉及国会及其议员评价的非限制性调查项目中得到的回馈意见。在这两项调查中,受访者首先被问及他们如何评价国会的表现——很好、好、中或差;然后被问及他们是基于何种标准作出评判的;在访谈的后一阶段,调查人员运用同样的问题来确定受访者对众议院议员的表现的判断。非限制性问卷调查所具有的多项选择性,使受访者有机会提供尽可能多的评判标准。调查结束后,研究人员根据受访者主动提出的评判标准,以及在可辨别的情况下,根据反应的满意或不满意性,对回馈意见进行编码和分类。①

分　析

国内政策是人们在评价国会时最经常提到的评判标准(见表 1)。尽管国内政策的集中度自 1968 年底以来显得有所下降,但它仍是国会评价中最经常提到的依据。与国内政策相关的效价(valence)最近几年也出现了变化。1968 年时,在国内政策上,选民的态度几乎平分秋色,一拨对国会行为表示满意,另一拨则对国会行为表示不满;到 1977 年时,国内政策对国会行为所产生的负面效果相当显著,在将国内政策作为国会评价基础的受访者中,有 93% 的人对国会的表现作了负面评价。

1968 年底,国会的声望因越南战争问题的突显而遭受重挫:在将外交政策作为国会评价基础的受访者中,将近 2/3 的人作出了负面评价。若干年后,由于美国没有卷入重要的对外战争,所以在对国会进行评价时,很少有人将外交政策列入考虑。随着越南战争和其他外交冒险行为开始从媒体的视线和公众的意识中淡出,国内政策冲突获得了公众更高程度的关注。白宫和国会之间的意识形态分歧与党派分歧,使"权力分配"问题所固有的冲突开

---

① 有关 1977 年调查中的非限制性国会评价问题的资料来自 U. S. House of Representative(1977)。为了提高数据的可比性和突出国会评价样本,我们根据 1968 年资料所使用编码类别对这些资料进行了重新编码。

始突显。由此而产生的政策效果给国会的表现带来了负面的评价：1977年，在那些将立法与行政关系作为国会评价基础的人当中，有3/4的人对国会作了负面评价。

在国会评价中经常提到的另一项基本内容，是立法过程的风格与步调。事实上，作为国会评价基础的国会环境，其显著程度开始出现增长：1977年，有超过1/3回馈意见提及国会环境，这些意见几乎都是负面的。似乎很明显的是，和立法与行政关系相似，国会环境问题倾向于增加人们对国会的负面评价。

表1 国会评价的基本要素（按百分比）

评价的基本要素	1968* 回馈意见百分比（样本数：1370）	满意	不满意	1977** 回馈意见百分比（样本数：1813）	满意	不满意
政策	51.8			30.8		
国内	46.3	54	46	30.1	7	93
外交或国防	5.5	35	65	0.7	100	—
立法与行政关系	6.5			19.6		
总统的支持	3.1	72	28	—	—	—
总统的反对	3.4	56	44	19.6	25	75
国会环境	16.0			37.1		
国会的风格与步调	10.2	38	62	23.1	30	70
国会的伦理	2.4	—	100	4.9	—	100
国会的私利	3.4	—	100	9.1	—	100
群处理	4.2	66	34	1.4	50	50
其他	6.4	27	73	8.4	33	67
限选性问题的重复	12.0					
不知道或不确定	3.0			2.8		
总计	99.9			100.1		

* 问题："你如何评价国会在1968年一年中的工作表现——很好、好、中、差？你为什么会有这种感觉？原因何在？"

** 问题："你大体上如何评价整个众议院在过去2—3年中的工作表现——你认为他们干得很好、好、中还是差？你为什么会有这种感觉？原因何在？"

各种评判标准的显著程度越高，人们对国会的评价也往往趋于负面，这一点并不让人感到意外。在媒体和公众看来应当由国会承当责任的政策和问题，其范围之广、数量之多，造成了大量的机会使公众得以产生对国会表现的不满情绪。笨拙的立法过程，常常给人造成一种拖拉和不作为的印象，这可能是宪政体制的一种必要的恶,但它却不是一种能够迎合公众心意的机构品质。更为重要的是,国内政策和立法环境两者都属于公众在国会评价时最经常提到的基本内容。简而言之,公众最为关注的东西,似乎也往往是那些最容易对国会表现形成负面印象的东西。

国会评价的标准与那些用以评价国会成员的标准很少相同。对众议院议员的评价往往基于选民服务(constituency service)和个人品质(见表2)。另外,这些评价标准往往倾向于给在任的众议院议员脸上增光:关于这些在任者,人们听说(或记住)的大多数内容都是些让人感到满意的东西。事实上,关于在任者表现的评价标准,人们最经常提到的是这些众议院议员的声望:超过70%回馈意见涉及在任者的选民服务或个人品质。

表2 国会议员评价的基本要素(按百分比)

评价的基本要素	1968* 回馈意见百分比(样本数:1258)	满意	不满意	1977** 回馈意见百分比(样本数:1232)	满意	不满意
政策	11.2			3.0		
不明确所指	7.9	69	31	1.5	—	100
明确所指	3.3	46	54	1.5	—	100
选民服务	49.8			37.7		
选区服务	28.1	74	26	13.3	100	—
对选民的帮助	2.1	100	—	12.6	100	—
直接付款	2.7	91	9	3.7	100	—
选民告知	16.9	18	82	8.1	82	18
个人品质	26.9			35.6		
个性特征	16.5	84	16	6.7	100	—
声望	9.4	95	5	28.9	67	33
私人交往	1.0	—	—	—	—	—
群处理	6.4	58	42	3.7	100	—
其他	0.3	50	50	10.4	57	43
限选性问题的重复	2.7					
不知道或不确定	2.7			9.7		
总计	100.0			100.1		

* 问题:"你如何评价你在华盛顿的国会代表在关心本选区方面所给予的服务——很好、好、中、差?你为什么会有这种感觉?原因何在?"

** 问题:"你大体上如何评价代表本选区的国会议员在过去2—3年中的工作表现——你认为你的国会议员干得很好、好、中还是差?你为什么会有这种感觉?原因何在?"

相反,人们很少将政策行为作为国会议员的评价标准。对于众议院议员来说,这可能是他们的福分,因为这些与公共政策有关的评价往往负面的。政策类标准的很少使用,以及对个人品质和选区服务的强调,使在任者的正面评价得到了提高,因为后一类因素很少会产生负面影响。总之,由于使用的标准的不同,因此,对国会的评价与对国会议员的评价倾向于产生不同的效价。人们倾向于认为国会应当对公共政策以及立法环境的管理负有责任,而对国会议员的评价则是根据他们的个人品质或选民服务。

结 语

很显然,在对国会和国会议员的评价上,人们使用的标准相当不同。更为重要的是,**一个人所使用的评价标准影响他的评估特征:某些标准与正面评价关系紧密,而另一些则与负面评价相一致**。也就是说,人们对国会行为的某些特征的关心和关注,会影响他们对国会工作表现的评价。很显然,人们对国会议员的评价更多的是根据他向选区提供的服务,而不是根据他与公共政策的关系;更为重要的是,一般情况下,选民对这些服务的感知都是满意的。因此,毫不奇怪的是,国会议员们非常关注选民服务,因为这可以给他们带来积极的印象。与此同时,人们对国会的评价则更多的是根据它的政策行为,而这种政策行为又倾向于导致对该机构的混合(或负面)评价。

这些结论有助于我们理解理查德·冯诺(Richard F. Fenno, Jr.,)所提出的悖论:为什么我们在国会和国会议员的喜欢程度上会存在如此大的反差?他问道:"如果我们的国会议员真正如此好,为什么我们的国会如此差劲?在由这些人组成的这个机构中,我们的判断为什么会存在如此大的反差?"(1975:278)

对这种反差的一种可能解释是,人们不过是运用了不同的标准来评价国会机构和立法议员。冯诺的推测是(1975:278—280),人们根据个人风格和政策观点对立法议员作出评判。就个人风格而言,我们期待立法议员对选民表现出一种关切的态度:经常光顾选区;通过媒体与选民保持联系;致力于地方性的项目和选民的个人专案。至于政策观点,我们仅仅要求我们的立法议员不要过于偏离多数选民所表达的准则。

冯诺的推测得到了我们的数据的支持,这些数据进一步指出,个人风格的考虑因素是如何取代政策关注的优先地位的。在解释自己如何评价国会议员时,即便最乐观的估计,也只有不足15%的受访者提到了政策因素。若非明确所指,这些政策因素倾向于对在任者产生满意的评价。对于在任者而言,幸运的是,在评价议员的工作表现时,选民很少提到具体的政策因素——事实上,选民也很少提到其他政策因素。

相反,在评价国会的表现时,人们明确地要求国会承担起解决全国性问题的任务。与对国会议员的评价标准相比,这是一项风险程度高得多的工作,因为事实上,许多问题是不可能在全国范围内解决的;况且即便解决了,我们怎能确认这样的事实?我们看到,在评价国会时,受访者最经常提到的是政策因素而非其他因素。在20世纪60年代末,国内政策因素倾向于产生满意评价,而对外政策因素导致批评性评价的比例则接近2/3。十年之后,两者的效价发生了逆转。人们对于立法与行政关系的看法则是混合的:一些人希望国会排在总统的后面;另一些人则希望国会抵制白宫的主动权并扮演"看家狗"的角色。最关键的是,关于国会山的所见所闻,人们得到的几乎都是负面信息。丑闻和受贿是立法机构最明显的特征;而专长和勇气则很少为公众所了解。

简而言之,关于为什么我们"如此喜欢我们的国会议员"同时却对作为一个机构的国会诋毁有加,现有的数据提供了有说服力的证明。对国会议员的评价,所依据的是他们的个人风格和选区服务——对于这些品质,选民很少能够将自己的国会议员与其他的国会议员进行对比;然而,对国会机构的评价,在很大程度上是基于公共政策——这些政策往往难以处理且容易引起分裂。

我们已经看到,公众对国会议员和国会的评价前提存在着明显的不一致。鉴于这种不一致,国会在任者强调选民服务并要求配备必要的工作人员和额外津贴以从事这些服务,是完全理性的。从历史上看,通过提供选民服务和扮演地方保护主义的立法角色,美国众议院议员一直具有坚实的草根基础。关于这一点,没有什么新奇之处:事实上,众议院就是按这种运作方式设计的(韦斯伯里诉桑德斯案,1964)。国会问题的研究人员甚至认为,立法者的角色近来比较明显地转向了选民服务的方向。弗罗林如此表述(Florin,1977:61):

> 国会议员越来越频繁地回到家乡,拥抱亲属,到处走动。他们正在建立一种个人支持的基础,一种依赖于个人联系和个人好感的支持基础。

从20世纪60年代中期开始,这种强调多跟选民走动的风气就开始出现,它至少与一代人或两代人之前众议院中普遍遵循的某些规范形成了鲜明的对照。

即便多跟选民走动的这种风气得到了人们的勉强认可,这里仍然存在一个因果关系的问题:在建立选民沟通和选民服务的机制上,立法者的目的,主要是图谋再次当选还是仅仅在对他们所认为的公共需求作出回应?

这一问题或许永远不可能有确定的答案。但我们最起码有必要仔细回顾一下与国会的目前状态有关的事情进展,并特别关注整个60年代的变化。为了弄清楚立法者和选民在此期间的思想状态,我们应当对调查资料进行重新分析,尽管根据这些资料我们能够得到的只是一幅不完整的、不确定的画面。

关于公众对立法者的表现的期待,在这一点上,目前的结论并没有多少可以质疑的地方。资料显示,公众对国会的期待是含糊不清的,是与一般化的政策以及国会行为风格绑在一起的,而他们对于自己的国会议员的期待却是具体而明确的。人们在相当大的程度上是根据选区服务和与选民沟通的方式来评价国会议员。正如在任者相当高的再次当选率所表明的那样,国会议员在这方面工作的成功表现,往往能够获得选民的慷慨回报。除此之外,对选民的这种判断还隐含着某种惩罚:与选民缺乏接触或全神贯注于全国性事务的立法者,可能会遭受支持率下降甚至被竞争者击败的惩罚。只需少许的这种"教训",就足以引诱其他的立法者调整他们的工作优先顺序,因为他们毕竟属于政客。

因此,有没有可能是公众的期待而非立法机构的怂恿,导致了这种官僚政治现状——以选民为导向制定政策——的产生?如果是这样,我们就有希望对当下流行的一种看法作出修改,这种看法认为,国会议员应当为当前的事态承担责任(Florin, 1977: 3)。公众的思想状态或许才是华盛顿现状的关键所在。如果这种现状不是由公众引起,他们至少也一直鼓励和支持这种状况,并很可能继续这样做。

参 考 文 献

Fenno, Richard F., Jr., 1975. "If, as Ralph Nader Says, Congress Is 'The Broken Branch,' How Come We Love Our Congressmen So Much?" in Norman J. Ornstein, ed., *Congress in Change: Evolution and Reform*. New York: Praeger, pp. 277—287.

Fiorina, Morris P. 1977. *Congress: Keystone of the Washington Establishment*. New Haven: Yale University Press.

Frankfurter, Felix. 1930. *The Public and Its Government*. New Haven: Yale University Press.

Harris, Louis & Associates. 1968. Study No. 1900, contracted by Roger H. Davidson, under a grant from the Committee on Governmental and Legal Services, Social Science Research Council.

Lipset, Seymour M. 1963. *Political Man*. New York: Anchor Books.

Mitchell, William C. 1959. "The Ambivalent Social Status of the American Politician", *Western Political Quarterly* 12 (September, 1959): 683—698.

Rosenberg, Morris. 1951. "The Meaning of Politics in Mass Society", *Public Opinion Quarterly* 15 (Spring, 1951): 5—15.

——. 1954. "Some Determinants of Political Apathy", *Public Opinion Quarterly* 18 (Winter, 1954): 349—366.

U. S. House of Representatives, Commission on Administrative Review. 1977. *Final Report: Survey Materials*. H. Doc. 95—272 (95th Congress, 1st session): Vol. 2, pp. 817—819.

复习思考题

1. 埃德蒙·伯克为什么主张当选议员应当通过自己的最佳判断而不是通过迎合选民观点来代表选民？你是否愿意你的当选代表遵循柏克的建议？
2. 美国国会是否仍如伍德罗·威尔逊于1885年时所描述的那样通过国会委员会制度来运作？如果这篇经典文章的作者不是一位"未来的"总统，它是否还值得阅读？
3. 关于公众在对待国会议员和整个国会的态度之间的明显矛盾，格伦·帕克和罗杰·戴维森是如何解释的？你是否喜欢你的国会议员甚于喜欢整个国会？

第七章

行政部门与政策执行

政策执行是将政府项目付诸实施的过程;是将合法的命令,无论是行政命令还是已通过的法令,转化为提供服务或创造物品的适当的项目指令和项目体系的总体过程。作为公共行政的实施部分,政策执行在本质上是一种政治过程。建筑师常说"上帝位于细节之中"。政策执行同样如此,它的要旨亦在细节之中。法律虽经通过,但在付诸实施的过程中,仍需作出大量的次要决策,这些决策不可避免地会使该法律产生变化。按照卡特总统的国家安全顾问布热津斯基(Zbigniew Brzezinski)的说法,"政策制定者被淹没在事件和信息之中……大量的决策由官僚机构在政策执行阶段作出,且常常受到官僚机构的扭曲"。"扭曲"是一个刺耳的词汇,它隐含着故意改变之意。不过,大多数行政机关的政策执行者是诚意作为的,很少存在故意扭曲的情况。尽管如此,摩擦仍然大量存在。其含义是,一项大型的活动,不管规划得多么精良,客观存在的延迟、误解等,会使可预见的执行情况难以尽善尽美。既然军事冲突都事出有因,摩擦也必然成为公共行政与国际事务管理中普遍认可的现象。

虽然政策执行明显地属于公共政策与公共行政的核心话题,但人们对它的自觉研究却是晚近才发生的事情。将政策执行视为公共行政的一个新的研究焦点的第一部代表性作品,是杰弗里·普雷斯曼(Jeffrey Pressman)和艾伦·威尔达夫斯基 1973 年对加利福尼亚州奥克兰市的联邦政府所作的研究。他们的研究计划的完整标题本身就可以告诉我们其中的部分内容:执行——华盛顿的殷殷期望是如何在奥克兰市落空的;或者,为什么说联邦计划的奏效是一件何等稀奇的事情;听两位在希望的废墟上寻求道德建设的富有同情心的观察者讲述一个关于经济发展管理的传奇故事。普瑞斯曼和威尔达夫斯基在这本标志性的作品中所讲述的东西,似乎显得有些过于简单化——政策规划与分析没有考虑到执行的困难。该书的目标是关注如何实现政策制定与政策执行之间的更紧密联结。它的出版导致了大量作品的问世,这些作品致力于解释政策分析如何实现这一目标——说句公道话,这一目标至今还有待全面实现。

普瑞斯曼和威尔达夫斯基将执行定义为"目标确立与适合于达成该目标的行动之间的一种相互作用的过程",以及"在因果链条的延续关系中稳步前进以获取预期结果的能力"。这一定义唤起了人们对于目标确定与目标实现之间相互作用的关注。它有助于澄清这一事实,即政策执行在本质上是一种政治过程,在这一过程中,以政策执行名义而发生的行为决定着谁从政府中得到什么,什么时候得到,以及如何得到。与立法者一样,行政人员以及在政策执行过程中与之发生互动关系的行政相对方,同样有能力左右政府项目的目标,有能力影响政府项目的输入与输出。在政策执行过程中,行政人员、利益集团以及持不同价值观的其他行动主体,会动员各自的权力资源,相互结成同盟,有意识地谋划策略,并投身于志在必得的策略行动。尽管这种情境或许不同于国会或其他立法机关之所见,但政治过程的基本内容却是相似的。

行政部门是政府中负责项目执行的机构。不过,所有政治行政官,不管是市长、州长还是总统,都不可能独自应付这一任务。他们需要参谋。不管是作为个体还是官僚庞然大物,参谋的工作就是协助直线管理者履行职责。在通常情况下,参谋人员或参谋机构没有决定权,无权指挥或控制组织活动。更准确地说,他们的作用仅限于向行政官和直线管理者提供建议。如果参谋人员的建议与有据可证(通过学历或以往成就)的专家意见受到同等重视,在这样的程度内,他们的建议更有可能受到采纳。参谋起源于老将军身边的年轻助手。人们当初之所以称这些人为"参谋"(staff),是因为这些年轻助手在撤营时扛着将军帐篷的杆子(posts or staff)和绳索(ropes)。即使到了今天,军队参谋官的肩章上还保留着绳状的穗带。

尽管总统们有私人秘书作为助手,有家庭服务人员作为随从,但是直到二战前,总统机构从专业参谋人员那里获得的帮助一直很有限。转机的推动力来自总统的行政机关管理委员会(1936—1937),亦即公众所熟知的布朗洛委员会。该委员会的主席是刘易斯·布朗洛(Louis Brownlow, 1879—

1963），一位城市管理发展领域中的主要代表人物。委员会的其他两位成员分别是查尔斯·梅里亚姆（Charles E. Merriam，1874—1953），芝加哥大学的一位政治科学家，和卢瑟·古立克（Luther Gulick，1892—1993），纽约公共行政研究所的创始人。

罗斯福新政期间，政府的活动范围迅速扩张，政府疲于奔命而无暇或疏于对自身的规划。人们普遍认为，当时的许多组织设计，因构思不良和执行不力，在经济上和效果上皆存在严重问题。这些不良的组织设计常常表现为行政机构与立法机构之间存在的严重的政治矛盾。总统办公室和国会对此问题都有不可推卸的责任，因为两者往往都基于政治目标而将政府项目安排给新的组织或机构，在这样做的时候，他们都缺乏管理方面的审慎考虑。布朗洛委员会在报告中提到了总统和国会围绕组织控制权而发生的持续争夺。该委员会从管理角度提供了政府组织的第一份正式评估报告。

布朗洛委员会于1937年1月将报告正式提交给罗斯福总统。该报告的核心建议相当简单，它的要点包括："总统需要帮助"；他身边的助手们必须"甘于置身幕后"。随着公众越来越认同这样的看法，即现代总统应该自己准备演讲稿，最近几年，总统幕僚人员甘于幕后的热情似乎有所消退。

该委员会建议对整个行政部门实行重大改组。经总统同意后，该报告作为立法议案于1938年被提交国会审议。但是，由于对1937年总统与最高法院之间的权力之争存有反感，也由于担心总统权力过大，国会否决了该议案。在对议案内容作出重大调整后，总统于第二年再次将之提交国会审议，国会这次正式通过了1939年《政府改组法》（Reorganization Act of 1939）。该法设立了一个总统执行机构；将预算局（即后来的预算与管理局）从财政部迁移到总统执行机构内部；授权总统制定政府改组计划，但国会保留对总统计划的否决权。

尽管布朗洛委员会的主要建议当初曾引起过广泛的争议，但随着时间的流逝，布朗洛报告、总统执行机构，以及该委员会的许多其他建议已经得到了社会的普遍认可。在当时的环境下，对于允许行政部门拥有太多权力，哪怕这种权力的拥有是基于更理性地执行政策的良好愿望，国会依然存在戒心，这是很自然的事情。20世纪30年代末，欧洲（在德国、意大利、西班牙等国家）充斥着独裁者的身影，这些独裁者的可怕例子告诉人们，当行政部门拥有太多权力时会有怎样的事情发生。由此可见，国会对总统的不信任，不是没有道理的。毕竟，总统不是刚刚还试图控制最高法院吗？谁应当拥有对政府机器的控制权，是行政机构还是立法机构，这样的争议之声，依然回荡在总统与国会之间围绕政府规模与政府范围而展开的预算斗争之中。布朗洛报告的基本介绍及其关于白宫职员部分的讨论，均被本书收录。

鉴于权力制衡与权力平衡的宪法安排，政治行政官，不管是市长、州长还是总统，他们的正式职权从本质上来讲都是软弱的。哈佛大学政治科学家理查德·纽斯塔德（Richard Neustadt, 1919—2003）在其经典著作《总统的权力》一书中，对与政府项目、计划和政策创议的实施有关的执行权的软弱与模糊状态，进行了分析。该书出版于约翰·肯尼迪总统上台执政前夕的1960年，被认为是当代马基雅弗利专为美国总统所写的新版《君主论》（1532），该书对总统权力的理解赋予了新的内容。纽斯塔德强调，权力运用的内涵远比职位拥有、角色扮演或者地位身份更丰富。它是一种"说服力"。仅仅作为一名官员，总统的权力实在太弱，为了切实履行职务，他或她必须试图说服其他重要的政治行动主体，尤其是国会议员，使他们相信，白宫希望他们做的事情和他们的责任要求他们所做的事情是一致的，符合他们自己的利益和意见。

纽斯塔德得出的结论是，总统的说服力在很大程度上取决于他的谈判技巧、职业声望和社会威望。总统在民意调查中的支持率越高，他的职业声望就越高，影响他人的能力也越强。反之亦然，总统的民意支持率越低，他的谈判实力也越弱。这就是为什么尼克松总统和克林顿总统在任期的最后两年会成为跛脚总统的原因所在。丑闻缠身的两位总统，由于他们自己的错误行为而失去了总统的传统声望，已无力充分发挥其作为首席说服者的作用。

但是，一位总统的公众声望不管多么低，他仍然可以发布命令和指示。事实确实如此。然而，在这种情况下，总统的一个命令往往意味着一次说服的失败，一次熟练运用总统权力的失败。纽斯塔德提供了三个这方面的重要例子：（1）朝鲜战争期间，杜鲁门总统因麦克阿瑟将军公然违背总统的军事政策而不得不解除其职务；（2）由于钢铁工人的罢工将影响朝鲜战争的武器生产，为了阻止钢铁工人的一次罢工，杜鲁门总统不得不命令政府接管这些钢铁厂；（3）艾森豪威尔总统不得不派遣联邦军队进驻阿肯色州的小石城，以取消当地中学的种族隔离做法。在以上三个案例中，总统分别遭遇了如下失败：（1）说服麦克阿瑟将军闭嘴；（2）说服钢铁厂的工人与管理方达成协议；（3）说服阿肯色州的州长调用地方警察力量执行联邦法院有关取消种族隔离的裁定。在这三个例子中，总统随后发布的命令只不过是突显了他们最初的说服失败。本书收录了纽斯塔德在该书中有关"说服力"解释的章节。

宪法、先例、最高法院的裁决以及立法机构通过的法律，所有这些因素都导致了总统在外交政策领域中承担着一种支配性角色。威尔达夫斯基得出的结论是,存在两种总统角色:一种是处理外交政策的总统角色,一种是处理国内政策的总统角色;自二战以来,总统们在外界政策上取得的成功远高于其在国内政策上的成功。《预算过程中的政治》(1964)一书的作者,艾伦·威尔达夫斯基(1930—1993),在该书中对公共管理者为了使自己的预算案得以通过而使用的各种手段作了重点揭露。

威尔达夫斯基的理论假设背后的推理逻辑是这样的:自1941年以来,国际主义日益盛行,并超过孤立主义的影响,这在相当程度上导致了现代总统职权的扩张,而由总统职权扩张所引发的大量事件和条件,又为总统在外交政策领域发挥领导作用铺平了道路。

为了检验自己的假设,威尔达夫斯基针对1948年至1964年国会对总统提议的表决情况进行了仔细研究。自此期间,国会批准了58.5%的外交政策议案,其中包括73.3%的国防政策议案,70.8%的条约、常规外交关系、国务院及对外援助议案。在同一时期,国会只批准了40.2%的总统国内政策建议。这样,两种总统角色的理论得到证实。本书收录的是他对这一理论的阐述。

威尔达夫斯基的这一作品发表后,又有大量的研究作品相继问世,这些作品都没有对他的原创理论造成实质性的冲击。在越南战争和水门丑闻发生以后,心怀不满的国会开始挑战总统的外交政策控制权,由于这一原因,其中一些作品没有采用威尔达夫斯基严格区分的两种总统角色的提法。然而,总统毕竟依然保持着外交政策议题的主导权,这一点在防务政策议题上体现得尤其明显。

模型是对事实的一种简化,是为了更好地理解事实而对事实在时间和空间上的一种简化。它的表达形式可以是文字、数字或图表。举例来说,一本书可以描述事情的经过,这就是一种模型。也可以用图表来描绘事情的经过,这也是一种模型。模型是为了帮助理解而对复杂现实所作的简化描述。

我们随时会用到模型,这是我们思考世界的方式。当你思考政府的时候,你看到什么?如果你看到的是一张三等分图(行政、立法与司法),这是一种模型;如果你想开车去华盛顿特区,想象一下你在州际公路上将会遇到的所有交叉路口,这也是一种模型。问题不是"要不要模型",而是哪一种模型最管用?

格雷厄姆·阿利森(Graham T. Allison,1940—),哈佛大学肯尼迪政府学院的前院长,提供了一个有关公共政策制定的最好的概念模型的例子。他对政府决策的研究显示,将政策视为一个"单一的、精于计算的决策者"所作出的选择,这种观点存在缺陷。依这种观点来看,总统就是这样一个决策者,他或她对政府内的组织单位和公务人员拥有完全的控制权。相反,通过

1962年肯尼迪政府的古巴导弹危机的案例分析,阿利森证实:不同的官僚机构(如国防部、国务院、国家安全顾问)相互争斗以影响政策以及政策执行。

尽管阿利森的观点并不是什么新的观点,但他根据三种模型运用不同的方法处理外交决策的做法,使我们对外交政策的思考变得更加清晰。他指出,传统的主导模型,亦即"单一的、精于计算的决策者"模型,并不像它自己所表明的那般逻辑严谨。他将这种模型描述为理性行动主体模型或模型 I。他提到了另外两种替代模型。阿利森的模型 II,亦即组织过程模型,基本上主张,可以将政府行为理解为大型组织的输出,而这些组织则是按标准操作程序来运作的。阿利森将政府政治模型描述为模型 III,该模型的要义是,政策是不同集团和个人之间博弈过程的结果,这些集团和个人有着不同的官僚政治判断和不同的政治利益。因此,外交政策决定不是国家利益理性计算的结果,而是内部博弈过程的妥协产物。

阿利森的模型为人们思考政策制定与政策执行过程提供了有益的途径,正因为如此,它们也成为了大家熟知的外交政策模型——严格说来,它们适用于所有公共政策领域。这是对模型效用的最好检验。阿利森在他发表于《美国政治科学评论》上的一篇文章中首次提出他的模型。本书收录的是该文的删节版。作者后来将他的这些模型扩写为一本书,书名就叫《决策的本质:古巴导弹危机的解释》(*Essence of Decision*: *Explaining the Cuban Missile Crisis*, 1971)。

24

总统行政机关管理委员会的报告(1937)①
路易斯·布朗洛　查尔斯·梅里亚姆　卢瑟·古立克

美国政府的执行机构

民主的实现需要付诸行动,这在 1789 年和在今天一样意义重大。因此,

---

① 原文出自:Louis Brownlow, Charles E. Merriam, and Luther Gulick, "Report of the President's Committee on Administrative Management", *Administrative Management in the Government of the United states*, 1937.

国父们将美国的行政机构置于宪法之坚实基础之上，这绝非偶然，实乃精心设计之举。在邦联条款(the Articles of Confederation)之下，群龙无首和委员会管理所带来的悲伤经历，将美利坚几乎带到了崩溃的边沿。我们的先辈抛弃了世袭政府，而将全部信心寄托于民主规则，但他们并未找到让新的民主政体运转起来的办法。于是，人们下定决心设立一个作为国家公职人员的总统。确实，美国总统是一个也是唯一一个代表全体国民的国家公职人员。为总统提供独立于国会的选举；提供比那个时代大多数行政长官更长的任期；提供向国会报告联邦情况的义务，和建议"他认为必须采取的有益措施"以供国会考虑的义务；提供国会 2/3 多数方可推翻的否决权；提供范围广泛的任命权；提供军事和外交决定权。对于这些宪法规定，胆小谨慎之人曾心存犹豫。不过，面对现实的需要和业已建立的民主政体的行政机关，这种勉强之意终被克服。

具备如此广泛的宪法权力，加之成文法、习惯法以及普遍共识的强化，美国行政部门成为了一个独特的机构，其重要性在紧张岁月和承平时期一样显著，这或许可以视为我们国民对现代民主政体所做出的最伟大贡献之一。

作为执行一国人民之判断与意愿的工具，在世界各国的行政部门中，美国行政机构所处的位置是最令人羡慕的，因为它将大众控制的基础与采取有力行动和实施果断领导的手段结合起来，亦即实现了稳定性与灵活性的统一。有一些人曾经错误地断言，民主政体必然失败，因为它既不能迅速决策也不能果断行动。作为一种制度实践，美国行政部门的表现堵住了这些人的嘴巴。

美国总统至少集三种主要职能于一身。从一个角度看，总统是政治领袖——政党的领袖、国会的领袖和人民的领袖；从另一个角度看，总统是名义上的国家首脑，是美国人民团结的象征；再从另一个角度看，总统是联邦政府和联邦军队的最高行政长官和管理者。在其他类型的政府中，这些职能或分立或部分结合，但在合众国，它们始终集于一人之身，由他来履行所有这些职能。

总统要求他的行政机关管理委员会专门评估和报告后一项职能，亦即行政机关管理职能的完成情况。换言之，该委员会专门负责帮助总统分析他在行使美国宪法所赋予的行政权力方面的表现情况。

政府机器的改进

基于慎重调整与改进，以及唤起进步精神的考虑，纵观历史，我们曾不时地驻足以观,看看美国国民的精神与意图在政府的日常运转中是否产生了良好的结果。美国社会环境变化之迅速,或许甚于世界上的任何地方。美国精神自其历史之初就秉承与时俱进之魂,以适应这种环境的变化;美国人民当初在成文宪法中设立政府的首要意图是希望政府成为改良的工具。

自南北战争以来,随着国土疆域范围的扩大和国家实力的增长,美国政府的任务与责任亦与日俱增。为使美国的行政系统与新时代的发展保持同步,美国人民曾作出过许多次重大的改良努力。加菲尔德总统被一名失望的公职寻求者刺杀,这一事件激起了国民对政治分肥制的强烈反对,并导致了1883年《文官法》的通过。为了使该法的原则得到有效贯彻,我们为此进行了长达半个世纪的奋斗。预算管理的混乱导致了1921年预算局的设立。时至今日,我们仍在为实现国家当时所设定的目标而努力。除此之外,我们还在其他许多重要方面取得了实实在在的进步。

今天,我们再次面临政府改组的问题,这部分源于国家在工业萧条的极端困难时期所采取的行为,部分源于国家的快速发展,部分源于当代困扰不堪的社会问题。美国的国民生产能力还有巨大的增长空间,在曾经被忽视的人类生活方式中我们还有许多痛苦的错误需要纠正。为了与时俱进,迎接新的挑战,我们必须改进美国的政府机器。

面对人类困难史上最困难的时期之一,为充分利用好各种国家资源,为实现我们的民主承诺,我们希望尽可能地做好我们的事情。如果美国失败了,全世界人民对民主的希望和梦想就会破灭。尽管我们不会放弃自己的任务和责任,但也不能安于小成而不思进取。

我们所寻求的联邦政府现代管理模式,必须能够很好地适应必定遭遇的严苛的内外环境。关于改进的手段与方式,人们在判断与观点上存在尖锐的分歧,这是再自然不过的事情。但是,只有那些心怀背叛之念的人,才会对美国政府在履行其沉重的责任方面可能找到的最佳做法不屑一顾。

政府效率的基础

政府效率取决于两个因素:公民对政府的同意和政府良好的管理。在民主政体中,公民对政府的同意,尽管并非没有曲折,却是容易达成的。因为,它是宪法的基础。因此,对于民主政体而言,良好的政府管理显得尤为重要。

行政效率并非仅仅意味着文件夹、考勤钟和标准化的作业节约。这些不过是些小伎俩。真正的效率出自更深的层面。必须将这些小伎俩嵌入政府结构之中,就像将小零件嵌入机器中一样。

众所周知,幸运的是,我们公共部门中的有效管理基础,并不比私营部门差。无论是通过国家、教会、私人协会还是通过工商企业,只要是在一群人为着某种共同目的而一起工作的地方,这种有效管理的基础就普遍存在。人们将它们写进宪法、宪章、公司章程,融入组织生活的日常工作习惯之中。简而言之,有效管理的准则包括:设立一个负责任的、有效率的行政长官,作为活力、指导和行政管理的中心;在行政长官的指导下,将所有合格人员的行为系统地组织起来;建立适当的管理与参谋机构以协助行政长官完成此项任务。此外,还需要提供计划编制、完整的财政制度,以及使行政长官为其计划承担起责任的各种手段。

我们认为,从人类在追求各种事业的经历中总结出来的这些原则,加在一起,便构成了良好管理的先决条件。同时,它们也构成了本报告中行政机关管理的主题。民主政体中的行政机关管理,之所以关注行政长官及其责任,关注管理与参谋助手作用,关注组织管理,关注人事管理,关注财政制度,原因在于,这些因素是实现大众政府目的之不可或缺的手段。

政府管理的现代化

依照有效管理的上述准则,我们该如何评价今天的美国政府呢?关于这一点,笼统地说(后文详述),我们认为,在当前的美国政府中,总统的有效性相当有限且备受限制,这与宪法的意图明显相悖;行政机关的工作组织方式存在严重问题;管理机构手段落后,能力软弱;公务员队伍缺乏能力和品质卓越的男女工作人员;财政与审计制度不合时宜。上述存在于联邦政府的各个机构,也包括总统办公室本身。

尽管从总体上讲,美国的总统执行机构是全世界最有效率的,但它在行政机关管理工具上仍然不能完全符合美国时代发展的要求,无论从企业管理的角度还是从政府管理的角度看都是如此。例如,美国总统承担了太多的琐碎事情,在这一点上,你在世界上任何地方都不可能找到一个与他具有可比性的行政长官。由于工作量太大,总统机构中的很多人同时需要应付若干件互不相关的事情,以及由于信息的不充分,在很多情况下,总统只能根据一些可能的信息作出决定。单靠一个人的能力,总统不可能充分了解一百多个较大的行政机构中的情况与问题,更不用说统一指挥和协调它们的活动。

公众对此事实有所耳闻已经不是一年两年了。人们对问题重要性的充分认识,使我们无需再去证明,总统的行政工具远远不能满足他的责任需要,摆在美国政府面前的主要任务是如何挽救这种危险的处境。我们并不需要新的原则。我们需要的是管理工具的现代化。

管理工具的现代化本身不是一件很困难的事情。事实上,在州政府,在城市政府,以及在大型私人企业中,我们都曾经成功地处理过类似的问题。伊利诺伊州的弗兰克·洛登州长(Gov. Frank O. Lowden)、纽约州的阿尔弗雷德·史密斯州长(Gov. Alfred E. Smith)、弗吉尼亚州的哈里·伯德州长(Gov. Harry F. Byrd)、缅因州的威廉姆·都铎·加德纳州长(Gov. William Tudor Gardiner),还有其他许多人,已经告诉我们,在大型政府机构中,类似问题是如何妥善处理的。尽管与州政府相比,联邦政府的规模更大,工作更复杂,但它们在政府改组的原则上并无别样。根据这一经验,以及根据我们对联邦行政部门的考察,我们认为,以下五点建议应当得到采纳:

(1) 扩充白宫的职员人数,以协助总统履行他所肩负的迅速增加的行政管理责任。

(2) 大力加强联邦政府的管理机构,特别是预算机构、效率研究机构、人事管理机构、计划机构,使之发展成为总统的得力助手。

(3) 全面推广考绩制,使之覆盖所有的非政策决定岗位;重新调整文官制度,使其所提供的职业发展机会能够吸引到国家最优秀人才的加入。

(4) 彻底审查联邦政府的整个行政部门,目前的一百多个行政机构应改组成几个大部,并使各部分工明确。

(5) 根据政府和私营部门的成功经验,并特别参照财务档案、审计报告以及行政部门对国会的义务,对联邦政府的财政制度进行大规模调整。

本报告接下来将对这些建议作出解释与论述。

政府改组的目的

进行政府改组时,必须始终将改组的目的置于突出地位。考察政府机器时,不能忽视对有效管理的真正目的的关注。节约不是唯一的目标,尽管政府改组是经费节约的第一步;消除职能重叠与政策冲突不是唯一的目标,尽管这是应该做到的；组织职能专一与权责对称不是唯一的目标，尽管新的组织应当是职能专一和权责对称的；提高薪水和工作的吸引力不是唯一的目标，尽管这些是必要的；引入更有效的企业管理和财政控制不是唯一的目标，尽管两者都是我们所需要的。我们只有一个目的，那就是使民主在我们今天的联邦政府中有效运转起来；换言之，使我们的政府成为一种现代化的、高效率的、高效能的民意执行工具。为此目的，我们的政府才十分需要现代管理工具。

作为人民，我们有理由为美国的管理技术感到庆幸——无论在家庭、在农场还是在大大小小的企业，我们也有理由期待美国政府的管理将成为美国管理的楷模。心想不一定事成，我们必须谨慎地说"我们不知道什么时候能够达到目的地"，但美国人民有坚定的信心奋力前进，直到我们政府的管理水平达到人民所期待的水准。我们也知道，糟糕的管理会损害良好的意愿；没有良好的管理，民主政体的最高目标就永远无法企及。

白宫职员

行政机关改组的这一庞大计划，也涉及白宫自身。总统需要帮助，他从直属职员那里得到的帮助完全不够。总统需要几名行政助理，这些人作为他的直接助手，负责帮助总统处理与管理机构、行政各部的关系。这些助理，数量上或许不超过 6 个，加上现有的负责处理总统与公众、与国会及与报界和电台关系的 3 人，共同构成总统的秘书。这些助手无权自行决策或对外发布命令。他们不会构成总统与各部首长之间的插入层。在任何意义上，他们都不会成为助理总统。他们的作用在于，当提交给总统需要他采取行动的事情影响到政府其他部门的工作时，帮助总统迅速且及时地从其他各部获取所有相关信息，以便总统据此作出负责任的决定；然后在总统作出决定后，协助总统查明，有关各部和管理机构是否得到迅速告知。我们认为，他们帮助总统的有效性，与他们以克制的态度履行其职责的能力成正比。他们将置身幕后，不发布命令，不作决定，不发表公开言论。对于进入这些职位的人，总统必须审慎挑选，既可以从政府内部也可以从政府以外挑选。这些人应当深得总统信赖，他们的品格和态度必须保证他们不会为了自己而弄权。总统应当可以完全自由地随时从各部挑选合适的人选任命为助手，并且这些人在完成其助手职责后可以恢复原先的职位。

本建议事起于总统办公室工作的日益复杂与繁重。为了确保总统所关心的所有事情都能从通用管理的观点以及政策决定与政策执行的观点得到周全考虑,这种专业化的帮助是必需的。这种帮助还有利于信息的纵向流动,自下而上流向总统的信息,是总统决策之所系;自上而下从总统那儿流出的信息,则是相关执行部门执行总统决定之所系。因此,这样的职员,不仅帮助了总统,而且对于各行政部门和管理机构简化行政联系、行政请示与行政指导帮助颇大。

总统还需要掌握一笔临时基金,以便在他认为需要的时候随时将拥有特定才能的人才招进白宫以提供短期服务。

白宫正式职员的人数应当大大增加,这样的话,总统就不必像过去所做的那样,被迫从其他行政部门中借调人员来帮助他处理一些必需的工作。

如果总统得到了这些保障措施,他所得到的也不过是任何一个大型机构的行政长官应该得到的常规帮助。

正如本报告将要阐述的那样,除了这些常规的办公室帮助外,总统还必须能够对影响所有行政机关的政府宏观管理行使直接控制权并承担直接责任。这些宏观管理职能包括人事管理、财政与组织管理,以及计划管理。这三大管理也构成了企业管理的必备要素。

联邦政府内行政机关管理的发展,迫使从事这些管理活动的行政机构作出改进,既包括主管的中央管理机构的改进,也包括各部、局的改进。中央管理机构需要得到加强,发展成为总统的管理帮手,更好地履行其重要职能,同时也为整个政府机关的管理改善起到重要的示范作用。

三大管理机构——人事局(Civil Service Administration)、预算局(Bureau of the Budget)和国家资源委员会(National Resources Board)应当成为总统执行机构的重要组成部分。这样的话,总统就可以直接听取这三大管理机构的报告,与此同时,三大机构的工作和活动将影响所有行政各部。

这些管理机构的预算应当作为总统执行机构预算的一部分由总统向国会提交。这一做法将这些管理机构与政府行政各部区别开来,行政各部通过各自的首长向总统报告,这些首长共同构成了总统的内阁。这种安排可以为总统履行监督行政各部工作的职责提供实质性帮助,国会和人民则可以借此使总统对这些行政机构的作为承担起严格的责任。

25

总统的权力：说服力(1959)①

理查德·纽斯塔德

权力限制的背后是政府的结构。人们以为,1787年的制宪会议建立了一个"权力分立的"政府。其实根本不是这样。毋宁说,它建立的是一个由分立的机构共同分享权力的政府。②"我是立法过程的一部分",在提醒人们关注他的否决权时,1959年艾森豪威尔总统常常这么说。③ 作为职权和资金的分配者,国会也可以被视为行政过程的一部分。联邦主义促进了政府机构的分立;《人权法案》(the Bill of Rights)同样如此。政府机构的分立,导致许多公共目的只能经由私人机构的自愿行动来达成。作为其中之一,道格拉斯·卡特(Douglass Cater)说,新闻界是"政府的第四部门"。④ 随着海外同盟的出现,位于伦敦或波恩的分立机构也开始分享美国公共政策的决定权。

宪法区隔之处,政党并没有将其结合起来。政党本身也是由分立的组织所构成,这些组织同样分享着公共"权力"。这些权力由政治提名权所组成。美国的政党酷似一个由州和地方的政党机构组成的邦联,如果它碰巧有一个党员是在任总统的话,那么它还或多或少地有一个以白宫为代表的总部。这种政党邦联的主要任务是提名总统候选人,除此以外的所有公职竞选都限定在州的范围内。⑤ 所有公职提名也都限定在州的范围内。代表政党角逐总统的选举和角逐国会议员的选举相互独立。白宫对国会议员的提名权影响甚微,同样,国会在政党的总统提名问题上也影响甚微。两者都不足以消除宪法的区隔。虽然政党内部的联系比人们平时想象的要密切,但它的提名程

---

① 原文出自：Richard E. Neustadt, *Presidential Power and the Modern Presidents: The Politics of Leadership from Roosevelt to Reagan*, The Free Press, 1990。

② 需要提醒读者注意的是,本文是在两种不同的意义上使用"权力"(power)一词的。当使用该词(或它的复数形式)表示依宪法、成文法或习惯法而产生的正式权力时,我要么用形容词"正式的"加以限制,要么用带双引号的"权力"加以区分;当使用该词表示对他人行为所产生的实际影响时,则不用双引号(且往往使用单数形式)。在不至于引起混乱且方便的情况下,我使用"职权"(authority)一词替代第一种意义上的"权力",使用"影响力"(influence)一词替代第二种意义上的权力。

③ 如1959年7月22日在记者招待会上的发言。参见：*New York Times*, July 23, 1959。

④ 参见：Douglass Cater, *The Fourth Branch of Government* (Boston: Houghton Mifflin, 1959)。

⑤ 当然,副总统职位属于例外。

序仍然固化了宪法的区隔。①

机构分立与权力分享为总统说服别人提供了条件。如果一个人与另一个人共同分享权力,且其职位得失不取决于对方的一念之差,则他遵从对方的强烈要求而行事的意愿,取决于该行动是否于己有利。因此,总统说服别人的要旨在于,使对方相信,白宫希望他们做的事情,同样符合他们自己的利益,考虑了他们的意见。

如此定义的说服力,其含义超出了魅力或合理辩论的范畴。对于总统来说,魅力与合理辩论固然有用,但不构成其说服力资源的全部内容。总统诱导对方自作主张地做他希望对方做的事情,对方也一定期待或担心总统自作主张地做某些事情。如果说这些人分享了总统的职权,总统在某种程度上也分享了对方的职权。如果总统命令对方,他的"权力"可能是非决定性的;但当他说服对方时,他的"权力"则显得恰到好处。总统职位所固有的地位与职权,可以使他的逻辑和魅力更具影响力。

地位可以增强一个人的说服力;职权同样如此。索耶(Sawyer)是美国的商务部长,同时也是一家由政府接管的钢铁厂的管理者。当杜鲁门总统敦促索耶提高钢铁工人的工资时,他们两人并不是在相互评理。如果是这样,索耶可能根本不会同意总统的计划。作为总统,杜鲁门可以要求索耶的忠诚,或至少认真考虑他的计划。用沃尔特·贝格霍特(Walter Bagehot)的话来说,"跪者无言以辩"。尽管在我们国家不存在下跪的礼节,但也很少有人能够抑制住自己向总统说"是"的冲动,尤其是当他坐在白宫椭圆形办公室或二楼的总统书房时。在那种气氛的影响下,向总统说"不"是一件尤为困难的事情。在索耶的例子中,更为重要的是,总统在许多与商务部有关的事情上拥有正式的干预权。这种事情的范围涉及从辩护方之间的管辖权争议,到提交国会前的未决议法案,直至商务部长的乌纱帽。尽管在有关工资谈判的政府文献中,没有迹象表明杜鲁门总统曾经对索耶表示过某种威胁,但基于总统的正式权力及其对索耶其他利益的潜在影响,人们有理由作出大胆推测,杜鲁门在工资调整问题上的明确态度依然向索耶传达了某种隐含的威胁。

在与说服对象打交道时,职权和地位赋予总统以很大优势。只要对方在某种程度上有求于自己,总统的每一项"权力"都构成他的一个有利条件。从议案否决到人事任命,从信息公布到预算编制,这样的清单可以列出一长

---

① 参见戴维·杜鲁门关于第81届国会中的政党关系的启发性研究。David B. Truman, *The Congressional Party* (New York: Wiley, 1959),尤其是第4、6、8章。

串;当今的白宫可以说控制了美国政治制度中大多数的有利条件。鲜少例外,那些分享国家治理权的人们,他们的工作表现以及政治抱负的现实,在某些时候,在某种程度上,可能受制于美国总统。他们对总统行为的渴求或惧怕,如果不是持续存在,至少也是反复出现。他们的渴求或惧怕,正是总统的优势所系。

总统的实际优势,比他的"权力"清单所暗示的还要多。总统与之打交道的人,在其任期结束之前,不得不经常与总统打交道。鉴于与总统关系的这种持续性,只要总统在任,他未来的潜在影响力就将强化他的现实影响力。因此,即便对方目前对他没有什么渴求或惧怕,总统将来可以做的事情,也可以为他今天要做的事情带来有利条件。在几乎所有的情况下,这种持续性的工作关系,都可以将总统的各种"权力"与地位转化为说服对方的有利条件。在诱导别人按其意愿行事时,总统可以充分利用对方对他的这种现实的和预期的依赖。

当然,总统的优势也会受到其他人的优势的抵消。工作关系的持续性是相互的,或者说,工作关系存在相互依赖性。总统同样依赖于他的劝说对象,他必须权衡自己对对方的渴求与畏惧。那些人同样拥有地位或职权,或两者都有,总统或多或少地也有求于对方。他们的优势可以对抗总统的优势;他们的权力可以缓冲总统的权力。

说服犹如双行道。回想起来,索耶当时并没有立刻对杜鲁门提出的工资调整计划作出回应。相反,这位商务部长当时很犹豫,并拖延了一段时间,直到他确信公众不会将此决定的责任归咎于自己时,才默认了总统的计划。在抵挡总统的压力方面,索耶有他自己的某些有利条件。如果说索耶不得不对总统"强势地位"所隐含的强制性暗示作出权衡的话,杜鲁门实际上也不得不对他作为商务部长、钢铁厂管理者以及内阁中的商务发言人所隐含的潜在影响有所顾忌。忠诚是相互的。在钢铁危机中承担了这样的苦差事后,索耶也会强烈要求总统对他的真诚支持。此外,索耶有权做的某些事情,可能给白宫带来相当大的麻烦。如果仿效威尔逊(Wilson),他可能会一气之下提出辞呈;或者如果仿效埃利斯·阿纳尔(Ellis Arnall),他可能拒绝签署必要的命令;或者他可能将实情公之于众以对总统的做法表示不满和抗议。几乎可以肯定的是,通过采取以上任何一种方式,索耶可以强化钢厂管理方的地位,弱化白宫的地位,并加重工会的痛苦。工资增长计划涉及对工会(也包括公司)的财政拨款,白宫在此问题上的主要意图是增强其在敦促国会拨款时的说服力。尽管索耶的地位和职权不足以让他阻止工资增长计划的通过,但他却有能力破坏白宫意图的实现。但如果他在工资率问题上的决定权是由法律而非可撤销的总统行政命令所授予,那么他就完全有权力阻止总统的意图。哈罗德·伊克斯(Harold Ickes)在二战前拒绝向德国出售氦的著名例子就是最好的证明。①

说服力就是谈判力。地位和职权可以带给人以谈判优势。不过,在一个"由分立的机构共同分享权力"的政府里,地位和职权的这种作用对各方同样有效。总统利用各种可自由支配的有利条件所获得的说服力,远甚于逻辑或魅力带给他的说服力。尽管如此,总统的有利条件并不能确保他得到所期待的结果。总统欲施加影响的人,同样可以利用可自由支配的有利条件对总统施加压力,这种压力构成了总统压力的反压力。命令式的权力只能产生有限的作用;说服于是变成了妥协。幸好白宫拥有它目前的有利条件,在这种妥协的过程中,总统需要这些有利条件——以及更多的有利条件。

26

两种总统角色(1966)②

艾伦·威尔达夫斯基

合众国只有一位总统职位,却有两种总统角色;其中的一种是处理内政事务的角色,另一种角色则涉及防务与外交政策的处理。自二战以来,总统在控制国防和外交政策方面所取得的成就,远甚其在掌控内政政策方面的成就。林登·约翰逊总统任职早期在国内立法方面曾取得过不俗的成功记录,然而就在他日益关注外交事务的同时,却发现自己在国内立法方面的成

---

① 1939年,内政部长哈罗德·伊克斯不顾国务院的坚持和罗斯福总统的敦促,拒绝批准向德国出售氦。没有内政部长的批准,这样的出售为法律所禁止。参见:*The Secret Diaries of Harold L. Ickes*(New York: Simon & Schuster, 1954),第二卷,尤其是第391—393, 396—399页。亦可参见:Michael J. Reagan, "The Helium Controversy",载即将由二十世纪基金会(Twentieth Century Fund)出版的文官—军官关系案例汇编(casebook on civil-military relations),主编哈罗德·斯坦(Harold Stein)。
在这个例子中,法律赋予内政部长以自由裁量权。总统不大可能因其阁员凭良心行事而"解雇"他。如果总统这样做,继任者要在公开(或在国会山)推翻前任的决定是意见很尴尬的事情。至于总统有没有取消这种自由裁决的正式权力,从根本上将,即使存在这样的权力,它所依赖的法律基础也是不可靠的,在最严重的情况下,也必能保证总统这种做法是安全的。

② 原文出自:Aaron Wildavsky, "The Two Presidencies", *Transaction*, Vol. 4, Issue 2, December 1966.

功记录正日渐减少。

总统在控制防务和外交政策方面拥有哪些权力？这些权力能否使他彻底击败那些试图阻挠他的人？

总统在内政政策方面遇到的常态性的难题，是如何获得国会对其政策计划的支持。相反，在外交事务方面，只要他认为某项政策乃保护国家之需要，他几乎总能得到国会的支持，而他的难题是必须找到可行的政策。

无论谁当选总统，也无论他是像艾森豪威尔和肯尼迪那样从关注外交事务着手，还是像杜鲁门和约翰逊那样从关注内政事务着手，总统们很快就发现，他们在内政事务上比在外交事务上拥有更强的政策偏好。共和与民主两党都有自己传统的政策顺序表，新当选的总统可以轻松地沿用这些政策表。举例来说，他要么支持要么反对医疗保障方案和教育援助计划。由于当前的内政政策通常是渐进式变化的，总统们于是发现，对这些政策进行轻微调整是一件相对容易的事情。虽然每一位总统都清楚自己在外援和北约问题上的支持立场，但是，与国内情况相比，外部世界的变化实在太快，总统和他们的政党没有现成的政策用以应对阿根廷问题或刚果问题。世界局势风云变幻，美国政府也无力扭转乾坤。

总统控制的历史纪录

无论是在大萧条时期的罗斯福"百日新政"中，还是在林登·约翰逊以压倒性多数击败巴里·戈德华特（Barry Goldwater）之后，对于那些企图成功控制内政政策的总统们来说，风险是巨大的。从20世纪30年代末直到现在（这个时期可以粗略地称之为新时代），总统们在内政政策上饱经挫折。从1938年保守主义重组势力开始，直至富兰克林·罗斯福去世（1945年），总统提出的主要国内立法没有一项获得国会通过。或许除了住房政策之外，杜鲁门总统输掉了几乎绝大多数他优先考虑的内政政策。艾森豪威尔总统在国内立法方面提案不多，因而所遭受的失败也很少，不过他关于削减政府投入的综合政策还是遭到了国会的否决。肯尼迪总统在国内立法方面所遭遇的挫折就更别提了。

然而，在外交政策领域，在所有关键性的政策议题上，总统们几乎从未遭遇过失败的经历。以下都是些令人印象深刻的成功例子：加入联合国、马歇尔计划、北约、杜鲁门主义、1954年从印度支那半岛撤军的决议以及20世纪60年代干预越南的决定、援助波兰和南斯拉夫的计划、禁止核试验协定，等等。总统在控制外交政策方面遭受严重挫折的例子相当少见。

表1的资料来自《国会季度公报》(Congressional Quarterly Service)中有关1948—1964年度总统提案与国会回应的情况。该表显示，与内政政策相比，总统在外交与安全事务方面获得了更多的成功记录。即便将难民与移民事务从一般性外交政策领域中剔除（国会认为这两项事务主要与内政政策相关），显然，总统在防务与外交政策方面取得成功的机会仍达70%之高，与此相对照，他们在内政政策方面实现愿望的机会只有40%。

表1　1948—1964年间国会对总统提案的表决情况

政策领域	国会表决结果		
	通过率(%)	失败率(%)	提案数
内政政策（自然资源、劳工、农业、税收等）	40.2	59.8	2,499
防务政策（国防、裁军、人力、杂项）	73.3	26.7	90
外交政策	58.5	41.5	655
移民与难民事务	13.2	86.0	129
条约、常规外交关系、国务院、对外援助	70.8	29.2	445

资料来源：Congressional Quarterly Service, *Congress and the Nation*, *1945—1964* (Washington, 1965)。

外交事件与总统资源

政治权力就是对政府决策的控制权。总统何以维持其对外交与防务政策的控制权？答案不在于自共和政体创立以来总统在外交事务方面的宪法权力的增长，而在于自1945年以来世界局势所发生的重大变化。

与合众国建立正式外交关系的国家，从1939年时的53个增长到1966年时的113个。绝对数的变化固然不能告诉我们全部的事实；重要的是，世界已经变得更加充满危险。不管核战争有时看起来离我们有多么遥远，美国政府都必须随时对它的可能性保持警惕。

热核武器具有巨大的破坏力，这一事实不会自动导致美国与其他国家互动关系的大幅增长。美国之所以对发生在印度阿萨姆邦或布隆迪的事情高度关注，原因在于这些事件是冷战这一更大范围内世界竞争的一部分。在冷战中，大国之间相互竞争以控制或扶持其他国家。更为重要的是，对20世纪30年代热闹一时的孤立主义的反对，使人们更加重视从全球视野看待外交政策。我们之所以对世界上任何地方发生的事情都感兴趣，因为在我们看来，这些事件与更大的利益相关联，这种利益，在最坏的情况下，可能涉及地球的彻底毁灭。

世界处在危险之中。基于这一压倒性的事实,在这个不稳定的世界中,任何事件都可能具有潜在的巨大影响,因而,即便对于那些相对"小"的事件,总统们也不敢掉以轻心。正如我们所看到的那样,总统们在阿塞拜疆或黎巴嫩或越南问题上投注了大量的时间。小阿瑟·施莱辛格(Arthur Schlesinger Jr.)这样描述肯尼迪:"在上任后的头两个月里,他花在老挝问题上的时间可能多于任何其他问题。"上任后,总统们很快意识到:内政政策上的失败很少像国际事务中的许多错误那样,会导致灾难性的后果。

结果,外交事务往往超越内政事务而成为总统们的关注重点。除了那些偶尔发生的事关国家繁荣和公民权利的问题之外,外交问题一直被总统们列为优先考虑的事项。一次,在与肯尼迪总统讨论自然资源问题时,内政部长斯图尔特·尤德尔(Stewart Udall)说:"他被柏林囚禁了。"

国际事件的增长速度进一步强化了总统对外交事务的重视程度。外交事件与国际影响之间的时间关联度越来越高。猪湾事件出现失误后,紧随其后的就是古巴导弹危机这种近似灾难性的事件。总统们已经不能指望将那些最棘手的问题留给继任者。他们必须作好在任期内接受采取行动或不采取行动的结果的准备。

内政政策的制定往往基于对现状的经验调整。只有少许的政策决定,如那些涉及重大制度障碍的决定,才会不可抗拒地波及下一代。然而,外交决定通常被认为是不可逆的。这种现象,或表现为对冲突升级的担忧,或表现为各种有关外交冲突的"螺旋"理论或"多米诺"理论。

如果这些决定被认为是既重要又不可逆的,总统们就有足够的理由投入大量资源于其中。总统对资源的使用必须以未来为导向,但总统的任期是固定的,他们不能指望自动获得公民、国会或行政机构的支持。因此,在节约使用资源以应对紧迫的未来需求方面,他们不得不谨慎为之。但是,与国内事件相比,外交事件的影响潜力更大,效果显现更快、更不容易发生逆转,因此,总统们也更愿意将他们的资源投入其中。

行 动 力

在外交与国防事务方面,总统们拥有很大的法定资源调配权;尤其重要的是,作为武装力量总司令,他们拥有调动军队的权力。在面对如古巴导弹部署之类的局面时,总统们必须采取果断行动。总统们拥有采取行动的法定权力,精英和普罗大众也期待他们采取果断行动。一旦他们调动了美国军队,国会或其他任何人再想改变事态的进展,绝不是一件容易的事情。在这一点上,多米尼加事件就是一个最新的例子。

在外交事务方面,总统所拥有的自由裁量权,也使得国会难以(尽管并非不可能)限制他们的行动。总统们可以利用行政协定代替正式条约;可以通过订立默认协定代替书面协定;或者通过制造难以改变的既成事实达到行动的目的。总统们可以通过国务院和国防部随时了解国外事态的发展,他们的信息获取能力远非其他人可比。外交与防务政策的某些保密要求,进一步限制了其他人与总统竞争的能力。这些都是众所周知的事情。不太为人所了解的,是总统们在运用信息达成目标方面不断增长的能力。

过去,总统们在军事战略方面是外行,他们甚至很难从军队以外获得有用的建议。直到20世纪30年代末,在军事机构以外专门从事防务政策研究的专家仍屈指可数。今天,这样的专业人士数以百计。随着防务政策专业人士的增加,美国总统控制防务政策的能力也随之得到改善。他不再单纯依赖军方提供建议,而是可以有选择性地从各研究协会和学术机构的防务政策专家那里获得不同来源的建议。他也可以把这些人安置在自己的办公室。他可以在他们之间挑拨离间,也可以利用他们来扩展合作的气氛。

然而,即便有这些专家的帮助,总统和国防部长仍然会被有关核武行动的复杂局面弄得不知所措——除非他们对威慑学说与理论有相当精深的理解。不过,有关威慑学说的知识广为散布,以至于任何一个智力水平较高的人通过读几本专业书籍或多参加几次研讨会就可以信手拈来。威慑学说是否管用是另一回事,问题的关键在于老百姓觉得自己也懂防务政策。古巴导弹危机期间,总统行为的最异乎寻常的特征,或许就是作为武装力量总司令的他对哪怕是最小的军事行动也坚持亲自控制。从舰船的部署到人员装载的方式,再到士兵和水手执行的具体命令和行动,所有这一切都在总统和他的文职顾问的掌控之下。

在外交事务权力方面,虽然总统也有竞争对手,但这些对手往往难以得逞。总统们之所以能够胜出,原因不仅在于他们拥有优势资源,而且在于潜在竞争对手过于软弱、分化,或自认为不该控制外交政策。这些潜在竞争对手包括:公众、特殊利益集团、国会、军方、所谓的军工联合体以及国务院。接下来我将对它们作逐一分析。

外交政策控制权的竞争对手

1. 公众

与内政事务相比,普通民众在外交事务方面对总统的依赖程度要高得多。很多人熟悉社会保险和医疗保险制度的影响,但很少有人了解非洲小国马拉维的政治。因此,人民期待总统在外交事务中采取果断行动,并报之以充分的信任,这一点也不让人感到吃惊。盖洛普民意测验一再显示:在总统于外交危机中采取果断行动之后——不管这种行动是如猪湾事件中那般损失惨重还是如古巴导弹危机中那般成功——总统的民意支持率都会上升。决定性的行动,如对海防(越南)附近油田的轰炸,导致了约翰逊总统的民意支持率的飙升(尽管只是暂时性的)。

越南局势说明了民意在外交事务中的另一个问题:从普通民众那里得到可操作性的政策方向是一件极其困难的事情。在很长一段时间里,美国民众对越南的事态发展极少给予关注。几乎可以说,是大量卷入的美军可能遭受攻击这种情形,才导致了公众目前对越南局势的高度关注。迄今为止,这种相对成熟的公众舆论仍然难以解读。多数民众似乎对约翰逊总统的政策持支持态度,但是如果政府改变政策路线,这些支持者似乎也很容易被说服,从而接受从越南撤军的行动。尽管有相当多数的民众可能支持各种结束战争的动议,但如果这样的行动会导致共产主义势力对东南亚其他地区的蚕食,这些人又可能作出震惊不已的表情。①

虽然总统们可以引导外交事务的民意,但他们也知道自己将为这种行为的结果承担责任。约翰逊总统一直将他的大部分精力用于越南事务。在采取一些重大行动的过程中,他的民意支持率不时飙升。但是也有相当数量的国民不喜欢这场战争,这一事实反过来也伤及了他的总体民意支持率。人民似乎在说:我们将支持你的主动权,但是,如果结果不令人满意,我们将保留对你(或你的政党)的惩罚权。

2. 特殊利益集团

内政事务方面的民意比较容易测量,首要的原因在于,存在一种稳定的利益集团结构。这些利益集团几乎覆盖了所有值得关注的事务。当一项提议中的政策对他们构成影响时,农业集团、劳工集团、商业集团、自然保护组织、退伍老兵、民权运动组织以及其他利益集团就会向其成员发出暗示,对这

---

① 参见:Seymour Martin Lipset, "The President, the Polls, and Vietnam", *Transaction*, Sept/Oct 1966。

些集团具有身份认同的人们则会采纳集团的观点。然而,在外交政策事务方面,利益集团的结构就显得脆弱、稀松、不稳定。举例来说,在影响非洲和亚洲的许多事务方面,很难让人想起有哪些大家熟悉的利益集团。为了对特定的外交政策表达支持或抗议,不时地会有一些昙花一现的集团冒出来,然而,一旦当前的问题得到解决,这些集团往往消失得无影无踪。与此形成对照的是,那些持续时间较长的精英集团,如外交政策协会(Foreign Policy Association)和对外关系委员会(Council on Foreign Relations)则是由观点不同的人所组成。拒绝在有争议的事务上采取强硬立场,是它们具有持续生存能力的条件之一。

最强有力的利益集团可能是那些种族性的协会。由于其成员与他们的母国(如波兰或古巴)有牢固的关系,因此,这些集团很少在某一具体的政策议题上同时活跃起来。在那些他们最集中、最强烈关注的政策议题上,这些集团的战斗力也最强。一个例子就是犹太人施加巨大压力以迫使政府承认以色列国。不过,这些集团的人数相对较少,在许多重要的综合性的外交政策问题上,这一事实限制了他们对于总统的重要性,政府对阿拉伯国家的持续援助问题就是例证。更重要的是,如美国接受以奥德—尼斯河作为波兰与现在东德的分界线的事件所显示的那样,一些种族性的利益集团可能在某个重大议题上发生冲突。

3. 国会

国会议员在外交事务方面握有职权。但是,由于遵循一种克己的习惯,通常情况下,他们不会成为总统的重要竞争对手。他们并不认为,决定国防政策属于自己的职责范围。参议院武装力量委员会被认为可能在防务政策方面拥有发言权。然而,刘易斯·德克斯特(Lewis A. Dexter)对该委员会成员的大量访谈却显示,他们并不希望由像他们这样的人来控制国家的军事力量。除了与各军种之间就直接军事干预的可能性和必要性问题发生过为数不多的几次具体冲突外,该委员会差不多相当于一个负责处理军事设施配置对地方经济影响的固定资产管理委员会。

国会的拨款权是一种潜在的重要资源,但自二战结束以来的形势发展一直倾向于削弱这种资源的效力。除非对基本政策作出调整,否则就拒绝提供资金,通过这种方式,拨款委员会和国会本身可以使自己的意志得到体现。然而,这种情况从未发生过。每当国会按照惯例对军事预算作一些削减的时候,总统们常常发现他们可以通过增加一些项目的方式来避开国会的意图。

在大多数情况下,如果行政机关拒绝某项支出,国会很少能够左右。尽管如此，在某些时候，国会议员或国会委员会确曾发挥过重要的影响。例如，参议员亨利·杰克逊（Henry Jackson）能够在他的竞选活动中（在原子能联合委员会的同事的协助下）获得国会对北极星武器系统的接受；参议员范登堡（Arthur H. Vandenberg）在马歇尔计划的制定过程中发挥了重要作用。诚如塞缪尔·亨廷顿所言，少数几个属于防务政策专家的国会议员，在很大程度上担当了行政机构的游说者的角色。很显然，对于这些国会里的专家而言，与说服其他国会议员相比，动用他们的资源让行政机构倾听他们的建议，效果会更好。

当一项政策议题涉及武力的实际使用或威胁使用时，说服国会议员不要遵循总统的指引，是一件很难的事情。詹姆斯·罗宾斯提供的关于20世纪30年代末至1961年的美国外交与防务政策议题的列表（表2）显示：国会在这类政策议题上发挥主导性影响的例子仅占1/7——1954年关于不对印度支那实施武装干涉的决议。当时，艾森豪威尔总统曾谨慎地试探过国会的意见，他发现国会的态度很消极，于是便决定采取不干预态度——不顾参联会主席雷德福（Radford）海军上将的反对。正如数年后美国对越南的军事卷入所证明的那样，这一放弃责任的企图并没有成功。

4. 军方

在参与防务政策制定方面，军方的显著特征是他们所表现出来的出奇的软弱。无论是涉及武装力量规模、武器系统选择、总体国防预算还是涉及各军种间的预算分配，在所有这些政策决定方面，军方都没有发挥过主导性的影响。在防务政策的制定方面，国防预算是有代表性的关键决定之一。以此为例，自二战结束以来，军方从未能够通过自己的努力争取到的相当数量（十亿美元）的增加拨款。在杜鲁门和艾森豪威尔时期，国防预算是根据亨廷顿所称的剩余处理法决定的：两位总统先估计一下预算收入有多少，然后判断处理内政事务方面的开支需要多少，再将剩余的部分分配给国防部。争议往往发生在以某些军方人士和国会内支持更大规模军费开支的集团为一方，以总统和他在行政机构内的盟友为一方。一个典型的案例，由亨廷顿在《共同的防卫》（The Common Defense）一书中提供，它涉及空军增加其飞行联队数量的愿望：

> 1949财年的预算提供了48个联队。捷克发生政变后，行政机关作出妥协，并在它的春季军备重整计划中支持向空军提供55个联队的预算。国会追加额外资金支持空军将联队数目扩张到70个。然而，行政机关却拒绝利用这笔追加资金，在1948年夏秋的经济波动中，空军的目

标被砍回到 48 个联队。1949 年,众议院重拾挑战,将拨款额度增加到 58 个联队。总统冻结了这笔资金。1950 年 6 月,空军仍然只有 48 个联队。

国防预算的显著增加,与其说是归功于军方的努力,远不如说是归功于斯大林和现代科技的影响。朝鲜战争导致军费规模从 120 亿美国增加到 440 亿美元,军费增长中的很大部分是由于苏联人造地球卫星以及导弹计划的巨大开支引起的。现代科技和国际冲突结束了总统利用预算将对外事务置于内政政策从属地位的历史。

表 2 国会对外交与防务政策决定的干预

议题	国会干预程度（高、低、无）	发起者（国会或行政机关）	主导性影响（国会或行政机关）	立法或决议（有或无）	暴力冲突风险（有或无）	决策时间（长或短）
中立法,20 世纪 30 年代	高	行政	国会	有	无	长
租界法案,1941 年	高	行政	行政	有	有	长
援助俄国,1941 年	低	行政	行政	无	无	长
废除排华法,1943 年	高	国会	国会	有	无	长
富布莱特决议,1943 年	高	国会	国会	有	无	长
制造原子弹,1944 年	低	行政	行政	有	有	长
1946 年的驻外机构法	高	行政	行政	有	无	长
杜鲁门主义,1947 年	高	行政	行政	有	无	长
马歇尔计划,1947—1948 年	高	行政	行政	有	无	长
柏林空运,1948 年	无	行政	行政	无	有	长
范登堡决议,1948 年	高	行政	国会	有	无	长
北大西洋公约,1947—1949 年	高	行政	行政	有	无	长
朝鲜决定,1950 年	无	行政	行政	无	有	短
日本和平条约,1952 年	高	行政	行政	有	无	长
波伦提名,1953 年	高	行政	行政	有	无	长
印度支那协定,1954 年	高	行政	国会	无	有	短
台湾决议,1955 年	高	行政	行政	有	有	长
国际金融公司,1956 年	低	行政	行政	有	无	长
外援法,1957 年	高	行政	行政	有	无	长
互惠贸易协定,1958 年	高	行政	行政	有	无	长
蒙罗尼决议,1958 年	高	国会	国会	有	无	长
古巴决定,1961 年	低	行政	行政	无	有	长

资料来源：James A. Robinson, *Congress and Foreign Policy-Making*（Homewood, Ill.：Dorsey Press, 1962）。

有人可能会说,总统不过是批准军方及其支持者所做出的决定。如果军方和/或国会联合起来,并对防务政策采取不妥协态度,那么总统必然难以抗拒这种力量。然而,军方的不团结恰恰是整个战后时期的突出特点。确实如此,在任何重要的防务政策问题上,军方从来就没有取得过一致意见。事实证明,参联会表面上的团结不过是一种幻觉。参联会提出的绝大多数建议表面看来意见一致,且为国防部长和总统所接受。然而,这种表面上的团结只能通过牺牲建议的影响来达成。含糊不清的语言,不能给任何人带来承诺,却可以将真正的分歧掩盖起来。相互矛盾的计划被捆在一起,这样一来,每个人似乎都得到了想要的东西,但什么决定也没有作出。由于不可能就真正重要的问题达成协议,为了营造意见一致的记录,各种无关紧要的问题反而被带到计划中来。这并非无中生有,正如前海军作战部长丹菲尔德(Denfield)海军上将所言:"参联会在所讨论的问题上,有百分之九十的问题达成了协议,"真正重要的真相是"唯一有争议的问题,通常是战略方针、部队的规模和组成以及预算问题。"

5. 军工联合体

传说中的军工联合体又如何?如果说军方本身是分化和软弱的,或许那些严重依赖国防合同的大型工业企业可以在政策制定过程中发挥重要作用。

首先,在"谁将得到某个国防合同?"与"我们的防务政策将是什么?"这两个问题之间存在重大区别。显然,对于这两种不同的问题而言,答案也是不同的。毫不夸张地讲,国防合同承包商有成千上万,它们可能为了生意而激烈竞争。在竞争的过程中,他们可能与军官们吃吃喝喝,可能雇用退休将军,可能寻求通过他们的国会议员来影响军方,可能在贸易刊物上登载广告,甚至可能为政治竞选提供资金。军工企业为了寻找有利可图的订单而对政府施加压力,在这方面,众所周知的TFX(F-111B)之争——到底是通用动力公司还是波音公司应该得到这个大订单?——是一个富有传奇色彩的例子。

但无论是TFX例子还是平常的国防合同竞争,都与重要的防务政策的制定无关。国防预算的规模、战略规划的选择、大规模报复与城市攻击策略的比较等诸如此类的重大问题,远远超出了任何一家企业的政策目标范围。因此,军工企业没有控制这些重大问题的决策,也没有有力的证据能够证明他们实际上试图这样做。迅速而大规模的裁军倡议无疑将遭遇到这些军工企业的强烈反对。然而,在我们的政府中,从来就没有哪个重要人物曾经认为这样的裁军政策行得通。

军工企业似乎没有什么特别的理由担心政府的防务政策态度,因为它们同样认同以下国家共识：抵制共产主义、维持大规模的军事存在以及拒绝孤立主义。然而，这种有关舆论气氛的假设，既可以解释一切，也什么都解释不了。因为每一项政策，不管是被采纳还是被拒绝，都可以以符合冷战时期的舆论气氛为理由轻易地搪塞过去。1954年美国为什么没有出兵干涉越南局势？那一定是因为当时的舆论气氛反对这样做。美国在20世纪60年代为什么出兵越南？那一定是因为冷战的舆论气氛要求美国政府这样做。如果美国建有更多的导弹系统，如果它通过谈判达成禁止核试验协定，如果它干涉多米尼加共和国的事务或者如果它在其他一些情形下没有采取干涉行动，所有这些行为都可以根据这一假设作出解释。这一观点使人想起另一些人，他们将苏联定义为永远的敌人，因此，在他们看来，苏联增加部队的行为是险恶的，它减少部队的行为同样是邪恶的。

如果军事力量的增长并不直接等同于军方对防务政策的控制力的增长，那么职业军人的这种异常软弱的特征仍然有待解释。亨廷顿曾经描述过，在杜鲁门和艾森豪威尔时代，主要的军方领导人如何受到引诱进而相信，他们应当接受文官的如此判断，即美国的经济无法承受更大的军费开支。一旦接受了军费蛋糕就这么大的现实，各军种就不得不将他们的主要精力用于彼此争吵以确定谁应当获得更大的蛋糕份额。给定军方的天然竞争状态以及它们传统上对于文官统治的接受，总统和他的顾问——他们自称其责任是使国防政策与内政政策保持协调——必然占据优势。尽管如此，其他的补充解释也值得考虑。

国会拨款委员会的主要作用是充当国库的看门人。这尤其表现在其成员在削减总统预算时的自豪感上。然而，对于这个关键性的委员会而言，提出一项哪怕只增加几百万美元的国防预算，也是一件很困难的事情；让国防预算增加几十亿美元，对于他们来讲，实际上是不可能的。因为相关的预算项目必须接受PPBS（即Planning, Programming, and Budgetary System, 由国防部长麦克纳马拉引入国防部）的检验。如果主要的国防预算科目是跨军种的，在这种情况下，只有国防部长才能使这些预算科目成为一个整体。不管人们对于PPBS的其他影响有什么样的争议，它的主要影响是将预算权力授予国防部长及其文官顾问。

通过PPBS将军方置于从属地位，这不过是军方在更普遍意义上的软弱的一种表现。在过去的十年，军方一直苦于缺乏适应核时代的知识人才。因为谁也不具有（也不想具有）核战争的直接经验。因此，关于某人具有丰富的作战经验的惯常的军事话题，已不再让人印象深刻。相反，对未来可能的战争形式作出富于想象力的创造——为了避免这种战争的发生——要求人们具有很好的抽象思维能力和运用定量分析方法处理抽象符号的能力。西点军校没能生产出很多这样的人才。

6. 国务院

当代的总统们期待由国务院执行他们的外交政策。约翰·肯尼迪觉得，国务院"在某种特殊的意义上是'他的'部门"。如果哪位国务卿忘记了这一点，总统就可能找另外的人取而代之。这方面的一个突出例子是杜鲁门时期的詹姆斯·伯恩斯（James Byrnes）。但是，国务院，尤其是它的驻外机构，也是一种高度专业化的组织，它有自己的生命力和惰性。如果总统不奋力推行他的政策，他可能发现，他的政策偏好最终不知何故就被稀释掉了。在肯尼迪的传记中，阿瑟·施莱辛格（Arthur Schlesinger）充满了对国务院的官僚惯性和顽固作风的哀伤情绪。

在施莱辛格看来，一般情况下，国务院不应违背总统的意愿。在书中的一处，他写道："总统自己正日益成为美国外交政策的日常指导者。"在书中的另一处，他写道："对于外交政策的几乎每一个方面的内容，肯尼迪都亲自处理。在某些领域，他比国务院的资深官员知道的更多；在所有的政策议题上，他都可能给予这些官员以具体的提醒。"在老挝问题上，总统一意孤行；在刚果问题上，他不顾国务院的强烈反对，坚持推行他的政策。如施莱辛格所主张的那样，如果总统想从国务院那里获得更多的主动权，他完全可以换掉国务卿，换成一个不能在民主党内或在国会中赢得特殊支持的人。也许总统太希望由他自己来控制外交政策了。迪安·腊斯克（Dean Rusk）可能比施莱辛格更了解肯尼迪，他认为肯尼迪真正不想要的是一个外交事务领域的竞争对手。

施莱辛格写道："在它所选择的任何一场与外交部门的战斗中，白宫总能赢得胜利。不过，外交部门的职业声望和专业能力也限制了白宫可以找到的有利可图的战斗数量。"在他这样写的时候，施莱辛格几乎触及事实的真相。当总统清楚他需要什么的时候，他得到了他想要的；当总统心中没底、不知所措的时候，他想得到好的建议，但常常得不到他想要的。确实如此，没有证据表明，总统的职员曾经提出过更好的想法。真正的问题或许是到处缺乏好的想法。肯尼迪无疑是在鼓励他的职员刺激国务院。但总统也保持了足够的谨慎，不要逼得太紧，以至于在他还不确定自己想去哪儿的时候就已经上路。就此而论，肯尼迪似乎有意让他的职员与国务院里的重要人物互相争斗，以便自己坐收渔翁之利。

在外交事务方面向总统们提供帮助的白宫特殊职员越来越多,由此可见,总统们需要助手,他们拒绝完全依赖正式的执行机构,他们有能力找到称职的人。而且,如果白宫职员的工作是服务于总统们而不是他们的竞争对手,那么总统们必须保留他们安置这些职员的特权。在任何时候,如果批评家们不喜欢当前的外交与防务政策,他们很可能会抱怨说,白宫职员正在遮挡总统的视线,使他看不到不同意见。批评家们自然建议引进更多的不同观点。如果这些批评家们能够设法让总统整天掰手指头("一方面,另一方面"),那么他们也就不可能让总统采取任何实际行动。对于那些认为当前外交政策中的最大危险是轻举妄动而不是无所作为的人来说,这一观点同样适用。总统们毅然拒绝按其他人所期待的方式使用顾问人员,因为他们不想成为顾问人员的俘虏。总统们保留着对白宫职员的控制,也保留着对主要外交政策决定的控制。

总统控制的彻底程度如何?

有些分析人员说,总统在控制外交政策决定方面的成功很大程度上不过是一种幻觉。他们说,这种成功的取得是建立在预期其他人的反应并放弃可能招致强烈反对的建议的基础之上。这种观点有几分道理。政治事务的处理,很大程度上是建立在相互依赖基础之上,因此必须考虑到其他人的反应。认为总统在外交与防务政策上的成功是建立在预期其他人的反应的基础之上,这种说法使人联想到某种稳定的局面。但这种局面事实上并不存在。如果总统们仅仅向国会提议那些能够得到其支持的政策,而国会则仅仅在它清楚地知道自己能够聚集到压倒性的优势时才反对这些政策,那么任何冲突也不会发生。事实上,也可能不会出现任何外交政策决定。

在马歇尔计划和禁止核试验协定中,总统只能通过自己的艰苦努力来克服国会的强烈反对。"预期反应"的观点何以解释此类政策冲突? 更为重要的是,为什么"预期反应"的观点在内政事务中不起作用? 为此,持这种观点的人不得不争辩说,基于某种原因,总统们对于成功可能性的理解在内政政策问题上一向混乱不堪,而在主要的外交政策问题上却几乎总是准确无误。可是,"预期反应"的解释作用在内政政策上应当比在外交政策上更明显,因为更熟悉的国内局势给总统们提供了大量的经验以供预测,而在对外事务方面,总统们经常面对的是如苏伊士危机和罗得西亚局势那样的异常情况。

那么,有没有重要的历史事例可以驳斥总统控制外交政策的论点? 外援可能是一个相关的例子。由于来自公众和国会舆论的敌意,多年以来,总统们一直在努力争取外援项目。然而,尽管这种项目明显地不受欢迎,每年的定期外援拨款仍达数十亿美元。在对共产主义国家(如波兰和南斯拉夫)的外援项目上,国会对这些援助附加了各种各样的限制条件,但总统们总能找到避开这些限制的办法。

承认共产主义中国的例子又如何?美国的国民情绪一直反对承认红色中国或同意其加入联合国。难道总统们一直想承认红色中国却被这些反对意见所挫败?我认为,这个问题的答案是有保留的"不"。对于杜鲁门政府来讲,承认红色中国的时机可能一直是一个值得慎重考虑的问题,而朝鲜战争有效地排除了它的顾虑。没有证据表现,艾森豪威尔总统或杜勒斯国务卿曾经认为承认红色中国或帮助接纳她加入联合国是一种明智的做法。肯尼迪政府将这些事情看得并不重要,考虑到反对意见的存在,他在建议调整对华政策上相当谨慎。随着越南战争的爆发,如果美国政府对于外交政策的有利形势的判断更乐观一些,那么,肯尼迪或约翰逊可能会建议改变美国的对华政策并承认红色中国。

尽管如此,在承认红色中国问题上,一个可能的例外似乎不足以推翻这种一般性的论点:与内政政策相比,总统们在决定外交与防务政策方面相当地自行其是。

世界的影响

那些推动总统们最大范围地关注外交与防务政策的力量,同样也影响着他们对权力风险的计算。正如肯尼迪总统常说的那样,"内政政策……只能挫败我们;外交政策却可以毁掉我们。"

对于总统们来说,在外交与防务政策上"玩弄权术"已经没有意义。过去,总统们可能认为,他们可以通过长期拖延或压根不采取行动的方式来获利,因为问题可能自行消失或可以留给继任者。现在,总统们必须预料到,如果世界局势出现恶化,他们将因此付出高昂的代价。推行一种在这个世界上行得通的、避免给总统们或他们的同胞们带来灾难性后果的政策,由此带来的利益,远远超出了支持一种最初不受欢迎的政策所产生的任何暂时性的政治损失。与内政事务相比,那些致力于国际政治的总统们,在按照自己的主张处理问题上表现出了极大的热情。谁支持某项政策,谁反对这项政策,固然是一件值得考虑的事情,但它于对外事务的重要性远不及内政事务。总统们可以找到的最好政策,同样也是最好的政治。

外交与防务政策形势大量存在,它们必须相互竞争以吸引总统的注意力。这一事实意味着,为了提高总统政策议程的有效性,有必要对这些政治活动进行适当的组织。因为,如果总统对某些问题给予更多的关注,他可能会形成不同的政策偏好;可能会寻求并得到不同的政策建议;新的打算可能会使他投入更多的资源以搜寻解决方案。有利害关系的国会议员可以发挥重要影响,但不是以直接的方式阻止总统的决定,而是以间接的方式使总统逃避再三斟酌其行为基础的做法代价高昂。例如,公民集团,如那些关心对华政策改变的公民集团,仅仅通过使他们的建议维持在公共议程之中就可以发挥一定的影响。即使总统不会因此而公开改变现行政策,他也可能被迫重新考虑这一问题。

在外交事务方面,我们可能差不多进入了"知识就是力量"的发展阶段。华盛顿对各种好主意有着惊人的接受能力。在大多数情形下,无论是谁,只要能够就如何与这个棘手的世界打交道提出令人信服的思路,都可以在华盛顿找到一位现成的听众。说服总统遵循某种他想要的政策,最好的方式是向他说明这种政策会管用。像麦克纳马拉这样的人之所以辉煌腾达,因为他知道自己该干什么;他提出他能够为之辩护的解决方法。设计出好的政策或准确地预测这些政策的影响,固然是一件极为困难的事情;使别人相信某一政策优于其他的替代政策,也不是一件容易的事情。这正是影响总统的行之有效的途径。因为,如果总统们坚信当前的政策是最好的,那么积聚足够的力量以迫使总统作出改变,这种可能性就相当小。能够发展出更好的外交政策的人,将发现,总统正在铺设一条通往他家门口的小路。

27

概念模型与古巴导弹危机(1969)①

格雷厄姆·阿利森

古巴导弹危机属于种子事件。因为在1962年10月的那些日子里,始终存在着一种较大的可能性,也就是说,大量的生命可能从地球上突然消失,且

---

① 原文出自:Graham T. Allison, "Conceptual Models and the Cuban Missile Crisis", *American Political Science Review*, LXIII (3) (September 1969).

其数量之巨超过人类历史上的任何时期。最坏的情况一旦发生,1亿美国人、超过1亿的苏联人,以及数以百万计的欧洲人的死亡,将使此前发生过的任何自然灾难和人类暴力事件都显得微不足道。肯尼迪估计,这种大灾难发生的概率在1/3以上。① 给定这一概率存在,如果我们当初采取逃避的做法,这看上去实在太让人后怕了。只要稍微动一下脑筋,就会明白,这一事件可以作为有关人类生存的重要的标志性事件而存在。如此灾难性的后果,居然出自国家政府的决定和行为,这就迫使政府管理的学者和实践者不得不对此类问题作出严肃而认真的思考。

深入了解这一危机,既取决于更丰富的信息,也取决于对这些信息更富于探索性的分析。本文研究的部分目的就是要在这方面贡献一份力量。不过,在这里,导弹危机的主要作用是为更一般化的研究提供养分。本文的研究基于这样的假设:对此类事件的深入理解,关键取决于观察者对分析方法的自觉运用。分析者对重大事件的观察与判断,不仅取决于有关事件发生的证据,而且取决于用以审视这些证据的"理论透镜"。本文的主要目的,是深入探索分析者用以思考政府行为尤其是外交与防务政策行为的一些基本假设和范畴。

可以将人们在这方面的主要争论归纳为三个命题:

(1)分析者在很大程度上是基于某种隐含的概念模型来思考外交与防务政策问题,这些概念模型对他们的思想内容具有重要影响。②

如果你对分析者们的解释进行仔细研究,就会发现,现有的关于外交政策分析的作品既缺乏系统性又缺乏说服力,但却存在着很多的基本相似之处。某一类型的分析者们所提供的解释往往表现出相当有规律和可预见的特征。这种可预见性暗示着某种结构的存在;而这种规律性则折射出分析者关于问题性质、基本分析范畴、相关证据的类型以及事件的决定性因素等的假设。第一个命题就是,这些相关假设的集合构成了分析者赖以设问和回答问题的基本推理框架或概念模型:发生了什么?为什么会发生?还会发生什么?③ 这些假设相当于解释与预测活动的中枢神经,因为在试图对特定事

---

① Theodore Sorenson, *Kennedy* (New York: Harper and Row, 1965), p.705.
② 为了理解外交政策问题,分析者们作出了许多努力,这些努力在内容上彼此相关,但逻辑上相互分开。它们包括:(1)描述;(2)解释;(3)预测;(4)评价;(5)建议。本文主要关注解释(以及通过暗示和预测所作的解释)。
③ 解释是根据隐含的概念模型来进行的,这并不意味着本文主张说外交政策的分析者们已经开发出任何令人满意的、可实证检验的理论。在本文中,无定语的"模型"(model)一词可以被理解为"概念体系"(conceptual scheme)。

件作出解释时,分析者不可能将事件发生前的世界状况完整地描述一遍。在解释的推理过程中,分析者需要将发生的事情从整个世界状况中挑选出来。① 更为重要的是,正如预测的推理过程所强调的那样,在对讨论中的事件进行推理时,分析者必须将各种决定性因素归纳出来。打一个形象的比喻,概念模型既决定了渔网的网眼,也决定了撒网的方式。透过疏密不同的网眼,分析者对用以解释特定行为或决定的材料进行筛选;通过一定的撒网方式,捕鱼者为了捕到想要的鱼类而将渔网撒在选定的池塘,且深浅适宜。

(2) 大多数分析者是根据某种基本概念模型的不同变种来解释(或预测)国家政府的行为。本文将这种基本概念模型称之为理性政策模型(Rational Policy Model)。②

分析者试图根据这种概念模型来理解国家政府的行为。在他们看来,这种政府行为不仅是统一的,而且或多或少是有目的的。对于这些分析者来说,解释工作的关键在于澄清:给定所面临的战略问题,国家或政府为什么会选择某种行为而非其他的行为。例如,在面对苏联在古巴部署导弹的问题时,理性政策模型的分析者试图说明,在给定苏联战略目标的条件下,从苏联人的观点看,为什么在古巴部署导弹的行为是理性的。

(3) 有两种"可供选择的"概念模型为改进解释与预测工作提供了依据。本文将这两种模型分别贴上组织过程模型(或模型Ⅱ)和官僚政治模型(或模型Ⅲ)的标签。

---

① 为便于讨论,我们将接受卡尔·亨佩尔(Carl G. Hempel)对解释的逻辑特征的描述:解释,"就是通过说明现象乃根据特定规律(L1, L2, … L_r)从特定的环境(C1, C2, … C_x)中产生这样一种方式来回答'待解释的现象是如何发生的'这样一个问题。通过指出这一点,我们的观点是,给定讨论中的特定环境和规律,现象的发生就是**预料之中的**;也正是在此种意义上,解释使我们理解现象为什么会发生。"参见:Carl G. Hempel, *Aspects of Scientific Explanation* (New York: Harcourt, Brace and world, 1961), p.337。也就是说,当各种解释模型可分辨时,令人满意的科学解释就会呈现出这种基本推理过程。因此,预测与解释在推理过程上是相反的。参见:Ernest Nagel, *The Structure of Science: Problems in the Logic of Scientific Explanation* (New York: Harcourt, Brace and world, 1961)。

② 关于这些模型的适当命名,本文稿的早期草稿曾引起过激烈的争论。从日常用语中挑选名字,固然让人感到熟悉,但也容易引起混乱。为简便和清晰起见,或许我们最好将这些模型分别称之为模型Ⅰ、模型Ⅱ和模型Ⅲ。

模型Ⅰ：理性政策模型

理性政策模型的例证

正如《纽约时报》所指①，问题在于苏联的目标是什么，它一方面花费巨资用于反弹道导弹武器系统的部署，与此同时，似乎又想追求国际局势的缓和。关于苏联在古巴部署导弹这一事件，《纽约时报》提出的这一谜团，其症结究竟何在？用前总统约翰逊的话来说："自相矛盾之处在于，这种行为（苏联部署反弹道导弹系统）竟然发生在有大量证据显示我们之间的敌对状态开始走向缓和的时候。"②这一问题之所以困扰人们，主要是因为当我们将苏联部署反弹道导弹这一事实，与苏联正在朝向国际局势缓和化方向努力的证据并列在我们隐含的模型中时，问题就出来了。苏联政府到底基于怎样的目的而理性地选择同时执行这两种不同的行动路线？只有当分析者试图按照单一行动者进行有目的地选择这种方式来建构事件时，这样的疑问才会发生。

那么，分析者如何解释苏联在古巴的导弹部署行为呢？关于这一事件的解释，最广为人们引证的，当属兰德公司两位苏联问题专家阿诺德·霍尔利克（Arnold Horelick）和迈伦·拉什（Myron Rush）所做的分析。③ 他们认为："苏联之所以将导弹运到古巴，主要是因为苏联的领导人迫切希望……在美国当前战略优势的巨大空白地带上压制美国。"④这两位苏联问题专家是如何得出这一结论的？他们以福尔摩斯式的方式抓住该行动的若干显著特征，并将这些特征作为评判标准来驳斥有关苏联目标的其他假设。例如，他们认为（提出），同样的部署规模，且同时部署的是更昂贵也更易于发现的中远程导弹和中程导弹，那么从古巴防卫的角度来看，对苏联这一行为的解释就是不可接受的，因为这样的防卫目标完全可以通过部署数量更少的中程导弹得以实现。他们的解释代表的是一种单一目标论，它将苏联行为的具体内容解释为目标价值最大化的选择。

---

① New York Times, 18 Feb., 1967.
② Ibid.
③ Arnold Horelick and Myron Rush, *Strategic Power and Soviet Foreign Policy* (Chicago: University of Chicago Press, 1965); Arnold Horelick, "The Cuban Missile Crisis: An Analysis of Soviet Calculations and Behavior", *World Politics* 16 (Apr. 1964).
④ Horelick and Rush, *Strategic Power*, p.154.

这些分析者又如何解释第一次世界大战的发生原因呢？根据汉斯·摩根索(Hans Morgenthau)的说法，"第一次世界大战发生的唯一原因就是欧洲力量失衡所带来的恐惧"①。战争发生前，三国同盟与三国协约之间维持着一种不稳定平衡。如果任何一方的力量联合能够在巴尔干地区获得决定性优势，那么它也将在整个力量平衡中取得决定性优势。摩根索断言："正是这种恐惧感，刺激奥地利于1914年7月决定一劳永逸地解决与塞尔维亚的恩怨，并诱导德国对奥地利作出无条件支持的承诺。也正是这种恐惧感使俄国卷入对塞尔维亚的支持，并将法国卷入对俄国的支持。"②为什么摩根索在这一问题的解释上如此充满信心？因为他将所有资料置于一个"理性框架"内③。按照摩根索的说法，这种方法的价值在于"它将理性原则注入人类行为之中，并赋予外交政策以惊人的连贯性。这种连贯性使得美国、英国或俄国的外交政策看上去就像一个明智的、理性的连续统一体……而不管继任政治家的动机、偏好、知识与道德品质有什么不同"④。

大多数当代分析者（也包括外行）都不由自主地（尽管绝大多数情况下是隐含地）根据这种模型解释外交事件的发生。事实上，将外交事件的发生当作国家行为的这种看法，似乎已经成为思考这些问题时自然而然的起点，以至于人们很少意识到它背后的概念模型的存在：对外交事件发生原因的解释，仅仅意味着对政府的理性选择行为作出说明。⑤ 在前面的简单讨论中，我们列举了五个使用这种模型的例子。要证明大多数分析者在多大程度上是根据理性政策模型思考问题的，是一件不大可能的事情；甚至要在本文有限的篇幅内举例说明这种分析框架的应用范围，也是一件不大可能的事情。我的目的毋宁说是想让读者对该模型及其所遇到的挑战有一个大致的了解，也就是说想让读者仔细研究他们最熟悉的文献，并据此作出判断。

罗伯特·默顿(Robert K. Merton)从技术的意义上将理性政策模型表述

---

① Hans Morgenthau, *Politics among Nations* 3rd ed. (New York: Knopf, 1960), p.191.
② Ibid., p.192.
③ Ibid., p.5.
④ Ibid., pp.5—6.
⑤ 更大范围的研究涉及若干与这一概括性观点不同的观点。西德尼·维巴(Sidney Verba)的精彩文章《国际系统模型中的理性与非理性假设》，与其说是一种不同的观点，不如说是对不同问题的一种研究方法。维巴在该文中主要关注的是政治家个人的理性与非理性模型。参见：Sidney Verba, "Assumptions of Rationality and Non-Rationality in Models of the International System", in Knorr and Verba, *International System*。

为一种社会学意义上的"分析范式"(analytic paradigm)①,他的这一判断进一步加深了对该模型一般特征的刻画。对模型Ⅰ的分析者所运用的基本假设、概念和命题进行系统化描述,可以将人们对这种分析模式的特殊信赖感凸显出来。将一种在很大程度上是隐含着的分析框架清晰地勾勒出来,不可避免地带有漫画的意味。不过,漫画也可以是启发式的。

理性政策范式

基本分析单元:作为国家选择的政策

可以将外交领域中发生的事件看作是国家或国家政府选择的行为。② 政府的行为选择遵循战略目的和目标最大化原则。战略问题的这些"解决方案"是政策分析的基本范畴。分析者根据这些基本范畴来感知应当解释的内容。

概念组成

1. 国家行动者

可以将作为代理人的国家或政府看作是一个理性的、一元化的决策者。该行动者有一系列特定的目标(相当于一个连续的效用函数)、一系列现成的备选方案,以及对每一备选方案的后果的完整预测。

2. 问题

行为的选择是为了对国家面临的战略问题作出回应。"国际战略市场"中不断增加的挑战与机遇驱使国家采取行动。

3. 静态选择

政府代表针对某一问题所采取的行动的总和,构成了国家所选择的"解

---

① Robert K. Merton, *Social Theory and Social Structures*, rev. and enl. ed. (New York: Free Press, 1957), pp.12—16. 尽管范式(paradigms)离令人满意的理论模型(theoretical model)还有相当的距离,但它仍然代表着从松散的、隐含的概念模型(conceptual model)向理论模型迈出的一小步。从变量的概念或变量的关系中,都不足以推导出命题来。"范式分析"(Paradigmatic Analysis)则在相当程度上提供了这样的希望,使人们可以对政治科学中的各种分析模型进行梳理与归类。这里提到的每一种范式都可以用严格的数学语言来表述。例如,模型Ⅰ就适合于用赫伯特·西蒙在《理性行为理论》中提出的数学公式来表达。见 Herbert Simon, *Models of Man* (New York: Wiley, 1957)。不过,"测量与评价"这一最大的难题并没有因此而解决。

② 尽管这种模型的某种变体很可能带有随机应变性,但范式的表述却毫无含糊之意。人们有时会将这种模型的某种应变性变体用于当代外交策略的预测,但我们几乎不可能找到一件这样的作品,它对某一外交事件的解释自始至终都是盖然论的。

模型Ⅰ与 R.G.柯林伍德(R. G. Collingwood)和·威廉·德雷(William Dray)及其他"修正主义"历史学家所开发的解释观之间存在相似性,这不是一种巧合。有关"修正主义立场"的综合介绍,可参见:Maurice Mandelbaum, "Historical Explanation: The Problem of Covering Laws", *History and Theory* 1 (1960).

决方案"。因此,可以将国家的行为看作是从不同结果中所做的一种静态选择(而不是在动态流中所做的大量局部选择)。

4. 理性选择行为

包含以下内容:

(1) **目的与目标**。国家安全与国家利益是战略目标构想的基本范畴。国家寻求安全与一定范围内的其他目标。(分析者很少将战略目的与目标转换为清晰的效用函数;不过,他们确实将注意力集中在主要的目的与目标上,并本能地置那些连带效应于不顾。)

(2) **选项**。针对某一战略问题的各种行动方案构成了政府的选项谱系。

(3) **后果**。每一个可供选择的行动方案的实施,都将产生一系列的后果。从战略目的与目标的观点看,这些相关后果构成了政府行为的收益与成本。

(4) **选择**。理性选择就是价值最大化。理性代理人将从诸选项中挑选出一个最大化实现其目的与目标的方案。

主导推理模式

理性政策范式引导分析者依赖以下推理模式:如果一个国家实施了某种行为,那么这个国家一定事先存有某些目的,且该行为构成了实现该目的的最佳手段。理性政策模型的解释力源于此种推理模式。在这种目的论的模式中,可以将发生的行为定位于价值最大化的手段。这个秘密一经揭露,迷惑也就随之消散。

一般命题

政治学难以让人恭维之处就在于它很少能够提出可检验的一般性命题。"范式分析"(Paradigmatic Analysis)主张分析术语的清晰性和解释逻辑的严谨性。理性政策范式的分析者所依赖的命题类型,简单说来包括如下内容。

有关价值最大化的行为的基本假设,提出了若干命题,这些命题构成了大多数此类解释的核心内容。它的普遍法则可以表述如下:特定行为发生的可能性,产生于(1)国家的相关价值与目标,(2)已找到的各种行动方案,(3)对每一方案的所有后果的评估,以及(4)对每一组后果的总体评价等因素的组合。两个命题由此产生。

命题一：某一行动方案的成本每增加一个单位，也就是说，该行动方案所产生的后果的价值每减少一个单位，或它达成固定结果的可能性每减少一个单位，则该行动方案被选择的可能性就降低一个单位。

命题二：某一行动方案的成本每减少一个单位，也就是说，该行动方案所产生的后果的价值每增加一个单位，或它达成固定结果的可能性每增加一个单位，则该行动方案被选择的可能性就增加一个单位。①

特殊命题

1. 核威慑

特定攻击行为发生的可能性，产生于一般命题中所设定的那些因素。通过与事实判断相结合，有关核威慑的次理论命题就可以从一般命题中推导出来。

命题一：稳定的核平衡减少了核攻击发生的可能性。这一命题是从一般命题和如下事实判断中得出的，即二次打击能力会影响潜在攻击者对核攻击行为的权衡，因为它增加了对方遭受报复性核攻击的可能性和代价。

命题二：稳定的核平衡增加了有限战争发生的可能性。这一命题是从一般命题和如下事实判断中得出的，即尽管核战争的代价越来越大，稳定的核平衡仍然使得动用核武器作为回应有限战争的方式的可能性大大减少。因此，在有限战争的权衡中，核战争因素的重要性甚微。

2. 苏军态度

苏联选择它的军事态度（亦即武器系统及其部署）作为执行其战略目标和军事学说的价值最大化手段。类似的命题支持了国防部长莱尔德（Laird）从苏联部署 200 枚 SS-9 导弹（大型洲际弹道导弹）这一事实中所作的推论，他断言："苏联正在努力寻求第一次打击能力，这是毫无疑问的。"②

理性政策模型的诸变体

理性政策范式将最精致版本的理性政策模型的各种特征展现了出来。现代战略问题的作品中所运用的就是这类模型。事件发生的可能性源于"国际战略市场"的各种问题与压力。国际行动主体（可以是任何国家行动

---

① 该模型与经济学的厂商与消费者理论中广泛使用的理性企业家理论具有相似性。这两个命题就是对"替代作用"的详细说明。可以直接借鉴经济学理论对理性政策模型进行提炼，并对一般性补充命题进行说明。

② *New York Times*, 22 Mar., 1969.

主体)不过是一台价值最大化的机器,从事着从战略问题到合理化解决方案的加工过程。不过,大多数外交问题分析者在解释与预测时主要依赖的是这种"纯"模型的各种变体。各种模型变体的要点是一样的:给定一定的约束条件,将行为置于某种价值最大化的框架下。每一种变体都体现出它们作为同一种范式的相似性。尽管如此,对各种变体作出识别仍然是有帮助的。第一种变体关注国家行动主体及其在特定环境下的政策选择,它引导分析者对所需考虑的目标、选项和后果作出进一步的限定。于是,(1)反映在某种"运行密码"(operational code)中的国家倾向或性格特征,(2)对特定目标的关注,或(3)特别的行为准则,可以缩小该范式的"目标"、"选项"或"后果"的范围。例如,有时候分析者可以参照苏联的"军事思想"来解释苏联反弹道导弹的部署;或将苏联的某一具体行为解释为布尔什维克"运行密码"中的某种特殊行为准则的具体运用①。第二种变体关注的是,作为行动主体的个别领导人或领导集团,他(们)将自己的偏好函数最大化,并依个人(或集团)的性格特征而对选项、后果和选择规则作出调整。将美国对越南的武装干涉理解为肯尼迪—约翰逊政府的外交政策"公理"的自然结果,这种解释所依赖的就是这种模型变体。第三种模型变体,同时也是基本模型的一种较为复杂的变体,承认政府内部存在若干行动主体,如鹰派与鸽派,或军方与文官,但参照获胜方的目标来解释(或预测)事件的发生。例如,关于冷战的一些修正主义历史学就是以这种方式承认美国政府中存在光明与黑暗两种势力,并将美国的行为解释为获胜的黑暗势力出于自身目的和感性认识所做出的选择。

基本范式的每一种变体都构成了一种形式化的模型。这些形式化的模型往往隐含在分析者的分析过程中。将隐含的概念模型转换为清晰的范式,在这样做的过程中,我们必然会失掉模型运用中的很多精彩内容。不过,在将散布的、隐含的概念模型上升到清晰范式的层面时,我们的目的是将分析者在分析过程中的基本逻辑呈现出来。如果读者注意到那些最有影响力的分析者在运用理性政策模型时所作的大量添加和调整,那么我们的范式描述中所残留的武断痕迹或许就可以被抹掉了。首先,在同一篇文献中,分析者可能从基本模型的一种变体转换到另一种变体,偶尔还以即兴方式穿插一些在逻辑上与基本模型不相容的事实片段。其次,在对大量事件进行解释的过程中,分析者有时会在某一个他掌握了丰富信息的事件前突然中止,然后再

---

① 参见:Nathan Leites, *A Study of Bolshevism* (Glencoe, Ⅲ.: Free Press, 1953)。

在另一个地方重新展开,由此给人造成一种随意性的印象。第三,在得出某种解释或预测时,分析者明明已经用到了其他的假设与范畴,但却以一种巧妙而令人信服的方式将之打包进理性政策模型并呈现在作品中。(这种适应性调整方法是知识群体的成员们的一种善器。其分析过程与某种方法具有相当明显的关联,但他们觉得把事件置于一种更大范围的理性分析框架内,对于读者来说可能更好理解。)第四,在试图得出某种解释时,尤其是在根据基本模型无法得出某种预测时,援用了某种"错误"观点。以这种方式,有的分析者将"导弹差距"预测上的失败,看作是苏联在利用机会方面犯的一次错误而一笔勾销。通过这样或那样的调整,模型 I 的分析者所使用的模型变体的数量,可能在相当程度上超过了根据该模型所能联想到的数量。不过,从本质上讲,类似的调整仍属于这些基本分析逻辑的附加物。……

模型 II:组织过程模型

基于某些意图而将政府行为概括为一个一元化的理性决策者所选择的行为,这样处理是很有用的。在这里,一元化的理性决策者是指集中控制的、完全信息的、价值最大化的行动主体。不过,这种简化处理并不能掩盖这样的事实:"政府"是由半封建的、松散结盟的组织所结成的联合体,其中的每一个组织都有自己真实的生命。形式上,政府首脑居于联合体的顶部,在某种程度上也确实如此。不过,政府需要通过组织传感器去感知问题。当组织处理信息时,政府才能定义备选方案并预测后果;当组织制定常规(routine)时,政府才能采取行动。因此,政府的行为可以根据第二种概念模型来解释,这种模型不是把政府行为看成是领导人深思熟虑的选择,而是把它看作是标准行为模式运行下的大型组织的**输出**。

为了对范围广泛的各种问题作出回应,组成政府的各种大型组织在具体领域的主要责任上各有分工。每一组织负责处理某一组问题,并在这些问题上以准独立(quasi-independence)的方式采取行动。只有很少的重要问题会排他性地落入某一个组织的职权范围。于是,政府在任何重要问题上的行为,就表现为政府首脑部分协调下的若干组织的独立输出。政府首脑可以实质性地干预但不能实质性地控制这些组织的行为。

为了执行复杂的常规,必须对大量的个人行为进行协调。协调需要遵循标准操作程序(Standard Operating Procedure;SOP),即办事规则。为了确保数以百计的人的行为的可靠性,必须有既定的"计划"(programs)。确实,不

第七章 ◎ 行政部门与政策执行

管水平如何,如果一支橄榄球队的11名队员要想有好的表现,每一名队员都不能"各行其是"或"按四分卫的指令行事"。相反,每一名队员必须按照事先确定的比赛战术来移动,而四分卫只是简单地告诉大家应该使用哪一套战术。

在任何特定的时刻,政府都是由各种**现有的**组织所组成,每一组织都有一套**固定的**标准操作程序和计划。因此,在任何特定的时刻,与某一问题相关的组织行为以及随之而来的政府行为,主要是由在那一时刻之前这些组织中业已存在的常规所决定。不过,组织也确实会发生改变;随着时间的流逝,组织也在不断地学习。组织的巨大变革源于对重大危机的回应。学习与变革都受到现有组织能力的影响。

可以借用组织研究的成果,将这些松散表述的命题简单地归结为若干**倾向**。每一种倾向的含义通过类似的修饰语加以限定,如"其他情况不变"和"在一定的条件下"。倾向只在具体的情况下才或多或少是有效的。在特定的情形下,相关的问题是:多还是少?这还得具体问题具体分析。因为,一方面,"组织"和"固体"差不多都属于同质类属。当科学家们试图对"固体"作出概括时,他们得到的结论是相似的。在受热情况下,固体倾向于膨胀。只不过有时确实发生了膨胀,而有时则没有。因此,我们同样需要对聚结在"组织"这个标题下的各种要素进行适当的分类。另一方面,特定组织的表现看起来要比固体的表现复杂得多。在对特定组织的倾向作出更具体的描述时,必须提供有关该组织的补充信息。不管这两个告诫如何,作为组织输出的政府行为,其特征与模型I所描述的特征之间存在着相当明显的区别。因此,根据这种推理框架理解外交事务问题,所得出的解释也将相当不同于模型I的解释。[1]

---

[1] 组织研究对当前外交政策分析的影响还很小。国际政治方面的专家不是组织理论的学者,而组织理论也只是最近才开始将组织作为决策者来研究。从决策制定的角度研究国家安全组织的行为,目前还未取得实质性的进展。尽管如此,国际政治研究与组织研究之间的缺口看来不会维持太久。将厂商作为组织来研究,在这方面已经取得了很大的进展。学者们已经开始将厂商组织理论方面的成果应用于政府组织研究,从事政府运作研究的机构和学者对组织视角的研究兴趣正在迅速蔓延。以理查德·施奈德、布鲁克和沙平为代表的"决策制定"研究方法,将组织理论的许多研究成果融入其中。参见:Richard Snyder, R. Bruck, and B. Sapin, *Foreign Policy Decision-Making* (Glencoe, Ⅲ.: Free Press, 1962)。

组织过程范式①

基本分析单元：作为组织输出的政策

从三种重要的意义上说，国际政治事件是组织过程的输出。首先，真实发生的事件是组织的输出。例如，中国参与朝鲜战争是一种组织行为：这是一群军人的行为，他们进入朝鲜，阻击敌人的进攻，并根据中国军队的固定常规发射武器；这群军人以排、连依次到整支军队这样的方式组织起来，二等兵对中尉负责、中尉对上尉负责，依此类推直至对司令官负责。政府首脑的决定触发了组织的常规；政府首脑可以修剪这种输出的边边角角，可以对这些输出的组合行使一定的选择权，但组织行为总体上是由预先设立的程序所决定。其次，组织关于使用当前物质能力的现有常规，构成了政府首脑在应对任何问题时的有效选择空间。如果没有一支训练有素、随时待命的军队，如果没有将这支军队投送到朝鲜的能力，中国领导人也就不可能有机会作出参与朝鲜战争的选择。固定的计划（装备、人员以及存在于特定时刻的常规）限制了领导人的选择空间，对于这一事实，这些领导人并非始终知晓。不过，在任何情况下，这一点对于理解实际发生的事情是至关重要的。最后，组织输出构成了某种约束条件，在这种约束条件的严格限制下，领导人不得不作出与某一问题相关的"决定"。组织输出可以引发问题、提供信息，并对领导人所面对的问题造成某种戏剧性的影响。正如西奥多·索伦森（Theodore Sorensen）所观察到的那样："把结论写在一块干净的石板上，从这个意义上讲，总统们很少（如果有的话）作决定，尤其是在外交事务方面。……那些限定他们选择空间的基本决策，往往在这之前就已经作出。"②一个人如果理解了这种情景结构和问题概况——这些是由组织输出所决定的——就会发现，领导人的正式选择常常虎头蛇尾。

概念组成

1. 组织化的行动主体

行动主体与其说是铁板一块似的"国家"或"政府"，毋宁说更像是由松

---

① 本文作者对该范式的描述，从赫伯特·西蒙的研究思路与成果，以及理查德·赛尔特、詹姆斯·马奇的厂商行为模型中获益颇多。参见 Richard Cyert and James March, *A Behavioral Theory of the Firm* (Englewood Cliffs, N.J.: Prentice-Hall, 1963)。不过，在这里，我们不得不紧紧抓住政府组织中的那些区别不大的因素所具有的低常规、难以量化的功能。

② Theodore Sorensen, "You Get to Walk to Work", *New York Times Magazine*, 19 Mar., 1967.

散关联的各种组织结成的星座,政府首脑则位于这个星座的顶部。只有当各个组织执行各自的常规时,这个星座才能行动。①

2. 分解的问题与碎化的权力

外交事务涉及方方面面的问题,为了使这些问题得到照应,需要把问题切碎并以发包的方式分配给不同的组织;同时,为了避免组织瘫痪,又必须坚持主要权力与主要责任相对应的原则。然而,组织一旦得到授权从事某些工作,它的工作内容在很大程度上是由组织内部决定的。每一个组织都以准独立(在国家政策的宏观指导下)的方式感知问题、加工信息并采取行动。分解的问题与碎化的权力就像一把双刃剑。与政府首脑亲自处理问题相比,问题分解可以使问题的各个方面得到更多的特别关注;不过,这种额外关注的代价则是自由裁量权的产生,它包括对组织关注**什么**和组织**如何**反应的设计。

3. 褊狭的优先顺序、感知与议题

仅仅对问题的某个狭窄方面承担责任,会怂恿组织的褊狭倾向。这种倾向会因一些附加因素的影响而强化,这些因素包括:(1)组织可获得的选择性信息;(2)组织的新成员招募;(3)组织内的人事任免;(4)组织内部的小集团压力;(5)组织内部的报酬分配。顾客(如利益集团)、政府同盟(如国会委员会)以及国外的对应机构(如与国防部对应的英国国防部,或与国务院对应的英国外交部)也刺激了这种褊狭思想。于是,在优先顺序、问题感知、政策议题等操作方面,组织会形成一套相对稳定的倾向。

4. 作为组织输出的行动

组织行为最突出的特征就是它的程序化:在任何情况下,所有行为的发生都是在执行预先设立的常规。在产生输出方面,每一个组织的行为都具有以下特征:

(1) **目标。它限定了可接受的工作表现的范围**。组织的操作目标很少体现在它的书面命令或正式文件中;相反,这些目标是以对可接受的工作表现的一组限制条件这种方式表现出来。这些限制条件的核心内容是组织健康,它通常根据指派的主要任务和财政拨款来定义。这组限制条件产生于以下因素的混合:政府中其他组织的期待与要求、法定权威、公民和特殊利益集团的要求,以及组织内部的

---

① 这些组织并非铁板一块,其适当分解程度取决于分析单元的目标。这一范式描述的是美国政府的主要机构。将这一观点直接推广到政府部门或机构的主要部分,应当是容易理解的。

争斗。这组限制条件代表了对冲突的一种准解决方案(quasi-resolution)——因其相对稳定,因而在某种程度上代表了一种解决方案;不过,由于不同目标之间存在着隐性冲突,所以,它也只能是一种准解决方案。典型的限制条件以强迫式的方式表达,其目的在于防止某些麻烦和灾难的出现。①

(2) **目标关注顺序**。在上述组织操作的限制条件中,不同的限制条件之间可能存在冲突,这种冲突可以通过对目标的有顺序的关注予以解决。当某一问题出现时,组织中主要关注该问题的次级单位会根据他们认为最重要的限制条件处理该问题;当下一个问题出现时,组织中的另一个次级单位则根据另一组限制条件处理该问题。

(3) **标准操作程序**。通过完成一些"低水平"的工作,如拟订预算、提交报告、开发硬件等,组织可以履行一些"高水平"的功能,如关注诸问题领域、跟踪信息,以及为可能性较大的偶发事件准备相应的对策。可靠地履行这些功能,需要标准操作程序(SOPs)的支持。由于这些程序是"标准的",它们不会很快改变或轻易改变;如果没有这些标准程序的支持,就不可能完成这些相互配合的任务。不过,也由于这些标准程序的存在,组织在特定情景下的行为常常显得过于形式化、反应迟钝或不合时宜。

(4) **计划与备案**。组织必须有能力采取联合行动,在这样的行动中,数量众多的个人行动上彼此协调。为了保障组织的运行,组织需要有多组预先演练好的标准操作程序以输出特定的行为,如与敌军作战或回复使馆的电报等。每一组标准操作程序都包含一个组织可以用于应付特定情景的"计划"(从戏剧角度看是节目单,从计算机角度看是程序,这里的"计划"包含两种含义)。与某一类行动(如作战)相关的一组计划构成了组织的备案(repertoire)。一个备案中的计划数目通常相当有限。在某种条件的触发下,组织开始执行这些计划;在特定的情境下,相应的计划不会受到实质性的改变。行动越复杂,涉及的人数越多,作为组织行为的决定性因素,计划与备案也越重要。

(5) **避免不确定性**。组织并不试图对未来事件的概率分布作出评估;相反,组织总是力图避免不确定性的发生。通过对**协商环境**(negotia-

---

① 这些限制条件的稳定性取决于晋升与报酬分配规则、预算与会计程序、普通操作程序等因素。

ted environment)的安排,组织得以控制必须与之打交道的其他行动主体的反应。最重要的环境,也就是与政府中其他组织的关系,是通过协商同意后的预算分割、公认的责任范围,以及既定的、约定俗成的做法等类似的安排保持稳定的。第二位的环境,也就是与国际社会的关系,盟国之间是通过协议缔结(盟约)和"俱乐部关系"(如美国国务院与英国外交部,美国财政部与英国财政部)保持稳定的;与敌人之间,协议和公认的、约定俗成的做法发挥着类似的作用,例如,在古巴导弹危机期间,肯尼迪总统提到的"不稳定现状"的规则。在国际环境不可协商的地方,组织则通过建立一组**标准想定**(standard scenarios)以应对剩余的不确定性。标准想定就是组织预有准备的各种偶发事件。举例来说,美国空军战术司令部的标准想定主要涉及与敌机的空战,与之相关的飞机设计和飞行员训练都是为了应对这种问题。偶发事件的发生概率越大(如在类似于越南战争的有限战争中提供近地空中支援)此种预先准备的作用越小,这种说法本身对想定的必要性影响甚微。

(6) **问题导向的搜索**。如果无法将问题的情景转换为标准想定,组织就会使用搜索的办法。现行的常规在很大程度上决定了搜索的方式和解决办法。组织在对各种可供选择的行动方案进行搜寻时,是以问题为导向的:它关注的是组织必须设法避免的非典型性麻烦。这种搜寻是头脑简单式的:首先搜寻问题症状的附近区域;然后搜寻现行方案的附近区域。这种搜寻方式表现了组织的某些偏见,此种偏见既反映在组织成员的专业训练或工作经验之类的组织因素中,也反映在组织的沟通模式中。

(7) **组织学习与变革**。组织行为的限制因素在大多数情况下是不变的。在回应非典型性问题的过程中,为了消化吸收新情况,组织将搜索新的解决办法,而常规也将发生演化。因此,组织学习与组织变革在很大程度上遵循了现有的程序。尽管如此,组织中的标志性变革偶尔也会发生。可能导致这种巨大变革的条件包括:①预算盛宴期。典型的表现是,组织通过获得现有购物清单以外的项目独享预算盛宴。如果是受命变革,控制预算的领导人可以用富余资金推动变革。②预算持续饥荒期。在典型的情况下,尽管一年的预算饥荒只会对组织机构产生很小的影响,但如果在一些计划的执行方面出现失败现象,那么持续的预算饥荒将迫使组织作出调整以节省资金。③显著失效。显著的变革发生于(大多数情况下)对重大灾难的回应。如果程序和备案遭遇到无可争辩的失败,组织外部的权威就会要求组织作出变革,这时,现有的组织人员很少对变革持抗拒态度,而组织中的关键人物也可能被那些忠于变革的人士所取代。

5. 中心协调与控制

权力与责任的分散化带来行动便利;然而,问题却涉及若干组织管辖权的重叠。于是,权责分散的必要性很快演变成对协调的需求。(欲提高组织的反应能力,组织内的权力配置必须是分散的;与此相对,欲加强组织的协调,组织必须实行集中控制。面对这种两难选择,在任何一种观点的倡导者中,主张政府重组的人都不在少数。)在外交问题被分解、外交权力被分割的情况下,为了国家利益,无论就外交政策的协调还是就外交政策的集中而言,其必要性都要求政府首脑能够干预这些涉外组织的程序。政府首脑的干预能够影响组织的倾向和常规。即便如此,政府首脑也不可能对这些组织的行为施加集中指挥和持续控制。组织间的关系以及组织与政府首脑间的关系,关键性地取决于以下结构性变量:(1)任务的性质;(2)政府首脑可采取的措施和可获得的信息;(3)对组织成员的惩罚制度;(4)人力资源与物质资源的调配程序。举例来说,如果对组织成员的惩罚是由更高一级的权威来实施,这些权威就可以通过规定组织输出的评价标准,对该组织行使某种程度的控制。在这种情况下,这些标准就变成了组织行为赖以发生的限制性条件。不过,限制本身仍属于一种相当粗糙的控制工具。

尽管政府首脑的干预有时确实导致了组织行为向预期方向的改变,但这类例子远没有政府首脑所期待的那么多。正如政府组织的操纵高手富兰克林·罗斯福所言:

> 财政部的机构如此庞大、业务范围如此广泛、行为习惯如此根深蒂固,我发现要得到我想要的行为和结果、几乎是一件不可能的事情……不过,在这方面,财政部简直没法和国务院相比。如果你曾经有过试图让这些职业外交家在思维方式、政策和行为上作出任何改变的经历,你就明白真正的问题所在。但是,即便把财政部和国务院加起来,也没法把他们和海军部(Na-a-vy)相比。……试图让海军部作出任何改变,就像用拳头击打羽绒被一样。你左手打完右手打,直到打得精疲力竭,这

时你发现,这该死的被子和你打之前一模一样。①

约翰·肯尼迪的经历也差不多。他抱怨说:"国务院就像一只盛满果冻的碗。"②不过,麦克纳马拉(McNamara)在国防部的革命恐怕是一个很有冲击力的反面例子。对麦克纳马拉严重干预F-111B海军武器采购一事,最近海军部表示了反对。作为一种对抗手段,海军部的这一反应值得关注。

6. 政府首脑的决定

组织所具有的刚性并不排除组织行为的实际变化,因为政府首脑毕竟位于组织联合体的最顶部。与政府行为有关的许多重要议题,需要政府首脑来决定由哪个组织承当哪项任务。于是,组织在褊狭意识和标准操作程序方面的稳定性与政府行为的某些重大变化,就变得相容了。变化的范围取决于现有的组织计划。

主导推理模式

如果一个国家今天采取了某种行为,那么它的组成部分昨天采取的(或按常规采取的)一定是一种与该行为只有细微差别的行为。在任何特定时刻,政府都相当于一个既定的组织联合体,其中的每一组织各有其现存的目标、计划和备案。在任何情况下,政府行为的特征都源于这些组织中既定的常规,以及政府首脑以既定的常规所提供的信息和评估为基础对现存计划的选择。对于 t 时刻组织行为的最好解释是 $t-1$ 时刻;同样,对于 $t+1$ 时刻组织行为的最好预测是 t 时刻。模型Ⅱ的解释力源于对组织常规和备案的揭示。正是这些常规和备案决定着组织的输出,而令人眼花缭乱的各种事件则包含在组织的输出之中。

一般命题

某些一般命题前面已经叙述过。为了对模型Ⅱ的分析者所使用的命题类型作出清晰的说明,这里我们着重对其中的若干命题作更精确的描述。

1. 组织行为

根据标准操作程序和计划所采取的行动,不同于对"问题"富有远见和灵活性的适应(正如分析者所感受到的那样)。组织行为的具体细节和微妙之处,主要是由组织的常规而不是由政府首脑的指示所决定。

---

① Marriner Eccles, *Beckoning Frontiers* (New York: A. A. Knopf, 1951), p.336.
② Arthur Schlesinger, *A Thousand Days* (Boston: Houghton-Mifflin, 1965), p.406.

标准操作程序构成了组织处理**标准**情况的常规。常规使数量众多的普通人通过对基本刺激源的反应,无需劳神费力便可以日复一日地处理大量情况。不过,这种效果差强人意的规则化能力,需要付出的代价就是标准化。如果标准操作程序适当,组织的平均表现水平,就优于将每一种情况分别交由不同人处理(给定能力、时间和资源约束条件不变)的方式。但是,对于特殊情况,尤其是对于那些典型地不具有"标准"特征的关键情况的处理,常常表现出行动迟缓或措施不力。

计划,亦即从某一备案的若干计划中挑选出来的行动复合体,很少是为了某种特殊情况而量身定制的。相反,行动计划不过是(充其量)从预先形成的备案中挑选的最合适的计划。

由于备案是褊狭的组织专门为该组织所定义的各种标准想定而开发的,所以,即使其中存在可用于处理特定情况的计划,这种计划常常也是糟糕的。

2. 有限的灵活性与渐进调整

组织行为的主要轨迹是直线式的,也就是说,组织在当前(t 时刻)的行为与之前($t-1$ 时刻)的行为只有很小的差异。在这种情况下,头脑简单的预测法最有效:组织在 $t+1$ 时刻的行为与当前(t 时刻)的行为只存在些微的不同。

组织预算的变化是渐进式的,无论从总量还是从组织内部的分配来看皆如此。虽然组织应当以重新切蛋糕的方式(根据目标和环境变化)来分配每年可获得的资金,但实际上组织往往是在前一年预算的基础上作局部调整。认为组织间或组织内部各单位间的年度预算分配应当作大幅度调整的说法太过轻率。

组织一旦作出投资承诺,这种投资是不能落入"目标"成本高于收益状态的;然而,组织在已经选定的项目上的投资,却完全有可能突破盈亏平衡点的限制。

3. 行政可行性

作为一个重要的尺度,必须将行政可行性纳入解释、分析与预测的适当考虑之中。行政可行性的重大缺失,会造成政府首脑的决定(或理性决策)与组织的执行相脱节。

组织有如钝器。那些需要多个组织密切协作、共同完成的项目,是不太可能取得成功的。

要求现有的组织单位远离它们熟悉的业务,去执行事先没有演练过的任务,这样的项目鲜少能够按照期待的方式完成。

政府首脑所能指望的是每个组织都能做好它们最熟悉的那一"部分"本职工作。

至于每一组织所负责的那一部分事务,政府首脑只能指望从那里得到不完全、被扭曲的信息。

如果分派给组织的那一部分事务与组织现有的目标相抵触,政府首脑将遭遇到该机构对任务执行的抵制。

特殊命题

1. 威慑

核攻击的可能性对平衡与不平衡或稳态与非稳态的灵敏度低于对若干组织因素的灵敏度。除非出现这种特殊情况,即苏联获得了轻松摧毁美国的可靠能力,否则,无论美国在核打击能力上处于优势还是劣势,这一因素对于核攻击概率的影响都小于若干组织因素对核攻击概率的影响。

首先,如果发生核攻击事件,那么这一事件一定是源于组织行为:某一导弹基地的人员发射了导弹。这意味着,敌人的**控制系统**,亦即由谁启动以及何时启动核发射按钮的物理装置和标准程序,才是至关重要的。其次,敌军战略部队进入**紧急状态**的程序决定了核攻击意外发生的概率和总冲量。一战爆发之际,如果俄国沙皇清楚他的总动员令所启动的组织程序,他应该意识到他已经选择了战争。再次,敌人的组织备案限定了其领导人的有效选择空间。1914 年尼古拉沙皇手中的菜单上只有两道菜:总动员和不动员。当时,局部动员不是组织的选项。最后,由于组织的常规已经将棋局布置好了,在这种情况下,部队的训练、配置以及核武器就成为决定性因素。假定敌对行动在柏林爆发的可能性大于大多数核战争想定的发生概率,那么驻东德苏军的部署、训练以及战术核武器,就变得与"核平衡"问题一样重要。前者将影响到苏联领导人在敌对行动爆发时对问题的判断及其对问题解决方式的选择。

2. 苏军态度

苏军态度,亦即苏军选择购买和部署某些武器而不是其他武器这一事实,取决于若干组织因素,如当时苏军各军种的目标与程序、武器研发机构的目标与程序。这些目标与程序受预算约束,而预算约束则源于政府首脑的选择权。苏联空军在苏联武装力量中的弱势地位可能是导致苏联在 20 世纪 50 年代未能获得大型轰炸机部队的关键性原因(就此而论,一些美国专家关于"轰炸机差距"的预测存在瑕疵)。直到 1960 年,苏联导弹部队的控制权一直掌握在苏联陆军手里，而苏联陆军对洲际导弹并不感兴趣，这一事实与苏联洲际弹道导弹（ICBMs）建设缓慢之间不是没有关联的（就此而论，一些美国专家关于"导弹差距"的预测同样存在瑕疵）。透过这些组织因素（苏联陆军对导弹部队的控制和苏军对欧战想定的偏执），人们就能更好地理解苏联为什么会部署那么多的中程弹道导弹（MRBMs），其数量之多足以将欧洲目标摧毁三次以上。苏联近来的武器开发，如碎片化轨道轰炸系统（Fractional Orbital Bombardment System, FOBS）和多弹头 SS-9 的试验，反映的很可能是苏联武器研发机构的行为和兴趣，而不是苏联领导人获取首次打击能力的决心。通过对苏联武装力量的组织构成（战略火箭军、海军、空军、陆军和国土防空军）、与每一军种紧密关联的导弹或其他武器系统（对于一个独立军种而言，独立的武器系统是其生存的支柱），以及各军种间目前的预算分配比例（就它的相对稳定性而言，苏联和其他国家的情况可能差不多）等因素的仔细分析，人们关于苏联行为的中长期预测会有潜在的改进。……

模型Ⅲ：官僚政治模型

居于组织顶部的领导人，并非铁板一块似的集团；相反，每个领导人更像是一场竞争性中心博弈的参与人。这种博弈的名字就叫官僚政治：政府内按等级分布的参与人之间沿着规则化通道所进行的讨价还价。这样的话，政府行为就可以根据第三种概念模型予以解释，亦即政府行为不是组织的输出，而是讨价还价博弈的结果。与模型Ⅰ形成对照的是，在模型Ⅲ看来，政府不是一个一元化的行动主体，而是由许多博弈参与人组成的行动主体；他们关注的也不是单一的战略问题，而是许多不同的国内问题；他们所依据的也不是一组相容的战略目标，而是对国家目标、组织目标以及个人目标的不同构思；他们不是以理性选择的方式而是以政治拉锯战的方式制定政府政策。

国家政府中的各个机构构成了国内博弈的综合竞技场。高居机构顶部的政治领导人，再加上要害部门的其他关键人物，共同构成了中心博弈参与人的圈子。能够爬到这个圈子的人，必定具有相当独立的名望和地位。为了对范围广泛的外交政策问题作出及时有效的反应，决策权必须保持相对分散，这种必要性赋予每个参与人以相当大的判断自由。权力因此被分享了。

外交政策问题的性质决定了理智的人们对于应当做什么可能存在根本

性的分歧。不同的分析会产生相互冲突的建议;肩负着不同责任的大人物们,对问题感知以及问题的优先顺序有着不同的体验与判断。不过,议题才是第一位重要的事情;国家的一切行动意义非凡、干系长远。一次错误的选择可能意味着一场无法弥补的重大损失。因此,肩负重责的人们不得不为他们自以为正确的主张而奋力争斗。

一群人分享政府权力,而这群人在政府作为的问题上却意见不一,因此,这群人的意见分歧关系重大。在这种背景下,通过政治的方式解决政策问题,就有了它存在的必要性。国家的行为有时候是一集团击败另一集团的结果;不过,更经常发生的情况是,不同的集团彼此较劲,最终产生的结果与每个人当初的希望都不相同。挪动国家棋子的,既不是支持某一行动方案的理由,也不是自动选择某一方案的组织常规,而是具体方案的支持者与反对者所拥有的政治权力和所使用的政治技巧。

这些特征描述抓住了官僚政治运行的要害。如果外交政策问题是以非连续性事件的方式发生的,那么,相应的决策则是以单次博弈的方式决定,这样的说法是可以接受的。不过,大多数"事件",如越南战争或核武扩散,是随着时间的过去,以一种零零碎碎的方式出现的。每天都有数以百计的事件,相互竞争以吸引参与人的注意力。每个参与人不得不在当天就决定他做什么事情,并根据自己的主张将这些事情处理完毕,接着再迎接第二天的挑战。于是,正在发生的事件的特征与政治博弈的步伐,共同生产了政府"决策"与"行动"这张大拼图。每个参与人的选择、次中心博弈的结局、中心博弈的结局,以及一些乱七八糟的东西——就像粘在画布上的污点一样,共同构成了与某一事件相关的政府行为。

作为政治输出的国家安全政策,其观念既与公众的想像相抵触,也与学术正统相矛盾。据说,与国家安全生死攸关的议题,由于太过重要,而不适合用政治博弈的方式来处理。这些议题必须"高于"政治。谴责某人"在国家安全问题上玩弄权术"是一种最严厉的指控。公众的怀疑,得到了学术正统的支持。国内政治是肮脏的;不仅如此,在主流学说看来,谈论政治还是缺乏智力内容的。因此,政治谈论不过是记者们的流言蜚语,并不构成一个严肃的学术课题。除了偶尔出现的回忆录和轶闻趣事,以及与之形成对照的少数详细的案例研究外,大多数外交政策作品都对官僚政治采取回避的态度。政府参与人的体验与学术作品之间的鸿沟,没有比这更明显的了。

官僚政治范式[①]

基本分析单元：作为政治结果的政策

政府的决定与行动，从本质上讲，是国内政治的结果。这种意义上的结果，是指政府的决定与行动不是作为某一问题的解决方案而被挑选出来，而是源于对问题有着不同判断的政府官员之间的相互妥协、结盟、竞争与欺骗；这种意义上的政治，是指导致结果产生的政府行为，其最突出的特征是谈判（bargaining）。根据维特根斯坦（Wittgenstein）对"博弈"（game）概念的使用，可以将国际事务中的国家行为看作是位于政府科层制度适当位置上的参与人之间既复杂微妙又相互交叠的博弈的结果。[②] 这些博弈，既不是随机的，也不是随意的，它们由规则化的通道所结构。安全界限或最后期限迫使忙碌的参与人关注他们应当关注的问题。因此，这种"国际象棋"游戏中的举动，就可以根据参与人之间的博弈来解释。这些参与人对特定的"棋子"拥有独立的、不均等的权力，且在可区别的子博弈中有着不同的目标。

概念组成

1. 各司其职的参与人

行动主体既不是作为整体的国家，也不是组织联合体，而是众多的独立

[①] 这一范式应当归功于一小部分的分析者，他们的研究已经开始填补政府参与人的体验与政治学术作品之间的鸿沟。本文使用的学术资源主要来源于理查德·纽斯塔德（Richard E. Neustadt）的作品中所隐含的模型。尽管他已经将研究兴趣从对总统行为的关注，推广到对政策的关注，亦即对作为一群独立参与人之间政治博弈结局的关注（在此种博弈中，总统不过是众多较小但亦可观的权力中的一个"超级权力"）。正如华纳·谢林（Warner Schiling）所主张的那样，实质性的难题乃是，与目标、选项和后果相关的不确定性和分歧必然存在。这使得我们有必要关注罗杰·希尔斯曼（Roger Hilsman）对冲突与共识建立过程所作的描述。虽然塞缪尔·亨廷顿将这一过程定性为"立法的"过程，过分强调了这些参与人（作为与科层制相对立的行动主体）的等同性，但这一过程中所使用的技术与立法机构中所使用的技术往往具有相似性。此外，尽管在亨廷顿看来，外交政策（与防务政策相对的）是由行政机构决定的，但本文的范式仍主张，被他描述为立法行为的那些行为同样具有冲突与共识建立过程的特征，而外交政策正是在这一过程中制定的。

[②] 与本文中使用的博弈（games）、位置（positions）、参与人（players）相比，舞台（stage）、角色（roles）、演员（actors）这些戏剧化的比喻更为人们所熟悉。不过，无论是在戏剧意义上所表示的吟诵固定台词的演员，还是社会学意义上所表示的对特定社会情景的固定回应模式，"角色"一词都隐含着刚性的含义，因此，我们认为，在对国家政策决定中的积极参与人进行分析时，使用位置、参与人这些概念更合适一些。因"博弈"一词隐含非严肃游戏的含义而反对使用这一术语的人们，既没有注意到维特根斯坦的哲学，也无视当代博弈论的存在。典型的博弈理论主要处理那些结构精确的博弈，而维特根斯坦对"语言博弈"（人们在其中用话语来沟通）的研究，与本文对官僚政治中的结构较模糊的博弈分析更相近。参见：Ludwig Wittgenstein, *Philosophical Investigations*, 3rd ed. (New York: Macmillan, 1968); Thomas Schelling, "What Is Game Theory?" in James Charlesworth, *Contemporary Political Analysis* (New York: Free Press, 1967).

参与人。这些参与人群体构成了特定的政府决定与行动的代理人。一言以蔽之,参与人就是那些各司其职的人。

个人通过进入政府中的关键职位而成为国家安全政策博弈中的参与人。举例来说,在美国政府中,参与人包括"长官"(Chiefs):总统、国务卿、国防部长、财政部长、中情局长、参联会主席,以及1961年以后的国家安全事务特别助理①;"职员"(Staffer):直接为长官服务的全体参谋人员;"印第安人"(Indians):政府部门及分支机构中的政务官和常务官;以及"特别参与人"(Ad Hoc Players):广义政府博弈中的行动主体(特别是"国会中有影响力的人物"、新闻评论员、重要利益集团的代言人(特别是国会内外的"两党外交政策团体"),以及这些利益集团的代理人。国会、新闻机构、利益集团的其他成员,以及公众,构成了环绕这个中心舞台的同心圈,博弈则仅限于位于中心舞台上的人。

参与人所处的职位规定了他可以做什么和必须做什么。参与人在进入和进行各种博弈时的有利条件与不利之处,皆源于他所处的位置;在特定任务中所需履行的各种责任,同样出自他所处的职位。从当代的国务卿身上,人们可以清楚地看到职位这枚硬币的两面。首先,就政治军事问题而言,国务卿不仅在形式上而且在实际上也常常作为政治判断方面的主要智囊而发挥作用,他的政治判断构成了当代外交政策的重要素材,他也因此成为总统的一名高级顾问。其次,他是总统在外交政策问题上的其他高级顾问的同事,总统的这些高级顾问包括:国防部长、财政部长和国家安全事务特别助理。第三,他还是重要外交谈判中的美方高级代表。第四,他还充当着政府对国会、国民以及国际社会的外交发言人角色。最重要的是,他还是"国务院先生"或"外交部先生","官员的领导者、官员行为的辩护人、官员利益的保护神、官员争执的仲裁人、官员工作的监督者和官员职业生涯的主宰者"。② 职位带给他的这些责任不是相互分离的,亦即在一种情况下服从一种责任,而在另一种情况下服从另一种责任,所有这些责任需要得到他的同时服从。他在一种责任中的表现将影响他在其他责任中的声望与权力。通

---

① 将总统的国家安全事务特别助理列入"长官"行列而不是"职员"范围,是一个有争议的选择。事实上,他既是一个超级职员也是一个近似的长官。这一职位没有法定权力。他的实际权力特别依赖于与总统以及国防部长、国务卿的良好关系。尽管如此,他仍然构成了一种横跨总统与国防部长、国务卿的真实的行动通道(action-channel)。将其纳入长官之列的决心,反映了我的一种判断,即国家安全事务特别助理的桥梁作用正日益制度化。

② Richard E. Neustadt, "Testimony, United States Senate, Committee on Government operation, Subcommittee on National Security Staffing", *Administration of National Security*, 26 Mar. 1963, pp. 82—83.

过日常工作而观察到的国务卿,与总统对他的期待是不相一致的。在日常工作中,国务卿必须检查他的部门与其他国家外交部之间的电报往来,而在总统的心目中,他还必须是相关领域的通才和协调员。出于责任需要,国务卿必须跟总统走得很近,这在一定程度上影响了他对国务院的掌控力。正如他常常所做的那样,如果他选择顺从国防部而不是为他的部门争夺地位,那么,他在官场上的忠诚度就会受到损伤。国务卿对于这些冲突的解决办法,不仅取决于职位本身,而且取决于占据该职位的参与人。

参与人也是人,人的新陈代谢各异。官僚政治这个混合物的核心是个性。每个人处理工作压力的方式,每个参与人的基本行事风格、核心集团成员之间在个性与风格上的互补或互斥,构成了政策混合物的最小粒子。此外,每个人都是拖着一个精神包袱来到他的职位上的,这个精神包袱里装着他对特定问题的敏感性、对各种计划的承诺,以及社会各集团对他个人的好感和情义。

2. 褊狭的优先顺序、感知与议题

"问题是什么?""怎么办?",这些问题的答案,因思考问题的立场不同而不同。怂恿组织褊狭思想的那些因素,同样会影响居于组织顶部位置的(或组织内的)参与人。为了激励组织成员,参与人必须对组织的动向保持敏感。参与人通过参与博弈并在博弈中发挥有利条件以缓解组织压力。参与人所处的位置决定了他感知问题的倾向,通过这一倾向,人们可以有把握地预测到该参与人在许多情况下的立场。不过,这一倾向也会受到参与人进入职位时所携带的精神包袱的渗透。因此,在许多情况下,对参与人所持立场的预测需要同时考虑他对组织压力的敏感性和对精神包袱的敏感性。

3. 利益、赌注与权力

博弈的目的是决定结果。不过,结果反过来也会促进或妨碍每个参与人对国家利益、所承诺的特定计划、朋友们的福利以及个人利益的感知。这些交叠的利益构成了博弈的赌注。参与人成功博弈的能力取决于他的权力。权力,亦即对政策结果的有效影响力,是一个难以定义的混合物,它至少包含了以下三个要素:谈判的有利条件(来自正式的授权和责任、机构的支持、委托人或选民的支持、专业知识以及社会地位)、使用谈判有利条件的意愿与技巧,以及其他参与人对前两个因素的感知。上述权力资源的审慎投入,可以提高参与人的声望;失败的投入则无异于对其权力资源和声望的无谓消耗。因此,参与人必须选择相当有把握的议题进行博弈。尽管如此,对于这些参与人来说,谁都不拥有足以保证获取满意结果的权力。每个参与人对成功的需求与担忧也会传染其他参与人。这是博弈最复杂微妙之处。

4. 问题的两种面相

战略问题的"解决方案"不是出自对该问题保持冷静观察的、超然的分析者。相反,最后期限与偶发事件激活了博弈的议题,并要求忙碌的参与人根据对议题性质的判断作出决定。对于参与人而言,与战略问题相比,他所面对的问题既更狭窄也更宽泛。因为,每个参与人关注的并不是整个战略问题,而是他现在必须作出的决定;不过,此种决定,不仅对战略问题本身意义重大,而且对参与人在组织方面、名誉方面以及个人利益方面的影响重大。因此,参与人正在解决的问题与分析者们关注的问题之间常常存有巨大差异。

5. 行动通道

谈判博弈不是随随便便进行的。行动通道,亦即与特定议题有关的行动赖以产生的规则化途径,通过对主要参与人的预先挑选、对这些参与人进入博弈的时机安排,以及对这些参与人在每次博弈中有利条件与不利条件的分配等方式,对博弈产生着结构性的影响。最为关键的是,行动通道决定着"谁来采取行动",亦即哪个部门的"印第安人"实际负责该决定的执行。武器采购决定是在年度预算过程中决定的;各个大使馆对于通讯电缆的需求是根据国务院与国防部、白宫的例行磋商与结清机制回复的;各军事基地对于指示的请求(在任何时候涉及资金援助,在战时涉及军事行动)则是由各军种经与国防部长办公室、国务院、白宫磋商后调整的;危机反应是由白宫、国务院、国防部、中情局以及特别参与人之间讨论商议的;重要的政治发言,特别是总统的,当然也包括其他长官的,都有一套既定的通道把关。

6. 政治行动

政府的决定与行动,既不是源于某个一元化集团的理性计算,也不是源于领导人偏好的正式相加;相反,权力分享的背景,而非对重要选择的分立判断,决定了政治作为一种选择机制的必然性。看看博弈赖以发生的**环境**:关于采取何种行动的相当混乱的不确定性;关于应当有所行动的必要性;以及无论采取何种行动所必然导致的结果的重要性。环境的这些特征迫使有责任心的人成为积极参与人。**博弈的步调**——数以百计的议题、众多的博弈以及多重通道——迫使参与人不得不努力"吸引别人的注意力",让他们"看清事实",确信他们"花了足够的时间以认真思考更广泛的议题"。**博弈的结构**——权力被承担不同责任的个人所分享——让每一个参与人都确切地感到"其他人没有看到我的问题","必须劝说其他人从一个不那么狭隘的角度看待问题"。**博弈的规则**——犹豫不决而错失了行动机会的人,以及对自己的建议缺乏信心的人,受制于自信的人——迫使参与人甚至不敢放弃一个51比49胜算概率问题的博弈。**博弈的报酬**——博弈表现的直接效果或对结果的影响——鼓励参与人作出顽强的努力。于是,大多数参与人使出浑身解数以"使政府做正确的事情"。博弈中使用的战略与战术,颇似国际关系理论家的描述。

7. 结果流

重要的政府决定或行动,以大拼图的方式呈现,其中包含了个人的行动、次要与主要博弈的结果以及一些乱七八糟的东西。行动主体从未选择过的结果,以及以往有关该议题的谈判博弈中从未出现过的结果,一件接一件地冒出来。理解这些结果必须采取分解的方式。

主导推理模式

如果国家采取了某种行动,那么该行动必定是政府内的个体与群体之间相互博弈的**结果**(outcome)。这种结果包括:作出某一决定或采取某一行动的集团所获致的**效果**(results),处于不同位置的集团相互之间谈判所产生的**后果**(resultants),以及一些乱七八糟的东西(foul-ups)。模型Ⅲ的解释力取决于对各参与人之间较量过程(pulling and hauling)的揭示。这些参与人关注的问题不同,对问题的感知及其优先顺序的判断各异,它们之间的博弈结果构成了讨论中的国家行为。

一般命题

1. 行动与意图

行动并不以意图为先决条件。与某一议题相关的政府代表,其行为的集合很少代表任何个人或集团的意图。相反,具有不同意图的不同个体所共同决定的结果,不同于其中任何一个个体的选择。

2. 位置决定立场①

横向理解,多样化的需求使每个参与人形成了自己的优先顺序、感知和议题。对于种类繁多的议题,如预算与采购决定,人们可以从有关每个参与人的位置的信息中相当可靠地预测到他的立场。在声名狼藉的关于B-36轰炸机的争议中,当空军部长西明顿(Symington)宣称"携带原子弹的B-36可

---

① 我认为,这一格言最早是由唐·普赖斯(Don K. Price)提出的。

以摧毁那些地面部队或许需要几年时间才能攻下的远距离目标"时,作为持反对意见的一方,海军上将雷德福德(Radford)的证词却是"根据任何战争理论,B-36都是对国家安全的一种糟糕的冒险"①,对此,没有人会感到奇怪。

3. 长官与"印第安人"

"位置决定立场"的格言,既适用于横向的理解,也适用于纵向的理解。纵向理解,则对总统、长官、职员和"印第安人"的需求差距甚大。

总统可以处理的外交政策议题,主要受限于他的排得满满的日程表:首先必须处理的总是下一个议题。总统的问题,是探明进入其注意力范围内的各种议题所具有的特殊属性,保留问题的回旋余地直至时间已经澄清了它的不确定性,并对相应的风险作出评估。

负责外交政策的长官们,尽管能够引起总统和政府其他成员对他们认为重要的其他议题的关注,但他们最经常处理的还是其权力范围内最紧迫的议题。他们不能担保的是"总统是否会买单"或"其他人是否会上船"。他们必须建立一个相应的权力联盟;他们必须"使总统相信"事情正处在正确的轨道上。

尽管如此,大多数问题的表达、备选方案的详细说明以及建议的推出,都是由"印第安人"完成的。不同部门的"印第安人"之间相互争斗。例如,国防部长的国际安全事务局与国务院的政治军事局之间的争斗就是此类行为在更高层次上的缩影。不过,"印第安人"的主要问题是,如何引起长官们的注意,如何使问题得到解决,以及如何使政府"做正确的事情"。

于是,在政策制定中,往**下**看,问题是选择机会(options):如何保留回旋余地直到时间澄清不确定性;往**旁边**看,问题是承诺:如何得到其他人对我的联盟的承诺;往**上**看,问题是信心:如何让老板相信事情正处在正确的轨道上。简而言之,借用纽斯塔德的一段话的意思来说:对于一个有责任心的官员来说,其工作的要义在于说服其他人,使其明白,需要他们做的事情,正是他们对责任的自我评估要求他们做的符合他们自己利益的事情。

---

① 参见:Paul Y. Hammod, "Super Carriers and B-36 Bombers", in Harold Stein, ed., *American Civil-Military Decisions* (Birmingham: University of Alabama Press, 1963)。

特殊命题

1. 威慑

核攻击的可能性主要取决于核攻击作为进攻方政府的官僚政治的结果而出现的可能性。首先,什么样的参与人可以决定导弹的发射?核攻击的实际控制权是由个人掌握、由次要博弈掌握还是有主要博弈掌握,这一点至关重要。其次,尽管模型Ⅰ关于核威慑的信心源自这样的断言,即归根结底,所有政府都不愿意选择自杀,然而模型Ⅲ却让我们想起了历史先例。策划日本袭击珍珠港事件的海军上将山本(Yamamoto)曾准确地预言到:"在对美英开战那一年的前六个月中,我可以放肆地告诉你,我们将取得连续性的胜利;但我同样必须告诉你的是,假若战争拖延到两年或三年,我对我们能否取得最终胜利毫无把握。"[①]然而,日本还是发动了攻击。因此,有三个问题值得考虑。第一个问题:政府成员中有谁能够借由这种攻击以解决自己的问题?什么样的博弈模式能够产生这种攻击结果?稳定的恐怖平衡与不稳定的恐怖平衡之间的主要区别在于,在第一种情况下,政府中的大多数成员完全意识到攻击的结果,并因此能够保持警惕防止此种结果的出现。第二个问题:什么样的结果流或连锁反应可能导致攻击行为的发生?潜在攻击者的政治阴谋出现在结果流的哪一环节?如果美国政府的成员对导致日本偷袭珍珠港事件的决策流保持敏感,他们就会意识到此种攻击存在的相当可能性。第三个问题:什么样的错误判断和疑惑状态所释放的信息导致了攻击结果的出现?举例来说,在一场危机事件中或在常规战争开始后,中心博弈区的成员可获得的信息和实际的权力发生了哪些变化……

结　语

本文明显有一种贪多嚼不烂的感觉。有关这些主题的更全面深入的讨论,读者可以参阅我的另一项规模更大的研究作品。[②] 尽管篇幅有限,但如果就此收笔,而不简明地解释一下本文讨论过的若干结论,不对模型之间的关系以及它们在多大程度上无法解释现实问题作一交代,显然是不合适的。

在最低限度上,本文提供了四个有目的性的隐含观点。首先,对不同的推理框架所作的描述,以及提供证据表明主要依赖不同模型的不同分析者所

---

① Roberta Wohlstetter, *Pearl Harbor* (Stanford: Stanford University Press, 1962), p.350.

② Graham T. Allison, *Essence of Decision* (Boston: Little, Brown, 1971).

得出的解释亦不同,这些应当能够促进分析者使用分析工具时的自觉意识。以某种方式而不是别的方式建构问题,鼓励他根据某种范畴而不是别的范畴分析问题,将他引向某些类型的证据以及通过某种程序而不是其他程序解除困惑,这些对正在发生的事情的特定方面保持敏感的"眼镜"效应,必须得到充分的认知与探究。

第二,本文的讨论隐含了某种对待"技术发展水平"的态度。尽管我们接受关于外交政策分析现状的一般特征描述——个性化的、非累积性的、有时是富有洞察力的,本文既拒绝那种令人绝望的想法,即认为这种现状在因果关系上乃是符合该项事业的性质的,也拒绝"新边民式的"(new frontiersmen's)关于在这个尚待开发的领域先建立起理论并将"新技术"据为己有的要求。① 第一步要做的是对现有的研究成果进行认真的分析:调查现有的各种解释;阐述这些解释所使用的各种理论模型;澄清这些理论模型背后的各种命题;探明各种学术努力的推理过程;反思其所提出的各种问题。尽管过分地强调应当对更多的信息进行更系统化的加工,是一件难以办到的事情,但根据与范畴和假设的清晰度和敏感度设计问题,以便有可能更富有成效地获取大量信息,这些预备性的工作仍然是我们在思考最重要的问题时的主要障碍。

第三,本文所提供预备性的、不完整的范式,为认真回顾众多外交与防务政策提供了基本依据。模型Ⅱ和模型Ⅲ在那些典型地属于模型Ⅰ处理的问题上打开了新的切口,借此人们可以在相关解释与预测方面取得重大改进。② 运用模型Ⅱ和模型Ⅲ进行完整的分析,需要大量的信息以为支持。但是,即便在信息基础严重受限的情况下,这样的改进仍是有可能的。看看有关苏联战略力量预测方面的例子吧。20世纪50年代中期,根据模型Ⅰ的风格所作的计算,得出这样的预测,即苏联将迅速部署大批的远程轰炸机。从模型Ⅱ的角度看,苏联空军在苏军中的弱势地位以及如此军备扩张的预算含意,会阻止分析者得出这样的预测。更为重要的是,模型Ⅲ还指明了这种军备扩张的一个可靠的、看得见的指示器:各军种间围绕重大预算调整而发生

---

① 因此,我的立场与最近国际关系"大辩论"中的两种极端观点颇不相同。以卡普兰(Kaplan)为代表的许多"传统主义者"反对采取第一种态度,而以布尔(Bull)为代表的许多"科学主义者"则攻击对方的第二种态度,这里的第三种态度对双方的实质性争执持相对中立的态度。参见:Hedley Bull, "International Theory: The Case for a Classical Approach", *World Politics* 18 (Apr. 1966); and Morton Kaplan, "The New Great Debate: Traditionalism vs. Science in International Relations", *World Politics* 19 (Oct. 1966)。

② 哈佛大学政治学研究所的官僚制与政策问题研究小组和兰德公司正在以这种方式从事大量的问题研究。

的喧闹的争吵。20世纪50年代末60年代初,根据模型Ⅰ的分析,分析者得出了苏联即将部署大量洲际弹道导弹的预测。模型Ⅱ打开的切口再次减少了预测的导弹数,因为,在前期,战略火箭是由苏联地面部队而非由一个单独的军种所控制,在后期,控制权的转移使预算分配比例大块转移成为必要。今天,根据模型Ⅰ的分析,许多分析者提出这样的建议,即美国应当将不部署反弹道导弹作为美国与苏联下一轮战略谈判的主要目标,并预测这样的谈判目标将取得成功。然而,从模型Ⅱ的有利位置看,即将实施的反弹道导弹计划的存在、控制反弹道导弹的军种(国土防空军)的强大,以及停止部署反弹道导弹的协议将迫使该军种最终被撤销这一事实,使得达成这种可行协议的可能性相当微小。

模型Ⅲ的分析则暗示:(1)苏联领导人之间在战略谈判的问题感知和目标顺序上必定存在重要分歧;(2)任何协议都将影响到某些参与人的权力基础;(3)不会对一些主要参与人的权力资源造成明显削弱的协议比较容易进入谈判,也相对更具可行性。

第四,本文的模型建构仅仅是初步的。因此,还有一大串的重要问题有待回答。给定任何一种行为,富于想象力的分析者总能为政府的选择建构某些基本原理以为解释。通过强化或松弛理性选择的某些限制性参数(如模型Ⅰ的各种变体所做的那样),分析者们能够建构出大量的理由以便将任何行为都解释为理性的选择。但是,关于一个理性的行为主体之所以选择某种行为的理由陈述,是否足以构成关于此种行为发生的解释?如何迫使模型Ⅰ的分析者对行为发生的决定性因素做出更系统的贡献?模型Ⅱ根据t-1解释t的做法就是一种解释,因为世界是连续的。不过,政府有时也会作出明显的改变。能否对组织过程模型作出修改以间接地表明,变化最有可能在什么地方发生?通过对组织变化的关注,人们能够更好地理解,为什么同一类型的组织会维持某种特定的计划和标准操作程序,以及管理者如何才能改善组织的业绩。模型Ⅲ讲述了一个迷人的"故事"。但它的复杂性也是非常明显的,其对信息量的需求常常是压倒性的,而有关博弈的许多细节则可能是多余的。如何使这种模型变得更加简便?这三种模型显然不是相互排斥的。的确如此,范式剖析表明,三种分析框架各有侧重——有所强调,亦有所忽视。每一种分析框架都集中关注某一类的变量,并在实际上将其他重要因素归入其他情况相同这样的句子中。模型Ⅱ集中关注"市场因素":来自"国际战略市场"的压力与动力。模型Ⅱ与模型Ⅲ都关注政府在特定环境下的内部选择机制。但政府内部关系能否得到更充分的说明?适当的综合,要求对政府的决定和行动作分类学处理，其中某些决定和行动更适合按照某一种模型来处理，有些则更适合另一种模型。政府行为不过是与外交领域中的事件相关的一组因素，大多数外交政策方面的学者接受这样的观点（至少在解释和预测时是这样）。尽管如此，棋盘的大小、棋子的特性以及游戏规则，这些国际关系系统理论家关注的因素，仍然构成了棋子挪动的环境变量。决定外交政策结果的主要变量能否被识别？

根据每种模型所作的衍生预测，可能暗示着某种不完全但特别有效的综合模型的轮廓，以及某种将之应用于解释以外的其他行为的草图。战略投降是国际关系与外交史方面的一种重要问题。停战是战略研究的一个新兴领域。对战略投降和停战的研究兴趣导致学者们提出这样一个核心问题：**这些国家当时为什么会投降**？无论是隐含于解释之中，还是清楚地表现在分析过程中，外交史学家和战略学家都依赖某些命题以得出预测。于是，冒时机太早以及错误之风险，我认为，当前的局势（1968年8月）给我们提供了一个有趣的测试机会：到时候北越为什么会投降？①

一言以蔽之，根据模型Ⅰ的分析：当成本超过收益时，国家就会放弃战争。当北越意识到"继续作战只会导致额外的代价而无望获得补偿收益，而这种预期在很大程度上是根据占优势一方此前兵力使用所得出的结果"②时，就会选择投降。美方的军事行动可能增加或减少河内的战略成本。对北越的轰炸增加了河内的痛苦，因此也增加了河内投降的可能性。这样的命题与预测并非毫无意义。"其他条件相同"，当战略成本—收益平衡为负值时，国家更有可能选择投降，这也是没有疑问的。胜利在望的时候，国家很少会投降。该命题设定了一个范围，在该范围内国家会投降。但是，越过这个宽泛的范围，相关的问题仍然是：国家为什么会投降？

模型Ⅱ和模型Ⅲ关注的是政府机器，关注政府机器如何将有关国际战略市场的事实过滤后得出投降决定的。关于国家在成本收益**平衡点**上选择投降的可能性，在这一点上，这些分析者相当地不乐观自信。历史上从来没有哪个国家是在该平衡点上选择投降的（例如，我们前面提到过的五个例子中就没有一个是这样）。在该平衡点之后，投降的事时有发生。什么时候投降，

---

① 为回应几位读者的建议，后面这段文字是从我于1968年9月提交给兰德公司会议（RAND P-3919）的一篇论文中一字不落地拷贝过来的。这篇论文在很大程度上应归功于欧内斯特·梅（Ernest R. May）的努力。

② Richard Snyder, *Deterrence and Defense* (Princeton: Princeton University Press, 1961), p.11. 关于此观点的更一般阐述，可参见：Paul Kecskemeti, *Strategic Surrender* (New York: Stanford University Press, 1964)。

这取决于该国家政府内的组织过程和官僚政治——在受到敌对政府的影响的情况下。更为重要的是,将获胜国对投降国的行动效果,概括为战略成本的增加或减少,是不合适的。通过轰炸而施加于一个国家的附加成本,可以增加其投降的可能性,但也可以减少这种可能性。因此,正确评估一个国家对另一国家的影响,需要对受影响国家的政府机器有相当的了解。利用模型Ⅱ和模型Ⅲ对北越政府的行为作出更精确的预测,需要有比公共渠道多得多的关于其组织过程和官僚政治的信息。尽管如此,基于有限的公共信息,这些模型也可以启发更多的思考。

模型Ⅱ还关注两个子问题。首先,仅仅知道成本是不够的。政府还必须知道战略成本—收益的计算为负值。但不论在范畴上还是指标上,战略成本与收益都是模糊的。两者的信息都来源于政府,而政府在优先顺序和问题感知上的褊狭难以保证其能够提供准确的评估信息。军方对军事表现的评价、对如"敌人士气"等因素的评估,以及对何时"形势会转变"或"困境有转机"的预测,类似信息常常被扭曲。如果是高度分散的游击战,如越南战争,信息状况则更加恶化。于是,战略代价会被低估,因为只有那些非常**明显**的代价才能为领导人所直接感触,而无需经过组织通道的过滤。其次,由于行动方案的细节设计和具体执行都由组织所实施,所以,投降(和谈判)的苗头很可能可以追溯到组织过程的早期阶段。可是,没有哪个组织会为这样的叛逆行为设计方案或准备计划。因为,这样的早期建议,制造了一种与胜利相反的"信号",它与其他的组织行动,如作战部队的行动,是不相协调的。

模型Ⅲ则暗示,投降不会在战略成本收益平衡点上发生,但也不会等到领导集团得出战争失败的定论时才会发生。根据以下四个附加命题,该问题可以得到更充分的理解。第一,那些因其职业生涯与战争紧密相关而对战争努力持积极态度的人,鲜少会接受成本超过收益的结论。第二,很多政府成员(特别是那些其职责使他们对战争以外的问题更敏感的人,如经济规划人员与情报专家)常常从战争一开始就坚信,战争的努力是徒劳的。第三,投降很可能来自于这样一种政治转移的结果,这种政治转移加强了对战争努力持反对立场的集团(再加上持观望态度的成员)的实际权力。第四,战争的进展,特别是获胜方的行动,影响了失败方政府参与人的有利条件和不利条件。因此,北越将不是在其领导人的内心发生改变的时候,而是在河内的领导人发生改变的时候,选择投降。美国的轰炸(或中止轰炸)、威胁、承诺或在南越的行动如何影响河内的博弈,这一点难以捉摸但至关重要。

很显然,这三种模型同样可以用于分析其他政府的投降行为。不过,这样的练习还是留给读者自己吧。

复习思考题

1. 布朗洛报告何以促进现代总统机构的扩张？该报告为什么建议总统挑选那些"乐于默默无闻"的人作为职员？
2. 总统的权力是否与他的"说服的权力"而非正式的职权更紧密相关？理查德·纽斯塔德的"说服的权力"理论是适用于所有行政长官还是仅限于总统？
3. 艾伦·威尔达夫斯基的"两种总统角色"理论的含义是什么？它今天是否仍然有效？
4. 在对美国在1962年古巴导弹危机期间的行为作出解释时，格雷厄姆·阿利森用到了哪三种概念模型？这些概念模型能否像用于外交政策问题那样用于国内政策问题的分析？

第八章

司法机构与政策审查

　　司法能动主义是指主张法院透过司法判决制定新的公共政策。其表现形式包括：推翻或修改此前的法院判决；宣布立法机构通过的法律无效；或否决行政部门的某些行为。司法能动主义的观念与美国最高法院联系最为紧密，因为后者不时地发现一些此前未曾出现过的规则。然而，无论哪一级法院，当它们利用自己的司法有利地位推行它们认为是可欲的社会目标时，可以说这些法院都在践行司法能动主义。反对司法能动主义的主要理由是，这种做法很有可能会篡夺立法机构的权力或否定宪法的承诺。持反对意见的人坚持认为，法律是政治妥协的产物，它在"热点"议题上倾向于使用含糊的语言，由于这一原因，受所承接案件之性质的影响，法院事实上被迫以一种在批评者看来似乎属于"激进主义的"方式来处理这些热点争议。

　　那些反对司法能动主义的人，亦即认为应当以严格的、忠于文本的方式进行宪法解释的人，就是所谓的狭义解释宪法派。首席大法官约翰·马歇尔（John Marshall，1755—1835）在"麦卡洛克诉马里兰州案"（1819）中首次在司法判决实践中对宪法采用广义解释，他断言："只要目的合法，只要是在宪法范围之内，则所有适当的、显然合乎该目的且未被禁止的、与宪法条文和精神相一致的一切手段，都是合乎宪法的。"

　　值得注意的是，与广义宪法解释相对的狭义宪法解释，是高度主观的，没有实践意义的或在实践中从未得到一贯地运用。毕竟，在反对广义宪法解释方面，狭义解释宪法派的成员甚至可能是一个激进主义者。

　　关于最高法院在美国政府中所扮演的角色，新宪法留下了模糊的表述。

不过,在描绘司法机构的功能方面,亚历山大·汉密尔顿并不属于那种最少存有戒心的人,尽管他在《联邦党人文集》第 78 篇中将司法机构定性为"危害最小的部门"。作为世界上最强大的法院,美国法院的权力之大,事实上足以迫使总统辞职(如 1974 年的"合众国诉尼克松案"那样),足以以激进的方式改变美国社会的法律前提。这样的现实符合汉密尔顿的逻辑。除《联邦党人文集》第 78 篇外,本章还收录美国历史上最有影响力的五个最高法院判例:第一个判例确立了最高法院的司法审查权;第二个判例宣布种族隔离措施为非法;第三个判例确立了公民的卧室隐私权;第四个判例迫使警察尊重刑事被告人的宪法权利,而不管他们多么贫穷或"明显有罪";第五个判例涉及堕胎权。

  1. "马伯里诉麦迪逊案"(1803)是美国最高法院最具有里程碑意义的判例,因为该案作出了最高法院司法审查权的著名声明。所谓司法审查权,是指最高法院有权宣布联邦法律或行政部门的行为不合宪法,因而这样的法律或政府行为也就不能得到法院的强制执行。在该案中,首席大法官约翰·马歇尔主张,阐明何为法律,包括对该法律作出阐述和解释,乃法院的职责所在。他说,符合宪法的法律是至高无上的;而与宪法规定不相一致的法律必须废止。他得出的结论是,裁定其他法律是否与宪法这一基本法律相违背,以及一旦发现这样的情况则宣布该法律无效和无约束力,这属于法院的职权。这就是所谓司法审查学说,这已经构成了法院发挥宪法保护人作用的基础。

  19 世纪,最高法院行使司法审查权的例子很少发生,但是到了 20 世纪时,这已经变成了很平常的事情。尽管有很多书籍描述过这种或那种政府计划的执行,其实,政府最终有能力执行的只有一样东西——那就是法律。当然,法律常常很混乱。反对或支持相关计划的人们,常常对政府计划、特定的政府机构规则与条例等的立法依据提出司法质疑。反对者希望法院宣布这些授权立法不合宪或终止这些政府计划的执行;而支持者则往往希望这些政府计划得到更充分地执行。自从 20 世纪 30 年代的新政以来,已经出现了一种冲突立法的模式。一项法案获得通过后,反对者则向法院提出合法性质疑,希望司法部门宣布该法律为无效。司法部门对新法律合宪性的审查,事实上构成了立法机构政策制定过程的一个新的最后阶段。

  2. "布朗诉堪萨斯州托皮卡市教育委员会案"(1954)的司法裁决的核心内容是,黑人儿童与白人儿童是否应当上同样的学校。在布朗案之前,关于公民权的主流观念是"隔离但平等"。它意味着,只要向黑人提供了"隔离但平等"的设施,如果他们被禁止和白人使用一样的设施,那么,黑人作为公民所享有的宪法权利并未因此而遭到伤害。尽管表面上听起来颇为公平,该法律原则仍然存在两个难以回避的质疑。首先,分别为黑人和白人提供的设施很难做到真正的平等,这是显而易见的事实;其次,被区别对待,这在本质上就是一种屈辱。

导致"隔离但平等"的法律原则尤其难以对付的是这一事实,即它不仅源于社会习惯和南部隔离州的种族隔离法令,而且曾为最高法院所广为传播。在1896年的"普莱西诉弗格森"一案中,最高法院认为,向美国黑人提供隔离的铁路设施,只要这种设施和提供给白人的设施在质量上被认为是相同的,那么它就是合法的。

普莱西案给每一个非洲裔美国人留下了自卑的烙印。有一个大法官清楚地看到了这一点。具有讽刺意味的是,约翰·马歇尔·哈兰大法官,这位来自肯塔基州的前奴隶主,在他孤独的不同意见中这样写道:"我们吹嘘自己的人民享有的自由……但这种吹嘘与一个州法律难以调和,该法律实质上在同是我国同胞、同受我国法律保护的为数众多的公民的脸上烙下奴役和卑微的印记。在火车车厢中为乘客提供'同等'便利这一托辞,欺骗不了任何人,也弥补不了我们这一天所犯下的错误。"

半个多世纪后,未来的最高法院大法官、全国有色人种促进会的瑟古德·马歇尔(Thurgood Marshall,1908—1993)断言,隔离从本质上就是不平等的。他领导他的律师团队强烈要求最高法院推翻其在普莱西案判决中"这一天所犯下的错误",并宣布"隔离但平等"的原则无效。

当布朗一案开始它的最高法院之路时,案件的主人公林达·布朗(Linda Brown)还是堪萨斯州托皮卡市的一名7岁女童。她居住在离一所地方小学仅仅几个街区的地方,但由于这所小学只对白人学童开放,她不得不到城市另一端的一所学校上学。为此,她需要穿过一条铁路,然后在那里乘坐一段很长的公共汽车。她的父亲奥利弗参加了当地一个非洲裔美国人团体,该团体三年来一直在寻找机会改进托皮卡市"有色人种"的学校教育。最终,他们提出了一项诉讼,布朗的名字因此出现在第一原告位置上。

在布朗一案中,最高法院裁定,根据公立学校教育中的规定而对孩子们实施的种族隔离,"会使他们产生一种在社区地位中低人一等的感觉,这种感觉在他们的心灵和精神上造成一种可能永远难以释怀的创伤"。结果,最高法院认定,"隔离的教育设施从本质上就是不公平的",因此这种做法违背了宪法第十四修正案之平等保护条款。在所提交的最高法院一致同意的判决意见中,首席大法官厄尔·沃伦(Earl Warren,1891—1974)指出,公立教育"乃良好公民之基础"。这个问题如此重要,以至于关于宪法第十四修正案之原初意图的考虑,与对现状矫正的考虑相比,已变得不那么重要。因此,最高法院实际上撇开了宪法第十四修正案有无涵盖公立教育之意图的问题。沃伦指出:"在探寻这一问题时,我们无法将时钟倒拨回宪法修正案通过时的1868年,甚至也不能回溯至'普莱西诉弗格森案'判决时的1896年。我们必须考虑到公立教育的充分发展及其在全国人民生活中的现实地位。"

然后,沃伦进而废除了隔离但平等的原则。他说:"回到我们所面对的问题:即便教育设施和其他'有形'因素可能相同,仅以种族为基础而将公立学校中的孩子们进行隔离,这一行为是否剥夺了少数族群的孩子们接受平等教育的机会?我们认为,它确实是如此。"

沃伦承认,法院接受了不同心理学家的证词的有效性——隔离学校给少数族群学生造成"卑下感",因而对他们构成了伤害。最后,他得出的结论是:"在公立教育领域里,'隔离但平等'原则是站不住脚的。"

3. 在1965年的"**格里斯沃尔德诉康涅狄格州案**"中,最高法院首次确认,即便"隐私"一词没有出现在宪法文本之中,卧室隐私的宪法权利依然存在。格里斯沃尔德案的判决结果裁定,州有关计划生育药具的法令构成了对公民隐私的非法侵害。这有助于将隐私权确定为受宪法第九和第十四修正案保护的宪法权利。威廉·道格拉斯(William O. Douglas)大法官写道:"第一修正案在个人隐私不受政府侵犯方面较为模糊。"他问道:"我们能够允许警察闯入夫妇卧室的神圣区域去搜查使用避孕药具的蛛丝马迹吗?这样的想法与夫妻关系的隐私权观念正相违背。"格里斯沃尔德案背后的逻辑在此后的另外两个标志性诉讼案中得到再次确认。这两个诉讼案就是"罗伊诉韦德案"(下文将讨论)和"劳伦斯诉得克萨斯州案"(2003)。

男性同性恋者和女性同性恋者所涉及的公民权利,其核心问题在于,同性间的性行为(自愿鸡奸)在很多州一直被认为是犯罪行为。不过,这种情况已经不复存在。2003年,最高法院在劳伦斯诉得克萨斯州案中宣布,得克萨斯州关于自愿鸡奸的禁令不合宪法,此判决实际上对性隐私的广泛的宪法权利持支持态度。大法官安东尼·肯尼迪(Anthony M. Kennedy)在法院多数意见中这样写道:该案涉及的是"两个成年人,他们在相互充分而自愿同意下发生的性行为,为同性恋生活方式之平常事。申请人有权要求政府尊重他们的私人生活。该州不能以给他们的私人性行为定罪的方式贬低他们的生命或左右他们的命运。"

在一份特别强烈的反对意见中，大法官安东宁·斯卡里亚（Antonin Scalia）说，该裁决"实际上颁布了所有道德立法的终结令"，并可能"如最近加拿大所发生的那样，（为）司法上强迫接受同性恋婚姻"铺平道路。该案撤销了最高法院的一项判决，在该判决中，最高法院支持了佐治亚州的禁止鸡奸的法令（Bowers v. Hardwick）。2003年的判决实际上同时废止了得克萨斯州以外的其他13州仍在执行的禁止鸡奸令。

4. 在进入大学之前，你在电影中和电视上（如果不是在真实生活中）已经无数次地见到过这样的例行公事。警察先拘捕某人，然后马上向对方大声宣读其所享有的权利。警察是在宣读而非告诉对方的权利，因为，这些重要的措辞，所体现的是最高法院在1966年"**米兰达诉亚利桑那州**"一案中所确立的要求。

"米兰达"权力，包括被指控或被怀疑实施刑事犯罪的人在接受审问期间所享有的各种权利以及他或她在被问讯之前必须得到告知的权利。告诉某人其所享有的权利，这种行为常常被称作权利告诫，或权利提醒。所告知的信息亦称米兰达告诫。一旦警方向对方宣读了这些权利，我们就说被捕者已经"米兰达"（Mirandized）了。

在米兰达一案中，最高法院主张，必须警告一个被捕的人，他有权保持沉默，有权要求律师在场，如果他无力负担律师费用，在对他作出逮捕之后，警方将为他提供一名律师。最高法院指出："除非有证据表明，免于自证其罪的个人权利得到了程序上的有效保护，否则，从对被告的羁押审讯中所获得的供述，……不得用于控诉。"当警察拘捕个人，并向对方"宣读他的权利"时，他们所指的这些权利是米兰达裁决中所内含的权利。在1984年的"纽约州诉夸尔斯"（New York v. Quarles）一案中，最高法院作出了一项重要的米兰达规则的例外判决，最高法院主张，如果存在"公共安全的压倒性考虑"，警方可以在告知嫌疑人其权利之前实施问讯。

欧内斯托·米兰达（Ernesto Miranda），这位曾经被判刑的人，其所作的绑架和强奸供述，构成了这一著名案例的基础，那么他本人后来怎么样？他的供述当时没有被法庭采纳。不过，1976年重审时，他再次被判有罪。他后来获得假释，并于1976年在一次酒吧械斗中被杀。随即，警方在拘捕凶手时，向他宣读了他的"米兰达权利"。

导致米兰达判决的基本原因在于，警察逮捕某人，然后运用心理或物理的办法迫使对方作出供述，这在当时已经成为司空见惯的现象。即便假设不存在胁迫，在不能得到法律建议的情况下，普通老百姓在与警察打交道时也会处于非常不利的处境。也正是基于这一原因,在米兰达案的判决中,最高法院扩展了它在1963年的"吉迪恩诉温赖特案"(Gideon v. Wainwright)的判决。在吉迪恩案中,最高法院主张宪法第十四修正案之正当程序条款要求,获重罪指控而被带到州法院接受审判的人,如果无力聘请律师,他们有权获得一名法庭指派律师的辩护。以往,只有在涉及死刑争议时(Powell v. Alabama,1932),或者被告人太年轻或在心智上为无行为能力者时(Betts v. Brady,1942),法律才要求州法院向那些穷困的被告人提供法律咨询。吉迪恩案的判决将这种法律援助权利扩展到所有州的刑事诉讼中的所有重罪被告人。雨果·布莱克大法官这样写道:"理性与反思要求我们承认,在我们刑事司法的对抗制中,对于任何被卷入诉讼而又由于贫困而无力聘请律师的人,除非为其指定律师,否则就不可能确保他获得公正的审判。这显然是一个真理。"

宪法第六修正案保障被告人有获得代理律师的权利。多年来,它的意思仅仅被理解为,如果被告人有能力聘请律师的话,他有权要求律师代理诉讼。不过,最高法院在此后的一系列案件中均主张,联邦和州政府有积极的义务利用公共开支为那些无力聘请律师的人提供法律咨询。

不幸的是,我们在卷入刑事司法制度时所享有的律师帮助权,和我们在生病时所能获得的医疗保障是相似的。没有医疗保险,除了富人之外,所有人一旦得了大病就离破产不远了。这就是为什么即便那些略显殷实的家庭都努力维持保险项目的原因。不过,在法律保险方面,我们没有相似的传统。因为,富人不需要,而穷人,正如米兰达案判决所规定的那样,将得到公共辩护人或法庭指派律师的帮助。当然,这些律师都是很不错的,不过,房子、汽车和律师都一样,是一分价钱一分货。如果你所能负担的只是"免费"或低成本律师,那么你可能不会得到最好的辩护。尽管如此,我们得感谢米兰达一案的判决,因为它使我们都有权利获得辩护。

5. 在1973年的"**罗伊诉韦德案**"中,最高法院(以7票赞同2票反对)通过裁定政府缺乏禁止堕胎的权力而使美国的堕胎合法化。陪审大法官哈里·布莱克曼(Harry Blackmun)在法院判决中这些写道:"个人在婚姻和家庭生活方面的选择自由,是受宪法第十四修正案之正当程序条款保护的诸权利之一,……它足以将妇女是否终止其怀孕的选择权包含其中。"这是最高法院历史上最有争议的判决之一,某些集团将之比喻为妇女权利进步的里程碑,而另一些人,尤其是新右派(the new Right),则将之贬损为谋杀的合法化。

自那时到现在,由于最高法院变得越来越保守,因而,其对堕胎权的限制亦不断增加。在1989年的"韦伯斯特诉生殖健康服务公司"(Webster v. Reproductive Health Services)一案中,最高法院主张,各州可以管制或禁止妇女的堕胎权,这一判决与"罗伊诉韦德案"的判决几乎相反。在"罗伊诉韦德案"中书写法院判决书的大法官哈里·布莱克曼,在韦伯斯特一案中递交了一份强烈的反对意见书。他认为,最高法院"在这个国家的每一位妇女的希望和幻想中投下了一层阴影,这些妇女一直相信,宪法保证她们拥有相当程度的控制自己独特生育能力的权利"。

韦伯斯特一案的判决使得堕胎问题突然之间变成了州的政治议题。现在,许多州长或州议员的候选人不得不在这个问题上表明自己的立场。这对于两党的政客们来说都是一件令人恼火的事情,因为,堕胎问题不是一个容易辨别左右立场的议题。

在美国政治中,"罗伊诉韦德案"仍然是最高法院最有争议的判例。共和党希望它被推翻,而民主党则希望该判例得到维持。于是,该案近来也就变成了总统辩论的部分主题。接下来关注的事情就是未来总统提名的大法官将反对还是赞成"罗伊诉韦德案"的判决。

28

《联邦党人文集》第78篇(1778)①

亚历山大·汉密尔顿

致纽约州人民:

现在我们进而就拟议中政府的司法部门加以探讨。

联邦法院之作用及其必要性,在阐述现行邦联制度的弱点时已经明确指出。设立司法机构之适当性,在理论上既无异议,可不再加赘述。曾经提出的问题只限于其组成方式与权限方面,我们的考察亦将仅限于此。

关于其组成方式似可包括以下几个问题:一、法官之任命方式;二、法官之任职期限;三、各级法院之司法权划分及相互关系。

---

① 原文出自:Alexander Hamilton, The Federalist, No.78, 1778。译文引自:《联邦党人文集》,程逢如等译,商务印书馆1986年版,第390—396页。引用时作了部分修改。

第八章 司法机构与政策审查

一、关于法官之任命方式，与一般联邦官员之任命方式相同，已在前两篇文章中作过详细讨论，此处毋庸赘述。

二、关于法官之任期，主要涉及其任期长短，薪俸规定，及职责之防范。

按照制宪会议草案规定，合众国任命之一切法官只要**行为正当**即应继续任职。此项规定与评价最高的各州宪法的规定一致，亦与本州宪法的规定一致。宪法草案反对派竟对此项适当条文提出异议，足可见其想象力和判断力之混乱。以行为正当作为法官继续任职之条件，无疑是现代政府实践最可宝贵的革新。在君主政体下，此项规定是限制君主专制的最好保证；在共和政体下，它是限制代议机关越权及施加压力的最好保证。在任何政府设计中，此项规定均为保证司法稳定性及刚正不阿的最好措施。

大凡认真研究过权力分工者必可察觉，在分权的政府中，依其作用性质而定，通常司法部门对宪法授予的政治权利危害最寡，盖在于其干扰与伤害能力最小。行政部门不仅具有荣誉分配权，且执掌社会武力。立法机关不仅掌握财权，且负责制定公民权利义务之准则。与此相反，司法部门既无军权、亦无财权，不能指挥社会兵力与财富，不能采取任何主动措施。故可正确断言：司法部门既无强力、亦无意志，有的只是判断；而且为实施其判断最终亦需倚重于行政部门的协助。

由以上简略分析可以得出一些重要结论。它无可辩驳地证明：司法机关为分立的三权中最弱者，与其他二者不可比拟；它绝无可能成功攻击其他两个部门；故应要求使它能以自保，免受其他两部门之侵犯。同样可以说明：虽然个人压迫偶尔会出自法院，但人民的普遍自由却绝无可能受到来自司法部门的损害；此种说法是以司法机关确与立法、行政分离之假定为条件。盖笔者赞同此种说法："如司法不与立法、行政相分离，则无自由之可言。"是故可以证明：归根结底，对自由的威胁，不虑单独来自司法部门，则司法部门与其他二者之一联合乃最堪虑之事；纵有分权之名，一经联合则必置前者于后者庇护之下；盖司法部门之软弱天性必招致其他两方的压制、威胁与影响；除终身任职外，别无他法以增强司法人员之坚定性与独立性，故可将此视为联邦宪法不可或缺之条款，并可在很大程度上视之为社会正义与安全之堡垒。

法院之完全独立在限权宪法中尤为重要。所谓限权宪法，系指对立法权设置特别限定之宪法。如规定：立法机关不得通过剥夺公民权、财产权的法案；不得制定**有追溯力**的法律等。在实际执行中，此类限制须通过法院执行，法院有权宣布违反宪法之明显意图的一切行为为无效。舍此，则一切保留的特别权利与基本权利形同虚设。

对法院有宣布立法案因违宪而归于无效之权的某些顾虑，源自于对此一原则含有司法权高于立法权之意的想象。曾有人说，有权宣布另一机构之行为无效者，其地位必然高于该机构。既然此项原则在美国宪法中具有极为重要意义，简要讨论其依据当属必要。

代议机构违反委托人之要旨的一切行为当属无效，此乃明确无误的原则。故违宪之立法，当不能使之生效。否认此理，则无异于说：代理人反高于委托人；仆役反高于主人；人民的代表反高于人民本身；行使权力的人不仅可以做未授权之事，而且可以做被禁止之事。

如谓立法机关本身即为其自身权力的宪法裁决人，其对宪法所作的推定其他部门无权过问，则对此当作如下答复：此种设想实属牵强附会，不能在宪法中找到任何依据。不能设想，宪法有意使人民代表以其**意志**取代选民（即选举人——译者注）的意志。更合理的设想为：宪法，除其他原因外，有意使法院成为人民与立法机关的中间机构，以约束后者于其权限范围内行事。解释法律乃法院之正当与特有职责。事实上，宪法是，且必须被法官看作是，根本大法。因而对宪法以及立法机关所制定的任何法律之解释权当属于法院。如果二者间出现不可调和的分歧，自当以约束力及合法性较大之法为准。亦即：宪法高于法律；人民的意志高于与其代理人的意志。

以上结论并无假定司法权高于立法权之意。它仅仅假定人民之权力在二者之上；仅仅假定立法机关通过法律所表达的意志如与人民通过宪法所表达的意志相违反，法官应受后者而非前者的约束。法官应根据根本大法进行裁决，而不应根据非根本法裁决。

法官在互相矛盾的两部法律之间作出司法裁决可举一常见之事为例。时常有此种情况发生，同时存在的两部法律，整体或部分地互相冲突，且两者均无废止之条款或表示。在此种情况下，法院有澄清之责。法院如能通过适当解释使之彼此协调，从法理上考虑自当如此作为；如不能做到此点，则必须择一适用。法院决定两部法律的相对效力所循原则为，依时间顺序而定，新法优于旧法。但此仅为从事物性质与推理而非任何制定法中衍生出来的推定原则。此非成文法所规定，而是法官为指导其法律解释行为而自行采用的符合真理与适当性的一般规则。他们认为在具有**同等效力**的互相冲突的法律之间，应以最后表达意志的法律为准。

但如互相冲突的法律有高下之分，有基本法与派生法之分，则事物的性质与推理显示，其所应遵循的原则当与上述情况恰好相反。司法人员认为：早先的上位法优于继后的处于从属和下级地位的下位法。因此，无论何时，如果某部法律与宪法相冲突,法庭都应遵循后者,而无视前者。

说法院可能以冲突为托辞任意曲解立法机关合乎宪法的立法意图,此种说法实在无足轻重。这种情况在两部法律互相冲突,或对单一法律的每一裁决中均可发生。解释法律乃法庭之责任,如法庭倾向于以主观意志代替客观判断,同样可以以一己意志代替立法机关意图。这无异于主张不应设立独立于立法机关之外的法官。

因此,如果法院被视为限权宪法防止立法机关越权的堡垒,司法官员职务终身制的理由即甚充足,舍此,则并无任何其他规定更能保障法官之独立精神,而独立精神实乃法官忠实履行上述艰巨职责之必备条件。

法官之独立对保卫宪法与人权使其免于不良情绪之危害同样重要。心怀叵测者的阴谋,或子虚乌有的猜测,不时弥散于人民之中。在得到人民的审慎详查之前,这些不良情绪可能造成政府的某种危险变动,使社会上的少数派遭到严重迫害。固然,笔者相信宪法草案拥护者决不会同意反对派对共和政体的基本原则横加质疑。该基本原则承认人民在认为现行宪法与其幸福发生抵触时,有权修改或废除之。但却不能从此引申出这样的看法:人民代表在多数选民一时为违宪倾向所蒙蔽时即可违宪行事,或法院应当纵容此种违宪行动,盖法院如此作为较诸完全屈从于立法机关的阴谋更为合法。除非人民通过庄严与权威的程序废除或修改现行宪法,宪法对人民全体和个体同样有其约束力。在未进行如此变动以前,人民的代表不论出于对民意的猜测甚或真正了解,均无权采取违宪行动。然值此立法机关在社会多数舆论鼓动下侵犯宪法之时,法官欲尽其忠诚捍卫宪法之责,实需具有非凡之毅力,亦为显而易见之理。

但是,法官之独立乃保卫社会不受偶发不良情绪影响之必需,此观点并非仅限于宪法侵犯方面。有时此种不良情绪的危害仅涉及不公正或有偏见的法律对特定阶层公民权利的伤害。在此种情况下,法官职务的稳定性于缓解不良侵害及限制不良法案,亦有极为重要意义。它不仅可以缓和执行此类法律时的直接侵害,并可牵制立法机关通过此类法案。立法机关如预见其不良企图将为法院甄别,亦不得不对其不良企图有所节制。此种情形对我国政府性质颇有影响,却尚不甚为人所觉察。对于司法部门的正直与节制作用有所感觉者已不限于一州。此种良好作用或为居心叵测者所不满,必为所有正直无私人士所尊重与欢呼。各界有识之士自当珍视法庭正直与节制作用赖以存在和巩固之一切事物;无人可以保证,今天可能还是不公正情绪的受益者,明天就不会成为它的牺牲品;如任由这种不良情绪肆虐,则必将导致人心丧尽、社会不宁,这是人人皆可以感觉到的。

坚定、一贯地忠诚于宪法权利与人权,乃司法必具之品质,绝非临时任命的司法人员所能具备。定期任命,不论如何任命或由谁任命,在某些方面于其所必备的独立精神都将是毁灭性的。如任命权在行政,或在立法机关,则法官有俯首听命于其中一方之危险。如由双方任命,则可产生不愿触犯任何一方之情绪;如由人民直接选举,或由人民选出的专门委员会任命,则可使法官过于迁就民意,以至于影响其惟宪法与法律为准则、刚正不阿的态度。

关于法官职务终身制尚有一更深层、更重要的理由,乃出自其职业资格之性质。常有明智之士论及:浩瀚的法典乃与自由政府优点相伴而生的诸多不便之一。为防止法庭武断,必有严格的法典与先例加以限制,以限定和指明法官在每一特定诉讼案中的职责;显而易见,人类因荒唐与邪恶而起的纷争,可谓层出不穷、纷繁复杂,相应的判例自然也是汗牛充栋、浩如瀚海,有心者必长期刻苦钻研者始能窥其堂奥。故社会上只有极少数人能具备足够的法律知识以充任法官的职务。而考虑到人性的一般堕落状况,具有正直品质与必备知识者其为数自当更少。由此可知政府可以选择的合格人选自属不多;如使其短期任职,则合格之人常不愿放弃收入甚丰的职务而就任法官,因而造成以不甚合格之人充任法官的趋向,进而损害了司法工作的效用与庄严。在我国目前情况下,今后一个长时期内,此一缺点实甚于人们直观的设想;但亦应承认,与司法的其他方面危险相比,此点尚属次要。

总而言之,制宪会议沿袭州宪法以**行为正当**作为法官继任之条件,甚为明智,并无可以怀疑之余地。就此而论,良好政府的组成如无此项规定,实为不可宽恕之缺点。大不列颠之经验可为这一良好制度提供明显例证。

29

马伯里诉麦迪逊案(1803)①

首席大法官马歇尔传达法庭意见如下:

---

① 原文出自:U.S. Supreme Court, *Marbury v. Madison*. 1803。在翻译此文及此后的四篇文章时,译者从北京大学法学院司法研究中心:《宪法的精神:美国联邦最高法院 200 年经典判例选读》,邓海平、史大晓、汪庆华、魏双娟、喻莉、王瑛等译,中国方正出版社 2003 年版,第 16—22,332—335,397—398,302—305,399—402 页)中受益良多。

第八章 ◎ 司法机构与政策审查

上一开庭期,在书记员宣读宣誓书(affidavit)并归档之后,本案形成了一项裁定(rule),即要求国务卿出示证据,说明为何不宜下达**强制令**(mandamus),以命令他给威廉·马伯里颁发哥伦比亚地区华盛顿郡治安法官的委任状。

但是,国务卿没有说明任何理由,而目前的申诉正是针对这一命令状。由于本案所特有的敏感性,背景的新奇复杂,以及案件争议点涉及到的切实困难,要求对法院意见书所基于的原则作出详尽阐述。

尽管这些有利于申诉者的原则在法庭上都经过了巧妙的辩论,然而,在形成法庭意见的过程中,它们在某种程度上还是从形式上而非实质上背离了辩论中的主题。

在审查这一案件时,本院按顺序考虑并决定了下列问题:

(1)申诉人是否有权要求颁发委任状?

(2)如果他有这个权利,且此项权利受到侵犯,国家的法律是否为其提供了救济手段?

(3)如果法律确实提供了救济手段,这种救济手段是否应该是本院下达的**强制令**。

首先要调查的是第一个问题:申诉人是否有权要求颁发委任状?

他的权利来自于国会在1801年2月通过的一项有关哥伦比亚特区的法案。

在哥伦比亚特区划分为两个郡以后,该法案的第11款规定:"如果合众国总统认为适宜,随时可以为上述两郡中的每一郡任命一定数量的考虑周全的人作为治安法官,任期5年。"

从宣誓书的证据看来,根据该法案,时任合众国总统约翰·亚当斯已经签署委任状,任命威廉·马伯里为华盛顿郡的治安法官;然后加盖了合众国的国玺;但该委任状从未送达受委人。……

既然委任状已由总统签署,且国务卿加盖了国玺,因此,马伯里先生已经获得任命。由于法律设置了治安法官这一职位,并赋予该法官可以行使为期五年的、独立于行政机构的权力,所以,该委任状不仅不可撤销,且授予该法官的法定权利,受国家法律保护。

因此,本院认为,扣留委任状的行为不是法律授权的行为,而是对法定权利的侵犯。

这就带来了需要调查的第二个问题;如果他有这个权利,且此项权利被侵犯,法律是否为其提供了救济手段?

毋庸置疑，公民自由的要旨正在于：一旦受到侵害，每个公民都有权请求法律给予保护。政府的首要职责之一就是提供这种保护。在英国，国王本人也被以这种表示尊敬的请愿书的方式被起诉，而他从未违背国王法院的判决。……

根据合众国宪法，总统被授予某些重要的政治权力，在执行过程中可以运用他的自由裁量权，并以其政治身份仅向他的国家和他自己的良心负责。为了帮助他履行这些职责，他被授权任命某些官员，并在他的权威之下、按照他的命令而行动。

在类似情形下，官员的行为即总统的行为；并且不论对行政裁量权的运用方式采取何种意见，都不存在——也不可能存在——任何控制这种裁量权的权力。这属于政治范畴。它们关注（respect）民族而非个人权利，且既然授信于执行机构，执行机构的决定就是结论性的。……

但是，当立法机关继续给这位官员附加其他职责时，当他接受法律强制去执行某些行为时，当个人权利有赖于那些行为的实施时，就此而言，他就是法律的执行者，其行为必须守法，不能运用自由裁量权剥夺他人的法定权利。

上述推理得出的结论是，如果部门首脑作为行政机构的政治代表或秘密代表，且只是执行总统的意志，或者更确切地说，只是行使行政机构所拥有的、由宪法或法律所赋予的自由裁量权，再明显不过的是，对这些行为的审查只能是政治性的。但是，只要法律规定其特定的职责，而且个人权利的实现有赖于这些责任的履行，那么，同样清楚的是，认为其权利受到侵害的个人有权诉诸国家法律，请求救济。……

因此，法院的意见是：

首先，通过签署马伯里先生的委任状，合众国总统任命他为哥伦比亚特区华盛顿郡的治安法官；且国务卿加盖的合众国国玺是签字真实性以及任命完成的决定性证明；且这项任命授予他 5 年任期之合法权利。

其次，既然对职位具有合法权利，他对该委任状亦具有当然权利；拒绝送达委任状是对此项权利的明显侵犯，对此，国家法律将为他提供救济手段。

接下来，需要调查的第三个问题是：他是否有权获得他所申请的那种救济。这取决于：

（1）被申请的令状（Writ）性质；

（2）本院的权力。……

为了给该任命状提供适当的救济手段，接受令状的官员必须在法律原则上是该令状可以命令的人，同时，令状申请者必须是除此之外再没有其他具体的法律救济途径的人。……

建立合众国司法系统的法律(注:即1789《司法法案》)授权最高法院"有权在法律原则和法律惯例许可的案件中,对任何以合众国名义任命之法院或公职人员发布令状"。

作为以合众国名义担任公职的人员,国务卿正在上述条文所规定的范围之内,如果本院无权对这样一位官员发布强制令,那一定是因为这一法律本身是违宪的,因而绝对无权授予法院这种权威,和规定其条款所声称赋予的职责。

宪法将美国的全部司法权授予一个最高法院,以及国会随时颁布和成立的任何下级法院。这一司法权显然适用于根据美国法律提起的所有诉讼;它可以以某种方式适用于本案,因为这里所声称的权利来自于合众国法律的授权。

在分配这种权力时,宪法规定"对所有涉及外交大使、其他公使及领事,及以州作为一方当事人的案件,最高法院都享有初审管辖权。而在所有其他案件中,最高法院享有上诉管辖权。"

在法庭上有人坚决主张,将初审管辖权授予最高法院及其下级法院是一般性授权,且授权最高法院初审管辖权的具体条款中并不包含任何定性或限制性语句,因此,在上述条款未明确规定的其他案件中,只要属于美国司法权管辖范围内,这些案件的初审管辖权是否分配给最高法院当由国会来决定。

如果宪法的意图是将裁量权留给立法机构,使之能够按照自己的意志在最高法院与下级法院之间分配司法权力。那么,除了界定司法权以及具有这种权力的审判机构外,宪法对此作进一步规定就是没有意义的。如果采用这种解释,那么该条款后一部分的规定纯粹是多此一举、毫无意义的。如果国会可以自由赋予本院以上诉管辖权,而宪法又宣布这一管辖权是初审管辖权,或者说,国会赋予的初审管辖权在宪法上又被称为上诉管辖权,那么,宪法规定的管辖权分配就成了名不副实。……

因此,要使本院能够发布令状,必须证明这项权力属于上诉管辖权之运用,或为行使上诉管辖权之必要。

法庭上已经阐述过,上诉管辖权可以有多种行使方式,如果立法机关认为,为了上述目的必须使用令状,那么,法院就必须使用令状。的确如此,但这里指的是上诉管辖权,不是初审管辖权。

上诉管辖权的实质性标准是:它可以修改或纠正诉因已受到审理的诉讼,但不创造诉因。因此,尽管最高法院可以向下级法院发布令状,但向行政官员发布这样的令状，令其送达一纸委任状，这无异于接受针对该文件的原始诉讼，因而这不属于上诉审，而属于初审管辖权的范畴。在本案中，让法院行使上诉管辖权是没有必要的。

由此看来，建立合众国司法系统的法律，试图赋予最高法院对行政官员发布令状的权力；但这项权力显然并没有得到宪法的支持。因此，现在有必要探讨的是如此授予的管辖权能否被行使。……

如果这些限制不能约束它们所欲施加的对象，如果法律所禁止的行为和法律所允许的行为具有同样的责任，那么，有限政府与无限政府之间的区别就不存在了。由此可以推出一个显而易见的结论：要么，宪法制约着任何与其相抵触的立法行为；要么，立法机关可以通过普通法案来修改宪法。

这种两难取舍之间没有中间道路可走。或者宪法是一种优先的、至高无上的法律，不能被普通法案修改；或者它与普通法案处于同一层次，并与其他法律一样，立法机关可以按照它乐意的方式加以修改。

如果前一种选择是正确的，那么与宪法相违背的立法法案就不是法律；如果后一种选择是正确的，那么成文宪法以人民的名义去限制一种在本质上无法被限制的权力就只能是一种荒谬的企图。

毫无疑问，成文宪法的制定者们将宪法视为国家基本的、首要的法律，因而，所有这类政府理论都坚持：与宪法相抵触的立法法案是无效的。

这种理论在本质上是依恋于成文宪法的，在本院看来，它必然也是我们社会的基本原则之一。因此，在进一步考虑该议题时，这一点不应受到忽视。

如果与宪法相抵触的立法法案是无效的，那么，这种无效的法案是否能够对法院构成约束，并强制法院适用它呢？或者换句话说，尽管它不是法律，它是否仍和法律一样，构成一项生效的规则呢？实际上这将无异于推翻理论上所建立的原则。乍一看，其荒谬性是显而易见的，因而不能坚持。然而，它应当获得更为慎重的考虑。

需要强调的是，阐明何为法律乃司法机关的职权和责任。将规则适用于具体案件的人，必须详细阐述和解释该规则。如果在两部法律相互冲突，法院必须决定适用其中哪一项来作出判决。

因此，如果某项法律与宪法相违背，当将宪法和法律都适用于同一个具体案件时，法院必须作出决定：要么不考虑宪法而适用法律，要么不考虑法律而适用宪法；法院必须在相互冲突的规则中确定何者支配这个案件的判决。这是司法职责的实质。

如果法院尊重宪法，认为宪法高于立法机关所制定的任何普通的立法法案,则应当适用宪法而不是普通法案以支配两者都适用的案件。

而那些反对法院将宪法视为最高法律这一原则的人,却坚持认为法院应当将目光仅仅集中到法律上,而忽视宪法。

这一教条将颠覆所有成文宪法的基石。它宣称,一项根据我们的政府原则和理论来讲是完全无效的法案,在实践中却具有完全的效力。同时,它还宣称,如果立法机关通过一个法案,尽管该法案受到明令禁止,它在实际上却是生效的。它将给立法机构以实际和真正的无限权力,与此同时又声称要将它们的权力限制在狭窄的范围内。它规定了限制,却宣称这些限制可被随意超越。

这一看法使我们的政治制度的最大改进——即成文宪法——变得毫无意义,这一结论本身就足以驳斥这种推论。在美国,成文宪法一直备受人们尊重。而合众国宪法自身的独特表述进一步提供了驳斥这的论据。

合众国的司法权适用于所有依宪法提起的诉讼案件。

在司法权的行使过程中可以置宪法于不顾,难道这是赋予这项权力的人的本意吗?对依宪法而提起诉讼的某个案件,难道也可以不审查宪法文件而直接作出裁决吗?

这些主张根本立不住脚。

因此,在某些案件中,法官必须考察宪法。翻开合众国的宪法,其中又有哪一条是禁止他们阅读或遵守的呢?

宪法的许多地方都可以说明这一问题。

宪法规定:"对于从任何一州输出的货物,不得征收税金或关税。"设想对(从一州)出口(到另一州)的棉花、烟草或面粉征收关税,当事人因此提起请求返还之诉,法院是否应对此作出判决?法官是否可以对宪法闭上眼睛,只看法律?

宪法又规定:"(国会)不得通过剥夺财产和公民权的法案或追溯既往的法律。"

然而,设若通过了这样的法案,且有人因此而被起诉,那么,法院是否必须把那些宪法力图保护的受害人判处死刑呢?

宪法还规定:"除非基于两个证人对同一明显行为的证词,或本人在公开法庭的供认,无论何人都不得被定为叛国罪。"

宪法的这一规定就是针对法院的。它直接为后者规定了一条不可偏离的证据规则。设若立法机关要改变这一规则,规定一个证人或法庭外的供词就足以足够定罪,那么,宪法原则是否必须屈服于立法法案吗?

从这些规定以及还可能有的许多其他规定看来,宪法缔造者们显然把宪法当作控制法院同时也是控制立法机关的规则。

否则,宪法为什么规定法官必须宣誓效忠于它?这个誓言当然也以某种特殊的方式适用于他们的其他职务行为。如果法官仅仅被当作工具,而且是众所周知的工具,用来违背他们宣誓效忠的东西,这是何等的不道德!

同样,由立法机关所规定的法官就职宣誓,也完全表明了立法机关对这一问题的看法。誓词曰:"我庄严宣誓,我将公正审判,不分贵贱。我将竭尽全力,恪守合众国的宪法和法律,诚实公正地履行我所肩负的义不容辞的责任。"

如果合众国宪法不能形成其政府的规则,如果它将法官拒之门外,不接受法官据之所作的审查,那为什么一个法官就必须宣誓效忠合众国的宪法呢?

如果这就是事实真相,这无异于对神圣的亵渎。规定和实施这样的宣誓,同样是一种罪过。

此外,值得一提的是,当我们宣布何为国家的**最高法**时,**宪法**本身是首先要提到的;并且,不是合众国的所有法律,而是只有**依据**制订宪法的法律,才能被列入法律行列。

因此,合众国宪法特有的表述方式确认并强调了被看作是所有成文宪法之本质所在的这一原则,即:所有与宪法相抵触的法律都是无效的,法院与其他机构一样,都必须受宪法的约束。

这一规则必须得到执行。

30

布朗诉教育委员会案(1954)①

首席大法官沃伦宣布法院判决如下:

我们面前的这些诉讼案分别来自堪萨斯、南卡罗来纳、弗吉尼亚以及特拉华州。尽管它们基于不同的事实及地域情况,但它们所提出的问题在法律

---

① 原文出自:U.S. Supereme Court, *Brown v. Board of Education of Topeka*, 1954。

上具有共同之处,故本院有理由在合并判决中将它们一并考虑。

在上述各案中,未成年的黑人,通过他们的法定代理人,寻求法院的救助,以期在非隔离原则基础上获准进入社区公立学校就学。在上述各案中,根据法律要求或由于法律允许种族隔离,他们都被白人孩子就读的学校拒之门外。该种族隔离被指控为剥夺了原告在宪法第十四修正案下所享有的法律上的平等保护权利。……

原告方主张实行种族隔离的公立学校既不"平等"也不可能做到"平等",由此他们被剥夺了法律上的平等保护权利。鉴于所提问题的明显重要性,本院受理了此类案件。本院在1952年开庭期间听取了双方辩论,在本次开庭期间,又对法庭提出的几个特定问题听取了双方的再次辩论。

再次辩论主要致力于讨论1868年宪法第十四修正案通过时的背景。辩论双方详尽无遗地描述了国会通过修正案时的考虑、各州对该案的批准、种族隔离州的现实做法,以及支持和反对此案双方的种种观点。法庭辩论以及我们自己的调查使我们确信,尽管这些资料不无启示,它们尚不足以解决我们所面临的问题。它们至多意味着争论而非结论。毫无疑问,战后对修正案最积极的支持者,试图从"所有出生于或归化入合众国的人"中消除一切法律歧视。同样,反对者则对该修正案的文字与精神进行坚决抵制,希望其仅有最有限的效力。至于当时国会及州的立法机关的其他人对此如何着想,则根本无从确知。

关于种族隔离制学校,导致修正案的非结论性的另一个历史原因,是当时公立教育的状况。在南方,争取一般税种支持的普通免费学校的运动远没有占据主导地位;白人孩子的教育主要由私人团体提供,黑人教育几乎不存在,实际上几乎所有的黑人都是文盲。在一些州,法律事实上禁止向黑人提供任何教育。今天,正相反,许多黑人已在艺术、科学、商业以及其他专业领域取得了杰出成就。的确,修正案通过时,公立学校教育在北方获得了更好的发展,但修正案对北方各州的影响却在国会辩论中被普遍忽视了。即使在北方,公立教育的状况也远不是今天的样子。课程通常仅限于基础知识,不分年级的学校在乡村地区很普遍,在许多州,学校一个学年仅有三个月,义务教育更是闻所未闻。所以,毫不奇怪的是,在宪法第十四修正案的历史中,它与其在公立教育上所欲达到的效果关系甚微。

宪法第十四修正案通过后不久,在那些最初的案子里,本院将其解释为禁止各州强加于黑人的种族歧视。直至1896年的"普莱西诉弗格森案"(*Plessy v. Ferguson*)中,"隔离但平等"原则才首次出现,其主题并不涉及教育，而是与运输有关。从那时起，在近半个世纪里，美国的法院一直在该原则下艰难地工作着。在本院所受理的案件中，有六个案件涉及"隔离但平等"原则在公立教育领域中的运用。在"卡明诉里克蒙德教育委员会案"（*Cumming v. Board of Education of Richmond County*, 1899）和"宫卢蒙诉赖斯案"（*Gong Lum v. Rice*, 1927）中，这一原则本身的有效性并未受到质疑。较近期的案件均与研究生院有关，不平等的证据在于，白人学生所享有的某些特殊利益，具有同等教育资格的黑人学生却不能享有。这类案件包括"*State of Missouri ex rel. Gaines v. Canad*"（1938），"*Sipuel v. Board of Regents of University of Oklahoma*"（1948），"*Sweatt v. Painter*"（1950），"*Mclaurin v. Oklahoma State Regents*"（1950）。以上案件均无需重新审查这一原则以向黑人原告提供司法救济。在"*Sweatt v. Painter*"一案中，法院则特别对"普莱西诉弗格森案"是否不适用于公立教育的问题作了保留判决。

在这次受理的案件中，这一问题被直接提了出来。与"*Sweatt v. Painter*"案不同，本院发现，如果以校舍、课程设置、教师的资历与工资及其他"有形"因素来衡量，黑人学校和白人学校的差异已经或正在消失。因此，我们的裁决不能仅仅着眼于对案件所涉及的黑人学校和白人学校里的这些"有形"因素的比较。我们必须把注意力指向种族隔离制度本身对公立教育的影响。

在探寻这一问题时，我们无法将时钟倒拨回修正案通过时的1868年，甚至也不能回溯至"普莱西诉弗格森案"判决时的1896年。我们必须考虑到公立教育的充分发展及其在全国人民生活中的现实地位。只有这样，我们才能确定公立学校的种族隔离制度是否剥夺了对原告的法律平等保护。

今天，教育或许已经成为了州和地方政府最重要的职能。义务教育法和大量的教育开支，均显示出我们认识到教育对我们民主社会中的重要性。对于大多数基本公众义务的履行，甚至对于服兵役而言，教育都是必需的。教育是塑造好公民的真正基础。今天，在启发儿童对文化价值的认同方面，在培养他们正常适应所处的社会环境方面，教育已经成为一种最重要手段。在这样的时代，如果孩子被剥夺了受教育的机会，那么合理地期待他们在以后的人生中取得成功是值得怀疑的。这样一种由州政府提供了的机会，是一项权利，应在公平的基础上可为所有人所获得。

回到我们所面对的问题：即便教育设施和其他"有形"因素可能相同，仅以种族为基础而将公立学校中的孩子们进行隔离，这一行为是否剥夺了少数族群的孩子们接受平等教育的机会？我们认为，它确实是如此。

在"*Sweatt v. Painter*"案中，在判定一所对黑人实行隔离制的法学院不可能为他们提供平等的受教育机会时,法院很大程度上是依赖于"那些无法客观衡量的特质,但正是这些特质造就了法学院里的大师"。在"*Mclaurin v. Oklahoma State Regents*"案中,本院在要求给予那些被白人研究生院录取的黑人学生与其他同学同等对待时,考虑的也是无形的因素,即"他从事研究、参与讨论和与其他学生交流思想的能力,以及一般而言,即他掌握其专业的能力"。对于小学和中学里的孩子而言,这些考虑格外重要。仅因种族不同,而将某些孩子与其他年龄和天资相近的孩子隔离开来,会使他们产生一种在社区地位中低人一等的感觉,这种感觉在他们的心灵和精神上造成一种可能永远难以释怀的创伤。在堪萨斯(Kansas)一案的判决中,法院曾就种族隔离对受教育机会的影响做了很好的陈述,尽管法庭迫于压力而对黑人原告做了不利的判决:

"对有色人种的孩子们来说,在公立学校中将他们与白人孩子隔离开来,会对他们造成伤害。当这种做法得到法律所认可时,其影响更为巨大;因为种族隔离政策通常被理解为是黑人族群地位低下的标志。卑下的感觉会影响一个孩子学习的动机。因此,为法律所认可的种族隔离,有着阻碍黑人孩子教育和心理发展的趋势,也剥夺了他们本应从一个种族融合的教育体系中所享有的某些权益。"不论在"普莱西诉弗格森"一案判决时心理学知识的发展程度如何,这一判决得到了现代权威的充分支持。在"普莱西诉弗格森案"中,任何与此判决相背的言辞都是不能接受的。

我们的结论是,在公立教育领域里,"隔离但平等"原则是站不住脚的。教育设施的隔离在本质上是不平等的。因此,我们裁定,本案原告及其他因类似情况而提起诉讼的人,由于所指控的种族隔离的原因,被剥夺了由宪法第十四修正案所保障的法律平等保护权利。这一结论,使得关于种族隔离是否违反了宪法第十四修正案的正当程序条款的任何争论变得多余。

由于本案属共同诉讼,也由于此判决的广泛适用性,以及由于地域情况存在巨大差异,本案件判决的形成面对着相当复杂的问题。在再次辩论时,恰当救济的考虑必须从属于首要问题——公正教育中种族隔离的合宪性。我们已经宣布,此类种族隔离是对平等法律保护的否认。为了使我们在形成判决上获得各方的充分支持,这些案件将被归入备审诉讼目录,各方必须对本院先前在再次辩论期提议的第四和第五个问题作进一步辩论。合众国司法部长被邀请再次出庭作证。要求或允许在公立教育中实行种族隔离的各州的检察长,如果在1954年9月15日之前提出请求,并在1954年10月1日前提交法律意见书,也将作为法庭之友(amici curiae)而被允许出庭。

此令。

31

格里斯沃尔德诉康涅狄格州案(1965)①

大法官道格拉斯宣布法院判决如下:

[康涅狄格州的一项法令规定使用避孕药具为犯罪,另一项法令规定为他人提供或帮助他人使用避孕药具为非法。一对已婚夫妇、他们的医生和计划生育协会的官员对依据该法律对他们所作出的有罪判决提起上诉。]

……我们面临一系列的问题,这些问题涉及宪法第十四修正案之正当程序条款。一些争论的言外之意暗示,本案应当参照"洛克纳诉纽约州案"(Lochner v. New York)的判决。但我们拒绝了这样的建议。我们并不是以一个超级立法机构的身份来决定涉及经济问题、商业事务或社会状况的法律的智慧、需求和适用性。但(本案所诉之)法令却直接涉及夫妇间的亲密关系,以及他们的医生在这种亲密关系的某一方面所扮演的角色。

结社权在宪法和权利法案中均未提到。父母选择学校教育子女的权利——无论是公立、私立还是教区学校——也未提及。同样没有提到的还有学习任何特定科目和任何外语的权利。不过,根据对宪法第一修正案的解释,这些权利被认为是理所当然地包含其中。

在"皮尔斯诉姐妹会案"(Pierce v. Society of Sisters)中,通过运用宪法第一修正案和第十四修正案,赋予了各州人民按照自己意愿教育孩子的权利。在"麦耶诉内布拉斯加案"(Meyer v. Nebraska)中,同样赋予了人民在私立学校学习德语的权利。换言之,根据宪法第一修正案的精神,各州不得限制公民获取知识的范围。言论和新闻自由,不仅包括说话和出版的权利,而且包括传播的权利、接受的权利、阅读的权利,和研究的自由、思想的自由、教学的自由,实际上是整个大学社团的自由。没有这些外围的权利,这些特定权利就将缺乏保障。因此,我们需要在这里重申皮尔斯案和麦耶案中所体现的原则。

在"全国有色人种促进会诉阿拉巴马州案"(NAACP v. Alabama)中,我们对"结社的自由和结社中的隐私权"予以保护,并指出结社自由是宪法第

---

① 原文出自:U.S. Supreme Court, *Griswold v. Connecticut*, 1965。

一修正案所保护的外围权利。……

前述各案暗示着权利法案的特别保证中存在一个模糊地带,它源于那些保障人们生命与财产的保证条款。各种保证条款开辟了隐私权的领域。正如我们所看到的那样,隐含在宪法第一修正案中的结社权就是其中之一。宪法第三修正案禁止军队在和平时期未经主人允许驻扎在"任何民宅",这是隐私权的另一方面。宪法第四修正案明确宣布"人民的人身、住宅、文件和财产有不受无理搜查和扣押的不可侵犯的权利"。宪法第五修正案禁止自证其罪的条款使公民保有一个隐私的领域,在该区域内,政府不能强迫公民作出对自己不利的交代。宪法第九修正案规定:"本宪法对某些权利的列举,不得被解释为对人民所保留的其他权利的否定或轻忽。"

本案与由若干宪法基本承诺所形成的隐私区域有关。它涉及一项州法令。该法令通过禁止避孕药具的使用,而不是通过管制避孕药具的制造或销售,来达到其目的,结果导致了对这种隐私关系最大限度的破坏。我们能够允许警察闯入夫妇卧室的神圣区域去搜查使用避孕药具的蛛丝马迹吗?这样的想法与夫妻关系的隐私权观念正相违背。……

我们在这里所面对的隐私权,比权利法案更古老——比我们的政党、我们的学校体制的历史更久远。婚姻意味着同甘共苦、海誓山盟、亲密无间、无比神圣。这种结合,不是为了事业,而是为了生命的延续;不是为了政治信念,而是为了生活和谐;不是为了商业或社会目标,而是为了彼此忠诚。这种结合的目标和我们先前判决所涉及的任何目标一样神圣崇高。

故撤销原判。

32

米兰达诉亚利桑那州案(1966)[①]

首席大法官沃伦宣布法院判决如下:

眼前这些案件所提出的问题,触及美国刑法学理论的根基:在对某人实施刑事指控时,社会必须遵守一些与联邦宪法相一致的限制。具体而言,我

---

① 原文出自:U.S. Supreme Court, *Miranda v. Arizona*, 1966。

们涉及的是：个人供述的可采性，此种供述乃警方在审讯过程中从被羁押人那里所获取的；以及从程序上保障个人特权的必要性，此种特权乃依据宪法第五修正案任何人不得被迫自证其罪之规定所享有的。

在最近的"Escobedo v. Illinois, 378 U.S. 478（1964）"一案中，我们涉及了该问题的某些方面。在这一案件中，如同我们正处理的四个案件一样，为了获得招供，执法官员都将被告羁押起来并在警察局对其实施审讯。警察没有以有效的方式告知他有保持沉默的权利或获得律师帮助的权利。相反，他们还让他面对一个指控他犯谋杀罪的嫌疑同犯。当被告人否认指控，并且说"我没有向曼纽尔开枪，是你干的"时，警察给他铐上手铐，把他带进审讯室。他带着手铐站在那里，被审讯了四个小时直至招供。在审讯期间，警察拒绝了他要求和律师见面的请求，并阻止已经赶到警察局的律师向当事人提供法律帮助。在审判过程中，州法院不顾他的反对，采用该供述作为定罪证据。我们坚持认为，按照宪法，以这种方式所获取的供述是不可采用的。

自该判决两年前作出以后，该案一直成为司法解释的主题，并引起激烈的法律争论。在评估其含意方面，州和联邦法院得出了不同的结论。有大量的学术材料关注这一判决的司法后果和法理基础。警察和检察官们也在揣度这一判决的影响范围及其可能结果。为进一步地探寻问题细节，以及无需掩饰的，为适用在羁押免于审讯中自证其罪的特权，以进一步提出供执法机构和法院遵循的具体的宪法指导方针，我们对此类案件发出了诉讼文件调取令（382 U.S. 924，925，937）。

如同在"Escobedo"一案中所做的那样，在本案中，我们基于这样一种事实前提，即我们的主张并非是对我国法学的一种革新，而是对在其他场景中久已认可和遵循的那些原则的应用。我们对"Escobedo"一案的判决及其所宣布的原则进行了彻底地审查。我们对之再次给予肯定。该案不过是对我国宪法明文昭示的基本权利——"任何人在任何案件中不得被迫自证其罪"，以及"被告人应当获得辩护律师的帮助"——的一种说明，这些权利一旦受到执法官员的专横干预就会被置于危险之中。这些珍贵的权利是在经历了数世纪的迫害和抗争之后才为我国宪法所确立。用首席大法官马歇尔先生的话来说，对这些权利的保护将"直至永远，……只要人类社会尚存，（这些权利）就将永驻"（Cohens v. Virginia, 6 Wheat. 264, 387 [1821]）。

……

我们的裁定，清楚而详细地表述可能需要数页篇幅，简要说来就是：除非有证据表明，免于自证其罪的个人权利得到了程序上的有效保护，否则，从对被告的羁押审讯中所获得的供述,无论是开脱罪责的还是承认罪责的,都不得用于控诉。这里的羁押审讯,是指在某人被带进拘留所或以其他任何有效方式被剥夺了行动自由以后,由执法官员所发起的讯问。至于程序保护的使用,除非设计了其他充分有效的手段以告知被告人有保持沉默的权利,并能够确保其有机会连续地行使沉默权,否则,以下措施就是必需的:在任何讯问开始之前,被讯问人必须被告知,他有权保持沉默,他所说的每一句话都有可能成为于他不利的呈堂证供;他有权要求律师在场,不管是聘用律师还是指定律师。被告可以放弃对这些权利的行使,只要这种放弃是有意识地自愿作出的。尽管如此,在讯问过程中的任何阶段,如果他以任何方式表示,在回答问题之前希望获得律师的帮助,则此等要求无可置疑。同样,在没有目击者在场的情况下,如果被讯问人以任何方式表示,他不希望受到讯问,警察亦不得对其实施盘问。已经回答某些问题或自愿作出某些陈述,这一事实,并不构成剥夺他沉默权的理由,在获得律师帮助并同意回答问讯之前,他有权拒绝进一步的讯问。

一

在此类案件中,我们所决定的宪法问题是:从一个被羁押、或以任何有效形式被剥夺行动自由的被告人那里所获得的口供的可采性。在每一起案件中,被告都是在一个与外界隔绝的房间里,受到警官、侦探或检察官的讯问。所有这些案件的被告人,在讯问程序开始时,都没有得到有关其权利的充分、有效的告知。所有这些案件的讯问都引出了被告人的供认,而且在其中三起案件中,被告人还在供认书上签了字,这些供述在审判时都被法官作为证据采纳。由此可以看出,这些案件存在一个显著的共同特征:在没有充分告知其宪法权利的情况下,在由警察所主导的环境中,对被单独监禁的个人所实施的讯问,都导致了自证其罪的陈述。

对于本裁决而言,了解羁押审讯的特征和方式,是必不可少的。描述这种审讯过程中发生了什么,困难源于这一事实,即在我们国家,这种审讯大多发生在与世隔绝的场所。从20世纪30年代早期所作的大量事实调查,包括著名的总统委员会致国会的《维科莎姆(Wickersham)报告》看来,有一点是很清楚的,即警察暴力和严刑逼供(third degree)现象在那个年代是相当盛行的。这些调查公布很久以后,在本院裁决的一系列案件中,警察为了逼取嫌疑人的招供,诉诸于身体暴行——殴打、悬吊、抽打——以及单独囚禁下的长时间持续讯问。1961年，人权委员会发现，有大量证据表明，"一些警察仍然诉诸于身体暴力以获得招供"（1961 Commission on Civil Rights Rep., Justice, pt. 5，17.）。很不幸的是，在我们国家，身体野蛮和暴力的使用，并不是过去也不是某些地方才有的现象。就在最近，在纽约州金丝郡（Kings county），警察对一个可能的目击者实施了殴打、踢踏，并用点燃的烟头烫其背部，目的是为了获取有关指控第三方的证词。……

为了强化这种隔离、陌生环境的作用，讯问手册要求警察对嫌疑人的犯罪行为显示出一种确有把握的氛围，并从表情上维持一种仅对确认特定细节感兴趣的状态。嫌疑人的犯罪行为被假定为一种事实状态。讯问者应当将他的意见指向嫌疑人实施行为的原因，而不是其是否实施了该种行为。和其他人一样，或许嫌疑人有糟糕的家庭生活、不幸的童年经历、饮酒过量、企图与女人发生非交易的性行为。手册要求警察将犯罪行为的道德严重性最小化，并将过失投向受害人或社会。设计这些讯问策略的意图，是要将嫌疑人置于这样一种心理状态：他的叙述不过是对警察声称已经知道的事实——他是有罪的——的细节化描述。与此相反的辩解是不足取的、令人沮丧的。……

从这些有关讯问技巧的典型例子中，讯问手册所指示的并在实践中可观察的审讯方式，就变得清晰起来了。大体而言，是这样：为了防止嫌疑人分散精力并剥夺其获得外界帮助的机会，必须将其单独监禁起来。对其犯罪行为确有把握的这种氛围削弱了其抵抗的意志。讯问不过是对犯罪情节的确认，此种情节是警察预先设想并需要当事人来具体描述的。耐心和坚持，以及不时出现的无情的质问，这些都是有用的。为了获得招供，审问者必须"耐心地调整他自己或他的猎物以进入一种状态，在该状态下，他可以得到他想得到的东西。"如果常规的程序不能产生所预期的结果，警察可以诉诸于欺骗性的策略，如给对方提供错误的法律建议。重要的是要使讯问对象始终处于某种不稳定的心理状态，如通过利用他对自己或环境的不安全感。这样，警察就可以通过说服、欺诈或哄骗的方式，使之不能行使其宪法权利。

即使没有使用暴行、严刑逼供或上述的攻心计谋，羁押审讯这一事实，也给个人权利强加了沉重的负担，并利用了个人的弱点。只需查阅本院在Escobedo案判决之前的那个诉讼期内的三个供述案件，这一事实就能得到事例说明。在"汤森诉塞恩"（*Townsend v. Sain*, 372 U.S. 293, 1963）一案中，被告是一个19岁的海洛因成瘾者，被描述成一个"近似心智缺陷者"（id., at 307—310）。"*Lynumn v. Illinois*, 372 U.S. 528" [1963] 一案的被告，是一名妇女,为了防止她的小孩被救济机构带走,在被警方强求"配合"后,供认了犯罪行为。在"海恩斯诉华盛顿州"(Haynes v. Washington, 373 U. S. 503, 1963)一案中,被告在审讯过程中坚持要求和他的妻子或律师通电话。在该案中,如同前两个案件一样,本院推翻了对被告的有罪判决。在其他环境下,这些人也许行使了他们的宪法权利。但是,在由警察所主导的与世隔绝的环境中,他们选择了屈服。

给定这种背景,面对今天这些案件,我们首先关注的是它的审讯氛围,以及它所带来的邪恶。在第759号案,即"米兰达诉亚利桑那州"(No. 759, Miranda v. Arizona)一案中,警察拘捕了被告,将其带入一间特别的审讯室并在那里获得口供。在第760号案(No. 760, Vignera v. New York)中,被告在下午受到警察的审讯并作出口头供述,当天晚上又受到地方助理检察官的讯问并归罪陈述上签了字。在第761号案中(No. 761, Westover v. United States),被告在经历了持续时间长达一个晚上和一个上午的羁押审讯后,被地方当局移交给联邦调查局。又经过两个小时的审问,联邦官员从被告那里获得了签字供认书。最后,在"加利福尼亚州诉斯图尔特"的584号案中(No. 584, California v. Stewart),为获得被告的签字供认书,地方警察将其扣留在警察局达5天之久,并在9个不同的场合对其实施交叉审问。

在这些案件中,以传统的观点来看,我们可能觉得这些被告的供述并非是不自愿的。尽管如此,对于以适当程序保护宪法第五修正案之珍贵权利,我们丝毫不敢松懈。在这些案件中,被告都被强迫带到一个陌生的环境,并经历了险恶的警方审讯程序。强制的可能性是显而易见的,例如,在米兰达一案中,穷困的墨西哥被告是一个有明显性幻觉的严重心理失常者,在斯图尔特一案中,被告是一个六年级就退学的穷困的洛杉矶黑人。一点也不假,在这些案件中,并没有出现公开的身体强制或明显的攻心计谋。事实是,在所有这些案件中,当事官员在审讯开始之前,都没有提供适当保障措施,以确保被告的供述确实是其自愿选择的结果。

显而易见的是,制造这样一种审讯环境,其目的无外乎是想使被告人屈服于审讯者的意志。这种审讯环境给自己贴上了胁迫的标记。一点也不假,这不是身体上的胁迫,但它对人的尊严具有同等的破坏性。单独监禁下的审讯这种当下做法,与我们民族最珍视的原则——个人不得被迫自证其罪——是不相一致的。除非运用了适当的保护措施以消除羁押环境下所固有的胁迫性,从被告那里获得的任何供述都不可能是其自愿选择的结果。……

因此,我们坚持主张,为了保护我们这里所描绘的这种特权,接受审讯的个人必须被清楚地告知，他有权获得律师的帮助，有权要求在整个审讯过程中有律师在场。与有权保持沉默，所说的每一句话都有可能成为于他不利的呈堂证供的告诫一样，这一告诫也构成审讯的一个绝对的前提条件。有关此人可能知晓这一权力的任何间接证据，都不足以抵消这一告诫的必要性。只有通过这样的告诫，才可以确信，被告确实知晓他的权利。

在讯问开始前，如果某人表示希望得到律师的帮助，当局不能基于他没有或无力聘请律师而合理地忽视或拒绝他的要求。个人的经济能力大小与这里所涉及的权利范围无关。免于自证其罪之特权，受宪法保护，且适用于所有个体。为保护这一特权，贫困者和富裕者一样需要律师的帮助。事实上，如果享有这些宪法权利的人仅限于那些有能力聘请律师的人，那么，我们今天的裁决就无足轻重了。在今天的这些案件中，以及在我们过去所处理的大多数被告招供的案件中，都涉及无力聘请律师的人。尽管我们并不要求当局解救被告人的贫困，然而，当局却有义务在执法过程中不去利用此种贫困。在讯问中拒绝给贫困者提供律师帮助，同时却允许有付费能力的人聘请律师，无论在道理上还是逻辑上，这和已撤销的"吉迪恩诉温赖特案"（*Gideon v. Wainwright*, 372 U.S. 335, 1963）、"道格拉斯诉加利福尼亚州案"（*Douglas v. California*, 372 U.S. 353, 1963）在审判和上诉时出现的类似情形一样，是站不住脚的。

因此，为了使被讯问人充分获知他在这个体制下所享有的权利的范围，不仅有必要告知他有权获得律师帮助，而且同样有必要告知，如果他无力负担律师费用，当局将为其指定代理律师。没有这种附加告知，律师帮助权的告诫经常会被理解为，如果他有律师或有钱聘请律师，他才可以获得律师帮助。律师帮助权的告知，如果其表述不能给贫困者——更经常遭受讯问正是这些人——传递这样的理解，他同样有权要求律师在场，这一告知将是空洞的。就沉默权和律师帮助权的告诫而言，只有通过有效、明确的解释才能确保贫困者真正处于可以行使该权利的状态。

一旦给予告诫，接下来的程序就很清晰了。如果个人在讯问之前或讯问过程中的任何时候以任何方式表示，他希望保持沉默，则讯问必须停止。这个时候，他已经表示他想要行使宪法第五修正案赋予他的特权；在此人行使他的特权之后所获得的任何供述都被视为胁迫、欺骗或其他不当手段的结果。如果没有这样的审讯阻断权，个人特权一旦行使之后，羁押审讯的运作方式还会压倒个人对供述的自愿选择。如果个人表示他需要一名律师，那么审讯必须中止，直到律师到场。这时，个人必须有机会与律师交换意见，并在接下来的审讯中有律师在场。如果个人无力聘请律师,并表示在与警方的谈话开始之前需要一名律师,那么警方必须尊重他的决定,并保持沉默。

这并不像一些人所联想的那样,意味着每个警察局在任何时候都必须有一名"驻局律师"在场以对被羁押人提供帮助。但它确实意味着,如果警方想讯问一个人,他们必须让被讯问人知道,他有权获得律师帮助;如果他无力聘请律师,警方会在讯问开始之前为其提供律师。如果警方断定,在对案件进行调查的一段合理时间内,他们将不为被告人提供律师帮助,他们可以这样做而不触犯被告人所享有的第五修正案之特权,只要在那段时间内不对其进行讯问。

如果在律师缺席的情况下审讯依然进行并由此获得被告人的供述,那么,政府必须承担重大责任以证明,被告人是明白且理智地放弃了免于自证其罪的特权和获得聘用律师或指定律师帮助的权力(*Escobedo v. Illinois*,378 U. S. 478,490,n. 14.)。本院对宪法权利的自动放弃始终设置了严格的证据标准(*Johnson v. Zerbst*,304 U. S. 458,1938),我们重申,这些标准同样适用于羁押审讯。由于州对隔离审讯环境的设置负有责任,也由于州在获取被告人在羁押审讯期间是否被告知权利这一确凿证据方面拥有唯一的手段,因此,将此种责任重担压在其肩上是再正确不过的了。……

今天所宣布的这些原则涉及的是,当一个人处于被羁押或以其他任何有效形式被剥夺行动自由的状态中而首次受到警方讯问时,必须给予他免于自证其罪的特权保护。我国刑事诉讼程序的对抗制(adversary system)正是始于这一点,从而使得它从一开始便与其他一些国家所认可的纠问制(inquisitorial system)相区别。在我们今天所描述的告诫制度或其他任何可能设计和发现的有效制度下,所设立的对于此种特权的保护必须从这一点就开始发挥作用。

此裁决的意图并非在于阻碍警官调查犯罪行为的传统职能(*Escobedo v. Illinois*,378 U. S. 478,492.)。当一个人基于可能的原因而受到羁押时,警方当然可以调查取证以用于对其指控的审判。这种调查也包括对非拘禁状态下的人的询问。有关犯罪情况的一般现场询问,或在真相调查过程中对公民的其他一般询问,并不受本案裁决的影响。对个人而言,提供他们所知道的信息以协助法律执行,是一种负责任的公民行为。在这些情况下,羁押讯问程序中所固有的胁迫氛围不会出现。

我们并不试图裁定,所有通过讯问所得的供认都是不可采的。供认一直是法律执行过程中一种合理的要素。不受任何胁迫影响下所作出的任何自愿陈述,在证据上当然是可采的。该特权的基本要义,不在于被羁押的个人在没有得到告诫和律师帮助的情况下能否被允许与警察对话;而在于能否对其实施讯问。我们并没有要求警察把前来自首的人挡在门外,或让给警察局打电话作有罪供述或其他任何陈述的人赶紧住口。宪法第五修正案不禁止任何自愿陈述,其可采性也不因本裁决而受到影响。

总而言之,我们坚持认为,当一个人遭到羁押或以其他任何有效方式被当局剥夺自由并受到审讯时,免于自证其罪的特权即面临危险。因此,必须运用程序性保障措施来保护此项特权,并且,除非采取了其他充分、有效的方式告知此人享有沉默权并确保此权利的行使受到谨慎的尊重,否则,以下措施就是必需的:在任何讯问开始之前,他必须被告知,他有权保持沉默,他所说的每一句话都有可能成为于他不利的呈堂证供;他有权要求律师在场,如果他无钱聘请律师,如果他同意,讯问开始之前将为他指定一名律师。在整个讯问过程中,都必须向他提供行使这些权利的机会。在给予了上述告诫并提供行使这些权利的机会后,他可以明白地、理智地放弃对这些权利的行使,并同意回答问题或作出陈述。然而,除非并且直至此种告诫或弃权为控方在审判中所证明,任何通过讯问被告人所获取的证据都不能用于对他的指控。

四

在这些案件的辩论中,存在这样一种主张:社会对于审讯的需求高于此种个人特权。这种主张对于本院来说并不陌生(举例来说,参见:*Chambers v. Florida*, 309 U. S. 227, 240—241, 1940)。上述分析的全部要点证明:宪法已经赋予个人对抗政府权力的某种权利,此种权利就是由宪法第五修正案所提供的任何人不得被迫充当不利于自己的证人。此种权利是不可剥夺的。……

如果个人想要行使该特权,他有权这样做。这无需当局的裁决。律师可能建议委托人在其有机会对案件进行调查之前不要和警察谈话,也可能希望在警方讯问过程中与他的委托人在一起。律师的此种做法,不过是在行使其良好的职业判断。不能因此就认为律师是对法律执行的一种威胁。他只是在履行其宣誓过的誓言——尽其所能保护委托人的权利。在履行这种责任方面,律师在我国依宪法而设立的刑事司法机关中扮演了一种关键性的角色。

在宣布这些原则时,我们对于常常处于高负荷环境下的执法官员所必须承受的压力并非没有给予应有的关注。我们同样充分认可,所有公民有义务协助刑法的执行。在保护个人权利的同时,本院始终给予执法机构在合法履行其职责方面以充分的行动自由。我们在讯问程序上所设置的限制,不应当对正当的执法制度构成不适当的妨碍。正如我们所指出的那样,我们的裁决并没有以任何方式妨碍警方履行其传统的调查职能。尽管在某些有罪判决中,供认书可能扮演了重要角色,但是,眼前的这些案件展示给我们的却是对供认书"需求"的过分夸张。在每一案件中,当局不顾那些依普通调查方式所获得的大量证据的存在,对被告人实施了长达5天的持续审问。更多的例证,在我们以前的案件中也有记载。

33

罗伊诉韦德案(1973)①

大法官布莱克曼宣布法院判决如下:

我们这里关注的是得克萨斯法令,对"进行堕胎",或企图进行堕胎的行为将施以刑事制裁,"出于挽救母亲生命的目的,按照医学建议所进行或试图进行的堕胎"除外。类似的法令在大多数州存在。……

上诉人挑战得克萨斯州法令的主要武器是,这些法令不适当地侵犯了一项据说是由孕妇所拥有的选择终止其怀孕的权利。上诉人认为,这项权利存在于宪法第十四修正案之正当程序条款所包含的人身"自由"的概念之中;或存在于据说是受权利法案或其外围权利所保护的涉及个人、婚姻、家庭以及性别的隐私权之中;或存在于宪法第九修正案保留给人民的那些权利当中。……

宪法条文中没有任何关于隐私权的明确表述。然而,在长期的判决过程中,本院已经承认,个人隐私权,或对特定隐私领域的保护,确实存在于宪法之下。在一系列判决中,本院或法官个人确实至少已经找到了隐私权的宪法根源:在"斯坦利诉佐治亚州案"(*Stanley v. Georgia*, 394 U.S. 557,1969)中

---

① 原文出自:U.S. Supreme Court, *Roe v. Wade*. 1973。

所适用的宪法第一修正案中；在"特里诉俄亥俄州案"（Terry v. Ohio, 392 U.S. 1, 1968）中所适用的宪法第四、第五修正案中；在"格里斯沃尔德诉康涅狄格州案"（Griswoid v. Connecticut）中所适用的权利法案的外围权利中；在同时发生的戈尔伯格案（Goldberg, J., 486）中所适用的宪法第九修正案中；或宪法第十四修正案第一款所保证的自由概念中。这些判例清楚地表明，只有那些被视为"基本的"或"隐含在宪法所列的自由之概念中"（Palko v. Connecticut, 302 U.S. 319, 1937）的那些个人权利，才被包括在个人隐私权的这种宪法保护之中。它们也是也清楚地表明，这种权利在一定程度上被扩展到与婚姻、生育、避孕、家庭关系、小孩抚养与教育有关的行为中。

这种隐私权，无论是如我们所理解的那样，包含于宪法第十四修正案之人身自由概念和对州权力的限制之中，还是如联邦地方法院所确定的那样，包含于宪法第九修正案之"由人民所保留的其他权利"之中，都足以将妇女是否终止其怀孕的选择权包含其中。州通过对这种选择权的否认而加诸于孕妇的损害是显而易见的。即使在孕早期，医学上可诊断的特定的、直接的伤害就可能存在。身为人母或多余的后代，可能会使这个女人陷入不幸的生活和未来。心理上的伤害可能随之将至。抚育婴儿所面临压力可能危及她的精神和身体健康。与此相关的，还有与不想要的婴儿长期相处所带来的痛苦，以及将小孩带入一个在心理上或其他方面无力抚养后代的家庭所产生的问题。在其他情况下，如本案一样，还存在着未婚母亲额外的困难和持续的污名。所有这些因素都是这个女人和负责任的医生必须慎重考虑的。

基于上述因素，上诉人和一些法庭之友主张，妇女的权利是绝对的，她有权在任何时候、以任何方式、基于任何理由自行决定终止其怀孕。对此我们并不赞同。上诉人认为得克萨斯州根本没有正当利益以实施堕胎规制，或其利益不足以支持对妇女个人决定权的任何限制。这一论点是缺乏说服力的。最高法院的判决在认可个人隐私权的同时，也承认在涉及隐私权领域的某些州法律是恰当的。……在保护健康、维护医疗标准、保护潜在生命方面，州可以正当地主张其重要利益。在孕期的某一刻，上述诸种利益之凸显，足以形成一种压倒性力量以支持对影响堕胎决定的某些因素的规制。因此，不能认为这种隐私权是绝对的。实际上，一些法庭之友甚至主张：人所具有的随意处置自己身体的无限权利，与本院在过往判决中所表达的隐私权，有紧密的关系。对此我们尚不清楚。过去，法院拒绝承认这类权利是不受限制的。

至此，我们得出结论，个人隐私权包含了堕胎的决定权，但是，这种权利并不是无限制的，它必须顾及州在规制方面的重要利益。……

在"基本权利"所涉之处,本院主张,限制此类权利的规制,只有依据"压倒性的州利益"才能被证明是正当的,且法律条文对得失攸关的州利益必须严格限定。……

得克萨斯州极力主张,……生命始于受孕并在整个孕期内存在,因此,州在保护始于受孕及孕后的生命上有压倒性的利益。在生命始于何时这一难题上,我们没必要去寻求答案。那些接受过医学、哲学、神学等不同学科训练的人尚且不能就此达成任何共识,在人类知识发展的这一水平上,不应该由法官来推测这个问题的答案。

(法院断定,州在保护未出生胎儿上的利益可能取代妇女隐私权的关键点是胎儿成活力,亦即尽管需要人工帮助,胎儿可能脱离母体而存活的那一时刻。这一时刻一般在孕后7个月左右,但也可能早至24周。)

……我们不赞成,通过援引一种生命理论,得克萨斯州可以无视孕妇至关重要的权利。但我们重申:不管该孕妇是州的居民还是来此接受医疗咨询与治疗的非本州居民,在维持和保护其健康方面,州确实存在重要的、合法的利益;州存在的另一项重要的、合法的利益,是保护潜在的人类生命。这些利益是独立而明确的。随着孕妇产期的临近,这两项利益都获得了实质性增长,且在孕期的某一刻,都变成了"压倒性的利益"。

关于州在保护母亲健康方面的重要的、合法的利益,根据现有的医学知识,"压倒性"的时刻,大约在孕期头三个月结束之时。这是因为,根据业已确立的医学事实,孕期头三个月内堕胎的死亡率可能低于正常分娩时的死亡率。由此可以得出,在这一时刻及此后,州可以在与保护母亲健康合理相关的范围内规制堕胎程序。例如,这个范围内,州可以对以下事项进行规制:关于堕胎从业人员的资格要求;关于上述人员的行医许可证;关于堕胎场所的规定,也就是说,规定必须在医院,或可以在诊所或地位低于医院的其他场所;关于医疗场所的许可证;以及类似的要求。

另一方面,这意味着,在孕期的这一"压倒性"时刻到来之前,在与病人协商后,主治医生可以不顾州的规制,而根据自己的医学判断,来自由决定是否应当终止病人的妊娠。如果作出了决定,则可以不受州的干预而实施堕胎。

至于州在保护潜在生命方面的重大的、合法的利益,"压倒性"的时刻就是成活力。这是因为,此时的胎儿可推断为具有在母亲子宫外存活的生命意义。在具有成活力之后,州法规对胎儿生命的保护,既符合逻辑,也具有生物学的正当性。如果州有意对具有成活力的胎儿生命施以保护,它可以禁止在此阶段的堕胎,为保护母亲生命或健康所必需的堕胎除外。

复习思考题

1. 与亚历山大·汉密尔顿在《联邦党人文集》第78篇中所预想的法院相比,美国最高法院在长期的演化过程中获得了更大的权力,原因何在?在强大的法院可以推翻民选行政长官和立法者的决定的情况下,它何以与负责任的民主理想保持吻合?
2. 首席大法官约翰·马歇尔是如何利用"马伯里诉麦迪逊"一案确立司法审查权的?司法审查权如何导致最高法院日渐强大?
3. "布朗诉教育委员会"一案的判决是如何推翻"普莱西诉弗格森案"判决中所确立的"隔离但平等"原则的?自从1954年布朗案的判决宣布公立学校的种族隔离政策为非法以来,为什么那么多的公立学校事实上仍然坚持种族隔离?
4. 格里斯沃尔德一案判决背后的逻辑是如何导致后来关于同性恋隐私权的判决结果的?宪法中并没有"隐私"一词,在这种情况下,在格里斯沃尔德一案中最高法院何以断言"隐私权"的宪法存在?
5. 为什么说米兰达权利的存在可以避免公民遭受国家执法官——如警察的可能虐待?在审讯过程中嫌疑人有权要求律师在场,这一规定是否必然妨碍警察获得案情真相?
6. "罗伊诉韦德案"到底是一个选择权优先还是生命优先(a pro-choice or pro-life)的裁决?随着医疗技术的进步,胎儿成活的妊娠期越来越短,罗伊案的判决逻辑是否因此受到影响?

第九章

外交政策

外交政策是指一个国家与其他国家关系及其对其他国家政策的统称。根据乔治·凯南(George F. Kennan)的观点："政治共同体并非生来必须实施外交政策，更正确的说法应当是为了生存而实施外交政策"(《美国对外政策的现实》，1954年)。一个国家的对外政策，尽管在很大程度上也许属于行政部门的特权范围，但是它往往植根于国内政策，且必须根据国家利益来定义。

作为一种专门的学术领域，国际关系主要关注国家间以及国际体系中其他行为体间的关系。它研究国家间的政治、军事和经济的相互作用；分析世界政治舞台上谁得到什么，何时得到以及如何得到。直到20世纪，国际关系才真正发展成为一门学科——这部分地因为传统的政治哲学主要关注的是政治共同体内部的统治原则和统治实践，而非共同体之间的关系。

有两种知识传统支撑了当代国际关系与外交政策研究。这两种知识传统分别是：(1) 格劳秀斯传统。荷兰法学家雨果·格劳秀斯(Hugo Grotius, 1583—1645)，被誉为"国际法的奠基人"，他强调存在着一种国家的社会共同体，它受到普遍规则、习俗和共同准则的束缚。(2) 霍布斯的现实主义。英国政治哲学家和社会契约论理论家托马斯·霍布斯(Thomas Hobbes, 1588—1679)，关注国际体系中的无政府主义的自然状态，并将国际关系视为强权斗争的丛林法则。

在第一次世界大战和第二次世界大战期间，强调国际社会准则的格劳秀斯传统不仅居于国际关系研究的主导地位，而且与一种理想主义近乎一致。

这种理想主义基于一种良好的愿望,希望从根本上改变国际关系以确保第一次世界大战的恐怖不再重演。结果,这期间所进行的国际关系研究,其中绝大部分在论调和观点上都是规范性的(应当如何)。理想主义者认为,有缺陷的政治安排,尤其是国际无政府状态和秘密外交,导致了战争的发生——恰如1914年时所发生的那样。与之相伴随的观点是,一旦问题得到正确界定,问题也就随之可以得到根除——只要政府愿意倾听他们所开出的药方。

根据英国外交家和著名学者(现代政治现实主义的最早倡导者之一)爱德华·卡尔(Edward H. Carr,1892—1982)的说法,理想主义流派的问题在于"希望甚于思考"。虽然现实主义是从对理想主义的批评中发展起来的,但它的起源却可以追溯久远。战后现实主义的主要理论家当属汉斯·摩根索(Hans J. Morgenthau,1904—1980)。他认为,和所有政治一样,国际政治也是一种权力斗争,国家根据实力来定义它们的国家利益。

即便今天,对于外交政策议题而言,其分析范畴之广,常常包括了从最纯粹的理想主义到近乎赤裸暴力的现实主义的连续体。1945年联合国的成立就是基于拒绝德国和日本暴力现实主义的战后理想主义的诉求。外交政策分析家们在思考外交行动时需要经常权衡理想主义与现实主义的各自程度。如果太过理想主义,你可能被人利用——把山姆大叔当"憨厚大叔"(Uncle Sucker);如果太过现实主义,你可能被人看作一个恶棍,并招致不必要的敌意。理想主义与现实主义各自的程度究竟如何?这是外交政策制定的核心问题。

开战的决定可以说是一个国家所制定的最重要的公共政策。因而,毫不奇怪的是,本章收录的四篇有关外交政策的文章毫无例外地涉及战争与和平的问题——以及理想主义和现实主义如何影响人们对这些问题的考虑。有关战争与和平的所有智力讨论皆源于雅典历史学家和政治分析家修昔底德(Thucydides,455—400 B.C.E.)。他的《伯罗奔尼撒战争史》至今仍是关于战争与政治研究中最有影响力的作品。

他的《伯罗奔尼撒战争史》中包含了关于战争起因的著名判断:"使战争不可避免的因素乃雅典实力的增长以及由此而给斯巴达人造成的恐惧。"这一现象后来一直被称作"安全悖论":一个国家采取行动强化自身安全的状况,在其他国家看来不过是对他们的安全的威胁;结果其他国家采取对策,而这种对策反过来又会强化前者的不安全感。由于这一过程的存在,采取行动强化安全的结果居然只能是安全感的减少。安全悖论正是源于这一事实。对于后者而言,同样存在着类似的悖论:如果它将前者的行为视为防卫性的,并且不采取任何对策,那么它将置自己于易受攻击的处境;而一旦它作出积极的反应,这又会加重前者的不安全感。

"米洛斯人的辩论"引自修昔底德在《伯罗奔尼撒战争史》中对雅典人和米洛斯人辩论情况的记述,该辩论的主题涉及米洛斯岛是否应当向明显强大的雅典投降。米洛斯人是斯巴达人的移民,由于这一原因,他们拒绝加入雅典帝国。在向米洛斯岛发起进攻之前,雅典人决定向米洛斯人提供一次选择战争与投降的机会。他们的论辩和反驳充斥着关于大国与小国交互作用,以及关于实力平衡和实力在政治关系中的作用的观念。

雅典人在试图根据正义原则说服对方时,并没有丝毫矫饰的成分,相反他们的主张很直率:"经历丰富的人谈起这些事情来,都知道正义的标准是以同等的强迫力量为基础的;同时也知道,强者能够做他们有权力做的一切,弱者只能接受他们必须接受的一切。"利己主义是雅典人为他们征服米洛斯而提出的理由,这一理由是可信的。论据在于,如果别人看到雅典与米洛斯交好,而没有进攻对方,那么在雅典的其他地方的臣民看来,这是雅典软弱的表现——这种感觉将威胁到雅典的安全。

在反驳雅典人的推理逻辑时,米洛斯人争辩说,针对他们的军事行动将起到与雅典人预期相反的效果,因为对米洛斯的进攻将对其他中立国家构成威胁,这些国家会为他们未来的安全担忧,并因此结成同盟以反对在他们看来构成潜在威胁的雅典。在这场辩论中,人们不难分辨出一种复杂而微妙的实力平衡思想:尽管米洛斯的实力很弱,但是通过与斯巴达的结盟,这种弱势可以得到弥补。雅典人则反驳道,结盟的意义甚微,米洛斯人在指望斯巴达人方面"被彻底迷惑了"。米洛斯人则声称,出卖他们,这不符合斯巴达人自己的利益;这只会导致斯巴达人失去朋友的信任,因而只会符合他的敌人的利益。

雅典人显然没有被说服,不过,他们还是向米洛斯提供了一次选择的机会。"向希腊最大的城邦低头,接受它所提出的合理条件——在缴纳贡赋的基础上加入同盟,而自由享用自己的财产——那不是一件不光荣的事。当你们可以任意选择战争或安全的时候,你们一定不会如此妄自尊大而作出错误的选择。"雅典的代表争论说,从本质上讲,生存规则就是"以独立的态度对待地位相等的人,以恭顺的态度对待地位较高的人,以温和的态度对待地位较低的人"。尽管,这可以被理解为使用高压政治的企图而非诉诸于残酷武力的企图,但它终归失败了。

最后的结果是,米洛斯人决定殊死一战。然而,当雅典的援军到来后,米洛斯人还是被迫无条件投降。雅典人随即杀掉了所有的男人,而将妇女和小孩出卖为奴。依赖他的斯巴达同盟,米洛斯人的下场就是如此。自那以后,人们认为,依赖军事联盟以维持实力平衡的军事政策,只有在这些联盟的可信度范围内才是可靠的。依赖那些不会与你并肩作战的同盟所维持的平衡,压根就不能算是真正的平衡。

修昔底德的《伯罗奔尼撒战争史》一书不仅包含了实力平衡理论的起源,而且是政治现实主义或现实政治的开创性作品。现实政治是这样一种思想流派,它根据实力(might)而不是根据正义(right)来分析政治关系。修昔底德的观念常常被应用于政治分析——不管是组织的政治分析还是各种社会的政治分析——以作为实质性或实用因素的基础,而非理论或伦理考量的前提。

卡尔·冯·克劳塞维茨(Carl Maria von Clausewitz, 1780—1831)是一位普鲁士将军,他所撰写的《战争论》(1832)一书是西方最著名的军事战略与战术作品。所有公共政策专业的学生至少应当熟悉他的以下三个观点:

(1) "战争是政治通过另一种方式的继续。"这句话的意思是,如果通过外交或其他努力不能得到你想得到的东西,战争"几乎"就是你的下一个政策选项。这就是行动的现实主义。

(2) "战争是不确定性的王国,战争所依据的因素有四分之三被不确定性的迷雾所笼罩。"战争迷雾是对指挥活动中所固有的混沌状态的描述,就像真的有一层雾降临在战场上,它模糊了指挥员的视线,使他看不清敌人的动作,甚至看不清自己部队中其他队伍的动作。今天,无论是军事行动还是管理行动,在任何情况下,所有跨地域或大规模的行动都必须彼此协同,迷雾或不确定性始终可能存在。最近几十年,为了将这种不可避免的不确定性降低到可以应付的程度,管理信息系统这一领域得到迅速成长。不过,这种不确定性降低机制本身——亦即源源不断的计算机数据和备忘录——所导致的问题往往多于它所要驱散的迷雾。

(3) 军事行动的计划无论多么精细,"摩擦"——延误与误解的存在——不可避免地会造成实际执行的不尽理想。鉴于这一原因,克劳塞维茨说:"为了使不同的领导人的……判断具有可操作性,……和平时期的演习安排,……应当将这些摩擦的原因考虑在内。……这一点非常重要,士兵,……不管他的军衔是什么,在第一次参战时不应当看到这些战争现象。如果第一次参战看到这些现象,他会因此感到震惊和困惑。"

第九章 外交政策

本书收录的是《战争论》中最为人们所熟知的部分："作为一种政治工具的战争"。

遏制，亦即遏制共产主义影响的扩张，是美国在自二战结束直至1991年苏联解体的整个冷战期间的外交与军事政策的基础。乔治·凯南（1904—），美国职业外交官，曾任美国驻南斯拉夫（1961—1963）大使和驻苏联（1952）大使，是二战后美国遏制政策的正式发起人。1946年，从莫斯科发往国务院的著名的"八千字电报"中，凯南勾勒出了苏联的行为动机和美国所需采取的对策。电报中的这些想法为后来的杜鲁门主义和凯南的"苏联行为探源"一文提供了基础。"苏联行为探源"于1947年以假名X发表在《外交》杂志上。（这篇文章的官方作者是X，因为凯南写作此文时仍是美国的驻外工作人员，但是关于此文真实作者是谁，从来就不是一个秘密。）该文为美国的遏制政策提供了公开的理论基础。

尽管凯南在该文中运用了军事类推，不过，在他看来，遏制策略在本质上同样适用于政治，并相信美国通过致力于西欧的经济重建以提供抗衡苏联的均等实力，这一点至关重要。凯南认为，苏联扩张主义的源头，并非源于近来从西方得到的不公平感，而是源于俄国长期形成的扩张主义倾向。这种倾向是美国必须加以反对的。1989年5月12日，乔治·布什总统在德州农机大学的演讲中说："哲人们……精心构思出遏制战略。他们相信，苏联在放弃了轻易的扩张路线后，将变得内向，疲于应付它的无效率的、压制的和非人道的体制所制造的矛盾。他们的判断没错。……遏制起作用了。"

杜鲁门的遏制主义在国内的影响同样重要。举例来说，共产主义的威胁为以下立法提供了正当理由：1956年的《联邦高速公路资助法》（建成了美国的洲际公路网——国防高速公路系统），1958年的《国防教育法》（向学生提供贷款和奖学金，以及向学校和大学提供资助），1958年的《国家航空航天局法》（进行太空和平开发）。

当然，杜鲁门从未想过利用他的学说来支持地方公共工程或研究生教育。不过，打击共产主义的冷战目标，意味着任何能够与这一国际斗争扯上关系的议案都能得到立法机构的更多同情与接受。于是，几乎所有领域的研究生奖学金和学术研究都被证明有助于国防事业。随着越来越多的人们搭上政府计划的便车，结果发现，不管多么牵强，几乎所有值得执行的政府计划都被设计用于打击共产主义。就这样，为了抗击世界各地的共产主义威胁，每个国会议员都愿意，事实上也非常渴望将政治拨款项目带回他或她的选区。

周边有限战争、洲际高速公路和研究生奖学金,这些支出加在一起,大大超出了苏联可以承受的负担。当轰轰烈烈的共产主义试验最终走向失败时,人们将功劳归于杜鲁门政府及其继任者的遏制政策,以及更近的里根政府所推行的其规模远非苏联可比拟的军备建设。

塞缪尔·亨廷顿(1927—),文官与军官关系经典作品《职业军人》(*The Professional Soldier*, 1957)一书的作者,长期以来一直是哈佛大学备受尊敬的政治学家。不过,2001年的"9·11"事件似乎使他成为了一个堪与圣经相称的预言家,因为他在若干年之前就指出,未来战争很可能发生在文明之间而非国家之间。亨廷顿的这一论述,最早以"文明的冲突"为题发表在《外交》杂志(1993)上,引起了激烈的讨论和争议。亨廷顿随后在该文的基础上将这一论述扩展为一本题为《文明冲突与世界秩序的重建》(1996)的著作。不过,我们这里收录的仍是他最初发表的论文。

根据亨廷顿的判断,世界政治正在进入一个新的阶段,在该阶段中,国际冲突的根源主要是文化的而不是意识形态的或经济的。尽管亨廷顿也承认,民族国家仍然是国际事务中最强有力的行动主体,但他坚持认为,全球政治的主要冲突将发生在不同文明的民族和民族集团之间。他指出:"文明间的断裂带将成为未来的战线。"这句话暗示人们,世界的7种或8种主要文明——西方文明、儒家文明、日本文明、伊斯兰文明、印度文明、斯拉夫-东正教文明、拉美文明以及可能的非洲文明——之间的差异特征是根本性的。由于世界正变得越来越小,这些文明之间的交往也正在变得越来越频繁。

此外,文明的冲突有可能发生在两个层面上,"在微观上,在文明断裂带上相邻的集团为控制领土和对方经常发生流血冲突;在宏观上,不同文明的国家为军事、经济实力而竞争,为控制国际机构和第三方而斗争,竞相推行他们特有的政治和宗教价值观"。

在反恐战争之前差不多十年的时间,亨廷顿就预测到西方文明与伊斯兰文明之间的冲突很可能越来越激烈,而不是相反。导致这种现象的部分原因是,在与其他文明的关系中,西方文明正处于异乎寻常的权力巅峰。因而,毫不奇怪,其他文明对于西方文明的支配地位保持敌对反应。

亨廷顿的观点并非无懈可击。例如,他将中国的军售行为归因于与文明相关的动机,而这种军售可能更多地出于经济动机的考虑,而非出于与伊斯兰国家的亲密关系或心照不宣的结盟关系。此外,亨廷顿对同类文明的国家之间的潜在冲突则采取轻描淡写的态度。尽管如此,亨廷顿的预言般的分析还是给反恐战争提供了一个可供选择的名字(文明的冲突),并间接地帮助布什总统证明了其先发制人政策的合理性。

34

伯罗奔尼撒战争史：米洛斯人的辩论（公元前五世纪）①

修昔底德

下一个夏天（公元前416年3月。——译者），亚西比得带领二十条舰船，开到亚哥斯，将有左袒斯巴达嫌疑的三百名亚哥斯人俘虏去了。雅典人将这些俘虏幽禁在雅典人控制的附近岛屿上。

雅典人又组织了进攻米洛斯岛的远征军。参加的军队有他们自己的三十条舰船，开俄斯的六条舰船，列斯堡的二条舰船；重装步兵一千二百名，弓箭手三百名，骑兵射手二十名，都是雅典的；还有从同盟国及各岛屿调来的一千五百名重装步兵。

米洛斯人是斯巴达的移民。他们和其他岛民一样，不愿意隶属于雅典帝国，起初保持中立态度，不左袒任何一边；但是后来雅典人对他们施用压力，把他们的土地蹂躏，他们才公开地成为雅典的敌人。

现在两个雅典将军，来康米德的儿子克利奥米德和替息马卡斯的儿子替息阿斯，带着上列的军队驻扎在米洛斯的领土上，在进行破坏之前，首先派出代表们和米洛斯交涉一切。米洛斯人不让这些代表们在民众会议中说话，只请他们把奉命前来的目的在行政长官及少数人士面前说明。于是雅典代表们发言如下：

雅典人：现在你们不让我们在民众会议中说话；无疑地，如果全体民众一度毫无阻碍地听了我们有说服力而不能驳倒的言论，他们也许会被我们迷惑了。我们认为这就是你们为什么只许我们对少数人说话的用意。我们认为坐在这儿的诸位是要把已经稳靠了的事情弄得更稳靠些的。我们也认为你们是不想用一套预先准备好了的言辞来详细讨论每个要点，而是想在我们说话而你们不同意的时候，随时打断我们的话，要解决这一点，才再说其他一

---

① 原文出自：Thucydides, "The Melian Dialogue", *The History of the Peloponnesian War*, translated by Rex Warner (Penguin Classics, 1954), The Penguin Group (UK). 译文引自：《伯罗奔尼撒战争史》，谢德风译，商务印书馆1960年版，第412—421页。

点。首先请你们告诉我们，这个建议是不是可以采纳？

米洛斯议事委员会回答如下：

米洛斯人：谁也不能反对你我两方在一个从容和易的气氛中宣达自己的意旨。那是完全合理的。但是现在你们必然向我们作战的威胁和你们这个建议是颇相矛盾的。我们知道，你们到此地来，已经准备自己作这次辩论的裁判者：如果我们认为正义在我们这一边，因而不肯投降的话，结果就是战争；如果我们听了你们的话，结果就是被奴役。

雅典人：如果你们准备列举你们对将来的猜疑以消磨时日的话，如果你们这次开会另有原因，而不是为着正视事实，不是在事实的基础上设法保全你们的城邦，使之免于毁灭的话，我们继续谈判就没有意义了。如果你们愿意照我们所建议的去做的话，我们才愿意继续谈下去。

米洛斯人：处于我们这种境遇的人们想利用各种辩论和各种观点，这是很自然的，也是很可以理解的，但是你们说，我们开会的目的是讨论我邦的安全，这是很对的；如果你们愿意这样做的话，我们愿意按照你们所提出的方式进行讨论。

雅典人：既然这样，我们这一方面就不愿说一切好听的话，例如说，因为我们打败了波斯人，我们有维持我们帝国的权利；或者说，我们现在和你们作战，是因为你们使我们受到了损害——这套话都是大家所不相信的。我们要求你们那一方也不要说，你们虽然是斯巴达的移民，你们却没有联络斯巴达人向我们作战；或者说，你们从来没有给我们以损害；不要妄想把这套言词来影响我们的意志。我们建议：你们应该争取你们所能够争取的，要把我们彼此的实际思想情况加以考虑；因为你们和我们一样，大家都知道，经历丰富的人谈起这些事情来，都知道正义的标准是以同等的强迫力量为基础的；同时也知道，强者能够做他们有权力做的一切，弱者只能接受他们必须接受的一切。

米洛斯人：那么，在我们看来（因为你们强迫我们不要为正义着想，而只从本身的利益着想），无论如何，你们总不应该消灭那种对大家都有利益的原则，就是对于陷入危险的人有他们得到公平和正义处理的原则，这些陷入危险中的人们应够有权使用那些虽然不如数学一样精确的辩论，使他们得到利益，这个原则影响到你们也和影响到任何其他的人一样的，因为你们自己如果到了倾危的一日，你们不但会受到可怕的报复，而且会变为全世界引为殷鉴的例子。

雅典人：谈到我们，纵或我们的帝国到了末日，我们对于将来的事变也是不会沮丧的。一个国家所害怕的,不在于被一个惯于控制别人,如斯巴达一样的国家所征服(且虽然我们现在的争端与斯巴达无关),而在于一个统治的国家被它自己的属民所攻击而战败。关于这一点,你们尽可让我们自己去对付所引起的危险吧!我们现在所要做的就是告诉你们,今天我们到这里来是为着我们帝国的利益;为着要保全你们的城邦,我们才说出我们想要说的话来。使你们加入我们这个帝国,不是我们想自找麻烦,而是为着你们的利益,同时也为着我们自己的利益,想保全你们。

米洛斯人:我们做奴隶,而你们做主人,怎样有同等的利益呢?

雅典人:屈服了,你们就可以保全自己而免于灾祸;不毁灭你们,我们就可以从你们中间取得利益。

米洛斯人:那么,你们不赞成我们守中立,做朋友,不做敌人,但是不做任何一边的盟邦吗?

雅典人:不,因为你们对我们的敌视对我们的损害少,而我们和你们的友好对我们的损害多;因为和你们的友好,在我们的属民眼中,认为是我们软弱的象征,而你们的仇恨是我们力量的表现。

米洛斯人:难道你们的属民对于公平的观念是这样的——认为那些跟你们完全没有联系的人们和那些大部分是你们的移民或者叛变后被你们征服的人们之间,完全没有区别吗?

雅典人:就是非的观点而论,这两种人是没有区别的:保持独立的国家是因为它们有力量,我们不去攻击它们是因为我们有所畏惧。所以征服了你们,我们不仅扩充了幅员,也增加了我们帝国的安全。我们是统驭海上的,你们是岛民,而且是比别的岛民更为弱小的岛民;所以尤其重要的是不要让你们逃脱。

米洛斯人:你们觉得我们所建议的对于你们说来,是没有安全的保证吗?因为你们不要我们谈公理,而只要我们屈服于你们的利益,趁此谈谈你我的利害;假使你我的利害恰巧吻合的话,我们必须用事实来说服你们。现在守中立的国家看见你们对付我们的办法,自然会晓得它们也有被攻击的一天;这样一来,是不是它们都会变为你们的敌人呢?是不是那会加强你们现有的敌人,使别的国家也会不得不违反自己的意志和愿望而和你们为敌呢?

雅典人:事实上,我们不很害怕大陆上的国家。它们有它们的自由,要经过长久的日子它们才会对我们有所戒备。我们更关心的是那些和你们一样,现在还没有被征服的岛国人民,或者那些因我们帝国所给予的限制而感到仇恨的属民。这些人民可能轻举妄动,使他们自己和我们都陷入很明显的危险之中。

米洛斯人：如果你们冒着这样的危险，以保持你们的帝国，你们的属民也会冒着这样的危险以逃避帝国的诉求；而我们这些还有自由的人民如果不去反抗一切，而低声下气，受奴役的羁绊，那么，我们就真是懦夫，真是懦弱无能之辈了。

雅典人：不，如果你们有脑筋，你们就不是懦夫。世界上没有公平的战争，没有光荣在一方面，羞辱在另一方面的战争。问题就在于怎样保全你们的生命，而不去反抗过分强大的对方。

米洛斯人：但是你们要知道，在战争中，命运有时是无偏颇的，人数众多的有时也不一定胜利。假使我们屈服，那么，我们的一切希望都丧失了；反过来说，只要我们继续斗争，我们还是有希望站立起来的。

雅典人：希望，那个危险中的安慰者？如果有切实可恃的资源，你们不妨沉醉在希望中。那可能使人受到损害，但不会使人遭到毁灭。但是按性质说，希望是一个要付出很高代价的商品。如果人们孤注一掷地把一切都寄托在它身上，只有完全失败以后，他们才知道那是什么一回事；反过来说，知道了这一点而未雨绸缪的人们，希望是不会使他们失败的。你们是弱者，只要在天平上一摆动，你们的命运就决定了，不要让希望辜负了你们。不要跟那些人一样，他们经常在合乎情理、切实可行的方式中丧失了保全自己的机会；当他们在困难中显然没有希望的时候，他们乃转而乞灵于盲目而渺茫的东西，乞灵于预言、神谕和其他类似的东西，鼓励他们信任希望，结果使他们遭到了毁灭。

米洛斯人：如果不是在平等的条件下，我们很难抵抗你们和命运，你们也可能相信我们是知道这一点的。但是我们相信神祇会保佑我们，也和保佑你们一样，因为我们是代表公理而反对不义；谈到我们力量的不够，我们相信我们有补充的办法，我们的同盟者斯巴达，丢开别的不讲，为了荣誉的缘故，也会援助我们的，因为我们有同族的关系。所以我们的信心不是和你们所想象的那样不合理。

雅典人：关于神祇的庇佑，我们相信我们和你们都有神祇的庇佑的。我们的目的和行动完全合于人们对于神祇的信仰，也适合于指导人们自己行动的原则。我们对于神祇的意念和对人们的认识都使我们相信自然界的普遍和必要的规律，就是在可能范围以内扩张统治的势力，这不是我们制造出来的规律；这个规律制造出来之后，我们也不是最早使用这个规律的人。我们发现这个规律老早就存在，我们将让它在后代永远存在。我们不过是照这个规律行事,我们知道,无论是你们,或者别人,只要有了我们现有的力量,也会一模一样地行事。所以谈到神祇,我们没有理由还怕我们会处于不利的地位。谈到你们关于斯巴达的看法,你们以为它为着保持荣誉的关系,会来援救你们的,我们祝贺你们头脑的简单而不妒忌你们的愚笨。在和他们自己以及和他们的政制有关的事务方面,斯巴达人是特别好的;谈到他们和别人的关系,那个事情说起来话就长了,但是我们可以简单明了地说,在我们所知道的人民中,斯巴达人最显著的特点就是他们认为他们所爱做的就是光荣的,合乎他们利益的就是正义的。这样的态度对于你们现在不合情理的安全要求是没有用处的。

米洛斯人:但是这正是我们觉得最有把握的一点。他们自己的利益会不允许他们出卖他们的移民,米洛斯人;因为那样做,会使他们在希腊的朋友们对他们丧失信心,会有利于他们的敌人。

雅典人:你们好象忘记了,一个注意自己利益的人就会先求得自己的安全;而正义和荣誉的道路是含有危险性的。一般说来,凡有危险的地方,斯巴达人是不会去冒险的。

米洛斯人:我们相信斯巴达是会为我们而冒险的,并且这个险是比别的险更值得冒的,因为我们接近伯罗奔尼撒,他们进军更容易些;也因为我们比别人更为可靠,我们是同族的,我们的情感是彼此相同的。

雅典人:要求援助的那一方面的热忱,对于有先见之明的同盟者不是一种安全的保障。它所期望的是军事行动中的绝对优势。对于这一点,斯巴达人比别人更为注意。他们的确不相信本国的资源,所以他们攻击邻国时,要和同盟国的一支大军联合前进。因此,在我们控制海洋的时候,斯巴达人是不会横渡海洋到一个岛屿上来的。

米洛斯人:他们也可以遣派别人来援。克里特海是一个大海,控制这个海的人们要想截留别人的军队比别人想安全偷渡,更加困难些。就算偷渡的军队没有达到目的,他们很可能进攻你们的土地,也可以进攻伯拉西达所没有攻入的你们的盟邦。所以你们最好是不要向一个和你们毫无关系的国家去寻找麻烦,你们会发现患难离你们自己的家乡更近些,患难是在你们的同盟者中间,是在你们自己的国土之内。

雅典人:那是可能的;事实上,这类的事情过去曾经发生过。在你们的情况中,也可能有同样的事情发生;但是你们知道得很清楚,雅典人从来就没有过一次为着害怕别人而撤退围城的军队的。我们所惊讶的就是你们虽然宣称你们的目的是要商谈如何保全自己;但是在你们的谈话中,你们绝对没有说到一点事实足以证明你们是可以保全的。你们主要的论点只是对于将来可能发生的事变的一种期望,而实际上你们的资源很少,不能使你们应付你们目前所对抗的力量而有获得生存的机会。如果在你们要求我们停止会议以后,你们仍然不能得出一个比较聪明的结论来的话,你们的常识是非常缺乏的。不要因为一个虚妄的荣誉心而误入迷途——当人们面临着似乎伤及自尊心的显著危险的时候,这种虚妄的荣誉心常常使他们走向毁灭的道路。在许多情况下,人们是能够看见目前的危险的;但是这种危险叫做"不光荣","不光荣"这几个字也有它的诱惑性,它能使人们为一个观念所屈服,它能使人们自动地投入不可挽救的灾祸中,那种"不光荣"更有其不光荣的地方,因为这种不光荣的产生,不是由于他们的不幸,而是由于他们的愚蠢。如果你们采取正确的观点,你们会更慎重地从事,以避免这个不光荣的事。你们要晓得,向希腊最大的城邦低头,接受它所提出的合理条件——在缴纳贡赋的基础上加入同盟,而自由享用自己的财产——那不是一件不光荣的事。当你们可以任意选择战争或安全的时候,你们一定不会如此妄自傲慢而作出错误的选择。以独立的态度对待地位相等的人,以恭顺的态度对待地位较高的人,以温和的态度对待地位较低的人——这是安全的常规。当我们退出会议之时,请你们再想一想,你们心中要经常记着,你们是讨论国家命运的问题,你们只有一个国家,你们国家的兴衰全靠你们现在所下的这一个决定。

于是雅典人退出了会场。会场中只有米洛斯人了。他们得到一个结论,大体上和他们上面的答辩中所表现的是一样的。他们的答复如下:

米洛斯人:雅典人,我们的决策是和以前一样的。我们不愿意在仓促之间抛弃自我们的城邦建立以来享受了七百年的自由。我们把我们的信心寄托在神灵赐给我们的命运上,那个命运一直到现在是维护着我们的;我们把信心寄托在人们的援助上;那就是说,斯巴达人的援助;我们要努力保全我们自己。但是我们请求你们允许我们做你们的朋友,而不做任何方面的敌人,请求你们允许我们订立一个对于你我都适合的条约,然后撤退。

米洛斯人作了上面的答复,雅典人在停止谈判时,对米洛斯人说:

雅典人:好的,从你们的决策来看,你们好象把将来看得比目前的形势更有把握些,把不可靠的将来看成真确的事实。你们的理由就是你们希冀事实会是这样演变的,你们这种判断局势的能力可算是奇特的。你们既然把一切都押在斯巴达人、命运和希望这一孤注上面,把信心寄托在他们中间,你们终究是会上当的。

于是雅典代表们回到军队里去了。雅典的将军们知道米洛斯人不愿意屈服,马上就开始进攻,在米洛斯城的周围建筑一道围墙,筑墙的工作由各邦分摊负担。后来他们留下一支自己和同盟者的驻防军,在海陆两方面封锁米洛斯,其余大部分军队则调回本国去了。留下来的军队驻扎在那里,继续他们围城的工作。

差不多在同一时间,亚哥斯人侵略夫利亚西亚。他们中了夫利亚西亚人和流亡的亚哥斯人的埋伏之计,丧失了大约八十人。

在派娄斯的雅典人从斯巴达领土上劫掠了大批物品。就是这样,斯巴达人还是没有取消和约,宣布战争,只发出一个通告,允许本国人自由劫掠雅典人而已。科林斯人也为着自己一方面的争执而对雅典人进行攻击;此外,伯罗奔尼撒都还保持安静的状态。

米洛斯人曾在夜间进行袭击,夺取了在市场对面的一部分雅典阵地,击毙了一些敌人,夺取了一些粮食和其他有用物品之后,又退回城内,没有其他活动了。雅典人设法把封锁线加强了。夏季就此终结。

在下一个冬季中,斯巴达人计划侵略亚哥斯的领土,但是越界祭祀没有吉利的预兆,斯巴达人放弃了远征的计划。他们侵略的企图使亚哥斯人怀疑城内某些人,被猜忌的人有些被逮捕了,有些逃亡了。

大约在这个时期,米洛斯人又在只有很少的人放哨的另一条雅典防守线上掠取了一些东西。结果使雅典人又派了德密阿斯的儿子菲洛克拉底所指挥的一支军队加强围攻力量。围攻战进行得很激烈,因为城内有叛变者,米洛斯人无条件地向雅典人投降了。凡适合于兵役年龄而被俘虏的人们都被雅典人杀了;妇女及孩童则出卖为奴隶。雅典人把米洛斯作为自己的领土,后来派了五百移民移居在那里。

35

战争论：作为一种政治工具的战争（1832）[①]

卡尔·冯·克劳塞维茨

政治目的对战争目标的影响

一个国家对待另一个国家的事情像对待本国的事情那样认真，那是永远不会有的。当其他国家有事时，它只会派出一支数量不大的援军；如果这支援军失利了，它也就认为尽到了义务，于是就尽可能地寻求便宜的脱身之计。

欧洲政治中向来有一种惯例，即加入攻守同盟的国家承担相互支援的义务。但是，一个国家并不因此就必然与另一个国家同仇敌忾，利害一致，它们并不考虑战争的对象是谁和敌人使用多少力量，只是彼此预先约定派出一定的、通常为数十分有限的军队。在履行这种同盟义务时，同盟国并不认为自己同敌人已经处于必须以宣战开始和以缔结和约告终的真正的战争中。而且，就是这种概念也并不是在任何情况下都十分明确的，它在运用时也不是固定不变的。

假如同盟国能把约定提供的一万、二万或三万援军完全交给正在作战的国家，让它根据自己的需要来使用，让它可以把这支援军看作是雇来的部队，那么，事情就有了某种内在联系，战争理论在这方面也就不致完全陷入束手无策的境地了。然而，实际上事情远非如此。援军通常都有自己的统帅，统帅只按照本国宫廷的意志行事，而本国宫廷给他规定的目标，总是同宫廷的不彻底的意图是一致的。

甚至当两个国家一起同第三个国家真正进行战争时，也并不总是意味着这两个国家都必然会把第三个国家看作势不两立的敌人，它们常常会像做生意那样地行事。每一个国家都根据它可能冒的风险和可能得到的利益投入三四万人作为股金，而且表示在这次交易中除了这点股金外不能再承担任何损失。

[①] 原文出自：Carl von Clausewitz, *On War*. J. J. Graham, trans., 1911。译文引自：《战争论》（下），军事科学院译，商务印书馆1978年版，第891—902页。

第九章 ◎ 外交政策

不仅当一个国家为了一些对它没有什么重大关系的事情去援助另一个国家时是这样,甚至当两个国家有很大的共同利益时,援助也不是毫无保留的。而且同盟者通常也只约定提供条约规定的少量援助,而把其余的军事力量保留起来,以便将来根据政治上的特殊考虑加以使用。

这种对待同盟战争的态度十分普遍,只是到了现代,当极端的危险驱使某些国家(如**反抗拿破仑的国家**)走上自然的道路时,当无限制的暴力迫使某些国家(如**屈从于拿破仑的国家**)走上这条道路时,才不得不采取自然的态度。过去那种态度带有不彻底性,是不正常的,因为战争与和平在根本上是两个不能划分阶段的概念。但是,这种态度并不仅仅出于理性所不齿的、纯粹的外交习惯,而且也渊源于人类所固有的局限性和弱点。

最后,就是在一个国家单独对其他国家进行的战争中,战争的政治原因对战争的进行也有强烈的影响。

如果我们只要求敌人做出不大的牺牲,那么,我们就会满足于通过战争取得一个不大的等价物,而且我们会认为,通过不大的努力就可以达到这个目标。敌人大体上也会作同样的考虑。一旦这一方或那一方发现自己的估计有些错了,发现自己不像原来希望的那样比敌人强,而是比敌人弱,他通常就会感到缺乏军费和其他种种手段,就会在精神上缺乏足以激起较大干劲的力量。因此,他只好尽量地应付,希望未来发生对他有利的事件(虽然他抱这种希望是毫无根据的),在这种情况下,战争就像一个久病的人一样有气无力地勉强拖延着。

这样一来,战争中的相互作用、每一方都想胜过对方的竞争、暴烈性和无节制性,都消失在微弱的动机所引起的停顿状态中,双方都会不冒危险地在大大缩小了的范围内进行活动。

如果我们承认(其实也不能不承认)政治目的对战争具有这样的影响,那么,这种影响就不再有什么界限了,而且我们甚至不能不承认还存在着**目的仅仅在于威胁敌人以支持谈判的战争**。

如果战争理论要成为而且一直成为哲学的探讨,那么,它在这个问题上显然就会陷入束手无策的境地。它在这里找不到包含于战争概念中的一切必然的东西,因而它就会失去它所以能够成立的一切根据。尽管如此,不久就有了一条自然的出路。军事行动中的缓和因素越多,或者更确切地说,行动的动机越弱,行动就越消极被动,行动就越少,就越不需要指导原则。这样,整个军事艺术就仅仅是小心谨慎,它的主要任务就在于使摇摆不定的均势不致突然发生对自己不利的变化,使半真半假的战争不致变成真正的战争。

战争是一种政治工具

直到目前为止，我们一直是在战争的性质与个人和社会团体的利益相对立的情况下进行探讨的，我们有时从这一方面，有时从另一方面进行探讨，以免忽视这两个对立着的因素的任何一个，这种对立的根源存在于人的本身，因此，通过哲学的思考是不能解决的。现在，我们想寻找这些矛盾着的因素在实际生活中由于部分地相互抵消而结成的统一体。如果不是有必要明确地指出这些矛盾和分别考察各个不同的因素，我们本来在一开始就可以谈这种统一体。这种统一体是这样一个**概念：战争只不过是政治交往的一部分，而绝不是什么独立的东西。**

当然，人们都知道，战争仅仅是由政府与政府、人民与人民之间的政治交往引起的。但是，人们通常作这样的想象：似乎战争一爆发，政治交往即告中断，就出现一种只受本身规律支配的完全不同的状态。

与此相反，我们却认为，战争无非是政治交往用另一种手段的继续。我们所以说用另一种手段，就是为了要同时指出，这种政治交往并不因战争而中断，也不因战争而变成某种完全不同的东西，无论使用怎么样的手段，政治交往实质上总是继续存在的；而且，战争事件所遵循并受其约束的主要路线，只能是贯穿整个战争直到媾和为止的政治交往的轮廓。难道还可以作其他的设想吗？难道随着外交文书的中断，人民之间和政府之间的政治关系也就中断了吗？难道战争不正是表达它们的思想的另一种文字和语言吗？当然，战争有它自己的语法，但是它并没有自己的逻辑。

因此，决不能使战争离开政治交往。如果离开政治交往来考察战争，那么，就会割断构成关系的一切线索，而且会得到一种毫无意义和毫无目的的东西。

甚至当战争是彻底的战争，完全是敌对感情这个要素的不受限制的发泄时，也必须这样看问题，因为所有那些作为战争的基础的和决定战争的主要方向的因素，如我们在第一册第一章中所列举的：自己的力量、敌人的力量、双方的同盟者、双方的人民和政府的特点等，不是都带有政治的性质吗？它们不是都同整个政治交往紧密结合而不可分的吗？同时，现实战争并不像战争的概念所规定的那样是一种趋向极端的努力，而是一种本身有矛盾的不彻底的东西；这样的战争是不可能服从其本身的规律的，必须把它看作是另一个整体的一部分,而这个整体就是政治。

政治在使用战争时,总是不管那些产生于战争性质的严密的结论的,它很少考虑最终的可能性,而只以最直接的概然性作为依据。如果整个行动因而出现了大量的不确实性,以致变成一种赌博,那么,每个政府的政治就都想在这场赌博中,用机智和锐敏的眼力胜过敌人。

这样一来,政治就把战争这个摧毁一切的要素变成一种单纯的工具,把要用双手和全身气力才能举起作致命一击的可怕的战刀,变成一把轻便的剑,有时甚至变成比赛用的剑,政治用这把剑可以交替地进行冲刺、虚刺和防刺。

这样一来,战争使秉性胆怯的人所陷入的矛盾就自行解决了,如果这可以算作是一种解决的话。

既然战争从属于政治,那么,战争就会带有政治所具有的特性。政治越是宏伟而有力,战争也就越宏伟而有力,甚至可能达到其**绝对形态**的高度。

因此,当我们这样看待战争时,不但没有必要忽视这种具有绝对形态的战争,而且相反还应该经常不断地考虑到它。

只有根据这样的看法,战争才又成为一个统一体,只有这样,我们才能把所有的战争看作是**同一类**的事物,而且只有这样,在判断时才能有一个正确而恰当的立足点和观点,而这种立足点和观点是我们制订和评价大的计划时所应当依据的。

当然,政治因素并不能深入地渗透到战争的各个细节部分,配置骑哨和派遣巡逻哨,是不需要以政治上的考虑作依据的。但是,政治因素对制订整个战争计划和战局计划,甚至往往对制订会战计划,却是有决定性影响的。

因此,我们也没有在一开始就急于提出这个观点。在研究个别问题时,这个观点不但对我们用处不大,反而会在一定程度上分散我们的注意力;但是在制订战争计划和战局计划时,它却是不可缺少的。

一般地说,在生活中最重要的莫过于准确地找出理解和判断事物所必须依据的观点并坚持这一观点,因为只有从**一个**观点出发,我们对大量的现象才能有统一的理解,而且也只有观点的统一,我们才不致陷入矛盾。

因此,既然制订战争计划时不能有两个或更多的观察事物的观点,例如忽而根据军人的观点,忽而根据行政长官的观点,忽而根据政治家的观点等等,那么,我们就要问:其他一切都必须服从的是否必然是**政治**呢?

我们探讨问题的前提是:政治在它本身中集中和协调内政的一切利益,也集中和协调个人的一切利益和哲学思考所能提出的一切其他利益;因为政治本身不是别的,它无非是这一切利益的代表(对其他国家而言)。至于政治有时会具有错误的方向,会主要地为统治者的野心、私利和虚荣服务,这不是这里所要讨论的问题,因为军事艺术在任何情况下都不能作为政治的导师。在这里我们只能把政治看作是整个社会的一切利益的代表。

因此,现在的问题仅仅是:在制订战争计划时,是政治观点应该让位于纯粹的军事观点(假设这种观点可以想象的话),即政治观点完全消失或从属于纯粹的军事观点,还是政治观点仍然是主导的,而军事观点应该从属于它。

只有在战争是单纯由敌对感情引起的殊死斗争的情况下,才可以设想政治观点会随着战争的爆发而消失。然而,正像我们上面说过的那样,现实战争无非是政治本身的表现。使政治观点从属于军事观点,那是荒谬的,因为战争是由政治产生的。政治是头脑,战争只不过是工具,不可能是相反的。因此,只能是军事观点从属于政治观点。

让我们想一想现实战争的性质,回忆一下……**我们首先应该根据由政治因素和政治关系产生的战争的特点和主要轮廓的概然性来认识每次战争**,而且时常——在今天,我们甚至可以说**在大多数情况下**——都必须把战争看作是一个各个部分不能分离的有机的整体,也就是说,各个部分的活动都必须汇集到整体中去,并从整体这个观念出发。这样,我们就会完全确信和明白,借以确定战争主要路线和指导战争的最高观点不能是别的,只能是政治观点。

从这一观点出发,制订的战争计划就会像一个铸件那样完整,对它的理解和评价就比较容易和合乎情理,它的说服力就比较强,它所依据的理由就比较充分,历史也就比较容易理解了。

从这一观点出发,政治利益和军事利益之间的冲突就至少不再是事物的性质决定的,因此,如果出现了这种冲突,也只能认为是由于人的认识能力不完善的缘故。如果政治向战争提出战争所不能实现的要求,那么它就违背了政治应该了解它想使用的工具这一前提,也就是违背了一个应该有而不可缺少的前提。如果政治能正确地判断战争事件的进程,那么,确定什么样的战争事件和战争事件的什么样的方向是同战争目标相适应的,就完全是而且只能是政治的事情。

简而言之,军事艺术在它最高的领域内就成了政治,当然不是写外交文书的政治,而是打仗的政治。

根据这一观点,对一个大规模的战争事件或它的计划进行纯军事的评价

第九章 外交政策

是不能容许的,甚至是有害的。在制订战争计划时向军人咨询,像有些政府常做的那样,让他们从**纯军事**观点来进行判断,那确实是荒谬的。而有些理论家要求把现有的战争手段交给统帅,要统帅根据手段制订一个**纯军事**的战争计划或战局计划,那就更荒谬了。一般的经验也告诉我们,尽管今天的军事非常复杂,而且有了很大的发展,战争的主要轮廓仍始终是由政府决定的,用专门的术语来说,只是由政治当局,而不是由军事当局决定的。

这完全是事物的性质决定的。如果对政治关系没有透彻的了解,是不可能制订出战争所需要的主要计划来的。当人们说政治对作战的有害影响时(人们是常常这样说的),他们所说的实际上完全不是他们想要说的意思,他们指责的其实并不是政治对作战的影响,而是政治本身。如果政治是正确的,也就是说,如果政治同它的目标是一致的,那么,政治就其本身的意图来说就只能对战争发生有利的影响。当这种影响同目标不一致时,其原因只能到政治的错误中去寻找。

只有当政治期待从某些战争手段和措施中得到同它们的性质不相符合因而不可能得到的效果时,政治才会通过它的决定对战争发生有害的影响。正像一个人用不十分熟练的语言有时不能正确地表达正确的思想一样,政治也常常会作出不符合自己本来意图的决定。

这种情况经常不断地发生,于是人们就感觉到进行政治交往时必须对军事有一定程度的了解。

然而,我们在继续论述以前,必须防止一种很容易产生的错误的理解。我们决不认为,当君主本人不亲自掌握内阁时,一个埋头于公文的国防大臣,或者一个学识渊博的军事工程师,或者甚至一个能征善战的军人就因此可以成为杰出的首相。换句话说,我们决不认为,熟悉军事是首相的主要素质。伟大而出众的头脑、坚强的性格,这些才是他的主要的素质。至于军事知识,那是可以用这种或那种方式很好地予以弥补的。法国的军事活动和政治活动再没有比贝利耳兄弟和舒瓦瑟耳公爵当权时更糟的了,尽管这三个人都是优秀的军人。

要使一次战争完全同政治意图相符合,而政治又完全同战争手段相适应,如果没有一个既是政治家又是军人的统帅,那么就只有一个好办法,只好使最高统帅成为内阁的成员,以便内阁能参与统帅的主要活动。但是,只有当内阁即政府就在战场附近,从而不必费很多的时间就能决定各种事情时,这才是可能的。

1809年奥地利皇帝这样做了,1813、1814和1815年反法联盟各国的君主这样做了,而且这种做法证明是完全行之有效的。

在内阁中,除了最高统帅的影响外,任何其他军人的影响都是极端危险的,这种影响很少能够导致健康而有力的行动。法国的卡诺于1793、1794和1795年从巴黎指挥作战的例子在这里是用不上的,因为只有革命政府才执行恐怖政策。

现在我们想以历史的考察结束本章。

上一世纪九十年代,在欧洲的军事艺术中出现了一种惊人的变革,由于这种变革的出现,那些优秀军队的技巧有一部分已丧失作用,同时,人们在战争中取得了一些过去难以想象的规模巨大的成就,于是,人们自然就认为一切错误的计算似乎都应该归咎于军事艺术。十分明显,军事艺术过去一直被习惯局限在这个概念的狭窄的范围里,现在,超出这个范围但又符合事物性质的可能性使它感到意外而不知所措了。

那些以宽广的视界观察事物的人,把这种现象归咎于几世纪以来政治对军事艺术所发生的非常不利的普遍影响,这种影响使军事艺术降为一种不彻底的东西,常常降为一种十足的耍花招的艺术。事实的确是如此,然而,只把这种情况看作是偶然发生的和可以避免的,那却是错误的。

另一些人认为,这一切都可以从奥地利、普鲁士、英国等个别国家的政治所起的暂时影响中得到解释。

然而,人的智力感到意外而不知所措的原因果真是在军事范围内而不在政治本身吗?用我们的语言来说,这种不幸究竟是产生于政治对战争的影响呢,还是产生于错误的政治本身呢?

很明显,法国革命对外所产生的巨大影响,与其说是由作战的新手段和新观点引起的,不如说是由彻底改变了的国策和内政、政府的特点和人民的状况等引起的。至于其他各国政府未能正确地认识这一切,企图用惯用的手段向那些新的和压倒一切的力量相抗衡,这都是政治的错误。

那么,人们以纯军事的观点来看待战争是否能认识和改正上述错误呢?不可能。假设真的有一位有哲学头脑的战略家,他可以仅仅根据敌对因素的性质就推论出一切结果,并想根据这一结果对未来的可能性作出预言,那么他的这种妄想是根本不会有任何结果的。

只有当政治能正确地估计法国的觉醒力量和欧洲政治中新产生的关系时,政治才能预见到战争的大的轮廓在这种情况下可能是怎样的,而且只有这样,它才能确定必需使用的手段的范围和选择使用手段的最好的途径。

因此,我们可以说,法国革命所取得的二十年胜利,主要是反对这次革命的各国政府的政治错误的结果。

当然,这些错误只是到战争期间才暴露出来,在战争中出现了同政治所抱的期望完全相违背的现象。但所以发生这种情况,并不是因为政治没有向军事艺术请教。政治家当时所相信的军事艺术,是他那个世界的军事艺术,是从属于当时的政治的军事艺术,是政治一直作为非常熟悉的工具来使用的军事艺术,**这样的**军事艺术,我认为自然同政治有同样的错误,因此它不能纠正政治的错误。的确,战争本身在本质上和形式上也发生了一些重大的变化,这些变化已经使战争更接近其绝对形态,但是,这些变化并不是因为法国政府已摆脱了政治的羁绊而产生的,而是因为法国革命在法国和全欧洲引起了政治的改变而产生的。改变了的政治提供了不同的手段和不同的力量,因而使战争产生了在其他情况下难以想象的威力。因此,就连军事艺术的实际变革也是政治改变的结果,这些变革不但远不能证明两者是可以分割的,反而有力地证明了两者是紧密结合的。

我再重复一遍:战争是政治的工具;战争必不可免地具有政治的特性,它必须用政治的尺度来加以衡量。因此,战争就其主要方面来说就是政治本身,政治在这里以剑代笔,但并不因此就不再按照自己的规律进行思考了。

36

苏联行为探源(1947)①

X(乔治·凯南)

我们今天所知的苏联政权的政治特性,乃意识形态和客观环境的产物。意识形态就是当前的苏联领导人从他们投身于其中的政治运动中继承下来的意识形态,客观环境就是他们迄今已在俄国执政近30年所处的环境。探寻这两种力量的相互作用以及它们各自在决定苏联官方行动上所起的作用,是一件极为艰难的心理分析工作。然而,要了解那种行为并予以有效应对,这种尝试就是必须完成的。

---

① 原文出自:X(George F. Kennan),"The Sources of Soviet Conduct", *Foreign Affairs*, Vol. 25, No. 4 (July 1947)。

苏联领导人藉以掌握政权的一套意识形态观念,是难以作出概括说明的。俄国共产党所运用的马克思主义的意识形态,始终处于微妙的演变过程之中。其本身所依据的材料就是广泛而复杂的。但是,1916年共产党人思想的显著特征或许可以概述如下:(1)人类生活中的中心因素,即决定公共生活性质和"社会面貌"的,是物质产品的生产与交换制度;(2)资本主义生产制度是一种罪恶的制度,它不可避免地导致资本占有阶级对工人阶级的剥削,且不能充分开发社会的经济资源,也不能公平分配人类劳动所生产的物质产品;(3)资本主义含有自我毁灭的种子,并且,鉴于资本占有阶级不具备自我适应经济变化的能力,终将不可避免地导致政权向工人阶级的革命性转移;(4)帝国主义,即资本主义的最后阶段,将直接导致战争与革命。……

然而必须指出,在整个革命准备的年代里,诚如马克思本人那样,这些人的注意力多集中于必须推翻的敌对政权上,而不大集中于未来社会主义①将采取何种形式上,因为他们认为推翻敌对政权应优先于推行社会主义。因此,一旦掌握了政权,对于所需付诸实施的积极计划,他们的想法大多模糊不清、流于空想和不切实际。除了工业国有化和没收大宗私人资本外,并无一致的计划。按照马克思主义的论述,农民并不属于无产阶级,因此,关于如何对待农民,共产党人的思想形态始终是模糊的,而且在共产党人掌权的头十年里始终是个争论不休、摇摆不定的问题。

后革命时期所面临的客观环境——俄国发生内战及外来势力的干涉,加上共产党人只代表了俄国人民之极少数这个明显的事实——使得建立"独裁"政权成为必要。试行"战时共产主义"和企图迅速消灭私人生产与交换,造成了不幸的经济后果,并使革命新政权遭受进一步的艰难。以新经济政策为标志,暂时放松俄国的公有化,固然减轻了一些经济上的困境,算是达到了它的目的,但"社会中的资本主义阵线"仍然随时准备从政府的压力松懈之处谋取利益,而且,倘若允许其继续存在,就总是苏维埃政权的一个强有力的反对因素,和争夺国家势力的一个劲敌。至于个体农民,在其自己的小规模生产方式上,也是私有生产者,多少存在着相同的情况。

假使列宁当时还在世,他是一个极其伟大的人,也许能够调解这些相互冲突的势力使之服从俄国社会的最终利益,尽管能否做到这一点是有疑问的。但是,即使能够做到这一点,斯大林及追随他为争夺列宁领导地位继承

---

① 本文及别处使用的"社会主义"一词,系指马克思主义或列宁主义的共产主义,而非第二国际的自由社会主义之变种。

权而斗争的那班人,也不能容忍敌对政治势力在他们所贪求的权势范围内存在下去。因为,他们的不安全感过于强烈。由于不曾受过益格鲁-撒克逊式妥协传统的熏陶,他们特有的狂热盲从,因太过激烈和猜疑而难以容忍他人与之长期分享权力。他们成长于俄罗斯-亚细亚世界,对于相互敌对的势力长期和平共存的可能性持怀疑态度。他们轻信自己的教条之"正确",并坚持降服或摧毁所有的竞争势力。共产党以外,俄国社会不存在任何严密的组织。任何形式的集体活动或协会都受到党的支配。在俄国社会中,不允许存在任何有活力或完整性的其他势力。只有共产党才是有结构的。所有其他的组织都是乌合之众。

党内也推行同样的原则。一般党员可以参与选举、讨论、决定和行动等活动,但在这些活动中,他们的行为并非受个人意志的左右,而是为了迎合党的领导气息以及念念不忘的"意识形态名词"。

让我们再次强调,这些人主观上也许并不是为了专制主义而追求专制主义。他们无疑是相信——看来也容易相信——只有他们才知道什么才是对社会有益的,且一旦他们的权力确保无虞,他们就会着手完成这些有益的事情。但是,在谋求确保自己的统治稳定时,在使用什么方法的问题上,他们不容自己受到任何限制,不论是上帝的限制还是人的限制。因此,在获得这种权力安全以前,他们在行动的优先顺序上把受托于人民而使之过上舒适、幸福生活的任务置于极后的位置。

当前,有关苏联政权的突出情势是,这一政治巩固的过程至今没有完成;克里姆林宫的那班人仍以主要精力极力保住他们于1917年11月夺取的权力并使之独裁化。他们首先要在苏联社会内部防止国内的各种势力夺取他们的权力。但他们也要对付外部世界以保护政权。因为,如我们所知,意识形态教育他们:外部世界是敌视他们的,他们的职责就是要最终推翻境外的政治势力。俄国历史和传统这双强有力的手也支持他们的这种感情。最后,他们对外部世界富于侵略性的强硬态度开始产生反应。借用吉本的一句话,他们很快就被迫"讨伐不驯"了,而这种不驯正是他们自己激起的。以与世界为敌的论点证明自己的正确,这是每一个人无可非议的权利;因为,要是他经常反复重申这一论点,并以之作为行动的依据,那他就势必终归是正确的了。

在苏联领导人的心智本性及其意识形态特征中,任何反对他们的言论和行动,都不可能被官方认可为具有任何价值或正当性。从理论上说,这种反对只能出自垂死的资本主义的不可救药的敌对势力。因此,只要官方公开承认俄国存在着资本主义的残余势力,就可以把必须对社会保持专政形式的一部分责任归咎于他们。但是,随着这些残余分子逐渐被肃清,这个理由也就弱化;而等到正式宣布这些残余势力已被最终消灭时,它就根本站不住脚了。而这一事实便对苏维埃政权构成了一种最基本的压力。因为资本主义在俄国已不复存在,更因为不能承认在克里姆林宫统治下已被解放的人民群众还会对政权构成严重或大规模的威胁,在这种情况下,通过强调外国资本主义的危险以证明专制制度的正当性,便很有必要了。……

保持苏联政权的这种形态,亦即在国内追求无限制的权力,同时制造外国持不可和解的仇视态度的半神话,足以形成我们今天所看到的苏联政权的实际机构。凡无助于实现这个目标的政府机构只能苟延残喘;凡有助于实现这个目标的政府则非常臃肿。苏维埃政权的安危,全系于党的铁的纪律,系于秘密警察的严酷与密布,系于经济上毫不妥协的国家垄断制。可是苏联领导人为对付敌对势力谋求政权安全而建立的"镇压机构",在很大程度上变成了后凌驾于他们之上的主人。如今,苏联的权力结构大部分仍致力于完善这种独裁制,仍在坚持这样的观点,即俄国俨然处于兵临城下的受围攻的状态。构成这部分权力结构的数百万人,必须不惜一切代价维护关于俄国的这一处境的观点,舍此,他们就成为多余。

就当前的情况而言,苏联统治者别想摆脱这些镇压机构了。以现代空前残酷的手段(至少在规模上)追求绝对权力,且这种追求持续了近30年之久,已在国内,如同在国外一样,产生了自我反应。这个警察机器的滥用已经煽起了对苏联政权的潜在反对,且这种反对较之警察暴力滥用以前更严重,更危险。

但是,苏联统治者绝不可能放弃为维持独裁政权辩护的谎言。因为,藉由这种谎言而犯下了暴行,已将这些谎言奉为苏维埃哲学中的神圣教条:它已牢牢地嵌入苏维埃的思想结构中,其牢固程度远远超过意识形态的束缚。……

有关历史背景就谈到这里。那么,对我们所了解的苏维埃政权的性质而言,它究竟意味着什么呢?

最初的意识形态,丝毫未曾被公开废弃。关于资本主义基本罪恶,关于资本主义的必然灭亡,关于无产阶级肩负着促其灭亡并将政权夺归己手的义务,这些信念始终未变。但是,强调的重点被放在与苏联政权本身密切相关的那些观点上:放在有关苏联作为唯一真正的社会主义政权在一个黑暗而又误入歧途的世界中所处的地位上,放在有关苏联在这个世界中列强之间的关系上。

在这些观点中,首要的乃资本主义与社会主义之间天然对立的观点。我们已经看到,这一观点何等牢固地嵌入苏联政权的基础里。它对俄国作为国际社会一员的行为具有深刻的影响。它意味着,莫斯科方面绝对不可能抱有任何真诚想法,认为苏联和那些资本主义国家之间有共同的目标。莫斯科必然始终认为,资本主义世界旨在同苏维埃政权作对,因而同苏维埃政府控制下的人民的利益也是冲突的。要是苏联政府有时签署一些内容相反的文件,那应当被看作是在对付敌人时可以采用的一种策略(因为敌人不值得信任),因而应当以一种"愿者上钩"的心情加以对待。从根本上说,敌对状态会保持下去,这是不言自明之理。由此,克里姆林宫的外交政策行为便呈现出许多令人不安的现象:守口如瓶、不够坦率、口是心非、战争猜疑、心怀叵测。在可预见的将来,这些现象将继续存在,只是程度和侧重点可能有所不同。当俄国人有求于我们时,他们政策上的某些特征可能暂时退居幕后;而一旦出现了这种情况,就总会有一些美国人跳出来欣喜若狂地宣称"俄国人变了",并且某些人甚至想要居功于这些"变化"的促成。但是,我们却不应被策略上的巧计所迷惑。苏联政策上的这些特征,正如产生这些特征的先决条件一样,就苏联政权的本性而言是根本不可缺少的;且除非苏联政权的性质发生变化,这些特征将始终伴随着我们,而不论是呈现台前还是退居幕后。

这就是说,在今后很长时期内,我们还会感到俄国人很难对付。但这也并不是说,他们已经开始制订一个决一死战的计划,准备在某一天将我们的社会颠覆。资本主义必然灭亡的理论中包含着一种侥幸的涵义,就是不必急于行事。……

克里姆林宫在意识形态上没有必要急于完成它的目的。和教会一样,它在推行一种具有长远效力的意识形态观念,且只能耐心等待。没有必要去冒这样的风险,用革命的现有成就去换取未来虚无缥缈的东西。列宁亲自教导人们在追求共产主义目标的过程中,要持极其谨慎和灵活的态度。再者,这些告诫也受到俄国历史教训的支持:那是一部在空旷无阻的大平原上游牧部族之间曾进行长达几世纪之久的黑暗的战争史。其间,谨慎、周密、灵活和欺骗被视为可贵的品质;其价值自然受到俄国人或东方人的赏识。因此,克里姆林宫对在优势兵力前退却之举,毫无愧疚之意。既然不必受时间表的约束,在必要时作这样的退却也就毫无恐慌狼狈之感。苏联的政治行为宛如一条变动不居的溪流,朝着既定的目标,向任何可以流动的地方流动。它最关切的是,确保它在世界权力大池里注满可以让它流入的每一个角落。但是,倘若在前进途中遇到了不可逾越的障碍，它便采取明智的态度使自己顺应形势。重要的是朝着理想的目标，始终保持压力并不断加大压力。在苏联人心理上，看不出任何明显的迹象，表明必须在特定的时间达到某一目标。

这些考虑使得苏联的外交比起如拿破仑和希特勒那样个别侵略成性的领导人的外交，既容易又难以对付。一方面它对敌对势力更加敏感，一旦感到对方势力过于强大，就易于在外交战线上的个别领域作出让步，因而在权力运用的逻辑和技巧上比较理性；另一方面，它又不易因敌方获得一个胜利而轻易击败或丧失信心。赋予苏联以活力的那种持久的坚韧，不能靠零零星星的、代表民主舆论一时奇想的措举，而只能靠苏联对手睿智的长期政策予以有效反击。这种长期政策在意图上不逊于苏联政策之坚定，在运用上亦不逊于苏联政策之灵活。

显然，在这种情况下，美国对苏政策必须以长期地、耐心地、坚定而警觉地遏制俄国对外扩张倾向为主要因素。然而，必须指出的是，这种政策跟那种表面上装腔作势，也就是威胁恐吓、气势汹汹或外表"强硬"等虚张声势，毫无相干。尽管克里姆林宫对政治现实的反应基本上是善变的，但也绝非置声誉于不顾。差不多与所有别的政府一样，笨拙而咄咄逼人的姿态可能把它置于无法让步的处境，本来凭它的现实主义意识是可以作出让步的。俄国领导人是很敏锐的人类心理判断高手，因此他们深知，大发雷霆和失去自制绝非处理政治事务时强有力的表现。他们很善于利用这种软弱的表象。鉴于此，跟俄国打交道时，取得成功的必要条件是：当事的外国政府应当始终保持冷静和镇定自若，对俄国政策提出要求必须留有商榷余地，以免过分伤害俄国的尊严。

根据以上分析，可以清楚看出，苏联对西方世界自由制度施加的压力，是可以根据苏联政策的变动和实施情况，针对其一系列不断变换的地理和政治焦点，灵活机智地运用反击力量予以遏制的，但不是符咒或空谈所能消灭的。……与整个西方世界相比，苏联毕竟属于力量弱得多的一方；苏联的政策高度灵活；并且苏联社会可能充斥着终将削弱其整体潜力的缺陷。这种情况本身就保证美国可以带着相当的信心着手推行一项坚决遏制的政策，以便一旦有迹象表明苏联人正在侵犯世界和平与稳定的利益，便以坚定不移的反击予以对抗。

但是实际上，美国政策可以作为的事情决不限于坚守阵地，坐以待变。美国完全可以用自激行动去影响苏联国内的发展以及主要由苏联政策决定的整个国际共产主义运动内部的演变。这不仅仅是美国政府在苏联和其他地方采取适当措施搜集情报的问题,尽管这也很重要;这里的问题实际上是美国在多大程度上能够在世界各国人民中形成这样一种普遍印象,即美国知道自己需要什么,它正在成功地处理国内生活中出现的种种问题,它能够肩负起一个世界大国的责任,它在时代的主要思潮中具有能够坚持自己立场观点的精神活力。只要能够形成这样的印象并且保持下去,苏联共产主义的目标就必然显得难以实现,莫斯科支持者的希望和热情必然减退,克里姆林宫外交政策必定会蒙受沉重的压力。因为,资本主义之衰亡乃共产主义哲学之基石。自从敌对行动停止以来,美国并没有如红场上的乌鸦以自满和自信的口吻所预言的那样,经历早期发生过的经济衰退,这在整个共产主义世界引起深刻而重要的反响。

同样的道理,我们国家中发生的遇事优柔寡断、不和以及内部分裂等现象,对整个共产主义运动都会产生振奋人心的效果。……

美国有力量对苏联政策的推行施加大量的限制,迫使克里姆林宫采取比近年来它所遵循的做法更克制和谨慎得多的态度,以此来促进那种最终必将导致苏联政权的瓦解或逐步软化的趋势。因为凡是神秘的救世主式的运动——尤其是克里姆林宫的那种运动——都不能无限期地面对挫折而不以某种方式最终调整自己以适应事态的发展。

37

文明的冲突?(1993)①

塞缪尔·亨廷顿

下一个冲突类型

世界政治正进入一个全新的阶段,关于它的未来走向,学者们的观点可谓见仁见智——历史的终结;回归于传统的民族国家之间的竞争;民族

---

① 原文出自:Samuel P. Huntington,"The Clash of Civilizations?" *Foreign Affairs*, Vol. 72, No. 3 (Summer 1993)。《现代外国哲学社会科学文摘》曾刊载过该文的节选中译文(张铭,谢岳译,1994年第8、9期),本书译者在该译文的基础上做补全翻译,并对原译文做了部分修改。

国家在部族主义和全球主义张力作用下的衰落等等。这些见解虽然都抓住了某些现实,但却忽略了全球政治今后走向的一个至关重要的核心内容。

我的见解是,在新的世界中,冲突的根源主要将是文化的而不是意识形态和经济的。虽然民族国家仍将作为世界事务中最强有力的行动主体,但全球政治的主要冲突将在不同文明的国家和集团之间进行。文明间的冲突将主宰全球政治,文明间的断裂带将成为未来的战线。

文明间的冲突将成为现代世界冲突演化的最新阶段。现代国际体系诞生于威斯特伐利亚和平协议(1648)。自那以后的一个半世纪,西方世界的冲突在很大程度上发生于君主之间——皇帝、绝对君主、立宪君主,这些君主企图扩张他们的官僚机构、军队、重商主义的经济实力,以及最重要的是,扩张他们的统治疆域。在此过程中,他们创造了民族国家。以法国大革命作为起点,基本的冲突阵线变为国家之间而非君主之间。正如帕尔默(R. R. Palmer)于 1793 所指出的那样,"国王之间的战争结束了,人民之间的战争已经开始"。这种 19 世纪的冲突模式一直持续到第一次世界大战结束。然后,作为俄国革命以及反对俄国革命的结果,国家间的冲突被意识形态间的冲突所取代,这种冲突首先表现为共产主义、法西斯—纳粹主义和自由民主主义之间的冲突,然后又变成了共产主义与自由民主主义之间的冲突。冷战期间,后一种冲突具体表现为两个超级大国之间的争斗。这两个超级大国都不是传统欧洲意义上的民族国家,两者都根据意识形态定义他们的身份。

这些发生在君主、民族国家和意识形态间的冲突,主要是西方文明内部的冲突,亦即威廉·林德(William Lind)所称的"西方的内战"。和世界大战以及更早的 17 世纪、18 世纪和 19 世纪的战争一样,冷战也是一场真实的战争。随着冷战的结束,国际政治超越了它的西方阶段,其核心部分已变成西方文明和非西方文明以及非西方文明之间的相互作用。在文明政治中,非西方文明的人民和政府不再作为西方殖民主义目标的历史客体,他们和西方一道成为历史的推动者和塑造者。

文明的本质

冷战期间,世界曾被划分为第一、第二、第三三个世界。这种分法如今已经过时,以文化和文明划分国家集团远比以政治经济制度或经济发展水平进行划分更有意义。

我们讲的文明指的是什么呢？文明是一种文化实体。在不同程度的文化异质性上,村落、地区、种族集团、国籍、宗教群体都有着独特的文化。意大利南部村落的文化,可能不同于意大利北部村落的文化,但它们也共享着不同于德国村落的共同的意大利文化。同样的,欧洲社会所共有的文化特征也不同于阿拉伯或中国社会的文化特征。尽管如此,阿拉伯人、中国人和西方人并不属于任何更广义文化实体的组成部分。他们各自构成了自己的文明。文明是人们最高程度的文化归类,是最广义层面上的文化身份。除此之外的更广义身份将人类与其他物种区别开来。文明由两个方面的因素共同界定：语言、历史、宗教、习俗和制度等客观因素和人们主观上的自我认同。人们的身份认同具有层次性：一个罗马居民可以根据不同的认同强度将自己视为一个罗马人、一个意大利人、一个天主教徒、一个基督教徒、一个欧洲人和一个西方人。他所属的文明构成了他强烈认同的最广义层面上的身份。人们也可以确实重新定义他们的身份,于是,作为结果,文明的构成及其边界也发生变化。

文明所包容的人数可以很多,如中国（白鲁恂说它是"一种自命为国家的文明"）；也可以很少,如母语为英语的加勒比人。一种文明可以包含多个民族国家,如西方文明、拉美文明和阿拉伯文明；也可以只有一个民族国家,如日本文明。文明显然是混合与重叠的,也可以包括某些亚文明。西方文明存在两个主要变体,即欧洲文明和北美文明；而伊斯兰文明则包括了阿拉伯、土耳其和马来三种文明分支。文明是有意义的实体,它们间的界限虽不显眼却真实存在。文明是动态的,它们兴衰起落、聚散离合；且如所有历史学者所知的那样,文明也会消失,也会葬身于时间大漠之中。

西方人倾向于将民族国家视为全球事务的主角,其实,这种状况的存在不过几个世纪。人类历史在更宏观的时空范围内属于文明的历史。阿诺德·汤因比在其《历史研究》一书中确认了 21 种主要的文明,其中只有 6 种文明存活至今。

文明为什么会发生冲突

在未来社会,文明身份将越来越重要,世界在相当大的程度上将由 7 种或 8 种主要文明的相互作用所塑造。这些文明包括西方文明、儒家文明、日本文明、伊斯兰文明、印度文明、斯拉夫-东正教文明、拉美文明以及可能的非洲文明。未来最重要的冲突将沿着这些文明彼此分隔的文化断裂带进行。

为什么这么说呢?

首先,文明间的差异不仅是现实的,而且是基础性的。文明通过历史、语言、文化、传统以及最重要的宗教彼此区分。不同文明的人们,不仅对于权利与义务、自由与权威、平等与等级的相对重要性存有分歧,同时也在神与人、个人与集体、公民与国家、父母和子女以及夫妻之间的关系上持有不同看法。这些差异代表了历史的沉积,非短期所能消除,它们比政治意识形态和政治体制间的差异更为根本。差异并不必然意味着冲突,冲突也并不必然意味着暴力。然而,许多世纪以来,持续时间最长、激烈程度最高的冲突一直属于由文明差异而导致的冲突。

第二,世界变得越来越小,不同文明间的交往却日益频繁。这些日益频繁的交往强化了人们的文明意识,加深了人们对不同文明的差异和相同文明的共性的认识。移居法国的北非移民在法国人中引起了敌意,与此同时,他们却日益被"善良的"信仰欧洲天主教的波兰人所接纳。加拿大和欧洲国家在美国的投资超过了日本,但美国人对日本投资的反感却远远甚于对前者的反感。同样,正如唐纳德·霍罗威茨(Donald Horowitz)所言,"一个伊博人……在尼日利亚东部地区,可以是一个奥韦里伊博人或奥尼沙伊博人;在首都拉各斯,他不过是一个伊博人;在伦敦,他是一个尼日利亚人;在纽约,他则是一个非洲人"。不同文明间的交往强化了人们的文明意识,这种意识反过来又推动了文明间差别和敌意的发展以及人们的文明寻根意识的增强。

第三,遍及世界的经济现代化和社会变革进程使人们游离于历史久远的地方身份,也削弱了民族国家作为身份认同的源泉。在世界许多地方,宗教常常以所谓的"原教旨主义运动"形式来填补这种身份认同的缺口。这种原教旨主义运动,在西方基督教、犹太教、佛教、印度教以及伊斯兰教中都可以找到踪影。在绝大多数国家和绝大多数宗教中,热衷于原教旨主义运动的往往是年轻人、受过大学教育的人、中产阶级技术人员、专业人士和商人。乔治·韦格尔(George Weigel)指出,"世界的非世俗化是20世纪后期占主导地位的社会生活事实之一",宗教的复兴,亦即吉尔斯·凯普尔(Gilles Kepel)所称的"上帝的报复",为超越国界并统一对文明的认同和承诺提供了方便。

第四,文明的意识因西方的双重作用而强化。一方面,西方处于力量的巅峰,而与此同时,或许作为其结果,非西方文明中的寻根现象层出不穷。人们越来越多地听到关于日本的内向化和"亚洲化"趋势,关于尼赫鲁遗产的终结和印度的"印度化",关于西方社会主义和民族主义的理想的失败以及随之而来的中东的"重新伊斯兰化",关于当今鲍里斯·叶利钦统治下的国家是走向西方化还是走向俄罗斯化的争论。处于力量巅峰的西方,正面对非西方社会企图以非西方方式建构世界的日益增长的渴求、意志和资源。

过去,非西方社会的精英往往是那些最仰慕西方的人,这些人在牛津大学、巴黎大学或英国陆军军官学校接受教育,并被西方的态度和价值观所深深吸引。与此同时,这些非西方国家的普通大众则常常被本土文化所深深感染。不过,现在他们之间关系却完全倒过来了。一批非西方化的本土精英在许多非西方国家脱颖而出,与此同时,西方尤其是美国的文化、时尚和习俗则在这些国家的大众中越来越流行。

第五,文化的特征和差异具有相对稳定性,因而它比政治、经济特征和差异更难以妥协和消解。在前苏联,共产主义者可以变为民主主义者,富人可以变为穷人,穷人也可以变为富人,但是,俄罗斯人不可能变为爱沙尼亚人,阿塞拜疆人不可能变为亚美尼亚人。在阶级和意识形态冲突中,关键的问题是"你站在哪一边?"人们可以也必然选择站在某一边或改变立场。而在文明冲突中,问题变成"你是什么人?"答案是既定的、不可改变的。正如我们所知道的,从波斯尼亚到高加索到苏丹,答错这个问题可能意味着头上中弹。比种族区别更激烈、更具排他性的,是宗教差别。一个人可以是半个法国人和半个阿拉伯人,也可以同时成为两个国家的公民,却不大可能成为半个天主教徒和半个穆斯林。

最后,经济区域主义正在抬头。从 1980 年到 1989 年,区域贸易占全球贸易总额的比重不断上升,欧洲从 51% 上升到 59%,东亚从 33% 上升为 37%,北美从 32% 上升到 36%。未来,区域经济集团的重要性还可能继续增强。一方面,经济区域主义的成功增强了文明的意识,另一方面,经济区域主义也只有扎根于共同文明才能有所成就。共同的欧洲文化根基和西方基督教是欧共体赖以建构的基础;北美自由贸易区的成功则取决于墨西哥文化、加拿大文化和美国文化正在发生的趋同。相对而言,日本要在东亚创建一个相似的经济实体就面临很大的困难,因为日本是一个自成特色的社会和文明。无论日本与其他东亚国家的贸易与投资纽带有多么牢固,它与这些国家之间的文化差异,制约甚至排除了它推动如欧洲和北美那样的区域经济一体化的可能性。

相对而言,共同的文化非常明显地推进了中华人民共和国与其香港、台湾地区,与新加坡以及亚洲其他国家华人社区的经济关系的迅速扩张。随着冷战的结束,文化共性日益超越意识形态差异,中国大陆与台湾地区的联系也日益紧密。如果说文化共性是经济一体化的先决条件,则未来重要的东亚经济集团很可能以中国为核心。事实上,这一经济集团已经开始浮现。正如默里·韦登鲍姆(Murray Weidenbaum)所观察到的那样:

> 尽管日本目前在该地区仍然居于主导地位,但以华人为基础的亚洲经济正在迅速崛起为一个新的工业、商业和金融中心。这一战略区域包含了丰富的技术与制造能力(台湾),卓越的创业、营销和服务人才(香港),先进的通讯网络(新加坡),巨大的金融资本(以上三者)以及土地、自然资源和劳动力储备(中国大陆)。……从广州到新加坡,从吉隆坡到马尼拉,这一颇具影响力的区域网络——其频繁的交往乃基于传统宗族的延伸——已被认为构成了东亚经济的支柱。[①]

文化与宗教也构成了经济合作组织的基础。这种经济合作组织将10个非阿拉伯的穆斯林国家联结在一起,它们包括:伊朗、巴基斯坦、土耳其、阿塞拜疆、哈萨克斯坦、吉尔吉斯斯坦、土库曼斯坦、塔吉克斯坦、乌兹别克斯坦和阿富汗。该组织最初由土耳其、巴基斯坦和伊朗三国发起成立。其中几个国家的领导人的共同愿望是促进该组织的复兴与扩张,因为这几个国家没有机会加入欧共体。同样,加勒比共同体与共同市场(Caricom)、中美洲共同市场和南美经济合作区(Mercosur)都基于共同的文化根基。然而,试图建立一种将英语-拉丁语国家联结起来的更大范围的加勒比-中美洲经济实体的努力,却注定会失败。

由于以种族、宗教关系确认身份,人们很喜欢在自身与不同种族或不同宗教的人之间发现那种属于"我们"和"他们"之间的区别。在东欧和前苏联,随着依据意识形态界定国家的历史的终结,传统的种族身份和种族敌意重回现实。文化和宗教差异造成了从人权、移民、商贸到环境等各种政策议题上的分歧。从波斯尼亚到棉兰老岛,地理相邻引起了领土主权的争议。更重要的是,为了维护自身的军事优势和促进自身的经济利益,西方国家努力将它们的民主自由价值观作为普世价值予以推广,这激起了来自其他文明的反对。随着以意识形态为基础动员支持和组成结盟的能力的下降,政府和政府集团日益企图通过诉诸共同的宗教和文明身份以获取支持。

文明的冲突发生在两个层面上。在微观上,在文明断裂带上相邻的集团为控制领土和相互控制经常发生流血冲突;在宏观上,不同文明的国家为谋求军事与经济的相对影响力而相互较劲,为控制国际机构或控制第三方而勾

---

① Murray Weidenbaum, *Great China: The Next Economic Superpower?*, St. Louis: Washington University Center for the Study of American Business, Contemporary Issues, Series 57, February 1993, pp. 2—3.

心斗角,为推行它们特定的政治和宗教价值观而彼此竞争。

文明间的断裂带

目前,文明间的断裂带正取代冷战中的政治与意识形态边界而成为危机和流血冲突的爆发点。当"铁幕"从政治上和意识形态上将欧洲分裂时,冷战就开始了。当"铁幕"消失,冷战也结束了。随着欧洲意识形态分裂的消失,以西方基督教为一方,以东正教和伊斯兰教为另一方的文化分裂在欧洲重新出现。如威廉·华莱士(William Wallace)所言,欧洲最重要的分界线,可能是公元1500年西方基督教的东部边界线。这条界线就是眼下芬兰、巴尔干国家与俄罗斯之间的边界,它南下穿过白俄罗斯和乌克兰,将天主教的西乌克兰与东正教的东乌克兰分开,然后折向西,把特兰西瓦尼和罗马尼亚其余部分隔开,再经过南斯拉夫,几乎正好把克罗地亚和斯洛文尼亚与南斯拉夫的其他地方分开。在巴尔干地区,这条分界线恰恰和哈布斯堡与奥斯曼这两个王朝的历史边界相吻合。这条分界线北部和西部的人们信奉新教或天主教;他们分享着共同的欧洲历史经验——封建时代、文艺复兴时期、宗教改革运动、启蒙运动、法国大革命、产业革命;他们的经济状况普遍优于东部的人们;他们现在可能都期待日益融入共同的欧洲经济,期待巩固他们初生的民主政治体制。分界线东部和南部的人们属于东正教徒或穆斯林;他们在历史上属于奥斯曼帝国或沙皇帝国,对形成欧洲其他地区历史的标志性事件只有轻微的感触;他们普遍地在经济上比较落后;他们看来不怎么愿意发展稳定的民主政治体制。今天,文化的"丝绒幕"已取代了意识形态的"铁幕"成为欧洲最重要的分界线。南斯拉夫事件已表明,这不仅是一条差异线,而且眼下还是一条血腥冲突的战线。

沿着西方与伊斯兰两种文明间断裂带而发生的冲突延续了1300多年。伊斯兰教创立后,阿拉伯人和摩尔人开始了向西和向北的扩张浪潮,这一浪潮于公元732年最终止于图尔(法国)。从11世纪到13世纪,十字军东征企图将基督教带入圣地并在那里建立基督教的统治,他们获得了暂时的成功。从14世纪到17世纪,奥斯曼土耳其扭转了力量的平衡,他们将统治的触角延伸到中东和巴尔干地区,他们占领了君士坦丁堡,并两次围攻维也纳。19世纪和20世纪早期,随着奥斯曼势力的衰退,英国、法国和意大利建立了西方控制,其范围包括了北非和中东的大部分地区。

二战以后,情势逆转,西方开始了他们的退却。殖民帝国消失了。首先是阿拉伯民族主义,然后是伊斯兰原教旨主义出现了。西方在能源供应上严重依赖于波斯湾国家,而盛产石油的穆斯林国家也因此富得流油,且如果他们愿意,也可以变成武器丰富的国家。在阿拉伯国家与以色列(西方创立的国家)之间已经发生过多次战争。法国在阿尔及利亚进行了一场血腥残酷的战争,时间持续了20世纪50年代的大部分时间;英国和法国军队于1956年入侵埃及;美国军队于1958年进驻黎巴嫩,后来又再次进入黎巴嫩,进攻利比亚,并多次与伊朗发生军事冲突;阿拉伯和伊斯兰恐怖分子,在至少三个中东国家政府的支持下,使用弱者的武器对西方人的飞机和固定设施发动恐怖袭击,并掠走西方人质。阿拉伯与西方之间的战事在1990年时达到顶点,这一年,美国派驻大批部队进驻波斯湾以保护一些阿拉伯国家免遭另一个阿拉伯国家的入侵。由于这一军事行动,北约的计划日益指向其"南线国家"的潜在威胁和不稳定。

  西方与伊斯兰世界之间历时数世纪的军事冲突不仅不大可能消逝,相反却可能变得更加恶化。在海湾战争中,一些阿拉伯国家为萨达姆·侯赛因攻击以色列以及与西方勇敢对抗的行为而感到自豪,更多的阿拉伯国家则为西方在波斯湾的军事存在,为西方压倒性的军事优势,为他们自己无力决定自己命运的明显事实而感到羞辱和愤恨。许多阿拉伯国家,更不用说那些石油输出国,随着其经济与社会发展水平的提高,独裁的政府形式已经变得不合时宜,引入民主政体的愿望越来越强烈。在阿拉伯国家的政治体系中,已经出现了一些好的机会,而这些好机会的主要受益者则是伊斯兰运动组织。简而言之,在阿拉伯世界里,西方式的民主强化了反西方的政治势力。这也许是一种暂时现象,不过,它确实使伊斯兰国家与西方的关系复杂化了。

  伊斯兰国家与西方的关系还因为人口统计学而复杂化。阿拉伯国家,尤其是北非国家人口的急剧增长,导致了向西欧国家移民的增长。西欧国家的内部边界控制最小化运动增强了当地人对于这种移民增长的政治敏感性。自1990年以来,意大利、法国和德国的种族主义思潮日益公开化,针对阿拉伯和土耳其移民的政治排斥和暴力事件变得愈演愈烈。

  当事双方都将伊斯兰国家与西方的交互关系视为文明的冲突。正如一位印度的穆斯林作家阿克伯(M. J. Akber)所预言的那样,西方"下一步面临的对抗无疑将来自穆斯林世界。从马格里布到巴基斯坦,一场席卷伊斯兰国家的建立世界新秩序的斗争即将开始"。伯纳德·刘易斯(Bernard Lewis)从西方的角度得出类似结论:

    我们正面临着一种情绪和一场运动,它远远超出了议题和政策以及推行它们的政府的层面。它不是别的,它是文明的冲突——它或许是非理性的,但却是一个古老的对手对于反对我们的犹太教—基督教传统,反对我们世俗的现在,以及反对这两种东西在世界范围内扩张所作出的具有历史意义的反应。①

历史上,阿拉伯伊斯兰文明面对的另一场大冲突是与异教徒、泛灵论者之间展开的,现在这种冲突日益来自南部的基督教黑人。过去,这种冲突被浓缩在有关阿拉伯奴隶贩子和黑人奴隶的想象中。这种冲突至今还体现在阿拉伯人与黑人之间正在进行的苏丹内战中,体现在受利比亚支持的叛乱分子与乍得政府之间的战斗中,体现在"非洲之角"的东正教徒—基督教徒与穆斯林信徒之间的紧张关系中,体现在尼日利亚的穆斯林信徒与基督教徒之间的政治对抗和频发的暴力冲突中。随着非洲的现代化以及基督教的传播,这类暴力冲突很可能会沿断裂带进一步加剧。1993年2月教皇约翰·保罗二世在哈托姆(Khartoum)发表演讲,公开抨击苏丹伊斯兰政府反对当地基督教少数民族的行为。教皇的这一演讲是这种冲突加剧的征兆。

在伊斯兰的北疆,穆斯林民众与东正教徒间的冲突频频爆发。这些冲突包括波斯尼亚与萨拉热窝之间的大屠杀;塞尔维亚人和阿尔巴尼亚人之间的长期暴力对抗;保加利亚人与他们的土耳其族少数民族之间的紧张关系;奥塞梯与印古什的暴力争斗;亚美尼亚人与阿塞拜疆人不断地相互残杀;俄罗斯与中亚穆斯林的紧张关系以及部署俄军以保护俄罗斯在高加索和中亚的利益。宗教强化了种族认同的复兴,并再次刺激了俄罗斯对其南部边界安全的担忧。这种担忧被阿奇·罗斯福(Archie Roosevelt)准确地捕捉到:

在历史上,俄罗斯对于斯拉夫人和土耳其人在它们边界上的争斗有着太多的担忧,这一担忧可以追溯到一千多年前俄罗斯国成立之初。斯拉夫人与他们东部邻居的千年对抗,不仅是理解俄罗斯历史的关键,而且也是理解俄罗斯人性格的关键。要理解俄罗斯今天的现实,就必须对吸引俄罗斯人的注意力达数世纪之久的大土耳其种族群有所了解。②

文明的冲突深深地扎根在亚洲各地。在次大陆,穆斯林和印度教徒之间的历史冲突,现在不仅表现为巴基斯坦与印度之间的敌对状态,而且表现为印度内部日益好战的印度教集团与印度的穆斯林少数民族之间不断加剧的

---

① Bernard Lewis, "The Roots of Muslim Rage", *The Atlantic Monthly*, Vol. 266, September 1990, p. 60; *Time*, June 15, 1992, pp. 24—28.

② Archie Roosevelt, *For Lust of Knowing*, Boston: Little, Brown, 1988, pp. 332—333.

宗教斗争。1992年12月阿约迪亚清真寺被毁事件,将印度是继续保持一个世俗的民主国家还是转变为一个印度教国家的议题摆上了台面。在东亚,中国与它的多数邻国存在悬而未决的领土争议。随着冷战结束,中美两国间原先潜伏着的根本差异,会在诸如人权、贸易、武器扩散等方面再度出现紧张。这些差异不大可能得到缓和。

与此相应,美日间的关系也日趋麻烦,文化差异加剧了经济冲突。双方的人民都指责对方的种族主义,但是,至少在美方看来,引起反感的不是种族而是文化。美国社会和日本社会在基本价值观、态度和行为模式上的差异简直太大了。美欧之间的经济摩擦和美日之间的经济摩擦一样严重,但美国社会对这些经济摩擦的政治敏感度和情绪激烈程度并不相同,原因在于美欧之间的文化差异远远小于美日之间的文明差异。

文明间的相互作用在暴力使用倾向上也表现出很大的差异。美欧这两大西方次文明间以及美日间占主导地位的冲突形式显然是经济竞争。尽管如此,在欧亚大陆,以极端的"种族清洗"为缩影的种族冲突激化,绝对不是偶然的。最频繁和最具暴力性的冲突,从来都发生于分属不同文明的集团之间。在欧亚大陆,文明间巨大的历史断裂带再度燃烧,这尤其真实地表现在沿着从非洲突出部到中亚的伊斯兰国家集团的新月形边界上。以伊斯兰为一方的暴力冲突正发生在他们与巴尔干的东正教塞尔维亚人、以色列的犹太人、印度的印度教徒、缅甸的佛教徒以及菲律宾的天主教徒之间。

文明的聚合:亲缘国家群

属于某一文明的集团或国家在与来自其他文明的人们交战时,自然期待得到来自同一文明内部其他成员的支持。随着后冷战世界的发展,文明共性,亦即格林韦(H. C. S. Greenway)所谓的"亲缘国家群"(kin-country syndrome),正在取代政治意识形态和传统的力量均势考虑,成为合作与结盟的主要基础。这种趋势在海湾、高加索和波斯尼亚等后冷战时代的冲突中逐步显现出来。这些冲突虽然还算不上文明间的全面战争,但在每一种冲突中都存在一些文明聚合的因素。随着冲突的延续,这些因素似乎变得越来越重要,并可能预示着未来的发展趋势。

首先,在海湾战争中,一个阿拉伯国家入侵另一个阿拉伯国家,然后孤身与一个由阿拉伯国家、西方国家和其他国家组成的联盟作战。虽然只有几个

第九章 外交政策

穆斯林政府公开支持萨达姆·侯赛因,然而很多阿拉伯精英却在私底下为他喝彩,大多数阿拉伯公众也很拥护他。得到伊斯兰原教旨主义运动普遍支持的是伊拉克,而不是有西方背景的科威特和沙特阿拉伯政府。萨达姆·侯赛因发誓放弃阿拉伯民族主义,其明显的意图是要诉诸于伊斯兰教的激情,他和他的支持者力图将这场战争界定为文明间的战争。麦加的乌姆艾尔古拉(Umm Al-Qura)大学伊斯兰教系系主任色法·阿尔哈瓦里(Safar Al-Hawali)有一句广为流传的言论,他说:"这不是世界与伊拉克的对抗,这是西方与伊斯兰的对抗。"伊朗宗教领袖阿亚图拉·阿里·哈梅内伊(Ayatollah Ali Khamenei)不顾伊朗与伊拉克之间的敌对状态,呼吁伊斯兰进行一场反对西方的圣战:"我们将把同美国的侵略、贪婪行径,以及各种计划和政策展开的斗争视为圣战,凡是在圣战中牺牲的人都是烈士。"约旦国王侯赛因(Hussein)强调:"这不是一场仅仅针对伊拉克的战争,这是一场反对所有阿拉伯人和所有穆斯林的战争。"

相当部分的阿拉伯精英与阿拉伯民众支持萨达姆·侯赛因,这一事实使那些加入了反伊拉克联盟的阿拉伯政府在实际行动和公开声明上都不得不有所顾忌。对于西方随后进行的向伊拉克的施压行动,包括1992年夏季实施的禁飞区计划和1993年1月实施的轰炸伊拉克计划,这些阿拉伯政府或持反对立场,或采取不参与态度。1990年建立的西方—苏联—土耳其—阿拉伯的反伊拉克联盟,到1993年时几乎只剩下西方和科威特。

在穆斯林的眼中,西方反对伊拉克的行为,与西方不履行保护波斯尼亚免遭塞尔维亚侵略的行为以及不制裁以色列违反联合国决议的行为,形成了鲜明对照。他们指责西方使用双重标准。然而,一个文明冲突的世界,必然是一个双重标准的世界:人们对于他们的亲缘国家使用一套标准,对于其他国家则使用另一套标准。

其次,亲缘国家群也表现在前苏联国家的冲突中。受亚美尼亚在1992年和1993年的军事成功的激励,土耳其对它在阿塞拜疆的宗教、种族和语言上的同胞的支持态度也日益坚定。1992年一位土耳其官员说:"作为土耳其民族,我们和阿塞拜疆人有着同样的情感。我们感到了巨大的压力。国内报纸登满了发生在阿塞拜疆的血腥图片,这些报纸质问我们是否仍然认真考虑在那里执行中立政策。或许我们应当向亚美尼亚人表明,在该地区存在着一个大土耳其民族。"总统图尔古特·厄扎尔(Turgut Özal)认同这样的看法,他公开表明,土耳其至少应当"给亚美尼亚人一点颜色看看"。1993年厄扎尔总统威胁说,土耳其应当"以牙还牙"。于是,土耳其派遣空军飞机沿着亚美尼亚边界实施侦察飞行,中断向亚美尼亚的食品海运和空中航线,和伊朗共同宣布不接受阿塞拜疆的分裂。在苏联解体前的最后日子,由于阿塞拜疆的政权由前共产党所控制,苏联政府对阿塞拜疆持支持态度。但是,随着苏联的解体,政治考虑让位于宗教考虑。俄罗斯军队站在了亚美尼亚人一边,阿塞拜疆指责"俄罗斯政府的态度发生了180度的改变",转而支持信奉基督教的亚美尼亚人。

再次,在前南斯拉夫内战问题上,西方公众虽然对波斯尼亚穆斯林及其所遭受的来自塞尔维亚人的残暴行为表示同情和支持,但对克罗地亚向穆斯林发动的进攻及肢解波黑的行为却很少关注。在南斯拉夫解体的前期,在承认斯洛文尼亚和克罗地亚独立的问题上,在德国的带领下,欧共体的12个成员国采取了一致的外交主动行为。由于教皇下定决心向这两个天主教国家提供强有力的支持,所以,在欧共体之前,梵蒂冈就已经对这两个国家的独立给予承认。美国则紧随欧共体之后承认了两国的独立。西方文明的主要成员在共同宗教之下聚合在一起。据报道,随后克罗地亚收到了来自中欧和其他西方国家的大量武器。鲍里斯·叶利钦政府则试图执行一条既对东正教的塞尔维亚表示同情又不使俄罗斯与西方疏远的折中政策。但是,包括许多杜马成员在内的俄罗斯保守主义和民族主义集团,则攻击政府在支持塞尔维亚的立场上不够主动。1993年初,至少有几百名俄罗斯人加入了塞尔维亚军队,有报道传言俄罗斯的武器也已流入塞尔维亚军队。

另一个方面,伊斯兰政府和集团则对西方国家放弃保护波斯尼亚的行为提出严厉批评。伊朗领袖敦促所有国家的穆斯林向波斯尼亚提供援助;伊朗违反联合国的武器禁令向波斯尼亚提供武器和人员;受伊朗支持的黎巴嫩武装集团则向那儿派遣游击队员以帮助波斯尼亚训练和组织军队。据报道,1993年,有来自超过20个伊斯兰国家的4,000名穆斯林参加了波斯尼亚内战。沙特阿拉伯等伊斯兰国家的原教旨主义集团不断地向他们的政府施加压力,要求向波斯尼亚提供更直接、更有力的支持。据报道,到1992年底为止,沙特阿拉伯政府向波斯尼亚提供了大量的资金用以购买武器和其他补给品,这些军事援助明显地增强了波斯尼亚与塞尔维亚抗衡的军事能力。

20世纪30年代,西班牙内战激起了分别来自政治上属于法西斯主义、共产主义和自由民主主义的国家的干涉。20世纪90年代,南斯拉夫内战则激起了分别来自穆斯林、东正教和西方基督教的国家的干涉。这种相似性并非没有引起人们的注意。一位沙特阿拉伯编辑注意到:"波黑战争在情绪上与西班牙内战中的反法西斯主义具有相似性,人们将战争中的死难者当作拯救穆斯林同胞而献身的烈士。"

冲突与暴力也发生于同一文明的国家或集团之间。不过,与文明间的冲突相比,这些冲突不仅强度更低,而且不容易扩散。即便发生冲突,同一文明的共同身份也将减少冲突升级为暴力事件的可能性。在1991年和1992年,很多人发出警告,认为俄罗斯与乌克兰之间围绕领土尤其是克里米亚半岛的主权、黑海舰队的归属、核武器以及经济问题的争议有可能升级为暴力冲突。然而,如果将文明的因素考虑进来,则俄罗斯与乌克兰之间发生暴力冲突的可能性就要低得多。这两个国家都属于斯拉夫语系,那里的人们基本上都信奉东正教,彼此之间有着数世纪之久的亲密关系。因此,在1993年初,虽然有各种各样的理由发生冲突,但两国领导人最终仍然通过谈判的方式缓和了彼此之间的紧张关系。因此,虽然在前苏联的其他地区,穆斯林与基督教徒一直发生严重的对抗,虽然在波罗的海国家的西方基督徒与东正教的基督教徒一直存在紧张关系以及某种程度的暴力对抗,然而俄罗斯与乌克兰之间并没有发生过任何实质性的暴力对抗。

文明的聚合在过去受到抑制,但现在却获得了加强,它在将来显然还有极大的发展潜力。随着波斯湾、高加索和波斯尼亚冲突的延续,民族国家的位置及它们间的分裂将沿着文明断裂带发展。民粹主义政治家、宗教领袖和传播媒介已发现,在唤起公众支持和向犹疑不决的政府施加压力方面,文明的聚合可以被用来作为一种有力的工具。在未来的年代里,文明断裂带上发生的地区冲突最有可能升级为大规模战争的地方,将是波斯尼亚和高加索。如果说还会有一次世界大战的话,那将是一场文明间的战争。

西方与非西方的对垒

相对其他文明来讲,西方目前处在异乎寻常的权力巅峰,它的超级对手已从地图上消失。西方国家之间的军事冲突难以想象,西方军事力量无可匹敌;除日本外,西方在经济上不面临任何挑战;它主宰着国际性政治和安全机构,并和日本一起控制了国际经济机构。在美、英、法控制下,全球政治与安全问题得以有效解决,世界经济问题则在美、德、日主导下加以克服。所有这些国家维持着一种异乎寻常的亲密关系,并或多或少地排斥非西方国家。由联合国安理会和国际货币基金组织作出的反映西方利益的决议,都以反映世界共同体的利益的名义向世界提出。"世界共同体"(the word community)这个特定的词汇(它正取代"自由世界"概念)已成为一种委婉的集合名词,赋予反映美国和其他西方大国利益的行为以全球合法性。① 西方通过国际货币基金组织和其他国际经济机构来推进自身的经济利益,并将它认为是合适的经济政策强加于其他国家。非西方国家进行的所有民意测验表明,国际货币基金组织无疑将获得各国财政部长和其他一些人的支持,但是差不多所有人对该机构的评价都非常不满意。在这些人们的眼中,国际货币基金组织官员的形象,如乔治·阿巴托夫(Georgy Arbatov)所刻画的那样,是"一群新布尔什维克,这些人喜欢征用其他人的钱财,并将非民主的、格格不入的经济与政治行为规则强加于别人,抑制别人的经济自由"。

西方控制了联合国安理会及其决议的形成,中国偶尔投弃权票的行为不过是对此现象的一种调和。西方的这种控制状态,导致了联合国对西方使用武力将伊拉克从科威特驱逐出去以及消除伊拉克的尖端武器及其尖端武器制造能力的行为的合法化。它同样导致联合国安理会迫于美、英、法三国的压力而通过决议,要求利比亚交出泛美航空公司103航班爆炸案的嫌疑犯;当利比亚拒绝执行决议时则要求国际社会对其实施制裁。这在安理会历史上是前所未有的例子。在击败了最大的阿拉伯敌人后,西方毫不犹豫地投入它的全部力量以影响阿拉伯世界。事实上,西方正在利用国际机构、军事力量和经济资源操控阿拉伯世界,目的是要维持西方的优势地位,保护西方利益和推行西方的政治与经济价值观。

上述这些至少构成了非西方世界的人们用以观察新世界的方式,在他们看来,其中含有很多合理的成分。实力上的差距以及为军事、经济和机构影响力而展开的争斗,是西方与其他文明冲突间的一个根源;而文化上的差异,也即基本价值观和信仰的差异则是冲突的第二个根源。奈保罗(V. S. Naipaul)曾主张,西方文明是一种"适合所有人"的"普世文明"。仅从表面上看,很多西方文化确实渗透到了世界各地,但在最核心的层面上,西方的概念和其他文明中通行的概念完全不同。像个人主义、自由主义、宪政主义、人权、平等、自由、法治、民主、自由市场、政教分离等西方观念,在伊斯兰、儒家、日本、印度、佛教或东正教文化中一般都难以引起人们的共鸣。西方努力宣传这些观念的行为,反而激起了非西方世界人们对"人权帝国主义"的抗争

---

① 西方领导人几乎一贯声称,他们的行为代表的是"世界共同体"的利益。在海湾战争准备期间,发生了一次小小的失误。1990年12月21日,在接受《早安美国》节目采访时,英国首相约翰·梅杰说海湾行动是西方反对萨达姆·侯赛因的行动。他很快纠正了自己的说法,并随后提到了"世界共同体"。事实上,当他说错话的时候,他说的是真话。

和对本土价值观的再确认,这在非西方文化中的青年一代对宗教原教旨主义的支持中表现得很清楚。那种认为可能存在某种"普世文明"的观念,恰恰是一种西方理念,它与大多数亚洲社会的特殊主义(particularism)及其对人们彼此之间区别的强调形成了鲜明的分歧。情况的确如此,通过对不同社会中价值观的100项比较研究,有人得出结论认为,"对西方至关重要的价值观对世界来说可能无足轻重"。① 当然,在政治领域,价值观的差异尤其表现为美国和其他西方大国诱使其他国家的人们采用西方的民主和人权理念。现代民主政体源自西方,它向非西方社会的扩展通常是西方殖民主义或是西方强加的结果。

用纪梭·马布巴尼(Kishore Mahbubani)的话来讲,未来世界政治的轴心可能是"西方文明与其他文明"的冲突,是非西方文明对西方权力和价值观的反应。② 这类反应方式一般有三种,它们或单一或混合地被采用。在极端情况下,非西方国家会像缅甸、朝鲜那样采用自我孤立的办法以使自身社会免遭西方的渗透和"腐蚀",这样他们便在事实上不再参与受西方控制的全球共同体。不过,这种反应方式的代价过高,很少国家会采取这种单一方式。第二种方式类似于国际关系理论中的"见风转舵"对策(bandwagoning),它试图加入西方并接受西方的价值观和体制。第三种方式则试图通过发展经济和军事力量,通过与反西方的其他非西方社会合作,平衡西方的影响以保留本土价值观和体制;简而言之,它以现代化而不是西方化的方式与西方保持平衡。

分裂的国家

随着人们根据文明来区分彼此,那些存在多种文明成分的国家,如苏联和南斯拉夫,将来很可能会解体。而其他一些国家虽然拥有相当程度的文化同质性,但也会在他们的社会到底属于何种文明的问题上产生分化。这些都属于分裂的国家。他们的领导人典型地愿意追求一种见风转舵的策略,力求使自己的国家成为西方的一员。但是,这些国家的历史、文化和传统却是非西方的。在这方面,土耳其提供了最突出、最典型的例子。20世纪后期,土耳其的领导人遵循阿塔图克的传统,把土耳其看作一个现代的、世俗化的西

---

① Harry C. Triandis, *The New York Times*, Dec. 25, 1990, p.41; "Cross-Cultural Studies of Individualism and Collectivism", Nebraska Symposium on Motivation, vol. 37, 1989, pp.41—133.

② Kishore Mahbubani, "The West and the Rest", *The National Interest*, Summer 1992, pp.3—13.

方民族国家。在北约、在海湾战争中,他们使土耳其与西方结成同盟;他们申请加入欧共体。然而,与此同时,土耳其人却支持伊斯兰复兴,认为土耳其本质上是一个中东穆斯林社会。另外,在土耳其的精英们将土耳其视为一个西方社会的同时,西方的精英们却拒绝接受土耳其成为他们中的一员。土耳其不会成为欧共体的成员,其真正的原因,正如厄扎尔总统所言,"在于我们是穆斯林,而他们是基督徒。虽然他们并不明说"。反对了麦加后又遭到布鲁塞尔的反对,土耳其的位置到底在哪里呢?塔什干可能成为问题的答案。苏联时代的终结给土耳其提供了成为复兴的土耳其文明的领袖的机会,这一文明的区域包括了从希腊边界到中国边界的7个国家。受西方的怂恿,土耳其正在极力塑造这种新的自我认同。

过去的十年中,墨西哥的处境与土耳其颇为相似。就像土耳其放弃它与欧洲的历史对立,转而寻求加入欧洲一样,墨西哥也不再反对美国,反而接近美国,参加北美自由贸易区。它的领袖面临的重大任务是:重新界定墨西哥的身份,引进最终会导致基本政治变革的基本经济改革。1991年,卡洛斯·萨利纳斯·德戈塔里(Carlos Salinas de Gortari)总统的一名高级顾问向我详细描述了萨利纳斯政府正在实施的各种变革。听完他的介绍,我说:"最让我感觉印象深刻的是,我似乎觉得你们基本上希望将墨西哥从一个拉美国家转变为一个北美国家。"他很惊讶地看着我,然后惊呼:"你说得太对了!这正是我们努力做的,只不过我们从不公开这么说而已。"正如他的言语所暗示,和土耳其一样,很多墨西哥人抗拒重新确认国家身份。在土耳其,它的亲欧化领导人不得不向穆斯林做出友好姿态(如厄扎尔对麦加的朝拜);同样,墨西哥的亲北美领导人也不得不向那些坚持认为墨西哥是拉美国家的人们做出友好姿态(如萨利纳斯参加伊比利亚美洲国家瓜达拉哈拉峰会)。

历史上,土耳其一直是最严重的分裂国家。对于美国而言,墨西哥则是最近邻的分裂国家。在全球范围内,俄国是最重要的分裂国家。俄罗斯是西方的一部分还是独特的斯拉夫—东正教文明的领袖,这个问题在俄罗斯历史上曾经反复出现过。共产主义在俄罗斯的胜利使问题模糊起来。共产主义是西方意识形态的舶来品,在适应了俄国的情况后反过来却以那种意识形态的名义挑战西方。共产党的统治结束了西化还是俄罗斯化的历史争论。随着共产主义的失信,俄罗斯再次面对这个问题。

叶利钦总统正在采用西方的原则和目标,谋求使俄国成为"正常国家",成为西方的一部分。然而,无论是俄罗斯的精英还是俄罗斯的公众,在这个问题上都产生了分化。在较温和的批评者中,斯坦克维奇(Sergei Stankevich)主张,俄罗斯应当抵制"大西洋主义"的进程,这一进程引导俄罗斯"成为欧洲人,以一种快速合并的方式成为世界经济的一部分,成为七国集团的第八位成员,以及特别强调德国和美国作为大西洋联盟的两个主导成员"。尽管斯坦克维奇也反对排斥性的欧亚政策,但是他主张俄罗斯应当将保护其他国家的俄罗斯人置于优先地位,重视与土耳其和穆斯林国家的联系,鼓励"我们的资源、选择机会、关系和利益的再分配偏向亚洲和东方"。持这种主张的人们,指责叶利钦使俄罗斯利益屈从于西方利益,削弱了俄国军事力量,没有支持塞尔维亚那样的传统老朋友,以损害俄罗斯人民的方式推行经济和政治变革。这种趋势预示着萨维茨基(Petr Savitsky)观点的重新流行。20世纪20年代,萨维茨基主张俄国属于一种独特的欧亚文明。① 较极端的反对者则宣扬更激进的民族主义、反西方主义和排犹主义观点,他们敦促俄国重整军事力量,与中国和穆斯林国家建立更加紧密的联系。和精英一样,俄国民众同样产生了分化。1992年春在俄罗斯欧洲部分的民意调查显示,40%的公众对西方持积极态度,36%的持消极态度。和历史上的许多时候一样,20世纪90年代初的俄罗斯的确属于一个分裂的国家。

　　一个分裂的国家要重新定义它的文明身份,必须满足三个条件。首先,它的政治精英和经济精英必须普遍支持和热衷于这种运动;其次,它的民众必须愿意默许身份的重新定义;第三,受纳文明中的主要集团必须乐于接受这些皈依者。对于墨西哥而言,这三个条件在很大程度上都具备。对于土耳其而言,前两个条件也在相当程度上具备。很明显,对于俄罗斯加入西方而言,上述三个条件都不具备。自由民主主义和马克思主义之间的冲突是意识形态之间的冲突,尽管他们格格不入,但在表面上却都有着自由、平等和繁荣这样的最终目标。而一个传统的、权威主义和民族主义的俄国却有着完全不同的目标。一个西方民主主义者可以和一个苏维埃马克思主义者进行学术争论,但他根本不可能和一个俄罗斯传统分子对话。不再以马克思主义者自居之后,如果俄国人反对自由民主主义并开始以俄罗斯人而不是以西方人自居的话,那么,俄罗斯与西方之间的关系将再度疏远和对立。②

---

① Sergei Stankevich, "Russia in Seach of Itself", *The National Interest*, Summer 1992, pp.3—13.
② 欧文·哈里斯(Owen Harries)指出,澳大利亚反其道而行之,正试图(在他看来是不明智的)变成一个分裂的国家。澳大利亚不仅一直是西方的一个完全成员,而且一直是西方的ABCA军事与情报核心,但事实上它的领导人最近却打算使其脱离西方,将其重新定义为一个亚洲国家,并培养与邻国的亲密关系。他们认为,澳大利亚的未来系于东亚富有活力的经济。不过,我一贯主张,紧密的经济合作通常要求有共同的文化基础。另外,分裂的国家加入其他文明所需具备的三个条件,对于澳大利亚来说,都不存在。

儒家-伊斯兰教的联系

非西方国家迈向西方的阻力各不相同。拉美、东欧国家阻力最小,前苏联的东正教国家则较大,穆斯林、儒家、印度教和佛教社会面临的阻力也相当大。日本作为西方的伙伴已确立起自己独特的地位,它在某些方面与西方相像,但在重要的方面却与西方明显不同。那些因为文化和实力原因不愿或不能迈向西方的国家,则通过发展自身的经济、军事和政治实力来与西方竞争。他们通过加强内部发展以及与其他非西方国家的合作来实现这一点。这种合作最突出的形式是儒家-伊斯兰教间的联系。这种联系向西方的利益、价值观和力量提出了挑战。

西方国家几乎毫无例外地都在削减自己的军事力量,叶利钦领导下的俄国也在这样做。但另一些国家却反其道而行之,它们通过西方和非西方途径进口武器和发展本国军火供应的方式达到不断扩充军事力量的目的。其结果之一是导致了查尔斯·克劳瑟默(Charles Krauthammer)所称的"武器国家"(Weapon States)的出现,这种武器国家不是西方国家。另一个结果是需要重新界定原来属于西方概念和目标的军备控制。冷战时期,军控的主要目的是建立美苏及其盟国之间的稳定的军事平衡;在后冷战世界,军控的主要目标是扼制可能威胁西方利益的非西方社会军事力量的发展。西方国家企图以国际协议、经济压力和控制军备与武器技术转移的方式实现这一目标。

西方和儒家—伊斯兰教国家之间冲突的焦点虽不是全部,但主要集中在核武器、生化武器、弹道导弹以及这些武器的运载、制导、情报及其他尖端的电子手段上。西方极力推广将防扩散作为一种普遍标准,并将防止(核武器)扩散条约及其对条约执行情况的检查作为实现该标准的主要手段,同时辅之以威逼利诱的手段。因此,西方的注意力自然落在那些现实的或潜在的敌视西方的国家头上。

在另一方面,非西方国家坚称他们有权获取和发展自己安全所需的任何武器。当印度国防部长被问及他从海湾战争所学到经验教训时,他回答:"除非你拥有核武器,否则就不要和美国人斗。"非西方国家完全理解印度国防部长的真实反应。核武器、化学武器和导弹可能被错误地看成是能够抵消西方优势常规力量的潜在平衡物。当然,中国已经拥有了核武器,巴基斯坦和印度也具有了部署核武器的能力,朝鲜、伊朗、伊拉克、利比亚和阿尔及利亚正积极争取拥有这类武器。一位伊朗高官宣称,所有穆斯林国家都应当拥有核武器。据报道,1988年伊朗总统发布指示,要求发展"进攻性的和防御性的化学、生物和放射武器"。

…………

……一种新型的军备竞赛在伊斯兰—儒家国家与西方之间展开了。在旧式军备竞赛中,每一方都发展军备以求平衡或压倒对方的优势。在新式军备竞赛中,一方在发展武器,另一方不是试图平衡而是试图限制和阻止军备发展,与此同时还削弱自己的军事能力。

西方的牵制

本文并不认为文明的身份将取代其他身份,民族国家将走向消亡;也不认为每种文明都将成为单一连续的政治实体,生活在同一文明中的集团彼此间不会有冲突更不会有战争。本文只想指出:文明间的差异真实而重要;文明意识正在觉醒;文明的冲突将取代意识形态及其他冲突而成为全球冲突的主要形式;西方文明历史上玩弄的国际关系招数会不断地非西方化,非西方文明不再只是客体而是行动主体;成功的国际政治、安全和经济组织更有可能在文明内而不是在跨文明中得到发展;不同文明集团间的冲突相对同一文明内的集团间的冲突将更频繁、更持久和更激烈;不同文明集团间的冲突升级为全球大战的可能性更大、危险更甚;世界政治的重要轴心将是"西方和非西方"间的关系;某些分裂的非西方国家的精英试图使他们的国家成为西方的一部分,但在大多数情形下他们将难遂所愿;在最近的将来,冲突的焦点将集中在西方与一些伊斯兰—儒家国家关系上。

这并非是在鼓吹文明间冲突的正当性,它只是对可能出现的前景作描述性推测。如果这种推测不无道理,那么西方就应该考虑政策上的牵制。这类牵制可以分为近期优势和长期协调两部分。从短期来看,以下政策显然符合西方的利益:推动文明内部,尤其是欧洲与北美成员间的更紧密合作与统一;将文化上接近西方的东欧与拉美接纳进西方社会;促进、维护与俄国、日本的合作关系;防止地区性的文明内部冲突升级为文明内的大战;限制儒家和伊斯兰国家军事力量的膨胀;减缓削减西方的军事能力,维持其在东亚和西南亚的军事优势;利用儒家国家和伊斯兰国家间的差异和冲突;支持其他文明中对西方价值观和利益表示同情的集团;加强那些能够使西方利益和价值观得以表达、合法化的国际机构并推动非西方国家参与这些机构。

从长期来讲,则需要采取其他一些措施。西方文明既是西方的又是现代的，非西方文明只想要现代化而不想要西方化。这个问题迄今只有日本完全成功了。非西方国家将继续寻求获取作为现代化组成部分的财富、技术、技能、机器和武器，他们还会试图使现代性和自己的传统文化、价值观相协调。他们的经济和军事力量相对西方来讲会有所增长。因此，西方必须不断协调与这些在力量上接近西方而在价值观和利益上与西方有重大分歧的非西方现代文明的关系。这既要求西方维持必要的经济与军事实力，以保护其在和这些文明交往中的利益，也要求西方增进对作为其他文明基础的基本宗教和哲学学说以及这些文明中的人们看待自身利益方式的更深了解。这需要努力辨别西方和其他文明间的共性。在可预见的将来，不会存在任何统一文明的世界而只会存在一个多种文明的世界，每种文明都必须学会与其他文明共处。

复习思考题

1. 修昔底德关于实力平衡观念的经典分析何以能够穿越时空在今天产生共鸣？你能否将修昔底德关于国际关系的早期观念应用于现代的战争与和平事务？
2. 你是否认同克劳塞维茨关于"战争从本质上讲不过是政治通过另一种方式的继续"的观点？克劳塞维茨关于摩擦和战争迷雾的观念何以至今有效？
3. 为什么乔治·凯南认为与战争相对的遏制战略是冷战期间对付苏联的最佳方式？为什么说遏制政策最终证明是非常成功的？
4. 塞缪尔·亨廷顿的"文明的冲突"的含义是什么？为什么人们认为亨廷顿预见到了自2001年9月11日开始的反恐战争？

第十章

公共政策与公共关系

从某种程度上讲,所有的伟大领袖都属于善编故事的人——公共舆论的操纵者。还有比君权神授更精彩的故事吗?斯堪的纳维亚人将北大西洋中的一个冰封岛屿称为"绿岛"(即格陵兰岛),将现在位于加拿大东部的他们的落脚点称为"葡萄园"(即瓦恩兰)。当时那个地方并没有多少绿地,葡萄藤更是少之又少,而一些移民者当初正是在这些编造的响亮名字的诱惑下来到那儿。

宣传的核心意思是运用符号(如旗帜、音乐或修辞)和其他心理工具塑造人们的信仰、价值观和行为举止。事实上,它就是公共舆论的管理。宣传是较旧的术语,现在人们称之为公共关系,它意指政府将与其政策和对手的政策有关的真实信息广为散布的行为;或者也可以指将有关的非真实信息广为散布的行为(有时也称为恶意宣传)。

宣传的历史可谓久远。例如,成吉思汗(1162—1227)就曾利用有关其部队实力的夸张谣言吓得对方的老百姓和领导人主动投降。"宣传"这一术语源于罗马天主教会1622年成立的宣传大会,该机构旨在宣传教会的观点和反驳新教徒以及所谓异教徒的观点。

民主意识和大众政治意识的增长为宣传的存在提供了新的机会;大众传媒的发展同样如此。所有的政府都在利用大众传媒以影响公众。这种观念自一战后被引入美国。一战期间,英国报纸对德国暴行(既有真实的也有想象的)的报道被认为影响了美国的参战态度。这一事实促成了哈罗德·拉斯维尔划时代意义的分析作品——《第一次世界大战中的宣传技巧》(*Propa-*

ganda Technique in World War I,1927)的问世。二战期间,约瑟芬·戈培尔(Joseph Goebbels,1897—1945)领导下的德国宣传部散布了一个接一个的谎言。自那时直到现在,"宣传"这一术语一直带有险恶的含义。戈培尔提供的美妙建议是:"把报纸想象成一块巨大的黑板,政府可以在上面任意书写"(《时代周刊》,1933年3月27日)。

乔治·奥威尔(George Orwell,1903—1950)是那个时代唱反调的人。整个20世纪40年代,奥威尔一直从事小说、文章和广播搞的写作,反驳纳粹德国的法西斯主义宣传和苏联的共产主义宣传。他最早出名源于1945年出版的中篇讽刺小说《动物庄园》——关于苏联共产主义的经典讽刺文学,以及他发出的警告——所有的革命最终都可能背离革命的理想。他的最后一部小说《一九八四》(1950)在他去世的那年出版,他自然无从知道他所塑造的"老大哥"形象——一个强大而好干涉到足以完全监视和控制生活的方方面面的政府——会具有何等的令人反感的影响力。

奥威尔清楚,极权主义当时正利用语言来隐藏20世纪一些最卑鄙的罪恶。他于1946年发表论文《政治与英语》,目的不仅在于揭露他们的措辞技巧,而且在于证明何以"政治语言……都是为了把谎言说得像真实,把谋杀说得令人起敬……"。由于美国人几乎完全是通过政治领导人的谈话以及记者和评论员对政治事件的描述来体验政治,所以,在决定谁当选谁落选方面,在决定美国人如何定义国内外政治事件方面,语言的运用仍然发挥着关键的作用。今天,奥威尔的经典名言"虚伪乃清晰语言之大敌",仍然和他写作年代一样意义重大。政治语言的真正意图是说服而非使人明白,"政治上一团糟的现象和语言的败坏有关",领会了奥威尔的这些中心思想,公众会变得明智。

今天,宣传留给人们的印象不再是铁腕的笨手笨脚,它诡秘而精致,且几乎是下意识的。现代的宣传是作为媒体事件而提供给电视成瘾观众的,是利用新闻媒体产生公众信息的手段。媒体事件的定义标准是,如果摄影师和记者不在现场,则这样的事件就是没有发生的。类似的例子包括:故意走漏消息;释放探测气球(故意泄漏可能的政策以观察公众的反应);为配合晚间电视新闻节目而提前安排的抗议示威;或公职候选人为了表示某种意味深长(容易上镜头)的关注而走访某个穷人街区或种族街区。丹尼尔·布尔斯廷(Daniel Boorstin)将这些非自发的、人为安排的或人造的"新闻"称之为伪事件。这些人安排"事件"的意图在于招引公众注意。一旦读完他对"充斥我们生活的人造新奇之事"的分析,你会对总统的公开露面、竞选演讲或政治作秀这些老一套的做法不屑一顾,对于各种新套路也不会像以前那样津津乐道。

古往今来的政客们一贯本能地利用符号熟练策划公共关系。有些技巧可谓屡试不爽。当威廉·莎士比亚笔下的理查三世企图改善他那表面上的尊重而成为众人之王时,他走到哪儿都煞有介事地带着一本《圣经》。当1998年的莫尼卡·莱温斯基丑闻暴露后,比尔·克林顿总统也如法炮制,他于事发后的那个星期天怀揣着一本《圣经》,与妻子手拉手走进教堂。除了其他用处外,《圣经》还是一件历史悠久的公共关系道具。

自史前以来,人民一直受到他们的领导人借由禁忌和宗教仪式所施加的控制。诸如此类的符号体系,不是预示着某种恐惧就是预示着某种希望。在美国,政治领袖利用有关国际共产主义阴谋的可怕预言以激起人民的恐惧,通过动员社会与贫困作战以激起人民的希望。通过提醒我们有关难闻的气味、灰暗的牙齿及其未喷洒的身体部位等的危害,美国的商界领袖同样激起了我们的恐惧。当人们购买和使用了各种喷雾剂、面霜、发胶和软膏后,这些恐惧感就会消失。他们使公众相信,只有补充适当的维生素,驾驶合适的汽车,饮用恰当的保健可乐或葡萄酒饮料,他们也可以成为"上层社会的人"。我们在潜意识中(如果不是有意识地)都清楚政治词汇和商业广告中的符号体系。默里·埃德尔曼(Murray Edelman,1919—2001)在《政治的符号效用》(*The Symbolic Uses of Politics*,1967)一书中写道:"对于大多数人来说,政治在大多数时候是经由电视新闻、报纸、杂志以及政治辩论而储存于脑海中的一组图片。……对于我们中的大多数人而言,政治是掠过脑际的一个接一个的符号。"

国会委员会对政治行政官的项目拨款横加阻拦,在这种情况下,如果这位政治行政官企图将道德惩罚强加于该国会委员会,他只需暗示该委员会不是根据"国家利益"行事即可。国家利益的观念,尽管模糊不清,却是一种很有力量的符号,因为它代表着一种普遍接受的利益。国家利益受到人们如此尊重,以至于它本身就具有巨大的合法性。以如此分量的符号包装其计划,并利用这种符号惩罚那些对其计划持反对立场的国会议员,通过这些手段,政治行政官可以成功地影响那些立法者。这种先声夺人的策略,成功与否取决于各种相关因素的作用。如他试图影响的立法者对这种特殊符号的易感性如何?与反对者所使用的符号相比,这种符号的分量是否更重?如果政治行政官希望使用更有分量的符号,这种策略可能会导致相反的结果。例如,如果反对者使用"经济和效率"的符号,而政治行政官则称他们为"共产主义的盲从者",这种策略就难以奏效。

本书收录的是埃德尔曼该书中的其中一章——"符号与政治缄默"。在这一章中,埃德尔曼解释了公民的态度与信念如何受到符号的操纵,以至于他们对那些在其他情况下可能会持反对意见的政策保持默认。值得注意的是,埃德尔曼的分析与传统的理性决策理论截然不同,那种理论认为,人们对各种选项进行仔细分析后才作出理性选择。在埃德尔曼看来,当人们的情感被符号和国家宣传所利用时,理性选择在很大程度上远离了人们的判断。

38

政治与英语(1946)[①]

乔治·奥威尔

在我们这个时代,说政治文章都是坏文章,大体上是不会错的。例外的情况也有,一般来说,其作者通常是某种叛逆,写文章没有遵守"党的路线",而是看到了他个人的见解。正统的言论,不管它的政治色彩是哪一种,看来都是层层模仿,毫无生气的。小册子、社论、宣言、白皮书、各政府部门常务次官的言论等等,这些政治套话虽然因党派不同而各有千秋,但有一点是共同的:其中绝对找不到新鲜活泼、单纯朴实的语言。当你瞧着一个疲惫的老政客在讲台上机械地重复某些烂熟的词语——"**兽性的暴行**"呀,"**铁蹄**"呀,"**血迹斑斑的暴政**"呀,"**自由人民**"呀,"**肩并肩战斗**"呀……你常常有一种奇怪的感觉,好像说话的不是个活人而是个傀儡;特别是在他眼镜反光的时候,两块镜片变成两个空白,看不见后面的眼睛,你关于傀儡的感觉就陡然地更加强烈了。这并不纯然是幻想。一个人用这一类的词句来讲话,他自己也就差不多变成一台机器了。他的喉头发出了各种适合需要的音响,但是他的脑子并没有活动,并没有像他为自己措辞达意时那样活动。如果他说的话是过去多次重复的、早已习惯的,他很可能对自己的话完全不动脑子,就像在教堂做礼拜时随声附和一样。这种不动脑筋的状态,对于政治所要求的顺从来

[①] 原文出自:George Orwell, "Politics and the English Language", *Shooting an Elephant and Other Essays* by George Orwell. Harcourt, inc., 1950。译文引自:《奥威尔文集》,杨传降译,中国广播电视出版社1997年版,第157—162页。引用时作了部分修改。

说,虽然不是绝对必需的,却至少是非常有好处的。

在我们的时代,政治演说、政治文章通常都要为无法辩护的事情进行辩护。像英国继续维持对印度的统治,俄国的大清洗和大迁移,在日本投掷原子弹……诸如此类的事,辩护当然也是可辩护的,可是辩护的理由在大多数人民看来太不讲人道了,而且和这些政党公开宣布的宗旨不符。因此,政治言论就不能不含有大量的委婉语、回避问题的闪烁其词,以及完全含混的语言。毫无防护的村庄遭受轰炸,居民被赶到野外,牲畜被机枪扫射,农舍被燃烧弹焚毁:这都叫做**绥靖**。几百万农民的农庄被剥夺,他们被迫长途跋涉,全部财产只有随身携带的一点东西:这样的事叫做**人口转移**,或叫做**修正疆界**。不经审判就把一些人监禁多年,或者从脑后开枪处死,或者送到北极劳动营去,让他们死于坏血病:这些都叫做**消除不稳分子**。如果既要给一个名称,又不要人们头脑里出现某种画面,上述的词语称呼就用得上了。例如,某位舒服的英国教授要为俄国的专制独裁辩护,他不能直截了当地说:"我相信杀掉政治对手是正确的,只要对你有利。"因此,他大概会讲诸如此类的话:

> 我们完全承认,苏联的制度存在着某些使人道主义者感到痛心的特点,但是我想我们应该同意,对政治反对派的权利加以某种限制,在过渡时期是不可避免会连带发生的,而俄国人民所经受的苦难已经由于具体的成就而得到充分的补偿了。

这种虚浮的文风其实就是粉饰丑恶的委婉语。一大堆拉丁来源的词像柔软的雪一样降落在事实上面,使事实的轮廓模糊了,事实的细节也掩盖住了。语言清楚的大敌是虚伪。当一个人的真实意图和口头上的意图不一致的时候,他差不多本能地会去找大字眼儿以及空洞的成语,就像一只墨鱼喷出墨汁一样。在我们的时代,根本没有"与政治无关"的事。所有问题都是政治问题,而政治则是一大堆谎言,回避躲闪,愚蠢荒唐,仇恨和疯狂。整个气氛很坏,语言也必然遭殃。虽然我没有足够的知识,只能凭猜想,但是我完全不会奇怪,俄语、德语、意大利语,由于独裁制度的缘故,在近十年至十五年来也在走下坡路。

思想弄糟了语言,语言也能弄糟思想。恶劣的用语因模仿或传统习惯而蔓延传播,虽高明之士也难以避免。上述那些低劣语言用起来是颇为方便的。诸如"**并非毫无理由的假定**"呀,"**大有改进之余地**"呀,"**无助于善举**"呀,"**必须随时牢记的某种考虑**"呀……等措辞有着长久的诱惑力,就像身边常备的一小包阿司匹林一样。回过头来重读这篇文章,你一定能够发现我犯了一次又一次的毛病，而这正是我一直极力反对的。今天早上我收到一本邮寄的小册子，是讨论德国现况的。作者对我说他"感到一种迫切的力量"要写这本书。我随意翻开，看到的头一句就是这个样子："(盟国)现在有了一个机会，不仅能对德国的政治社会结构进行彻底改革，以避免德国本身民族主义的重现，而且同时还能为统一合作的欧洲奠定基础。"你瞧，他"感到一种迫切的力量"要写——大概是感到有些新鲜的见解要说，然而他的语言呢，就像骑兵的马听见了军号声一样，自动地组合起来，成了这种既熟悉又可怕的模式。现成的词语（"**奠定基础**"呀、"**进行彻底改革**"呀）侵入了头脑，只有毫不松懈地保持警惕，方能防止它们侵入。而每一个这类现成词语，都会使你的一部分头脑变得麻木不仁，失去了知觉。

前面讲过，这种语言败坏的现象是可以疗救的。有人不承认。如果他们能说出什么理由的话，无非是说，语言仅仅是现存社会状况的反映，玩弄词句是无法改变其发展进程的。就语言的总基调或总精神来看，这种说法有正确的一面，但就具体的细节而言，就不正确了。有些愚蠢可笑的词语现在消失了，并不是由于自然进化，而常常是由于少数人自觉努力促成的。举两个最近的例子吧，"**探索每一条道路**"和"**翻开每块石头寻找**"现在都不用了，就是几位新闻记者用嘲笑把它们干掉的。有一大串陈腐不堪的成语，也可以用同样方法消灭掉，只要有足够的人对此感兴趣。把 not un-（并非不是）这种结构嘲笑得不敢露面，在日常语句中少用拉丁字希腊字，把外国语和不相干的科学术语赶走，总之，使装腔作势的文风不再走俏，也都是做得到的。但是这些都是小节，保护英语还有更高的含义。也许我应该先从哪些不是它的含义说起，以免读者产生误解。

首先，保护英语与复古主义、与挽救过时的词句毫不相干，与建立某种不可违反的"标准英语"也毫无关系。相反，我们特别关心的是扫除那些早已过时的无用词语。保护英语与正确的语法、句法也没有关系。只要能把意思讲清楚，语法句法并不重要。它与避免美国英语、与提倡所谓"优美散文文体"也都没有关系。另一方面，它也不追求虚假的朴实单纯，不追求把书面语言口语化。它甚至不认为撒克逊词在任何情况下都比拉丁词好，尽管它确实主张用最短、最少的词汇来表达意思。至关重要的是让意义来选词，而不是颠倒过来，写文章的时候，处理词语的最糟态度就是向词语投降。在你想到一个具体事物的时候，你心中是没有词语的；然后，如果你想描写那想象中的事物，你就会搜寻最适合、最准确的词，直到找到为止。在你进行抽象思考时，你大概一开始就要用一些词；除非你有意防备，现成的词语会奔涌而入，代替你的思考,其代价是把你的意思弄得模模糊糊,甚至改变你的意思。也许,尽可能把用词的时间向后拖延,通过想象和感受把自己的意思弄清楚,是比较好的办法。然后,你才挑选——不是接受——那些最能表达你意思的词语。再然后,你转过身来看看你的词语可能给别人带来什么样的印象。作了上面说的种种努力,就可以除掉陈腐或混乱的形象、所有的虚构词语、不必要的重复、言之无物或模糊含混等毛病了。但是,一个词或词组的效果到底如何,写作时常常捉摸不定,有时靠直觉本能也不管用,便需要靠几条规则。我以为下面几条规则可以解决大多数问题:

(1) 永远不用书刊中已经习见的那些明喻、暗喻以及其他各种比喻。
(2) 能用短词的地方,决不用长词。
(3) 能删掉的词一律删掉。
(4) 能用主动句的地方,决不用被动句。
(5) 能用日常英语表达意思时,决不用外国词语、科学术语或职业行话。
(6) 一旦发现自己的话纯属胡说八道,便可不遵守上述任何一条规则。

这些规则看起来很简单,事实上也是如此。但是对于那些习惯于写当前时髦文章的人来说,却要在态度上来一个根本转变。遵守这些规则,写出的文章也许仍嫌不好,但绝不会写出我在前面列为五个样本的那类东西来。

我在这里谈的不是文学语言的运用问题,我谈的只是怎样把语言当作表意的工具,而不是妨碍表意或掩盖的工具。斯图亚特·蔡斯(Stuart Chase)等人接近于主张一切抽象词都毫无意义,而且以此为借口,鼓吹某种政治上的无为主义。你都不知道法西斯主义是什么,怎么能去反对法西斯主义?这样的谬论用不着去理会,但是必须承认,当前政治上一团糟的现象和语言的败坏有关,而且也许能从语言方面着手,实现某种改进。如果你使用单纯朴实的英语,你就能从正统政治的荒谬愚蠢中解放出来。你就没法说那些人人必说的套话,如果你说了蠢话,人人都看得出来,你自己也看得出来。政治语言——从保守党到无政府主义,所有党派都不例外,只有细微差异——都是为了把谎言说得像真实,把谋杀说得令人起敬,把纯粹的空气也说得有几分固体的模样。这一切无法立刻加以改变,但是至少可以改变我们自己的习惯。偶尔,如果我们的嘲笑声够大,甚至还可以把某些陈腐无用的词语——"铁靴政策"呀、"阿基里斯之踵"呀、"温床"呀、"熔炉"呀、"严峻的考验"呀、"真正的地狱"呀等等语言垃圾——扔到垃圾箱去。那才是它们该去的地方。

39

意象：理解美国伪事件的指南(1961)①

丹尼尔·布尔斯廷

我将那些充斥着我们生活的各种人造新奇之事称为"伪事件"(pseudo-events)。这里的前缀"pseudo"源于希腊文,意指虚假的,或故意欺骗的。伪事件何以成为可能？什么因素导致了伪事件的供应与需求的增长？在对这些历史因素作出回顾之前,我想先举一个人所共知的例子。

这个例子是由贝尔纳斯(Edward L. Bernays)在他于1923年发表的处女作《公共舆论的塑造》(*Crystallizing Public Opinion*)一书中提供的。某饭店的合伙人向一位公共关系顾问咨询如何提高该饭店的声望以改善经营业绩。在一个相对朴素的年代里,答案可能会是雇佣新的厨师长、更换新的抽水马桶、粉刷房间或者在大厅里装上水晶灯。然而,这位公共关系顾问提供的方法却不是这么直接,他建议饭店的管理者筹备一场饭店三十周年的庆典仪式。庆典委员会的成员包括一位成功的银行家、一位当地的贵夫人、一位知名律师和一位颇具影响力的传教士。设计这样一个"事件"(即宴会),目的在于引起公众的注意,并向他们表明该饭店一直致力于向当地社会提供卓越的服务。庆典仪式如期举行,摄影记者应邀而至,各家报纸纷纷报道,饭店的宣传目的于是也达到了。这一场面就是一种伪事件,它将伪事件的所有特征都体现出来。

我们可以看到,该庆典活动从一开始就具有某种——但非完全——误导性。推测起来,如果该饭店事实上并未向当地社会提供服务,这位公共关系顾问也不可能建议成立一个由社会名流参加的庆典委员会;另一方面,如果该饭店的服务一直如他们所说的那样出色,那么这位公共关系顾问的如此鼓动也就实属不必。庆典仪式一经举行,仪式本身就变成了证明该饭店服务出色的证据。庆典场面实际上将其自称的声望赋予了该饭店。

同样明显的是,对于饭店的主人而言,如此庆典仪式的价值取决于报纸和杂志对图片和文字的刊载,以及电台和电视台的新闻报道。正是这些报道

---

① 原文出自：Daniel J. Boorstin, *The Image: A Guide to Pseudo-Events in America*. Simon & Schuster Adult Publishing Group, 1961。

赋予该事件以影响潜在消费者的力量。于是,制造可报道事件的能力变成了制造体验的能力。当拿破仑手下的一位将军因环境不利而反对执行一项战役计划时,拿破仑的回答是:"呸!环境是我创造的!"这位现代公共关系顾问——当然,他仅仅是20世纪的众多伪事件的创造者之一——已经接近于拿破仑式的凭空自夸。贝尔纳斯解释道:"这位公共关系顾问不仅清楚新闻价值是什么,而且清楚,他的本职工作就是**制造新闻**。他是新闻事件的制造者。"

不过,现代事态的吊诡之处恰恰源于这一事实,即现代新闻的制造者不是上帝。他们制造的新闻事件给人们一种莫名其妙的不真实感。人造事件与上帝制造的事件之间仍然保留着一种具有挑衅性的区别。

伪事件具有以下几个特征:

(1) 它不是自发产生的。它的发生源于某些人的设计、安排或煽动。最有代表性的伪事件不是火车失事或地震,而是采访。

(2) 这些人安排伪事件的直接目的,主要(往往不是唯一)是希望这样的事件被报道或被复制。因此,对事件发生过程的安排以报道媒体或复制媒介的方便为原则。判断这种安排是否成功的标志,是事件被广泛报道的程度。其中的时间关系普遍虚构或相当勉强:"为方便后续报道",有关事件发生的通告预先就发出去了;或者事件的描述给人一种似曾相识的感觉。对于这些事件安排者来讲,"是否具有新闻价值?"这一问题,比"是否真实?"更重要。

(3) 伪事件与有关事态的基本事实之间的关系模糊不清,而它背后的利益恰恰源于这种模糊不清。在关注伪事件的人们看来,"它表示什么意思?"这一问题具有了新的维度。对火车失事的新闻兴趣是发生了**什么**和事故的真正原因,从某种意义上讲,对采访的新闻兴趣往往是事件**是否**真的发生以及事件发生的动机可能是什么。声明是否真的如它所言?没有这些模糊不清的东西,伪事件也不可能真正具有吸引力。

(4) 通常而言,伪事件是一种自我实现式的预言。饭店的三十周年庆典,通过宣扬该饭店是一家著名的饭店,也确实可以使它成为一家著名的饭店……

在伪事件充斥的年代,更让人感到迷惑不解的,不是体验的人工复杂化,而是体验的人工简化。无论什么时候,在公众的脑海中,如果一个伪事件和同一领域中的自发事件相互竞争公众的注意力,占优势的往往是伪事件。与电视上发生的事情相比,电视外发生的事情显得黯然失色。当然,我在这里关注的不是我们的私人世界,而是我们的公共事务世界。

使自发事件黯然失色的,是伪事件的如下特征:

(1) 伪事件更富于戏剧性。与候选人之间偶然发生的遭遇战或各自安排的连续性正式演讲相比,他们之间电视辩论的安排就显得更有悬念(例如,事先准备一些问题,然后在辩论过程中突然提出来)。

(2) 为广泛传播而设计的伪事件更易于传播,也更富于生动性。参与者都经过精心挑选,目的是使事件更有新闻价值,更具戏剧化的吸引力。

(3) 伪事件可以任意报道,人们对它们的印象会因此得到加强。

(4) 伪事件的制造需要耗费金钱,于是就有人愿意传播、宣传、夸大和赞美这些事件,目的是使人们相信这些事件值得关注,值得相信。因此,为了让钱花得上算,伪事件不仅被提前预告,而且事后被不断地重播。

(5) 为可理解性而设计的伪事件,更易于为人所理解,因而也更容易打消人们的疑虑。即便我们对于候选人的资格或复杂的主题无法进行通俗易懂的讨论,我们至少有能力对他们在电视上的表现作出判断。能够抓住某些政治事件是一件多么令人惬意的事情。

(6) 伪事件可以使目击者更善于交际、更健谈、更易于接近。伪事件的发生是根据我们的便利而设计的。当我们劳累了一周终于有时间过一个懒散的上午时,周日报纸出现在我们面前;当我们把杯中盛满啤酒时,电视节目出现在我们面前。第二天早上,在办公室里面,人们谈论最多的往往是杰克·帕阿(或其他任何一位明星表演者)的定期午夜节目,而不是某件突然发生、尚未进入新闻节目的临时事件。

(7) 有关伪事件的知识——关于事件的报道或关于事件的发起过程和原因——成为检验一个人是否"有见识"的标准。新闻杂志向我们定期提供一些竞猜问题,这些问题所涉及的不是已经发生的事实,而是"新闻中出现的名称"——亦即新闻杂志中报道过的事情。现在,伪事件开始提供那种我的一些守旧的朋友一直希望在名著中找到的"必读语篇"(common discourse)。

(8) 最重要的是,伪事件会以几何级数的速度繁衍出其他的伪事件。伪事件控制了我们的意识,原因仅仅在于这样的事件太多,越来越多。

在美国公共生活中的这种新格雷欣定律支配下,劣质事件往往将自发事件从流通中驱逐出去。美国总统的权力与声望的上升,原因不仅归于总统机构的扩张和迅速决断的需要,而且归于集中型的新闻搜集与播放机构的增加和华盛顿的媒体机构的增长。与任何人相比,总统拥有的通往伪事件世界的通道更现成、更经常,也更集中。这同样有助于人们理解为什么近年来国会调查委员会的地位会不断突显。在很多情况下,这些委员会事实上没有任何立法动力,有时候甚至连清晰的立法任务都没有,但它们却拥有几乎空前的制造新闻的权力,在联邦政府中这样的权力现在除了总统之外任何个人都不具有。新闻记者支持这些委员会,因为这些委员会可以供给他们新闻:两者构成一种愉快的共生现象。华盛顿机构之间的权力斗争变成了一种控制老百姓对政府知情权的竞赛。制造伪事件是实现这种控制的最简便方式。

有关伪事件如何支配人们知情权的最好例子,是最近颇为流行的智力竞赛节目。这一节目形式的原始吸引力,更多地不是来自这一事实,即这些节目可以检验人们的知识(或虚伪),而是来自这一事实,即紧张的场面经过精心设计——每个参与者处于相互隔离的小间,周围有高高的挡板——目的是让观众看到他们的表演。

另一个例子是将智力竞赛节目形式应用于1960年大选期间的总统候选人之间的所谓"大辩论"。四场辩论赛,通过广播网自以为是地大肆宣扬,在将重大的国家议题降低到无足轻重的程度方面取得了显著的成功。用一句庸俗的话来讲,这四场辩论赛可以被称为40万美元的大问题(价格:年薪10万美元的四年岗位)。关于何为伪事件,它是如何制造出来的,它为何具有吸引力以及它对美国的民主政治会产生何种影响,这些大辩论提供了最好的分析标本。

刚开始的时候,政治家们与新闻制造者们之间在大辩论的合作问题上相当困惑。公众的兴趣集中于与伪事件本身相关的细节上:灯光、化妆、基本规则、是否允许带字条等等。公众更感兴趣的是辩论者的表演而不是他们的观点。大辩论反过来又繁衍出无数的伪事件。看过电视辩论的人们更渴望阅读到有关辩论的报道,更迫切聆听到新闻评论员的解说。两党的代表纷纷对辩论赛的可能效果发表"声明"。大量的探讨大辩论意义的采访节目和讨论节目在媒体上播出。民意测验则将我们自己与其他人之间对辩论赛反应的细微差别及时告诉我们。有关辩论主题的构思越来越多。有一阵子甚至连是否应当举办第五场辩论赛都成了一个热门的"话题"。

辩论场景大多华而不实，或至少与主要（但被遗忘的）议题之间的相关性极其模糊。而恰恰是这些议题能够更好地反映候选人的总统资格。当然，一个人站在聚光灯下，不带字条，用两分半钟的时间回答一个此前一直保密着的问题，他在这种情况下所表现出来的能力，与他在顾问团的帮助下对长期存在的公共问题作出深思熟虑的总统决定的能力，两者之间的相关性太值得怀疑——如果还有相关性的话。如果以这种方式检验候选人的总统资格，我们历史上的伟大总统（富兰克林·德兰诺·罗斯福可能是一个例外）就可能完蛋了，而我们那些最声名狼藉的政治煽动家则可能出尽风头。诸多令人兴奋的伪事件就这样被制造出来——例如金门马祖议题。那不过也是一个伪事件的好标本：它为报道而制造，关注的是一个当时处于休眠状态的问题，并将那些最做作、最无足轻重的说法塞进有关我们与共产主义中国的关系这种重大而现实的议题之中。

在许多重要方面，正是电视媒体塑造了这种新型的政治智力竞赛节目。西奥多·怀特在他于1961年出版的《总统的诞生：1960》一书中以翔实的材料证实了这种现象。与古老的"辩论"一词相比，与林肯—道格拉斯大辩论的含义相比，这种与选票竞争相关的场面壮观的整体氛围，显得更加新颖别致。根据怀特的观察，肯尼迪之所以在关键性的第一场辩论中表现出巨大优势，因为他事实上压根就不是在"辩论"，而是抓住这个机会向全国人民致辞；与此同时，尼克松则紧紧咬住对方提出的问题，一个接一个地予以反驳。更重要的是，尼克松的肤色显得发光而自然透亮，这让他在电视上吃了大亏。普通相机利用光学投影成像，因而这种肤色的照相效果相当好，而电视摄像机则是利用一种"超正析像管"实现电子成像，这种电子管具有一种X光的透视效果。电视摄像机穿透尼克松的透亮皮肤，将皮肤下面囊孔中长出的最细的茸毛（即便刚刚刮过）显示出来。在第一场决定性的辩论赛中，尼克松以一种"不修边幅"（Lazy Shave）的打扮出现在电视画面上，这种打扮在那种情况下是失败的。于是，尼克松看上去显得面容憔悴、胡子邋遢，而肯尼迪则显得充满活力、干净利落。

美国历史上通过对各种竞选议题的辩论以教育选民的最好机会就是这样失效的，其主要原因，正如怀特所指出的那样，在于媒体的冲动。"电视和电台从本质上憎恶沉默与'冷场'。所有的电视与电台讨论节目都强迫参与者紧紧咬住问题，你来我往地对答，好像争论者是参加智力网球赛的对手一样。虽然每一个有经验的新闻工作者和调查者都知道，对于任何困难问题而言，最具思想性和回应性的答案往往是在长时间犹豫后萌生的，且犹豫的时间越长,由此产生的思想越具启发性。然而,电子媒体无法承受超过五秒钟的犹豫,现场直播中出现三十秒钟的冷场会显得冗长乏味。因此,紧紧咬住两分半钟的时间你来我往地回答问题,两位候选人都只能对着镜头和观众作出反应,他们根本没有时间思考。"在任何时候,候选人一旦发觉自己正在触及一个需要两分钟以上的时间方可解释清楚的想法时,就会赶快撤退。最终的判断留给了那些观看电视的选民,他们赖以判断的依据不是有思想的人对问题的考察,而是两位候选人在电视压力下的相对表演能力。

伪事件就这样导致人们对于伪资格(pseudo-qualification)的强调。这又是一种自我实现式的预言。如果我们根据总统候选人在电视智力竞赛中的表现测验他们的才能,我们当然就是在挑选具备这些资格的人来当我们的总统。在民主政体中,现实往往顺应伪事件。自然模仿艺术。①

我们公开揭露伪事件假面具的努力,常常以失败而告终。无论什么时候,当我们对灯光、打扮、演播现场、排演等作出描述时,我们只不过是在激起人们更多的兴趣。听完一个新闻记者的描述,只会激起人们更高的热情去聆听另一位新闻记者的描述;一位评论员作出辩论可能无关轻重的推测后,会激起人们更强好奇心去听听另一位评论员是否会持不同意见。

当然,伪事件确实可以增强我们的幻觉,抓住世界的幻觉,有人将这种现象称为美国人的万能幻觉。或许我们真的以为,世界的问题可以通过"声明",通过"高峰"会议,通过"声望"竞争,通过朦朦胧胧的意象,通过政治智力竞赛予以解决。

一旦体验过伪事件的魔力,我们就会被它们所诱惑,进而相信它们才是唯一重要的事件。我们的进步毒害着我们的体验之源。这种毒药如此可口,以至于扰乱了我们对于朴素事实的胃口。我们满足于言过其实的期待,这种表面上的能力使我们忘记了这些期待本身就是言过其实的。

---

① 古希腊的思想家赫拉克利特有"艺术模仿自然"的提法,此处作者显然是反其意而用之。——译者

40
象征与政治缄默(1964)①

默里·埃德尔曼

关于政治现象的解释,广为人知的是这样一种武断的观点,即某一集团的成功是由于持对立利益的其他集团的"冷漠"所致。如果说政治生活中的冷漠,由于涉及个人的内心状态,因而是不可观察的,那么,政治缄默则不同,它是可观察的。本文将对与商业管制政策制定过程中的政治缄默相关的若干条件作出详细描述。尽管同样的一般条件显然也适用于其他公共政策的制定,但为了进行更透彻的论述,本文使用的论据和事例主要来自政府商业管制领域。

可以将人们对某一政策领域的政治缄默假定为利益缺失的应变量,或缄默集团从拟议的政策中可获得的利益的满意变量。在这里,我们关注的是利益满意的变量。在对可能出现的各种利益实现手段进行分析前,在下面的讨论中,我将人们对于资源(无论是物品还是行动的自由)的利益与他们对于符号的利益区别开来。这里,符号(symbolic)②隐含着抑制威胁的意思。

我的分析建立在以下三个假设基础之上:

(1) 有组织的集团对于有形资源或实质性权力的利益,与他们对于符号安全的利益(interests in symbolic reassurance)相比,更不容易得到满足。

(2) 对于符号安全的利益,其产生与以下两个条件有关:
   A. 某些经济条件的存在对某一大型集团的安全构成威胁;
   B. 该集团缺乏旨在促进其共同利益的组织。

(3) 以缺乏组织、诉诸于符号安全的利益和政治缄默为特征的政治行为模式,构成了一种关键性的因素,使得有组织的集团有能力利用政治机构对有形资源和权力提出有利于自己的主张并持续地威胁无组织集团。

---

① 原文出自:Murry Edelman, *The Symbolic Uses of Politics*, University of Illinois Press, 1964。

② 译者注:"Symbolic"一词的中文意义是象征或符号。尽管在象征政治理论中,象征与符号的含义略有区别,不过,在本文中,在不至于引起语义混乱的条件下,我们视这两个词为通用。

与这些假设相关的证据如下所列。首先,我将对人们普遍接受的一些命题进行归纳,这些命题涉及集团的主张、缄默以及这些集团用以满足其在政府商业管制政策方面的利益的技巧。其次,我将对其他学科中一些相关的实证与经验的研究结果作出分析。最后,我还将探讨将各种研究结果整合起来并将它们应用于以上假言命题的可能性。

一

以政治和法律承诺为一方面,以资源分配和集团反应为另一方面,如果管制过程可以根据这种区分进行研究,那么整个过程的象征特征将变得相当明显。受到政府商业管制政策影响而没有组织起来追求其利益的那些无组织集团,关于它们的作用与功能,现有的研究告诉我们了什么?尽管不同学者的强调重点或许有所不同,但以下一般性结论可能为大多数学者所接受:

命题一:在管制条例的利益承诺中以及在为实施这些条例所做的宣传活动的利益承诺中,有形资源和权益的分配对象往往不是那些无组织的政治集团。

对于那些自认为处于不利地位且有理由推测他们期待从管制政策中获得权益的集团来说,这是应当提供给他们(或他们所需要的)正当价值。举例来说,学者们对于反托拉斯法、克莱顿与联邦贸易委员会法、洲际商业法、公用事业法以及工作权利法达成了近乎全体一致的同意,然而,这些法律所承诺的许多价值事实上并没有兑现,从这个意义上讲,从许多的执行情况来看,这些法律是无效的。虽然具体情形并不一致,但几乎无需补充新的详细文献即可得出这种一般性结论。赫林①、莱瑟森②、杜鲁门③、伯恩斯坦④都得出这样的结论:除非有证据表明被管制集团认同管制政策或管制政策符合这些集团的利益,否则管制政策的价值很少能够兑现。雷德福特⑤、伯恩斯坦⑥和其他一些学者提出了一种有关管制历史的"生命周期"理论。该理论显示,管制机构的失效符合某种稳定的模式。就我们目前的讨论而言,无需

---

① E. Pendleton Herring, *Public Administration and the Public Interest* (New York, 1936), p.213.
② Avery Leiserson, *Administrative Regulation: A Study in Representation of Interests* (Chicago, 1942), p. 14.
③ David Truman, *The Governmental Process* (New York, 1951), Chap. 5.
④ Marver Bernstein, *Regulating Business by Independent Commission* (New York, 1955), Chap. 3.
⑤ Emmette S. Redford, *Administration of National Economic Control* (New York, 1952), pp. 385—386.
⑥ Bernstein,前引文。

接受这样的假设,即这种失效的情形在任何情况下都会发生,而只需接受这样的假设,即这种失效情况在一些重要领域频繁发生。①

命题二:即便这种情况确实发生,被剥夺了利益的集团往往很少表现出抗议意向或公开表明其受剥夺感的意向。

强烈的公众愤怒或激情,通常表现为在最初的立法过程中对那些被视为危险的"小人"所组成的势力的抨击,这是一种常见的美国景观。几乎同样可预测的是,这种热情很快就会消退。同样,这种现象不是在任何情况下都会发生,但它发生的频率之高足以要求我们对此作出彻底的解释。管制过程研究的主要学者都谈到了这个问题,然而,他们中的大多数人,尽管注重严谨而全面的分析,却相当随意地忽视了这种非常重要的政治行为。雷德福特据此宣称:"随着时间的推移,行政官发现,在他的指令发布后,当初的公众热情和国会情绪已经消失,而支持改革当前模式的政治力量也日渐减小。"②

尽管管制立法的预期受益者很少或从不担心自己的利益会失去保护,但可以假定他们构成了支持在法律文书中保留这些条款的潜在政治基础。如果职业政客的行为建立在如下假设之上,即即便实际的资源分配因与管制条款的承诺不相一致而遭遇缄默,他倡导这种管制立法的行动从大体上讲仍是广受欢迎的,那么,他的判断可以说是相当准确的。在预期的受益者所涉及的范围内,我们可以根据这些反应(对管制条例的支持,加上对条例承诺的资源分配没有兑现的冷漠)来界定立法的意图。③ 这两种的反应容易使人混淆,但两者常常在逻辑上是不一致的。

命题三:最密集的符号传播,往往出现在那种资源分配的效果意图最不

---

① 管制条例所承诺的资源分配常常不能兑现。有关这一命题的证据,除了上面提到的政府过程分析作品中的观点外,我们还可以从政府商业管制的一般性研究和具体条例的经验分析中找到其他的证据。有关一般性研究的例子,参见:Clair Wilcox, *Public Policies Toward Business* (Chicago, 1955);由于经验分析的例子,参见:Frederic Meyers, *"Right to Work" in Practice* (New York, 1959); Walton Hamilton and Irene Till, *Antitrust in Action*, TNEC Monograph 16 (Washington, D. C., GPO, 1940)。

② 雷德福特,前引文,第 383 页。相似的解释亦可参见:赫林,前引文,第 227 页;伯恩斯坦,前引文,第 82—83 页。有些作者以简洁的方式提出了一些更严谨的解释,尽管他们没有将人们对于符号安全的利益的可能作用考虑在内,这些解释却与本文提出的假设相一致。例如,杜鲁门唤起了学者们对于组织因素的关注,他强调"那些其利益互动关系的频繁或稳定程度不足以形成有干预力的组织,以及那些其多重成员身份对利益主张的力量构成持续性威胁的"利益集团是无效的。Truman, 前引文,第 441 页。当然,多重成员身份是所有组织(稳定的与不稳定的)中的成员的共同特征;如果共同利益得到认可,那么这种"不频繁的互动关系"本身就是一种有待解释的现象。有关行政的"非戏剧化性质"(undramatic nature)和行政机构保护公共利益的假设,可参见:Bernstein, 前引文。

③ 有兴趣的读者可以比较乔治·米德关于立法意图的讨论。George Herbert Mead, *Mind, Self and Society* (Chicago, 1934), pp.78—79。

明确的立法过程中。在具体的管制条例的立法史中,最广泛宣扬的是那些对资源分配影响最小的条款,而那些对资源分配影响最大的条款,受公众关注的程度反而最低。

从命题一之下所列的那些条例中,我们可以清楚地看到,所承诺的东西与所提供的东西之间存在着实质性的差异。因其对普遍共享的利益提供了象征性的保护,这些条例成为了公开宣扬程度最高的法律。托拉斯解体、"劳工大宪章"(克莱顿法)、反价格歧视与反商业欺诈、限制公用事业收费、严格控制工会官僚机构(或者从另一个集团来看,可称之为"奴工法")、根据"支付能力"征收联邦收入所得税等这些术语和符号,作为对过去七十年中联邦与州政府的主要管制政策的描述,成了对公众广为宣传的内容。细心的学者们发现,这些描述恰恰最具有误导性。通过引用这些法律中最广为宣传的具体条款,如谢尔曼法的第1款,克莱顿法的第6款和第20款,以及塔夫脱—哈特莱法的封闭型企业(closed shop,即只允许雇佣某一工会会员的工厂。——译者注)、次级抵制(secondary boycott,即向尚未直接卷入劳资争议的雇主施加压力的有组织行为。——译者注)和紧急罢工(emergency strike)条款,这种误导性即刻显现出来。无论是根据这些法律条文的解释,还是根据附带要求与公众信息的解释,观察者恐怕连这些管制政策的发展方向都预测不到,更别提对政策目标的准确预测了。

从正义和公平的角度来看,这些法律的其他特征,同样属于僵持不下(如果不是彻底失败的)的恶兆象征。其典型的情况是这样,法律文本的前言(即便在法律理论中,它的作用也不过是象征)中含有公众或公共利益将得到保护的坚定承诺,而那些最广为宣传的法律条款则往往包含了其他一些表示公正、平衡或平等意思的不具可操作性的标准。

另一方面,如果有人试图寻找对那些受公共政策实质性和直接影响的资源分配作出改变的例子,他很快就会发现,这方面的突出例子相对而言很少受到广泛宣扬。可以想起的例子包括:购银法(silver purchase provision),法院对克莱顿法的劳工条款中"在法律许可范围内"(lawful)一词的解释,塔夫脱—哈特莱法和铁路劳工法中的程序规定,战后对放牧事业拨款的严重削减,以及通过将利率、税率、运费率、工资等项目纳入农业经营者的价格指数而调整农产品的平价计算公式。

从杜鲁门的研究成果和拉萨姆(Earl Latham)的《政治的集团基础》一书

中,我们可以找到他们对法律命令的操作意义所作的富有启发性的描述。①他们俩人都强调相互竞争的集团和组织作为政策制定过程中的动态因素所具有的重要性,且都将这种因素与同等重要的法定语言区分开来。②

关于选民对当前公共议题的熟悉程度和感觉强度,我们刚刚着手进行一些严肃的研究,而成功的政治职业人士显然很长时间以来一直将他们的行为建立在如下假定之上:选民事实上对政策议题相当不熟悉;他们很少对政策议题表示强烈关注;保持缄默是一种常见现象;一般说来,国会议员可以指望用老一套的方式回应选民,而无需执著地、有组织地追求代表多数选民的物质利益。③

命题四:公然拒绝向数量众多的人们提供资源的政策可以无限期地执行下去而不会招致严重的争执。

购银政策、农产品政策以及许多其他的政府补贴政策属于明显的例子。尽管有大量的证据(部分证据见后文)表明,反托拉斯法、公用事业管制以及其他一些表面上旨在保护小企业或消费者的管制条例也支持该命题,但这些例子的明显程度相对较低。

联邦收入所得税法是一个很好的例子,可以用于说明广为宣传的象征与资源分配的实际模式之间所存在的趋异现象。宪法第十六修正案通过之前所进行的宪法斗争,对按支付能力纳税原则的强烈捍卫,以及不时发生的以激烈辩论的建议案形式对25%税率上限原则的抨击,这些都使得联邦收入所得税法成为了一种重要的公正象征。虽然争论双方激烈的语言风格随累进税的象征意义不同而有所变化,且这种语言风格的变化支持了这样的假定,即该税制是高度累进的,然而,联邦收入所得税法侵入公民财产的程度则取决于另外一些不太为人所关注且常常严重有损其累进特征的规定和行为,例如,特别纳税处理(special tax treatment)就源于以下设计:家庭合伙制(family partnership)、生前赠与(gifts inter vivos)、夫妇均分入息(income-splitting)、多重信托(multiple trusts)、百分比折耗(percentage depletion)和递延酬报(deferred compensation)。

尽管"按能力赋税"(ability to pay)的符号具有很强的象征意义,然而逃

---

① Truman,前引文,第439—446页;Earl Latham, *The Group Basis of Politics* (Ithaca, N.Y., 1952),第1章。

② 我曾经探讨过劳工立法中的这种效果。参见拙文,"Interest Representation and Labor Law Administration", *Labor Law Journal*, Vol. 9 (1958), pp.218—226。

③ 参见:Lewis A. Dexter, "Candidates Must Make the Issues and Give Them Meaning", *Public Opinion Quarterly*, Vol. 10 (1955—56), pp.408—414。

税现象却使得这种符号在语义上大大空洞化。有95%的工资与薪金收入如法律所规定的那样被征税,然而,与此同时,利息、股息和信托投资收益中,实际征税收入只占应征税收入的67%;在农业收入中,实际征税收入只占应税收入的大约36%。① 总的来说,高收入的纳税人最容易从免税、避税和逃税中受益。这可能是也可能不是可欲的公共政策,不过它确实反映出了政治象征与资源分配效果之间的不一致现象。

二

由于以下两个原因,上述现象对政治过程研究具有重要意义。首先,对于不同主题的政策而言,相关的各种集团的利益模式之间存在相当程度的一致性。其次,这些现象意味着,分享着共同的政府利益的人们,他们对于政治象征的非理性反应,构成了政治过程中的关键因素。关于第二个观点的分析,社会学、社会心理学和语义学提供了一些相应的资料。

三十年前,哈罗德·拉斯韦尔写道:"政治是一种过程,社会非理性的基本要素通过这一过程而公开化。"他列举了一些案例研究中的证据用以支持若干命题。自那以后,这些命题得到了更丰富、更直接的经验证据的支持。他说:"政治的理性与辩证阶段从属于情感共识的重新定义阶段。"他指出,"对于社会上很多人而言,生活环境中普遍发生的干扰性变化"给他们提出了相应的调节问题,这些问题在相当程度上是通过符号表现的形式予以解决的。他暗示人们,"政治要求与社会需求相关性可能相当有限"②。

在研究投票行为和分析立法过程时,当代政治科学家有时也会接受上述陈述中所隐含的观点。不过,这种观点对于行政过程中政策制定的意义尚未得到广泛承认。确实如此,认知力与合理性是行政过程的关键,而立法过程与投票过程在某种程度上却并非如此。不过,这与行政政策或行政过程中的政治(administrative politics)必定与"情感共识的重新定义阶段"无缘的说法,是两码事。

在某些条件下,集团或人格类型倾向于对符号诉求作出强烈反应,并倾向于以一种政治上意义重大的方式扭曲或忽视事实。以下几个经验观点和结论可以对这些条件作出详细描述。

---

① Randolph E. Paul, "Erosion of the Tax Base and Rate Structure", in Joint Committee on the Economic Report, *Federal Tax Policy for Economic Growth and Stability*, 84th Congress, 1st Session, 1955, pp. 123—138.

② Harold Lasswell, *Psychopathology and Politics* (New York, 1960), pp. 184—185.

（1）人们往往对不明情况或具有情感煽动性的情况作出自己的解释。正如冯斯特海姆所描述的那样，"刺激情况的界定越模糊，或赋予的情感因素越多，感知者所起的作用也越大"①。这一命题已经得到心理学家们的普遍认同，因为它证明了心理投射技术的合理性，同时也得到大量经验证据的支持。

当今，那些大张旗鼓、广泛宣扬的公共管制政策，恰恰是在这种情感丰富而定义模糊的情况下得以发起和执行的。我们有充分的理由推测，如果公众在认知上对于政策议题并不熟悉，那么，他们中的大多数人的"利益"很可能源于某些社会心理因素的作用。这些因素是什么，由此我们联想到另外一些观点。

（2）在我们的社会中，很多人有这样的特点：他们以老一套的、人格化的和过于简单化的方式看待问题和思考问题；不认同或不能容忍具有多种含义的复杂局面；因而主要依据过分简化和扭曲的象征作出反应。当人们因无法适应真实的或感知的问题而产生不安全感时，这种行为模式（加上其他一些与政治过程相关性不大的特征）尤其可能发生。② 法兰克尔·布伦兹维克（Frenkel-Brunswik）指出，"经济状况之类的客观因素"可能有助于这种综合病症的发生，因而，也可能助长了这种综合病症的重要性，因为它是伴随着公共政策的制定而普遍发现的一种集团现象。③ 只有当存在某种符号信仰的社会强化机制时，这种行为模式才会足够持久、普遍存在，因而才会具有重要的政治意义。如果不安全感属于个人性的，既不会传递给别人也不会得到别

---

① Herbert Fensterheim, "The Influence of Value Systems on the Perception of People", *Journal of Abnormal and Social Psychology*, Vol. 48 (1953), p. 93. 为支持该命题，冯斯特海姆引述如下文献：D. Krech and R. S. Crutchfield, *Theory and Problems of Social Psychology* (New York, 1948); A. S. Luchins, "An Evaluation of Some Current Criticisms of Gestalt Psychological Work on Perception", *Psychological Review*, Vol. 58 (1951), pp.69—95; J. S. Bruner, "One Kind of Perception: A Reply to Professor Luchins", *Psychological Review*, Vol. 58 (1951), pp.306—312; and the chapters by Bruner, Frenkel-Brunswik, and Klein in R. R. Blake and G. V. Ramsey, *Perception: An Approach to Personality* (New York, 1951). 亦可参见：Charles Osgood, Percy Tannenbaum, and George Suci, *The Measurement of Meaning* (Urbana, Ill., 1957).

② 与这种现象有关的代表性的一般性研究与实证研究包括：M. Rokeach, "Generalized Mental Rigidity as a Factor in Ethnocentrism", *Journal of Abnormal and Social Psychology*, Vol. 43 (1948), pp.259—277; R. R. Canning and J. M. Baker, "Effect of the Group on Authoritarian and Non-authoritarian Persons", *American Journal of Sociology*, Vol. 64 (1959), pp.579—581; A. H. Maslow, "The Authoritarian Character Structure", *Journal of Social Psychology*, Vol. 18 (1943), p.403; T. W. Adorno and others, *The Authoritarian Personality* (New York, 1953), pp.123—138; Erich Fromm, *Escape from Freedom* (New York, 1941); R. K. Merton, *Mass Persuasion* (New York, 1950).

③ Else Frenkel-Brunswik, "Interaction of Psychological and Sociological Factors in Political Behavior", *The American Political Science Review*, Vol. 46 (1952), pp.44—65.

人的强化,那么,这种行为模式与集团优越感或其特性的相关性就会很低。①

　　福斯丁格(Festinger)及其同事的一项研究从另一个角度表明:对于那些热衷于某种情感满足式的符号的人来说,事实究竟如何,可能已经无关紧要。作为参与者—观察者,福斯丁格和同事对一个15人小组进行了研究。他们说服小组成员相信世界末日是1956年的某个具体日子,凡相信这一预言的人,将被飞碟带离地球。即便在指定的日子过去以后,除了极少的例外,这些参与者仍拒绝放弃他们的信仰。福斯丁格的研究结论是,在存在足够的事先承诺的情况下(实际上,其中的许多人已把值钱的东西送给别人),当这种承诺得到来自社会上的其他人的持续支持时(有两个成员放弃了这种信仰,他们仍生活在那里却不再与小组其他成员有进一步的交往;而那些仍然坚持其信仰的人则继续彼此看望),面对明显不利的证据,人们对信仰的承诺很可能得到强化与巩固。早先发生过的众所周知的此类救世主运动,为该结论提供了大量证据。②

　　(3) 人们对于某种符号的情感承诺与他们对于某些问题的满意与缄默有关;换言之,如果没有这种情感承诺,这些问题会激起他们的忧虑。

　　令人称奇的是,来自不同专业领域的许多细心的观察者,尽管他们使用的资料和研究方法各不相同,但都一直关注和强调这一效应。在《权威人格》(*The Authoritarian Personality*)一书中,阿多诺(Adorno)将此作为一个重要观点提了出来:"人们最私人的、最亲密的个人世界常常因政治和经济事件而倍感沮丧,为了缓解心理上的焦虑感和不安全感,以及为了给个人提供某种智力安全的幻觉,人们便依赖某种固定的、相似的方式来逃避现实。"③

　　除了心理试验所提供的支持外,来自语义学、组织理论和政治科学等领域的学者也纷纷对此现象发表评论。阿尔伯特·所罗门(Albert Solomon)指出:"通过操纵社会意象,有可能使社会成员相信,他们不是生活于混乱的丛林之中,而是生活在组织良好、秩序井然的社会里。"④哈罗德·拉斯韦尔也指出:

> 人们不应草率地以为,由于那一系列的争论已被淡忘,其所隐含的问题便得到根本解决。很多时候,解决办法犹如魔术般的溶解剂,它对

---

① Adorno and others,前引文。
② Leon Festinger, Henry Riecken, and Stanley Schachter, *When Prophecy Fails* (Minneapolis, 1956).
③ Adorno and others,前引文。
④ Albert Solomon, "Symbols and Images in the Constitution of Society", in L. Bryson, L. Finkelstein, H. Hoagland, and R. M. MacIver (eds.), *Symbols and Society* (New York, 1955), p.110.

于引起社会紧张感的状况没有丝毫改变,而仅仅允许社会将注意力转移到另一组同样无关的符号上。立法机构通过的法律的数量,或行政机构颁布的命令的数量,不过是这种政治魔术作用的大致指标,它对于固定的社会习惯毫无改变。……政治的符号表现具有精神发泄的作用……①

切斯特·巴纳德(Chester Barnard)是一位行政经验丰富、思想敏锐的分析者,他认为:"在人类目前的发展阶段,无论是权威还是合作意向……都不能容忍人们在正式问题上存在公开分歧。大多数的法律、行政命令与决定等,实际上都是一种形式化的告知:一切正常——大家意见一致,权威没有受到质疑。"②

肯尼思·柏克(Kenneth Burke)也得出了相当一致的观点。他称政治风格的语言为"世俗祷告",并宣称它的作用是"将那些空洞的、生硬的语言打扮成具有强烈针对性的东西"。③ 在别处,他指出,法律本身就服从于这种作用,并断言,制定法本身就是"对某种判断明智与否的检验"。④

(4)主动要求增加经济资源或减少行动的政治限制,这种做法往往是无效的。更确切地讲,这些要求是与参考集团,尤其是与那些社会经济地位不相上下的参考集团比较与对比的应变量。

当然,这也是关于社会动力学的基础最稳固的命题之一。这一命题得到了来自宏观社会学的分析⑤、心理学的试验⑥,以及来自政治过程,尤其是通过对比政治缄默与政治抗争或革命行为所得出的观察资料的支持。⑦

该命题有助于解释,为什么要求获得额外资源的行为在得到社会认可和支持的地方也会落空;该命题同样有助于解释,在实力相当的集团对同一资源存在竞争的地方,在这些集团对于资源的可获得性得到社会支持的地方,为什么一些有组织的集团会对额外资源提出贪得无厌的要求(例如,缺乏缄默集团)。

---

① Lasswell,前引文,195 页。
② Chester I. Barnard, *The Function of the Executive* (Cambridge, Mass., 1938), p.226.
③ Kenneth Burke, *A Grammar of Motives* (New York, 1945), p.393.
④ Kenneth Burke, *A Grammar of Motives* (New York, 1945), p.362.
⑤ Mead,前引文;Ernst Cassirer, *An Essay on Man*.
⑥ 参见:James G. March and Herbert A. Simon, *Organizations* (New York, 1958), pp.65—81, 以及该书引述的研究成果。
⑦ 例如可参见:Murray Edelman, "Causes of Fluctuations in Popular Support for the Italian Communist Party Since 1946", *Journal of Politics*, Vol. 20 (1958), pp.547—550; Arthur M. Ross, *Trade Union Wage Policy* (Berkeley and Los Angeles, 1948).

（5）以上讨论的这些现象（赋予不明情况以解释,墨守成规,过于简单化,政治缄默）,在很大程度上与影响大部分人口的社会、经济或文化因素有关。作为集团现象,它们具有政治意义。

一些心理学家对社会化与环境一向不敏感,他们将之视为个体特征的解释过程与发展阶段。然而,即便对于这些心理学家来讲,他们也提供重要的试验发现可以支持该命题。在对《权威人格》研究中的访谈材料进行分析时,阿多诺得出的结论是,"我们的大众文化氛围"构成了政治意识形态和墨守成规的政治思维的基础,他还对这种文化氛围中的某些标准化内容进行了分类。① 前文引述的他关于象征与政治缄默的关系的观点,强调的也是它的社会特征。林德史密斯和施特劳斯（Lindesmith and Strauss）也得出了相似的观点,他们强调了象征与人们所依附的参考集团之间的联系。②

另一项风格迥异的研究显示,由于人们的利益往往与他们的社会状况密切相关,所以人们的政治态度往往不会因某种片面诉求而改变。宣传的功能,更准确地讲是要激活社会基础牢固的利益。一项实证研究得出了这样的论点:"政治作家的任务是向'理性的'人们提供充分和可接受的理由用以装扮他们的选择,这种选择事实上是由基本的社会从属关系所决定。"③

乔治·赫伯特·米德（George Herbert Mead）得出的基本观点是,离开了社会行为,符号表现本身没有任何意义。他说:"符号表现等同于目标,……离开了它赖以发生的社会关系的背景,符号表现并不存在。"④

三

上述研究有助于我们更好地理解不同类型的集团期待从政府那儿得到什么以及在何种情况下他们可能对将要得到的东西感到满意或不安。根据观察社会行为的不同方式,我们可以清楚地识别出与公共管制政策相对应的

---

① Adorno and others,前引文,655 页。

② Alfred R. Lindesmith and Anselm L. Strauss, *Social Psychology*（New York, 1956）, pp. 253—255. 另一项心理试验显示,人们的政治态度是集团规范的应变量。关于该试验报告,参见:I. Sarnoff, D. Katz, and C. McClintock, "Attitude-Change Procedures and Motivating Patterns", in Daniel Katz and others（eds.）, *Public Opinion and Propaganda*（New York, 1954）, pp. 308—309;亦可参见:Festinger, Riecken, and Shachter,前引文。

③ Paul F. Lazarsfeld, Bernard Berelson, and Hazel Gaudet, *The People's Choice*（New York, 1944）, p. 83. 有关结论相同的另一项试验的说明,参见:S. M. Lipset, "Opinion Formation in a Crisis Situation", *Public Opinion Quarterly*, Vol. 17（1953）, pp. 20—46。

④ Mead,前引文,第 78 页。

两种主要的集团利益行为模式。这两种行为模式可简略归纳如下：

模式A：相当高的组织化程度——理性的、认知的程序——准确的信息——对于明确可识别的有形资源的实质性利益——感觉上处于比参考集团有利的战略地位——成员数量相当少。

模式B：对于通过抗争行为改善地位具有共同利益——感觉上处于比参考集团不利的战略地位——扭曲的、僵化的、不准确的信息与理解——根据含有威胁抑制作用的符号作出反应——在通过政治行为赢得有形资源方面相当无能——缺乏采取有目的行为的组织——政治缄默——成员数量相当多。

将某些观察结果视为其他观察结果的原因或结果，这种假定很容易使人产生误解。这些观察结果常常一起出现，这既是一个更准确的也是一个更重要的观察结果。此外，同样明显的是，这两种行为模式在不同场合的实现程度亦有所不同。

尽管政治科学家和组织理论的学者们在模型A的精确描述与分析方面取得了长足的进步，然而，他们对于模型B的描述与分析无论在共识度还是精确度方面都远远不及前者，在解释模型B与模型A如何相互齿合方面同样如此。

在公共政策中，有太多的人们在满足经济渴望方面显得相当无力，关于这一点，最常见的解释是基于不可见性。这种解释尽管含蓄，而非直来直去，但它明显地认为：公共管制政策有利于知识丰富的组织化集团（往往是"被管制者"）以牺牲纳税人、消费者或其他非组织化集团为代价来开发资源，这样的政策之所以成为可能，仅仅因为后者对正在发生的事情毫不知情。对于他们来讲，看不见的东西不会激起其兴趣或政治反应。

对于肤浅层面的解释而言，这种假设无疑是站得住脚的。不过，对于那些疏于相互交流以探明假设的社会科学家来说，这是一个危险的例子。这种解释基于以下假设：（1）对发问者或调查问卷的回答，不仅反映了个人在某一时候对管制政策的及时"了解"，而且完全相当于对集团政治利益的明确表达；（2）根据对发问者的回答，众多个体对管制政策的了解（或不了解）的总和，构成了有活力的（或无活力的）组织的原因，而不是它的结果或相同条件下的伴生状态。如果某人与政策制定有利害关系，对他来讲，重要的是立法者和行政者关于未来政治不满和政治制裁的决定性因素的假定是什么。可观察的政治行为，以及心理学的实验结果，可以揭示其中的某些内容。

第十章 公共政策与公共关系

事实上,存在有说服力的证据可以证明,人们在继续确保那些据认为是强大而危险的经济力量方面具有现实的政治利益。最贴切的证据就是旧政治议题在竞选活动中的持续有效。在一场接一场的竞选活动中,垄断与经济集中化、反托拉斯政策、公用事业管制、银行业控制以及劳资关系约束等这些政治议题,往往被政党职业人士视为对选举有利的竞选主题。他们清楚地知道,人们在这些领域的兴趣很容易被激起。有人以为公众已经失去了对这些政策议题的"兴趣",政客们在对这种主观臆断进行评估时,只需自问:如果有人作出正式的努力以废除反托拉斯法、公用事业法、银行业法或劳工法,有多少人还会保持政治冷漠。如此设问,答案与要点很快就清楚了。

实际上,法律可能被行政政策、预算紧缩或其他很少公开宣扬的手段所废止;但作为象征的法律必须维持不变,因为它们满足的是那些真正强烈的利益:如果大量的选民受人引导进而相信,他们保护自己免受威胁的屏障被清除掉了,那么政客们所担心的利益就会得到积极地表达。

更重要的是,在很大程度上,正是由于这类象征的存在,法律才能作用于多数选民。这类象征的功能在于使人们放心,经济环境中的威胁得到了有效控制。当这类象征功能得以发挥时,其间接的效果是允许相关的组织化集团对有形资源提出比这些象征不存在时可能提出的更多的要求。

这样说并不是想当然地以为,客观上受某项政策影响的每一个人都是完全静止的(而不是冷漠的),或者对议题毫不知情;而是说,那些潜在地有能力和有意愿使用政治制裁的人们构成了政治上的重要集团。它还暗示,忠于职守或有野心的国会议员们较少关注作为个体的选民对议题的熟悉或不熟悉程度,他们更关注的是,如果他对某一提案投下了可能不受欢迎的一票,或者如果选民的经济状况会发生某种变化,那么相当数量的选民的利益被唤醒和组织起来的可能性有多大。更精明、更有预见性的政客可能会直觉地意识到前面提到过的心理学发现的有效性:在公众的理解模糊且信息很少的地方,人们对于符号安全的利益更强烈,因而也更容易受到政治象征的操纵。

我们已经指出过,符号表现的不言而喻的功能之一,是诱导人们产生一种安宁感:焦虑状态的消除。这不仅是那些广为宣传的管制条例的主要功能之一,而且也是那些管制机构的主要功能之一。当事人期待那些最广为宣传的行政行为以最有信心的方式向旁观者传递一种安宁感。这些行政行为可以使人联想到许多雄心勃勃的计划,但事实表明,它们没有对"被管制者"采取措施,甚或采取的是保护性措施。

这种现象的表现形式之一是小题大做。举例来说,从联邦贸易委员会的工作记录中可以发现,该管制机构对许多涉嫌虚假广告或从事不公平贸易的小企业大肆抨击(有时成功有时失败),而对于那些真正重要的商业行为,如垄断、连锁(或互兼)董事会等,却佯装没看见。从表面上看,成立该机构的目的就是要对这些商业行为实施管制。①

它的另一种表现形式,是长时间地、反复地、大张旗鼓地关注一个从未解决过的重要问题。这方面的一个突出例子,是联邦通信委员会对待节目内容监督的一般态度和对待公共话题讨论直播的特别态度。在战后时期,我们有蓝皮书(the Blue Book)、五月花政策(the Mayflower Policy)、五月花政策的废止以及替代政策的宣布;然而,电台或电视台许可证持有人,正如他们一贯所做的那样,在发表评论方面实际上拥有完全的自由,他们可以给予也可以不给予人们以听到反对观点的机会,或者完全回避对公共事务的严肃讨论。

从随行政决定和行政命令一起发布的政府声明中,从政府的新闻通稿中,从政府年度报告中,我们都可以找到那种以符号满意为明显目的的传播方式。对于政府而言,给予一方花言巧语,给予另一方断然决定,这并不是什么稀奇的事情。举例来说,联邦通信委员会一方面毫无目的地不断强调公共服务的责任感,另一方面却作出诸如此类的决定:允许某一地区传媒集中控制程度的增长;对高价转让许可证的行为不予追究;拒绝对那些为赢利而公然牺牲节目质量的行为施加制裁,等等。②

显然,这类现象的整体联系表现为:一方面,无组织集团得到了符号满意,另一方面,组织化集团成功地利用政府机构作为获取有形资源的帮手。

可以将公共政策有效地理解为集团之间相互影响的产物。③ 不过,这里讨论的政治过程和社会心理过程还暗示,对有形资源有所诉求的集团,可能因他们在获取无形价值方面的成功而报以缄默。有组织的生产者和销售者集团,它们所扮演的并非法律障碍物的角色,相反,他们是法律体系的拥护者。因为恰恰是这一法律体系允许这些有组织集团有效地追求它们的利益。

瑟曼·阿诺德(Thurman Arnold)已经告诉我们,反托拉斯法是如何准确地发挥这种作用的:

> 反托拉斯法的实际效果是,它通过将人们对大型工业组织的抨击转

---

① Cf. Wilcox, 前引文, 第281, 252—255页。
② 读者可以在本文作者的一本书中找到很多这类例子: The Licensing of Radio Services in the United States, 1927 to 1947 (Urbana, Ill., 1950)。
③ 关于这一观点对于社会科学家们的效用的讨论,参见: Arthur F. Bentley, The Process of Government (1908; New York, reprint 1949); Truman, 前引文。

向纯粹道德的和仪式的渠道而促进了这些组织的成长……旨在对这些组织实行直接控制的每一个方案,都被反托拉斯法的巨大保护石击得粉碎……

作为一种最重要的符号,反托拉斯法被保留下来。无论何时,无论何人,主张实行管制的人们,他们构成了一种有效的道德屏障,因为所有的自由主义者都同意这样的主张,即反托拉斯法应当得到加强。波拉哈(Borah)参议员之流的人,他们的政治生涯就是基于这种完全徒劳但非常生动的改革事业。这种事业根据个人声望付给每个人可观的红利。①

阿诺德随后的职业生涯是在司法部反托拉斯局局长的位置上度过的,他的努力同样证明了他的观点。在五年任期内,他给反托拉斯局注入了前所未有的活力,他的努力也得到社会的广泛关注。在这方面,他无疑使该法律成为了一种更重要的保护公众的象征。尽管他的意图和能力给人们留下了深刻的印象,然而,垄断、资本的集中以及贸易限制并没有因此而受到严重的威胁或影响。

这并非暗示人们,标记或符号本身具有如麻醉品那样的魔力,毋宁说它们是那些没有能力对复杂环境作出理性分析的集团通过墨守成规、过分简化和心安理得的方式可能用以调整自己以适应环境的唯一手段。

当然,也有很多管制法律得到了有效执行与实施。在每一个这样的例子中,我们可以发现,组织化集团在管制法律的有效执行方面具有基于可靠信息的利益。有的时候,行政委任人在发起立法机构制定基本的管制法律的运动后继续留任原职,这可以解释这种集团的存在;更经常的情况是,最初的行政委任人就是这些利益的精明而忠实的追随者。他们有能力根据可靠信息采取策略性的行动,有能力为他们所代表的集团提供"组织"。有的时候,相关资源处于这样一种状态,双方都是组织化的集团,或其中更有活力的组织可能是支持"改革"的一方。证券交易立法是一个有启发性的例子。纽约证券交易所的主要官员理查德·惠特尼(Richard Whitney)因挪用公款而定罪,他承认他们自己在协助控制那些顾虑较少的因素方面存有私心。无论是被管制集团,还是有组织的自由主义者集团,都对证券交易委员会在过去三十年中的表现相当满意,上述的利益组合无疑可以解释这种现象。

---

① Thurman Arnold, *The Folklore of Capitalism* (New Haven, Conn., 1937), pp. 212, 215—216.

四

  在一定的条件下,神话般的符号安全成了政治过程的关键因素。本文提到过的证据显示,在朝向这些条件的界定方向,我们已经迈出了鼓舞人心的第一步。这些条件①在相当程度上也存在于商业管制以外的许多政策领域。有充分的理由可以相信,这些条件在外交政策领域表现的程度最高,因而类似的方法对于外交政策制定的研究无疑具有启迪意义。

  这些必要条件在某种程度上始终存在,因此,每一个政策制定的例子都涉及符号效应和资源利益的理性思考的"混合",尽管在特定的例子中,这种或那种因素可能发挥支配性的作用。商业管制领域以外的一个混合类型的例子,是公立教育和社会保障之类的政府计划。毫无疑问,如其所承诺的那样,这些政府计划确实向普通大众提供了重要的有形利益。这样做的原因和前面的分析一样。商业组织、劳工组织、教师组织以及其他组织化集团从这些项目中获益;从历史的观点看,他们的任务是使公众的注意力集中于将要得到或将要失去的资源上。总的来讲,他们的任务越来越轻松,因为他们用以获取利益的技能相对来讲容易得到认可。

  然而,这些计划的资金筹措却影响到不同状态的公共政策。在这里,"免费"义务教育和其他权益的象征、预算收入与行政结构的复杂关系以及组织化手段的缺乏使高度递减的工资税、财产税和人头税成为主要的收入来源。于是,商业组织因公立教育向其提供了训练有素的人员而大体上对之持支持态度,因社会保障计划可以使其工业灾害抚恤金的成本最小化而大体上对之持支持态度,但他们为这些公共服务支付的成本却相对很少;与此同时,这些"免费"项目的直接受益人却为之支付了相对比例高得多的成本。

  如果能够对那些有助于符号安全的条件作出正确的说明,我们就有理由对某些普遍接受的有关政策制定过程的策略变量的假设提出质疑,也有理由构思出某些更富于想象力的模型用以指导这些政策领域的研究。例如,本文讨论的理论显示,有助于符号安全利益实现的条件,它的出现与组织化集团在政策策略上的广义选择能力有关。它暗示,相对于资源分配的数量或质量而言,政治利益的追随者的数量,与所提供的政治权益是有形的还是象征性的有更大的关系。它告诉我们,用以解释投票行为的因素,可能很不同于那

---

① 即前文模式 B 下所列的条件。

些用以解释政府资源分配的因素。事实确实如此,客观上受到某一政府计划影响的普通大众,他们在某些情况下所起的作用实际上削弱了他们用以对有形资源提出政治主张的能力。

又如,最近很多作者指出,独立管制委员会的"独立性"应该为它们沦为被管制集团的工具这种趋势负主要责任。本文所提出的假设同样适用于内阁各部执行的管制计划。当规定的条件出现时,这些假设对其中一些项目的解释力是很明显的。放牧事业局和反托拉斯局就是很好的例子。

就研究设计而言,本分析的隐含意义,可能主要在于引导人们重视政治行为与潜在而强烈的社会互动之间的关联。政治动力学的分析者必须借助实用性的理论,不过,直接相关的理论有时候可能比那些想当然的理论更容易使人误入歧途。有必要对所有类型的政治行为进行最彻底的检查,以探明其主要功能是象征性的还是实质性的。拉斯韦尔关于政治学的著名定义中的"得到什么",本身就是一个复杂的逻辑全域。

复习思考题

1. 当今美国的政治语言风格以何种方式表现出了乔治·奥威尔关于政治言谈的看法(如果有的话)?举例说明当今的政治言谈是如何被用于"为无法辩护的事情进行辩护"。
2. 丹尼尔·布尔斯廷所说的"伪事件"的含义是什么?请举出若干这样的政治事例。
3. 自古以来的政治领导人如何运用象征来操控和引导公众?请举出不同层次的政治领导人(从市长、州长到总统)运用象征推行公共政策的例子。

第十一章

政策分析

政策分析无处不在,你很难在一天的生活中不与它邂逅。早上醒来,你会听到电台访谈节目中有人正在滔滔不绝地抨击一项新的总统建议;吃早餐时,打开地方晨报,映入你眼帘的是更多的关于教育税和犯罪率等诸如此类的当地话题的分析;在工作时,你的同事慷慨激昂地对你发表他们对最近发现的涉嫌经济或性丑闻的政治领导人的行为的评论;下班后回到家里,在查阅你的邮件时,在自己所订阅的杂志中,在公共利益集团和政党主动投寄的广告邮件中,你发现更多的政策分析;最后,你看着电视新闻和谈话节目中的一个接一个的政策分析节目渐渐入眠,以这种方式结束你一天的生活。生活中的每一天似乎都有关于某些事情的没完没了的抱怨或解释。

如果新闻事业描绘了历史的第一幅草图,那么它同样也是大多数人将听到或看到的关于新议题的第一份政策分析。统治者制定政策,新闻媒体则向公众报道和解释政策。所有大型的新闻机构,无论是报纸还是电视台,都有精于各种政策领域的记者,如负责白宫的记者、负责国会的记者、负责最高法院的记者、负责教育的记者、负责医疗的记者、负责消费者的记者、负责财经的记者等等。这些专业人士几乎成了处理新政策议题的第一个分析人员。学者型的分析往往是数年以后的事情——当然,那一小群为新闻渠道写评论的学者除外。报纸的社评版上充斥着大学教授和智库成员关于新政策的含义的评论文章。

所有这些——从办公室的流言到新闻周刊——都是非正式的政策分析。对于一个欣欣向荣的民主政体而言,这些关于流行话题的"粗制滥造的"批评既是普遍接受的,也是必不可少的。这些批评意见可能不乏风采、智慧与真正深刻的情感,但它们往往缺乏正式的政策分析所具有的方法严谨性。

正式的政策分析通过运用一套技术,寻求在真实结果出现前对一项政策的可能结果是什么这一问题作出回答。对一项实行中的项目所作政策分析,更适合于称之为项目评估。尽管如此,仍有很多人习惯于将公共政策的事前和事后分析统称为政策分析。所有的政策分析都涉及将系统研究方法(很大程度上取自社会科学以及基于对项目有效性、质量、成本和影响的测量)应用于公共政策的制定、执行与评估,以创造一种更理性或最优化的行政系统。杰里米·边沁(见本书第一章)希望看到人们将这种方法严谨的正式分析应用于所有的政策议题。

我们对政府的各种政策作出自己的判断——从赞同到持不同程度的异议,就此而论,我们所有人都在从事政策分析。对一项政策所作的任何判断,都需要进行分析,而不管这种分析有多么肤浅。可以将政策分析视为一个连续统一体,从仓促作出的粗糙判断(如"州长是一个白痴,他制定的所有政策都是愚蠢的"),到运用复杂技术作出的最精致的分析(如"我刚刚对州长做了一个 IQ 测试,他确实是一个白痴")。

1854 年,亚伯拉罕·林肯这样写道:

> 政府的合法目的是为共同体的人民做他们想要做但以他们单独的、个人的能力根本无力做到或不能做好的任何事情。
>
> 凡是人民自己能够做得好的事情,政府都不应当干涉。

尽管林肯没有使用这样的术语,但他所提倡的就是运用成本收益法来判断物品和/或服务是应当采用集体供给方式还是采取个人供给的方式。这正是詹姆斯·布坎南和戈登·图洛克(James M. Buchanan and Gordon Tullock)在他们的经典作品《同意的计算》(*The Calculus of Consent*, 1962)一书中为所有公共政策分析提出的检验标准。他们问道:"由自由的和效用最大化的理性个人所组成的社会在什么时候会选择采取集体行动而不是个人行动?"他们的答案是,理性的个人为了获得公共物品,亦即为了获得不被集体中的任何成员所拒绝的任何有价值的东西(如清洁的空气、安全的街道或税收漏洞)而采取集体行动。

集团有大有小,大至整个社会,小至社会的任何子集。在《集体行动的逻辑》(*The Logic of Collective Action*, 1965)一书中,经济学家曼库尔·奥尔森(Mancur Olson)认为,小集团在获取公共物品方面具有优势。潜在的集团越大,它的大多数成员就越不愿意为了获取"好处"而贡献力量。就像在军事策略中的情况一样,关键在于集中兵力。因此,与普通大众争取全面税收平等(在税收如何征收和管理方面的公平与正义)的能力相比,特殊行业有更强的能力为自己争取税收漏洞。

一个与由纳税人买单的公共供给品相关的问题是,需求总是大于供给。毕竟如此,如果某件东西显得既可欲又"免费",那么人们对它的需求只会不断增长。这将导致预算不足,以及加勒特·哈丁(Garrett Hardin)在《公地悲剧》(《科学》杂志,1968年12月13日)一文中所描述的那种破坏现象的出现。"公地悲剧"告诉人们,个人利益最大化原则不会自动导致社会利益的最大化。

加勒特要求你"设想一个对所有人开放的草场。可以预料到的是,每个牧民都将努力利用这个公地喂养尽可能多的牲畜。由于部落战争、偷猎、疾病使……牲畜数量远远低于土地承载能力,这种局面得以合理而满意地存在了几个世纪"。最终"当人们长期期待的社会稳定成为现实的时候,清算的日子也到来了。在这一点上,公地内在的逻辑无休止地产生了悲剧"。因为,这时"每个牧民都寻求个人利益的最大化。……理性的牧民会得出结论:唯一明智的值得他追求的事是为他的牧群增加一头又一头的牲畜……但是,这是每个共同享有这份公地的理性牧民分别得出的结论"。当所有的牧民都通过在公地上增加越来越多的牲口的方式追求个人利益最大化时,公地过度放牧的现象就会出现,最终的悲剧是所有的人都不能有效地利用公地来放牧。"在这个相信公地自由使用的社会里,每个人都追求自己的最大利益,但所有人争先恐后的结果最终是崩溃。公地的自由使用权给所有人带来的只有毁灭。"公地悲剧的观念同样适用于污染、人口过剩等这类社会问题。

在公共行政中,中立的任职能力是一种历史悠久的观念。从历史的角度看,它指在民选的或任命的政务官支配下的常任制的、不承担政治义务的官僚队伍。这种保持中立的职业伦理现在也被政策分析人员所借用。

政策分析人员在开始接触问题时就应当保持无偏见状态。在事实的系统化收集与解读方面,思想开明绝对必要。然而,分析的任务一旦完成,分析人员可能被他或她的分析结论及随后的环境所改变,从一个政策分析人员变成一个政策倡导者。这是很危险的。目前的政策分析给分析人员提供了这样的可能性,使他们可以自命为党派中立的、公正无私的专业人士。然而,基于分析报告所作的公共政策描述却将这些分析人员带入了政治领域,于是,政策倡导者变成了政策游说者,他或她尊重客观事实的名声将因此受到威胁。

第十一章 政策分析

正如存在某些如何进行政策分析的最佳方式一样,同样也存在某些如何避免进行政策分析最佳方式——不应当采取的方法。1976年阿诺德·梅尔斯纳(Arnold J. Meltsner)出版了《官僚机构中的政策分析者》(*Policy Analysts in the Bureaucracy*)一书。1986年,他在该书的修订版中增添了"政策分析的七种致命过错"的内容。他将这些"过错"提炼后分为以下七种类型。梅尔斯纳警告说这些过错类别"不是相互排斥的,相反,它们彼此渗透"。

(1) **墨守成规式的建议**(channeled advice):在这里"分析人员和委托人都忽略了,环境已经发生改变,或存在某些限制因素"。结果,"这种建议是以遵照惯例、根据理想状态或按老样子的方式产生的。"

(2) **生搬硬套式的建议**(distant advice):这是一种建立在无知基础上的冷淡。"政策分析人员常常将一般性的解决方法用于那些非常特殊的情境。"一个例子是:"在华盛顿炮制的建议居然会不符合圣安东尼奥市的客观事实。"

(3) **姗姗来迟式的建议**(late advice):迟到总比不来好的观念,在这里并不适用。"分析人员可以在他或她的婚礼上姗姗来迟,但是在需要提供建议的时候,必须准时。"

(4) **一知半解式的建议**(superficial advice):谨防那些"不是基于对问题根源的足够钻研,而是过于反应迅速,过于缺乏准备的"建议。一知半解的努力"妨碍了分析人员进行正确的诊断和艰苦的努力,而这些恰恰是获得明智的政策所必需的"。

(5) **狗急跳墙式的建议**(topical advice):当"对政策建议的需求源于某种危机"时,这种过错就会出现。这种危机经常"导致人们处于一种消防队式的心理状态,匆匆忙忙提出建议。在这种情况下,分析人员很可能会提出一知半解式的和生搬硬套式的建议。"

(6) **反复无常式的建议**(capricious advice):它的意思是为了变化而变化。"在政策制定方面,我们缺乏足够的动机说:听其自然吧。"

(7) **脱离政治式的建议**(apolitical advice):当"政治上的建议与实质性的政策建议缺乏适当的关联或整合"时,这种过错就会发生。

关于这些"过错",梅尔斯纳提出了关键性的建议。"知道错在哪儿,并不能告诉我们什么是对的,但这是一个良好的开端。"我们可以对梅尔斯纳提出的"七种致命过错"作出正面的判断,归纳起来就是:政策建议应当与时俱进;应当符合特殊情况;应当适时提出;应当基于坚实的调查研究;

应当避免在危机气氛中形成;应当在真正需要变革的时候才提供;应当与政治环境保持充分一致。当然,现实生活很少提供适合公共政策分析的理想环境。于是,政策分析人员常常发现自己置身于一种本质"邪恶的"行业。

有些人具有管理天赋。我们都遇到过这样的天生管理者。他们不仅终身在正式机构中发挥作用,而且有能力让人们在工作中和谐共处。管理的艺术就是有洞察力、会造势以及通识人性。不过,如果缺乏工具——缺乏用以消化和传递信息的专门技能(科学),艺术家将毫无用处。公共行政更多的是一门艺术还是一门科学,没有比这种争论更无聊的事情了。从本质上讲,公共行政既是一门艺术也是一门科学。当然,你掌握的科学越多,你将成为一个更好的艺术家。但是,如果你一点天赋都没有,"书本知识"不会让你成为一个艺术家。

艾伦·威尔达夫斯基(1930—1993)是公共行政领域的最杰出学者之一,他很早意识到了公共行政中的艺术与科学的问题。在他成为加州大学伯克利分校公共政策研究生院的首任院长后,他开始着手解决政策分析领域中的艺术与科学的问题。本书收录的"政策分析的艺术"一文即出自他1979年出版的《向权力诉说真理》(*Speaking Truth to Power*)一书。

当然,所有的艺术在很大程度上都包含了方法或科学。因此,对于公共政策和政策分析领域中那些有抱负的艺术家们来说,研究其他政策艺术家和自诩为政策艺术家的人的经验是一种明智的做法。在这种方式下,前人成功的经验和失败的教训都是有教育意义的。在传统上,这种研究采取的是案例研究的形式——对单一主题的深入分析。案例研究是一种历史记录,它给人提供了一种对动态的、持续变化过程的理解方式。大多数传统的新闻故事采用的就是案例研究的方法。我们注意到,有抱负的记者被教导,每个故事应当包含案例研究的全部六个要素:"谁、是什么、为什么、何时、何地以及为何"。

最早的案例研究用于分析战争。修昔底德的《伯罗奔尼撒战争史》(公元前404年)(详见本书第九章)是这些军事案例研究的先驱。军事学院——以及总参谋部——长久以来一直使用案例研究方法评论战役和研究指挥艺术。这些分析技术现在被广泛用于非军事领域,如研究政策建议如何变为法律,政府计划如何执行以及特殊利益集团如何影响政策发展。

公共政策和公共行政的大学课程也经常使用案例研究的方法。目的是人为地向学生反复灌输经验知识。任何一位具有多年丰富经验的分析人员都有机会在"案例"中度过一生。通过让学生研习众多的案例——其中的每一个案例的延续时间都可能长达数年——案例研究课程使时间与经验得到高度浓缩。这样,年轻的学生就可以将人们用了数百年时间积累起来的洞察力和智慧据为己有。从理论上讲,这可以使他们在日后变得更加聪明,以至于雇主们迫不及待地想雇用他们。

41

公地悲剧(1968)①

加勒特·哈丁

在一篇极富思想性的关于未来核战争的文章的结尾,威斯纳(Wiesner)和约克(York)得出结论:"军备竞赛的双方……面临军事实力不断上升而国家安全却不断下降的尴尬局面。**这种局面没有技术性的解决办法,这是我们深思熟虑后得出的专业判断**。如果强国继续仅在科学和技术领域寻求解决办法,结果只会使局势更加恶化。"②

我希望你们关注的不是这篇文章的主题(核时代的国家安全),而是他们得出的这种结论,亦即这个问题没有技术性的解决办法。在纯专业和半通俗的科学期刊上发表的文章中,几乎普遍地存在一个隐含的假设,即讨论中的问题有一个技术性的解决办法。技术性的解决办法可以定义为只需自然科学的技术革新,而很少需要甚至无需人类的价值观或道德观的改变即可解决问题的方法。

在我们这个时代(尽管不是更早一些的时代),技术性的解决办法一直备受欢迎。由于有失败的预言在先,所以,断言不可能存在理想的技术性的解决办法,需要一些勇气。威斯纳和约克表现出了这种勇气。在一份科学刊物上,他们坚持认为,在自然科学中不能找到这个问题的解决办法。他们用"这是我们深思熟虑后的专业判断"这样的措辞谨慎地表明,他们有资格作这样的声明。他们的观点正确与否,不是本文关注的内容。这里关注的是,

---

① 原文出自:Garrett Hardin, "The Tragedy of the Commons", Science, 162,(December 1968):1243—1248。

② J. B. Wiesner and H. F. York, Scientific American 211 (No. 4), 27 (1964).

人类所面临的问题有一类属于"没有技术性的解决办法"的这个重要观念，更具体地说，关注的是对其中一个问题的识别和讨论。

证明此类非空类，这很容易。回想一下玩"井字"(tick-tack-toe)①游戏。考虑一下这个问题，"我怎样才能赢得井字游戏？"如果假定（在遵守博弈规则的情况下）我的对手对这个游戏了如指掌，很显然，我将无法取胜。换言之，这个问题没有技术性的解决办法。只有给"赢"赋予一个更激进的含义，我才可战胜对手。我可以打破对手的头；或者我可以篡改游戏记录。我们心里知道，我采取的每一种"赢"的办法，在某种意义上都包含着对游戏的放弃。（当然，我也可以公开放弃这个游戏——拒绝玩。大多数成年人就是这样做的。）

这类没有技术性的解决办法的问题很多。我的论题是，人们普遍接受的"人口问题"，也是这类问题之一。习惯上是如何看待这一问题，需要做一下说明。可以公平地讲，大多数为人口问题伤透了脑筋的人们，正在试图寻找某种途径以避免人口过剩的灾难，却又不想放弃他们现在享受的任何特权。他们认为，海水养殖或开发新的小麦品种将从技术上解决这个问题。在这里，我试图证明他们寻求的解决办法是不存在的。人口问题不能从技术上解决，就像赢井字游戏不能从技术上解决一样。

我们该最大化什么？

如马尔萨斯所言，人口在自然情况下趋于"几何"增长，或者如我们现在所说，它趋于"指数"增长。在有限的世界里，这意味着世界上的物品的人均享有量必然下降。我们所处的世界是有限的吗？

"世界是无限的"，或者"我们不知道世界不是无限的"，人们可以对此类观点作出貌似合理的辩解，但有一点很清楚，考虑到我们下几代将要面临的实际问题和可预见的技术，在不久的将来，如果我们不假定地球上的人口可利用的世界是有限的，那么，我们将使人类的痛苦大大增加。"太空"毕竟不是逃避现实之门。②

有限的世界只能支撑有限的人口；因此，人口最终必须实现零增长。（在零上下的长期宽幅波动是一种微不足道的变动，无需进一步讨论。）面对

---

① 一种两人对弈游戏，依次选占 3×3 棋盘内空白的方格，先拿到同线的 3 个方格那方获胜。——译者

② G. Hardin, *Journal of Heredity* 50, 68 (1959), S. von Hoernor, Science 137, 18, (1962).

第十一章 政策分析

这种情况,人类的处境将会怎样?具体地说,边沁的目标"最大多数人的最大幸福"能实现吗?

不能——理由有二,其中的每一个理由都足以回答这个问题。第一个理由是理论的。数学上同时使两个变量(或者更多变量)最大化是不可能的。冯·诺伊曼和摩根斯坦恩对此已阐述得很清楚了①,且这个原理是隐含在偏微分方程理论里面的。这种偏微分方程理论至少可以追溯到达朗伯(D'Alembert,1717—1783)。

第二个理由直接来自生物的事实。为了生存,任何有机个体必须有某种能量来源(如:食物)。这种能量用于两个目的:维持生存和工作。对人而言,维持生命每天需要大约 1,600 千卡的能量("生存卡路里")。在这里,工作可以定义为除维持生存以外一个人所做的任何事情,它由此人所摄入的"工作卡路里"提供能量。工作卡路里不仅仅用于我们通常所说的工作,它们还用于所有形式的娱乐活动,从游泳和汽车赛到弹奏音乐和创作诗歌。如果我们的目标是人口最大化,很显然我们必须让每个人消耗的工作卡路里尽可能接近零。没有美味佳肴,没有度假,没有运动,没有音乐,没有文学,没有艺术……我认为,无需辩论或证明,每个人都将承认,人口最大化不会带来幸福的最大化。边沁的目标不可能实现。

在得出这个结论时,我作了一个常见的假设,即关键问题在于能量的获取。原子能的出现使一些人对这个假设提出了质疑。然而,即使存在某种取之不尽的能源,人口增长仍会产生一个无法逃避的问题。正如弗雷姆林(J. H. Fremlin)敏锐地指出的那样,能量散逸问题将取代能量获取问题。② 或者说,在这个分析式中,改变的只是运算符号。但是,边沁的目标仍然不可实现。

最佳人口自然小于最大人口。定义最佳人口非常困难;就我所知,没有人严肃地研究过这个问题。获得一个可接受的和可靠的答案,必将需要不止一代人的艰苦的分析工作——以及大量的说服工作。

我们希望最大化每个人的幸福;但什么才是幸福呢?在一个人的眼里是一块荒地,在另一个人眼里却是数千间的滑雪小屋;在一个人的眼里是滋养野鸭以供猎人打猎的河口,在另一个人的眼里则是建造工厂的土地。我们通常说,幸福不可比,因为幸福是不可测量的。不可测量的东西没法比较。

---

① J. von Neumann and O. Morgenstern, *Theory of Games and Economic Behavior* (Princeton University Press, Princeton, N. J., 1947), p.11.

② J. H. Fremlin, *New Scientist*, No. 415 (1964), p.285.

这在理论上也许是对的；但在实际生活中，不可测量之物也是可通约的。需要的只是一种判断标准和一套权衡方法。在自然界中，这种标准就是生存。对于一个物种，是小而善藏好，还是大而有力好？自然选择就是对不可测量之物的通约过程。所达成的妥协方案取决于各种变量值的自然权衡。

人类必须模仿这个过程。毫无疑问，人类已经这样做了，但这是无意识的。在揭露这个隐含的结果时，分歧产生了。提出一种可接受的权衡理论是今后几年要解决的问题。协同效应，非线性变化，以及在未来贴现方面的困难，使这个智力问题很难解决，但（在原则上）并非不可解决。

目前有没有哪一个文化圈哪怕是在直觉的层面上解答了这个实际问题？没有，一个简单的事实可以证明：今天，世界上还没有哪一个繁荣的民族的人口增长率为零或者曾经有过一段时间为零。凭直觉确认了其最佳人口数的任何民族，很快就会达到这个最佳值，此后，它的人口增长将为零并继续保持下去。

当然，正增长率也许可以作为人口低于最佳点的证据。然而，以任何合理标准来衡量，当今地球上的人口飞速增长（总体上）都是一件可悲的事情。这种联想（不一定一成不变）对人口正增长是其尚未达到最佳规模的证据这种乐观假设提出了质疑。

除非我们在应用人口学领域中明确地驱除亚当·斯密的幽灵，否则，我们在最佳人口规模的研究方面很难取得任何进展。在经济事务中，《国富论》(1776)普及了"看不见的手"的理念，即每个"只关心自己利益"的个人，仿佛"在一只看不见的手指引下促进了……公共利益"。[①] 亚当·斯密并没有断言这个观点永远正确，他的任何一个追随者也似乎没有这样说过。但是，他的确有助于形成一种支配性的思想倾向，亦即倾向于认为：事实上，对于整个社会来讲，单独作出的决定将是最好的决定。自亚当·斯密以来，这种思想倾向一直干扰着人们建立在理性分析基础上的积极行动。如果这个假设是正确的，那么它就可以证明继续现在的放任自由的生育政策是合理的。如果它是正确的，那么我们可以假定人们会控制自己的生育能力以便达到最佳人口规模。如果这个假设不正确，我们就需要重新审视我们个人的自由，看看哪些才是值得捍卫的。

---

① A. Smith, *The Wealth of Nations* (Modern Library, New York, 1937), p.423.

第十一章 政策分析

免费公地的悲剧

在人口控制领域,对看不见的手的反驳,最早见于一位名叫威廉·福斯特·劳埃德(William Forster Lloyd,1794—1852)的数学业余爱好者于1833年所写的一本不太出名的小册子。① 我们还是称之为"公地悲剧"更好一些。这里的"悲剧"一词与哲学家怀特海(Whitehead)的用法相同。怀特海说:"戏剧悲剧的本质不是不幸福。它存在于冷酷行事的庄重之中。"他然后继续说:"从人类生命的角度看,命运的不可逃避只能通过一些实际上涉及不幸福的偶然事件来证明。因为,只有通过这些偶然事件,戏剧才能表现出逃避命运是何等徒劳无益。"②

公地悲剧就是这样产生的。设想一个对所有人开放的草场。可以预料到的是,每个牧民都将努力利用这个公地喂养尽可能多的牲畜。由于部落战争、偷猎、疾病使人和牲畜的数量远远低于土地承载能力,这种局面得以合理而满意地存在了几个世纪。然而,当人们长期期待的社会稳定最终成为现实的时候,清算的日子也到来了。在这一点上,公地内在的逻辑无休止地产生了悲剧。

作为一个理性的人,每个牧民都寻求个人利益最大化。他或明确或含蓄地,或多或少有意识地问:"在我的牛群中再增加一头牛,**对我**有什么效用?"这种效用分正、反两个方面。

(1) 正效用是增加了一头牲畜。由于牧民获得了销售这头额外牲畜的所有收益,所以,正效用接近于+1。

(2) 负效用是增加了一头牲畜而造成额外的过度放牧。然而,由于过度放牧的结果是由所有牧民来分担的,所以,对于任何单独决策的牧民来说,负效用仅仅是-1中的一小份。

把正负部分的效用相加,理性的牧民会得出结论:唯一明智的值得他追求的事是为他的牧群增加一头又一头的牲畜……但是,这是每个共同享有这份公地的理性牧民分别得出的结论。悲剧就在这里。每个人都被锁进一个强迫他无限制地增加自己畜群数量的系统——在一个有限的世界里。在这

---

① W. F. Lloyd, *Two Lectures on the Checks to Population* (Oxford University Press, Oxford, England, 1833).

② A. N. Whitehead, *Science and the Modern World* (Mentor, New York, 1948), p.17.

个相信公地自由使用的社会里,每个人都追求自己的最大利益,但所有人争先恐后的结果最终是崩溃。公地的自由使用权给所有人带来的只有毁灭。

有人会说这是陈词滥调。也许是吧！在某种意义上,人们在几千年前就明白了这个道理,但自然选择却偏爱心理否认的力量。① 个人是社会的一分子,然而,即便整个社会遭受损失,作为个体,个人也能从其否认真理的能力中受益。教育可以抵消做错事的自然倾向,但是不可改变的代际演替要求这种知识的主要成分不断得到更新。

几年前发生在马萨诸塞州利尔明斯特的一件小事表明了这种知识多么陈腐。在圣诞节购物期间,市区的停车计价器被罩上了贴有标签的塑料袋,上面写着:"圣诞节后启用。市长和市议会出于好意允许免费停车。"换言之,面对停车空间已经不足而需求仍会增加的前景,市长重新设立了公地机制。(说句冷嘲热讽的话,我们怀疑他们通过这种历史倒退的行为所争取到的选票可能比失去的选票多。)

很长时间以来,或许自发现农业或发明不动产的私人产权以来,人们就以相似的方式理解了公地的逻辑。但是,在大多数情况下,这种理解仅限于一些特殊场合,不足以得出概括性的结论。即使在晚近的时候,承租西部国有土地的牧民们表现出来的也只是一种心情矛盾的理解,他们不断向联邦政府施加压力,要求增加牲畜数量,以至于过度放牧造成土地退化,野草丛生。同样,全球的海洋仍在遭受公地哲学遗风的磨难。海洋国家不自觉地延续着"海洋自由"的习俗。他们公开宣称"海洋资源,取之不尽,用之不竭",把一个接一个的鱼类和鲸鱼推向濒临灭绝。②

国家公园是制造公地悲剧的又一个例子。目前,国家公园向所有人无限制开放。公园本身的容纳能力是有限的——我们只有一个约塞米蒂(Yosemite)峡谷——而人口却似乎是在无限制地增长。游客从公园中得到的价值在一天天被侵蚀。坦率地讲,我们必须尽快停止把公园当公地对待,否则它们将变得对任何人都毫无价值。

我们应该做些什么？这里有几种选择。我们可以把它们当作私人财产出售;也可以继续保留它们作为公共财产,但对进入公园的权利进行分配。可以通过拍卖制度依据财富来分配;也可以依据美德来分配,这种美德由某些普遍接受的标准所确定;还可以采用抓阄的方式来分配;或者可以采用先来后到的排长队方式来分配。我认为,这些都是令人不愉快的方法。但是,

---

① G. Hardin, Ed., *Population, Evolution, and Birth Control* (Freeman, San Francisco, 1964), p.56.
② S. McVay, *Scientific American* 216 (No. 8), 13 (1966).

我们必须作出选择;否则,我们就是在默认我们称之为国家公园的公地被毁坏的事实。

污 染

公地悲剧以另一种方式出现在污染问题中。这里的问题不是从公地中拿走什么东西,而是放进什么东西——将生活污水,或化学的、放射性的和高温的废水排入水体;将有害的和危险的气体排入空气;将喧闹的、刺眼的广告安装在我们的视野范围内。效用的计算与前面的例子一样。理性的个人发现,将废弃物直接排入公地所分担的成本低于废弃物排放前的净化成本。这对每个人都是千真万确的,因此,只要我们完全按照独立、理性和自由的企业主那样行动,我们就自己锁入了一个"污染我们自己家园"的系统。

通过私人产权或其他类似方式可以避免食品篮似的公地悲剧。但是,把我们周围的空气和水体圈起来却不容易。因此,我们必须采取其他措施以避免污水池似的公地悲剧,如通过强制性的法律或税收措施,使排污者治理污染的费用低于直接排放的成本。我们在解决这个问题上所取得的进展不如前一个问题。事实上,我们的私有产权观念,虽有助于防止我们耗尽地球上的有效资源,却不利于防止污染。河岸工厂的业主——他的产权延伸至河流的中心——很难理解为什么他并不自然地拥有污染流经他门口的河水的权力。法律总是落后于时间,为适应这种新发现的公地,法律需要得到精心的修补。

污染问题源于人口问题。一个孤独的美国拓荒者如何处置他的废弃物并不重要。"流水在十英里之内就能自我净化",我的祖父过去常常这样说。在我祖父还是孩子的时候,这样的神话的确近乎事实,因为那时的人口还不太多。随着人口密度的增加,自然的生化循环过程已经超载,这要求我们对财产权进行重新定义。

如何立法自我节制

污染问题是人口密度的函数,这一分析揭示了一个并未得到普遍认识的道德原则,亦即,**法律的道德是法律执行时的系统状态函数**。[1] 在未开发地

---

[1] J. Fretcher, *Situation Ethics* (Westminster, Philadelphia, 1966).

区,把公地作污水池并不会对普遍的公共利益构成损害,因为根本就不存在公众;但同样的行为在大城市中却是无法容忍的。150年前,一个平原居民可以杀死一头美洲野牛,仅割下它的舌头作午餐,而将其余的部分全部扔掉。这算不上什么严重的浪费。而在仅剩下几千头野牛的今天,这样的行为将让我们目瞪口呆。

顺便提一下,值得注意的是,仅凭一张照片不能决定一部法律的道德。人的行为发生在一个系统之中,在认识整个系统之前,人们并不知道一个人猎杀一头大象或放火焚烧草原的行为是否对其他人构成伤害。中国的一位古人说:"一图胜千言。"但是,要使之具有法律效力却可能需要千言万语。生态学家和改革者一般都喜欢通过图片的捷径来说服他人。但是,一个证据的本质是不能用图片来拍下的,它必须得到理性的表述——用语言。

道德具有系统敏感性。过去,大多数的伦理学编撰者都忽视了这一点。"你不应当……"是传统的伦理命令形式,这没有考虑到特殊环境的影响。我们社会的法律延续了古代伦理学的模式,因此,很不适于调节这个复杂、拥挤和多变的世界。我们的轮回式的解决办法,是在成文法上增加行政法规。在什么情形下,在后院焚烧垃圾或驾驶无尾气控制的汽车是受保护的,由于法律实际上不可能详细规定所有的情形,我们以法律的方式将这些细节授权给了行政部门。结果就出现了行政法规,这使我们不得不为一条古老的常识而担心——"**谁来监督监督者?**"约翰·亚当斯说我们必须有"一个法治的而非人治的政府";而试图对整个系统中法律道德作出评价的行政官僚,无一例外地倾向于腐化堕落,并产生出一个人治的而非法治的政府。

对于立法而言,禁止做这做那很容易(甚至未必执行);但是,我们怎样立法自我节制呢?经验表明,通过行政法规的调停能做得最好。如果我们认为**谁来监督监督者**的意见是反对实施行政法规,我们就没有必要限制各种可能性了。我们宁愿把这个警句视为对某种我们无法避免的可怕危险的提示而牢记在心。现在,我们面临的巨大挑战是,发明一种起矫正作用的反馈机制以使监管人员忠于职守。我们必须找出办法,使监管人员和起矫正作用的反馈机制两者所需的权威都合法化。

忍无可忍的自由生育

公地的悲剧以另一方式涉及人口问题。在一个完全由自相残杀的规则所支配的世界里——如果的确存在过这样的世界——一个家庭生养多少孩子不会成为公众关注的事情。生育太多的父母留下的后代只会更少,而不是更多,因为他们无力照料自己的孩子。戴维·拉克(David Lack)和其他学者发现,显然是这种负反馈机制控制了鸟类的繁殖力。① 但是人类不是鸟类,至少几千年来,人类的行为不同于鸟类。

如果每个家庭仅仅依靠其自身的资源;**如果**目光短浅的父母所生育的孩子因饥饿而夭折;**如果**过度生育的"惩罚"只作用于家族本身——**那么**在控制家庭生育方面就不存在公共利益。但是,我们努力将自己的社会建成一个福利国家②,因而我们的社会必然面临另一种公地悲剧。

在福利国家中,我们该如何对待那些将生育作为保障自身权利的手段的家庭、宗教、种族、阶级(或事实上包括任何可识别的、内聚性的群体)?③ 认为每个人生而具有对公地的平等权利,将这种信仰与生育自由的观念混为一谈,无异于将这个世界锁入悲剧的进程。

不幸的是,这正是联合国正在追求的进程。1967年末,大约30个国家达成如下共识:《世界人权宣言》认为,家庭是社会的自然和基本单位。由此可以得出这样的结论,关于家庭规模的任何选择和决定不可改变地取决于该家庭,而不能由其他人作出。④

直截了当地否认这种权利的有效性是痛苦的;否认这个权力,就像17世纪马萨诸塞州塞勒姆的居民否认女巫一样,使人感到不自在。今天,在自由主义的大本营,一些像禁忌似的东西禁止着对联合国的批评。那里的人们怀有这样一种感情,即联合国是"我们最后和最好的希望",我们不应当对之吹毛求疵,我们不应当充当极端保守主义者的帮手。无论如何,我们不要忘记罗伯特·路易斯·史蒂文森(Robert Louis Stevenson)的话:"被朋友压制的真理是敌人最现成的武器。"如果热爱真理,我们必须公开否认《世界人权宣言》的有效性,即便这是联合国所倡导的。我们还应当加入金斯利·戴维斯⑤的努力,让人们认识到"计划生育—世界人口"包含着同样的悲剧性理想的错误。

---

① D. Lack, *The Nature Regulation of Animal Numbers* (Clarendon Press, Oxford, England, 1954).
② H. Girvetz, *From Wealth to Welfare* (Stanford University Press, Stanford, Calif, 1950).
③ G. Hardin, *Perspectives in Biology and Medicine* 6, 366 (1963).
④ U Thant, *International Planned Parenthood News*, No. 168 (February 1968), p.3.
⑤ K. Davis, *Science* 158, 730 (1967).

良知在自我毁灭

从长远的观点看,通过呼吁良知,我们能够控制人类的生育,这种想法是错误的。查尔斯·高尔顿·达尔文(Charles Galton Darwin)在纪念其祖父的伟大著作出版的大会上发言时,提到了这种观点。这种观点既是直截了当的,也是达尔文主义的。

人各有志。面对节制生育的呼吁,一些人无疑会比另一些人更积极地响应。与那些更具有仁慈良知的人相比,那些生育较多孩子的人,其下一代所占人口的比例更大。这种差距会一代接一代地扩大。

用达尔文的话说:"这种方式的生育本能也许会持续几百代,但如果是这样,自然界将会采取她的报复行动,**节育的人种将灭绝**,取而代之的是**生育的人种**。"①

这种观点设想,生儿育女的良知或愿望(不管是谁)是遗传性的——但仅仅是最一般的正规意义的遗传。无论这种态度是通过基因细胞,还是通过洛特卡(A. J. Lotka)所说的身体因素来传递,结果都一样。(如果有人既否认后者的可能性又否认前者,那么教育又怎么解释?)虽然这个观点是针对人口问题所提出的,但它同样适用于所有那些社会呼吁利用个人为了公共利益而以良知限制自己行为的情况。发出这种呼吁,目的是为了建立一种选择体系,这种体系却将良知从种族中排除掉了。

良知的致病效应

呼吁良知的长远弊端足以使其遭到谴责;不过,它的短期弊端也很严重。如果我们"以良知的名义"要求一个正在滥用公地的人克制其行为,我们对他说什么?他会听什么?——不仅在当时,而且在凌晨的半梦半醒之时,他记住的不仅仅是我们说过的话,还有我们无意识中传递给他的非语言暗示。迟早,他会自觉或不自觉地意识到他接收了两种自相矛盾的信息:①(有意传递的信息)"如果你不按我们说的做,我们将公开谴责你是一个不负责任的公民";②(无意传达的信息)"如果你**真的**按我们说的做,我们将在私下里嘲笑你是一个傻瓜,在别人滥用公地的时候,你却傻呆在一旁,你应当为此

---

① S. Tax, Ed., *Evolution After Darwin* (University of Chicago Press, Chicago, 1960), vol. 2, p.469.

感到羞愧。"

就这样,每个人都陷入了贝特森(Bateson)所说的"双重束缚"。贝特森和他的同事通过一些病例证明,双重束缚是产生精神分裂症的重要致病因素之一。[①] 双重束缚可能并非总是如此具有毁灭性,但它确实总是威胁着受其影响的每一个人的精神健康。尼采(Nietzsche)说:"糟糕的良知是一种疾病。"

用魔法去召唤他人心中的良知,对于每个希望将其控制权扩张到法律限制之外的人来说,都是极具诱惑力的。最高层次的领导者们都屈服于这种诱惑。在过去的一个世纪,哪位总统没有呼吁工会自愿降低加薪要求,或呼吁钢铁公司以自愿遵守价格指南为荣?我想不出来哪位总统没有这样做过。这种场合所使用的语言风格都是为了唤起非合作者的负疚感而设计的。

几个世纪以来,负疚感毫无根据地被认为是文明生活中的有价值的、甚至是不可或缺的成分。现在,在这个后弗洛伊德时代,我们提出了质疑。

保罗·古德曼(Paul Goodman)从现代的观点发表了他的看法,他说:"任何益处都不曾来自过负疚感,智慧、政策、同情都不是。负疚感并不关注对象,而是仅仅关注他们自己;负疚感甚至不关注他们自己的利益(关注自己的利益也许还有些道理),而是关注他们的焦虑。"[②]

人们并不需要成为精神病医生才能理解焦虑的后果。在西方世界,我们刚刚从可怕的长达两个世纪的厄洛斯(Eros)黑暗时代解脱出来。黑暗时代持续时间之长,原因部分在于法律禁令,但或许更重要的原因在于教育的焦虑产生机制。亚历克斯·康福特(Alex Comfort)在《焦虑制造者》[③]一书中讲述了这个故事;它不是个动听的故事。

由于难以取证,我们可以退而承认,从某种观点来看,焦虑的后果有时是可欲的。我们应当问的更大的问题是:作为一项政策,我们是否应当鼓励使用这种具有心理疾病倾向(如果不是有意的)的技术。这些日子,我们听到很多关于何为负责任的父母的言论;一些致力于生育控制的组织将这种词组置于组织名称中。一些人已经提出了庞大的宣传运动,准备向这个国家的(或这个世界的)的准父母灌输这种责任观念。但"责任"一词的含义是什么?当我们在缺乏实质性制裁的前提下使用"责任"一词,我们难道不是在试图恫吓一个公地的自由人违背自己的利益吗?责任不过是实质性交换物

---

① G. Bateson, D. D. Jackson, J. Haley, J. Weakland, *Behavioral Science* 1, 251 (1956).
② P. Goodman, *New York Review of Books* 10 (8), 22 (23 May 1968).
③ A. Comfort, *The Anxiety Makers* (Nelson, London, 1967).

的语言赝品，它企图不付出而得到一些东西。

如果必须使用"责任"这个词，我建议采用查尔斯·弗兰克尔（Charles Frankel）的用法。① 这位哲学家说："责任是一定社会安排的产物。"注意，弗兰克尔强调的是社会安排（social arrangements）——不是宣传。

相互同意基础上的相互强制

产生责任的社会安排，在某种程度上是产生强制的安排。想想银行抢劫的情形。劫匪从银行里面把钱拿走，好像银行是一块公地似的。我们如何防止这样的行为？当然不只是通过呼吁匪徒的责任感来控制他的行为。与其依靠宣传，我们不如遵循弗兰克尔的指导，坚持认为银行不是公地；我们寻求特定的社会安排以防止银行成为公地。为此，我们必须侵犯准劫匪的自由。我们既不会拒绝这样做，也不会为此感到遗憾。

银行抢劫的道德判断很容易理解，因为我们接受对这类行为的彻底禁止。我们无一例外地愿意说："你不应抢劫银行。"但是，节制也可以从强制中产生。税收就是一个很好的强制性手段。为了让购物者节制使用市中心的停车位，我们对短时停车采用停车表，对长时停车则采用交通罚单。我们无须禁止公民停车，他想多久就停多久；我们只需使其停车费用随停车时间不断增加即可。我们提供的不是禁令而是考虑周全的偏重意见。麦迪逊大街上的人可能称之为"说服"，我宁愿使用"强制"这个更坦率的词汇。

现在，在大多数自由主义者眼里，"强制"是一个肮脏的词汇，但它无需永远如此。把它暴露在阳光下，或者坦诚地一遍一遍地复述，其肮脏就会逐渐消退。在很多人看来，"强制"一词隐含着冷漠而不负责任的官僚武断决定的意思；但这不是它的必然含义。我唯一推荐的强制是受之影响的大多数人相互同意基础上的相互强制。

说我们相互同意强制，并不是说我们必须喜欢强制，或是假装喜欢它。谁会喜欢税收呢？我们都抱怨税收。但是，我们接受强制性的税收，因为我们认识到，自愿纳税只对那些没有良知的人有利。为了避免公地悲剧的发生，我们建立并（满腹牢骚地）支持税收和其他的强制性手段。

公地的解决办法不必尽善尽美，做到相对公平就可以了。对于不动产和其他物质财富，我们选择的解决办法是建立私人产权和法定继承制度。这种

---

① C. Frankel, *The Case for Modern Man* (Harper & Row, New York, 1955), p.203.

制度完全公平吗？作为一名接受遗传学训练的生物学家，我对此持否定态度。在我看来，如果个人遗传存在差异，合法的继承权应当完全与生物遗传相关——即生物学上更适于做财产与权力监护者的人应当拥有更多的合法继承权。但是基因重组不断地嘲笑隐含于我们的继承法中的原则，即"龙生龙、凤生凤"。一个白痴可以继承百万财产，而信托基金可以使他的财产保持完好无缺。我们必须承认，我们的私人产权和遗产继承的法律制度是不公平的——但是我们容忍它的存在，因为我们目前还不清楚谁发明了更好的制度。公地的解决办法太过重要，不能不审慎从事。不公平总比全部毁灭好。

改革和现状之间斗争，奇特之处在于，它无意中受制于双重标准。无论何时提出一个改革措施，反对者一旦成功地发现其中的缺陷，这个措施常常会归于失败。就像金斯利·戴维斯（Kingsley Davis）指出的：现状的崇拜者有时会流露这样的看法，在没有取得一致同意的条件下，任何改革都是不可行的。这种看法与历史事实不符。[①] 就我所知，人们对改革建议的机械式反对，基于以下两个无意识假设中的一个：（1）社会现状尽善尽美；或（2）我们面临的选择介于改革与不采取行动之间；如果改革方案是不完美的，我们就应当维持现状、坐等完美建议，而不宜轻举妄动。

但是，我们不可以一事无成。千百年来，我们所做的就是采取行动。行动也会产生邪恶。一旦我们意识到社会现实就是采取行动，我们可以将现实中可发现的优缺点与改革方案中可预见的优缺点进行比较，且由于缺乏经验，我们可以尽量地对这个改革方案打折扣。基于此种比较，我们可以作出合理的决策，可以防止自己陷入这种不可行的假设之中：只有那些完美体制才是可接受的。

认识必然性

关于人口问题的分析，最简洁的总结也许是：公地，如果有什么合理之处，仅在低人口密度的条件下才是合理的。随着人口密度的增长，公地不得不一块又一块地被放弃。

首先，我们放弃在公地上采集食物，我们圈起农场，限制对牧场和渔猎场所的使用。这些限制还没有在全世界完成。

随后，我们发现把公地作废物处理场的做法也必须放弃。生活污水排放

[①] J. D. Roslansky, *Genetics and the Future of Man* (Appleton-Century-Crofts, New York, 1966), p.177.

的限制,在西方世界已被广泛接受;我们也正在制止机动车、工厂、杀虫剂喷洒者、施肥设备和原子能装置等的排污行为。

关于感官享受方面的公地邪恶,我们的认识尚处于萌芽阶段。公共媒体制造噪声污染的行为几乎还没有受到任何限制。购物的人们被迫接受无厘头音乐的骚扰。政府付出数十亿美元代价制造出超音速飞机,在让每个横贯大陆的人节省三个小时的同时,却让将约50,000人不得安宁。广告商污染着收音机和电视的声波,也污染着旅行者的风景。将这些污染感官享受的行为逐出公地,我们还有很长的路要走。是不是因为清教徒的文化遗产使我们视寻乐为罪恶,视痛苦(即广告污染)为美德呢?

公地的关闭,总会侵犯一些人的个人自由。在遥远的过去,人们接受那些侵占,因为同时代的人没有抱怨遭受了损失。我们强烈反对的是新近提出的侵占;"权利"和"自由"的呼声甚嚣尘上。但是,"自由"意味着什么?当人们相互同意通过反抢劫法时,人们变得更加自由,而不是相反。陷入公地逻辑的个人,享受自由,但带来的只能是普遍毁灭;一旦人们明白相互强制的必要,他们就可以自由地追求其他目标。我相信黑格尔所说:"自由是对必然性的认识。"

我们现在必须认识到,放弃生育自由是最重要的必然性。不存在技术性的解决办法可以将我们从人口过剩的悲剧中解救出来。生育自由将毁灭一切。为了避免作出困难的决策,现在,很多人倾向于宣传良知和有责任心的父母。这种倾向必须得到抵制,因为呼吁独立行为的良知,从长远的观点来看,将导致所有良知的消失,从短期的效果来看,则会导致焦虑的增加。

要保护和培育其他更珍贵的自由,唯一的方式是放弃生育自由,而且必须尽快放弃。"自由是对必然性的认识"——教育的作用就是向所有人揭示放弃生育自由的必然性。惟此,我们才能摆脱这种公地悲剧。

42
政策分析的七种致命过错(1976)①
阿诺德·梅尔斯纳

多年以来,我注意到,在提供政策建议的过程中,人们常常备受一系列重复发生的问题的困扰。人们以为,只要委托人能够找到更好的分析人员,他或她就可以作出更好的决策。如果给首相配备一个政策分析办公室,那么大不列颠的经济状况就可能会更好。对于任何问题来说,好的建议或提供好建议的某种结构才是真正的解决之道。尤其是在美国,我们总喜欢为了获得更好的信息、决策和结果而胡乱地修补我们的结构和制度。我们很少承认这样做的困难。事实确实如此,各种各样的诱惑激励着我们别去承认这些困难,并迫使我们转而采纳最新的管理花招。目标管理、零基预算或那神圣的首字母 IAC——委托人建议的改善(Improved Advice of Clients)——可以解决一切问题。

在设计 IAC 之前,我们必须先承认我们出了差错。当然,知道错在哪儿,并不能告诉我们什么是对的,但这是一个良好的开端。我提炼了分析人员常犯的七种致命过错。这七种错误严重的政策分析分别是:墨守成规式的(channeled)、生搬硬套式的(distant)、姗姗来迟式的(late)、一知半解式的(superficial)、狗急跳墙式的(topical)、反复无常式的(capricious)和脱离政治式的(apolitical)政策建议。这些过错或类别并不是相互排斥的,相反,它们彼此渗透。你可以将一种过错看成是造成另一种过错的原因。举例来说,对于某一项决策而言是过于迟缓的建议,我们必须增加它与主题的相关性,然而,如果它与主题太过相关,那么它可能太关注局部或眼前,太在乎短期事件和结局。我所列的这些东西,并没有什么特别之处,我们中那些受过专业训练的人,很容易就能找出新的毛病,给这张清单添加新的内容,或者将我所举的例子转换一下用以说明其他的过错。尽管作了如此保留,这张过错清单仍然值得引起关注,因为,作为政策分析人员,我们曾经在不同的场合犯过这些错误。

---

① 原文出自:Arnold J. Meltsner, *Policy Analysts in the Bureaucracy*, The University of California Press, 1976。

墨守成规

墨守成规式的建议，其过错在于它是以遵照惯例、根据理想状态或按老样子的方式产生的。受某种解决办法的禁锢，分析人员和委托人都忽略了，环境已经发生改变，或存在某些限制因素。有的时候，由于官僚机构办事规则的原因，政策建议会保持遵照惯例进行的方式，例如军队可能利用从二战的经验中得出的战地指南来计划当前的行动或应付未来可能的突发事件。委托人坚持不适当目标和价值的行为，也可能促使分析人员墨守成规。国防部长罗伯特·麦克纳马拉认为，通过为各军种购买通用飞机可以在采购和维持费用方面节省经费。对于汽车的生产和采购而言，这种强调通用性的理念或许是恰当的，但对于被证明是昂贵而根本不满意的 TFX（F-111）来说，这种信念是不恰当的。空军和海军墨守他们的成规，坚持各自的主张，在采购惯例上坚持到底，与此同时，麦克纳马拉也在墨守他的成规。

有的时候，政治和知识气候也会导致分析人员犯墨守成规式的建议的过错。美国医疗保险制度和公共医疗补助制度通过后的那十年所发生的情况就是例证。作为早先立法的自然延伸，大多数的医疗专家，包括政府内的和政府外的，都努力争取某种形式的全民医疗保险。他们的努力集中在，从覆盖率、资金筹措与管理的角度看，哪一种形式的全民医疗保险最合适；很少有人对国家需要某种形式的全民医疗保险这一假设提出质疑。分析人员和委托人都心安理得地墨守他们的成规，直到医疗支出急速增长的残酷现实逼迫他们和他们的思想就范为止。

生搬硬套

生搬硬套式的建议之所以成为一种过错，在于它建立在无知基础之上。生搬硬套式的建议不是基于客观事实。犯这种错误的分析人员不必是一个乌托邦式的人物，他或她只需与当前的真实情况保持足够的距离，以至于闭塞自己的耳目或对建议的使用作出错误的判断。政策分析人员常常将一般性的解决方法用于那些非常特殊的情境。我们所接受的社会科学训练似乎怂恿我们过于相信理论与数据分析的力量。毫不奇怪的是，综合数据分析常常不能适应具体环境和政策适用对象。我们不断地发出这样的惊叹：在华盛顿炮制的建议居然会不符合得克萨斯州圣安东尼奥市的客观事实。到目前为止,我们确实应当承认,在我们联邦体系中,单纯的地理因素就会产生足够的复杂性。

导致我们犯生搬硬套式的建议这种错误的,并不仅仅是地理的因素。政策建议的生搬硬套有多种多样的表现形式:指导我们提出建议的理论和基本观念可能过于综合或过于精确;选择的变量可能适合于精确的统计分析,但与实际的政策工具或当前的政策议题缺乏关联。在最低限度内,分析人员应当告知委托人,事态或问题是否会因他或她的干预而受到影响。否则,委托人很可能得到的,不是政策建议本质上所具有的缜密而可控的因果关系分析,而是生搬硬套式的建议,这种建议很可能导致政策执行的困难,或导致将问题转嫁于其他的委托人,或导致产生一种不可为而为之的错觉。

这使我想起一位政策分析人员,他当时正在负责若干社会项目的评估,他认为仅凭那些可得到的特性数据(performance numbers)而无需深入田野就可以提出可行的政策建议。在他看来,调查项目的实际执行情况无异于浪费他的时间。显然,对于外交政策而言,可靠的信息很难获得,因此,分析人员可能在不经意间就犯了这种错误,然而,对于那些容易发现事实却又不想去发现事实的国内政策分析人员来说,他们又有什么借口去犯这样的错误?

姗 姗 来 迟

政策过程规定了哪一步该做什么,它对参与者提出了苛刻的要求。分析人员可以在他或她的婚礼上姗姗来迟,但是在需要提供建议的时候,必须准时。迟到的建议确实是一种过错,因为它造成了浪费。它在那个时候成了无人想要的信息。和过早出现的建议一样,迟到的建议四处游荡,期待有人赏识。

新手往往会得到警告,必须准时,确信他或她的工作符合政策过程的时间要求。虽然良好工作习惯的养成可以大大减轻问题的压力,但这不是全部的内容。有的时候,分析人员为了更多的事实或为了核对某个数据,不惜冒着迟到的风险以追求精益求精。对于这样的献身精神,人们能说什么?难道求真务实不是一种美德吗?

如何在精确与准时之间保持平衡?对于这一问题,要作出适当的决定,分析人员必须理解委托人所面临的处境。事态是否属于这种类型,在政策过程的早期阶段本质上只需要对问题有大致的洞察或在政策过程的后期阶段才需要对问题做谨慎而深刻的反思?决策的时间安排是否有机动的余地?

对于迟到的建议而言,产生这种过错的原因,往往是分析人员对委托人处境的不了解,或者委托人没有采取足够的措施纠正分析人员的感觉。不知何故,政策建议的消费者和生产者会变得神经错乱、彼此隔离。双方似乎都察觉不到对方的处境。

典型的情况是这样,某个委托人期待某种建议,随后却被另一个不需要这种建议的委托人所取代。毫无疑问的是,仅仅由于公、私机构中发生的这种"抢座位游戏",很多约定的研究就这样被浪费了。一个明显可见有时也是令人为难的例子就发生在这种时候,总统委员会的顾问由某位总统任命,但却要向另一位总统提交报告。尼克松总统得到消息,色情文学并不像他和他的支持者所认为的那样糟糕。或许约翰逊总统也可能不喜欢这样的消息,但由于淫秽和色情品调查委员会(the Commission on Obscenity and Pornography)不是尼克松政府的产物,所以,对于尼克松总统来讲,将自己与这样的调查结果隔离开来是一件相对容易的事情。

一知半解

有的时候,政策建议不是基于对问题根源的足够钻研,而是过于反应迅速,过于缺乏准备。这时分析人员就犯了一知半解式的建议的错误。我曾经为一个人工作过,这个人以华盛顿最肤浅的头脑而著称。这种评价,既含有批评的意味,也含有某种赞赏的意味,它证实了政策过程中存在着某些流行的动机。不幸的是,对于委托人和分析人员来说,政策的可接受性比问题的适当挑选、界定和分析要重要得多。

委托人和分析人员往往倾向于炒部门首长的鱿鱼,好像只要采取了这种行为,组织中出现的问题就能得到纠正似的。让新老板去查明问题出在哪,这是忙碌的委托人和他们的分析人员的座右铭。如果认真调查,他们可能发现,组织的问题由来已久,且问题似乎与被他们认为应当对此负责的人无关。然而,他们终究没有这样做。大多数的政府重组研究之所以失败,病因就在于这种肤浅的分析。委托人想要进行重组,分析人员于是就开始"堆积木",他们没有多少动机去弄清楚重组的代价或查明重组是否可以提高组织的生产力和履行职能的能力。基于多种原因,卡特总统希望成立一个独立的教育部,在他的努力下,这个愿望实现了。现在里根总统又不想要这个独立的部,而希望恢复原状。两位总统和他们的分析人员都给这种变革披上效率的外衣。但这纯属无稽之谈,因为同一种行为和它的反面不可能都是有效率的。

让我生气的是,政府重组研究中的这种肤浅的过错,误导了委托人的注意力,使得分析人员的努力相互抵消。肤浅的解决办法妨碍了分析人员进行正确的诊断和艰苦的努力,而这些恰恰是获得明智的政策所必需的。我们当然希望改善我们孩子的教育,提高他们的潜能;我们很想知道如何在教育的神秘世界里做得更好。然而,联邦政府重组与地方教育成就的关联,如果不是不存在的,充其量也只是略有交叉。对于政策分析人员来说,通往非预期结果和高就业机会之路,是由肤浅建议所铺就的。

狗急跳墙

第五种致命的过错是狗急跳墙式的建议。政策建议的需求常常源于某种自然危机或人为危机,如飞机失事,DNA 的实验可能失控,大批的人可能死于口蹄疫。危机会导致人们处于一种消防队式的心理状态,匆匆忙忙提出建议。在这种情况下,分析人员很可能会提出一知半解式的和生搬硬套式的建议。缺乏危机的借口,分析人员也可能这样做,但危机使这种做法成为可接受的。撇开这些过错不谈,狗急跳墙式的建议还会产生其他的问题。如果委托人和分析人员总是根据感知的危机作出反应,他们很可能失去对政策议程的控制。人们不是经常听说,总统在外交政策上没有政策,他只是根据外部事件作出反应吗?

仅仅依赖被动反应的组织,可能会失去它的未来。举例来说,缺乏预见的行业很能会被重要的新兴市场所挤占。狗急跳墙式的建议将注意力集中于事物的看得见、摸得着的部分,这样的建议也将失去未来。我们希望我们的委托人对相关事件保持敏感,我们希望他们在这样做的时候拥有必要的信息。但我们并不希望他们仅此而已,因为我们期待既活在现在也活到未来。我们不希望分析人员仅仅因为某一问题不那么可见或还没有到达危机的份儿上就忽视它。

因此,对于狗急跳墙式的建议而言,主要的麻烦在于它会将那些不那么紧迫的建议排挤在外。委托人整天忙于应付危机,分析人员必须给他们提供帮助。因此,明智的委托人和分析人员会设法纠正决策制定方面的这种缺陷——不是通过组建一个无用的高级规划机构,而是通过为当前的关注而挑选一些未来的问题。例如,一位市长可以指出,过去若干年中该市对下水道和道路的忽视已经给市政工程造成了某种"危机",如果不采取措施,这种"危机"将影响公共卫生和公共安全。这样做的官员实在太少,这一事实得到这个国家中看不见的但严重的固定设备重置问题的进一步证实。显然,这些官员过分忙于处理当前的问题以及狗急跳墙式的建议。

反复无常

反复无常式的建议与狗急跳墙式的建议,这两种过错颇为不同。我的意思是,在反复无常式的建议中存在着一种对改变的嗜好。在政策制定方面,我们缺乏足够的动机说:听其自然吧。我也知道,委托人和分析人员将他们大部分的管理工作用于维持机构的日常运转。不过,在试图与这种组织惯性相抗争时,为了使组织保持学习的活力,我们可能努力不让事情固化下来。可是,如果不让一项计划运行一段时间,我们可能很难对它作出评估。

想想我们的小学和中学吧。我说话可能太直接,但我实在想不起来,什么时候人们停止过对它们的批评,停止过向它们建议某种万灵药。由于没有弄清楚我们所做的和我们所期待看到的这两者之间的关系,学校一直被迫屈从于各种各样的教育奇思和教育方法。每当学校将要恢复某种平静状态时,它们就会接到新的使命书和新的变革指南。教师们需要的不仅仅是经费,他们还需要我们别再用反复无常式的建议去骚扰他们,去破坏的他们心理健康。

当然,委托人也不能满足于整天呆在办公室里面无所事事。为了继续获得人们的支持与赞许,他们必须制定某些政策。他们的顾问人员为了保住自己的职位或为了得到提升,也必须提出某些政策建议,而不能总是说听其自然吧。不管具体的变革动机是什么,委托人和分析人员必须对反复无常式的建议可能导致的后果保持敏感,并在明显愚蠢的错误发生之前将之拦截住。

脱离政治

最后一种过错是脱离政治式的建议。这里,我的意思是,政治上的建议与实质性的政策建议缺乏适当的关联或整合。委托人,尤其是那些刚刚经历过一场选举的委托人,总是坚持要求别人把正确的东西告诉他们,而将政治上的判断留给自己。顾问人员,尤其是那些技术专家,从他们自己的角度,总是坚持认为事情存在正确的答案;他们所受的教育使他们相信,政治是非理性的,属于专业分析领域之外的东西。于是出现一种奇怪的劳动分工,其中的一类专家负责提供政策建议,另一类专家负责提供政治建议。有的时候,委托人可以将这两种渠道的信息整合起来,但在更多的时候,委托人最终落了个左右为难的下场。

这方面的一个例子是,卡特总统不顾政治上的约束条件,要求他的分析人员提供有关福利制度改革的建议。他的想法是,可以在不增加额外支出的条件下对福利制度实施改革。为了让总统得到他想得到的东西,他的分析人员付出了艰辛的努力;他们得出的结论是,总统的想法在政治上是不可行的。设想的改革没有得到落实,这成为了卡特没有能力履行其在椭圆形办公室的职能的又一个例证。

统治者和委托人经常被这样一群分析人员所包围,这些人提出的政策建议不能获得立法机构的批准和执行机构的认可。举例来说,如果分析人员没有考虑到执行放松天然气管制政策的可行方式,那么他们提出这样的政策建议又有什么益处呢?更糟糕的是那些分析人员,他们认为,无需对当下流行的政治智慧作出任何调查和测验,每个人都有能力发表政治建议并提供现成的判断。

在政策建议的过程中保持政治的洞察力,这对于委托人和分析人员来讲,都是必不可少的,否则,重要的机会就可能会失去。几年前在赞比亚,由于鳄鱼数量不断增长,村民几乎每天都会遭到鳄鱼的袭击,盛怒之下,村民将村长打成重伤。村民们要求村长呼吁政府采取必要的措施解决问题,而当时首都卢萨卡的政府当局正考虑繁养鳄鱼,以便将鳄鱼皮出售以换取外汇。对于卢萨卡来说,问题是要将鳄鱼从危险物种的名单上去掉,并建立鳄鱼繁殖场;在村这一级,问题是要摆脱鳄鱼的威胁,或至少控制鳄鱼的数量增长。我不知道究竟发生了什么事情,但这是一个很好的政治机会。

如果卢萨卡的政府事先将当地村庄对于鳄鱼控制的需求编入它的外汇计划之中,那么,这样的政府将获得当地村民的支持与效忠,这样的计划也将有助于维持政治系统的稳定。这个例子也许离我们的生活有些遥远,然而,想一想,日常邮递系统的高效率或缺乏效率又是如何影响我们自己对于政府表现的总体看法。统治者不仅必须考虑到一项政策的现实操作面——解决办法是否符合特定问题的要求——而且还必须考虑到该政策在更大范围内的意义。这样做,统治者及其分析人员需要将他们对政治的理解与政策的主旨整合起来。

在西方国家中,人们已经将知识与权力的分离提升到重要原则的程度。我们创造了文官制度,接受了关于治理的幻觉以及关于无知的政治主人指挥和控制中立专家的虚构。我们说我们的文官不应当关心政治;我们教导我们的专家不要将科学与政治混为一谈。我们干了所有这些事情,反过来却感到纳闷,为什么委托人和他们的分析人员会犯明显的政策错误。我们如此害怕分析人员僭越委托人的职能,以至于我们忽略了这样的事实,即委托人在判断一项政策是否适于政府行为方面,在培养政治可行性的共识和理解方面,以及在处理如何维持国家及其价值体系稳定的持久性事务方面需要分析人员的帮助。

43
政策分析的艺术(1979)①
艾伦·威尔达夫斯基

  政策分析是一门艺术。它的分析主题是那些至少暂时必须得到解决的公共问题。皮特·海恩(Piet Hein)将这一思想难题表述为:"艺术就是问题的解决过程,在解决之前,这些问题无法得到明晰的表达。"②政策分析人员必须自己建立问题;他们建立的问题必须是决策者有能力处理的,也就是说,问题的变量处于决策者的控制之下,且时间允许。对于可操作的手段与可实现的目标这两者之间的关系,人们无不渴望得到澄清。只有在对这种关系作出明确说明的情况下,分析人员才能在拼图游戏(puzzle)与问题(problem)之间作出本质性的区分。一旦把所有的拼图放到适当的位置上,拼图游戏最终是可以解决的;而对于问题而言,则可能不存在有计划的解决办法。

  政策分析的技术基础是相当薄弱的。这部分地由于它的局限属于社会科学的局限:无数的非连续命题。这些命题有效性是变化不定的,其适用性是不确定的;它们就像一根线上串着的珠子,偶尔接触但不必然相关。政策分析的力量,表现在让少量的知识大有帮助的能力上,这需要将对环境约束条件的理解与对环境进行建设性的探索的能力结合起来。尽管如此,与社会科学不同的是,政策分析必须是规范性的。关于何为未来正确的政策,这种

---

  ① 原文出自:Aaron Wildavsky, *Speaking Truth to Power*: *The Art and Craft of Policy Analysis*, Transaction Publishers, 1987。

  ② 转引自:R. K. Merton and Jerry Gaston, eds., *The Sociology of Science in Europe* (Carbondale: Southern Illinois University Press, 1977), p.3。

争论虽然不能提供现实的帮助,但却是有意图的,因而也是政治的。

政策分析是想象。分析人员试图对可能发生的事件作出分析,就好像那些情节曾经出现过似的,这样做的目的是虚构未来可能发生的事情在过去已经发生。政策分析人员沉溺于"思想试验"(thought experiments)。在这种试验中,为了对可能发生的事情作出改进,他们想象这些事情已经发生。这当然是危险的。我们常常不清楚自己曾经在哪儿,更何谈我们愿意去哪儿或如何去那里。前推("预测过去")差不多和预测一样,尚处于争论之中。我们的过去应当如何,和我们的未来应当如何一样,是根据不同的价值来定义的,因此,一个人的分析食物,对另一个人来讲可能是分析毒物。遵循这种分析技术的准则——以更加可公开评价的方式作为指导个人想象力训练的规范——可以减少但不能消除人们关于未来结果的不同意见,因为这样的结果尚未有人体验过。

政策不应当被视为永恒的真理,而应当视之为假定。这种假定适合被更好的假定所修正或替代,直至所有的假定都被抛弃。教条是有害的;怀疑态度则是合理的。然而,教条也是不可或缺的;在某种时候,如果不将某些事情视为理所当然,那么,所有的事情都处于变动之中,这样的话,就没有什么东西经得起检验。打成平局不是一件容易的事情:多少教条对多少怀疑态度?

良好的组织致力于纠正错误。但是,在反对现行做法的时候,如果它不拒绝高比例的主观臆测,这很容易把自己搞得筋疲力尽。熟悉当代教育的人都会认同这种观点。纠正错误必须与识别错误交替进行,因为那些易于发现的非常明显的错误,与大量难以查明的错误相互关联。对于与工资和价格水平相对照的指数化的社会保障而言,其中存在的普遍公认的错误容易发现,因为它的费用很高,但这种错误却难以纠正,因为它的受益者太多。错误能否得到承认或纠正,这取决于参与政策生产的人们的利益。

人民制造问题。他们受到何种激励去做正确的事情?一个人怎么知道什么事情对其他人来讲是正确的?是什么赋予一个人以权利来代替他人作出决定?人民的偏好是怎样形成和表达的?形成和表达偏好的一种方式是询问人民,另一种方式则是告诉人民。"询问"意味着设立某些制度(如公职的投票竞选、价格的商议等)以帮助人民释放他们的偏好;"告诉"意味着理智地判断什么事情对人民有益,并推动这些事情按预先确定的顺序朝预先选择的终点逼近。询问(我在后文称之为社会互动或纯粹政治)和告诉(理智谋划或纯粹计划)两者都属于政策分析的范畴。当事情不对头时,政策分析人员就参与政治,至少在民主政体中是这样。通过修改公民权,或通过施加成本约束,或通过减少垄断机会,政策分析人员寻求调整人民之间的制度互动以保护更好的行为。当社会互动行不通时,计划便更可取,因为这时人民根本合不到一块去;或者当社会互动不可欲时,计划也更可取,因为这时人民可能作出道德上不可接受的选择。政策分析的最高形式,是运用理智帮助人民互动。

因此,政策分析属于社会关系的分析。当我们满意医生与病人或教师与学生之间的互动结果时,我们就会强化对产生这种互动结果的制度安排的认同。如果我们不满意这样的互动结果,我们就会试图改变那些互动关系。当我们基于这样的目的而变换人民的互动关系模式时(如由政府支付医生的工资,或向父母发放教育凭证以便他们能够对公立学校进行选择),重大的变化就会出现。将政策分析设想为人民之间的关系——而不是陌生的符号或干瘪瘪的美元数字——不仅更人性化,而且更准确。

简而言之,政策分析是制造可解决的问题的过程。每一项政策都是由资源与目标、计划与政治、怀疑态度与教条之间的张力所塑造的。问题的解决涉及这些张力的暂时释放。

如果这些张力没有终点,它们必定有起点。它们反映了什么样的社会力量?目标可以是无穷的,但资源却是有限的;资源稀缺的现象普遍存在。因此,目标必须受到资源的约束;一个人想做什么取决于他能做什么。但这并非始终意味着:资源总是好的,因为它们真实存在;而目标则是坏的,因为它们超出了可获得的资源的范围。相反,目标的要求可能太低,以至于资源流向了错误的方向。

教条主义者和怀疑论者如何看待政策以及政策的生产方式——用拉斯韦尔的话来讲就是谁得到什么、如何得到——是对社会信任的一种测量。一个人喜欢什么,可能取决于他做事的方式。经济市场中的成功记录必定会强化一个人对那种遭遇式的互动模式的信心;对于那些从市场中获益较少的群体来说,谋划可能更有吸引力。因此,上面谈到的那些张力,既是社会性的,也是理性的;既与社会的权力有关,也与政策分析有关。

与一个人所争取的目标的清单相比,他未付诸努力去实现的目标的清单要长的多。除了提供一些政策分析可以采用的例证之外,我并未声言要写一本"政策分析指南"的书。本书属于比较研究性的。在书中,我对大量的美国国内政策进行了比较,但这些比较既非穷尽无遗(决不意味着它将所有或大多数政策包含其中),亦非国际性的(我在书中没有讨论国外的经验)。在我的印象中,西欧国家在大多数国内政策上并不比我们更成功;明显的区别

第十一章 政策分析

在于美国将它的政策失败公之于众,而大多数西欧国家却不这样做。国防政策不在其中,因为本书的范围已经太宽。我的目的不是面面俱到,这种工作最好还是留给百科全书,而是以例证的形式对政策分析的艺术和技术的主要特征作出说明。书中的内容经过精心安排,目的是让那些希望对政策发展的脉络作出判断的读者,可以跳过政策内容的详细描述部分,直接进入有关政策分析技术的结论部分。

政策分析属于理性与责任的王国。在那儿,资源与目标相互关联。理性存在于你想要什么和你能做什么的关联之中;责任则存在于对这种关联所做出的解释之中。

政策分析也属于计算与文化的领域:社会互动与理智谋划的结合或者计划与政治的结合如何指引我们作出我们应当做什么以及怎样做的判断?在资源与目标相互关联的过程中,社会关系模式的调整带来了文化的创造。政策分析不仅告诉我们如何得到我们想要的东西,因为这样的东西可能是不可获得的或不可欲求的,而且告诉我们如何将我们想要的东西比作别人给予我们的东西,作为回报,我们又准备给予别人什么。计算则表现在这样的判断中:是否作出决策?作出何种决策?是以讨价还价的方式还是以中央命令的方式作出决策?

教条与怀疑态度之间的张力无处不在,政策分析体现了怀疑态度,但也不能撇开教条。当政策结果不如我们的期待时,或者当我们认为自己可以做得更好时(大多数的时候是这样),识别错误与纠正错误的问题就会涌向前来。当然,没有什么东西最终是神圣不可侵犯的,但是,在任何给定的时候,适当程度的怀疑——有多少东西将保持不受挑战的状态,如果不是不可挑战的话——是绝对必要的,但也是难以决定的。

因此,政策分析人员的任务和张力就是:经由社会互动与理智谋划的平衡,使资源与目标相互关联,以便知道如何在怀疑态度与教条之间划出一条界线。

我将自己的一生用于阅读、谈论和著述与公共事务相关的内容。但我不能再这样坚持下去了。尽管我比大多数人拥有更多的时间参与公共事务,但我依然不能满足自己对于参与公共事务的无穷需求。我们必须以某种方式读懂公共事务,而不是被它们所迷住。如何帮助我们自己接近公共生活而又不变成政客,这是真正的挑战,因为这不仅意味着我们对政策的散发性影响,而且意味着作为政策角色(如作为病人、邮政客户、慈善捐赠者)的我们对公共生活的持续参与。政策分析人员属于公共事务中的带薪的全职参与者;而公民在公共活动中所花费的时间则必然与他们的个人兴趣相关。我坚持认为,通过适当的公共政策角色(由此他们可以得出这样的判断:他们正在得到他们付出的东西),通过学会修正他们的偏好,通过行使他们的自主权(这样的话,就可以通过尊重别人的自主权来改善人们之间的互惠关系),公民可以发挥政策分析人员的作用。最重要的是,政策分析属于改良的事业。它可以改进公民对于公共政策的偏好,他们——人民——应当偏爱公共政策。

复习思考题

1. 加勒特·哈丁如何解释"公地悲剧"的原因?请运用哈丁"悲剧"解释当代环境问题。
2. 阿诺德·梅尔斯纳宣称所有政策分析人员都应当避免的"七种致命过错"是什么?为什么说职业政策分析人员应当提供最符合委托人利益的建议而不是在政治上或意识形态上存有偏见的建议?
3. 关于政策分析是一门艺术还是一门科学这一问题,艾伦·威尔达夫斯基是否有能力解决?对于政策分析(和公共行政)是艺术成分多一些还是科学的成分多一些的永恒争论,艺术何以弥补科学的不足?